Plotho, Carl von

Der Krieg des verbündeten Europa gegen Frankreich im Jahre 1815

Plotho, Carl von

Der Krieg des verbündeten Europa gegen Frankreich im Jahre 1815

Inktank publishing, 2018

www.inktank-publishing.com

ISBN/EAN: 9783747767238

Der Krieg
des verbündeten
Europa gegen Frankreich
im Jahre 1815.

Von

Carl v. Plotho,
Königlich-Preußischem Oberst-Lieutenant und Ritter rc.

Mit 48 Beilagen.

Berlin, 1818.
Bei Carl Friedrich Amelang.
(Brüderstraße No. 11).

Vorwort.

An die bereits erschienenen drei Theile des Krieges, in den Jahren 1813 und 1814, schließt sich dieser Band, als vierter und letzter Theil über den Krieg des verbündeten Europa gegen Frankreich im Jahre 1815 an, und mit ihm ist mein unternommenes Werk vollendet.

Die großen, militairischen Begebenheiten der drei historisch unvergeßlichen Jahre (mit Beschränkungen, welche in dem beigegebenen Vorwort des ersten Theils enthalten), habe ich erzählt, und stehe am Ende des glorreichen Zeitabschnittes.

Nicht Eitelkeit, mich aufs neue als militairischen Schriftsteller bekannt zu machen, noch weniger ein geringer Gewinn ließen mich dieses Werk unternehmen; etwas Nützliches zu leisten durch diese wichtige Sammlung von Materialien für künftige Geschichtschreiber meines Vaterlandes, edle Gesinnungen durch Beispiele zu erwecken im Gemüthe der jungen Kämpfer seines Kriegesheeres, sind mein Zweck, dem ich mit anhaltendem Fleiß und Ausdauer zwei Jahre meines Lebens, und meine, ohnehin schwankende Gesundheit rücksichtslos geopfert habe.

Erinnerungen an die große, verlebte Zeit, an die Liebe und Treue der Preußen in gefahrvoller Lage zum

König und Vaterland, an die Einigkeit der edlen Fürsten und ihrer Völker und Heere, an die herrlichen Thaten der Feldherren und Staatsmänner, an die Tapferkeit aller Kriegsheere, an die Aufopferungen jedes Einzelnen; solche am Menschen vorübergeführt, müssen bis in spätere Zeiten Gutes bewirken.

Bei allen Mängeln und Unvollkommenheiten meiner Arbeit, wird niemand den Reichthum der Materialien bestreiten, nicht verkennen die Mühe, mit welcher ich auf meinem Standpunkt selbige sammeln mußte, nicht die gute Absicht, sie gemeinnützig zu machen.

Hoch verpflichten wird mich Jedermann, der zur Vervollständigung des Inhalts mich durch Materialien, oder durch Berichtigung eingeschlichener Irrthümer in unfrankirten Mittheilungen gütigst unterstützt, damit ich im Fall einer neuen Auflage, das Mangelnde hinzufügen, das Fehlerhafte berichtigen könne.

Inhalt.

Ein-

Einleitung.

Als zu Paris, im Herbst des Jahres 1814, der Frieden vollzogen, kehrten die Kriegsheere der verbündeten Mächte in die Heimath zurück, jedoch blieb von jeder Macht (ausgenommen Rußland) noch ein Heertheil an den Grenzen Frankreichs stehen, und, zufolge der Verträge von Chaumont und London, blieben auch jene, auf vaterländischen oder befreundeten Boden zurückgekehrten Krieger ferner gerüstet, bis alle Anordnungen des politischen Zustandes von Europa vollendet.

Der Krieg war geendiget, der Frieden mit Frankreich abgeschlossen, und dennoch glich der Zustand von Europa nur dem einer Waffenruhe, und nicht dem eines festbegründeten Friedenszustandes; die Völker erfreuten sich daher nicht des erkämpften Friedens, denn in allen Ländern blieben die Lasten wie früher, die stehenden Kriegsheere wie die Landwehren gerüstet, und nur die freiwilligen Kämpfer wurden zu friedlichen Beschäftigungen entlassen.

Die Monarchen versammelten sich, wie sie in London verabredet, zur Fürstenversammlung in Wien, der Kaiserstadt, (der Kaiser von Rußland und der König von Preußen trafen am 2 sten September daselbst ein) um Europas Ruhe und dauernden Frieden zu begründen. Es sollten nun die Staatenverhältnisse, die Verfassungen, und ein fester, gesetzlicher Zu-

A

stand der Völker in Deutschland, den Niederlanden, der Schweiz, in Italien und in Polen geordnet, und die Entschädigungen und Ländererwerbungen Oestreichs und Preußens bestimmt werden. Dem Vollbringen und Gelingen dieses großen und schweren Werkes sahen mehr als hundert Millionen Menschen entgegen; für künftige Jahrhunderte sollte ein Werk begründet werden.

Bis zum 1sten November 1814 verzögerte sich die Eröffnung der Unterhandlungen, und als sie 2 Monate gedauert und das Jahr 1814 geendigt, so waren die Annahme der königlichen Würde von Hannover, für Sardinien die Erwerbung von Genua, und die am 8ten November, von Rußland an Preußen übergebene einstweilige Verwaltung des Königreichs Sachsen, von ihrem Wirken bis dahin nur öffentlich bekannt geworden.

Das Schicksal von Polen und Sachsen, über welches man sich nicht vereinigen konnte, beschäftigte die Fürstenversammlung lange, und verzögerte die Unterhandlungen in Wien, und große Spannung war dort wie unter den Völkern unverkennbar, denn schon durchflogen im Monat Januar die Gerüchte eines neuen Krieges unsern Welttheil, und neue Bündnisse, Rüstungen und Truppenmärsche schienen den Krieg, nur zu gewiß, zu bestätigen.

Am 8ten Februar 1815 wurde jedoch eine Uebereinkunft wegen der an Preußen fallenden Entschädigungen abgeschlossen, nach welcher Sachsen getheilt, ein Theil von Polen ihm zurückgegeben, und ihm Länder auf beiden Seiten des Rheins zugetheilt wurden; doch mit diesen Ländern zählte die Bevölkerung der preußischen Monarchie kaum die einst besessenen 10 Millionen Unterthanen, und von Vergrößerungen und Erwerbungen, für die großen Anstrengungen seines Volkes, scheint die Rede nicht gewesen zu seyn; wohl also brachte Preußen, indem es diese Länder annahm, die ohne Zusammenhang liegen, ein sehr großes Opfer um die Ruhe von Europa zu erhalten.

Rußland erhielt außer Krakau (welches mit einem Gebiete zu einer freien Stadt, unter Oestreichs, Rußlands und

Preußens Schutz ernannt), den übrigen Theil des Großherzogthums Warschau, welches zum Königreich erhoben wurde.

Die Unterhandlungen gediehen jetzt ferner, die Ruhe der Völker schien gesichert, und die Beendigung der Fürstenversammlung wurde am Anfange Mai vorbestimmt; Großbritannien schloß mit Aufopferungen einen Frieden mit Amerika, von Oestreich wurden im Anfange März Truppenverstärkungen zu seinem Kriegsheere nach Italien gesendet, um den Anmaßungen des Königs von Neapel ein Ziel zu setzen, obwohl er nur, durch die verbündeten Mächte unterstützt, bisher noch seinen Thron behauptete, welchen die Bourbonischen Höfe als ihr Eigenthum in Anspruch nahmen.

So war die Lage Europas; in allen Staaten war Friede, doch nicht Friede nicht Freude war im Gemüthe der Menschen; — es herrschte überall eine große Unzufriedenheit, eine düstre, ahndungsvolle Stille. In diese tiefe Ruhe fiel jetzt, wie ein Blitz vom heitern Himmel herab, die Kunde, Napoleon habe am 26sten Februar die Insel Elba verlassen, und sey am 1sten März in Cannäs an Frankreichs Küste mit 900 Mann gelandet, um Frankreich zu erobern, und den Thron der Bourbons zu stürzen.

Von Ort zu Ort, von Land zu Land, durchlief diese Nachricht ganz Europa, sie gab den bisherigen dunkeln Ahndungen die Deutung, sein Name verknüpfte die Vergangenheit mit einer gefürchteten Zukunft, und niemals ist, wie die Geschichte es meldet, durch einen einzelen Mann, ein Welttheil so erschüttert und bewegt worden, als Europa jetzt durch ihn. Die Fürsten, in Wien versammelt, erhielten am 6ten März diese Nachricht; sie fühlten wie die Völker, es müsse der große Kampf noch einmal gekämpft werden; der gleiche Zweck vereinigte die großen Mächte von Europa aufs neue, und Rüstungen zum Kriege waren fortan der Hauptgedanke.

Oestreich und Preußen waren noch gerüstet, das erstere hatte ein Kriegsheer in Italien, das letztere am Niederrhein, auch die Russen standen zum Theil noch an der Weichsel, wie die Engländer in den Niederlanden. Es wurde von den verbündeten Mächten der Krieg gegen Napoleon beschlossen,

A 2

weil sie die Familie Bourbon auf Frankreichs Thron anerkannt, Frieden mit ihr geschlossen, sie auf dem Thron zu erhalten sich verpflichtet. Mit Napoleon konnte nicht unterhandelt werden, mit ihm, der jetzt, so wie immer, die Verträge gebrochen; er durfte den Thron von Frankreich nicht aufs neue besteigen, sollten die Ströme Blut für die Menschheit nicht umsonst vergossen, diese nicht unglücklicher, erniedrigter, und entehrter werden, als jemals.

Erstes Kapitel.

Napoleon verläßt die Insel Elba, landet in Frankreich, marschirt nach Paris, nimmt Besitz vom Thron, rüstet sich zum neuen Kriege.

Es war am 26sten Februar 1815 Abends um 5 Uhr, als sich Napoleon, nach langen geheimen Vorbereitungen, in Porto ferrajo auf einer Brick von 20 Kanonen mit 400 Mann seiner Garden einschiffte; 3 andere Fahrzeuge nahmen 400 Mann Fußvolk, und 100 Mann polnische leichte Reiterei auf, sie segelten ab, der Wind war südlich und ihnen günstig, den französischen und englischen Kreuzern wußten sie zu entgehen; worauf ohne weitere Gefahren die Fahrzeuge am 1sten März im Hafen von Jouan eintrafen, und noch am Abend dieses Tages trat Napoleon mit seiner Mannschaft bei Cannás auf französischem Boden ans Land.

Als der Mond aufging, setzte sich Napoleon mit seinen 900 Mann in Marsch — an ihrer Zukunft hing ein großes Schicksal — der Marsch ging über Cannás und Grasse bis nach Cerenon, wo sie, nachdem sie die Nacht und den ganzen Tag marschirt, und an 20 Lieues zurückgelegt, am Abend eintrafen und lagerten.

Am 3ten März, nach fortgesetztem Marsche, lagerte er in Bareme, am 4ten in Digne, am 5ten in Gapp, nachdem sein Vortrab unter dem General Cambronne bei Sisteron die Brücke über die Durançe besetzt, und dadurch den Uebergang über diesen Fluß gesichert hatte; von den Einwohnern wurde Napoleon überall freudig aufgenommen, und sein kleiner Haufe erhielt immer neuen Zuwachs. Bis hieher war er auf kein Hinderniß gestoßen, allein jetzt rückte ihm von Grenoble eine Division Linientruppen von 6000 Mann unter dem General Marchand entgegen, und er konnte nicht hoffen, er werde über diese Mehrzahl kämpfend siegen, deshalb mußte er auf die Gemüther seiner alten Soldaten wirken,

Victor, und von den Generalen Clarke und Masson begleitet, nachdem er seine Haustruppen an der Grenze entlassen hatte.

Der Marschall Mortier ließ sogleich alle Festungen an den Grenzen der Niederlande aufs neue Napoleon schwören, und verfügte sich schon am 26sten März nach Paris. Schon am 16ten April ließ Napoleon unter Kanonendonner es der Kaiserstadt bekannt machen, daß der Bürgerkrieg geendiget, und daß er in ganz Frankreich wieder als Kaiser anerkannt sey.

Es ist ein unerhörtes Ereigniß in der Geschichte, daß der Fremdling, der vom Frankreichs Thron gestoßen, nachdem er Millionen Menschen seiner Eroberungssucht geopfert, einen ganzen Welttheil arm und unglücklich gemacht, von ganz Europa verflucht, schon nach 11 Monaten übers Meer schifft, zu landen wagt, und begleitet von wenigen hundert Mann, in 20 Tagen wieder auf dem verlassenen Thron sitzt, ohne daß ein Tropfen Bluts für die Vertheidigung des königlichen Thrones geflossen ist. — Ein gerechter und guter König, dessen Vorfahren dieses Volk Jahrhunderte hindurch beherrscht, der 28 Millionen Unterthanen aus großer Noth errettet, ihnen einen ehrenvollen und vortheilhaften Frieden verschafft, sie mit den Völkern eines ganzen Welttheils ausgesöhnt; er wird von diesem Volk verlassen und aufgeopfert, er muß dem Fremdling Thron und Reich überlassen, aus seinem Vaterlande flüchten und heimathlos umherirren. Es war nicht allein das Werk einer vorbereitenden Verschwörung, sondern das Volk und Kriegsheer verließ seinen König; das Ueberwältigende in der betäubenden Schnelligkeit riß die Franzosen dahin, und erklärt den allgemeinen Abfall, ohne daß man die ganze Nation einer überlegten Verrätherei anklagen darf. Der König hatte noch viele Getreue, allein sie waren vor dem Unerwarteten verstummt.

Die Geschichte wird einst Napoleon bei diesem Zuge, Muth, Besonnenheit und Kühnheit, die vom alten Glück begünstiget wurden, nicht absprechen können.

Bei seinem Regierungsantritt setzte der König Ludwig der 18te das französische Kriegsheer im Frieden auf 206,000 Mann und 30,000 Pferde fest; nämlich:

die königlichen Garde-Truppen auf	5334 Mann und	2652 Pferde,
das Fußvolk in 90 Linien- und 15 leichten Infanterie-Regimentern	144,795 Mann	
Lat.	150,129 Mann und	2652 Pferde.

Transp.	150,129 Mann und 2652 Pferde,
die Reiterei in 56 Regimentern auf	36,037 Mann und 29,512 Pferde
die Artillerie in 8 Regimentern Fußartillerie und 4 Regimentern zu Pferde, und Pontonnieren und Arbeitern auf	15,993 Mann,
das Genie-Corps auf	4,824 Mann,
Zusammen	206,000 Mann und 32,000 Pferde.

Doch wegen der Beurlaubungen und der noch nicht vollendeten Einrichtungen, waren Ende März 1815 in Frankreich nicht über 100,000 Mann Fußvolk, und ungefähr 15,000 Mann Reiterei wirklich vorhanden.

Der General Excelmann bildete aus allen in Paris anwesenden verabschiedeten Offizieren ein Bataillon; am 28sten März berief Napoleon alle verabschiedeten Offiziere und Soldaten zu den Waffen, er ließ zu Paris 6 Regimenter Voltigeur und 6 Regimenter Tirailleur der jungen Garde errichten; am 10ten April berief er alle Männer vom 20sten bis zum 60sten Jahre zu den Nationalgarden; 204 Bataillons Nationalgarden wurden befehliget, sofort die Grenzfestungen und die überall angelegten Verschanzungen zu besetzen, die Pferde der Gensd'armerie nahm er zur Reiterei, so wie die Postpferde zur Bespannung des Geschützes; durch ein Dekret vom 21sten April wurde den Grenz-Departements befohlen, Freicorps (oder Landsturm) zu errichten. Alle Festungen wurden wehrhaft gemacht, die Päſſe der Ardennen, Vogesen in Lothringen, im Elsaß, Jura und in den Alpen, wurden durch Verschanzungen gesichert, die Städte befestigt, Brückenköpfe errichtet, Verhaue angelegt. Im Innern des Landes wurden Guise, Laferre, Vitry, Soissons, Chateau Thierry und Langres mehr befestiget, zum Schutz von Paris die Höhen von Montmartre und Mesnil Montant verschanzt, und durch 300 Kanonen vertheidiget.

Bei einer Bevölkerung von 28 Millionen Menschen, konnte es Napoleon nicht an Soldaten fehlen, auch nicht an geübten Soldaten, da das Kriegsheer, welches er vorfand, durch 150,000, aus allen Ländern zurückgekehrte Kriegsgefangene vermehrt wurde; mehr fehlten ihm Waffen, Kriegsgeräthe, Pulver und Kanonen, doch vorzüglich Pferde. Allein die großen Waffenfabriken, die Flotte, die See-Arsenäle, und die, schonungslos ge-

brauchten Hülfsquellen eines reichen und fruchtbaren Landes gaben die fehlenden Bedürfnisse, so daß, nach den amtlichen Listen am 13ten Juni, das französische Kriegsheer 375,000 Mann stark unter den Waffen war, ohne die Nationalgarden, welche auf 600,000 Mann angegeben wurden.

Als die Formation einigermaßen geschehen, und die Truppen sich vereiniget hatten, so wurden aus den vorhandenen Streitkräften 8 Armeen oder Beobachtungscorps gebildet, nämlich:

1) die Nordarmee; sie bestand aus:
   dem 1sten Corps des General-Lieutenants Grafen Erlon, Hauptquartier in Lille;
   dem 2ten Corps des General-Lieutenants Grafen Reille, Hauptquartier in Valenciennes;
   dem 3ten Corps des General-Lieutenants Grafen Vandamme, Hauptquartier in Mezieres;
   der Reserve-Armee des General-Lieutenants Grafen Lobau, Hauptquartier in Laon.
2) Die Mosel-Armee;
   oder das 4te Armeecorps des General-Lieutenants Gerard, bei Metz und Thionville.
3) Die Rhein-Armee;
   oder das 5te Corps des General-Lieutenants Grafen Rapp, im Elsaß, zwischen Hagenau und Landau, und an den Vogesen.
4) Das Beobachtungs-Corps des Jura;
   oder das 6te Corps des General-Lieutenants Lecourbe, zwischen Bedfort und Hüningen.
5) Die Alpen-Armee;
   oder das 7te Corps des Marschalls Suchet, bei Grenoble und Chambery.
6) Das Beobachtungs-Corps von Var;
   oder das 8te Corps des Marschalls Brunne, bei Toulon und Antibes.
7) Das Beobachtungs-Corps an den Pyrenäen;
   das 9te Corps des General-Lieutenants Clauzel bei Bordeaux;
   das 10te Corps des General-Lieutenants Decaen bei Perpignan;
   im westlichen Theil von Frankreich, in der Vendée, die Truppen der Generale Laborde und Travot.

b) Die Reserve-Armee
aus den alten und jungen kaiserlichen Garden unter dem Marschall Mortier bestehend; sie stand theils zu Paris, theils zu Laon und Avesnes.

Die Stärke und spezielle Eintheilung des französischen Kriegsheeres ist aus der Beilage, No. 3. zu ersehen.

Am 1sten Juni erließ der Marschall Soult als Major-General einen Tagesbefehl an das französische Kriegsheer, und alles deutete auf den baldigen Ausbruch des Krieges. Am 12ten Juni um 4 Uhr des Morgens verließ Napoleon Paris, und reisete nach dem Hauptquartier Laon, am 13ten nach Avesnes und am 14ten nach Beaumont, woselbst er über das dort vereinigte Hauptheer (die Nord-, Ardennen-, Mosel- und Reserve-Armee) Heerschau hielt, und an dasselbe einen Aufruf erließ.

So hatte Napoleon also hinter den Festungen Valenciennes, Maubeuge und Philippeville, unweit den Grenzen des Königreichs der Niederlande, sein treffliches Kriegsheer versammelt, welches aus dem Kern der französischen Kriegsmacht gebildet, und in 5 Heerestheile getheilt war, zu welchen noch die kaiserlichen Garden und 4 Corps Reiterei hinzufließen; die letztern bestanden, ohne die Reiterei der Leibwache, aus 28 Regimentern, die wohlgeübt, und trefflich ausgerüstet; das Kriegsheer von ungefähr 150,000 Mann, worunter 20,000 Mann Reiterei war, führte 400 Stück Geschütz, und, gegen frühere Sitte, einen Zug von 400 Proviantwagen bei sich; es war ein schönes, zum Kampf und zum Siege begieriges Kriegsheer.

Wahrscheinlich war Napoleons erster umfassender Operationsplan, durch das gänzliche Mißlingen der Müratschen Diversion verändert worden; und jetzt, nachdem er 2 Monat versäumt hatte, statt wie er sollte, im April entweder Italien oder die Niederlande anzugreifen, da Mürats Heer von den Oestreichern überwältigt, durch die Schweiz wie durch das südliche Frankreich große Heeresmassen in Anmarsch waren; jetzt blieb ihm nichts weiter übrig, als die verbündeten Kriegsheere in den Niederlanden schnell anzugreifen, sie zu trennen, jedes derselben mit überlegener Macht einzeln anzugreifen und zurückzuwerfen, Wellington an die See, Blüchern über die Maas gegen den Rhein, alsdann Belgien und das linke Rheinufer in Aufstand zu bringen, durch seine Siege über die berühmten Feldherren, seine Feinde in Schrecken zu setzen, seinen Franzosen hingegen Muth zu geben.

sie an ihre Siege, und an die Zeiten ihres Ruhms erinnern, denn von der Kraft seiner Worte hing der Erfolg seines gewagten Unternehmens ab; doch beinahe konnte er der alten Kampfgefährten gewiß seyn, denn nicht leicht können Soldaten ihren Feldherrn verdammen und ihm ungetreu werden.

Am 6ten März Nachmittags brach er von Gapp auf, und lagerte zur Nacht bei Gorp, sein Vortrab zu Mure, die königlichen Truppen standen ihm unfern gegenüber — jetzt galt es die Entscheidung; da ging Napoleon persönlich jenen königlichen Truppen entgegen, sprach zu ihnen freundliche Worte, erinnerte sie an die große Vergangenheit, die sie gemeinschaftlich verlebt, und bot ihnen sein Leben preis; und diese unerwartete Art, diese furchtlose Hingebung seiner Person, verfehlten nicht ihren Zweck, die Soldaten, lebhaft bewegt und ergriffen, ergaben sich ihm so wie früher; es lebe der Kaiser! durchtönte die Lüfte, und in seiner Anhänglichkeit zeichnete sich besonders ein Bataillon des 5ten Linien-Regiments aus, welches in Italien unter ihm einst großen Ruhm erworben hatte.

Am 7ten März wurde der Marsch nach Grenoble fortgesetzt, auf dem Wege dahin kam ihm das 7te Linien-Infanterie-Regiment von dem Oberst Labedoyere geführt, schon entgegen, und schloß sich an seinen Zug an, der um 9 Uhr des Abends vor Grenoble eintraf. Die Thore waren bald erbrochen, die Besatzung ging zu ihm über, und durch Grenoble gewann er einen festen Platz, Geschütz und Schießbedarf; er war nun schon an der Spitze von 9 bis 10,000 Mann alter, versuchter Truppen. Schon wurde es deutlich, daß das abentheuerliche Unternehmen Napoleons eine sehr ernsthafte Gestalt annehme, und daß es gelingen werde; denn kein Schuß fiel, alle Soldaten gingen zu ihm über, die Nationalgarden verhielten sich ruhig, das Volk empfing ihn mit Beweisen der Freude, die furchtsame Menge erkannte ihn schon als ihren Herrscher, und demüthigte sich vor ihm, wie früher.

Am 8ten März hielt Napoleon über seine Truppen Musterung, und marschirte hierauf, mit Geschütz wohl versehen gegen Lyon ab.

Am 9ten März traf er in Bourgoin ein.

Am 10ten März traf er vor Lyon ein, die Brücken (bei Guillotiere und Mirbel) über die Rhone waren ihm erhalten, und schon am Morgen mußte der Graf Artois, nebst den Marschällen Macdonald und St. Cyr, nach vielen vergeblichen Anstrengungen von hier abreisen, worauf ihre Truppen, ungefähr 8000 Mann,

nien hingegen zog seine Truppen bei Ath zusammen, und besetzte Mons und Tournay, welche er befestigen ließ. Beide Feldherren verabredeten, sich im Fall eines Angriffs bei Tirlemont zur Schlacht zu vereinigen.

Napoleons reißend schneller Zug vom mittelländischen Meere bis zur Hauptstadt, der Abfall der königlichen Truppen, die Flucht Ludwigs des 18ten nach Gent, die Anerkennung der Herrschaft Napoleons in Frankreich, die Ohnmacht der königlich Gesinnten in Bordeaux und Marseille zeigten den verbündeten Mächten, wie nothwendig der Krieg gegen Napoleon und das französische Volk sey.

Am 13ten März sprachen die 8 Mächte, welche den Pariser Frieden abgeschlossen, in Wien zuvörderst die Achtserklärung gegen Napoleon aus. Hierauf schlossen am 25sten März, als man auf dem Kongresse die Gewißheit erhielt, daß die königliche Parthei in Frankreich unterliege, Oestreich, Rußland, Preußen und England einen neuen Vertrag, in welchem sie sich verpflichteten:

1) Im Sinne der Erklärung vom 13ten März gegen Napoleon, und alle die sich mit ihm verbunden hätten, oder verbinden würden, zu kämpfen.
2) Zu diesem Zwecke sollen wenigstens 150,000 Mann von jeder Macht ins Feld gestellt werden, worunter $\frac{1}{10}$ Reiterei und das verhältnißmäßige Geschütz seyn wird (die Besatzungen der festen Plätze werden dazu nicht gerechnet).
3) Die Waffen sollen nicht eher niedergelegt werden, als bis Napoleon außer Stand gesetzt sein wird, neue Unruhen zu stiften, und seine Versuche, sich der obersten Gewalt in Frankreich zu bemächtigen, zu erneuern.
4) England verpflichtete sich am 30sten April, 5 Millionen Pfund Sterling Hülfsgelder zu bezahlen, welche zu gleichen Theilen unter die verbündeten Mächte vertheilt werden sollten; und behielt sich vor, für jeden fehlenden Mann (an den 150,000 Mann) 30 Pfund Sterling an seine Verbündeten zu bezahlen.

Es verbreiteten sich nun kriegerische Bewegungen, von einem Ende Europas bis zum andern, vorzugsweise aufs neue in Preußen, in Deutschland und in Oestreich, weniger in Schweden, Portugal, Spanien und Sardinien. Am 20sten Mai wurde mit der Schweiz eine Uebereinkunft abgeschlossen, nach welcher ihr eine bewaffnete Neutralität zugestanden wurde, sie verpflichtete sich, 30 bis 40,000 Mann aufzustellen; theils um ihre Grenzen damit

weil sie die Familie Bourbon auf Frankreichs Thron anerkannt, Frieden mit ihr geschlossen, sie auf dem Thron zu erhalten sich verpflichtet. Mit Napoleon konnte nicht unterhandelt werden, mit ihm, der jetzt, so wie immer, die Verträge gebrochen; er durfte den Thron von Frankreich nicht aufs neue besteigen, sollten die Ströme Blut für die Menschheit nicht umsonst vergossen, diese nicht unglücklicher, erniedrigter, und entehrter werden, als jemals.

Transp.	150,129 Mann und 2652 Pferde,
die Reiterei in 56 Regimentern auf	36,037 Mann und 29,512 Pferde
die Artillerie in 8 Regimentern Fußartillerie und 4 Regimentern zu Pferde, und Pontonnieren und Arbeitern auf	15,993 Mann,
das Genie-Corps auf	4,824 Mann,
Zusammen	206,000 Mann und 32,000 Pferde.

Doch wegen der Beurlaubungen und der noch nicht vollendeten Einrichtungen, waren Ende März 1815 in Frankreich nicht über 100,000 Mann Fußvolk, und ungefähr 15,000 Mann Reiterei wirklich vorhanden.

Der General Excelmann bildete aus allen in Paris anwesenden verabschiedeten Offizieren ein Bataillon; am 28sten März berief Napoleon alle verabschiedeten Offiziere und Soldaten zu den Waffen, er ließ zu Paris 6 Regimenter Voltigeur und 6 Regimenter Tirailleur der jungen Garde errichten; am 10ten April berief er alle Männer vom 20sten bis zum 60sten Jahre zu den Nationalgarden; 204 Bataillons Nationalgarden wurden befehliget, sofort die Grenzfestungen und die überall angelegten Verschanzungen zu besetzen, die Pferde der Gensd'armerie nahm er zur Reiterei, so wie die Postpferde zur Bespannung des Geschützes; durch ein Dekret vom 21sten April wurde den Grenz-Departements befohlen, Freicorps (oder Landsturm) zu errichten. Alle Festungen wurden wehrhaft gemacht, die Pässe der Ardennen, Vogesen in Lothringen, im Elsaß, Jura und in den Alpen, wurden durch Verschanzungen gesichert, die Städte befestigt, Brückenköpfe errichtet, Verhaue angelegt. Im Innern des Landes wurden Guise, Laferre, Vitry, Soissons, Chateau Thierry und Langres mehr befestiget, zum Schutz von Paris die Höhen von Montmartre und Mesnil Montant verschanzt, und durch 300 Kanonen vertheidiget.

Bei einer Bevölkerung von 28 Millionen Menschen, konnte es Napoleon nicht an Soldaten fehlen, auch nicht an geübten Soldaten, da das Kriegsheer, welches er vorfand, durch 150,000, aus allen Ländern zurückgekehrte Kriegsgefangene vermehrt wurde; mehr fehlten ihm Waffen, Kriegsgeräthe, Pulver und Kanonen, doch vorzüglich Pferde. Allein die großen Waffenfabriken, die Flotte, die See-Arsenäle, und die, schonungslos ge-

brauchten Hülfsquellen eines reichen und fruchtbaren Landes gaben die fehlenden Bedürfnisse, so daß, nach den amtlichen Listen am 13ten Juni, das französische Kriegsheer 375,000 Mann stark unter den Waffen war, ohne die Nationalgarden, welche auf 600,000 Mann angegeben wurden.

Als die Formation einigermaßen geschehen, und die Truppen sich vereiniget hatten, so wurden aus den vorhandenen Streitkräften 8 Armeen oder Beobachtungscorps gebildet, nämlich:

1) die Nordarmee; sie bestand aus:
   dem 1sten Corps des General-Lieutenants Grafen Erlon, Hauptquartier in Lille;
   dem 2ten Corps des General-Lieutenants Grafen Reille, Hauptquartier in Valenciennes;
   dem 3ten Corps des General-Lieutenants Grafen Vandamme, Hauptquartier in Mezieres;
   der Reserve-Armee des General-Lieutenants Grafen Lobau, Hauptquartier in Laon.
2) Die Mosel-Armee;
   oder das 4te Armeecorps des General-Lieutenants Gerard, bei Metz und Thionville.
3) Die Rhein-Armee;
   oder das 5te Corps des General-Lieutenants Grafen Rapp, im Elsaß, zwischen Hagenau und Landau, und an den Vogesen.
4) Das Beobachtungs-Corps des Jura;
   oder das 6te Corps des General-Lieutenants Lecourbe, zwischen Bedfort und Hüningen.
5) Die Alpen-Armee;
   oder das 7te Corps des Marschalls Suchet, bei Grenoble und Chambery.
6) Das Beobachtungs-Corps von Var;
   oder das 8te Corps des Marschalls Brunne, bei Toulon und Antibes.
7) Das Beobachtungs-Corps an den Pyrenäen;
   das 9te Corps des General-Lieutenants Clauzel bei Bordeaux;
   das 10te Corps des General-Lieutenants Decaen bei Perpignan;
   im westlichen Theil von Frankreich, in der Vendée, die Truppen der Generale Laborde und Travot.

b) Die Reserve-Armee
aus den alten und jungen kaiserlichen Garden unter dem Marschall Mortier bestehend; sie stand theils zu Paris, theils zu Laon und Avesnes.

Die Stärke und spezielle Eintheilung des französischen Kriegsheeres ist aus der Beilage, No. 3. zu ersehen.

Am 1sten Juni erließ der Marschall Soult als Major-General einen Tagesbefehl an das französische Kriegsheer, und alles deutete auf den baldigen Ausbruch des Krieges. Am 12ten Juni um 4 Uhr des Morgens verließ Napoleon Paris, und reisete nach dem Hauptquartier Laon, am 13ten nach Avesnes und am 14ten nach Beaumont, woselbst er über das dort vereinigte Hauptheer (die Nord-, Ardennen-, Mosel- und Reserve-Armee) Heerschau hielt, und an dasselbe einen Aufruf erließ.

So hatte Napoleon also hinter den Festungen Valenciennes, Maubeuge und Philippeville, unweit den Grenzen des Königreichs der Niederlande, sein treffliches Kriegsheer versammelt, welches aus dem Kern der französischen Kriegsmacht gebildet, und in 5 Heerestheile getheilt war, zu welchen noch die kaiserlichen Garden und 4 Corps Reiterei hinzustießen; die letztern bestanden, ohne die Reiterei der Leibwache, aus 28 Regimentern, die wohlgeübt, und trefflich ausgerüstet; das Kriegsheer von ungefähr 150,000 Mann, worunter 20,000 Mann Reiterei war, führte 400 Stück Geschütz, und, gegen frühere Sitte, einen Zug von 400 Proviantwagen bei sich; es war ein schönes, zum Kampf und zum Siege begieriges Kriegsheer.

Wahrscheinlich war Napoleons erster umfassender Operationsplan, durch das gänzliche Mißlingen der Müratschen Diversion verändert worden; und jetzt, nachdem er 2 Monat versäumt hatte, statt wie er sollte, im April entweder Italien oder die Niederlande anzugreifen, da Mürats Heer von den Oestreichern überwältigt, durch die Schweiz wie durch das südliche Frankreich große Heeresmassen in Anmarsch waren; jetzt blieb ihm nichts weiter übrig, als die verbündeten Kriegsheere in den Niederlanden schnell anzugreifen, sie zu trennen, jedes derselben mit überlegener Macht einzeln anzugreifen und zurückzuwerfen, Wellington an die See, Blüchern über die Maas gegen den Rhein, alsdann Belgien und das linke Rheinufer in Aufstand zu bringen, durch seine Siege über die berühmten Feldherren, seine Feinde in Schrecken zu setzen, seinen Franzosen hingegen Muth zu geben.

stand der Völker in Deutschland, den Niederlanden, der Schweiz, in Italien und in Polen geordnet, und die Entschädigungen und Ländererwerbungen Oestreichs und Preußens bestimmt werden. Dem Vollbringen und Gelingen dieses großen und schweren Werkes sahen mehr als hundert Millionen Menschen entgegen; für künftige Jahrhunderte sollte ein Werk begründet werden.

Bis zum 1sten November 1814 verzögerte sich die Eröffnung der Unterhandlungen, und als sie 2 Monate gedauert und das Jahr 1814 geendigt, so waren die Annahme der königlichen Würde von Hannover, für Sardinien die Erwerbung von Genua, und die am 8ten November, von Rußland an Preußen übergebene einstweilige Verwaltung des Königreichs Sachsen, von ihrem Wirken bis dahin nur öffentlich bekannt geworden.

Das Schicksal von Polen und Sachsen, über welches man sich nicht vereinigen konnte, beschäftigte die Fürstenversammlung lange, und verzögerte die Unterhandlungen in Wien, und große Spannung war dort wie unter den Völkern unverkennbar, denn schon durchflogen im Monat Januar die Gerüchte eines neuen Krieges unsern Welttheil, und neue Bündnisse, Rüstungen und Truppenmärsche schienen den Krieg, nur zu gewiß, zu bestätigen.

Am 8ten Februar 1815 wurde jedoch eine Uebereinkunft wegen der an Preußen fallenden Entschädigungen abgeschlossen, nach welcher Sachsen getheilt, ein Theil von Polen ihm zurückgegeben, und ihm Länder auf beiden Seiten des Rheins zugetheilt wurden; doch mit diesen Ländern zählte die Bevölkerung der preußischen Monarchie kaum die einst besessenen 10 Millionen Unterthanen, und von Vergrößerungen und Erwerbungen, für die großen Anstrengungen seines Volkes, scheint die Rede nicht gewesen zu seyn; wohl also brachte Preußen, indem es diese Länder annahm, die ohne Zusammenhang liegen, ein sehr großes Opfer um die Ruhe von Europa zu erhalten.

Rußland erhielt außer Krakau (welches mit einem Gebiete zu einer freien Stadt, unter Oestreichs, Rußlands und

Preußens Schutz ernannt), den übrigen Theil des Großherzogthums Warschau, welches zum Königreich erhoben wurde.

Die Unterhandlungen gediehen jetzt ferner, die Ruhe der Völker schien gesichert, und die Beendigung der Fürstenversammlung wurde am Anfange Mai vorbestimmt; Großbritannien schloß mit Aufopferungen einen Frieden mit Amerika, von Oestreich wurden im Anfange März Truppenverstärkungen zu seinem Kriegsheere nach Italien gesendet, um den Anmaßungen des Königs von Neapel ein Ziel zu setzen, obwohl er nur, durch die verbündeten Mächte unterstützt, bisher noch seinen Thron behauptete, welchen die Bourbonischen Höfe als ihr Eigenthum in Anspruch nahmen.

So war die Lage Europas; in allen Staaten war Friede, doch nicht Friede nicht Freude war im Gemüthe der Menschen; — es herrschte überall eine große Unzufriedenheit, eine düstre, ahndungsvolle Stille. In diese tiefe Ruhe fiel jetzt, wie ein Blitz vom heitern Himmel herab, die Kunde, Napoleon habe am 26sten Februar die Insel Elba verlassen, und sey am 1sten März in Cannäs an Frankreichs Küste mit 900 Mann gelandet, um Frankreich zu erobern, und den Thron der Bourbons zu stürzen.

Von Ort zu Ort, von Land zu Land, durchlief diese Nachricht ganz Europa, sie gab den bisherigen dunkeln Ahndungen die Deutung, sein Name verknüpfte die Vergangenheit mit einer gefürchteten Zukunft, und niemals ist, wie die Geschichte es meldet, durch einen einzelen Mann, ein Welttheil so erschüttert und bewegt worden, als Europa jetzt durch ihn. Die Fürsten, in Wien versammelt, erhielten am 6ten März diese Nachricht; sie fühlten wie die Völker, es müsse der große Kampf noch einmal gekämpft werden; der gleiche Zweck vereinigte die großen Mächte von Europa aufs neue, und Rüstungen zum Kriege waren fortan der Hauptgedanke.

Oestreich und Preußen waren noch gerüstet, das erstere hatte ein Kriegsheer in Italien, das letztere am Niederrhein, auch die Russen standen zum Theil noch an der Weichsel, wie die Engländer in den Niederlanden. Es wurde von den verbündeten Mächten der Krieg gegen Napoleon beschlossen,

A 2

weil sie die Familie Bourbon auf Frankreichs Thron anerkannt, Frieden mit ihr geschlossen, sie auf dem Thron zu erhalten sich verpflichtet. Mit Napoleon konnte nicht unterhandelt werden, mit ihm, der jetzt, so wie immer, die Verträge gebrochen; er durfte den Thron von Frankreich nicht aufs neue besteigen, sollten die Ströme Blut für die Menschheit nicht umsonst vergossen, diese nicht unglücklicher, erniedrigter, und entehrter werden, als jemals.

Erstes Kapitel.

Napoleon verläßt die Insel Elba, landet in Frankreich, marschirt nach Paris, nimmt Besitz vom Thron, rüstet sich zum neuen Kriege.

Es war am 26sten Februar 1815 Abends um 5 Uhr, als sich Napoleon, nach langen geheimen Vorbereitungen, in Porto ferrajo auf einer Brick von 20 Kanonen mit 400 Mann seiner Garden einschiffte; 3 andere Fahrzeuge nahmen 400 Mann Fußvolk, und 100 Mann polnische leichte Reiterei auf, sie segelten ab, der Wind war südlich und ihnen günstig, den französischen und englischen Kreuzern wußten sie zu entgehen; worauf ohne weitere Gefahren die Fahrzeuge am 1sten März im Hafen von Jouan eintrafen, und noch am Abend dieses Tages trat Napoleon mit seiner Mannschaft bei Cannâs auf französischem Boden ans Land.

Als der Mond aufging, setzte sich Napoleon mit seinen 900 Mann in Marsch — an ihrer Zukunft hing ein großes Schicksal — der Marsch ging über Cannâs und Grasse bis nach Cerenon, wo sie, nachdem sie die Nacht und den ganzen Tag marschirt, und an 20 Lieues zurückgelegt, am Abend eintrafen und lagerten.

Am 3ten März, nach fortgesetztem Marsche, lagerte er in Bareme, am 4ten in Digne, am 5ten in Gapp, nachdem sein Vortrab unter dem General Cambronne bei Sisteron die Brücke über die Durance besetzt, und dadurch den Uebergang über diesen Fluß gesichert hatte; von den Einwohnern wurde Napoleon überall freudig aufgenommen, und sein kleiner Haufe erhielt immer neuen Zuwachs. Bis hieher war er auf kein Hinderniß gestoßen, allein jetzt rückte ihm von Grenoble eine Division Linientruppen von 6000 Mann unter dem General Marchand entgegen, und er konnte nicht hoffen, er werde über diese Mehrzahl kämpfend siegen, deshalb müßte er auf die Gemüther seiner alten Soldaten wirken, sie an ihre Siege und an die Zeiten ihres Ruhms erinnern, denn von der Kraft seiner Worte hing der Erfolg seines gewagten Unternehmens ab; doch beinahe konnte er der alten Kampfgefährten gewiß seyn, denn nicht leicht können Soldaten ihren Feldherrn verdammen und ihm ungetreu werden.

Am 6ten März Nachmittags brach er von Gapp auf, und lagerte zur Nacht bei Gorp, sein Vortrab zu Mure, die königlichen Truppen standen ihm unfern gegenüber — jetzt galt es die Entscheidung; da ging Napoleon persönlich jenen königlichen Truppen entgegen, sprach zu ihnen freundliche Worte, erinnerte sie an die große Vergangenheit, die sie gemeinschaftlich verlebt, und bot ihnen sein Leben preis; und diese unerwartete Art, diese furchtlose Hingebung seiner Person, verfehlten nicht ihren Zweck, die Soldaten, lebhaft bewegt und ergriffen, ergaben sich ihm so wie früher; es lebe der Kaiser! durchtönte die Lüfte, und in seiner Anhänglichkeit zeichnete sich besonders ein Bataillon des 5ten Linien-Regiments aus, welches in Italien unter ihm einst großen Ruhm erworben hatte.

Am 7ten März wurde der Marsch nach Grenoble fortgesetzt, auf dem Wege dahin kam ihm das 7te Linien-Infanterie-Regiment von dem Oberst Labedoyere geführt, schon entgegen, und schloß sich an seinen Zug an, der um 9 Uhr des Abends vor Grenoble eintraf. Die Thore waren bald erbrochen, die Besatzung ging zu ihm über, und durch Grenoble gewann er einen festen Platz, Geschütz und Schießbedarf; er war nun schon an der Spitze von 9 bis 10,000 Mann alter, versuchter Truppen. Schon wurde es deutlich, daß das abentheuerliche Unternehmen Napoleons eine sehr ernsthafte Gestalt annehme, und daß es gelingen werde; denn kein Schuß fiel, alle Soldaten gingen zu ihm über, die Nationalgarden verhielten sich ruhig, das Volk empfing ihn mit Beweisen der Freude, die furchtsame Menge erkannte ihn schon als ihren Herrscher, und demüthigte sich vor ihm, wie früher.

Am 8ten März hielt Napoleon über seine Truppen Musterung, und marschirte hierauf, mit Geschütz wohl versehen gegen Lyon ab.

Am 9ten März traf er in Bourgoin ein.

Am 10ten März traf er vor Lyon ein, die Brücken (bei Guillotiere und Mirbel) über die Rhone waren ihm erhalten, und schon am Morgen mußte der Graf Artois, nebst den Marschällen Macdonald und St. Cyr, nach vielen vergeblichen Anstrengungen von hier abreisen, worauf ihre Truppen, ungefähr 8000 Mann, sich mit Napoleon vereinigten, der am Nachmittage in Lyon einzog.

Am 11ten März hielt er Truppen-Musterung, und sein Vortrab, vom General Bruyere geführt, marschirte voraus gegen die Hauptstadt, er aber verweilte noch am 12ten in Lyon.

Am 13ten März marschirte Napoleon mit 85,000 Mann bis nach Maçon, am 14ten bis nach Chalons sur Saone, am 15ten bis nach Autun, am 16ten bis nach Avallon, am 17ten bis nach Auxerre; nirgends fand er mehr Hindernisse, und sein Zug war nicht ein Kriegszug, sondern gleich einem Marsch im Frieden. Das 6te Lancier-Regiment verließ die königlichen Fahnen, und eilte nach Montereau, um Napoleon dort die Brücke zu erhalten, es vertrieb die königlichen Garde du Corps, welche sie zerstören und den Uebergang vertheidigen wollten. Auch traf hier der Marschall Ney mit 10,000 Mann bei Napoleon ein, denn auch dieser verließ seinen König, der sich ihm jederzeit gnädig bewiesen.

Am 18ten März passirte Napoleon mit 4 Divisionen bei Montereau, die Seine, und vereinigte sich mit 4000 Mann alter Garde-Grenadiere, denn auch die bei Melun versammelten königlichen Truppen verließen ihre Fahnen.

Am 20sten März des Morgens um 4 Uhr langte Napoleon in Fontainebleau an, wo er die wichtige Nachricht erhielt, daß der König Ludwig der 18te, nebst seiner Familie, dem Verrath und der Gewalt weichen müssen, und in der Nacht vom 19ten zum 20sten März Paris verlassen habe; nun setzte er seine Reise sogleich dahin fort, stieg an der Barriere zu Pferde, und, nur von einiger Reiterei begleitet, zog Napoleon des Abends um 9 Uhr in Paris und in den Tuillerien ein. Nach dem Fall der Hauptstadt Paris unterwarf sich ganz Frankreich mit unglaublicher Schnelligkeit aufs neue seiner Herrschaft; der Herzog Angouleme bemühete sich vergeblich an der Rhone und in Nismes, so wie die Herzogin seine Gemahlin, sich in Bordeaux zu behaupten, allein auch sie mußten, von den Truppen und den königlich Gesinnten nicht unterstützt, nach wenigen Tagen gleichfalls Frankreich verlassen.

Der König Ludwig der 18te war von Paris nach Lille gegangen, allein auch diese Festung mußte er verlassen, um sein Leben und seine Freiheit zu retten, weil sich die Besatzung empörte. Am 23sten März begab er sich nach Gent, von den Prinzen seines Hauses, und den Marschällen Berthier, Marmont und

Victor, und von den Generalen Clarke und Masson begleitet, nachdem er seine Haustruppen an der Grenze entlassen hatte.

Der Marschall Mortier ließ sogleich alle Festungen an den Grenzen der Niederlande aufs neue Napoleon schwören, und verfügte sich schon am 26sten März nach Paris. Schon am 10ten April ließ Napoleon unter Kanonendonner es der Kaiserstadt bekannt machen, daß der Bürgerkrieg geendiget, und daß er in ganz Frankreich wieder als Kaiser anerkannt sey.

Es ist ein unerhörtes Ereigniß in der Geschichte, daß der Fremdling, der von Frankreichs Thron gestoßen, nachdem er Millionen Menschen seiner Eroberungssucht geopfert, einen ganzen Welttheil arm und unglücklich gemacht, von ganz Europa verflucht, schon nach 11 Monaten übers Meer schifft, zu landen wagt, und begleitet von wenigen hundert Mann, in 20 Tagen wieder auf dem verlassenen Thron sitzt, ohne daß ein Tropfen Bluts für die Vertheidigung des königlichen Thrones geflossen ist. — Ein gerechter und guter König, dessen Vorfahren dieses Volk Jahrhunderte hindurch beherrscht, der 28 Millionen Unterthanen aus großer Noth errettet, ihnen einen ehrenvollen und vortheilhaften Frieden verschafft, sie mit den Völkern eines ganzen Welttheils ausgesöhnt; er wird von diesem Volk verlassen und aufgeopfert, er muß dem Fremdling Thron und Reich überlassen, aus seinem Vaterlande flüchten und heimathlos umherirren. Es war nicht allein das Werk einer vorbereitenden Verschwörung, sondern das Volk und Kriegsheer verließ seinen König; das Ueberwältigende in der betäubenden Schnelligkeit riß die Franzosen dahin, und erklärt den allgemeinen Abfall, ohne daß man die ganze Nation einer überlegten Verrätherei anklagen darf. Der König hatte noch viele Getreue, allein sie waren vor dem Unerwarteten verstummt.

Die Geschichte wird einst Napoleon bei diesem Zuge, Muth, Besonnenheit und Kühnheit, die vom alten Glück begünstiget wurden, nicht absprechen können.

Bei seinem Regierungsantritt setzte der König Ludwig der 18te das französische Kriegsheer im Frieden auf 206,000 Mann und 32,000 Pferde fest; nämlich:

die königlichen Garde-Truppen auf	5334 Mann und	2652 Pferde,
das Fußvolk in 90 Linien- und 15 leichten Infanterie-Regimentern	143,795 Mann	
	Lat. 150,129 Mann und	2652 Pferde.

Transp.	150,129 Mann und	2652 Pferde,
die Reiterei in 56 Regimentern auf	36,037 Mann und	29,512 Pferde
die Artillerie in 8 Regimentern Fußartillerie und 4 Regimentern zu Pferde, und Pontonnieren und Arbeitern auf	15,993 Mann,	
das Genie-Corps auf	4,824 Mann,	
Zusammen	206,000 Mann und	32,000 Pferde.

Doch wegen der Beurlaubungen und der noch nicht vollendeten Einrichtungen, waren Ende März 1815 in Frankreich nicht über 100,000 Mann Fußvolk, und ungefähr 15,000 Mann Reiterei wirklich vorhanden.

Der General Excelmann bildete aus allen in Paris anwesenden verabschiedeten Offizieren ein Bataillon; am 28sten März berief Napoleon alle verabschiedeten Offiziere und Soldaten zu den Waffen, er ließ zu Paris 6 Regimenter Voltigeur und 6 Regimenter Tirailleur der jungen Garde errichten; am 10ten April berief er alle Männer vom 20sten bis zum 60sten Jahre zu den Nationalgarden; 204 Bataillons Nationalgarden wurden befehliget, sofort die Grenzfestungen und die überall angelegten Verschanzungen zu besetzen, die Pferde der Gensd'armerie nahm er zur Reiterei, so wie die Postpferde zur Bespannung des Geschützes; durch ein Dekret vom 21sten April wurde den Grenz-Departements befohlen, Freicorps (oder Landsturm) zu errichten. Alle Festungen wurden wehrhaft gemacht, die Pässe der Ardennen, Vogesen in Lothringen, im Elsaß, Jura und in den Alpen, wurden durch Verschanzungen gesichert, die Städte befestigt, Brückenköpfe errichtet, Verhaue angelegt. Im Innern des Landes wurden Guise, Laferre, Vitry, Soissons, Chateau Thierry und Langres mehr befestiget, zum Schutz von Paris die Höhen von Montmartre und Mesnil Montant verschanzt, und durch 300 Kanonen vertheidiget.

Bei einer Bevölkerung von 28 Millionen Menschen, konnte es Napoleon nicht an Soldaten fehlen, auch nicht an geübten Soldaten, da das Kriegsheer, welches er vorfand, durch 150,000, aus allen Ländern zurückgekehrte Kriegsgefangene vermehrt wurde; mehr fehlten ihm Waffen, Kriegsgeräthe, Pulver und Kanonen, doch vorzüglich Pferde. Allein die großen Waffenfabriken, die Flotte, die See-Arsenäle, und die, schonungslos ge-

brauchten Hülfsquellen eines reichen und fruchtbaren Landes gaben die fehlenden Bedürfnisse, so daß, nach den amtlichen Listen am 13ten Juni, das französische Kriegsheer 375,000 Mann stark unter den Waffen war, ohne die Nationalgarden, welche auf 600,000 Mann angegeben wurden.

Als die Formation einigermaßen geschehen, und die Truppen sich vereiniget hatten, so wurden aus den vorhandenen Streitkräften 8 Armeen oder Beobachtungscorps gebildet, nämlich:

1) die Nordarmee; sie bestand aus:
   dem 1sten Corps des General-Lieutenants Grafen Erlon, Hauptquartier in Lille;
   dem 2ten Corps des General-Lieutenants Grafen Reille, Hauptquartier in Valenciennes;
   dem 3ten Corps des General-Lieutenants Grafen Vandamme, Hauptquartier in Mezieres;
   der Reserve-Armee des General-Lieutenants Grafen Lobau, Hauptquartier in Laon.
2) Die Mosel-Armee;
   oder das 4te Armeecorps des General-Lieutenants Gerard, bei Metz und Thionville.
3) Die Rhein-Armee;
   oder das 5te Corps des General-Lieutenants Grafen Rapp, im Elsaß, zwischen Hagenau und Landau, und an den Vogesen.
4) Das Beobachtungs-Corps des Jura;
   oder das 6te Corps des General-Lieutenants Leçourbe, zwischen Bedfort und Hüningen.
5) Die Alpen-Armee;
   oder das 7te Corps des Marschalls Suchet, bei Grenoble und Chambery.
6) Das Beobachtungs-Corps von Var;
   oder das 8te Corps des Marschalls Brunne, bei Toulon und Antibes.
7) Das Beobachtungs-Corps an den Pyrenäen;
   das 9te Corps des General-Lieutenants Clauzel bei Bordeaux;
   das 10te Corps des General-Lieutenants Decaen bei Perpignan;
   im westlichen Theil von Frankreich, in der Vendée, die Truppen der Generale Laborde und Travot.

b) Die Reserve-Armee
aus den alten und jungen kaiserlichen Garden unter dem Marschall Mortier bestehend; sie stand theils zu Paris, theils zu Laon und Avesnes.

Die Stärke und spezielle Eintheilung des französischen Kriegsheeres ist aus der Beilage, No. 3. zu ersehen.

Am 1sten Juni erließ der Marschall Soult als Major-General einen Tagesbefehl an das französische Kriegsheer, und alles deutete auf den baldigen Ausbruch des Krieges. Am 12ten Juni um 4 Uhr des Morgens verließ Napoleon Paris, und reisete nach dem Hauptquartier Laon, am 13ten nach Avesnes und am 14ten nach Beaumont, woselbst er über das dort vereinigte Hauptheer (die Nord-, Ardennen-, Mosel- und Reserve-Armee) Heerschau hielt, und an dasselbe einen Aufruf erließ.

So hatte Napoleon also hinter den Festungen Valenciennes, Maubeuge und Philippeville, unweit den Grenzen des Königreichs der Niederlande, sein treffliches Kriegsheer versammelt, welches aus dem Kern der französischen Kriegsmacht gebildet, und in 5 Heerestheile getheilt war, zu welchen noch die kaiserlichen Garden und 4 Corps Reiterei hinzustießen; die letztern bestanden, ohne die Reiterei der Leibwache, aus 28 Regimentern, die wohlgeübt, und trefflich ausgerüstet; das Kriegsheer von ungefähr 150,000 Mann, worunter 20,000 Mann Reiterei war, führte 400 Stück Geschütz, und, gegen frühere Sitte, einen Zug von 400 Proviantwagen bei sich; es war ein schönes, zum Kampf und zum Siege begieriges Kriegsheer.

Wahrscheinlich war Napoleons erster umfassender Operationsplan, durch das gänzliche Mißlingen der Müratschen Diversion verändert worden; und jetzt, nachdem er 2 Monat versäumt hatte, statt wie er sollte, im April entweder Italien oder die Niederlande anzugreifen, da Mürats Heer von den Oestreichern überwältigt, durch die Schweiz wie durch das südliche Frankreich große Heeresmassen in Anmarsch waren; jetzt blieb ihm nichts weiter übrig, als die verbündeten Kriegsheere in den Niederlanden schnell anzugreifen, sie zu trennen, jedes derselben mit überlegener Macht einzeln anzugreifen und zurückzuwerfen, Wellington an die See, Blüchern über die Maas gegen den Rhein, alsdann Belgien und das linke Rheinufer in Aufstand zu bringen, durch seine Siege über die berühmten Feldherren, seine Feinde in Schrecken zu setzen, seinen Franzosen hingegen Muth zu geben.

Die Stellung des französischen Kriegsheeres war am 14ten Juni folgende:

das Hauptquartier Napoleons war in Beaumont;
das 1ste Corps (Drouet) war zu Solre sur Sambre;
das 2te Corps (Reille) war zu Ham sur Heure;
das 3te Corps (Vandamme) rechts von Beaumont;
das 4te Corps (Gerard) in Philippeville;
das 6te Corps (Lobau)
die alten und jungen Garden } waren bei Beaumont.
und die 4 Reiterei-Corps

Das französische Kriegsheer war voll Erbitterung und Muth, nach Kampf und Rache dürstend. Die Garden hatten beim Ausmarsch aus Paris ihre Adler mit Trauerflor umwunden, ihnen ein Zeichen, daß sie fest entschlossen waren, zu siegen oder zu sterben.

Zweites Kapitel.

Der verbündeten Mächte Verabredungen, Bündnisse, Rüstungen, Truppenmärsche bis zur französischen Grenze, Auflösung der Fürstenversammlung in Wien, Aufstellung der Kriegsheere und der Truppentheile des englischen und niederrheinischen Kriegsheeres.

Die preußische Armee vom Niederrhein, unter dem General der Infanterie Grafen Kleist von Nollendorf, war während des Winters so vermindert worden, daß zwischen dem Rhein, der Maas und der Mosel im Anfang März nur ungefähr 30,000 Mann standen; eine Brigade lag auf dem rechten Ufer des Rheins unweit Wesel. Die Festungen Luxemburg, Jülich und Wesel waren zugleich von diesen Truppen besetzt, und nicht hinlänglich mit Bedürfnissen versehen.

20,000 Mann englische und hannövrische Truppen unter dem Prinzen von Oranien lagen in den Niederlanden, und die Festungen Ostende, Nieuport und Antwerpen waren gleichfalls nicht im Vertheidigungszustande.

Als nun am 9ten und 10ten März die Nachricht von der Landung Napoleons in Brüssel und Achen einging, vereinigte der General Graf Kleist von Nollendorf seine Truppen bei Jülich, ließ die Festungen in Vertheidigungszustand setzen, und die westphälischen und bergischen Landwehren berufen, der Prinz von Oranien hingegen zog seine Truppen bei Ath zusammen, und besetzte Mons und Tournay, welche er befestigen ließ. Beide Feldherren verabredeten, sich im Fall eines Angriffs bei Tirlemont zur Schlacht zu vereinigen.

Napoleons reißend schneller Zug vom mittelländischen Meere bis zur Hauptstadt, der Abfall der königlichen Truppen, die Flucht Ludwigs des 18ten nach Gent, die Anerkennung der Herrschaft Napoleons in Frankreich, die Ohnmacht der königlich Gesinnten in Bordeaux und Marseille zeigten den verbündeten Mächten, wie nothwendig der Krieg gegen Napoleon und das französische Volk sey.

Am 13ten März sprachen die 8 Mächte, welche den Pariser Frieden abgeschlossen, in Wien zuvörderst die Achtserklärung gegen Nappleon aus. Hierauf schlossen am 25sten März, als man auf dem Kongresse die Gewißheit erhielt, daß die königliche Parthei in Frankreich unterliege, Oestreich, Rußland, Preußen und England einen neuen Vertrag, in welchem sie sich verpflichteten:

1) Im Sinne der Erklärung vom 13ten März gegen Napoleon, und alle die sich mit ihm verbunden hätten, oder verbinden würden, zu kämpfen.

2) Zu diesem Zwecke sollen wenigstens 150,000 Mann von jeder Macht ins Feld gestellt werden, worunter $\frac{1}{10}$ Reiterei und das verhältnißmäßige Geschütz seyn wird (die Besatzungen der festen Plätze werden dazu nicht gerechnet).

3) Die Waffen sollen nicht eher niedergelegt werden, als bis Napoleon außer Stand gesetzt sein wird, neue Unruhen zu stiften, und seine Versuche, sich der obersten Gewalt in Frankreich zu bemächtigen, zu erneuern.

4) England verpflichtete sich am 30sten April, 5 Millionen Pfund Sterling Hülfsgelder zu bezahlen, welche zu gleichen Theilen unter die verbündeten Mächte vertheilt werden sollten; und behielt sich vor, für jeden fehlenden Mann (an den 150,000 Mann) 30 Pfund Sterling an seine Verbündeten zu bezahlen.

Es verbreiteten sich nun kriegerische Bewegungen, von einem Ende Europas bis zum andern, vorzugsweise aufs neue in Preußen, in Deutschland und in Oestreich, weniger in Schweden, Portugal, Spanien und Sardinien. Am 20sten Mai wurde mit der Schweiz eine Uebereinkunft abgeschlossen, nach welcher ihr eine bewaffnete Neutralität zugestanden wurde, sie verpflichtete sich, 30 bis 40,000 Mann aufzustellen; theils um ihre Grenzen damit gegen feindliche Angriffe zu schützen; theils um feindliche Bewegungen zu verhindern, welche dem verbündeten Kriegsheere nachtheilig werden könnten.

Und die Rüstungen der verbündeten Mächte waren unermeßlich, denn es zogen nicht Kriegsheere gegen Frankreichs Grenzen, sondern es richteten bewaffnete Völker ihren Lauf gegen den Rhein, die Maas, die Rhone, und wo sonst sich Angriffspunkte darboten.

Die Streitkräfte bestanden aus:

Oestreichern (in Deutschland und in Italien)	250,000	Mann,
Russen	225,000	Mann, (in Frankreich trafen nur 167,000 Mann ein).
Preußen	252,000	Mann,
Engländern	50,000	—
Niederländern	50,000	—
Baiern	58,000	—
Dänen	15,000	—
Wirtembergern	20,000	—
Badnern	20,000	—
Sachsen	16,000	—
Sardiniern	15,000	—
Hannoveranern	20,000	—
Darmstädtern	8,000	—
Hessen-Casselern	12,000	—
Braunschweigern	7,000	—
Nassauern	3,000	—
Den Kontingenten der kleinen deutschen Fürsten und der Hansestädte zusammen	20,000	—
Zusammen	1,039,000	Mann.

Diese Streitkräfte wurden in folgende Kriegsheere vertheilt, als:

I. **das niederländische Kriegsheer**, unter dem Befehl des englischen Feldmarschalls Herzog Wellington, bestand aus:

englischen Truppen	40,000	Mann,
Hannoveranern	20,000	—
Niederländern	30,000	—
Braunschweigern	7,000	—
Nassauern	3,000	—
	100,000	Mann.

(Die dänischen und hanseatischen Truppen waren noch nicht eingetroffen).

Die spezielle Eintheilung siehe in der Beilage No. 10.

II. Das niederrheinische Kriegsheer, unter dem Befehl des preußischen Feldmarschalls, Fürsten Blücher von Wahlstadt, bestand aus:

dem 1sten preußischen Armee-Corps	34,800 Mann	(v. Ziethen).
— 2ten — —	36,000 —	(Kleist v. Nollendorf).
— 3ten — —	33,000 —	(von Thielemann).
— 4ten — —	37,800 —	(Bülow von Dennewitz).
dem norddeutschen Bundes-Corps	26,200 —	(Kleist v. Nollendorf).
	167,000 Mann.	

(Das Garde- und Grenadier-Corps, das 5te und 6te preußische Armee-Corps, die rheinische Landwehr und meklenburgschen Truppen waren noch nicht eingetroffen).

Die spezielle Eintheilung enthält die Beilage No. 11.

III. Das mittelrheinische oder russische Kriegsheer, unter dem Befehl des russischen Feldmarschalls, Grafen Barklay deTolly, bestand aus:

dem 3ten Armee-Corps (v. Dochterow),
— 4ten — (v. Rajewsky),
— 5ten — (Baron Sacken),
— 6ten — (Graf Langeron),
— 7ten — (v. Sabanejew),
dem Grenadier-Corps (v. Jermolow),
dem 2ten Reserve-Kavallerie-Corps (Baron Winzingerode),
dem 3ten Reserve-Kavallerie-Corps (Graf Pahlen),

167,950 Mann.

(Das 1ste und 2te Armee-Corps, das 1ste Reserve-Kavallerie- und das Garde-Corps waren bereits auf dem Marsch, und erhielten Gegenbefehl).

Die spezielle Eintheilung in der Beilage No. 12.

IV. Das Oberrheinische Kriegsheer unter dem östreichischen Feldmarschall, Fürsten Schwarzenberg, bestand aus:

dem 1sten Armee-Corps 24,400 Mann (F. Z. M. Graf Hieronimus Colloredo).

Latus 24,400 Mann.

Transp. 24,400 Mann.

dem 2ten Armee-Corps 34,350 Mann (G. d. K. Fürst Hohenzollern Hechingen),
dem 3ten — 43,814 — (Kronprinz v. Wirtemberg),
dem 4ten — 57,040 — (Feldmarschall Fürst Wrede),
der östreichischen Reserve 44,800 — (Erzherzog Ferdinand),
dem Blokade-Corps 33,314 — (Erzherzog Johann),
dem sächsischen Truppen-Corps 16,774 — (Herzog v. Coburg).

254,..2 Mann.

(Die spezielle Eintheilung enthält die Beilage Nr. 13.)

V. Die schweizerische Neutralitäts-Armee kommandirte der General Bachmann, sie bestand aus:
36,524 Mann Schweizern.

(Die spezielle Eintheilung enthält die Beilage Nr. 14.)

VI. Das östreichische Kriegsheer von Ober-Italien kommandirt der östreichische General der Kavallerie, Baron Frimmont, sie bestand aus:

dem 1sten Armee-Corps (F. M. Lt. Radivojevich)
dem 2ten — (F. M. Lt. Graf Bubna)
dem Reserve-Corps (F. M. Lt. Meerville)
dem Piemontesischen Armee-Corps (General-Lieutenant Graf Latour)

60,000 M.

(Die spezielle Eintheilung enthält die Beilage Nr. 15.)

VII. Das östreichische Kriegsheer von Neapel kommandirte der Feldmarschall-Lieutenant Baron Bianchy, es bestand aus:

dem Armee-Corps (F. M. Lt. Graf Neipperg)
dem Armee-Corps (F. M. Lt. Mohr)
dem Armee-Corps (F. M. Lt. Graf Nugent)

40,000 M.

(Die spezielle Eintheilung enthält die Beilage Nr. 16.)

Diese Kriegsheere waren im Marsch begriffen:

Die Engländer erhielten ihre Verstärkungen, besonders zahlreiche Kavallerie und Artillerie.

Die preußischen Truppen marschirten in 2 Hauptkolonnen gegen den Rhein, nämlich die schlesischen auf Coblenz, die märkischen und pommerschen auf Cöln.

Das russische Kriegsheer marschirte in 3 Kolonnen, und passirte bei Mainz, Oppenheim und Mannheim den Rhein.

Das

Das östreichische Kriegsheer marschirte in 2 Kolonnen durch Schwaben nach dem Oberrhein.

Alle Festungen wurden wehrhaft gemacht:

Ostende, Nieuport und Antwerpen wurden ausgebessert, und in den Stand gesetzt, eine Belagerung auszuhalten. Ypres, Tournay, Mons, Ath und die Zitadelle von Gent wurden hergestellt, und bei Oudenarde ein Brückenkopf angelegt.

Die alte Festung Cöln wurde hergestellt.

Der Herzog Wellington ließ 200 Stück Belagerungsgeschütz, jedes mit 1000 Schuß, nach Antwerpen bringen, der Fürst Blücher 60 Stück von Wesel, jedes mit 800 Schuß nach Lüttich.

Es wurden polizeiliche Maßregeln längs dem Rhein genommen, der Krieg in Neapel angefangen, und schon nach 6 Wochen von den östreichischen Feldherren und ihren tapfern Soldaten glänzend geendiget, und der Congreß in Wien entschied nun in Eintracht das Schicksal der Völker und Länder also:

Der König von Sachsen unterzeichnete am 18ten Mai 1815 den Vertrag, in welchem er auf das Herzogthum Warschau, und von Sachsen auf ungefähr 400 Quadrat-Meilen mit 850,000 Einwohnern verzichtete; diese Länder erhielten Rußland und Preußen, wie es bereits erwähnt.

Oestreich erhielt den Tarnapoler Kreis in Gallizien von Rußland zurück, in Italien die lombardischen und venetianischen Provinzen, das Herzogthum Mantua, das Veltelin, und die Grafschaften Bormio und Cleven unter dem Titel eines Lombardisch-Venetianischen Königreichs. Die Unterhandlungen mit Baiern über den Austausch des Inn- und Hundsrückviertels nebst Salzburg blieben noch unbeendigt. Der Erzherzog Ferdinand erhielt das Großherzogthum Toskana, das herzogliche Haus Modena seinen vorigen Besitz, und das der Erzherzogin Maria Louise zugefallene Parma, Piacenza und Guastalla verblieb unter östreichischer Verwaltung.

Baiern erhielt gegen Tirol und Vorarlberg, das Großherzogthum Würzburg, das Fürstenthum Aschaffenburg und noch vier Aemter von Darmstadt.

Baden und Hessen-Darmstadt erhielten Entschädigungen auf dem linken Ufer des Rheines, das letztere auch die Festung Mainz, in welcher jedoch östreichische und preußische Besatzung verbleiben sollte.

B

Hannover wurde durch Hildesheim, Lingen, einen Theil von Münster und durch Ostfriesland vergrößert.

Churhessen erhielt Fulda und 3 Aemter von Darmstadt, es nahm, gleich den Meklenburgischen Herzögen und Weimar, den Großherzoglichen Titel an; das letztere wurde durch 70,000 Menschen vergrößert.

Der Papst erhielt erst, nach der Besiegung Murats, am 16ten Juli 1815, die Marken und die Fürstenthümer Benevent und Ponte Corvo und die Legationen bis zum Po.

Sardinien erhielt Piemont zurück, und wurde durch Genua vergrößert.

Die Niederlande wurden durch das Bisthum Lüttich, und durch das Herzogthum Luxemburg vergrößert, das letztere blieb dem deutschen Reichsverbande unterworfen, am 16ten März 1815 nahm der Fürst die Königliche Würde, mit dem Titel „König der Niederlande" an. Holland erhielt alle seine Kolonien zurück.

England behielt Malta und Helgoland, und erwarb die Oberherrschaft über die 7 Jonischen Inseln (42 Quadrat-Meilen mit 200,000 Einwohnern).

Die Hansestädte Hamburg, Bremen und Lübeck und Frankfurt am Main wurden für freie, deutsche Städte erklärt.

Und der deutsche Bund oder Reichsverband wurde durch die am 8ten Juni 1815 getroffene Uebereinkunft gegründet, und bestimmt, daß die Angelegenheiten durch eine zu Frankfurt am Main zusammentretende Bundesversammlung besorgt werden sollen.

Mit der Abfassung der deutschen Bundesakte wurde am 10ten Juni 1815 der große Europäische Kongreß in Wien geschlossen, der zu den wichtigsten Begebenheiten unserer Zeit gehört; er vollendete den im Jahre 1814 zu Paris geschlossenen Frieden, und sollte für lange Zeit Europas Schicksal und Gestalt bestimmen, und einen dauerhaften Frieden begründen.

Der Feldmarschall Herzog Wellington reiste bereits am 28sten März von Wien ab, und traf in den ersten Tagen des Aprils in Brüssel ein, wo er sein Hauptquartier nahm, er entwarf einen Vertheidigungsplan, den er jedoch nur dann ausführen zu können glaubte, wenn das preußische Kriegsheer sich mit seiner Hauptmacht bei Namur und Charleroy festsetzte; welches sogleich geschah.

Der Feldmarschall Fürst Blücher verließ am 10ten April

Berlin, und reisete über Cassel nach Lüttich, wo sein Hauptquartier so lange verblieb, bis es nach Namur verlegt wurde.

Der Feldmarschall Fürst Schwarzenberg übernahm am 11ten Mai im Hauptquartier zu Heilbronn sein Armee-Kommando, und verlegte sein Hauptquartier später nach Heidelberg.

Es war am 26sten Mai, als der Kaiser von Rußland und der König von Preußen Wien verließen, der erstere reisete sogleich nach dem Hauptquartier Heidelberg, der König von Preußen hingegen nach Berlin. Am 27sten Mai verließ auch der Kaiser von Oestreich Wien, und reisete über München nach Heidelberg. Worauf auch der König von Preußen, nachdem am 1sten und 2ten Juni das Garde- und Grenadier-Corps von Berlin abmarschirt war, am 22sten Juni von Potsdam nach dem Rhein abging.

So war denn alles zum neuen Kampfe vorbereitet, und um ihn zu eröffnen, erwartete man noch das russische Kriegsheer, welches in starken Märschen von der Weichsel längs dem Main herauf rückte, so wie das Eintreffen des östreichisch-italienischen Kriegsheeres an Frankreichs südlicher Grenze; doch vielleicht hätte man diese Heere nicht erwarten, sondern früher gegen Paris vorrücken sollen, denn so schnell die Kriegsheere versammelt wurden, so lange dauerte ihr Stillstand längs der Sambre und der ganzen Rheinlinie bis zur Schweiz hinauf.

Die verbündeten Mächte konnten ihre Rüstungen erst in der Mitte Juni vollenden, und hatten sie für den Anfang der Feindseligkeiten festgesetzt. Ihr Angriffsplan war dem des vorigen Jahres und Feldzuges ähnlich; es sollten die vier Kriegsheere von allen Seiten in Frankreich einrücken, das Vorrücken des Heeres aus den Niederlanden sollte so lange aufgehalten werden, bis sich die übrigen Kolonnen in gleicher Entfernung von Paris befinden würden; worauf sie alle zugleich gegen Paris konzentrisch vorrücken sollten. Das russische Kriegsheer, welches anfänglich bestimmt war die Reserven zu bilden, erhielt später die Bestimmung, in die Lücke einzurücken, welche dadurch entstand, daß sich das Niederrheinische Kriegsheer (weil man in den Niederlanden den ersten Angriff erwartete) näher an das Niederländische Kriegsheer (Wellington) und an die Sambre zog, um sich gegenseitig wirksamer unterstützen zu können.

Die Stellung der Kriegsheere war am 14ten Juni folgende:

1) Den äußersten rechten Flügel bildete die **Niederlän-**

dische Armee (Wellington); ihre Stellung erstreckte sich längs der niederländisch-französischen Grenze, von der Küste bis gegen die Dyle, zwischen der Schelde und Maas; von Tournay über Ath, Mons und Nivelles dehnte sie ihren linken Flügel bis Genappe aus, sie lag in sehr weitläuftigen Kantonirungen:

das Corps des rechten Flügels (Lord Hill) bei Ath,

das Corps des linken Flügels (Prinz v. Oranien) bei Braine le Comte und Nivelles,

das Kavallerie-Corps (Graf Uxbridge) bei Grammont,

die Reserve (Wellington) in Brüssel und der Umgegend,

die braunschweigschen Truppen. Hauptquartier des Herzogs in Laeken,

Das Hauptquartier des Herzogs Wellington war in Brüssel.

Auf Vorposten standen:

bei Frasnes als äußerste Spitze ein Bataillon des 2ten nassauischen Infanterie-Regiments und eine reitende Batterie; in Genappe stand der Oberst Prinz Bernhard von Weimar mit der 2ten Brigade der 2ten niederländischen Division (Perponcher) deren Hauptquartier in Braine le Comte war.

Die, 10,000 Mann starke, hannövrische Reserve, und eine Division niederländischer Truppen besetzten die neuen, vollendeten Festungen.

Nivelles war zum Vereinigungspunkt des niederländischen Kriegsheeres bestimmt, und der Herzog Wellington glaubte, solche Anordnungen getroffen zu haben, daß sein Kriegsheer dort in 24 Stunden Zeit versammelt seyn könnte, und in der Aufstellung nichts ändern zu können, ehe sich der Angriff des Feindes entwickelt habe, da der Angriff von Maubeuge auf Mons, auf Binch und Nivelles, oder Charleroi erfolgen konnte.

2) Links an die Armee der Niederlande, schloß sich die Armee des Niederrheins (Blücher) an, sie hatte Anfangs Mai sich an der Maas versammelt, und eine Stellung von Binch und Charleroy hinter der Sambre auf beiden Seiten der Maas bis Ciney bezogen, und ihre Reserve zwischen Lüttich, Huy und Hannut aufgestellt. Diese Stellung sollte den Feind ungewiß erhalten, ob das preußische Kriegsheer rechts abmarschiren, und an das niederländische Heer, oder links sich an die anrückende, russische Armee anschließen würde.

Das preußische Kriegsheer stand in so engen Kantonirungen, als es die Verpflegungsanstalten erlaubten, nämlich:

das 1ste Armee-Corps (v. Zieten) bei Charleroy,

das 2te Armee-Corps (v. Pirch der 1ste) bei Namur,
das 3te Armee-Corps (v. Thielemann) bei Ciney,
das 4te Armee-Corps (Bülow v. Dennewitz) bei Lüttich,
das norddeutsche Bundes-Corps (Kleist v. Nollendorf) bei Trier an der Mosel,
das Hauptquartier des Feldmarschalls, Fürsten Blücher, war in Namur,

folglich, treffenweise hinter einander, in einer Stellung, welche beinahe 6 Meilen in der Tiefe hatte; in dieser Stellung konnte es nur in seiner linken Flanke unerwartet angegriffen werden, allein diese Flanke war durch die Sambre, und weiter zurück durch die Maas gedeckt, deren Uebergänge zum Theil besetzt, zum Theil genau beobachtet wurden.

Zufolge der Verabredungen mit dem Herzog Wellington zu schleuniger, gegenseitiger Unterstützung, hatte der Feldmarschall Fürst Blücher, zum Vereinigungspunkte seines Kriegsheeres im Fall eines Angriffs, eine Stellung hinter dem Ligny-Bach unweit Fleurus, 4 Stunden von Namur gewählt, um sich der englischen Armee noch mehr zu nähern, die, wie erwähnt, sich bei Nivelles zu vereinigen angewiesen war.

Das 1ste preußische Armee-Corps des Generals v. Zieten stand, als der Vortrab des gesammten Kriegsheeres, schon seit Anfang May an der Sambre, und beobachtete die Grenze und den Feind. Der General v. Zieten hatte für den Fall, daß der Feind vorrücken und angreifen sollte, die nachfolgende Disposition gegeben:

„In dem eintretenden Falle, daß der Feind auf der Straße von Binche oder Maubeuge vorbringt, und seine Ueberlegenheit einen Rückzug der Vorposten und eine Allarmirung des ganzen Corps nöthig macht, versammelt sich:

die 1ste Brigade hinter Fontaines l'Eveque,
die 2te — hinter Charleroy,
die 3te — hinter Fleurus,
die 4te — hinter Onaz,
die Reserve-Kavallerie hinter Gembloux, woselbst sie die weitere Ordre erwartet,
die Reserve-Artillerie hinter Egheze.

Die 2te Brigade läßt in Chatelett, Charleroy und Marchienne in jedem dieser Orte ein Bataillon, und die 1ste Brigade in Fontaine l'Eveque 2 Compagnien zur Aufnahme der Vorposten zurück, wozu diese anzuweisen sind.

In Hinsicht der Vorposten, so ziehen sich die 2 Schützen-Compagnien der 1sten Brigade bis hinter das Defilee der Haine.

Das Gros des 1sten schlesischen Husaren-Regiments setzt sich hinter Lernnes, wohin auch die Vorposten dieses Regiments sich in schräger Richtung wenden.

Der Posten von Lobbes geht hart auf dem linken Ufer der Sambre zurück.

Das Gros des Uhlanen-Regiments Nr. 6. geht auf Charleroy zurück, und schließt sich an die 2te Brigade an.

Der bei Thuin stehende Posten dieses Regiments wartet den Posten von Lobbes ab, und zieht sich mit demselben am linken Ufer der Sambre nach Marchienne. Alle übrigen zwischen Thuin und Ham sur Heure stehenden Feldwachen ziehen sich über Montigni le Thigneu auf Marchienne, die zwischen Ham sur Heure und Gerpinnes stehenden Posten ziehen sich gerade auf Charleroy.

Die in Pres le fort St. Eustache stehende 1ste und 2te Esquadron des westphälischen Landwehr-Kavallerie-Regiments passiren die Sambre bei Chatelet, und schließen sich der 2ten Brigade an, die 3te und 4te Esquadron passiren die Sambre bei Fallizole, ihre Vorposten nehmen denselben Weg und schließen sich an ihre Esquadrons an, welche sich sodann auf dem linken Ufer der Sambre mit der 1sten und 2ten Esquadron wieder vereinigen.

Die Uebergänge über die Sambre, die sich im Bezirk der respektiven Brigaden befinden, bleiben so lange besetzt, bis die Brigaden von ihren Sammelplätzen abzumarschiren beordert werden.

Die Bagage und der Train wird bis Temploux zurückgeschickt.

Sollte der Feind eine weitere rückgängige Bewegung veranlassen, so zieht sich:

die 1ste Brigade, nachdem sie ihre Artillerie schon nach Gosselies vorausgeschickt hat, über Roux auf Jumet und Gosselies zurück, und stellt sich hinter Gosselies als Avantgarde, und zur Unterstützung der Posten am Pieton Bache auf.

Die 2te Brigade setzt sich vor Fleurus, diesen Ort im Rücken behaltend.

Die 3te Brigade stellt sich hinter Fleurus rechts an der Straße,

die 4te Brigade links derselben in Kolonnen auf.

Wenn die Brigaden den Befehl zum fortgesetzten Rückzug nach Fleurus bekommen, so behalten die 1ste und 2te Brigade, die

Uebergänge über den Pieton Bach besetzt, und zwar die 2te Brigade von Roux bis zum Einfall dieses Wassers in die Sambre.

Die 1ste Brigade von Roux bis an die Römerstraße. Das 1ste schlesische Husaren- und das Uhlanen-Regiment Nr. 6. bleiben als Soutien der am Pieton Bache aufgestellten Infanterie. Die Reserve-Kavallerie rückt nach Sombreuf, die Reserve-Artillerie geht auf der Römerstraße vor, bis in die Richtung diesseits des Defilées von Gembloux, um im Fall, daß man in der Position von Fleurus das Gefecht annehmen will, a portée zu seyn, oder daß ein weiterer Rückzug angeordnet werden müßte, von Gembloux über Temploux in die große Straße nach Namur einfallen zu können.

Die Bagage der Brigaden geht gleich über Namur hinaus, wenn ein weiterer Rückzug nöthig seyn sollte, es befindet sich bei derselben per Brigade ein Offizier mit der nöthigen Bedeckung.

In dem Fall, daß der Feind von Beaumont oder Philippeville vorrückt, so bleibt die vorige Disposition ganz dieselbe.

Die 2te Brigade behält alsdann die Uebergänge über die Sambre bei Marchienne, Charleroy und Chatelett so lange besetzt, bis die 1ste Brigade von Fontaines l'Eveque in gleicher Höhe mit ihr angekommen ist, der Rest der 2ten Brigade bleibt als Unterstützung der 3 genannten Posten, und als Avantgarde des bei Fleurus versammelten Armee-Corps hinter Gilly auf der Straße von Charleroy nach Fleurus Position fassend, bis auf weitere Ordre stehen.

Wenn der Feind von Philippeville kömmt, und die Vorposten der 4ten Brigade werden zurückgedrängt, so muß diese Brigade die Uebergänge über die Sambre so lange vertheidigen, bis das Armee-Corps versammelt ist.

Wenn einzelne französische bewaffnete Truppen auf den Vorposten ankommen, so werden solche, wenn sie nicht Ueberläufer sind, zurückgewiesen, wenn sie aber hierauf nicht achten, so muß man suchen sie einzufangen, und sie nach dem Hauptquartiere transportiren lassen. Auf keinen Fall muß zugegeben werden, daß eine Vedette sich auf friedfertige Weise zurückzieht.

Wenn der Fall eintritt, daß sich das 1ste Armee-Corps bei Fleurus zusammenzieht, so begiebt sich das Hauptquartier nach Fleurus.

Charleroy, den 2ten May 1815.

(gezeichnet) v. Zieten.

Für Gleichförmigkeit der Abschrift der Chef des Generalstabes

v. Reiche.

Drittes Kapitel.

Feldzug des niederrheinischen und niederländischen Kriegsheeres vom 15ten bis den 18ten Juni 1815.

Der 15te Juni.

I. Das niederrheinische Kriegsheer des Feldmarschalls Fürsten Blücher v. Wahlstadt.

Die beiden Flüsse Sambre und Maas trennten in der Nacht vom 14ten zum 15ten Juni noch das preußische von dem französischen Kriegsheere, diese Flüsse, die aus Frankreich kommen, vereinigen sich bei Namur. Die niederländische Gegend, die zwischen diesen Flüssen und dem französischen Gebiet liegt, bildet ein Dreieck, in welchem in einer waldigten Gegend außer dem Städtchen Thuin mehrere Dörfer liegen; seitwärts dieses Dreiecks hatte Napoleon sein Kriegsheer vereiniget, nordwärts auf dem linken Ufer der Sambre stand das 1ste preußische Armee-Corps in der bereits mehr erwähnten Stellung.

Der Feind hatte zwei Straßen vor sich, auf denen er gegen das preußische Kriegsheer vorrücken konnte, entweder links von Beaumont über Thuin, oder rechts von Florennes nach Charleroy; beide Straßen gewährten ihm den Vortheil, daß sie durch Waldungen führten, die seinen Anmarsch verdeckten.

Napoleon ließ noch vor Tagesanbruch sein Kriegsheer unter die Waffen treten, denn gleich Wallenstein nicht frei von dem täuschenden Glauben an glückliche Sterne und Tage, führte er die Franzosen an den Jahrestagen der Schlachten von Marengo und Friedland gegen den Feind, nachdem er durch eine kräftige Anrede (Proclamation) ihre Ruhmsucht, die Erinnerung an vorige Siege, die Aussicht auf künftige Schmach im Fall der Niederlage, hingegen der Kriegsehre und Beute im Fall des Sieges lebhaft geweckt hatte, ließ er zwei Kolonnen bilden, und selbige über Thuin, und über Gerpinnes gegen Charleroy zum Angriff vorrücken. Die Kolonne zur Linken erreichte früher die Sambre, und passirte diesen Fluß bei Thuin, die Kolonne zur Rechten hatte eine Meile weiter zu marschiren, ehe sie die Sambre bei Charleroy erreichte. Das 1ste und 2te Armee-Corps sollten die Sambre bei Marchienne, das 3te und 6te Armee-Corps und die Garden bei Charleroy, und das 4te Corps bei Chatellet passiren.

Feindlicher Angriff, Vereinigung des 1sten Armee-Corps bei Fleurus, Gefechte bei Thuin, Charleroy, Gilly und Gosselies.

Um 3 Uhr des Morgens griff der Feind die Vorpostenkette des 1sten Armee-Corps auf allen Punkten an, und drängte die Feldwachen zurück. Das 2te feindliche Armee-Corps (Reilly), an seiner Spitze die leichte Reiterei-Division Piré, rückte von Beaumont vor, so wie das 1ste Armee-Corps (Erlon) von Solre sur Sambre nach Thuin.

Die Vorderposten der 1sten Brigade standen mit dem rechten Flügel bei Binche, mit dem Zentrum bei Anderlues, mit dem linken Flügel unweit Thuin bei Lobbes.

Die Vorderposten der 2ten Brigade erstreckten sich auf dem rechten Ufer der Sambre von Thuin bis Gerpinnes, und wurden durch den Oberstlieutenant v. Woisky zu Jamignon befehliget. Das Städtchen Thuin war mit dem Füsilier-Bataillon des 2ten westphälischen Landwehr-Infanterie-Regiments, Gerpinnes so wie Ham sur Heure durch das Füsilier-Bataillon des 28sten Infanterie-Regiments besetzt. Das 1ste westpreußische Dragoner-Regiment hielt die Feldwachen von Maladry bis Gerpinnes, und es waren 2 Esquadrons rechts und 2 Esquadrons links zur Aufnahme der Füsilier-Bataillone bestimmt.

Als der General v. Zieten vom Anmarsch des Feindes unterrichtet war, und dessen Absicht gegen Charleroy vorzurücken erkannte, so gab er um halb 4 Uhr des Morgens Befehle zur Vereinigung der Brigaden, und zwar:

die 1ste Brigade solle sich bei Pieton vereinigen, um die alte Römerstraße zu decken, und sich bei Annäherung des Feindes langsam gegen Gosselies zurückziehen.

Die 2te Brigade sollte sich bei Charleroy vereinigen, und die 3 Sambre Brücken bei Marchienne, Charleroy und Chatellet vertheidigen, bis die 1ste Brigade Gosselies erreicht haben würde, damit sie, welche den weitesten Weg zu machen hatte, nicht vom Feinde abgeschnitten werden möchte. — Hierauf sollte sich die 2te Brigade bis hinter Gilly zurückziehen.

Die 3te und 4te Brigade, die Reserve-Kavallerie und Artillerie traten sogleich den Marsch nach Fleurus an, um dort die Stellung zu besetzen, in welcher die gebotene Vereinigung des niederrheinischen Kriegsheeres bewirkt werden sollte.

Sogleich eilte die 1ste Brigade sich bei Fontaine l'Eveque zu vereinigen, ihre Posten von Binche heranzuziehen, und sich zum weitern Rückzug auf Gosselies anzuschicken.

Die 2te Brigade stellte sich folgendergestalt zur Vertheidigung der Sambre auf:

Marchienne au pont besetzte das 2te Bataillon des 1sten westpreußischen Infanterie-Regiments, es hatte einen Posten in St. Martin und Zoone, und unterhielt die Verbindung mit der ersten Brigade;

Charleroy wurde durch das 1ste Bataillon des ersten westpreußischen Infanterie-Regiments besetzt;

Chatellet mit dem 1sten und 2ten Bataillon des 28sten Infanterie-Regiments;

Dampremy und den Pieton-Bach bis nach Roux besetzte das 1ste Bataillon des 2ten westphälischen Landwehr-Infanterie-Regiments;

Gilly wurde mit dem 2ten Bataillon des 2ten westphälischen Landwehr-Infanterie-Regiments besetzt;

4 Kanonen waren zur Deckung des Rückzuges von Marchienne, bei der Kirche von Dampremy aufgestellt.

Das Gefecht wurde heftig, und hatte schon längere Zeit gedauert, als es der feindlichen Kolonne zur Linken durch ihre große Uebermacht gelang, das in Thuin aufgestellte Bataillon, obwohl nur nach hartnäckigem Kampfe, aus diesem Orte zu verdrängen, und zum Rückzuge nach Montigny zu nöthigen; der Feind passirte die Sambre, und war bemüht, das 1ste Armee-Corps in Rücken zu nehmen, und zwischen 2 Feuer zu bringen.

Die Vordertruppen traten nun, vom Feinde aufs heftigste verfolgt und gedrängt, den Rückzug an; das 3te Bataillon des 2ten westphälischen Landwehr-Infanterie-Regiments von Montigny über Marchienne au pont und Dampremy gegen Gilly, das 28ste Infanterie-Regiment, nachdem es sein Füsilier-Bataillon von Gerpinnes her aufgenommen hatte, von Chatellet gleichfalls nach Gilly, und auch das 1ste Bataillon des 2ten westphälischen Landwehr-Infanterie-Regiments mit 4 Kanonen verließ Dampremy und den Pieton Bach, und rückte nach Gilly. Charleroy hingegen wurde aufs hartnäckigste vertheidiget, damit der rechte Flügel seinen Rückzug bewerkstelligen könne.

Es war 10 Uhr des Morgens, als das 3te französische Armee-Corps (Vandamme) und das 1ste Reiterei-Corps (Pajol) Charleroy sehr lebhaft angriffen, drei wiederholte Angriffe der zahlreichen feindlichen Truppen auf den unbefestigten Ort, wurden tapfer zurückgeschlagen, die Preußen zerstörten die Brücke, um den Feind noch länger aufzuhalten. Allein gegen Mittag hatte das 2te französische Armee-Corps die Sambre durchwatet und Marchienne erobert, so wie das 1ste Armee-Corps (Erlon) bei Thuin bereits die Sambre passirt. Da nun der Feind im Besitz beider Sambre Ufer war, so mußte nun auch Charleroy geräumt werden; allein damit die auf dem Marsch von Fontaine l'Eveque nach Gosselies begriffene 1ste Brigade nicht gefährdet werden sollte, bezog die vereinigte 2te Brigade um 2 Uhr, eine Stunde hinter Charleroy, bei dem Dorfe Gilly eine vortheilhafte Stellung hinter einem kleinen Bache, mit dem rechten Flügel an die Abtei Soleilmont gelehnt, und den linken gegen Chatelineau verlängert. Zur Deckung der linken Flanke blieb die Sambre-Brücke bei Chatellet (wo das 4te französische Armee-Corps noch nicht angekommen war) besetzt.

Der General v. Pirch der 2te stellte bei Gilly seine Brigade folgendergestalt auf:

An dem vordern Abhange des Höhenzuges in einem kleinen Gehölze stellte er das Füsilier-Bataillon des 1sten westpreußischen Infanterie-Regiments, 4 Stück Geschütz von der 6pfündigen Fußbatterie Nr. 3. standen zur Rechten auf einer vorspringenden Kuppe, um das vorliegende Thal zu beherrschen, 2 Stück Geschütz standen zwischen diesem Punkt und der großen Straße nach Fleurus, und 2 Stück Geschütz standen rechts von dieser Straße, um das Vorrücken feindlicher Kolonnen gegen Gilly möglichst zu verhindern. Die Scharfschützen des Füsilier-Bataillons des 1sten westpreußischen Infanterie-Regiments waren hinter den Hecken zum Schutz des Geschützes aufgestellt. Das 2te Bataillon des 28sten Infanterie-Regiments wurde rechts von der Straße von Fleurus, unweit der Abtei Soleilmont verdeckt aufgestellt, das 1ste Bataillon des 28sten Infanterie-Regiments stand über der Straße nach Lambusart, das Füsilier-Bataillon gegen Chatellet zu, und die beiden Bataillons des 1sten westpreußischen Infanterie-Regiments blieben zur Reserve bestimmt. Das 1ste westpreußische Dragoner-Regiment stand am Abhange des Bergrückens gegen Chatellet zu, hielt die Vorposten, patrouillirte das Thal der Sambre, und unterhielt auch die Verbindung mit einem bei Farcienne stehenden Posten der 3ten Brigade.

Um zu verhindern, daß der Feind, im Fall er den Engpaß von Gilly forzire, nicht sogleich auf der großen Straße von Fleurus vorprelle, und den Rückzug der 2ten Brigade auf Lambusart före, ließ der General v. Pirch im Walde auf dieser Straße einen Verhau machen, eine Maßregel, welche den Nutzen hatte, daß sie die feindliche Reiterei auf der Straße nach Fleurus vom schnellen Verfolgen abhielt.

Schon gegen Mittag war das 1ste Kavallerie-Corps (Pajol) in Charleroy eingerückt, wo die Sappeurs und Marins der Garde die Brücke über die Sambre sogleich wieder herstellen mußten; der General Clary führte zuvörderst Reiterei auf der Brüsseler Straße gegen Gosselies, so wie der General Pajol auf der Straße nach Namur gegen Gilly. Um 3 Uhr Nachmittags folgte unter dem Marschall Grouchy, von Charleroy gegen Gilly, das 3te Armee-Corps (Vandamme) und das 1ste Kavallerie-Corps (Pajol), während das 2te Armee-Corps (Reille) bei Marchienne au pont die Sambre passirte, und gegen Gosselies vorrückte, theils um den Preußen die Rückzugslinie auf der Brüsseler-Straße abzuschneiden, theils um dadurch die Trennung zwischen den Preußen und Engländern einzuleiten.

Gegen 3 Uhr Nachmittags wurde die 2te Brigade von dem feindlichen 3ten Armee-Corps angegriffen, und durch 16 Stück Geschütz lebhaft beschossen, allein die Angriffe von 2 Kolonnen Fußvolk und 4 Regimentern Reiterei glückten nicht, bis auch die Brücke von Chatellet durch die Truppen des, von Philippeville vorrückenden, feindlichen -ten Armee-Corps genommen, und die linke Flanke der preußischen Stellung bedrohet und umgangen war.

Die 6pfündige Fußbatterie Nr. 3. beantwortete mit vieler Ruhe das ihr überlegene feindliche Geschützfeuer, bis die Brigade den Befehl erhielt, ohne sich in ein ungleiches Gefecht einzulassen, den Rückzug über Lambusart gegen Fleurus anzutreten. Dieser Rückzug erfolgte, trotz den heftigsten Anstrengungen des sechsfach überlegenen Feindes, in geschlossenen Vierecken, auf welche sich zahlreiche feindliche Reiterei gleichsam stürzte, dennoch mit vieler Ordnung und großer Tapferkeit; das unerschrockene, preußische Fußvolk hielt mehrere gewaltige Angriffe der französischen Reiterei aus, welche den General Letort dabei verlor, der ehrenvolle Rückzug wurde durch den Wald von Fleurus bis nach Lambusart fortgesetzt, wo sich die 2te Brigade wieder aufstellte.

Die 1ste Brigade setzte ihren Rückzug gleichfalls fechtend bis nach Gosselies fort, diesen Ort fand sie bereits von Reiterei, welcher das 2te feindliche Corps (Reille) nachfolgte, besetzt; sogleich ließ der General v. Steinmez Gosselies angreifen, es wurde nach hartnäckigem Kampfe erobert, und der Marsch bis hinter den

Engpaß von Heppignies fortgesetzt, wo sie sich in Schlachtordnung aufstellte, und durch ein Bataillon der 3ten Brigade und durch das 6te Uhlanen-Regiment verstärkt wurde, es kam hier zu einer heftigen Kanonade, während die feindlichen Truppenmassen auf der großen Straße nach Brüssel bis nach Quatre bras vorrückten.

Der General v. Zieten ließ einen Theil der Reserve-Reiterei zur Aufnahme der hart gedrängten Brigaden vorrücken, sie erfüllte ihre Bestimmung mit der Ruhe tapferer Reiterei. Die 1ste Brigade setzte ihren Rückzug gegen Fleurus fort, und langte, nach einem Marsch von 6 deutschen Meilen bei St. Amand an, worauf auch die 2te Brigade den Befehl erhielt, den Rückzug über Boulet nach Fleurus fortzusetzen; als sie den Rückzug antrat, kam es bei Lambusart zu einer heftigen Kanonade.

Es war Abends um 11 Uhr, als das 1ste preußische Armee-Corps endlich versammelt war, und das Fußvolk, welches jeden Schritt, unter dem Abhalten der heftigsten feindlichen Anfälle, zurückgelegt hatte, sehr entkräftet das Lager zwischen St. Amand und dem Vorwerk la Faye bezog, so daß:

die 1ste Brigade zwischen Brie und St. Amand stand;

die 2te Brigade bei Ligny (im Dorfe lag das Füsilier-Bataillon des 1sten westpreußischen und 2ten westphälischen Landwehr-Regiments,)

die 3te und 4te Brigade in der Verlängerung der 2ten mit dem linken Flügel an das Vorwerk la Faye;

die Reserve-Kavallerie stand bei Fleurus;

Fleurus war durch 2 Bataillons besetzt.

Das 1ste preußische Armee-Corps wurde also als der Vortrab des niederrheinischen Kriegsheeres, von dem französischen Heere heute sehr lebhaft angegriffen, es zog sich, seinen Anweisungen gemäß, von der Sambre bis nach Fleurus zurück, und so tapfer die Franzosen kämpften, so war es ihnen, ihrer Ueberlegenheit ungeachtet, dennoch unmöglich, auf dem Wege nach Fleurus weiter als bis nach Lambusart vorzurücken. Seinen Verlust an Menschen, erlitt das 1ste Armee-Corps im heutigen Gefechte, bei der hartnäckigen Vertheidigung des Terrains seiner Bestimmung gemäß; er betrug mehr als 1200 Mann.

Am Abend war die Stellung des niederrheinischen Kriegsheeres folgende:

das 1ste Armee-Corps (von Zieten) stand bei Ligny und St. Amand, seine Vordertruppen standen noch gegen Lambusart und Heppignies;

das 2te Armee-Corps (v. Pirch I.) lagerte bei Sombreuf und Mazy;

das 3te Armee-Corps (v. Thielemann) setzte sich um 7½ Uhr des Morgens aus seinen bisherigen Kantonirungen nach Namur in Marsch, und war des Abends aufgestellt:

in Namur das Hauptquartier und die 10te Brigade;
die 9te Brigade lagerte rechts von Belgrade;
die 11te Brigade links;
die 12te Brigade hinter der 9ten Brigade;
die Reserve-Kavallerie bei Flavinne;
die Reserve-Artillerie links an der Straße.

Das 4te Armee-Corps erhielt von dem General Grafen Bülow von Dennewitz folgende Disposition:

„Zur Konzentration des 4ten Armee-Corps wird nachstehende Dislokations-Veränderung noch heute, nachdem die Leute abgekocht haben, vorgenommen:

die 13te Brigade belegt Lüttich mit 6 Bataillons,
3 Bataillons in Hirschtake, Voteme, Ans und St. Nikolas,
2 Esquadrons nach Jupille,
eine Batterie nach Saire, Bessalrée, Chenée.

Die 14te Brigade belegt nur den Kanton Vareme, mit Ausnahme von Greenville und Oreye.

Die 15te Brigade belegt den ganzen Kanton Helogne, mit Ausnahme von Grace, Thys, Chrichegnée, Odeur, Villar l'Eveque; die zu Etappen bestimmten Orte, Avoir, Angis und Chokier können mit benutzt werden; Jemeppe, Flemalle haut und Flemalle grand bleiben aber unbelegt.

Die 16te Brigade behält von den jetzigen Kantonnements bloß die, welche im Kanton Glons liegen.

Die Reserve-Artillerie marschirt aus den jetzigen Kantonnements nach Greenville, Oreye, Thys, Chrichegnée, Odeur und Villers l'Eveque.

Die Park-Kolonnen bleiben im Kanton Dalhem.

Die Reserve-Kavallerie, die Brigade v. Sydow bleibt liegen. Die Brigade von Schwerin bleibt liegen, und räumt bloß die Orte, welche sie im Kanton Maßricht belegt hat.

Die Brigade von Wazdorf marschirt aus den jetzigen Kantonnements nach Marlin, Roclenge, Vry Aeers, Op Heers; im Kanton Looz, Wantrenge, Heerstappe, Heur le Tixhe, Nedrin und Frere, im Kanton Tongres.

Diese Orte sind mit den jetzt angekommenen Theilen der Bri-

Brigade von Watzdorf zu belegen, und auch für das Husaren-Regiment No. 8 mit bestimmt. Bei Ankunft des Dragoner-Regiments No. 8, sind demselben die nöthigen Quartiere von der Brigade von Sidow noch abzutreten.

Hinsichts der Verpflegung wird noch festgesetzt: daß die Brigade von Watzdorf, von dem nächsten Empfangstage ab, in Tongres die Verpflegung empfängt."

Hauptquartier Lüttich am 15ten Juni 1815.

(gezeichnet) Bülow v. Dennewitz.

Für gleichlautende Abschrift der Chef des Generalstabes,

General-Major v. Valentini.

Das 4te Armee-Corps (Bülow v. Dennewitz) blieb also mit dem Hauptquartier noch in Lüttich, und zog bloß die entferntern Truppen näher an sich heran.

Der Feldmarschall Fürst Blücher, der am Vormittage in Namur die Nachricht vom Angriff des französischen Heeres erhalten hatte, traf am Nachmittag um 5 Uhr auf den Höhen bei Sombreuf und Bri ein, er machte eine Erkennung der Gegend, und nahm sein Hauptquartier in Sombreuf.

Am Abend spät erhielt der Feldmarschall Fürst Blücher die Nachricht, daß nur ein Theil des 4ten Armee-Corps bei Hannut versammelt sey, worauf er den Befehl gab, es solle von Hannut über Gembloux noch am 16ten Juni bei Sombreuf eintreffen.

Von dem niederländischen Kriegsheere gingen keine Nachrichten im preußischen Hauptquartier ein.

II. Das niederländische Kriegsheer des Feldmarschalls Herzogs Wellington.

Es stand, wie bereits gemeldet, ein Bataillon des 2ten Nassauischen Infanterie-Regiments und eine holländische Batterie auf Vorposten in Frasnes; diese wurden am Nachmittage daselbst von einer Abtheilung des 2ten feindlichen Corps (Reille) angegriffen und zurückgedrängt, das Fußvolk warf sich rechts in den Wald, und das Geschütz zog sich bis in die Gegend von Quatre bras zurück, (Quatre bras nennt man einige Häuser, bei denen ein Wegweiser steht, weil sich auf dieser Höhe die großen Straßen von Brüssel nach Charleroy, und von Nivelles nach Namur kreuzen). Auf dieser Höhe vereinigte der Obrist Prinz Bernhard von Weimar sogleich seine Brigade von 5 Bataillons Nassauern, er kanonirte den Feind, und es gelang ihm, die Franzosen aufzuhal-

C

ten, die, weil die Nacht hereinbrach, sich hier aufstellten und lagerten.

Alle übrige Truppen des niederländischen Kriegsheeres lagen am Abend dieses Tages noch ruhig in ihren weitläuftigen Kantonirungen, denn erst Nachmittag um 4½ Uhr erhielt der Herzog Wellington in Brüssel die Nachricht, daß das französische Kriegsheer vorgerückt, daß die Sambre passirt, und daß das 1ste preußische Armee-Corps seit Tagesanbruch im heftigsten Kampfe begriffen sey.

Hierauf erließ der Herzog Wellington am 15ten Juni um 6 Uhr Abends an alle Truppen zuvörderst den Befehl, sich zum Marsch in Bereitschaft zu setzen, weil er noch Meldungen von Mons erwartete, ob nicht eine feindliche Kolonne van dieser Seite vordringe; als es sich um Mitternacht zeigte, daß dies nicht der Fall sey, so erhielten seine Truppen Befehle zum schleunigen Aufbruch und Linksabmarsch zur Vereinigung bei Quatre bras.

Die Stellung des französischen Kriegsheeres war für diese Nacht folgende:

Das Hauptquartier Napoleons war in Charleroy.

1) Der linke Flügel war vom Marschall Ney kommandirt, der sein Hauptquartier in Frasnes hatte;
   - das 1ste Armee-Corps (Erlon) passirte bei Marchienne au pont die Sambre, und blieb daselbst stehen;
   - das 2te Armee-Corps (Reille) stand gegen Frasnes und Gosselies.

2) Das Zentrum, welches der Marschall Mortier kommandiren sollte, der in Beaumont krank zurückblieb, bestand aus:
   - den Garden,
   - dem 6ten Armee-Corps (Lobau),
   - der Reiterei,

   es lagerte bei Charleroy.

3) Der rechte Flügel, vom Marschall Grouchy kommandirt, bestand aus:
   - dem 3ten Armee-Corps (Vandamme),
   - dem 1sten und 3ten Kavallerie-Corps,

   lagerten zwischen Fleurus und Sambusart.
   - dem 4ten Armee-Corps (Gerard), welches des Abends in Chatellet eintraf.

Der 16te Juni.

I. Das niederrheinische Kriegsheer des Feldmarschalls Fürsten Blücher.

Die Schlacht bei Ligny.

Da es nach dem Gange, welchen das Gefecht am 15ten des Abends genommen hatte, schien, als wenn der Feind die Absicht habe, zwischen den beiden Kriegsheeren vorzudringen, und ihre Verbindung zu unterbrechen, auch bereits die nächste Verbindung auf der Straße nach Nivelles unsicher geworden war, so ertheilte der Feldmarschall Fürst Blücher um 3 Uhr des Morgens dem 1sten Armee-Corps den Befehl, sich mehr rechts zu schieben, und die Römerstraße und St. Amand zu besetzen.

Es war 9 Uhr des Morgens, als die 3 preußischen Heerestheile (das 1ste, 2te und 3te Armee-Corps) hinter dem Ligny-Bach vereiniget und aufgestellt waren, und es galt den Entschluß, ob man in dieser Stellung eine Schlacht annehmen wolle, oder nicht.

Es waren erst ¾ des preußischen Kriegsheeres versammelt; auf die Ankunft des 4ten Armee-Corps konnte man erst spät des Abends rechnen, so wie nach erhaltenen Meldungen von Seiten des Prinzen von Oranien höchstens auf 20,000 Mann Unterstützung von Seiten der Engländer, weil am Abend nicht mehr vereiniget seyn konnten.

Man hatte jetzt die Wahl:

a) die Schlacht gegen einen etwas stärkern Feind anzunehmen, oder:

b) sich rückwärts hinter der Diele zu vereinigen, wobei das niederrheinische Kriegsheer seine Verbindungslinie über Namur nach dem Rhein aufgeben mußte; oder:

c) sich nach Namur zurückzuziehen, und die Verbindung mit dem englischen Kriegsheere aufzugeben.

Der Feldmarschall Fürst Blücher faßte den Entschluß, die Schlacht anzunehmen, und die Gründe, welche ihn bewogen, waren wahrscheinlich hauptsächlich folgende:

Zeit zur Vereinigung des eigenen Kriegsheeres zu gewinnen;

dem niederländischen Kriegsheere Zeit zu seiner verspäteten Vereinigung zu verschaffen;

mit 80,000 Mann guter Truppen das Terrain vom Nachmittag bis zum Abend ohne Gefahr zu vertheidigen; ferner bewog ihn dazu, daß am Abend schon die Hülfe von 20,000 Engländern in des Feindes linker Flanke zugesagt war, und daß, würde die Schlacht bis zum Abend gehalten, sie bei den großen Verstärkungen, die am andern Morgen eintreffen

C 2

mußten, gegen einen erschöpften Feind unter sehr günstigen Umständen fortzusetzen war.

Das Schlachtfeld lag ungefähr eine Stunde hinter Fleurus, die Stellung war sehr enge. In einem zusammengedrückten halben Zirkel lagen Dörfer vor der Fronte, von deren Besitz die Erhaltung der Stellung abhing; kleine Anhöhen, Bäche und Dörfer begünstigten die Vertheidigung. Den Ligny-Bach zu vertheidigen, war das Hauptobjekt der Schlacht, um diese Absicht zu erreichen, wurde das Kriegsheer folgendergestalt aufgestellt:

das 1ste Armee-Corps (v. Zieten) bildete den rechten Flügel der Schlachtordnung, und nahm seine Stellung zwischen Briē und Ligny, so daß das Dorf St. Amand vor der Fronte des rechten Flügels lag; es stand auf den Anhöhen hinter dem Ligny-Bach, in der Mitte machte es einen vorspringenden Bogen, und sein linker Flügel dehnte sich bis zu einer, bei Sombreuf liegenden Anhöhe aus;

das Dorf St. Amand war mit 3 Bataillons und 2 Compagnien Schützen der 3ten Brigade besetzt;

die 1ste Brigade stand als Unterstützung hinter demselben;

die 4te Brigade besetzte das Dorf Ligny mit 3 Bataillons, und hatte 6 Bataillons als Reserve bereit;

die 2te Brigade und 6 Bataillons der 3ten Brigade marschirten in 2 Treffen auf, zwischen den Dörfern Briē und Ligny;

die Reserve-Kavallerie stellte sich links von Ligny auf, mit dem linken Flügel an die Straße gelehnt, die von Fleurus nach Namur führt.

Zwischen klein St. Amand und der Stellung lag die Windmühle Ferme, bei welcher der Feldmarschall Fürst Blücher sich aufhielt, und von wo aus er die Schlacht leitete, diese Mühle wurde durch das 1ste Bataillon des 1sten westpreußischen Infanterie-Regiments (2te Brigade) besetzt, und in Vertheidigungsstand gesetzt.

Das 3te Armee-Corps (v. Thielemann) machte den linken Flügel der Schlachtordnung und des 1sten Treffens aus, es stand längs der Straße von Namur, lehnte seinen rechten Flügel an das Dorf Sombreuf (welches durch das Füsilier-Bataillon des Leib-Infanterie-Regiments besetzt war) über Point du jour, den linken Flügel bis an Botey, vor seiner Fronte wurden die Dörfer Tongrines und Tongrenelle, so wie mehrere kleine Höfe längs dem Ligny-Bach stark besetzt, um das Defilee des

Ligny-Baches zu vertheidigen; die Reserve-Kavallerie befand sich auf dem linken Flügel.

Das 2te Armee-Corps (v. Pirch I.) stand ungefähr 2000 Schritt hinter dem 1sten Armee-Corps in gerader Linie als zweites Treffen aufgestellt, den rechten Flügel an Briē, den linken Flügel an Sombreuf gelehnt; die Reserve-Kavallerie stand auf dem äußersten rechten Flügel bei St. Joseph.

Das 4te Armee-Corps, welches noch nicht eingetroffen, allein Befehl hatte, von Hannut im eiligsten Marsch heranzurücken, sollte bei seinem Eintreffen als zweites Treffen hinter dem linken Flügel (3ten Armee-Corps) zwischen Sombreuf und Botey aufgestellt werden.

Die Vortheile, welche die sanften, gegen St. Amand und Ligny verlaufenden Abhänge des Terrains für das Geschütz darboten, waren zu seiner zweckmäßigen Aufstellung benutzt worden, und besonders waren 2 Punkte stark besetzt, nämlich eine Anhöhe zwischen Ligny und St. Amand, und der Windmühlenberg bei Briē, welcher, als der wichtigste Punkt der Stellung, mit 2 12pf. Batterien besetzt wurde, weil man durch das Feuer von hieraus verhindern konnte, daß der Feind nicht leicht aus den Dörfern Ligny und St. Amand vorrücke.

Es war die Absicht des Fürsten Blücher, die Truppen zwischen Ligny und Briē dem Feinde nicht zu zeigen, sondern in den Vertiefungen zu halten; allein von den Höhen von Fleurus übersah man die Stellung, und Napoleon entdeckte das preußische Kriegsheer.

Das in Schlachtordnung also aufgestellte preußische Kriegsheer war in 3 Armee-Corps getheilt, über 80,000 Mann stark, in 100 Bataillons Fußvolk, 75 Esquadrons Reiterei und 36 Batterien Artillerie mit 288 Stück Kanonen.

Napoleon ließ mit Tagesanbruch zuvörderst die Truppen, welche noch auf dem rechten Ufer der Sambre waren, diesen Fluß passiren, hierauf sein Kriegsheer unter die Waffen treten, um seinen Plan, die Trennung der feindlichen Kriegsheere zu bewirken, weiter zu verfolgen; er theilte sein Kriegsheer in 2 Heersäulen.

Die zur Linken unter dem Marschall Ney, (dem 1sten und 2ten Armee-Corps und dem 3ten Kavallerie-Corps) erhielt Befehl, auf der Straße nach Brüssel über Genappe nach Quatre bras vorzurücken.

Die zur Rechten unter Napoleons persönlichen Leitung und

gehung zu vereiteln. Die 1ste und 2te Brigade eroberten den größten Theil des Dorfes, und behaupteten es ferner mit ausgezeichneter Tapferkeit, und auch den gegen Wagnele entsendeten Truppen gelang es, den Feind aufzuhalten. Es war jetzt 5 Uhr Nachmittags.

Um diese Zeit meldete der Marschall Ney an Napoleon, daß er das geforderte 1ste Armee-Corps (Erlon) nicht abtreten könne, um den Angriff auf St. Amand zu unterstützen; wahrscheinlich veranlaßte diese Meldung Napoleon, seine Anordnungen gänzlich zu ändern, und das Zentrum des preußischen Kriegsheeres bei Ligny anzugreifen. Die französischen Garden, welche bereits auf den Höhen von groß St. Amand angekommen waren, erhielten Befehl sich rechts gegen Ligny zu ziehen, und auch das 6te Armee-Corps (Lobau) noch im Marsch von Fleurus begriffen, erhielt seine Richtung dahin.

Jetzt eröffnete sich bei dem Dorfe Ligny der heftigste Kampf, an der Behauptung dieses Punktes war alles gelegen, denn gelang es den Franzosen hier durchzubrechen, so rückten sie in den Zwischenraum, der sich bei Sombreuf zwischen dem 1sten und 3ten Armee-Corps in der Schlachtordnung befand, und leicht konnte es dem überlegenen Feinde sodann gelingen, beide Corps zu überflügeln und zurückzuwerfen.

Das feindliche 4te Armee-Corps (Gerard) eröffnete den Angriff auf das Dorf Ligny, welches gleichfalls im Thale längs dem Bache gleiches Namens liegt, und es setzte sich bald in den Besitz der einen Hälfte dieses Dorfes bis zum Bache; seine Versuche, die andere Hälfte desselben zu erobern, scheiterten jedoch an der Tapferkeit des preußischen Fußvolks. 5 Stunden dauerte das Gefecht im Dorfe, ohne daß ein Theil dem andern wich, und nur auf kurze Augenblicke wurde zuweilen einiger Raum überlassen; beide Kriegsheere hatten hinter den Dörfern und den kämpfenden Truppen ihr Fußvolk aufgestellt, welches sobald es nöthig Unterstützungen sendete, die das Gefecht ununterbrochen nährten (von preußischer Seite durch das 2te Armee-Corps); die Franzosen hatten hierzu mehr Truppen zu verwenden als die Preußen, besonders seit Napoleon von seinem linken Flügel das 1ste Armee-Corps (Erlon) herangezogen hatte. Gegen 200 Stück Geschütz waren von beiden Seiten gegen die Dörfer Ligny und St. Amand gerichtet, welche an vielen Orten in Flammen standen, die Truppen kämpften in den engen Straßen der Dörfer meist mit dem Bajonet und den Kolben, allein die 3te und 4te Brigade und 6 Bataillons der 6ten Brigade, unter der heldenmüthigen Anführung ihrer Brigade-Chefs, behaupteten das Dorf Ligny am diesseitigen Ufer des Ligny-Baches.

Es war 5 Uhr Nachmittags, als das Gefecht sich auf der ganzen Schlachtlinie sehr heftig ausgebreitet hatte, weil um diese Zeit auch der Marschall Grouchy (mit dem 1sten Kavallerie-Corps, einigen Garde-Truppen, und vom 6ten Armee-Corps), das 3te preußische Armee-Corps (v. Thielemann) bei Sombreuf angriff. Wenn auch das Gefecht hier nicht so mörderisch als auf den andern Punkten war, so gestattete es dennoch nicht die Stellung von Truppen zu entblößen. Die 9te Brigade hatte das Dorf Sombreuf besetzt, links von Sombreuf stand die 10te und 11te Brigade, auf dem Höhenzuge gegen die Straße nach Fleurus, und ihre Scharfschützen hatten den Grund inne, in welchem die Dörfer Boigne, Tongre, Tongrenelle, St. Martin und Balatre liegen; die 12te Brigade und die Reserve-Kavallerie standen auf dem linken Flügel, Treffenweise zur Unterstützung bereit. Die Angriffe des Feindes wurden gänzlich zurückgewiesen, und es zeigte sich bald, daß sie nicht entscheiden sollten.

Der Feldmarschall Fürst Blücher ließ die 6te und 8te Brigade (2ten Armee-Corps) vorrücken, damit sie den Raum zwischen dem 1sten und 3ten Armee-Corps ausfüllten, jetzt waren alle preußischen Truppen im Gefecht, alle Batterien im Feuer.

Bei Ligny lag die Entscheidung der Schlacht, und auf diesen Punkt richteten beide Feldherren ihre Hauptkräfte. Die feindlichen Angriffe und die Kanonade wurden immer heftiger, um den Besitz der Dörfer Ligny und St. Amand wurde mit der höchsten Erbitterung gekämpft, die Schlacht stand. Der Feldmarschall Fürst Blücher setzte sich an die Spitze der 5ten Brigade, und Reiterei vom 2ten und 3ten Armee-Corps, und drang aufs neue in das Dorf St. Amand ein, eroberte dieses, und entwarf den Plan, von hier aus dem Feinde in Ligny in den Rücken zu fallen; es war 6 Uhr Nachmittags, als St. Amand erobert war; die vorgesetzte Absicht gelang nicht, denn als der Fürst Blücher seitwärts von St. Amand aufmarschiren ließ, um einen Standpunkt zu nehmen, auf dem sich die erwarteten Engländer mit ihm vereinigen sollten, da rückte eine neue Kolonne französischer Truppen, neben dem preußischen rechten Flügel vorbei, um die Engländer anzugreifen, die feindlichen Truppen erhielten Verstärkungen, und die Preußen mußten sich in das Dorf St. Amand zurückziehen.

Ungefähr um diese Zeit erhielt der Feldmarschall Fürst Blücher die Nachricht, der Herzog Wellington könne nicht so wie er zugesagt, ihn mit 20,000 Mann unterstützen, weil kaum eben so viel Truppen, erst vereiniget, im heftigsten Gefecht bei Quatre bras ständen, und befürchten müßten, vom Feinde zurückgeworfen zu werden; auch vom 4ten preußischen Armee-Corps ging die Meldung ein, daß es mit den vordersten Truppen erst am Abend bei Gembloux eintreffe; so waren die Preußen angewiesen, der feindlichen Uebermacht allein zu widerstehen.

So war es Abend geworden, und nur den höchsten und tapfersten Anstrengungen gelang es, das Schlachtfeld zu behaupten, noch immer stand die Schlacht bei Ligny unentschieden, alle Truppenabtheilungen waren im Gefechte, oder hatten schon gefochten; die Noth wuchs unter vergeblichem Sehnen nach Hülfe. Napoleon führte neue und immer neue Truppen zum Angriff, die Preußen mußten ausdauernd fechten, weil sie durch keine frische Truppen mehr unterstützt werden konnten. Jetzt endlich schon, als es dunkel wurde, erzwang Napoleon die Entscheidung der Schlacht durch einen stürmenden Angriff auf Ligny, indem er die Garden, die Division Pecheux, das 4te Kavallerie-Corps (Milhaud) und 48 Stück reitende Kanonen vorrücken ließ. Während die Division Pecheux das Dorf Ligny in der Fronte angriff, rückten 8 Bataillons Garden unterhalb des Dorfes vor, überschritten den Bach, und nahmen die noch im Dorfe stehenden preußischen Bataillons in die Flanke; auch die französische schwere Reiterei brach auf der Morgenseite des Dorfes in geschlossenen Massen zwischen dem preußischen Fußvolk durch, die Preußen in den Rücken genommen, konnten sich ferner nicht behaupten, der Mittelpunkt der preußischen Stellung war durchbrochen.

Da versuchte der Feldmarschall Fürst Blücher, den Feind noch einmal nach Ligny zurückzuwerfen, er setzte sich an die Spitze von ungefähr 1000 Mann Reiterei (Reserve-Kavallerie des 1sten Armee-Corps), allein die Cuirassiere blieben der preußischen Reiterei überlegen, und der Angriff mißglückte *).

Es mußte nun der Rückzug angetreten werden, denn die Schlacht war verloren, sie war ehrenvoll verloren. Die hinter Ligny aufgestellten Truppen verließen auch jetzt, obwohl die Gefahr

*) Bei diesem Reiterei-Gefecht wurde dem Feldmarschall Fürsten Blücher sein Pferd erschossen, er war in großer Gefahr gefangen zu werden, sein Adjudant der Major Graf Nostitz rettete ihn.

noch durch die Dunkelheit vergrößert wurde, nicht ihren Muth, denn das tapfere Fußvolk, obwohl vom Feinde umringt, setzte in Vierecke geordnet, seinen Rückzug mit Fassung fort, und wies alle fernere feindliche Angriffe muthig zurück. Die am weitesten vorgeschobene Artillerie verfuhr sich in der Dunkelheit in einem Hohlwege, und es mußten dem Feinde 15 Kanonen überlassen werden, so wie die auf dem Schlachtfelde liegenden Verwundeten.

Der General-Lieutenant v. Röder (mit der Reserve-Kavallerie des 1sten Armee-Corps) befehligte die Nachhut, es gelang ihm, mit dieser die Gegend von Brie und das dortige durchschnittene Terrain zu besetzen, die 2te und 3te Brigade deckten muthig den gefahrvollen Rückzug, und die letztere behielt das Dorf Brie bis um 1 Uhr des Nachts besetzt; und, ohne vom Feinde beunruhiget zu werden, setzte sie sodann den Rückzug bis Gembloux fort.

Die Franzosen verfolgten das preußische Kriegsheer nicht weiter. Bei Marbais stellte sich die 2te Brigade mit einigen andern Truppen als Unterstützung der vordersten auf, das 1ste und 2te preußische Armee-Corps zogen sich 2 Stunden weit vom Schlachtfelde bis Tilly und Gentinnes zurück, in dem letztern Dorfe blieb der Feldmarschall Fürst Blücher, welcher befahl, der Rückzug solle noch in der Nacht über Tilly nach Wavre fortgesetzt werden, wo er seine Truppen hinter dem Engpaß aufstellen, sich mit dem 4ten preußischen Corps vereinigen wollte, und nicht befürchten durfte, von dem niederländischen Kriegsheere abgeschnitten zu werden.

Die 9te und 12te Brigade des 3ten Armee-Corps (v. Thielemann) kämpften bei Sombreuf bis zum Eintritt der Dunkelheit, ohne daß es den Franzosen gelang Terrain zu gewinnen, und das Armee-Corps behauptete seine Stellung noch, als der preußische rechte Flügel schon das Schlachtfeld geräumt hatte; erst nach Mitternacht zog es sich bis nach notre Dame de Moad unweit Gembloux zurück.

Den Verlust des preußischen Kriegsheeres in der Schlacht von Ligny, weiset die Beilage Nr. 19. speziell nach, man nimmt ihn an Todten und Verwundeten auf 14,000 Mann an. Von höhern Offizieren wurden die Generale v. Jürgaß und v. Holzendorf verwundet, und der Oberst v. Thümen wurde getödtet.

Das 4te preußische Armee-Corps erhielt von dem General Grafen Bülow v. Dennewitz am Morgen zum Marsch auf heute folgende Disposition:

„Das 4te Armee-Corps bezieht morgen als den 16ten Juni, enge Kantonirungs-Quartiere bei Hannut:

das Hauptquartier in Hannut;

die 13te Brigade in Grandut, petit Hallet, Avernas, Bertreis, Grasevernas, Linoeut, Wesrain;

die 14te Brigade in Hannut, Puthez, Boillei;

die 15te Brigade in Villers und Blehen;

die 16te Brigade in Landen;

die Reserve-Artillerie in Omal;

die Reserve-Kavallerie in Hologne sur Geen, Waarem, Kemme, Bortée, Vieux Walef.

Von jeder Brigade begiebt sich der Offizier des Generalstabes heute nach Hannut, um von dem Rittmeister v. Below noch heute Abend die Dislokation en detail zu empfangen.

Die Truppen brechen Morgen früh um 4 Uhr aus ihren Quartieren auf, und formiren sich auf folgenden Rendezvous, als:

die 13te Brigade Rendezvous bei Hognoul auf der Chaussée nach St. Tron, marschirt von da über Fooz und Warem nach den neuen Kantonements;

die 14te Brigade Rendezvous bei Boilhe, von da gerade nach den neuen Quartieren;

die 15te Brigade Rendezvous bei Hanesse und über Walef in die neuen Quartiere;

die 16te Brigade Rendezvous bei Odeur, und auf den besten Wegen in die Quartiere bei Landen. Der Oberst v. Hiller läßt diese Wege erkundigen, und berichtet noch heute;

die Reserve-Kavallerie Rendezvous bei Op Heeres und Oreye (nach der nähern Bestimmung Seiner königlichen Hoheit des Prinzen Wilhelm) und auf dem nächsten Wege in die Quartiere;

die Reserve-Artillerie Rendezvous bei Oreye und auf der Römerstraße nach den Kantonements.

Die Truppen ergänzen ihren eisernen Bestand, aus den nächsten Magazinen oder aus ihren Kantonements.

Lüttich den 15ten Juni 1815.

(gezeichnet) Bülow v. Dennewitz

Für gleichlautende Abschrift der Chef des Generalstabes
G. M. v. Valentini.

Zufolge dieser Disposition setzte sich das 4te Armee-Corps heute mit Tagesanbruch gegen Hannut in Marsch. Der General

Graf Bülow traf gegen 10 Uhr des Morgens ein, und soll daselbst das von dem Feldmarschall Fürsten Blücher bereits gestern aus dem Hauptquartier Sombreuf abgesendete Schreiben, welches ihm aufgab, noch heute auf dem Schlachtfelde bei Ligny einzutreffen, vorgefunden haben; weil dieses Schreiben in der Voraussetzung, daß das Hauptquartier des Generals Grafen Bülow schon am 15ten Juni in Hannüt eingetroffen sey, dahin adressirt worden, und als unwichtig scheinend, dort liegen geblieben war.

Der General Graf Bülow gab sofort die folgende Disposition auf heute:

„Das 4te Armee-Corps setzt seinen Marsch auf der Römerstraße fort, Gembloux und das Thal Orneau links lassend, bis auf die Höhe von Artelle.

Die Brigaden brechen auf, sobald sie abgekocht haben, die 14te Brigade, die schon in Marsch ist, bleibt vorne zur Avantgarde.

Die 15te Brigade, die bei le Soleil abgekocht, folgt, indem sie ihren Marsch auf dem Wege fortsetzt.

Die Reserve-Artillerie, die bei Brançon abgekocht, schließt sich an die 15te Brigade an.

Die 16te Brigade folgt von Tombe d'Empereur aus auf die Reserve-Artillerie.

Die Reserve-Kavallerie dirigirt sich auf Brançon in die Römerstraße, und

die 13te Brigade von Hannut ebenfalls dahin.

Die Brigaden geben Lebensmittel aus, wenigstens so viel, daß sie morgen kochen können, und schaffen mit Wagen nach, was sie etwa nicht fortgebracht haben sollten, geben dieses aus, und schikken die Wagen zurück.

Sämmtliche Bagage fährt bei Hannut auf, und es übernimmt der Major von Stark das Kommando über dieselbe.

Wo der Bedarf an Lebensmitteln aus den Dörfern ergänzt werden kann, da muß es geschehen, und es müssen die Truppen wenigstens mit Brod und Branntwein versehen seyn.

Der General-Major Ryssel der 1ste, wird, da er zuerst in der Stellung ankömmt, seine Precautions nehmen.

Ich werde um 3 Uhr von Hannut aufbrechen, und mich auf die Römerstraße zur 14ten Brigade begeben.

Die Lazareth Ambülants, die zum Corps gehören, gehen nach Hannut.

Die Train-Kolonnen werden mit Lebensmitteln geladen, und

sich bestreben sollte, es stellte sich bei Hall auf und bestand aus der indianischen Brigade (Anthing), der 1sten niederländischen Division (Stedtmann), der 4ten brittischen Division (Colville) und der hannövrischen Kavallerie-Brigade (v. Estorff), und betrug nach den Tageslisten 18,896 Mann.

Der Rückzug erfolgte nun von Quatre bras über Genappe bis nach Waterloo, oder bis zu dem Walde von Soignes. Napoleon ließ seine Reiterei sogleich vorrücken, und die Nachhut des niederländischen Kriegsheeres, welche aus der englischen Reiterei und aus der Division Alten bestand, sehr lebhaft verfolgen; es kam zu einem ziemlich heftigen Gefechte, besonders bei Genappe, welches der englischen Reiterei viel Verlust zuzog, bis der Lord Uxbridge mit der ersten Brigade der Leibgarden, durch glückliche Angriffe die Franzosen zurückwarf.

Bis dahin war es sehr heiß gewesen, jetzt aber fiel ein starker Regen, der die französische Reiterei hinderte, den zurückziehenden Engländern vielen Schaden zuzufügen, da der Boden so weich wurde, daß die Truppen nur mit großer Anstrengung marschiren konnten.

Als das niederländische Kriegsheer am Abend vereiniget war, ließ es der Herzog Wellington bei Mont St. Jean, vorwärts von Waterloo, folgende Stellung nehmen:

Das Fußvolk vom Corps des Prinzen von Oranien, wurde mit dem rechten Flügel an die große Straße gelehnt, welche von Brüssel nach Nivelles führt, der linke Flügel stieß an la Haye, die sämmtliche Reiterei wurde dahinter aufgestellt; das Vorwerk la Haye ließ der General-Lieutenant Baron Alten mit 2 leichten Bataillons der deutschen Legion (Major Baring) besetzen, den vor dem rechten Flügel liegenden Pachthof Hougoumont, so wie das dabei liegende kleine Holz, besetzte ein Detaschement brittischer Garden, und eine Compagnie hannövrischer Jäger unter dem Befehl des General-Majors Byng. Das Corps des Generals Lord Hill war bei Braine la Leud als Reserve aufgestellt, und deckte gleichzeitig die Straße von Nivelles nach Brüssel. Jenseits und vor dieser Straße stand der Vortrab, meist aus Reiterei bestehend, er beobachtete die Bewegungen des feindlichen Heeres.

In dieser Stellung, die der Herzog Wellington schon früher für den Fall einer Schlacht in dieser Gegend ausgesucht haben soll, stand also sein Mitteltreffen bei Mont St. Jean, sein rechter Flügel lehnte sich an Braine la Leud, und der linke Flügel erstreckte sich bis zu dem auf einer Anhöhe liegenden Vorwerk la

Haye. Die Landstraßen von Charleroy und Nivelles nach Brüssel durchkreuzen diese Stellung, und die Truppen des linken Flügels unterhielten über Ohayn die Verbindung mit dem bei Wavre stehenden preußischen Kriegsheere.

Der Herzog Wellington wählte anfänglich die Stellung bei Mont St. Jean in der doppelten Absicht: entweder um sich daselbst zu schlagen, oder um den Rückzug über Brüssel durch den Wald von Soignes fortzusetzen, allein als der Feldmarschall Fürst Blücher um 9 Uhr des Morgens meldete, er sey zum neuen Kampfe bereit, und wünsche nur soviel Zeit zu gewinnen, um seine Truppen mit Patronen und Lebensmitteln zu versehen, so entschloß sich der Herzog Wellington hier die Schlacht anzunehmen, und den Angriff des Feindes zu erwarten, wenn ihn der Feldmarschall Fürst Blücher mit 2 Armee-Corps unterstützen wolle. Der Feldmarschall Fürst Blücher erwiederte sogleich: er werde am 18ten Juni mit seinem gesammten Kriegsheere auf Chapelle St. Lambert marschiren, und den Herzog unterstützen, wenn er angegriffen würde — und auf den Fall, daß der Feind morgen nicht angreifen sollte, wurde vorbestimmt, ihn mit vereinten Kräften am 19ten Juni anzugreifen.

Der Herzog Wellington nahm für die Nacht sein Hauptquartier in Waterloo, einem Dorfe am Eingange des Soignes Waldes.

Die Stellung des französischen Kriegsheeres war folgende:

Mit Tagesanbruch war Napoleon zu Pferde, und verfügte sich zu dem 3ten und 4ten Armee-Corps und dem 1sten Reiterei-Corps, welche unter dem Marschall Grouchy die Preußen über Tilly nach Wavre verfolgen sollten.

Hierauf kehrte Napoleon zurück, und marschirte mit den Garden, dem 6ten Armee-Corps und der Reiterei auf der Brüsseler Straße vorwärts gegen Quatre bras, der rückgängigen Bewegung des niederländischen Kriegsheeres nachfolgend, welche er, wie seine Soldaten, für einen allgemeinen Rückzug hielt, worauf er am Abend, mit der Spitze seiner Kolonnen auf der Höhe von Belle Alliance eintraf, und sich vor dem niederländischen Kriegsheere auf Kanonenschußweite aufstellte und lagerte. Der Regen fiel den ganzen Tag hindurch stromweise herab.

Napoleon nahm sein Hauptquartier in dem Vorwerke Caillou, unweit dem Dorfe Planchenois an der Straße.

Der Marschall Ney mit dem 1sten und 2ten Armee-Corps,

und dem 3ten Kavallerie-Corps stand auf den Höhen zwischen Planchenois und dem Vorwerk Monplaisir.

Die Garden, das 6te Armee-Corps und das 2te und 4te Reiterei-Corps lagerten als Reserve vorwärts von Genappe.

Der 18te Juni, Schlacht bei Belle Alliance*).

I. Das niederländische Kriegsheer des Herzogs Wellington.

Eine Viertelstunde rechts von Mont St. Jean ist der höchste Punkt einer Anhöhe, welche sich links vorwärts von diesem Orte, über die Landstraße von Genappe nach Brüssel, gegen das Dorf Ohain herunterzieht. Von dieser Höhe vorwärts ist ein offenes freies Feld, das sich in sanfter Abdachung bis an den Fuß der Anhöhe, auf welcher die Franzosen ihre Stellung genommen hatten, verliert. Rückwärts von der Anhöhe von Mont St. Jean, bildet das offene Feld ein kleines Thal, zwischen der Waldhöhe und dem Dorfe Waterloo.

In diesem Thale hatte der Herzog Wellington, sein Kriegsheer, mit dem Rücken an den Wald von Soignes gelehnt, da, wo sich unfern die beiden großen Straßen von Charleroy und Nivelles nach Brüssel vereinigen, in zwei Treffen aufgestellt, die Anhöhe stark mit Geschütz, und die Vorwerke la Haye und Hougoumont, welche die Schlachtlinie wie 2 Festungswerke deckten, stark mit Fußvolk besetzt. Der rechte Flügel, der an Braine la Leud angelehnt war, wurde verkürzt, indem er bis an das Thal zurückgezogen wurde, in welchem das Dorf Merbes le Brain liegt, und nur 2 Bataillons wurden in Braine la Leud zurückgelassen. Die beiden Straßen von Nivelles und Genappe wurden durch Schleppverhaue für die feindliche Reiterei unzugänglich gemacht, der linke Flügel wurde durch die Besetzung von Papelotte gedeckt, da Frichemont zu weit abgelegen war. Dieser Punkt war der schwächste der Stellung.

Der Herzog Wellington hatte besonders in der Mitte seiner Stellung seine Hauptkräfte zusammengedrängt, das Corps des Lord Hill**) machte den rechten Flügel und stand rechts der Straße

*) Die Preußen nennen sie also, die Engländer nennen sie die Schlacht bei Waterloo, und die Franzosen die Schlacht von Mont St. Jean.

**) Die 2te Division Clinton,
die 3te niederländische Division Chassée,
die 4te Division Colville.

nach Nivelles, die Division Alten hatte die Mitte, das Corps des Prinzen von Oranien*) machte den linken Flügel zwischen beiden Straßen. Die Reserve unter dem General Picton**) stand zwischen der Straße von Genappe und Papelotte. Das braunschweigsche Corps stand als Reserve im 2ten Treffen, hinter dem Corps des Prinzen von Oranien, die Nassauische Brigade auf dem linken Flügel. Alle Truppen standen in zwei Treffen, die Reiterei im 3ten, am Ausgange des Dorfes Mont St. Jean stand der General Lambert mit seiner Brigade. Der Prinz Friedrich der Niederlande blieb mit seinem Corps bei Hall.

Das niederländische Kriegsheer war nach den amtlichen Berichten an das Parlament 64,000 Mann stark, nehmlich 52,000 Mann Fußvolk, 12,000 Mann Reiterei und 150 Stück Geschütz. (Unter diesen waren 13,000 Mann Fußvolk, 3,000 Mann Reiterei und 4 Batterien niederländischer Truppen, 6,000 Mann und 2 Batterien Braunschweiger und 3,000 Mann Nassauer).

Von der Behauptung der Anhöhen, an welche das niederländische Kriegsheer seinen rechten Flügel anlehnte, hing das Schicksal der Schlacht ab, denn gelang es den Franzosen diese Anhöhen zu erobern, so wurden sie nicht nur Meister der Straße nach Brüssel und Nivelles, sondern sie konnten auch das niederländische Kriegsheer auf das preußische werfen, und so beide Kriegsheere aufrollen. Im Anfange der Schlacht schien es, Napoleon wolle diese Absicht durchsetzen; als sie mißlang, wollte er im Fortgange der Schlacht den linken Flügel umgehen (das Wichtigste was der Feind thun konnte, um die verbündeten Kriegsheere zu trennen) und endlich unternahm er sein Lieblingsmanöver, indem er bemühet war, das Centrum zu durchbrechen.

Der Herzog Wellington hatte für die 3 folgenden Fälle seine Dispositionen zur Schlacht, und die Verabredungen mit dem Feldmarschall Fürsten Blücher getroffen.

Für den ersten Fall: der Feind greift den rechten Flügel des Herzogs Wellington an.

*) Die 1ste Division Cooke,
die 3te Division Alten,
die nassausche Brigade Kruse,
das braunschweigsche Corps Olfermann.

**) Die 5te Division Picton,
die 6te Division Cosle,
die 2te niederländische Division Perponchèr.

Dann kann die preußische Armee von St. Lambert über Ohain zur Unterstützung heranrücken:

Für den zweiten Fall: der Feind greift das Zentrum oder den linken Flügel des niederländischen Kriegsheeres an.

Dann kann ein preußisches Corps bei Lasne die Lasne passiren, und sich auf dem Plateau zwischen la Haye und Aywiers formiren, um dem Feinde in die rechte Flanke und den Rücken zu gehn.

Ein zweites Corps kann über Ohayn zur Unterstützung der englischen Stellung heranrücken.

Ein drittes Corps kann über Marausart und Sauvagemont marschiren.

Ein viertes Corps kann als Reserve gegen die bedrängten Punkte wirken.

Für den dritten Fall: der Feind rückt von der Höhe von Belle Alliançe gegen St. Lambert.

Dann wollte der Herzog Wellington auf der Straße vorrükken, und den feindlichen linken Flügel und seinen Rücken angreifen.

Der Fall, welcher eintrat, daß Napoleon mit einem Theile seines Heeres, am rechten Ufer der Dyle angreifen würde, war in diesen Verabredungen nicht angenommen.

Bis 9 Uhr des Morgens regnete es sehr stark, alsdann ließ es etwas nach, und Napoleon ließ das französische Kriegsheer in Schlachtordnung aufmarschiren, also:

Erstes Treffen.

Den rechten Flügel machte das 1ste Armee-Corps (Erlon) aus, es stellte sich rechts an der Straße nach Brüssel, dem Dorfe Mont St. Jean gegenüber, auf, so daß sein rechter Flügel gegen Smohain, der linke Flügel an die Meierei Belle Alliançe stieß. Die Artillerie dieses Corps bestand aus 80 Stück Geschütz, die leichte Reiterei desselben war hinter dem rechten Flügel aufgestellt.

Den linken Flügel machte das 2te Armee-Corps (Reille), es stand links von der Straße, lehnte seinen rechten Flügel an die Meierei Belle Alliançe, der linke Flügel hatte vor seiner Fronte das Gehölz des Schlosses Hougoumont. Die Artillerie dieses Corps bestand aus 60 Stück Geschütz, die leichte Reiterei war zur Beobachtung nach Monplaisir entsendet.

Im zweiten Treffen

standen das 3te und 4te Kavallerie-Corps; sie waren in Intervallen aufgestellt.

Das 6te Armee-Corps (Lobau) mit 30 Stück Geschütz und seiner leichten Kavallerie-Division stand hinter dem rechten Flügel unweit der Meierei Rossomme.

Die Garden standen hinter dem 2ten Armee-Corps oder dem linken Flügel auf den Anhöhen zur Unterstützung bereit, die Division der jungen Garde (Duhesme) machte eine Flanke gegen Planchenois.

Die Garde-Reiterei stand theils rechts, theils links der Straße von Charleroy, als drittes Treffen.

Der Reserve-Artillerie-Park der Garde, ungefähr 40 Stück 12pfündiges Geschütz, blieb bei Maison du Roi, so wie die Bagagen des Hauptquartiers bei Caillou.

Das französische Kriegsheer war demnach gleichfalls in zwei Treffen aufgestellt, und ungefähr 90 — 100,000 Mann stark, weil man seinen Verlust am 15ten, 16ten und 17ten, auf 10,000 Mann außer dem Gefecht, und 40 — 45,000 Mann unter dem Marschall Grouchy entsendet, annehmen muß.

Napoleon stellte sich auf einem Hügel, neben dem Meierhofe Caillou auf, von wo er das Schlachtfeld genau übersehen konnte, worauf er um 11 Uhr des Morgens das Zeichen zur Schlacht gab.

Die Schlacht wurde von den Franzosen durch einen sehr heftigen Angriff auf den Meierhof Hougoumont eröffnet, welchen 6 Bataillons von der Division des Prinzen Hieronymus machten. Eine massive Mauer war dort zur Vertheidigung eingerichtet, und die brittischen Garden und die hannövrischen Jäger schlugen den Angriff aufs tapferste ab; und obwohl die Angriffe auf diesem Punkte öfter erneuert wurden, so blieben dennoch alle Anstrengungen des Feindes fruchtlos, der starke Kolonnen Fußvolk und viel Geschütz hier vergeblich verwendete. Der Prinz Hieronymus wurde in den Arm verwundet.

Napoleon faßte den Entschluß, die Mitte der niederländischen Schlachtlinie zu durchbrechen, denn siegte er hier, so gewann er die Hauptstraße, die durch den Wald von Soignes nach Brüssel führt, und trennte das niederländische Kriegsheer.

Nach 12 Uhr setzte Napoleon seine Kolonnen, zum Angriff auf das Zentrum in Bewegung. Der Herzog Wellington ließ den Fürsten Blücher aufs schleunigste hiervon benachrichtigen, damit er wisse, daß zufolge ihrer Verabredungen, für das preußische Kriegsheer jetzt der zweite Fall eintrete.

Schon während dieses Angriffes auf Hougoumont rückte das französische erste Treffen vorwärts. 80 Stück Geschütz eröffneten ein furchtbares Feuer, und unter seinem Schutz rückten die Kolonnen Fußvolk und Reiterei gegen den Mittelpunkt der Stellung des niederländischen Kriegsheeres heran, und griffen ihn an, bald Reiterei, bald Fußvolk mit einander, bald jedes allein. Das brittische und deutsche Fußvolk schloß Vierecke, schlug diese Angriffe zurück, bis die englische Reiterei vorrückte und die französische zurückwarf. Unter dem Schutz des Kanonenfeuers, drang von dem 1sten französischen Armee-Corps eine Brigade auf der Straße vor, und rückte gerade gegen das Dorf Mont St. Jean an, allein auch dieser Angriff wurde durch die beiden leichten, und durch das 8te Linien-Bataillon der deutschen Legion zurückgeschlagen, bis den vorgerückten französischen Kolonnen die Cürassiere des Generals Milhaud nachfolgten, welche das deutsche Fußvolk hierauf bis auf die Höhen zurückdrängten; jene Bataillone mußten sich durch das erste Treffen ziehen, um sich aufs neue zu formiren, während die französischen Cürassiere, vom kreuzenden Feuer des Fußvolkes empfangen, umwendeten.

Auch auf den brittischen linken Flügel, machte das 1ste feindliche Armee-Corps sehr heftige Angriffe, und bei einem derselben gelang es ihm, den Pachthof la Haye zu erobern, nachdem das Fußvolk, welches ihn vertheidigte, bereits ohne Munition war. Eine Folge dieses von den Franzosen erkämpften Vortheils, war das Zurückweichen der niederländischen Schlachtlinie und die Räumung von Hougoumont, welches in Flammen aufloderte; große Massen feindlicher Reiterei hieben auf die, zur Unterstützung dahin eilenden Bataillone, mit Nachdruck ein.

Es war 2 Uhr am Nachmittage, als die vorliegenden Punkte der niederländischen Schlachtlinie von den Franzosen genommen und überwältiget waren; doch um sich der Hauptstellung der Engländer zu nähern, mußten die französischen Truppen sich jetzt in die vor der Ebene und dem Walde von Soignes liegenden Vertiefungen werfen, und sich dem fürchterlichsten Kartätschen- und Gewehrfeuer bloß stellen. Inzwischen war es nun, da jene die Flanken der Engländer schützenden Vorpunkte überwältiget waren, möglich, zwischen ihnen mit großen Massen unmittelbar gegen den Mittelpunkt Mont St. Jean vorzurücken. Alles französische Reserve-Geschütz fuhr voraus, um zuvörderst das brittische

Feuer zu beantworten, große Reitermassen eilten ihm zur Seite das Plateau hinan, um dort die, wie es schien nicht allzu stark geschützten, Batterien zu erobern. Hier entstand nun ein sehr heftiger Kampf, die englische Reiterei war verborgen, und griff die heraufstürzende französische mit einem Ingrimm an, der sie, weil sie überdieß im Bereich des englischen Kartätschenfeuers focht, meist vernichtete. Doch weil Napoleon fest entschlossen blieb, hier durchzudringen und die Ueberzahl an Truppen hatte, so folgte hier ein Angriff auf den andern, und es wurde unausgesetzt der heftigste Kampf gekämpft.

Dreimal waren die Franzosen auf diesem Punkte schon beinahe Sieger, schon beinahe überwältiget, setzten die verbündeten Truppen ihnen den letzten, angestrengten, verzweifelten Widerstand entgegen; es gelang den Franzosen schon einmal, bis auf die Höhen hinter Mont St. Jean vorzudringen, weil die englische Division Picton, als ihr tapferer Führer getödtet, etwas zurückgewichen war; da führte der Herzog Wellington durch die Zwischenräume der Vierecke die Reiterei heran, (die Brigaden Ponsonby Vandeloer und die niederländische Ghigny) an ihrer Spitze die Brigade des Generals Ponsonby, und noch einmal wurde, nach dem hartnäckigsten und blutigsten Kampfe, die französische Reiterei von den Anhöhen vertrieben; die brittische Reiterei machte an 1000 Mann Gefangene, eroberte einen Adler (des 45sten Linien-Infanterie-Regiments), hieb 2 Bataillone der alten französischen Garde zusammen, und brachte das 1ste feindliche Armee-Corps zum Rückzug bis hinter die Höhen, wo es hergekommen war.

Durch solche günstige Momente in der Schlacht war indessen nichts entschieden, die feindlichen Angriffe dauerten ohne Unterbrechung fort, der Verlust des niederländischen Kriegsheeres war ungeheuer (18,000 Mann Todte und Verwundete). Die Verwundeten zogen in dichten Kolonnen auf der Straße nach Brüssel zurück, alle Reserven waren schon in die Linien gezogen, die Zahl der Kämpfenden betrug kaum noch 30,000 Mann, durch den Verlust des Pachthofes la Haye, war auf dem linken Flügel die Verbindung mit dem preußischen Kriegsheere sehr bedroht, und die Lage des niederländischen Kriegsheeres wurde immer bedenklicher — die Schlachtlinie stand im heftigsten kleinen Gewehrfeuer, schon war das Geschütz zum Theil in die zweite Linie gefahren, schon glaubten die Franzosen um halb 7 Uhr des Abends ihres Sieges gewiß zu seyn, und schon hatte Napoleon mit der übereilten Nachricht seines Sieges, nach seiner Hauptstadt eilende Boten gesendet.

Die Tapferkeit des niederländischen Kriegsheeres würde der Ueberzahl eines gleich tapfern Feindes, auf die Dauer wahrscheinlich nicht das Gleichgewicht gehalten haben, der Herzog Wellington war in derselben Lage, wie der Feldmarschall Fürst Blücher am 6ten in der gleichen Abendstunde; er erwartete mit Sehnsucht die zugesagte Hülfe, und es war halb 5 Uhr, als die Preußen hervorbrachen, halb 7 Uhr, als ihre Angriffe entscheidend wurden. Als die Preußen eintrafen, mußten die Uebermacht und der Sieg um so glänzender und entscheidender werden, deshalb war der Herzog entschlossen, seine Stellung um jeden Preis zu behaupten, und keine Opfer zu scheuen. Von 4 Uhr an, richtete der Feind alle seine Kräfte gegen den Theil der Stellung, zwischen den beiden Straßen, um halb 7 Uhr geschahen die gewaltigen Angriffe der französischen Garden auf das Zentrum, die Gefahr wurde immer größer, von Minute zu Minute dringender; da eroberten die Preußen das schon verlorne Dorf Papelotte auf dem linken Flügel, und trafen in des Feindes rechter Flanke und im Rücken ein.

II. Das niederrheinische Kriegsheer des Feldmarschalls Fürsten Blücher.

Nachdem der Feldmarschall Blücher mit Tagesanbruch durch den Herzog Wellington die Nachricht erhielt, daß das französische Kriegsheer sich gegen ihn in Schlachtordnung aufstelle, so gab er die nachfolgenden Befehle:

„das 4te, 2te und 1ste Armee-Corps marschiren in zwei Kolonnen so ab (von Wavre), daß sie den Herzog Wellington, der heute von der französischen Armee angegriffen wird, und der mit seinem rechten Flügel bei Braine la Leud, mit seinem linken Flügel bei Mont St. Jean stehet, unterstützen, und Bonaparten eine Diversion in seiner rechten Flanke und Rücken machen können.

Das 4te und 2te Armee-Corps machen die Kolonne des linken Flügels, sie marschiren über Neuf Cabarets bis St. Lambert. Das 1ste Armee-Corps hat die rechte Flügelkolonne, es marschirt über Fromant gegen Ohain.

Das 3te Armee-Corps ist bestimmt, im Fall eine feindliche Kolonne vorrückt, die Stellung bei Wavre zu vertheidigen, oder im andern Fall dort nur ein paar Bataillone stehen zu lassen, und gleichfalls rechts bis nach Couture abzumarschiren, um jenen beiden Kolonnen als Reserve zu dienen, und nach den Umständen gebraucht zu werden.

Der Rückzug des niederrheinischen Kriegsheeres soll im Fall eines unglücklichen Ausganges über Ober-Uschke nach Louvaines gehen.“

Der General v. Zieten gab dem 1sten Armee-Corps hierauf folgende Disposition:

„das 1ste Armee-Corps hat die rechte Flügelkolonne, es marschirt über Fromont gegen Ohain, die Marschordnung ist folgende:

die Avantgarde, die 1ste Brigade nebst einer Fuß- und einer reitenden Batterie zur Unterstützung der Avantgarde marschirt hinter ihr, die Reserve-Kavallerie, sodann die 2te, 3te und 4te Brigade.

Das 1ste Armee-Corps marschirt rechts ab.

Ich bitte so viel wie möglich in Sektionen, und da wo es das Terrain gestattet, in Zügen zu marschiren.

Zu dem glücklichsten Tage meines Lebens werde ich es rechnen, wenn der 18te Juni eine eben solche preußische Tapferkeit wie am 16ten, jedoch einen bessern Erfolg zeigt. Unter den Befehlen solcher Brigade-Chefs und Oberoffiziers wie sie das 1ste Armee-Corps zählt, bin ich im voraus der Erfüllung meiner heißen Wünsche gewiß.

Der Major v. Oedenroth vom Generalstabe wird die Tete der Kolonne des 1sten Armee-Corps führen.

Das westphälische Landwehr-Kavallerie-Regiment wird in die Brigaden eingetheilt, und zwar nach der bereits bekannten Ordre de Bataille.

Die Reserve-Kavallerie unterhält die Verbindung mit der Kolonne des linken Flügels.

(gezeichnet) v. Zieten.

Für gleichlautende Abschrift der Chef des Generalstabes,
Obristlieutenant v. Reiche.

Der General Graf Bülow von Dennewitz gab dem 4ten Armee-Corps folgende Disposition zum Marsch:

„das 4te Armee-Corps bricht sogleich auf über Wavre nach Chapelle St. Lambert, rechts abmarschirt in folgender Ordnung:

Zur Avantgarde die Brigade von Losthin, ihr wird das schlesische Husaren-Regiment und eine 12pfündige Batterie beigegeben, ersteres marschirt an der Teke, letztere vor dem letzten Bataillon; darauf folgt die Brigade von Hiller; dann die Brigade von Haak, dann die Reserve-Artillerie, und auf diese die Reserve-Kavallerie, an welche das 2te neumärkische Landwehr-Kavallerie-Regiment sich wieder anschließt.

Die Brigade von Ryssel macht den Beschluß mit Ausnahme des Detaschements des Oberstlieutenants v. Ledebur, dieses bleibt bei Mont St. Guibert stehen, bis der Feind es drängt, und zieht sich in diesem Fall auf Wavre zurück.

Ich werde mich bei der Avantgarde befinden.

Sämmtliche Bagage marschirt nach Louvain; der Obristlieutenant v. Schlegel wird den Aufbruch derselben von Chapelle St. Lambert besorgen, es wird durchaus kein Wagen in der Kolonne gelitten.

Die Leute müssen so viel als möglich mit Lebensmitteln versehen werden.

Die Feldwachen, welche nicht so geschwind eingezogen werden können, schließen sich an die Brigade von Ryssel an.

Die Brigaden müssen sich aus dem Lager mit ihren Teten sogleich in den Weg von Wavre drehen, und dergestalt nach einander aufbrechen, daß sie sich unmittelbar folgen.

Die Regimenter, die vielleicht noch nicht Lebensmittel empfangen haben, thun dies sogleich."

(gezeichnet) Bülow von Dennewitz.

Für gleichlautende Abschrift der Chef des Generalstabes,
General-Major v. Valentini.

Der Entwurf der Schlacht war kühn, denn seiner Ausführung standen viele Schwierigkeiten entgegen, sie würden vielleicht jeden weniger entschlossenen Feldherrn abgeschreckt haben. Das Terrain, welches zwischen Wavre, Lasne und Ohain liegt, ist äußerst durchschnitten; die kleinen Wege, welche von Wavre nach Genappe und Waterloo führen, laufen durch das Thal der Dyle und durch ihre Nebenthäler fort, und bilden enge Hohlwege. Es war vorher zu sehen, daß der Marsch eines Kriegsheeres in solchen Wegen nur sehr langsam und beschwerlich seyn könne, gefährlich aber war es, hatte der Feind die Engpässe besetzt, leicht konnte es unmöglich werden, aus selbigen vorzurücken, und sich zu entwickeln.

Mit Tagesanbruch setzte sich das Kriegsheer in zwei Kolonnen in Marsch:

die

die Kolonne zur Linken bestand aus dem 4ten Armee-Corps, dem das 2te Armee-Corps folgte;

die Kolonne zur Rechten bestand aus dem 1sten Armee-Corps.

Kaum war der Vortrab des 1sten Corps durch Wavre marschirt, als in diesem Orte Feuer ausbrach, es mußte mit vieler Anstrengung und großem Zeitverlust gelöscht werden, weil alles Geschütz diese Stadt passiren mußte.

Der Marsch ging sehr langsam, da ein heftiges Regenwetter die ohnehin schlechten Wege noch verschlimmerte. Die 15te Brigade, welche die Spitze hatte, erreichte St. Lambert schon um 10 Uhr des Morgens, ihr folgte am Mittage die 16te und 13te Brigade, und die 14te Brigade folgte, als Nachhut, später nach.

Der Marsch des 2ten Armee-Corps (v. Pirch I.) wurde noch mehr verzögert, weil der Feind gegen die 7te und 8te Brigade, die bei St. Guibert als Nachhut gestanden, jetzt vorrückte, und diese sich längere Zeit zur Unterstützung der 9ten Brigade (siehe die Beschreibung des Gefechtes bei Wavre) aufstellen mußten; doch endlich folgte das 2te Armee-Corps dem 4ten Armee-Corps nach, es wurde auf seinem Marsch vom Feinde von dem jenseitigen Thalrande haubitzirt.

Das 1ste Armee-Corps (v. Zieten) marschirte am Mittage von Bierge ab, über Ohain, um die rechte Flanke des Feindes zu gewinnen.

Der Feldmarschall Fürst Blücher befand sich an der Spitze des 4ten Armee-Corps, und erhielt bei St. Lambert um 2 Uhr Nachmittags die Meldung, daß der Feind mit bedeutenden Streitkräften bei Wavre vorrücke, und daß die Nachhut im Gefecht stehe. Im Marsch durch die Engwege begriffen, in der linken Flanke vom Feinde angegriffen, in der Fronte vielleicht am Aufmarsch und an der Entwickelung seiner Truppen gehindert, war die Lage des preußischen Kriegsheeres gewiß höchst gefährlich, allein der Feldmarschall Fürst Blücher faßte auch jetzt so wie immer einen heldenmüthigen Entschluß, und behielt den Zweck seines Marsches klar vor Augen, indem die Entscheidung auf dem Schlachtfelde vor ihm lag.

Es war 3 Uhr am Nachmittage, als das 4te Armee-Corps (Bülow von Dennewitz) bei St. Lambert vereiniget war, einer feindlichen Kavallerie-Kolonne, welche sich zwischen Limale und St. Lambert durchgeschlichen hatte, wurde das 2te pommersche

E

und das 1ste schlesische Landwehr-Kavallerie-Regiment entgegengestellt, um den Marsch der Kolonne zu decken; diese Absicht wurde erreicht.

Es wurde befohlen, durch die Engpässe von St. Lambert und Lasne vorzurücken, um sich jenseits derselben auf der Ebene bei Frischermont zu entwickeln; zuvörderst wurden Reiterei-Abtheilungen nach Maransart und Lerouet vorgeschickt, um zu untersuchen, ob der Feind jenseits aufgestellt sey, oder ob er diesen Marsch in der linken Flanke beunruhigen könne, und als hierauf gemeldet wurde, daß der Feind sich weder hier aufgestellt, noch irgend eine Sicherheitsmaaßregel genommen habe, so wurde der Marsch durch die Engpässe bis nach dem Walde von Frischermont eilig fortgesetzt.

2 Bataillons der 15ten Brigade und das 2te schlesische Husaren-Regiment besetzten zuerst den Wald von Frischermont, zunächst folgten ihnen die 15te und 16te Brigade, die Reserve-Artillerie und Kavallerie; diese Truppen stellten sich Brigadenweise in Angriffskolonnen auf.

Es war um 4½ Uhr Nachmittags, als der Feldmarschall Fürst Blücher den Befehl ertheilte, mit diesen Truppen, (18,000 Mann) von Frischermont aus, die Flanke und den Rücken des Feindes anzugreifen.

Die beiden Brigaden rückten sogleich vor, und entwickelten sich in Schlachtordnung, so daß die 15te Brigade den rechten, die 16te Brigade hingegen den linken Flügel ausmachte; der Obrist v. Hiller, dessen Truppen in einer hügellichten Gegend, dem Dorfe Planchenois und dem Abhange einer Höhe gegenüber standen, und in ihrer linken Flanke von einer buschigten Gegend umgeben waren, ließ dieses Gebüsch durch 2 Füsilier-Bataillons besetzen.

Der Feind setzte bei dem Hervorbrechen den preußischen Truppen bloß eine Scharfschützen-Linie und Reiterei entgegen, welche auch anfangs die Reiterei auf dem linken Flügel etwas zurückdrängte, jedoch nicht weiter als bis zum Fußvolke vordringen konnten; später blieb die preußische Reiterei auf dem linken Flügel bei dem Dorfe Françouit im heftigsten Kartätschenfeuer längere Zeit stehen, und einzelne Regimenter wurden von dort aus dahin entsendet, wo ihre Gegenwart nöthig war. Eine vorliegende Höhe wurde mit dem Geschütz der 15ten Brigade besetzt, und sogleich eine lebhafte Kanonade eröffnet, während das Dorf Frischermont von der 13ten Brigade erobert wurde, wodurch die Verbindung mit dem linken Flügel des englischen Heeres bereits eröffnet war.

Napoleon ließ die Division der jungen Garden, so wie das noch als Reserve auf den Höhen bei Planchenois rückwärts stehende 6te Armee-Corps (Lobau) rechts schwenken, gegen Planchenois und Frischermont Front machen, und den vorrückenden preußischen Truppen entgegen gehen, er sendete zugleich alles ihm noch zu Gebot stehende Geschütz nach seinem rechten Flügel, und ließ eine lebhafte Kanonade eröffnen, während er seine Angriffe auf das niederländische Kriegsheer mit gleichem Nachdruk fortsetzte.

Die Fronte der preußischen Truppen erstreckte sich von Frischermont bis vor Planchenois und bis an den Wald, der sich von Frischermont gegen Planchenois, und dort nahe vorbei hinzieht. Das Dorf Planchenois war anfänglich vom Feinde nur schwach besetzt, allein auch die Preußen besetzten es nicht, weil sie sich nicht stark genug dazu fühlten, und größern Werth auf das Besetzen eines Bergrückens legten, der diesseits Planchenois liegt.

Die Franzosen erkannten, wie wichtig ihnen das Dorf Planchenois, sowohl als Stützpunkt, so wie auch zu ihrer Verbindung sey, deshalb besetzten sie es sofort mit dem größten Theil des 6ten Armee-Corps (Lobau), und warfen späterhin, als das Gefecht auf diesem Punkte immer heftiger wurde, auch einen Theil der Garde-Truppen hinein. Die Franzosen nahmen ihre Stellung auf dem Höhenzuge, über dessen Rücken die große Straße nach Brüssel hinläuft, so daß ihr rechter Flügel sich an Planchenois anlehnte. Das Gefecht kam zum stehen, und wurde immer heftiger.

Der Feldmarschall Fürst Blücher gab Befehl, die preußischen Truppen sollten im Vorrücken den Bewegungen des rechten Flügels folgen; und weil das Terrain von Frischermont bis zur Straße nach Brüssel wellenförmig steigt, und das auf derselben liegende Wirthshaus Belle Alliance schon von weitem hervorragt, dieser Punkt auch als der Schlüssel der feindlichen Stellung anzusehen war, so wurde derselbe allen Truppenführern zum Ziel ihrer Angriffe bezeichnet; der Angriff sollte jedoch nicht übereilt, sondern der Sturm durch allmähliges Vorrücken mit dem Geschütz vorbereitet werden.

Mit vieler Ruhe und Ordnung wurde von den Preußen in dieser Richtung, obwohl langsam vorgerückt, und zwar vom rechten Flügel und dem Zentrum (welche das Dorf Smouhen ohne große Anstrengungen eroberten) noch einige Zeit, während bei Planchenois der linke Flügel schon stehend kämpfte, welches hierauß von der ganzen Linie geschehen mußte, indem der Feind immer mehr

E 2

Streitkräfte anwendete. Das Gefecht wurde immer heftiger, schon erlangte der Feind ein Uebergewicht, und die Entscheidung wurde zweifelhaft, doch da trafen die 13te und 14te Brigade zuvörderst auf dem Kampfplatz ein, die erstere verstärkte den rechten Flügel (die 15te Brigade), die letztere hingegen den linken Flügel (die 16te Brigade), und wurde zum Angriff auf Planchenois verwendet.

Jetzt konnte das Dorf Planchenois mit Nachdruck angegriffen werden; die 16te Brigade von einigen Bataillons der 14ten Brigade unterstützt, machte in 3 Kolonnen den ersten Angriff, das 15te Linien-Infanterie-Regiment und das 1ste schlesische Landwehr-Infanterie-Regiment drangen in das Dorf ein, erstürmten den mit einer Mauer umgebenen Kirchhof, wobei sie einige Kanonen eroberten, und mehrere hundert Mann zu Gefangenen machten, allein der Feind behauptete sich ferner in dem Dorfe, erhielt Unterstützung, und drängte die Preußen zurück.

Bis halb 8 Uhr dauerte das Gefecht mit gleicher Heftigkeit fort, die Franzosen schlugen einen zweiten Angriff auf Planchenois mit der größten Hartnäckigkeit ab; bereits waren das 4te und ein Theil des 2ten Armee-Corps im Gefecht, noch schlugen sich die Franzosen wie Verzweifelte, obgleich schon einige Ungewißheit in ihren Bewegungen sichtbar, und schon einiges Geschütz aus der Linie gezogen wurde; als jetzt über Ohain der Vortrab des 1sten Armee-Corps (die 1ste Brigade, die Reserve-Kavallerie und vier Batterien) zwischen dem linken Flügel des niederländischen Kriegsheeres, und dem rechten Flügel der Preußen in die Linie rückten. Der General v. Steinmetz ließ zuvörderst ein Kavallerie-Regiment und eine halbe reitende Batterie vorrücken, und einen wichtigen Punkt besetzen, auf welchem seine Truppen später aufmarschirten, worauf das Feuer aus 32 Kanonen sogleich eröffnet, die rechte Flanke des Feindes bei la Haye und Papelotte angegriffen wurde, und man sich mit dem 4ten Armee-Corps in Verbindung setzte.

Dieser Angriff entschied die Schlacht, der feindliche rechte Flügel, nun von 3 Seiten zugleich angegriffen, mußte jetzt weichen, im Sturmschritt und unter Trommelschlag folgten die Preußen, und der Herzog Wellington benutzte diesen glücklichen und entscheidenden Augenblick, indem er seine ganze Schlachtlinie gleichzeitig zum Angriff in Bewegung setzte; jeder wollte der erste seyn der an den Feind gelangte, jeder rückte vor, als befürchtete er zu spät zu kommen, und die Franzosen mußten den Rückzug antreten.

Einige Zeit früher, als der Rückzug der Franzosen begann, wurde von der 14ten und 16ten Brigade, und von Truppentheilen der 5ten Brigade (des 2ten Armee-Corps) das Dorf Planchenois zum drittenmal stürmend angegriffen, umgangen, und endlich dem Feinde entrissen, der nun auch von dieser Seite zu einer allgemeinen Flucht genöthiget wurde. Das 2te schlesische, das 15te Infanterie-Regiment, das 1ste und 2te schlesische Landwehr- und das 1ste und 2te pommersche Landwehr-Infanterie-Regiment, geführt von dem General-Major v. Ryssel dem 1sten, und den Obristen von Hiller und von Funk, verrichteten herrliche Thaten, denn sie entrissen dem Feinde diesen Stützpunkt, an dem sich die noch übrig gebliebene Macht desselben brach und scheiterte *).

Nachdem nun die Franzosen im Rückzuge waren, ließ der General Graf Bülow vom 4ten Armee-Corps eine allgemeine Linksdrehung machen, welche mit sehr viel Ordnung ausgeführt wurde, so daß der rechte Flügel des niederrheinischen Kriegsheeres (das 1ste Armee-Corps) enge vereinigt mit dem linken Flügel des niederländischen Kriegsheeres blieb. Im Anfange ging der Rückzug der Franzosen noch in ziemlicher Ordnung, allein als sie Planchenois verloren, und die Preußen von dort auch im Rücken vorrückten, da wurde aus dem Rückzuge eine Flucht, die das ganze Heer ergriff; der Herzog Wellington ließ den Punkt von Belle Alliance erstürmen, 4 Bataillone der französischen Garde und mehrere Batterien, wurden hier gänzlich überwältiget; der Feldmarschall Fürst Blücher ließ das Feuern des Geschützes des 4ten Armee-Corps einhalten, und den rechten Flügel ohne zu feuern vorrücken, während die Reserve-Kavallerie aller Armee-Corps unter dem Prinzen Wilhelm von Preußen, durch das Fußvolk vorrückte, um die große Straße zu erreichen; der Feind war in seiner Flanke so weit umfaßt, daß er befürchten mußte, die Rückzugsstraße zu verlieren; die Franzosen entflohen instinktmäßig auf der Straße nach Genappe, ohne die Straße nach Nivelles zu benutzen, sie ließen über 200 Kanonen, alles Heergeräthe und Gepäck auf der großen Straße stehen, nachdem schon früher von den Preußen 60 Kanonen mit den Waffen in der Hand waren erobert worden.

*) Vielleicht ist in der Geschichte seit dem Verlust des Dorfes Blendheim, in der Schlacht von Hochstädt im Jahr 1704, kein Dorf so entscheidend als Planchenois geworden.

Alle Kolonnen wendeten sich zum Verfolgen der Franzosen nach der großen Straße von Charleroy, und sie blieben, troß dem daß die Nacht einbrach, im Marsch. Der Feldmarschall Fürst Blücher übergab dem General-Lieutenant Grafen Gneisenau die ruhelose Verfolgung des Feindes, und dessen rastlose Thätigkeit bewirkte die gänzliche Auflösung des feindlichen Heeres; aus mehr als 9 Lagern und aus der Stadt Genappe wurde der Feind noch vertrieben, so daß er verhindert wurde, sich hinter der Dyle und hinter der Sambre bei Charleroy zu setzen; diese Verfolgung vermehrte die Trophäen des Tages, sie erweiterte die Folgen dieses entscheidenden Sieges, sie führte den schnellen und glücklichen Ausgang des Krieges herbei.

Die Heerführer trafen des Abends um 9 Uhr bei dem Vorwerk Belle-Alliance zusammen, der Feldmarschall Fürst Blücher nannte die Schlacht nach dem Vorwerk im Zentrum la Belle Alliance. Da die Verfolgung des Feindes von beiden Kriegsheeren nicht auf einer Straße statt finden konnte, ohne daß Unordnungen daraus entstehen mußten, so wurde festgesetzt:

1) das niederrheinische Kriegsheer solle dem Feinde auf den Fuß über Charleroy folgen;
2) das niederländische Kriegsherr hingegen über Nivelles und Binche in Frankreich eindringen.

Der Feldmarschall Fürst Blücher gab am Abend noch folgende Disposition an sein Kriegsheer:

das 4te Armee-Corps (v. Bülow) folgt dem Feinde, so daß er sich nicht wieder setzen und formiren kann;

das 2te Armee-Corps (v. Pirch I.) schneidet den Marschall Grouchy ab *);

das 1ste Armee-Corps (v. Zieten) folgt dem 4ten zum Soutien.

Das niederländische Kriegsheer, durch seinen blutigen Kampf erschöpft, war der Ruhe bedürftig und lagerte; der Herzog Wellington nahm sein Hauptquartier in Waterloo.

Der Feldmarschall Fürst Blücher folgte seinen vorrückenden Kolonnen nach, und nahm sein Hauptquartier spät in der Nacht in Genappe, welches vom Füsilier-Bataillon des 25sten Infanterie-Regiments besetzt wurde. Die Spitze des Vortrabes drang in der Nacht bis Gosselies vor (6 Stunden vom Schlachtfelde).

*) Es erhielt den Befehl links zu marschiren, weil man annahm, der Marschall Grouchy werde sich in Folge der Schlacht zurückziehen, deshalb sendete man dem General v. Thielemann nicht Verstärkungen.

Die Franzosen verloren vom 15ten bis zum 18ten Juni gegen 60,000 Mann an Todten, Verwundeten und Gefangenen, über 350 Stück Geschütz, 500 Munitionswagen und ihre sämmtlichen Bagagen. Geblieben war der General Friant, verwundet der Prinz Hieronimus und viele Andere. Gefangen wurden die Generale Lobau, Compans, Duhesme und Cambronne.

Napoleon passirte am 19ten Juni um 4 Uhr Morgens be Charleroy die Sambre, er überließ die Trümmer seines Heeres ihrem Schicksal, und eilte nach Paris, wo er am 2ten Juni des Morgens eintraf.

Den Verlust der verbündeten Kriegsheere zeigen die Beilagen speziel nach; es wurden dem Tode und Elende in 4 Tagen ohne Uebertreibung 100,000 Menschen geopfert.

Gefecht bei Wavre am 18ten Juni 1815.

Weil das 3te preußische Armee-Corps (v. Thielemann) zum Theil erst in der Nacht, und die Nachhut (die 9te Brigade) erst am 18ten Juni um 6 Uhr des Morgens die Stadt Wavre nach einem sehr beschwerlichen Marsch erreicht hatten, so gab der Feldmarschall Fürst Blücher, als die 3 andern preußischen Armee-Corps rechts abmarschirten, den Befehl, es solle dieses Armee-Corps noch in der Stellung bei Wavre vorläufig stehen bleiben, um sie nöthigenfalls zu vertheidigen, später aber nur einige Bataillons dort zurücklassen, gleichfalls rechts abmarschiren, und jenen Corps zur Reserve dienen.

Die Truppen des 3ten Armee-Corps passirten bei Wavre die Dyle, und als Vortrab dieser Stellung blieb nur die 9te Brigade auf dem rechten Ufer dieses Flusses stehen.

Da die Franzosen am 17ten Juni die Preußen nur schwach und langsam gegen Mont St. Gulbert verfolgten, das französische Kriegsheer sich nach den Meldungen des Herzogs Wellington gegen das niederländische Kriegsheer in Schlachtordnung stellte, so glaubte man nicht, daß der Feind gegen Wavre mit zahlreichen Streitkräften vorrücken werde, sondern erwartete vielmehr hier nur den Angriff eines kleinen Corps, welches bestimmt sein möchte, die Straße nach Brüssel zu beunruhigen; deshalb schienen einige Bataillons hinreichend, bei Wavre jenem den Uebergang über die Dyle so lange zu verwehren, bis die Schlacht entschieden sey. Für den Fall eines Sieges, hatte dieser Punkt wenig Wichtigkeit, für den Fall eines Rückzuges hingegen mehr.

Bereits am Morgen des 18ten hatte der Feind den Paß von

Mont St. Guibert angegriffen, er war mit 2 Bataillons, 2 Kavallerie-Regimentern und 2 Kanonen reitender Artillerie besetzt, die sich langsam zurückzogen.

Der Marschall Grouchy setzte sich mit seinen 50,000 Mann dem 3ten Armee-Corps (Vandamme), dem 4ten Armee-Corps (Gerard), der Division Teste vom 2ten Armee-Corps, und dem 1sten Kavallerie-Corps (Pajol), dem 2ten Kavallerie-Corps (Excelmann), zusammen mit 53 Bataillons Fußvolk, 14 Batterien und 63 Esquadrons Reiterei, zur Verfolgung der Preußen, gegen Wavre in Marsch.

Es war 3 Uhr Nachmittags, als das 3te französische Armee-Corps (Vandamme) bei Wavre erschien, und die Nachhut, die 7te Brigade (v. Brause) und die 9te Brigade (v. Bork) angriff. Um gleiche Zeit traf für das 3te Armee-Corps der Befehl ein, es solle nach Couture abmarschiren.

Der General v. Thielemann glaubte, die Franzosen wollten durch einen Angriff auf Wavre nur die Preußen beschäftigen und festhalten, deshalb trat er mit den bereits vereinigten Truppen seines Corps sogleich den befohlnen Marsch an, indem er den General von Bork befehligte, mit der 9ten Brigade der 7ten Brigade nachzufolgen, die Stadt Wavre aber mit 2 Bataillons und 1 Esquadron besetzen zu lassen, welche den Uebergang über die Dyle auf das nachdrücklichste vertheidigen sollten.

Als die 9te Brigade sich in Marsch setzen wollte, erhielt sie den Befehl, sie solle bis zum vollständigen Rückzuge der 7ten Brigade deren linke Flanke decken, deshalb wurden sogleich 3 Bataillons gegen den Feind aufgestellt, die Batterie dem Terrain gemäß aufgefahren, und 3 Bataillons zur Reserve bestimmt. Die Franzosen rückten in mehreren Kolonnen auf dem rechten Ufer gegen die 7te und 9te Brigade vor, und es kam zu einer sehr lebhaften Kanonade.

Während dieser Zeit hatte das 3te Armee-Corps sich bereits in Marsch gesetzt, und die letzte Brigade hatte die Brüßler Straße verlassen, als das Feuer jenseits so heftig wurde, und der Feind so beträchtliche Streitkräfte zeigte, daß es leicht einzusehen war, 2 Bataillons würden dem Angriff auf Wavre unter diesen Umständen nicht widerstehen können. Deshalb ließ der General v. Thielemann seine Kolonne halten, und faßte den Entschluß, die Entwickelung der feindlichen Streitkräfte abzuwarten, weil er überdieß noch nicht nach Couture marschiren konnte, indem die Straße dahin noch von den Truppen des 1sten und 2ten Armee-Corps besetzt war.

Es war 4 Uhr, als die 7te und 9te Brigade sich über die Dyle zurückzogen, die feindlichen Kolonnen vor Wavre eintrafen, welches durch das Detaschement unter dem Obristen v. Zepelin besetzt war, das 2te Armee-Corps gänzlich abmarschirt war, und die 9te Brigade, den frühern Anweisungen gemäß, den Marsch nach Couture fortsetzte.

Der Feind zeigte ungefähr 8 bis 10,000 Mann vor Wavre und Bierge, doch der dahinter liegende Wald ließ seine Stärke nicht beurtheilen; deshalb befahl der General v. Thielemann die Aufstellung seines Armee-Corps folgendergestalt:

Die 12te Brigade besetzt die Höhe von Bierge, die 10te Brigade stellte sich zwischen Bierge und der großen Straße, die 11te Brigade zu beiden Seiten der Straße, die 9te Brigade hatte bereits mit 2 Bataillons die Stadt Wavre besetzt, und sollte mit den übrigen Truppen auf der Straße die Reserve bilden. Der linke Flügel dieser Stellung endete sich hinter dem Uebergang von Nieder- (Bas) Wavre, wo auf einer steilen Höhe die 12pfündige Batterie gestellt wurde, weil man wegen des nahen Uebergangs für diesen Punkt am meisten besorgt war.

Die Reserve-Kavallerie und Artillerie blieb als Reserve bei la Bavette aufgestellt.

Nachdem das 3te Armee-Corps so aufgestellt war, griff der Feind mit Scharfschützen die Stadt an.

Der Obrist v. Zepelin hatte so schleunig als möglich die nöthigen Vertheidigungsanstalten in der Stadt Wavre getroffen, er ließ die an der Brücke über die Dyle gelegenen Häuser besetzen, und zur Vertheidigung einrichten, die steinerne Brücke barrikadiren, und die Stadt mit dem Füsilier-Bataillon des 30sten Infanterie-Regiments (Major v. Sprenger), und dem 3ten Bataillon des 1sten kurmärkischen Landwehr-Infanterie-Regiments (Major v. Bornstedt) besetzen, 2 Compagnien des letztern Bataillons wurden nach der Vorstadt Nieder-Wavre gesendet, um den Uebergang über die dortige Brücke zu vertheidigen, woselbst der General v. York auch noch das 2te Bataillon des 30sten Infanterie-Regiments (Major v. Beaufort) zurückließ. An der Mühle oberhalb der Stadt, wo auch eine steinerne Brücke ist, wurden die Scharfschützen vom 1sten und 2ten Bataillon des 3ten kurmärkischen Landwehr-Infanterie-Regiments gestellt, und die Vertheidigung der Stadt Wavre außerdem noch der 12pfündigen

Batterie No. 7, und der 6pfündigen Batterie No. 35 übertragen, welche auf den Höhen zu beiden Seiten der Straße aufgestellt wurden.

Nachdem der Feind seine Scharfschützen-Linie gegen die Stadt verstärkt hatte, wurde das Gefecht immer heftiger, worauf vom 3ten feindlichen Armee-Corps (Vandamme) der förmliche Angriff mehrerer Kolonnen auf die Stadt erfolgte, der Theil des Ortes auf dem rechten Ufer der Dyle wurde von den Franzosen bald erobert, allein auf das linke Ufer vorzudringen, gelang ihnen nicht, obwohl sie ihre Angriffe stets mit frischen Truppen erneuerten; ihr Verlust war sehr ansehnlich, allein auch der der Preußen nicht gering, deshalb mußten den letztern zuerst das 1ste Bataillon des 30sten Infanterie-Regiments, so wie später das 1ste Bataillon des 3ten kurmärkischen Landwehr-Infanterie-Regiments als Unterstützung in die Stadt nach der Brücke nachgesendet werden.

Obwohl der Feind seine Angriffe mit der größten Tapferkeit und Ausdauer erneuerte, bereits die Häuser auf dem rechten Ufer der Dyle, und schon einmal selbst die Brücke erobert hatte, so wurde er dennoch von den Preußen mit großem Verlust zurückgeworfen.

Unterhalb der Stadt verbreitete sich das Gefecht nicht weiter als bis nach Nieder-Wavre; oberhalb versuchte der General Gerard mit einem Theil des 4ten feindlichen Armee-Corps bei der Mühle von Bierge den Uebergang über die Dyle zu erkämpfen, welches ihm jedoch nicht gelang; das heftigste Scharfschützen-Gefecht wurde unterhalten. Um den Angriffen der Franzosen auf die Vorstadt ein Hinderniß in den Weg zu legen, wurde durch Granatwürfe die Vorstadt in Brand gesteckt; das Gefecht dauerte bis zum dunkelwerden auf allen Punkten ohne besondere Ereignisse fort, und die Preußen behaupteten das linke Ufer der Dyle.

Nachdem der Marschall Grouchy sich überzeugte, daß er den Uebergang über die Dyle, weder bei Wavre noch bei Bierges erzwingen werde, und er am Nachmittage überdies von Napoleon den Befehl erhielt, sich durch einen Uebergang über die Dyle dem Schlachtfelde zu nähern, so entsendete er das 4te Armee-Corps (Gerard), und das 1ste Kavallerie-Corps (Pajol) nach Limale ($1\frac{1}{2}$ Stunde oberhalb Wavre), um über die dortige Brücke die Dyle zu passiren. Die Franzosen trafen erst als es schon dunkel wurde, daselbst ein, und bewirkten ihren Uebergang; sie besetzten die diesseitigen Anhöhen sehr stark mit Fußvolk und Geschütz, während die Reiterei sich bemühte noch weiter vorzurücken. Da indessen die Nacht hereinbrach, so blieb der Marschall Grouchy in seiner Stellung stehen, um so mehr, weil das Kanonenfeuer auf dem Schlachtfelde von Belle Alliance aufgehört hatte.

Als dem General-Lieutenant v. Thielemann gemeldet wurde, daß der Feind bei Limale über die Dyle gegangen sey, so sendete er sogleich die 12te Brigade und die Reserve-Kavallerie dahin, mit dem Befehl, den Feind anzugreifen und über die Dyle zurückzuwerfen, weil er nicht zugeben wollte, daß der Feind sich im Rücken des preußischen Kriegsheeres festsetze. Noch in der Nacht machte die 12te Brigade (v. Stülpnagel) einen Angriff, allein ihre Anstrengungen gegen den überlegenen Feind blieben vergeblich, da ihr überdieß die Dunkelheit und ein Hohlweg hinderlich, und die Franzosen auf den Höhen vor dem Dorfe in dichten Massen mit zahlreichem Geschütz aufgestellt waren, und jeden Angriff kräftig zurückwiesen.

Die 12te Brigade und die Reserve-Kavallerie nahmen hierauf in der Stellung vor Limale, ganz nahe dem Feinde, eine Aufstellung in Massen, um ihn wenigstens nicht mehr Terrain gewinnen zu lassen. 3 Bataillons der 10ten Brigade wurden bei Bierge aufgestellt.

Die 9te Brigade (oder vielmehr 6 Bataillons und 2 Esquadrons und eine Batterie) unter dem General v. Bork erreichten, obwohl sie ihren Marsch möglichst beschleuniget, dennoch nur erst spät am Abend Couture, als die Schlacht bei Belle Alliance bereits siegreich gekämpft war, sie bezog für diese Nacht ein Lager bei Ohain.

Das 3te preußische Armee-Corps war in dem Gefecht bei Wavre (nach Abgang der 9ten Brigade) noch 24 Bataillons, 21 Esquadrons und 40 Stück Geschütz, zusammen 16,000 Mann stark.

In dem heutigen Gefechte bei Wavre wurde von französischer Seite der General Alix getödtet, und bei Bierge der General Girard schwer verwundet.

Die Bewegungen des Marschall Grouchy erklären sich nur dadurch: daß er am 17ten Juni den Befehl erhielt, dem preußischen Kriegsheere nachzufolgen, über Wavre zu marschiren, jenes vom niederländischen Kriegsheere gänzlich zu trennen, und im Rücken des letztern hierauf Brüssel zu bedrohen; weil Napoleon vorausgesetzt haben mag, daß das preußische Kriegsheer seinen Rückzug nach Löwen fortsetzen werde, um seine Operationsbasis zu behaupten. Bei diesen Voraussetzungen hätte der Marsch des Marschall Grouchy mit 50,000 Mann in der linken Flanke und im Rücken des niederländischen Kriegsheeres diesem sehr verderblich werden müssen. Auf jeden Fall aber konnte Napoleon wohl glauben, daß der Marschall Grouchy mit seinen zahlreichen Streitkräften die Preußen bei Wavre festhalten, oder bei ihrem Marsch ihnen in Flanke und Rücken fallen werde.

Es war Napoleon gelungen, das französische Kriegsheer bei Beaumont, den Verbündeten unbemerkt, zu vereinigen, deshalb mußte er, als er am 15ten Juni mit Tagesanbruch angriff, mit seinen beiden Kolonnen schneller und nachdrücklicher vorrücken, weil er nur durch Ueberraschung, und nicht durch seine Stärke, Vortheile erkämpfen konnte, deshalb mußte er, obwohl die Tapferkeit des 1sten preußischen Armee-Corps ihn hinderte, schon am 15ten, bereits weiter, als bis nach Gosselies und Lambusart vorrücken, um die Vereinigung des preußischen Kriegsheeres zu verhindern, oder zu erschweren.

Eine Umgehung über Givet nach Namur, konnte Napoleon mit 150,000 Mann wohl nicht füglich unternehmen, denn sein Bestreben mußte vielmehr dahin gehen, sich mit allen vereinigten Streitkräften zwischen das niederrheinische und niederländische Kriegsheer zu drängen, und jedes einzeln, wo möglich noch in sich selbst unvereiniget, zu schlagen.

Napoleon scheint sehr Unrecht gethan zu haben, daß er am 16ten Juni dem Marschall Ney den größten Theil seiner Truppen entzog, als dieser bereits bei Quatre bras große Vortheile erkämpft hatte, denn durch diese Truppen verstärkt, hätte der Marschall Ney die Engländer vielleicht zurückgeworfen, in die heranrückenden Kolonnen Unordnung gebracht; und war es ihm möglich bis zum Walde von Soignes vorzudringen, und ihnen den bestimmten Sammelplatz zu entreißen, so konnte den Engländern großer Nachtheil entstehen.

Die Verfolgung der Preußen, am 16ten des Abends, war den erkämpften Vortheilen nicht angemessen.

Der 17te Juni ging für die Franzosen gänzlich ungenützt verloren, denn sie verfolgten weder die Preußen, noch die Engländer entscheidend genug, sondern zogen, die Zukunft geduldig erwartend, ihren Bewegungen langsam nach. Besonders müssen dem Marschall Grouchy große Vorwürfe gemacht werden, denn anstatt die Reiterei mit Tagesanbruch, das Fußvolk um 10 Uhr marschiren zu lassen, erschien die Spitze seines Vortrabes erst um 1 Uhr

Mittags auf der großen Straße zwischen Namur und Quatre bras; anstatt bis in die Nacht zu marschiren und die preußische Nachhut zu drängen, blieb er am 17ten bei Gembloux stehen, anstatt daß er den Engpaß von Mont St. Guibert forciren, sich der Uebergänge über die Dyle hätte versichern müssen, um entweder Napoleon unterstützen zu können, oder von ihm unterstützt zu werden. Er mußte die Preußen im Auge behalten, und wenigstens mit seiner Reiterei den Marsch des 3ten und 4ten preußischen Armee-Corps von Gembloux nach Wavre beunruhigen und erschweren.

Am 18ten Juni in der Schlacht von Belle Alliance, scheint bei Napoleon nur der Plan, das Zentrum des niederländischen Kriegsheeres zu durchbrechen, der vorherrschende gewesen zu seyn; man findet in ihr viel Tapferkeit der Franzosen, doch wenig Feldherrntalente Napoleons entwickelt, weil es eine Frontal-Schlacht (auf Seiten der Franzosen) blieb, wo im heftigsten und blutigsten Kampfe einer den andern todt schlug.

Dem Marschall Grouchy entging der Marsch von 3 preußischen Armee-Corps, von Wavre nach dem Schlachtfelde, obwohl er die Gegend nach St. Lambert hin übersehen konnte, ja selbst die im Marsch begriffenen Kolonnen, vom rechten Ufer der Dyle sehr heftig beschoß; von geringen Streitkräften ließ er sich bis in die Nacht, an den beiden Uebergängen aufhalten.

Napoleon scheint keine Kenntniß von seinem Schlachtfelde gehabt zu haben, weil er sonst wohl für alle Fälle die Engpässe in seiner rechten Flanke hätte besetzen müssen, wodurch er das Vorrücken der Preußen hätte erschweren, oder vielleicht verhindern können.

Als nun das 4te und 2te preußische Armee-Corps, das französische Kriegsheer in seiner rechten Flanke angriff, da war es hohe Zeit, daß Napoleon den Kampf nicht ferner fortsetzte, entweder die Stellung zwischen Monplaisir und Maison du Roy, zwischen den Straßen von Genappe und Nivelles beziehen, oder sogleich den Rückzug bis hinter die Sambre antreten mußte; als er eigensinnig die Schlacht fortsetzte, da war schon alles verloren. — Die Verzweiflung hieß ihn bis zum letzten Augenblicke kämpfen; wohl mochte der Gedanke, daß er seine Absichten verfehlt, schon nicht über die beiden Kriegsheere in den Niederlanden siegen könne, während die andern verbündeten Kriegsheere erst jetzt heranrückten, wodurch sein endliches Schicksal nicht mehr zweifelhaft blieb; in diesen Stunden bereits schwer auf ihm lasten.

Viertes Kapitel.

Feldzug des niederrheinischen und niederländischen Kriegsheeres, vom 19ten Juni bis den 10ten Juli 1815.

Der 19te Juni.

I. Das niederrheinische Kriegsheer des Feldmarschalls Fürsten Blücher.

Disposition auf den 19ten Juni 1815.

„Das 1ste Armee=Corps rückt heute nach Charleroy, es poussirt seine Avantgarde nach Marchienne au pont.

Das 2te Armee=Corps marschirt nach Anderlues, es poussirt seine Avantgarde nach der Sambre, und giebt ihr auf, dieselbe auf den Brücken von Thuin und Lobbes zu poussiren. Sollte der Feind die Sambre heute halten wollen, so müssen die Schleusen derselben geöffnet werden, damit das Wasser ablaufe, wo der Fluß dann an mehreren Orten durch Fuhrten zu passiren ist. Sollten die Brücken bei Lobbes und Thuin zerstört seyn, so müssen sie sofort hergestellt werden.

Das 4te Armee=Corps rückt heute nach Fontaine l'Eveque, dieses Corps setzt sich sofort mit Mons in Verbindung, jedes Armee=Corps schickt einen Kriegscommissair nach Fontaine l'Eveque, der von dort, sobald die Kommunikation mit Mons geöffnet ist, nach dieser Stadt geht, um dort backen zu lassen, und Maßregeln für die Verpflegung zu treffen.

Das Hauptquartier ist heute in Gosselies.

Jedes Armee=Corps schickt von heute an, täglich einen Offizier und 2 Unteroffiziere in das Hauptquartier, um durch sie die Befehle zu empfangen.

Hauptquartier Gosselies, am 19ten Juni des Morgens um 10 Uhr.

(gezeichnet) Blücher.

Für gleichlautende Abschrift der Chef des Generalstabes
Graf Gneisenau.

Nachschrift. Das 8te Husaren=Regiment unter dem Major v. Colomb bleibt bei Gosselies, und wird angewiesen, die Gegend links gegen das gestern gegen Wavre vorgegangene französische Corps zu decken. Das erste Infanterie=Bataillon, welches bei Gosselies ankömmt, von welchem Corps es auch sey, bleibt zur Deckung des Hauptquar=

tiers, der Commandeur stellt Wachen, zur Erhaltung der innern Ordnung aus.

Der General v. Zieten gab dem 1sten Armee=Corps die folgende Disposition:

„Das 1ste Armee=Corps marschirt links ab, in der Chaussée bis Charleroy, die 3te Brigade unter dem General=Major v. Jagow geht bis Marchienne au pont vor, und bezieht dort die Avantgarde, derselben wird das 1ste schlesische Husaren=Regiment beigegeben.

Die übrigen 3 Brigaden nebst der Reserve=Kavallerie und Artillerie beziehen ein Lager diesseits Charleroy, welches der Oberst=lieutenant v. Reiche den Truppen anweisen wird.

Das 2te Armee=Corps marschirt nach Anderlues.

Das 4te Armee=Corps marschirt nach Fontaine l'Eveque.

Die Reserve=Kavallerie des 1sten Armee=Corps stellt Feldwachen an der Sambre auf, setzt den rechten Flügel in Verbindung mit dem linken der Avantgarde bei Chatellet, und verlängert seinen linken Flügel bis gegen Fleurus, weil der Marschall Grouchy noch mit einem Corps an der Dyle steht, und die Absicht dahin gehen muß, denselben von seinem Rückzuge abzuschneiden.

Bei Fleurus bivouakiren 2 Regimenter der Reserve=Kavallerie, die Reserve=Kavallerie schickt Patrouillen bis Gembloux und Gilly vor.

Die Avantgarde setzt ihre Vorposten von Chatelet über Couverral und Montigny, bis an die Sambre, und setzt sich dort mit dem linken Flügel des 2ten Armee=Corps in Verbindung.

Die Avantgarde (3te Brigade) bezieht ihre Tagsbedürfnisse aus Marchienne au pont und Mont sur Marchienne. Die 1ste Brigade aus Dampremy, die 2te aus Lodalinsart, die 4te aus Gilly, die Reserve=Artillerie aus Jumet, und die Reserve=Kavallerie aus Ransart, woselbst die übrigen Regimenter, die nicht bei Fleurus stehen, ihr Lager beziehen.

Die 1ste Brigade bezieht ihr Lager bei Dampremy.

Die 3te Brigade bezieht ihr Lager auf dem rechten Ufer der Heure, auf den Höhen, Marchienne vor der Fronte.

Die 2te Brigade bezieht ihr Lager bei Lodelinsart.

Die 4te Brigade bezieht ihr Lager bei Gilly.

(gezeichnet) v. Zieten.

Für gleichlautende Abschrift der Chef des Generalstabes
v. Reiche.

Disposition des 4ten Armee-Corps, am 19ten Juni 1815.

„Das 4te Armee-Corps setzt seinen Marsch bis auf die Höhe von Mellet fort, setzt sich zu beiden Seiten der Chaussée, die nach Charleroy führt.

Das Hauptquartier kommt nach Mellet.

Die Reserve-Kavallerie, welche bereits vorpoussirt ist, bleibt voran.

Die Regimenter müssen sich wieder in Ordnung formiren, und alles was sie noch zurück haben, an sich ziehen, sich vorzüglich sogleich mit Munition versehen, und die dem Feinde abgejagte Munition, die man unterweges antrifft, dazu benutzen. Die Kriegscommissairs der Brigaden müssen angehalten werden, Lebensmittel anzuschaffen, und zwar ist es auf dem ordentlichen Wege der Requisition gegen Quittung, zu bewerkstelligen.

Es wird erinnert, daß die Ordonanzoffiziere ins Hauptquartier geschickt werden.

(gezeichnet) Bülow v. Dennewitz.

Für gleichlautende Abschrift der Chef des Generalstabes
G. M. v. Valentini.

Der General Graf Bülow v. Dennewitz befahl noch ferner:

„Der General v. Sidow übernimmt das Kommando über die Kavallerie-Regimenter, welche das Lager bei Mellet bezogen haben, der Oberstlieutenant v. Schill über das 8te Husaren-Regiment, über das 1ste schlesische und 2te pommersche Landwehr-Kavallerie-Regiment, im Lager bei Gosselies.

Die Vorposten-Anordnung ist folgende:

der General v. Sidow giebt:

einen Offizier und 16 Pferde nach St. Amand,

einen Offizier und 12 Pferde auf der Römerstraße, in der Höhe von Wagnele (dieser Posten dependirt von dem Offizier in St, Amand),

einen Offizier und 16 Pferde in Fleurus, der einen Posten in Baully hat,

einen Offizier und 9 Pferde bei Wagnée.

der Oberstlieutenant v. Schill giebt:

einen Offizier und 20 Pferde vorwärts von Gosselies gegen Charleroy,

einen

einen Offizier und 9 Pferde nach Croix St. Jean, zur Verbindung mit dem Posten von Wagnée.

Alle diese Posten werden unter sich die Verbindung erhalten, die Patrouillen des Oberstlieutenants v. Schill gehen auf der Chaussee von Charleroy, bis sie den Feind finden. Es ist wahrscheinlich, daß noch heute gegen Abend marschirt wird.

Zufolge der gestrigen Verabredung der Feldherren, verfolgten die verbündeten Kriegsheere die Franzosen mit Tagesanbruch, in zwei Kolonnen, nämlich:

der Kolonne zur Rechten, das niederländische Kriegsheer, marschirte gegen Nivelles;

der Kolonne zur Linken, das niederrheinische Kriegsheer (das 1ste und 4te Armee-Corps) marschirte auf Charleroy, und passirte dort die Sambre, welche der Feind ohne Widerstand verließ, weil das französische Kriegsheer, völlig aufgelöst, jeder einzeln, seine Flucht fortsetzte;

das 3te Armee-Corps (v. Thielemann) kämpfte das Gefecht bei Wavre mit dem Marschall Grouchy;

das 2te Armee-Corps (v. Pirch I.) folgte der erhaltenen Bestimmung, um das feindliche Corps des Marschalls Grouchy in Flanke und Rücken zu nehmen.

Gefecht bei Wavre, am 19ten Juni 1815.

Nachdem das 3te Armee-Corps in seiner Stellung bei Bas Wavre, Wavre, Bierge und gegen Limale längs der Dyle, einige Stunden der Nacht zugebracht hatte, eröffnete mit Tagesanbruch (um 2 Uhr Morgens) der Feind bei Limale eine sehr heftige Kanonade gegen die 12te Brigade und die Reserve-Kavallerie. Der General v. Thielemann ließ sogleich durch die reitende Batterie No. 19. dieses Feuer beantworten, allein das feindliche blieb überlegen.

Dem Vordringen des Feindes wurde die 12te Brigade entgegengestellt; sie hatte ein weites Terrain mit geringen Streitkräften zu besetzen, indem ein großer Theil ihrer Scharfschützen die Dyle oberhalb Bierge, und das Füsilier-Bataillon des 31sten Infanterie-Regiments das Dorf Bierge besetzt hatte, die Reserve-Kavallerie konnte nicht sehr wirksam seyn, weil die Gegend von mehreren kleinen Gebüschen und Hohlwegen durchschnitten ist. Der General v. Thielemann ließ 3 Bataillons der 11ten Brigade, unter dem Oberst v. Luck, von der Mitte nach dem rechten Flügel

F

marschiren, und 2 Bataillons dieser Brigade rechts von der Brüsseler Straße zum Schutz der 12pfündigen Batterien aufstellen.

Die Stellung, welche die 12te Brigade inne hatte, bot keine besondern Vortheile dar; es wurden einige Gebüsche mit Scharfschützen stark besetzt, allein theils stand der Feind zu nahe, theils auf einer Höhe, und war an Streitkräften zu sehr überlegen. Unter diesen Umständen war es unmöglich auf lange Zeit Widerstand zu leisten, denn der Feind entwickelte nicht allein bei Limale, sondern auch bei Bierge (welches durch 3 Bataillons der 10ten Brigade vertheidiget wurde) immer mehrere Streitkräfte, so daß die 12te Brigade, um nicht überflügelt zu werden, genöthiget war, sich mehr rückwärts aufzustellen. Hier trafen jene 3 Bataillons, nebst einer 6pfündigen Batterie der 11ten Brigade ein, sie wurden als Reserve aufgestellt.

So wurde das Gefecht bis gegen 9 Uhr des Morgens unterhalten, auf dem linken Flügel weniger ernsthaft, obwohl die feindlichen zahlreichen Truppen auch dort unverändert stehen blieben. Die Franzosen hatten auf allen Punkten überlegene Streitkräfte, die Preußen waren hingegen auf einem weiten Raum zerstreut, und auf dem rechten Flügel mußten sie jeden Augenblick befürchten, daß ihre Vertheidigungslinie gesprengt, und daß ihnen dann ein ordnungsmäßiger Rückzug unmöglich werden würde.

Der General v. Thielemann erhielt jetzt die Nachricht von dem Gewinn der Schlacht bei Belle Alliançe, er urtheilte; daß der Marschall Grouchy ihren Ausgang noch nicht wisse, und daß er, sobald er ihn erfahren würde, seinen Rückzug antreten müsse, deshalb wollte er dem Feinde kein Terrain einräumen.

Die Franzosen griffen hierauf Bierge sehr lebhaft an, eroberten es, und zogen einen Theil ihres 3ten Armee-Corps (Vandamme) über die Dyle, und um 10 Uhr marschirte eine starke Kolonne Fußvolk und Reiterei, auf der großen Straße gegen Brüssel hin. Als sie bis in die Gegend von Rossiere gekommen war, hatte sie die Stellung des rechten Flügels des 3ten preußischen Armee-Corps bereits umgangen; jetzt konnte der General von Thielemann, nachdem er sich so lange als möglich behauptet, nicht ohne Gefahr einer gänzlichen Niederlage, seine Stellung länger vertheidigen.

Der General v. Thielemann befahl die Stadt Wavre aufzugeben, und den allgemeinen Rückzug seines Corps auf der Straße nach Löwen; dieser Rückzug erfolgte in Ordnung, unter dem Schutz der Reserve-Kavallerie, (so daß das 3te Armee-Corps keinen andern Verlust, als den im Gefecht an todter und verwundeter Mannschaft gehabten erlitt, (bis nach St. Achtenrode, zwei Stunden weit auf dem Wege nach Löwen), wo das Corps sich auf dem linken Ufer der Dyle aufstellte, und mit seinen Vorposten Ottenburg besetzte.

Der Marschall Grouchy verfolgte die preußischen Truppen nur sehr schwach, erhielt jetzt erst die Nachricht, daß das französische Hauptheer die Schlacht bei Belle Alliançe verloren, und sich bereits über die Sambre zurückgezogen habe; er ließ Reiterei als Vorposten gegen die Preußen stehen, um seinen Rückzug zu verbergen, den er mit allen seinen Truppen sogleich antrat, und bis nach Gembloux fortsetzte, seine leichte Reiterei marschirte nach Marie St. Denies, und der General Exelmann traf in der Nacht in Namur ein.

Die Stellung des niederrheinischen Kriegsheeres war am Abend folgende:

das 1ste Armee-Corps (v. Zieten), marschirte über Quatre bras und Gosselies nach Charleroy:

der Vortrab, welchen die 3te Brigade hatte, stand bei Marchienne au pont;

die 1ste Brigade lagerte bei Dampremy;

die 2te Brigade lagerte bei Lodelinsart;

die 4te Brigade lagerte bei Gilly;

das Hauptquartier des Generals v. Zieten war in Charleroy.

Das 2te Armee-Corps (v. Pirch I.), welches gestern Abend auf dem Schlachtfelde den Befehl zum Linksabmarsch erhielt, hatte seine 5te Brigade und den größten Theil seiner Kavallerie dem geschlagenen Feinde nachgesendet. Es marschirte mit 3 Brigaden und 9 Esquadrons Kavallerie des Abends um 11 Uhr auf Marensart, vereinigte sich hier mit der 7ten Brigade, und setzte seinen Marsch (16,000 Mann stark) über Bousseval bis Melioroux fort, wo es am 19ten Juni um 11 Uhr Vormittags eintraf, und daselbst kochen und futtern mußte, weil es gänzlich ermattet war. Durch seine vorgeschickte Reiterei erfuhr es, daß der Marschall Grouchy noch bei Wavre stehe, und Mont St. Guibert besetzt habe;

die 5te Brigade und die detaschirte Reiterei lagerten bei Anderlues.

Das 3te Armee-Corps (v. Thielemann) lagerte bei St. Achtenrode, der Vortrab desselben stand in Ottenburg;

F 2

die detaschirte 9te Brigade (v. Bork) marschirte am Morgen von Ohain ab, hatte ein Gefecht mit dem Feinde, und blieb in der Gegend von Limale stehen.

Das 4te Armee-Corps (Bülow v. Dennewitz), bezog am Morgen des 19ten Juni einen Bivouak bei Mellet, in welchem es einige Stunden verweilte, und sodann noch von Quatre bras rechts, bis nach Fontaine l'Eveque marschirte.

Das Hauptquartier des Feldmarschalls Fürsten Blücher war in Gosselies.

Das niederländische Kriegsheer des Herzogs Wellington stand am Abend:

das Hauptquartier des Herzogs Wellington war in Nivelles, (der Herzog war für seine Person in Brüssel),

das niederländische Kriegsheer lagerte bei Nivelles,

das braunschweigsche Corps stand bei Lillois.

Der 20ste Juni.

I. Das niederrheinische Kriegsheer des Feldmarschalls Fürsten Blücher.

Der Feldmarschall Fürst Blücher gab seinem Kriegsheere die folgende Disposition:

„Das 1ste Armee-Corps marschirt von Charleroy nach Beaumont, poussirt seine Avantgarde nach Solre le Chateau, und schickt ein leichtes Beobachtungs-Detaschement gegen Florenne vor. Auch muß die Chaussée, von Beaumont nach Philippeville gehend, beobachtet werden.

Das 4te Armee-Corps marschirt nach Colleret (auf der Straße zwischen Beaumont und Maubeuge). Die Avantgarde desselben wird gegen Beaufort vorpoussirt.

Die 5te Brigade des 2ten Armee-Corps steht morgen unter dem Befehl des Generals v. Bülow, und rückt auf der linken Seite der Sambre vor, um Maubeuge von dort einzuschließen.

Das 2te Armee-Corps marschirt von Mellereux nach Thuin. Der Oberstlieutenant von Sohr ist beauftraget, mit zwei Kavallerie-Regimentern, einer halben reitenden Batterie und mit 2 Bataillons Infanterie auf Namur zu gehen, und sich dann über Florenne nach Walcour zu ziehen.

Das Hauptquartier (des Feldmarschalls Fürsten Blücher) kommt nach Solre sur Sambre."

(gezeichnet) Blücher.

Für gleichlautende Abschrift der Chef des Generalstabes
Graf Gneisenau.

Der General v. Zieten gab dem 1sten Armee-Corps folgende Disposition:

„Das 1ste Armee-Corps marschirt in zwei Kolonnen:

die erste oder rechte Flügel-Kolonne besteht aus der 1sten und 3ten Brigade, der Reserve-Artillerie, und der ersten Brigade der Reserve-Kavallerie;

die zweite oder linke Flügel-Kolonne besteht aus der 2ten und 4ten Brigade, und der zweiten Brigade der Reserve-Kavallerie.

Die 3te Brigade rückt, nachdem die Kolonnen auf dem Rendezvous vor Beaumont angekommen sind, als Avantgarde des Corps, nach Solre le Chateau vor, das schlesische Husaren-Regiment und eine Batterie reitender Artillerie stoßen zu derselben.

Das Rendezvous der ersten Kolonne ist um 9 Uhr zwischen Montigny le Tigneu und Marchienne au pont. Sie ist links abmarschirt, und wird vom General-Lieutenant von Röder befehliget.

Die zweite Kolonne hat ihr Rendezvous um dieselbe Zeit jenseits Marcinelle, auf dem Wege nach Hayes de Nalinnes. Sie ist rechts abmarschirt, und wird vom General v. Pirch II. befehliget.

Die erste Kolonne marschirt über Montigny le Tigneu, Gourée rechts lassend, Conste, Thully, Doustienne, Strée, auf der gewöhnlichen Straße nach Beaumont.

Die zweite Kolonne marschirt über Hayes de Nalinnes, das Dorf Nalinnes links lassend, auf Ham sur Heüre, Florenchamp, Cour links lassend, über Houssouge, auf Strée, wo sich beide Kolonnen vereinigen, der Major v. Dedenroth wird sie führen.

Wenn eine Kolonne auf ihrem Marsch aufgehalten werden sollte, so muß sie der andern sogleich davon Nachricht geben, damit so lange angehalten werden kann.

Die Verbindung der Kolonnen unter sich, geschieht im koupirten Terrain durch Infanterie-, im offenen durch Kavallerie-Patrouillen.

Jede Kolonne formirt ihre eigene Avantgarde.

Ich werde bei der rechten Flügelkolonne seyn.

Der General-Major v. Henkel wird einen Offizier dem Obersten von Schutter entgegen schicken, der dessen Detaschement auf dem Wege nach Beaumont zur Brigade führt.

Die Offiziers des Generalstabes begeben sich, nach dem Eintreffen ihrer Brigaden bei Strée, an die Spitze der 3ten Brigade, woselbst sie vom Oberstlieutenant v. Reiche das Weitere erfahren werden.

Die 1ste Brigade läßt einen sehr gewandten und kräftigen Capitain in Charleroy zurück, um die ankommenden einzelnen Soldaten aller Armee-Corps hier zu sammeln, und demnächst der Armee zuzuführen; ein Lieutenant wird ihm zur Hülfsleistung beigegeben. Der Capitain meldet sich bei mir, zum Empfange der weitern Instruktion.

Die 20 Mann per Brigade, welche nach dem Schlachtfelde von Ligny geschickt sind, werden ebenfalls hierher herangezogen."

Hauptquartier Charleroy, den 20sten Juny 1815, Morgens um 6 Uhr.

(gezeichnet) v. Zieten.

Für gleichlautende Abschrift der Chef des Generalstabes
Oberstlieutenant v. Reiche.

Vom General Grafen Bülow v. Dennewitz erhielt das 4te Armee-Corps folgende Befehle:

Nachdem der Feldmarschall Fürst Blücher dem General von Bülow gestern (den 19ten Juni) aufgetragen, einen Vortrab zu bilden, der heute mit Tagesanbruch gegen die Sambre vorrücken, und diesen Fluß bei Lobbes und Thuin passiren solle, so wurde unter dem Befehl des General-Majors v. Sidow, dessen Brigade und eine reitende Batterie der Reserve-Kavallerie, so wie 2 Bataillons, die bereits bei Lerues, auf dem Wege nach Thuin standen, zu diesem Vortrab bestimmt, und ihm aufgetragen, mit Tagesanbruch gegen Thuin vorzurücken, genau zu erforschen, ob sich der Feind an der Sambre gesetzt, und den Uebergang über diesen Fluß vertheidigen wolle, auch die Brücken bei Lobbes und Thuin so schnell als möglich herzustellen.

Dieser Vortrab erhielt die Bestimmung, welche der Disposition vom 19ten zufolge, dem 2ten Armee-Corps ertheilt war, dem jetzt eine andere Richtung zum Marsch gegeben worden.

Das 4te Armee-Corps erhielt für den 20sten Juni die folgende Disposition:

„Das 4te Armee-Corps marschirt um 7 Uhr rechts ab, auf dem Wege nach Binch, in folgender Ordnung:

zuerst die Reserve-Kavallerie,

dann der Theil der Brigade von Haak, welcher hier in, und bei der Stadt stehet;

Hierauf folgt die Brigade v. Hiller,
die Brigade v. Losthin,
die Reserve-Artillerie und
zuletzt die Brigade v. Ryssel.

An diese Kolonne schließt sich das Detaschement des Oberst-Lieutenant v. Schill an; so wie auch das 2te neumärkische Landwehr-Kavallerie-Regiment, sobald sie ankommen. Der General v. Ryssel läßt einen Offizier zurück, der sie nach dirigirt.

Dem General v. Sidow, welcher bei Thuin stehet, werden zu seiner Avantgarde auch noch die beiden Füsilier-Bataillons, welche in der Abtei d'Alnes und bei Laudely stehen, ebenso das 2te schlesische Husaren-Regiment, und die beiden Landwehr-Esquadrons der 13ten Brigade überwiesen. Diese letztgenannten Truppen stehen unter dem Oberst v. Eicke, passiren bei der Abtei d'Alnes die Sambre, und marschiren von da über le Chene nach Thuin, wo sie sich mit dem General v. Sidow vereinigen. Der General v. Sidow darf jedoch nicht auf dieses Detaschement warten, sondern marschirt von Thuin, auf dem Wege nach Montigny, St. Christophe, und von da über Colleret gegen Beaufort, bis wohin er seine Spitze wo möglich poussirt.

Der General v. Sidow deckt die linke Flanke des Corps, und hat dafür zu sorgen, daß der Oberst v. Eicke ihm folgt.

Seine königliche Hoheit der Prinz Wilhelm übernimmt das Kommando über die ganze Avantgarde.

Der General-Lieutenant v. Haak übernimmt die Führung des Gros vom Armee-Corps, das heißt über:
die Brigade v. Hiller,
die Brigade v. Losthin,
die Reserve-Artillerie,
die Brigade v. Ryssel.

Der Prinz Wilhelm wird an der Spitze der Reserve-Kavallerie seyn, wohin ihm die Meldungen zu schicken sind, und wohin ich mich auch begeben werde.

Der General-Lieutenant von Haak ist vor die Brigade von Hiller.

Die Brigade des Generals von Tippelskirch vom 2ten Armee-Corps (die 5te Brigade) marschirt über Binch nach Maubeuge; sie ist bestimmt, Maubeuge auf dem linken Sambre-Ufer einzuschließen.

Der Offizier in Binch mit seinen 60 Pferden ist dem General v. Tippelskirch überwiesen."

Fontaine l'Eveque am 20sten Juni 1815.

(gezeichnet) Bülow v. Dennewitz.

Für gleichlautende Abschrift der Chef des Generalstabes

General-Major v. Valentini.

Das 3te Armee-Corps (Thielemann).

Als mit Tagesanbruch die feindlichen Truppen den Rückzug antraten, so setzte sich um 5 Uhr des Morgens das 3te preußische Armee-Corps sogleich zu ihrer Verfolgung in Marsch gegen Gembloux, wohin seine Reiterei voraus eilte, die hinter diesem Orte einige Regimenter feindlicher Reiterei aufmarschirt fand, die sich jedoch so schnell zurückzogen, daß es den Preußen unmöglich war, trotz der Eile, mit der sie nachfolgten, ihnen etwas anzuhaben; sie erreichten sie endlich erst ½ Stunden von Namur, wo ungefähr 2 Bataillons Fußvolk, 3 Regimenter Reiterei und 4 Kanonen, am Abhange des Thalrandes in der Absicht aufgestellt waren, den Abmarsch der französischen Truppen zu decken; die preußische Reiterei zog sich sogleich in ihre rechte und linke Flanke vor, während die reitende Artillerie ihre Fronte beschoß.

Die 1ste Kavallerie-Brigade, welche in des Feindes linker Flanke vorgegangen war, gewann dieselbe so, daß feindliche Reiterei sich gegen sie formiren mußte. Das 8te Uhlanen-Regiment machte, an der Spitze der Kolonne, einen tapfern und geschickten Angriff auf 3 französische Regimenter Reiterei (es war ein Dragoner- und 2 Cürassier-Regimenter), von denen es mit einer Salve aus ihren Karabinern empfangen ward, die es jedoch zurückwarf. Die Preußen eroberten hier 4 Stück Geschütz, die im Abmarsch begriffen waren. Das feindliche Fußvolk wurde durch einen Angriff des 12ten Husaren-Regiments in Unordnung gebracht; es warf sich in den Wald, welcher die preußische Reiterei verhinderte, etwas mit Erfolg gegen dasselbe zu unternehmen. Später griff die Reiterei jedoch jenes feindliche Fußvolk auch im Walde an, und beschleunigte dadurch wenigstens dessen Rückzug; die Schluchten, und steilen mit Wald bekränzten Abhänge, welche von hier in das Thal der Maas führen, verhinderten die preußische Reiterei weiter vorzudringen.

Während dieses Gefechtes kam zur Rechten, auf der großen Straße von Nivelles nach Namur eine Kolonne feindlicher Truppen, von ungefähr 12 Bataillons und 2 Batterien, heranmarschirt, welche von dem 2ten preußischen Armee-Corps (v. Pirch I.) verfolgt ward. Auf der Höhe, auf welcher das Schloß Flapinne liegt, stellten sich 4 bis 5 Bataillons Fußvolk, mit einer Batterie und einem Regiment Reiterei feindlicher Truppen, zur Aufnahme jener Kolonne auf, um ihr den Rückzug zu decken.

Da der Feind in geschlossener Kolonne seinen Marsch mit Ordnung fortsetzte, so schien es nicht rathsam, ihn mit der sehr ermüdeten Reiterei des 3ten Armee-Corps anzugreifen, man begnügte sich daher eine reitende Batterie aufzufahren, und die feindliche Kolonne auf ihrem Marsch mit Kartätschen sehr wirksam zu beschießen; diese wich deshalb von der großen Straße ab, und setzte ihren Marsch auf dem Höhenzuge fort.

So zogen sich die feindlichen Truppen bis zu dem nächsten Abhange, von welchem die Straße in das Thal nach der Stadt Namur hinunter führt. Hier erreichte sie das Fußvolk des 2ten preußischen Armee-Corps, welches nun seine Angriffe begann, und diese bis unter die Mauern von Namur fortsetzte.

Gefecht von Namur, am 20sten Juni 1815.

Als der Marschall Grouchy des Morgens erfuhr, daß die verbündeten Kriegsheere bereits bei Charleroy, Thuin und Lobbes, über die Sambre gegangen seien, so marschirte er in zwei Kolonnen nach Namur, und zwar das 4te Armee-Corps (Gerard), auf der Straße von Gembloux, das 3te Armee-Corps (Vandamme) hingegen auf der Straße, die von Temploux dahin führt. Von beiden Kolonnen wurde die Nachhut angegriffen, und dadurch, daß die linke Flügelkolonne sich verspätete, gerieth sie in Gefahr abgeschnitten zu werden, doch erreichte sie, unter stetem Gefechte mit den Preußen, endlich ohne großen Verlust Namur. Der Marschall Grouchy setzte sich sogleich mit dem 4ten Armee-Corps (Gerard) in Marsch nach Dinant, der General Vandamme aber mußte mit dem 3ten Armee-Corps die Stadt Namur so lange vertheidigen, bis die Thalschlucht, durch welche der Weg nach Dinant führt, von dem Geschütz und der Bagage gereiniget war.

Der General v. Pirch I. blieb aller ausgeschickten Patrouillen und angewandten Mühe ungeachtet, ohne sichere Nachrichten vom Feinde, bis zum 20sten Juni um 5 Uhr Morgens, wo die Meldung einging, der Feind marschire über Gembloux nach Namur. Sogleich brach das 2te preußische Armee-Corps von Mellereux auf, und marschirte nach Namur, wo die Spitze um 10 Uhr des

Morgens eintraf, und links neben sich die den Feind verfolgende Reiterei des 3ten Armee-Corps bemerkte.

Der Oberstlieutenant v. Sohr führte den Vortrab, welcher aus 3 Füsilier-Bataillons, einer reitenden Batterie und Reiterei bestand; er folgte dem Feinde so nahe als möglich, und wo es das Terrain gestattete, kanonirte er denselben; allein dieser setzte ohne Widerstand zu leisten, seinen Rückzug bis Bousquet fort, wo er eine Scharfschützen-Linie aufstellte; sogleich wurden auch die Scharfschützen der 6ten Brigade heraus gezogen; und bald war das Terrain, und nach einigem Gefecht, die ganze Gegend vor Namur gewonnen, wo der Feind zwar sich stärker setzte, allein durch den Angriff der rechts und links detaschirten 6ten Brigade, und der 3 Füsilier-Bataillons des Vortrabes, bis hinter die Stadtmauern zurückgedrängt wurde.

Es wurde von dem General v. Pirch I. befohlen, es solle sogleich der Versuch gemacht werden, mit Truppen über die Sambre zu setzen, um die Schloßhöhen bei Namur zu gewinnen, weil der Feind durch diese Bewegung in die Flanke genommen, und seine Verbindung bedroht werde, allein das hohe Wasser verhinderte die wiederholten Versuche.

Da der Feind die Stadt Namur nur zum Schutz seines Rückzuges vertheidigte, so war im Verfolg des Gefechtes ein ernsthafter Angriff auf die Stadt nicht die Absicht des Generals von Pirch I. Es wurden daher nur die Scharfschützen der 6ten Brigade gegen das Brüsseler Thor vorgeschoben, und Detaschirungen gegen das Port de fer und St. Niklas-Thor unternommen, gegen das letztere besonders, um dem Feinde wegen der Brücke über die Maas Besorgnisse zu erregen, das Gefecht wurde überall und besonders auf diesem Punkte sehr heftig. Die 7te Brigade lösete die 6te Brigade ab, welche sich tapfer und beinahe mit zu großer Verachtung des Todes geschlagen hatte.

Es war 8 Uhr des Abends, als der General Vandamme seinen Rückzug nach Dinant antrat, und die Stadt Namur von den Preußen besetzt wurde, welche alle Versuche des Feindes, die Brücke über die Sambre zu sprengen, vereitelt hatten.

Der Oberstlieutenant v. Sohr mit den Füsilier-Bataillons der Regimenter No. 14. und 23., den brandenburgschen und pommerschen Husaren-Regimentern, und 5 reitenden Kanonen, verfolgte den Feind sogleich auf der Straße nach Dinant, und erhielt den Auftrag, über Florennes und Walcourt, die Verbindung mit dem preußischen Kriegsheere aufzusuchen.

In dem Gefechte bei Namur wurden die Obersten v. Zastrow und v. Bismark getödtet.

Die Stellung des niederrheinischen Kriegsheeres war am Abend folgende:

das 1ste Armee-Corps (v. Zieten):

die 3te Brigade, das 1ste schlesische Husaren-Regiment und eine reitende Batterie, standen als der Vortrab bei Soire le Chateau,

das Corps lagerte bei Beaumont,

das Hauptquartier war in Beaumont;

das 4te Armee-Corps (Bülow v. Dennewitz):

der Vortrab (General-Major v. Sidow) stand bei Ferriere petite,

das Corps lagerte bei Collevets,

das Hauptquartier war in Collerets;

das 3te Armee-Corps (v. Thielemann):

die Reiterei lagerte bei Temploux,

das Corps lagerte bei Gembloux, vor dem Engpaß nahe an der Stadt, die 9te Brigade vereinigte sich heute auf dem Scheidewege von Limale, mit dem von Wavre kommenden Corps,

das Hauptquartier war in Gembloux;

das 2te Armee-Corps (v. Pirch I.):

der Oberstlieutenant v. Sohr mit dem Vortrab verfolgte den Feind nach Dinant,

das Corps lagerte bei Namur,

die 5te Brigade war auf dem Marsch, um Maubenge einzuschließen, und lagerte bei Villers,

das Hauptquartier war in Namur;

das Hauptquartier des Feldmarschalls Fürsten Blücher war in Merbes le Chateau.

Die Stellung des niederländischen Kriegsheeres war am Abend folgende:

mit dem rechten Flügel bei Mons, mit dem linken Flügel bei Binch;

das braunschweigsche Corps lagerte bei Seignies;

das Hauptquartier des Herzogs Wellington war in Binch.

Der 21ste Juni.

I. Das niederrheinische Kriegsheer des Feldmarschalls Fürsten Blücher.

Der General v. Zieten gab dem 1sten Armee-Corps folgende Disposition:

„das 1ste Armee-Corps marschirt auf Avesnes, so nahe als möglich an diesem Platz heran, die Avantgarde muß durchaus Avesnes auf beiden Ufern der Helpe einschließen.

Um 9 Uhr muß das Corps zum Abmarsch bereit sein, und die Truppen müssen bis dahin abgekocht haben. Das Corps marschirt in 2 Kolonnen.

Die erste Kolonne rechter Hand, bestehend aus der 1sten und 2ten Brigade unter dem General v. Pirch II., marschirt über Coursobre, Choisy, Wattignies, Floursy, bei Semoussy in die große Straße, die von Maubeuge auf Avesnes führt. Sie bleibt mit der Tete halten, wenn sie in der Höhe von Semoussy angekommen ist.

Die zweite Kolonne, bestehend aus der 4ten Brigade, der Reserve-Kavallerie und der Reserve-Artillerie, marschirt unter dem Befehl des General-Lieutenants v. Röder, auf der großen Straße von Beaumont über Solre le Chateau gegen Avesnes, und macht mit der Tete Halt, wo die Straße von Maubeuge nach Avesnes einfällt.

Die 3te Brigade bricht um 11 Uhr auf, und marschirt auf der großen Straße nach Avesnes, und muß diesen Platz durchaus auf beiden Ufern der Helpe einschließen.

Zur Deckung der linken Flanke gegen Chimay giebt die Reserve-Kavallerie ein Detaschement von einem Stabsoffizier, einem Rittmeister, 2 Subalternoffiziere und 100 Pferden, die von Beaumont auf der großen Straße nach Chimay bis Cour Retournant, Sivry, bis Solre le Chateau, in gleicher Höhe mit der Tete der 2ten Kolonne marschirt, und sich hier wieder mit derselben vereiniget.

Das Detaschement in Boussus bei Walçourt, bleibt zur Beobachtung gegen Philippeville stehen, und unterhält seine Verbindung mit dem Oberstlieutenant v. Sohr in Walçour.

In Beaumont bleiben von der 4ten Brigade 2 Compagnien und 20 Pferde von der Reserve-Kavallerie zurück.

Ich werde bei der Avantgarde zu finden seyn.

Die erste Kolonne wird durch den Major von Oedenroth geführt.

Die zweite Kolonne wird durch den Premier-Lieutenant von Felden geführt.

Die General-Stabsoffiziere der Brigaden finden sich um

9 Uhr bei dem Oberstlieutenant v. Reiche in Beaumont ein, und verbleiben bei demselben.

Von jeder Brigade, kommt um 9 Uhr ein Offiziant des Kriegscommissariats, um bei dem Kriegscommissair Weimar seine Ordres zu empfangen."

Beaumont den 21sten Juni 1815.

(gezeichnet) v. Zieten.

Für gleichlautende Abschrift der Chef des Generalstabes Obristlieutenant v. Reiche.

Der General Graf Bülow von Dennewitz gab dem 4ten Armee-Corps folgende Disposition:

„Das 4te Armee-Corps soll den 21sten Juni bis Marvilles (auf der großen Straße von Maubeuge nach Landrecy) marschiren. Die 3 bei Lobbes stehenden Brigaden und die Reserve-Artillerie, brechen demnach ungesäumt spätestens um 5 Uhr auf, in der Ordnung wie sie noch stehen. Der Weg geht von Lobbes nach Bodvillet, Leve, Montigni, Bersillies, Colleret, Ferriere la petite, Beaufort, Ellebres, Jenguers und Morvilles. Der General von Ryssel führt diese Kolonne, und ist mir dafür verantwortlich, daß nicht nur um 5 Uhr marschirt wird, sondern daß auch der Marsch ohne alle Verzögerungen gemacht wird. Bei Colleret kann ein kleiner Halt gemacht werden, um die Truppen zu sammeln, die General-Stabsoffiziere der Brigaden kommen daselbst an die Teten der Kolonnen.

Der General v. Sidow marschirt mit dem Detaschement, mit welchem er bis jetzt bei Ferriere la petite stehet, um 6 Uhr ab, und geht bis über Marvilles hinaus, und schließt Landrecy von dieser Seite ein. Seine Spitze kann schon früher aufbrechen und bleibt etwas weiter vor. Seine Königl. Hoheit der Prinz Wilhelm marschirt mit denen hier bei Colleret stehenden Regimentern der Reserve-Kavallerie, und den beiden Bataillons der 13ten Brigade um 6½ Uhr von hier ab, bis Marvilles, und weiset dort die beiden Bataillons an den General v. Sidow.

Der General-Lieutenant v. Haak marschirt mit den Truppen die er bei Montigni hat, über Colleret hinaus, gegen les Fontaines, und schließt Maubeuge auf dem rechten Ufer der Sambre ein, so lange, bis er durch die Kavallerie des Obristen v. Schulenburg vom 2ten Armee-Corps abgelöst wird, dann folgt er dem Armee-Corps bis Marvilles; wohin ein Offizier vorauszuschicken ist, um die Aufstellung der Truppen zu besorgen. Er bricht um 5 Uhr von Montigni auf."

(gezeichnet) Bülow v. Dennewitz.

Für gleichlautende Abschrift der Chef des Generalstabes
General-Major v. Valentini.

Die Aufstellung des 4ten Armee-Corps befahl der General Graf Bülow später folgendergestalt:

Die Reserve-Kavallerie nebst 4 Bataillons der 13ten Brigade jenseit Marvilles. Die Details der Aufstellung wird der Prinz Wilhelm entwerfen lassen. Es werden heute zu Deckung der Sambre Infanterieposten nach Hainette und Pontagny gegeben, ein Kavallerie-Regiment bis nach Farril.

5 Bataillons,
2 Esquadrons und
eine Batterie } von der 13ten Brigade

bei Marvilles selbst; verpflegen sich aus Noyelle, Marvilliers und Grand Feçy.

Die 16te Brigade Obrist v. Hiller
bei Moncheaux, verpflegt sich aus Levalsons, Barlaimont, St. Vast, Moncheaux, St. Remy, Chaussee, St. Auboin.

Die 14te Brigade General-Major v. Ryssel
bei Lymont, verpflegt sich aus St. Remy, Malbaty, Boschamp und Fontaine, giebt einen Kavallerieposten wegen der Sambre nach Etree.

Die 15te Brigade General-Major v. Losthin
bei Eçuilin, verpflegt sich aus Dourles, Floursy, Eçuilin und Semoussus.

Die Reserve-Artillerie, nebst einem Bataillon der Brigade von Losthin bei Beaufort, verpflegt sich aus Ferriere la petit, Damoussies, Obrechies, Beaufort; das Bataillon muß Posten, sowohl gegen Maubeuge als Avesne geben, und die Artillerie sichern.

Die Brigaden brechen morgen mit Tagesanbruch von ihrem Bivouak auf, schicken Offiziere voraus, welche melden, um wie viel Uhr sie in Marvilles eintreffen können, daselbst werden sie die weitere Bestimmung auf morgen vorfinden.

Die Brigade-Kavallerie wird heute gleich von Colleret in die für die Verpflegung bestimmten Ortschaften detaschirt, aus denen sie mit Ordnung die erforderlichen Bedürfnisse nach dem Bivouak schaffen läßt.

Colleret den 20sten Juni 1815, Mittags um 12 Uhr.

(gezeichnet) Bülow v. Dennewitz.

Für gleichlautende Abschrift der Chef des Generalstabes General-Major v. Valentini.

Nachschrift. Das Regiment, welches bei Maubeuge stehen geblieben ist, gehet nicht eher ab, als bis Kavallerie des 2ten Armee-Corps es ablöst.

Die Stellung des niederrheinischen Kriegsheeres war am 21sten Juni folgende:

Das 1ste Armee-Corps (v. Zieten);

die 3te Brigade schloß die Festung Avesnes, auf beiden Ufern der Helpe ein; die 3 andern Brigaden des Corps wurden da aufgestellt, wo die große Straße von Maubeuge in dem Wege einfällt, der von Beaumont nach Avesnes führt; in Beaumont blieben 2 Compagnien und 30 Pferde zurück; 50 Pferde wurden zur Beobachtung von Philippeville bei Bossule le Valçourt aufgestellt.

Bombardement und Einnahme der Festung Avesnes.

Nachdem der Vortrab der 3ten Brigade (das 1ste schlesische Husaren-Regiment, 2 Compagnien schlesische Schützen und ein Füsilier-Bataillon) vor der Festung Avesnes angekommen war, so wurden sogleich sechs 10pf. und vier 7pfündige Haubitzen in die Flanqueur-Linie der Reiterei auf 600 Schritt von der Festung aufgefahren, und die Stadt beschossen; da der Ort jedoch aus lauter massiven Häusern besteht, so wollte keine Granate zünden, weshalb noch eine 12pfündige Batterie vorgeholt wurde, um die Häuser damit einzuschießen. Beim Einbruch der Nacht wurde dem Bombardement mit dem Befehl Einhalt gethan, solches nach Mitternacht aufs neue anzufangen. Als die Artillerie zu feuern aufhörte, machten feindliche Scharfschützen einen Ausfall aus der Festung, die schlesischen Schützen wurden ihnen entgegengeschickt, und verloren in diesem Gefecht 24 Mann an Todten.

Um Mitternacht wurde mit dem Bombardement aufs neue angefangen, beim 14ten Wurf traf eine 10pfündige Granate das Haupt-Pulvermagazin der Festung, sprengte solches in die Luft, und verwandelte die Stadt in einen Schutthaufen, die Werke blieben jedoch erhalten. Der Kommandant der Festung verlangte zu kapituliren; da der Besitz von Avesnes für die Preußen sehr wichtig war, so wurde die Kapitulation durch den Major Grafen v. Westphal abgeschlossen, nach welcher die Besatzung (die aus 200 Veteranen und aus 3 Bataillons oder 1700 Mann Nationalgarden bestand), Kriegsgefangen wurde; die Nationalgarde wurde entwaffnet, nach der Heimath entlassen, die Veteranen aber nach Cölln abgeführt. In der Festung befanden sich 47 Kanonen, 15,000 Schuß an Munition und sehr beträchtliche Magazine.

Das 2te Armee-Corps (v. Pirch I.)

Der Vortrab des Oberstlieutenants v. Sohr war in Valçour.

Das Corps marschirte nach Thuin.

Das Hauptquartier war in Thuin.

Die 5te Brigade schloß die Festung Maubeuge ein.

Das 3te Armee-Corps (v. Thielemann).

Es vereinigte sich bei Sombreuf, und marschirte über Fleurus nach Charleroy, woselbst das Hauptquartier war.

Die 9te Brigade stand in Charleroy und Marçinelle.

Die 10te Brigade stand vor Marçinelle, links an der Straße nach Philippeville.

Die 11te Brigade stand in Marchienne au pont.

Die 12te Brigade in Marchienne.

Die Reserve-Kavallerie in Louverval.

Die Reserve-Artillerie bei Charleroy.

Das 4te Armee-Corps (Graf Bülow v. Dennewitz).

Hauptquartier in Marvilliers (auf der Straße von Maubeuge nach Landreçy).

Die Reserve-Kavallerie schloß Landreçy ein.

Die 13te Brigade stand in Marvilles.

Die 14te — bei Lymont.

Die 15te — bei Eçuilin.

Die 16te — bei Moucheaux.

Die Reserve-Artillerie bei Beaufort.

Das Hauptquartier des Feldmarschalls Fürsten Blücher war in Noyelles sur Sambre, von wo aus er heute eine Proklamation an die Belgier erließ.

II. Das niederländische Kriegsheer des Feldmarschalls Herzog Wellington.

Das niederländische Kriegsheer passirte heute bei Beauvais die französische Grenze, der Herzog erließ eine Proklamation an die Franzosen.

Das Hauptquartier des Herzogs Wellington war in Malplaplaquet, sein Kriegsheer lagerte daselbst, und schloß die Festung le Quesnoy ein.

In Charleroy erfuhr man, daß sich ein Theil des feindlichen Heeres auf Philippeville geworfen habe; allein die französischen Generale bemühten sich vergeblich, dort die Trümmer zu sammeln, weil alle Kriegszucht und Ordnung aufgelöst war, und jeder Soldat nach eigenem Gefallen handelte; alles eilte unaufhaltsam nach Laon, wo es endlich dem Marschall Soult gelang, allmählig an 20,000 Mann zu sammeln, die er, zufolge aus Paris erhaltener Befehle, dem Marschall Grouchy bei Soissons übergab, wo dieser mit seinen Truppen am 27sten Juni eintraf.

Diese Vereinigung der französischen Truppen gab den Feldherren die Hoffnung, es könne möglich werden, jene von Paris abzuschneiden, und zwischen ihre und die vom Rhein her vorrückenden Kriegsheere ins Gedränge zu bringen.

In den ersten 6 Tagen nach der Schlacht fanden die vorrückenden verbündeten Kriegsheere keinen Widerstand, und nichts von feindlichen Truppen.

Der 22ste Juni.

Beide Kriegsheere setzten heute ihren Marsch fort.

I. Das niederrheinische Kriegsheer des Feldmarschalls Fürsten Blücher.

Der Feldmarschall Fürst Blücher gab folgende Disposition:

Das 1ste Armee-Corps rückt nach Etroeung und schließt Avesnes ein; die Avantgarde geht nach la Chapelle und schickt Patrouillen bis zur Oise.

Das 3te Armee-Corps schließt Maubeuge ein, die 6te Brigade rückt so vor, daß sie am 23sten die Blokade von Landreçy und Avesnes übernehmen kann; die 8te Brigade geht nach Beaumont, und von da nach Chimay und Marienbourg, reiniget die dortige Gegend, und blokirt Givet und Philippeville.

Das 4te Armee-Corps rückt auf der Straße von Landreçy nach Guise bis nach Fesmy, die Avantgarde bis nach Hanappe, Detaschements bis nach Guise; Landreçy wird auf beiden Seiten der Sambre enge eingeschlossen, und die Truppen behalten es eingeschlossen, bis sie am 23sten von der 6ten Brigade abgelöst werden.

(gezeichnet) Blücher.

Für gleichlautende Abschrift der Chef des Generalstabes
Graf Gneisenau.

G

Der General v. Zieten gab dem 1sten Armee-Corps folgende Disposition:

„Wenn das 1ste Armee-Corps abgekocht hat, setzt es sich um 1 Uhr, rechts abmarschirt, in Marsch. Die 3te Brigade hat die Avantgarde und marschirt um Avesnes herum, diesen Ort links lassend, in die Straße auf la Chapelle bis Etroueng vor. Die Avantgarde soll heute bis la Chapelle gehen, indessen wird es nicht mehr möglich seyn, sondern sie geht nur bis auf die Hälfte des Weges zwischen Etroeung und la Chapelle.

Von der 4ten Brigade und zwar vom 19ten Infanterie-Regiment bleiben 2 Bataillons unter dem Obrist v. Schutter in Avesnes, der als Kommandant dort angestellt wird.

Von Avesnes aus schickt die Reserve-Kavallerie ein Detaschement von 30 Pferden gegen Philippeville, das Kommando wird in der großen Straße bei Frasis aufgestellt, und beobachtet heute die Gegend von Philippeville und die von Marienbourg. Wenn demnächst morgen Posten vom 2ten Armee-Corps unweit Philippeville ankommen, so zieht sich dieses Detaschement über Avesnes und la Chapelle, und folgt dem Armee-Corps.

Die Vorposten des Detaschements müssen auf jeden Fall la Chapelle erreichen, und Patrouillen vorwärts bis Vervins schicken. Der Rittmeister von Goschizki ist mit 100 Pferden voraus gesendet, um über Vervins hinauszugehen, und gegen Laon und gegen die Oise zu streifen.

Das 4te Armee-Corps rückt nach Fesmy, dessen Avantgarde bis Hanappe vor. Der rechte Flügel der Vorposten der 3ten Brigade, muß sich daher mit dem linken Flügel der Vorposten des 4ten Armee-Corps über Vervière in Verbindung setzen, der linke Flügel der Vorposten des General-Majors v. Jagow sendet Streifpatrouillen bis in die Gegend von Roçroy vor.

Zugleich wird dem Armee-Corps bekannt gemacht, daß Avesnes heute Morgen kapitulirt hat. Ich danke den Truppen für die Ausdauer und Beschwerden des Krieges, und dem Obristlieutenant v. Lehmann und der Artillerie für das richtig geleitete Bombardement; die Ausdauer der Truppen, und das richtige Schießen hat allein den Zweck herbeigeführt.

Zugleich bitte ich aber nochmals, allen möglichen Ernst anzuwenden, und daß besonders bei den fatiguanten Märschen alle Traineurs sich vermindern. Hinter jeder Brigade muß ein Offizier folgen, welcher die Nachzügler sammelt, und heranbringt. Leute die ohne Gewehr, und die ohne gefangen und blessirt gewesen zu seyn herankommen, werden ohne weiteres in die 2te Klasse versetzt, und verhältnißmäßig bestraft.

Von der in Avesnes zurückbleibenden Besatzung giebt der Obrist v. Schutter die nöthige Bedeckung, um die Gefangenen zurück transportiren zu lassen, sie gehen heute bis Beaumont, morgen bis Charleroy, den 24sten bis Namur, und den 25sten bis Huy. Nur bis Charleroy kann ihnen von hier aus Bedeckung mitgegeben werden, die dort zurückgelassene Besatzung muß sie weiter transportiren.

Die kleine Bagage muß heute in Beaumont ankommen, die 2te Brigade sendet einen Offizier dahin zurück, der sie über Avesnes vorzieht."

(gezeichnet) v. Zieten.

Für gleichlautende Abschrift der Chef des Generalstabes Obristlieutenant v. Reiche.

Der General Graf Bülow v. Dennewitz gab dem 4ten Armee-Corps folgende Disposition:

Das 1ste Armee-Corps rückt den 22sten nach Etroueng und schließt Avesnes ein, die Avantgarde geht nach la Chapelle, und schickt Patrouillen an die Oise.

Das 2te Armee-Corps schließt den 22sten Maubeuge ein, die 6te Brigade rückt so vor, daß sie am 23sten die Blokade von Landrecy und Avesnes übernehmen kann.

Das 4te Armee-Corps schließt am 22sten mit einem Theile Landrecy enge auf beiden Seiten der Sambre ein, und behält es eingeschlossen, bis es am 23sten von der 6ten Brigade abgelöst wird. Der übrige Theil des 4ten Armee-Corps rückt auf der Straße von Landrecy nach Guise vor.

Der General-Lieutenant v. Haak übernimmt auf morgen die Blokade von Landrecy. An Truppen kommen dazu:

die 4 Bataillons der 13ten Brigade, welche heute beim General v. Sidow zur Avantgarde gewesen und schon bei Landrecy stehen;

ein Infanterie-Regiment von der 15ten Brigade, welches der General v. Losthin bestimmt;

die 6pfündige Batterie von der Brigade von Haak;

das 2te pommersche Landwehr-Kavallerie-Regiment und die beiden Landwehr-Kavallerie-Esquadrons unter dem Grafen Nostitz.

G 2

Die Avantgarde unter dem General v. Sidow wird auf den 22sten dieses zusammengesetzt, aus dem:

1sten pommerschen Landwehr=Kavallerie=Regiment;

dem 8ten Husaren=Regiment;

½ reitenden Batterie, und

4 Bataillons der Brigade von Haak, welche den 21sten bei Marvilles gestanden haben.

Das 5te Bataillon dieser Brigade, welches den 21sten bei Marvilles gestanden hat, rückt den 22sten nach Chatillon sur Sambre, woselbst das Hauptquartier des Feldmarschalls Fürsten Blücher hinkommt, zur Deckung desselben.

Die Avantgarde unter dem General=Major v. Sidow poussirt gleich beim Abmarsch von Farril bei Landrecy, woselbst sie die neue Avantgarde bildet, und wohin sie so zusammenrücken muß, daß sie um 6 Uhr Morgens von da aufbricht, ein kleines Detaschement nach Chateau Cambresis, und ein anderes nach Wassigny, welche unter einander Kommunikation halten. Das in Chateau Cambresis sucht die Verbindung mit der von Bavay anrückenden englischen Armee.

Die Reserve=Kavallerie des 4ten Armee=Corps bricht um 7 Uhr Morgens auf, und gehet auf der Straße nach Guise bis Etreux, um hier als Soutien der Avantgarde zu dienen, sie stellt einen Posten in l'Echelle, der die Verbindung mit der Avantgarde des 1sten Corps in la Chapelle aufsucht.

Die 14te, 15te und 16te Brigade, und die Reserve=Artillerie, welche Befehl haben, mit Tagesanbruch aus ihren Bivouaks aufzubrechen, rücken auf der Straße nach Guise bis auf die Höhe von Fesmy, woselbst sie auf dem rechten Ufer der Sambre ihre Aufstellung nehmen;

das Hauptquartier des Feldmarschalls Fürsten Blücher kommt nach Chatillon sur Sambre;

das Hauptquartier des 4ten Armee=Corps nach Fesmy;

die 13te Brigade benutzt zu ihrer Verpflegung die Dörfer um Landrecy;

die 14te Brigade benutzt das Dorf Mazinghien;

die 15te Brigade benutzt das Dorf Bergues;

die 16te Brigade benutzt das Dorf Barzy;

die Reserve=Artillerie das Dorf Oisy;

die Reserve=Kavallerie die Dörfer vorwärts von Oisy.

Um von Marvilles auf der Chaussee von Landrecy nach Guise zu kommen, ohne innerhalb des Kanonenschusses von Lan=

brecy zu passiren, biegt man von Marvilles auf einen Saitenweg über Farril nach Graize, woselbst man in die Straße einfällt.

Hauptquartier Marvilles den 21sten Juni 1815.

(gezeichnet) Bülow v. Dennewitz.

Für gleichlautende Abschrift der Chef des Generalstabes General-Major v. Valentini.

Damit der Marsch der verbündeten Kriegsheere nicht durch den Krieg der nahe an einander liegenden französischen Festungen, an der französisch-niederländischen Grenze aufgehalten würde, so mußten diese Festungen berennt und eingeschlossen werden.

Der Feldmarschall Fürst Blücher bestimmte vom niederrheinischen Kriegsheere, unter dem Oberbefehl des Prinzen August v. Preußen, das 2te Armee-Corps (v. Pirch I.) und das norddeutsche Bundes-Corps (v. Haak) um die Festungen Maubeuge, Landrecy, Philippeville, Marienbourg, Rocroy, Sedan, Mezieres u. s. w. einzuschließen und zu belagern.

Der Herzog Wellington ließ ein Truppen-Corps unter dem Prinzen Friedrich der Niederlande zurück, welches Valenciennes belagerte und Lille einschloß.

Die Stellung des niederrheinischen Kriegsheeres war am Abend folgende:

Das 1ste Armee-Corps (v. Zieten).

Nachdem um 2 Uhr Nachmittags die Festung Avesnes besetzt worden, marschirte der Vortrab, die 3te Brigade (v. Jagow) bis nach la Chapelle, auf der Straße nach Laon, die Reiterei bis Etré au pont, und patrouillirte bis gegen Vervins, Rocroy und Philippeville;

das Corps marschirte bis nach Etrouengs, woselbst auch das Hauptquartier war.

Das 2te Armee-Corps (v. Pirch I.)

erhielt den Befehl die Festungen einzuschließen, als:

die 5te und 7te Brigade und Kavallerie vor Maubeuge;

die 6te Brigade war in Marsch gegen Landrecy;

die 8te Brigade war in Marsch gegen Philippeville und Givet;

Das 3te Armee-Corps (v. Thielemann)

marschirte über Marchienne nach Beaumont, einige Bataillons wurden auf dem Wege gegen Chimay und Philippeville vorgeschoben;

das Hauptquartier war in Beaumont;

die 9te Brigade in und bei Beaumont;
die 10te — lagerte bei Chaudeville;
die 11te — lagerte rechts und links der Straßen nach Avesnes und Chimay;
die Reserve-Artillerie hinter ihr;
die 12te Brigade lagerte bei Grandrien, ihre Kavallerie nach Hastrud.

Das 4te Armee-Corps (Bülow v. Dennewitz).

Der General-Lieutenant v. Hake schloß mit einem Detaschement Landrecy ein;
der Vortrab des Generals v. Sidow stand bei Hanappe, und hatte Reiterei nach Guise, Chateau Cambresis und Wassigny poussirt;
die Reserve-Reiterei lagerte bei Etreux, und besetzte l'Echelles;
die 14te, 15te und 16te Brigade, und die Reserve-Artillerie lagerten auf der Höhe von Fesmy, auf dem rechten Ufer der Sambre;
das Hauptquartier war in Fesmy.

Das Hauptquartier des Feldmarschalls Fürsten Blücher war in Chatillon sur Sambre.

II. Das niederländische Kriegsheer des Herzogs Wellington.

Das Hauptquartier des Herzogs Wellington war in le Chateau Cambresis.

Der 23ste Juni.

Der französische General Morand, der die feindliche Nachhut befehligte, sendete an den General v. Zieten die Botschaft, daß Napoleon gestern als am 22sten Juni zu Paris aufs neue der Krone von Frankreich entsagt habe, weshalb er auf Einstellung der Feindseligkeiten antrug, da die Ursache des Krieges gehoben sey; der Feldmarschall Fürst Blücher wies den Antrag zurück.

Die Feldherren gaben ihren Truppen zum Theil Ruhe, um sie zu sammeln, und den Marsch nach Paris vorzubereiten; auch hatten sie heute in Chatillon eine Unterredung, in welcher beschlossen wurde:

1) daß beide Armee-Corps vereint nach Paris marschiren sollten;
2) daß dies am rechten Ufer der Oise geschehen solle, da nach den eingegangenen Nachrichten die feindliche Armee sich bei Laon und Soissons sammle;
3) daß im schlimmsten Fall die Armee Brücken über die Oise

schlagen müsse, wozu Herzog Wellington seine Schiffbrücken heranziehen werde, da bei der preußischen Armee von dem Ponton-Train erst 10 Stück angekommen waren;

4) daß der Belagerungstrain herangezogen werden, und die englische Armee die Belagerung der Festungen westlich der Sambre übernehmen, sollte, während die preußische Armee die Belagerung der Sambre-Festungen östlich derselben führen werde.

Noch wurde verabredet, daß 12 Escadrons preußischer Reiterei gegen Laon vorrücken, und sich für den Vortrab des Heeres ausgeben sollten, um die Franzosen glauben zu machen, daß man sie auf dieser Seite angreifen wolle.

Das gestern gegen Laon vorgeschickte Detaschement von 100 Pferden unter dem Rittmeister v. Goschitzki (1ste Armee-Corps) hatte heute bei Marle ein Gefecht mit jenen feindlichen Truppen, welche gestern bei Etré au pont zurückgeworfen worden; es rückte hierauf bis Froidmont vor.

Die Stellung des niederrheinischen Kriegsheeres war am Abend folgende:

das Hauptquartier des Feldmarschalls Fürsten Blücher und das 1ste und 4te Armee-Corps hatten in der gestrigen Stellung Ruhetag.

Dem 3ten Armee-Corps gab der General v. Thielemann folgende Disposition:

„das 3te Armee-Corps setzt seinen Marsch auf Avesnes Morgens um 9 Uhr fort, die Marschordnung ist die 11te, 10te, 9te und 12te Brigade, die Reserve-Artillerie folgt der 12ten Brigade, die Reserve-Kavallerie bricht um 8 Uhr auf."

Am Abend stand das 3te Armee-Corps folgendergestalt:

das Hauptquartier war in Avesnes;

die Truppen lagerten am linken Ufer der Helpe, dicht an der Stadt;

die 10te Brigade hinter Etrainny;

die 12te — bei dem Vorwerk la Folie.

Das niederländische Kriegsheer.

Das Kriegsheer und das Hauptquartier des Herzogs Wellington rasteten bei Chateau Cambresis.

Den 24sten Juni.

I. Das niederrheinische Kriegsheer des Feldmarschalls Fürsten Blücher.

Zum Marsch gab der Feldmarschall Fürst Blücher die Disposition:

„Das 1ste Armee-Corps marschirt nach Guise, die Avantgarde nach Origny, Kavallerie-Detaschements werden nach Crecy, Pont a Bucy, und gegen la Ferre vorgeschickt; das Schloß von Guise wird sich allen Nachrichten zufolge bei der Annäherung größerer Truppenmassen ergeben; es ist jetzt von der Avantgarde des 4ten Armee-Corps eingeschlossen. Sollte sich Guise nicht ergeben wollen, so muß man es durch Beschießen zu forciren suchen, gelingt dies nicht, so bleibt es leicht blokirt, und die Truppen setzen ihren ganzen Marsch auf dem rechten Ufer der Oise fort, die Avantgarde geht dann nach Hauteville, die Detaschements auf Crecy u. s. w., gehen auf jeden Fall vor.

Das 3te Armee-Corps marschirt nach Nouvion, und schickt Beobachtungs-Detaschements nach Hirson und Vervins, es ist wichtig, Gewißheit über den Marsch des Corps von Vandamme und Grouchy zu erhalten; wenn das 2te Armee-Corps noch nicht ein Bataillon nach Avesnes gesendet hat, so läßt das 3te Corps so lange ein Bataillon in dieser Festung zurück, auf jeden Fall rücken alle dort gestandenen Theile des 1sten Armee-Corps zu ihrem Corps ein.

Das 4te Armee-Corps marschirt nach Aisonville und Bernonville, die Avantgarde nach Fontaine notre dame, Kavallerie-Detaschements nach St. Quentin und Chatillon sur Oise.

Das Hauptquartier kömmt nach Honappe, das Bataillon des 4ten Armee-Corps bleibt dort zur Bedeckung.

Die Kavallerie-Regimenter Königin Dragoner, das schlesische Uhlanen, das brandenburgische und pommersche Husaren-Regiment, nebst einer reitenden Batterie, versammeln sich unter dem Befehl des Obristlieutenants v. Sohr bei Etreux, und es erhält derselbe seine Befehle unmittelbar aus dem Hauptquartier.

Das 2te Armee-Corps folgt der früher gegebenen Disposition, und erhält von morgen an, seine Befehle von Seiner Königl. Hoheit, dem Prinzen August von Preußen. Alles was vom 3ten Armee-Corps nachkommt, muß in Avesnes gesammelt, in Kommandos formirt, und so der Armee nachgesendet werden. Das 2te Armee-Corps muß dafür Sorge tragen, daß alle vom Feinde angelegte Verschanzungen zerstört, und die Wege wieder ausgebessert werden. Vorzüglich muß die Straße von Charleroy über Beaumont nach Avesnes in ganz guten Stand gesetzt werden. Alle Verhaue müssen aufgeräumt, und das Holz den armen Einwohnern gegeben werden.

Alles was zur Schiffarth der Sambre gehört, wird sogleich in guten Stand gesetzt, und das zerstörte hergestellt.

Der Obrist v. Böhell ist Kommandant von Avesnes, der Obrist Graf von Bourcy hat die Polizei in allen eroberten Provinzen, und der Ober-Kriegskommissär Pöerschen die Administration. Sie werden von Avesnes aus dies dirigiren, und für die Heranschaffung von Lebensmitteln und anderen Armee-Bedürfnissen sorgen.

Alle Kranke, lahme Pferde, und alles sonst Unbrauchbare der Armee, wird nach Avesnes geschickt, dort ist das Hauptdepot der Armee."

(gezeichnet) Blücher.

Für gleichlautende Abschrift der Chef des Generalstabes
Graf Gneisenau.

Der General v. Zieten gab dem 1sten Armee-Corps folgende Disposition:

„Um 9 Uhr brechen die Reserve-Kavallerie, die 1ste, 2te und 4te Brigade, nebst der Reserve-Artillerie auf.

Es wird in zwei Kolonnen links abmarschirt auf Guise:

die 1ste Kolonne rechts macht die 1ste Brigade,

die zweite Kolonne links die Reserve-Kavallerie, die 4te und 2te Brigade, und die Reserve-Artillerie.

Die erste Kolonne marschirt über Etreaupont, Nouvion en Thierache, Villers le Guise, wo sie sich mit der 2ten Kolonne wieder vereiniget, und in ihre Tour hinter der 2ten Brigade einfällt. Die 1ste Brigade muß um solche Zeit aufbrechen, daß sie nicht zu warten braucht, auch nicht zu spät kommt. Der Lieutenant v. Felden wird diese Kolonne führen. Die 1ste Brigade führt ihre Bagage auf diesem Wege mit sich, und läßt solche bei la Vacquerresse halten.

Die zweite Kolonne marschirt über la Chapelle, die große Straße nach Guise, bis Villers le Guise, wo Halt gemacht wird, um die Uebergabe des Forts von Guise dort abzuwarten; der Major v. Bodenroth wird diese Kolonne führen. Die Bagage folgt hinter der Reserve-Artillerie, und macht bei Yvon Halt, woselbst sie neben der Straße auffährt, und weitere Ordre abwartet. Der Rittmeister v. Massow wird solche um halb 10 Uhr bei Etreaupont sammeln, und nachher führen.

Die 3te Brigade marschirt ebenfalls links ab, und bricht um

10 Uhr auf; sie marschirt die große Straße von la Chapelle gegen Guise, wo sie zwischen St. Laurent und Villers les Guise, außer dem Kanonenschuß des Forts Halt machen muß. Die vorgeschickten Kavallerie-Detaschements und die Avantgarde dieser Brigade, gehen von den Punkten, wo sie jetzt stehen, gleich seitwärts ab, ohne sich erst mit der Brigade zu vereinigen, und bilden die Seiten-Detaschements zur Deckung der linken Flanke.

Sobald die 3te Brigade bei Guise angekommen ist, wird der Ort aufgefordert; ergiebt er sich nicht; so wird er beschossen, die schweren Haubitzen müssen daher zur Avantgarde stoßen. Ergiebt sich Guise, so marschirt die 3te Brigade als Avantgarde bis Origny, ergiebt es sich nicht, so marschirt sie nur bis Hauteville, und Guise bleibt von den übrigen Brigaden leicht blokirt. Der Marsch der Avantgarde gehet im letztern Falle über Lequeville auf dem rechten Oise Ufer fort.

Die Reserve-Kavallerie giebt 3 Detaschements, jedes zu einem Offizier und 30 Pferden, die in Crecy, Pont a Bucy und gegen la Ferre zur Beobachtung der Serre aufgestellt werden. Diese Detaschements müssen um 10 Uhr in la Chapelle seyn, und mit der 3ten Brigade von da sogleich aufbrechen; sie rapportiren an den General v. Jagow.

Wenn Guise übergeben wird, so kommt mein Hauptquartier nach diesem Ort, im entgegengesetzten Falle wird es noch näher bestimmt.

Das 3te Armee-Corps kommt nach Nouvion, das 4te nach Aisonville, das 2te folgt der früher gegebenen Disposition. Das Hauptquartier des Fürsten kommt nach Hanappe.

Der rechte Flügel von der Avantgarde des Generals v. Jagow, setzt sich über Nevillette in Verbindung mit der Avantgarde des 4ten Armee-Corps, welche bei Fontaine notre Dame steht, der linke Flügel der Avantgarde des Generals v. Jagow setzt sich mit dem Detaschement in Crecy, und mit den Detaschements in Verbindung, die das 3te Armee-Corps nach Vervins und Hirson sendet. Dies gilt jedoch nur für den Fall, wenn die Avantgarde in Hauteville bleibt; kommt die Avantgarde nach Origny, so setzt sich der rechte Flügel über Marcy und Regny, und der linke Flügel über Villers le Secq, und la Ferte sur Peronne, mit dem Neben-Corps in Verbindung.

Die Herren Generalstabs-Offiziere der Brigaden, außer dem Major v. Kinski kommen um 7 Uhr hieher, um mit dem Obristlieutenant v. Reiche vor Aufbruch des Corps voranzugehen. Da so eben vom Feldmarschall die Ordre eingeht, daß der General-Major Graf Henkel v. Donnersmark das Kommando der Reserve-Kavallerie beim 3ten Armee-Corps übernehmen soll, so stößt die 4te Brigade nebst ihrer Kavallerie, bis zu näherer Bestimmung zur 2ten Brigade, unter die Befehle des General-Majors von Pirch II.

Hauptquartier Etroeung, den 24sten Juni 1815.

(gezeichnet) v. Zieten.

Für gleichlautende Abschrift der Chef des Generalstabes
Oberstlieutenant v. Reiche.

Der General Graf Bülow v. Dennewitz gab dem 4ten Armee-Corps folgende Disposition:

„Das 1ste Armee-Corps rückt den 24sten d. nach Guise, dessen Avantgarde nach Origny, vorpoussirte Kavallerie-Detaschements nach Crecy, Pont a Bucy, und gegen la Ferre.

Das 3te Armee-Corps marschirt nach Nouvion.

Das 2te Armee-Corps folgt der früher gegebenen Disposition.

Die Avantgarde des 4ten Armee-Corps läßt zur Blokade des Schlosses Guise ein Bataillon und 2 Esquadrons, setzt sich den 24sten Juni früh um 6 Uhr in Marsch, und rückt nach Fontaine notre Dame, welches gegen St. Quentin liegt, und schickt Kavallerie-Detaschements nach St. Quentin und Chatillon sur Oise.

Sobald die Truppen des 1sten Armee-Corps bei Guise eintreffen, folgt das Bataillon und die beiden Esquadrons dem General v. Sidow nach Fontaine notre Dame.

Die Reserve-Kavallerie des 4ten Armee-Corps bricht ebenfalls früh um 6 Uhr von Etreux auf, und rückt nach Montigny en Arronaise in Bivouak. Das Gros des 4ten Armee-Corps bricht um 6 Uhr früh von Fesmy auf, und zwar in folgender Ordnung:

Eine Esquadron des 2ten schlesischen Landwehr-Kavallerie-Regiments, die 14te und 15te Brigade, die Reserve-Artillerie, die 16te Brigade, dann sämmtliche Bagage des Corps unter Aufsicht des Oberstlieutenants v. Schlegel, und darauf als Arriergarde ein vom Obersten v. Hiller zu bestimmendes Bataillon der 16ten Brigade, und eine Esquadron des 2ten schlesischen Landwehr-Kavallerie-Regiments.

Die Brigaden beobachten im Innern bei ihrem Marsch die strengste Ordnung, die Arriergarde sorgt, daß keine Nachzügler nach bleiben, und die Kavallerie derselben patrouillirt die zunächst der Straße liegenden Dörfer ab, damit nirgends Leute zurückbleiben. Der Marsch der Kolonne geht von Fesmy auf der Chaussee bis Etreux, von hier rechts über Venerolles, Hannappe nach Aisonville und Bernonville, woselbst der Bivouak bezogen wird, und der Rittmeister v. Below die Plätze anzeigen wird.

Die bei der Blokade von Landrecy befindlichen Truppen des 4ten Armee-Corps unter dem Obersten v. Lettow warten ab, bis sie vom 2ten Armee-Corps abgelöst werden, und setzen sich dann in Marsch, um über Fesmy und Hannappe das Gros des Armee-Corps in Bernonville zu erreichen; sollten sie den 24sten nicht abgelöst werden, oder wider Erwarten an selbigem Tage Bernonville nicht erreichen können, so lassen sie es melden.

Zur Verpflegung benutzt die Avantgarde und Reserve-Kavallerie alle vorwärts von Montigny liegende Dörfer,

die 14te Brigade Folsnoy und Etare,

die 15te Brigade Bohain und Archi,

die Reserve-Kavallerie Grangis und Seloncourt,

die 16te Brigade in Verly und Vadencourt.

Das Hauptquartier des Fürsten Blücher kommt nach Hannappe, das Bataillon der 13ten Brigade, welches zur Bedeckung desselben dient, bleibt bei selbigem.

Das Hauptquartier des 4ten Armee-Corps kommt nach Bernonville, die 14te Brigade giebt in selbiges ein Bataillon.

Wenn die Blokade von Landrecy abgelöst ist, bleiben 2 Esquadrons des 1sten schlesischen Landwehr-Kavallerie-Regiments, als Brigade-Kavallerie bei der 15ten Brigade, und die beiden andern bei der 16ten Brigade.

Hauptquartier Fesmy, den 24sten Juni 1815, Morgens um 2 Uhr.

(gezeichnet) Bülow v. Dennewitz.

Für gleichlautende Abschrift der Chef des Generalstabes General-Major v. Valentini.

Einnahme der Zitadelle von Guise.

Es passirte bei St. Germain und la Bussiere eine Brigade mit Reiterei und 2 Batterien die Oise, während die 3te Brigade (v. Jagow), als der Vortrab des 1sten Armee-Corps mit Tagesanbruch vorrückte, um die ziemlich starke Bergfestung Guise einzuschließen; als die Festung völlig eingeschlossen war, zog der Feind seine Truppen in die Zitadelle zurück, und der General v. Zieten ließ sofort sein Geschütz vorfahren, um diese zu beschießen. Sobald dies geschehen, wurde der Commandant zur Uebergabe aufgefordert, und dieser schloß die Kapitulation ab. Die Preußen besetzten diesen wichtigen Ort, in welchem sie 14 Kanonen, 3000 neue Gewehre, 2 Millionen Flinten-Patronen, viele Munition und ansehnliche Magazine fanden. Die Besatzung, aus 18 Offizieren und 350 Mann bestehend, wurde kriegsgefangen, und streckte auf dem Glacis die Waffen.

Der Major v. Müller mit dem kombinirten Füsilier-Bataillon des 28sten Linien- und 2ten westphälischen Landwehr-Infanterie-Regiments blieb als Besatzung in Guise.

Die Stellung des niederrheinischen Kriegsheeres war am Abend folgende:

Das 1ste Armee-Corps (v. Zieten).

Der Vortrab (die 3te Brigade (von Jagow)) rückte zur Beobachtung der Festung Laferre bis nach Origny vor, die Vorderdetaschements hatten das Flüßchen Serre besetzt, und standen in Crecy, Pont a Bucy und la Ferre.

Das 3te Armee-Corps (v. Thielemann).

Die Vorderabtheilungen rückten gegen Hirson und Vervins vor; sie hatten den Auftrag, Gewißheit über den Marsch des feindlichen Corps des Marschalls Grouchy einzuziehen.

Das Corps kantonirte bei Nouvion, woselbst das Hauptquartier war.

Das 4te Armee-Corps (Bülow v. Dennewitz).

Der Vortrab des General-Majors v. Sidow lagerte bei Fontaine notre Dame, die Vorderabtheilungen besetzten St. Quentin und Chatillon sur Oise.

Die Reserve-Kavallerie lagerte bei Montigny en Arronaise (oder Carotte).

Das Corps lagerte bei Aisonville und Bernonville, im letztern Orte war das Hauptquartier.

Eine Abtheilung der 13ten Brigade unter dem Obersten von Lettow wurde bei der Blokade von Landrecy vom 2ten Armee-Corps abgelöst.

Das Hauptquartier des Feldmarschalls Fürsten Blücher war in Hanappe.

Das niederländische Kriegsheer des Herzogs Wellington.

Der Herzog Wellington blieb mit seinem Kriegsheere in der Gegend von Cambray stehen, weil sein Marsch durch die befestigte Stadt Cambray, und durch die Festung Peronne aufgehalten ward, die seinen Weg durchkreuzten. Es wurden heute Anstalten getroffen, um mit Tagesanbruch Cambray durch Sturm zu erobern.

Das Hauptquartier des Herzogs Wellington verblieb in Chateau Cambresis.

Das braunschweigsche Corps lagerte bei Englefontaine.

Der 25ste Juni.

Zufolge der Verabredung der Feldherren beschloß der Feldmarschall Fürst Blücher, durch einen schnellen Marsch von St. Quentin rechts gegen die untere Oise, die Uebergänge über diesen Fluß zu gewinnen, sich zwischen Paris und die feindlichen Truppen bei Laon und Soissons zu schieben, und so Paris zu erreichen.

Diese herrliche Bewegung, durch welche die Uebergänge über die Oise durch das preußische Kriegsheer gewonnen wurden, veranlaßte, daß die feindlichen Truppen bei Laon und Soissons, zum Rückzuge südwärts der Marne nach Paris gezwungen wurden.

Die von dem 3ten Armee-Corps vorgeschickten Abtheilungen meldeten, daß die feindlichen Truppen am 24sten Vormittags um 11 Uhr Aubenton verlassen, und nach Montcornet marschirt seien, und das bei Tarzy ein starker Posten feindlicher Reiterei stehe. Der Marschall Grouchy marschirte mit seinen Truppen von Namur am 20sten nach Dinant, am 21sten nach Philippeville, am 23sten nach Rocroy, am 24sten nach Rethel; er war bemüht Soissons zu erreichen.

Es meldeten sich in St. Quentin, durch ein Schreiben von Laon aus, die Abgeordneten der französischen Pairskammer (Lafayette, Sebastiani, Benjamin Constant, Laforet und d'Argeron), worin sie die Nachricht von Bonapartes Abdankung, und von der Erhebung seines Sohnes zum Kaiser der Franzosen mittheilten, und von Seiten der provisorischen Regierung einen Waffenstillstand unterhandeln wollten; man bewilligte ihnen bloß Pässe, und gab ihnen Begleitung nach dem Hauptquartier der verbündeten Monarchen.

Diese Anträge um Waffenstillstand, die Ankunft der Abgesandten der provisorischen Regierung, die Nachricht von Napoleons Abdankung, und der Zustand des französischen Heeres, ließen den Fürsten Blücher und den Herzog Wellington die Lage Frankreichs deutlich genug erkennen; und je mehr man die Fortschritte ihrer Kriegsheere durch Unterhandlungen zu hemmen suchte, um so fester faßten sie den Entschluß, aufs eiligste gegen Paris vorzudringen, durch rasche Verfolgung des Sieges die erschütterte Macht Frankreichs zu brechen, und die Entscheidung herbeizuführen.

I. Das niederrheinische Kriegsheer.

Der Feldmarschall Fürst Blücher gab folgende Disposition:

das 1ste Armee-Corps rückt nach Cerise (auf der Straße von St. Quentin nach la Ferre), dessen Avantgarde bis Fargnieres und gegen la Ferre. Detaschements bis Chauny, Crepy und Laon;

das 3te Armee-Corps rückt bis nach Hombliers bei St. Quentin;

das Detaschement des Oberstlieutenant v. Sohr rückt nach Chatillon sur Oise;

das 4te Armee-Corps rückt bis nach Essigny le grand, seine Avantgarde bis nach Jussy;

das Hauptquartier kommt nach Itancourt.

(gezeichnet) Blücher.

Für gleichlautende Abschrift der Chef des Generalstabes
Graf Gneisenau.

Der General v. Zieten gab dem 1sten Armee-Corps folgende Disposition:

„Um 9 Uhr bricht das Corps auf, und marschirt in einer Kolonne links ab, durch Guise über Macquigny und Syssi nach Cerise, welches auf der Straße von St. Quentin nach la Ferre liegt. Die Reserve-Kavallerie macht die Tete der Kolonne, und die Reserve-Artillerie folgt der 1sten Brigade. Der Major von Dedenroth wird diese Kolonne führen.

Die Avantgarde bricht um 10 Uhr auf, und marschirt links ab nach Fargny, nahe bei la Ferre auf der Straße nach Chauny, und schickt ein Detaschement nach Chauny, welches sich über St. Gobain mit dem Posten in Crepy in Verbindung setzen muß. Von den Detaschements in Crecy, Pont a Bucy und gegen la Ferre, werden die beiden ersten wieder eingezogen, und kehren solche zur Reserve-Kavallerie zurück, das letztere bleibt noch stehen und rapportirt heute nach Cerise. Der Herr General v. Jagow wird diese Detaschements hiervon benachrichtigen.

Mein Hauptquartier kommt nach Cerise.

Die Herren Generalstabs-Offiziere kommen wie gestern, um nach der Position vorauszugehen.

Die Bagage des Corps mit Ausnahme der 3ten Brigade versammelt sich hinter den Truppen auf der Straße von la Chapelle nach Guise auf einen Punkt, wo sie den Truppen nicht in den Weg kommt. Eine Stunde nachdem die Truppen durch die Stadt sind, bricht die Bagage auf, und folgt unter Führung des Rittmeisters von Mossow dem Corps.

Das 4te Armee-Corps marschirt nach Epigny le grand, die Avantgarde desselben nach Jussy, und schickt Detaschements bis Genlis, Beaumont und Hamm. Die 3te Brigade hat sich mit dieser Avantgarde in Verbindung zu setzen.

Das 3te Armee-Corps kommt nach Homblieres.

Das Hauptquartier des Feldmarschalls Fürsten Blücher nach Itancourt.

Der Major v. Reizenstein vom 28sten Infanterie-Regiment nebst 2 Compagnien desselben Regiments bleibt als Besatzung in Guise zurück."

Hauptquartier Guise, den 25sten Juni 1815.

(gezeichnet) v. Zieten.

Für gleichlautende Abschrift der Chef des Generalstabes,

Obristlieutenant v. Reiche.

Der General v. Thielemann gab dem 3ten Armee-Corps folgende Befehle:

„Das 3te Armee-Corps marschirt auf der Straße nach St. Quentin bis nach Hombliers. Die Reserve-Kavallerie bricht um 6 Uhr, die Infanterie in folgender Ordnung auf, als die 10te, 11te, 9te und 12te Brigade, die Reserve-Artillerie bricht um 8 Uhr auf."

Der General Graf Bülow v. Dennewitz gab dem 4ten Armee-Corps folgende Disposition:

„Den 25sten Juni rückt das 1ste Armee-Corps nach Cerise auf der Straße von St. Quentin nach la Ferre, dessen Avantgarde bis Fargniers, Detaschements bis Chauny, Crepy und Laon.

Das 3te Armee-Corps bis nach Hombliers bei St. Quentin.

Das Detaschement des Oberstlieutenant v. Sohr rückt nach Catillon sur Oise.

Die Avantgarde des 4ten Armee-Corps bricht den 25sten Juni um 5 Uhr früh von St. Quentin auf, und marschirt auf der nach Chauny führenden Straße bis nach Jussy, und schickt Detaschements bis nach Genlis, Beaumont und Hamm. Der General v. Sidow läßt ein Bataillon in St. Quentin, bis das Gros des Corps ankommt, worauf denn die 14te Brigade ein Bataillon dort läßt, und das erstgenannte Bataillon wieder zur Avant-

Avantgarde einrückt. Das Bataillon, welches in St. Quentin bleibt, bivouakirt auf dem Markte, besetzt die Thore und patrouillirt die Stadt. Der General-Major v. Sidow zieht das in Guise gelassene Bataillon und die 2 Esquadrons wieder an sich, da Guise kapitulirt hat. Das 2te schlesische Husaren-Regiment rückt als Verstärkung von der Reserve-Kavallerie zur Avantgarde.

Die Reserve-Kavallerie bricht um 4 Uhr früh von Montigny auf, und marschirt auf St. Quentin, biegt vor dem Thore dieser Stadt, dieselbe rechts lassend, auf die Straße nach Chauny, und rückt bis Lizerolle und Montescourt.

Seine königliche Hoheit der Prinz Wilhelm von Preußen haben zugleich die vom General-Major v. Sidow kommandirte Avantgarde unter höchst Dero Oberbefehl.

Das Gros des 4ten Armee-Corps bricht um 5 Uhr früh auf, und marschirt in folgender Ordnung:

das 1ste schlesische Landwehr-Kavallerie-Regiment,
die Truppen der 13ten Brigade,
der 14ten Brigade,
der 15ten Brigade,
der Reserve-Artillerie,
der 16ten Brigade,
die sämmtliche Bagage, und
ein Bataillon der 16ten Brigade und 2 Esquadrons des 2ten schlesischen Landwehr-Kavallerie-Regiments als Arriergarde.

Der Weg geht über Montigny, Flemaine, Fontaine notre Dame, Homblieres, auf St. Quentin, ehe man an das Thor kommt, links abgebogen auf der Straße nach Chauny bis Essigny le grand, woselbst der Bivouak genommen wird.

Das Hauptquartier des Fürsten Blücher kommt nach Itancourt, wo das Bataillon der 13ten Brigade zur Deckung bleibt.

Das Hauptquartier des 4ten Armee-Corps ist in Essigny le grand.

Zur Verpflegung benutzt:

die Avantgarde und die Reserve-Kavallerie die vorwärts von Montencourt belegenen Oerter,
die 13te Brigade grande Serancourt,
die 14te Brigade Gaulchy und Grugy,
die 15te Brigade Castrees und Contescourt,

H

die Reserve-Artillerie Fontaine le Clere,
die 16te Brigade Happencourt und Arthem.

(gezeichnet) Bülow v. Dennewitz.

Für gleichlautende Abschrift der Chef des Generalstabes
G. M. v. Valentini.

Die befestigte Stadt St. Quentin wurde heute von dem Vortrab des 4ten Armee-Corps besetzt, sie öffnete die Thore und wurde von den Franzosen nicht vertheidiget.

Die Stellung des niederrheinischen Kriegsheeres war am Abend:

das 1ste Armee-Corps (v. Zieten):

die 3te Brigade (v. Jagow), als der Vortrab, rückte bis Fargniers gegen la Ferre vor, ein Offizier und 30 Pferde wurden auf dem linken Ufer der Oise gegen diese Festung vorgeschickt, um ihr die Verbindung mit Laon abzuschneiden, wodurch die Einschließung von la Ferre bewirkt wurde; weil jedoch auf dem rechten Ufer der Oise diese Festung theils durch Ueberschwemmung gedeckt, theils sich daselbst auch keine Punkte zur vortheilhaften Aufstellung des Geschützes fanden, wurden in der Nacht noch die Anstalten getroffen, den Fluß unterhalb la Ferre zu passiren, um die Höhen zu gewinnen, welche die Festung nach der Seite von Laon beherrschen.

Das Corps lagerte bei Cerise (auf der Straße von St. Quentin nach la Ferre), das Hauptquartier war auch daselbst.

Das 3te Armee-Corps (v. Thielemann):

die 9te Brigade lagerte bei Origny,
die 10te Brigade bei Hombliers und Menil St. Laurent,
die 11te Brigade bei Marly,
die 12te Brigade bei Neuvilette,
die Reserve-Kavallerie bei Harly,
das Hauptquartier war in Hombliers.

Das 4te Armee-Corps (Bülow von Dennewitz):

der Vortrab des Generals v. Sidow, nachdem er St. Quentin besetzt hatte, marschirtee bis nach Jussy, die Vorderabtheilungen bis nach Genlis, Beaumont und Hamm;
die Reserve-Kavallerie bis nach Montescourt;
das Corps lagerte bei Essigny le grand, woselbst das Hauptquartier war.

Das Hauptquartier des Feldmarschalls Fürsten Blücher war in St. Quentin.

II. Das niederländische Kriegsheer.

In der Nacht vom 24sten zum 25sten Juni eroberte die Division Colville, von der Kavallerie-Brigade Grants unterstützt, die Stadt Cambrai mit Sturm; sie verlor dabei an Todten einen Offizier und 36 Mann.

Das Hauptquartier des Herzogs Wellington war in Joncourt, unweit St. Quentin.

Die braunschweigschen Truppen lagerten bei Morets.

Der 26ste Juni.

I. Das niederrheinische Kriegsheer.

Zum Marsch seines Kriegsheeres auf heute, gab der Feldmarschall Fürst Blücher die Disposition also:

„Das 1ste Armee-Corps marschirt bis nach Noyon, die Avantgarde bis Compiegne, und sucht sich des Ueberganges von Compiegne zu versichern, schickt Detaschements gegen Verbery, um alles dort zum Uebergange vorzubereiten, und gegen Soissons vor. Auf la Ferre wird ein Versuch gemacht, um es zur Uebergabe zu zwingen; gelingt er nicht, so bleibt ein Beobachtungs-Detaschement dort auf dem rechten Ufer der Oise stehen.

Das 4te Armee-Corps marschirt nach Lassigny, die Avantgarde nach Gournay, Detaschements werden nach Clermont, Creil, Pont St. Maxence und Verbery geschickt, um dort die Uebergänge über die Oise zu untersuchen, und alles dazu vorzubereiten.

Das 3te Armee-Corps läßt 2 schwache Bataillons als Besatzung in St. Quentin, und marschirt nach Guiscard, ein Detaschement wird nach Chauny geschickt, welches über Couci gegen Soissons vorpoussirt. Das 3te Armee-Corps schickt seine Pionnier-Compagnie zum 4ten Armee-Corps, da dieses keine Pionnier hat.

Das Hauptquartier kommt nach Genbry diesseits Noyon.

St. Quentin wird als Hauptdepot der Armee jetzt betrachtet, und dort alles, was an Menschen und Pferden nicht mehr mitgenommen werden kann, hingesendet, eben so die übrigen Effekten, Gewehre, Trommeln rc. Die überflüssigen ledigen Wagen, welche nur Marschhindernisse sind, müssen ebenfalls von den verschiedenen Corps, nach St. Quentin zurückgeschickt werden, wo selbige Lebensmittel für die Armee laden, und ihr nachfolgen sollen.

In St. Quentin wird die General-Verwaltung der erober-

H 2

der Straße liegenden Dörfer ab, damit nirgends Leute zurückbleiben. Der Marsch der Kolonne geht von Fesmy auf der Chaussee bis Etreux, von hier rechts über Venerolles, Hannappe, nach Aisonville und Bernonville, woselbst der Bivouak bezogen wird, und der Rittmeister v. Below die Plätze anzeigen wird.

Die bei der Blokade von Landrecy befindlichen Truppen des 4ten Armee-Corps unter dem Obersten v. Lettow warten ab, bis sie vom 2ten Armee-Corps abgelöst werden, und setzen sich dann in Marsch, um über Fesmy und Hannappe das Gros des Armee-Corps in Bernonville zu erreichen; sollten sie den 24sten nicht abgelöst werden, oder wider Erwarten an selbigem Tage Bernonville nicht erreichen können, so lassen sie es melden.

Zur Verpflegung benutzt die Avantgarde und Reserve-Kavallerie alle vorwärts von Montigny liegende Dörfer,

die 14te Brigade Folsnoy und Etaves,

die 15te Brigade Bohain und Archi,

die Reserve-Kavallerie Grougis und Seboncourt,

die 16te Brigade in Verly und Vadencourt.

Das Hauptquartier des Fürsten Blücher kommt nach Hannappe, das Bataillon der 13ten Brigade, welches zur Bedeckung desselben dient, bleibt bei selbigem.

Das Hauptquartier des 4ten Armee-Corps kommt nach Bernonville, die 14te Brigade giebt in selbiges ein Bataillon.

Wenn die Blokade von Landrecy abgelöst ist, bleiben 2 Eskadrons des 1sten schlesischen Landwehr-Kavallerie-Regiments, als Brigade-Kavallerie bei der 15ten Brigade, und die beiden andern bei der 16ten Brigade.

Hauptquartier Fesmy, den 24sten Juni 1815. Morgens um 2 Uhr.

(gezeichnet) Bülow v. Dennewitz.

Für gleichlautende Abschrift der Chef des Generalstabes General-Major v. Valentini.

Einnahme der Zitadelle von Guise.

Es passirte bei St. Germain und la Bussière eine Brigade mit Reiterei und 2 Batterien die Oise, während die 3te Brigade (v. Jagow), als der Vortrab des 1sten Armee-Corps mit Tagesanbruch vorrückte, um die ziemlich starke Bergfestung Guise einzuschließen; als die Festung völlig eingeschlossen war, zog der Feind seine Truppen in die Zitadelle zurück, und der General v. Zieten ließ sofort sein Geschütz vorfahren, um diese zu beschießen. Sobald dies geschehen, wurde der Commandant zur Uebergabe aufgefordert, und dieser schloß die Kapitulation ab. Die Preußen besetzten diesen wichtigen Ort, in welchem sie 14 Kanonen, 3000 neue Gewehre, 2 Millionen Flinten-Patronen, viele Munition und ansehnliche Magazine fanden. Die Besatzung, aus 18 Offizieren und 350 Mann bestehend, wurde kriegsgefangen, und streckte auf dem Glacis die Waffen.

Der Major v. Müller mit dem kombinirten Füsilier-Bataillon des 28sten Linien- und 2ten westphälischen Landwehr-Infanterie-Regiments blieb als Besatzung in Guise.

Die Stellung des niederrheinischen Kriegsheeres war am Abend folgende:

Das 1ste Armee-Corps (v. Zieten).

Der Vortrab (die 3te Brigade (von Jagow)) rückte zur Beobachtung der Festung Laferne bis nach Origny vor; die Vorderdetaschements hatten das Flüßchen Serre besetzt, und standen in Crecy, Pont a Bucy und la Ferre.

Das 3te Armee-Corps (v. Thielemann).

Die Vorderabtheilungen rückten gegen Hirson und Vervins vor; sie hatten den Auftrag, Gewißheit über den Marsch des feindlichen Corps des Marschalls Grouchy einzuziehen.

Das Corps kantonirte bei Nauvion, woselbst das Hauptquartier war.

Das 4te Armee-Corps (Bülow v. Dennewitz).

Der Vortrab des General-Majors v. Sidow lagerte bei Fontaine notre Dame, die Vorderabtheilungen besetzten St. Quentin und Chatillon sur Oise.

Die Reserve-Kavallerie lagerte bei Montigny en Arronnaise (oder Carotte).

Das Corps lagerte bei Aisonville und Bernonville, im letztern Orte war das Hauptquartier.

Eine Abtheilung der 13ten Brigade unter dem Obersten von Lettow wurde bei der Blokade von Landrecy vom 2ten Armee-Corps abgelöst.

Das Hauptquartier des Feldmarschalls Fürsten Blücher war in Hanappe.

Das niederländische Kriegsheer des Herzogs Wellington.

Der Herzog Wellington blieb mit seinem Kriegsheere in der Gegend von Cambray stehen, weil sein Marsch durch die befestigte Stadt Cambray, und durch die Festung Peronne aufgehalten ward,

Zum Marsch gab der Feldmarschall Fürst Blücher die Disposition:

„Das 1ste Armee-Corps marschirt nach Guise, die Avantgarde nach Origny, Kavallerie-Detaschements werden nach Crecy, Pont a Bücy, und gegen la Ferre vorgeschickt; das Schloß von Guise wird sich allen Nachrichten zufolge bei der Annäherung größerer Truppenmassen ergeben; es ist jezt von der Avantgarde des 4ten Armee-Corps eingeschlossen. Sollte sich Guise nicht ergeben wollen, so muß man es durch Beschießen zu forciren suchen, gelingt dies nicht, so bleibt es leicht blokirt, und die Truppen sezen ihren ganzen Marsch auf dem rechten Ufer der Oise fort, die Avantgarde geht dann nach Hauteville, die Detaschements auf Crecy u. s. w., gehen auf jeden Fall vor.

Das 3te Armee-Corps marschirt nach Nouvion, und schickt Beobachtungs-Detaschements nach Hirson und Vervins, es ist wichtig, Gewißheit über den Marsch des Corps von Vandamme und Grouchy zu erhalten; wenn das 2te Armee-Corps noch nicht ein Bataillon nach Avesnes gesendet hat, so läßt das 3te Corps so lange ein Bataillon in dieser Festung zurück, auf jeden Fall rücken alle dort gestandenen Theile des 1sten Armee-Corps zu ihrem Corps ein.

Das 4te Armee-Corps marschirt nach Aisonville und Bernonville, die Avantgarde nach Fontaine notre dame, Kavallerie-Detaschements nach St. Quentin und Chatillon sur Oise.

Das Hauptquartier kömmt nach Hanappe, das Bataillon des 4ten Armee-Corps bleibt dort zur Bedeckung.

Die Kavallerie-Regimenter Königin Dragoner, das schlesische Uhlanen, das brandenburgische und pommersche Husaren-Regiment, nebst einer reitenden Batterie, versammeln sich unter dem Befehl des Obristlieutenants v. Sohr bei Etreux, und es erhält derselbe seine Befehle unmittelbar aus dem Hauptquartier.

Das 2te Armee-Corps folgt der früher gegebenen Disposition, und erhält von morgen an, seine Befehle von Seiner Königl. Hoheit, dem Prinzen August von Preußen. Alles was vom 3ten Armee-Corps nachkömmt, muß in Avesnes gesammelt, in Kommandos formirt, und so der Armee nachgesendet werden. Das 2te Armee-Corps muß dafür Sorge tragen, daß alle vom Feinde angelegte Verschanzungen zerstört, und die Wege wieder ausgebessert werden. Vorzüglich muß die Straße von Charleroy über Beaumont nach Avesnes in ganz guten Stand gesezt werden. Alle Verhaue müssen aufgeräumt, und das Holz den armen Einwohnern gegeben werden.

Alles was zur Schiffarth der Sambre gehört, wird sogleich in guten Stand gesetzt, und das zerstörte hergestellt.

Der Obrist v. Wbell ist Kommandant von Avesnes, der Obrist Graf von Louçey hat die Polizei in allen eroberten Provinzen, und der Ober-Kriegskommissär Pöerschen die Administration. Sie werden von Avesnes aus dies dirigiren, und für die Heranschaffung von Lebensmitteln und anderen Armee-Bedürfnissen sorgen.

Alle Kranke, lahme Pferde, und alles sonst Unbrauchbare der Armee, wird nach Avesnes geschickt, dort ist das Hauptdepot der Armee."

(gezeichnet) Blücher.

Für gleichlautende Abschrift der Chef des Generalstabes
Graf Gneisenau.

Der General v. Zieten gab dem 1sten Armee-Corps folgende Disposition:

„Um 9 Uhr brechen die Reserve-Kavallerie, die 1ste, 2te und 4te Brigade, nebst der Reserve-Artillerie auf.

Es wird in zwei Kolonnen links abmarschirt auf Guise:

die 1ste Kolonne rechts macht die 1ste Brigade,

die zweite Kolonne links die Reserve-Kavallerie, die 4te und 2te Brigade, und die Reserve-Artillerie.

Die erste Kolonne marschirt über Floyon, Nouvion en Thierache, Villers le Guise, wo sie sich mit der 2ten Kolonne wieder vereiniget, und in ihre Tour hinter der 2ten Brigade einfällt. Die 1ste Brigade muß um solche Zeit aufbrechen, daß sie nicht zu warten braucht, auch nicht zu spät kommt. Der Lieutenant v. Felden wird diese Kolonne führen. Die 1ste Brigade führt ihre Bagage auf diesem Wege mit sich, und läßt solche bei la Vacquereſſe halten.

Die zweite Kolonne marschirt über la Chapelle, die große Straße nach Guise, bis Villers le Guise, wo Halt gemacht wird, um die Uebergabe des Forts von Guise dort abzuwarten; der Major v. Dedenroth wird diese Kolonne führen. Die Bagage folgt hinter der Reserve-Artillerie, und macht bei Pyon Halt, woselbst sie neben der Straße auffährt, und weitere Ordre abwartet. Der Rittmeister v. Masson wird solche um halb 10 Uhr bei Etrouny sammeln, und nachher führen.

Die 3te Brigade marschirt ebenfalls links ab, und bricht um

10 Uhr auf; sie marschirt die große Straße von la Chapelle gegen Guise, wo sie zwischen St. Laurent und Villers les Guise, außer dem Kanonenschuß des Forts Halt machen muß. Die vorgeschickten Kavallerie-Detaschements und die Avantgarde dieser Brigade, gehen von den Punkten, wo sie jetzt stehen, gleich seitwärts ab, ohne sich erst mit der Brigade zu vereinigen, und bilden die Seiten-Detaschements zur Deckung der linken Flanke.

Sobald die 3te Brigade bei Guise angekommen ist, wird der Ort aufgefordert; ergiebt er sich nicht, so wird er beschossen, die schweren Haubitzen müssen daher zur Avantgarde stoßen. Ergiebt sich Guise, so marschirt die 3te Brigade als Avantgarde bis Origny, ergiebt es sich nicht, so marschirt sie nur bis Hauteville, und Guise bleibt von den übrigen Brigaden leicht blokirt. Der Marsch der Avantgarde gehet im letztern Falle über Lequeville auf dem rechten Oise Ufer fort.

Die Reserve-Kavallerie giebt 3 Detaschements, jedes zu einem Offizier und 30 Pferden, die in Crecy, Pont a Bucy und gegen la Ferre zur Beobachtung der Serre aufgestellt werden. Diese Detaschements müssen um 10 Uhr in la Chapelle seyn, und mit der 3ten Brigade von da sogleich aufbrechen; sie rapportiren an den General v. Jagow.

Wenn Guise übergeben wird, so kommt mein Hauptquartier nach diesem Ort, im entgegengesetzten Falle wird es noch näher bestimmt.

Das 3te Armee-Corps kommt nach Nouvion, das 4te nach Aisonville, das 2te folgt der früher gegebenen Disposition. Das Hauptquartier des Fürsten kommt nach Hanappe.

Der rechte Flügel von der Avantgarde des Generals v. Jagow, setzt sich über Nevilette in Verbindung mit der Avantgarde des 4ten Armee-Corps, welche bei Fontaine notre Dame steht, der linke Flügel der Avantgarde des Generals v. Jagow setzt sich mit dem Detaschement in Crecy, und mit den Detaschements in Verbindung, die das 3te Armee-Corps nach Vervins und Hirson sendet. Dies gilt jedoch nur für den Fall, wenn die Avantgarde in Hauteville bleibt; kommt die Avantgarde nach Origny, so setzt sich der rechte Flügel über Marcy und Regny, und der linke Flügel über Villers le Secq, und la Ferte sur Peronne, mit den Neben-Corps in Verbindung.

Die Herren Generalstabs-Offiziere der Brigaden, außer dem Major v. Kinski kommen um 7 Uhr hieher, um mit dem Obristlieutenant v. Reiche vor Ausbruch des Corps voranzugehen. Da so eben vom Feldmarschall die Ordre eingeht, daß der General-Major Graf Henkel v. Donnersmark das Kommando der Reserve-Kavallerie beim 4ten Armee-Corps übernehmen soll, so stößt die 4te Brigade nebst ihrer Kavallerie, bis zu näherer Bestimmung zur 2ten Brigade, unter die Befehle des General-Majors von Pirch II.

Hauptquartier Etroeung, den 24sten Juni 1815.

(gezeichnet) v. Zieten.

Für gleichlautende Abschrift der Chef des Generalstabes
Oberstlieutenant v. Reiche.

Der General Graf Bülow v. Dennewitz gab dem 4ten Armee-Corps folgende Disposition:

„Das 1ste Armee-Corps rückt den 24sten d. nach Guise, dessen Avantgarde nach Origny, vorpoussirte Kavallerie-Detaschements nach Crecy, Pont a Bucy, und gegen la Ferre.

Das 3te Armee-Corps marschirt nach Nouvion.

Das 2te Armee-Corps folgt der früher gegebenen Disposition.

Die Avantgarde des 4ten Armee-Corps läßt zur Blokade des Schlosses Guise ein Bataillon und 2 Esquadrons, setzt sich den 24sten Juni früh um 6 Uhr in Marsch, und rückt nach Fontaine notre Dame, welches gegen St. Quentin liegt, und schickt Kavallerie-Detaschements nach St. Quentin und Chatillon sur Oise.

Sobald die Truppen des 1sten Armee-Corps bei Guise eintreffen, folgt das Bataillon und die beiden Esquadrons dem General v. Sidow nach Fontaine notre Dame.

Die Reserve-Kavallerie des 4ten Armee-Corps bricht ebenfalls früh um 6 Uhr von Etreux auf, und rückt nach Montigny en Arronaise in Bivouak. Das Gros des 4ten Armee-Corps bricht um 6 Uhr früh von Fesmy auf, und zwar in folgender Ordnung:

Eine Esquadron des 2ten schlesischen Landwehr-Kavallerie-Regiments, die 14te und 15te Brigade, die Reserve-Artillerie, die 16te Brigade, dann sämmtliche Bagage des Corps unter Aufsicht des Oberstlieutenants v. Schlegel, und darauf als Arriergarde ein vom Obersten v. Hiller zu bestimmendes Bataillon der 16ten Brigade, und eine Esquadron des 2ten schlesischen Landwehr-Kavallerie-Regiments.

Die Brigaden beobachten im Innern bei ihrem Marsch die strengste Ordnung, die Arriergarde sorgt, daß keine Nachzügler nach bleiben, und die Kavallerie derselben patrouillirt die zunächst

nach Guise auf einen Punkt, wo sie den Truppen nicht in den Weg kommt. Eine Stunde nachdem die Truppen durch die Stadt sind, bricht die Bagage auf, und folgt unter Führung des Rittmeisters von Massow dem Corps.

Das 4te Armee-Corps marschirt nach Epigny le grand, die Avantgarde desselben nach Jussy, und schickt Detaschements bis Genlis, Beaumont und Hamm. Die 3te Brigade hat sich mit dieser Avantgarde in Verbindung zu setzen.

Das 3te Armee-Corps kommt nach Homblieres.

Das Hauptquartier des Feldmarschalls Fürsten Blücher nach Itancourt.

Der Major v. Reitzenstein vom 28sten Infanterie-Regiment nebst 2 Compagnien desselben Regiments bleibt als Besatzung in Guise zurück."

Hauptquartier Guise, den 25sten Juni 1815.

(gezeichnet) v. Zieten.

Für gleichlautende Abschrift der Chef des Generalstabes,

Obristlieutenant v. Reiche.

Der General v. Thielemann gab dem 3ten Armee-Corps folgende Befehle:

„Das 3te Armee-Corps marschirt auf der Straße nach St. Quentin bis nach Homblieres. Die Reserve-Kavallerie bricht um 6 Uhr, die Infanterie in folgender Ordnung auf, als die 10te, 11te, 9te und 12te Brigade, die Reserve-Artillerie bricht um 8 Uhr auf."

Der General Graf Bülow v. Dennewitz gab dem 4ten Armee-Corps folgende Disposition:

„Den 25sten Juni rückt das 1ste Armee-Corps nach Cerise auf der Straße von St. Quentin nach la Ferre, dessen Avantgarde bis Fargniers, Detaschements bis Chauny, Crepy und Laon.

Das 3te Armee-Corps bis nach Hombiieres bei St. Quentin.

Das Detaschement des Oberstlieutenant v. Sohr rückt nach Catillon sur Oise.

Die Avantgarde des 4ten Armee-Corps bricht den 25sten Juni um 5 Uhr früh von St. Quentin auf, und marschirt auf der nach Chauny führenden Straße bis nach Jussy, und schickt Detaschements bis nach Genlis, Beaumont und Hamm. Der General v. Sidow läßt ein Bataillon in St. Quentin, bis das Gros des Corps ankommt, worauf denn die 14te Brigade ein Bataillon dort läßt, und das erstgenannte Bataillon wieder zur Avant-

Avantgarde einrückt. Das Bataillon, welches in St. Quentin bleibt, bivouakirt auf dem Markte, besetzt die Thore und patrouillirt die Stadt. Der General-Major v. Sidow zieht das in Guise gelassene Bataillon und die 2 Esquadrons wieder an sich, da Guise kapitulirt hat. Das 2te schlesische Husaren-Regiment rückt als Verstärkung von der Reserve-Kavallerie zur Avantgarde.

Die Reserve-Kavallerie bricht um 4 Uhr früh von Montigny auf, und marschirt auf St. Quentin, biegt vor dem Thore dieser Stadt, dieselbe rechts lassend, auf die Straße nach Chauny, und rückt bis Lizerolle und Montescourt.

Seine königliche Hoheit der Prinz Wilhelm von Preußen haben zugleich die vom General-Major v. Sidow kommandirte Avantgarde unter höchst Dero Oberbefehl.

Das Gros des 4ten Armee-Corps bricht um 5 Uhr früh auf, und marschirt in folgender Ordnung:

das 1ste schlesische Landwehr-Kavallerie-Regiment,
die Truppen der 13ten Brigade,
der 14ten Brigade,
der 15ten Brigade,
der Reserve-Artillerie,
der 16ten Brigade,
die sämmtliche Bagage, und
ein Bataillon der 16ten Brigade und 2 Esquadrons des 2ten schlesischen Landwehr-Kavallerie-Regiments als Arriergarde.

Der Weg geht über Montigny, Flenlaine, Fontaine notre Dame, Homblieres, auf St. Quentin, ehe man an das Thor kommt, links abgebogen auf der Straße nach Chauny bis Essigny le grand, woselbst der Bivouak genommen wird.

Das Hauptquartier des Fürsten Blücher kommt nach Itancourt, wo das Bataillon der 13ten Brigade zur Deckung bleibt.

Das Hauptquartier des 4ten Armee-Corps ist in Essigny le grand.

Zur Verpflegung benutzt:

die Avantgarde und die Reserve-Kavallerie die vorwärts von Montencourt belegenen Oerter,
die 13te Brigade grande Serancourt,
die 14te Brigade Gaulchy und Grugy,
die 15te Brigade Castrees und Contescourt,

H

die Reserve-Artillerie Fontaine le Clerc,
die 16te Brigade Happencourt und Arthem.

(gezeichnet) Bülow v. Dennewitz.

Für gleichlautende Abschrift der Chef des Generalstabes
G. M. v. Valentini.

Die befestigte Stadt St. Quentin wurde heute von dem Vortrab des 4ten Armee-Corps besetzt, sie öffnete die Thore und wurde von den Franzosen nicht vertheidiget.

Die Stellung des niederrheinischen Kriegsheeres war am Abend:

das 1ste Armee-Corps (v. Zieten):

die 3te Brigade (v. Jagow), als der Vortrab, rückte bis Fargniers gegen la Ferre vor, ein Offizier und 30 Pferde wurden auf dem linken Ufer der Oise gegen diese Festung vorgeschickt, um ihr die Verbindung mit Laon abzuschneiden, wodurch die Einschließung von la Ferre bewirkt wurde; weil jedoch auf dem rechten Ufer der Oise diese Festung theils durch Ueberschwemmung gedeckt, theils sich daselbst auch keine Punkte zur vortheilhaften Aufstellung des Geschützes fanden, wurden in der Nacht noch die Anstalten getroffen, den Fluß unterhalb la Ferre zu passiren, um die Höhen zu gewinnen, welche die Festung nach der Seite von Laon beherrschen.

Das Corps lagerte bei Cerisi (auf der Straße von St. Quentin nach la Ferre), das Hauptquartier war auch daselbst.

Das 3te Armee-Corps (v. Thielemann):

die 9te Brigade lagerte bei Origny,
die 10te Brigade bei Homblieres und Menil St. Laurent,
die 11te Brigade bei Marly,
die 12te Brigade bei Neuvilette,
die Reserve-Kavallerie bei Harly,
das Hauptquartier war in Homblieres.

Das 4te Armee-Corps (Bülow von Dennewitz):

der Vortrab des Generals v. Sidow, nachdem er St. Quentin besetzt hatte, marschirtee bis nach Jussy, die Vorderabtheilungen bis nach Genlis, Beaumont und Hamm;
die Reserve-Kavallerie bis nach Montescourt;
das Corps lagerte bei Essigny le grand, woselbst das Hauptquartier war.

Das Hauptquartier des Feldmarschalls Fürsten Blücher war in St. Quentin.

II. Das niederländische Kriegsheer.

In der Nacht vom 24sten zum 25sten Juni eroberte die Division Colville, von der Kavallerie-Brigade Grants unterstützt, die Stadt Cambrai mit Sturm; sie verlor dabei an Todten einen Offizier und 36 Mann.

Das Hauptquartier des Herzogs Wellington war in Joncourt, unweit St. Quentin.

Die braunschweigschen Truppen lagerten bei Morets.

Der 26ste Juni.

I. Das niederrheinische Kriegsheer.

Zum Marsch seines Kriegsheeres auf heute, gab der Feldmarschall Fürst Blücher die Disposition also:

„Das 1ste Armee-Corps marschirt bis nach Noyon, die Avantgarde bis Compiegne, und sucht sich des Ueberganges von Compiegne zu versichern, schickt Detaschements gegen Verbery, um alles dort zum Uebergange vorzubereiten, und gegen Soissons vor. Auf la Ferre wird ein Versuch gemacht, um es zur Uebergabe zu zwingen; gelingt er nicht, so bleibt ein Beobachtungs-Detaschement dort auf dem rechten Ufer der Oise stehen.

Das 4te Armee-Corps marschirt nach Laffigny, die Avantgarde nach Gournay, Detaschements werden nach Clermont, Creil, Pont St. Maxence und Verbery geschickt, um dort die Uebergänge über die Oise zu untersuchen, und alles dazu vorzubereiten.

Das 3te Armee-Corps läßt 2 schwache Bataillons als Besatzung in St. Quentin, und marschirt nach Guiscard, ein Detaschement wird nach Chauny geschickt, welches über Coucl gegen Soissons vorpoussirt. Das 3te Armee-Corps schickt seine Pionnier-Compagnie zum 4ten Armee-Corps, da dieses keine Pionnier hat.

Das Hauptquartier kommt nach Genbry diesseits Noyon.

St. Quentin wird als Hauptdepot der Armee jetzt betrachtet, und dort alles, was an Menschen und Pferden nicht mehr mitgenommen werden kann, hingesendet, eben so die übrigen Effekten, Gewehre, Trommeln rc. Die überflüssigen ledigen Wagen, welche nur Marschhindernisse sind, müssen ebenfalls von den verschiedenen Corps, nach St. Quentin zurückgeschickt werden, wo selbige Lebensmittel für die Armee laden, und ihr nachfolgen sollen.

In St. Quentin wird die General-Verwaltung der erober-

nach Guise auf einen Punkt, wo sie den Truppen nicht in den Weg kommt. Eine Stunde nachdem die Truppen durch die Stadt sind, bricht die Bagage auf, und folgt unter Führung des Rittmeisters von Massow dem Corps.

Das 4te Armee-Corps marschirt nach Epigny le grand, die Avantgarde desselben nach Jussy, und schickt Detaschements bis Genlis, Beaumont und Hamm. Die 3te Brigade hat sich mit dieser Avantgarde in Verbindung zu setzen.

Das 3te Armee-Corps kommt nach Homblieres.

Das Hauptquartier des Feldmarschalls Fürsten Blücher nach Itancourt.

Der Major v. Reizenstein vom 28sten Infanterie-Regiment nebst 2 Compagnien desselben Regiments bleibt als Besatzung in Guise zurück."

Hauptquartier Guise, den 25sten Juni 1815.

(gezeichnet) v. Zieten.

Für gleichlautende Abschrift der Chef des Generalstabes,

Obristlieutenant v. Reiche.

Der General v. Thielemann gab dem 3ten Armee-Corps folgende Befehle:

„Das 3te Armee-Corps marschirt auf der Straße nach St. Quentin bis nach Homblieres. Die Reserve-Kavallerie bricht um 6 Uhr, die Infanterie in folgender Ordnung auf, als die 10te, 11te, 9te und 12te Brigade, die Reserve-Artillerie bricht um 8 Uhr auf."

Der General Graf Bülow v. Dennewitz gab dem 4ten Armee-Corps folgende Disposition:

„Den 25sten Juni rückt das 1ste Armee-Corps nach Cerisy auf der Straße von St. Quentin nach la Ferre, dessen Avantgarde bis Fargniers, Detaschements bis Chauny, Crepy und Laon.

Das 3te Armee-Corps bis nach Homblieres bei St. Quentin.

Das Detaschement des Oberstlieutenant v. Sohr rückt nach Catillon sur Oise.

Die Avantgarde des 4ten Armee-Corps bricht den 25sten Juni um 5 Uhr früh von St. Quentin auf, und marschirt auf der nach Chauny führenden Straße bis nach Jussy, und schickt Detaschements bis nach Genlis, Beaumont und Hamm. Der General v. Sidow läßt ein Bataillon in St. Quentin, bis das Gros des Corps ankommt, worauf denn die 14te Brigade ein Bataillon dort läßt, und das erstgenannte Bataillon wieder zur Avant-

diren. Die Reserve-Kavallerie detaschirt das brandenburgsche Uhlanen-Regiment nach Fargniers zur 1sten Brigade. Gelingt der Versuch auf la Ferre nicht, so läßt die Brigade ein schwaches Bataillon nebst einer Esquadron, als Beobachtungs-Detaschement, auf dem rechten Ufer der Oise zurück, die Brigade folgt alsdann nach Noyon.

Die 2te und 4te Brigade marschiren rechts ab, über Vendeuil, Travecy, von da rechts von der Chaussee ab, um la Ferre herum nach Fargniers, dann über Chauny bis Noyon, wo sie ein Lager beziehen. 2 Bataillons kommen in die Stadt. Der Lieutenant v. Felden führt diese Kolonne. Die Reserve-Kavallerie macht die Tete der 2ten und 4ten Brigade, daher sie sich so einrichten muß, sich mit diesen Brigaden um 8 Uhr vor Vendeuil zu vereinigen. Sie marschirt ebenfalls rechts ab bis Noyon, und schickt die Brigade von Treskow bis in die Gegend von Cambronne, zum Soutien der 8ten Brigade vor. Alle in den frühern Dispositionen benannten Detaschements der Kavallerie werden eingezogen, und von demjenigen Befehlshaber avertirt, an den sie ihre Meldungen gemacht haben.

Die Reserve-Artillerie folgt der 4ten Brigade rechts abmarschirt nach Noyon, und bezieht daselbst ein Lager.

Die Bagage bleibt bei den Truppen, und folgt den respektiven Kolonnen, die Bagage des Hauptquartiers, der Reserve-Kavallerie, mit Ausnahme der vom brandenburgschen Uhlanen-Regiment, die bei der 1sten Brigade bleibt. Die Bagagen der 2ten und 4ten Brigade und der Reserve-Artillerie sind um 9 Uhr bei Vendeuil versammelt, und werden vom Rittmeister v. Masson nach Noyon geführt.

Mein Hauptquartier kommt nach Noyon.

Das 4te Armee-Corps marschirt nach Lassigny.

Das 3te Armee-Corps marschirt nach Guiscard, und giebt ein Detaschement nach Chauny, welches über Coucy nach Soissons vorgeschickt wird. Mit diesem Detaschement hat sich dasjenige in Verbindung zu setzen, welches die 3te Brigade gegen Soissons vorschickt. Das Detaschement der 3ten Brigade in Verberie setzt sich mit dem Detaschement in Pont St. Maxence in Verbindung, welches vom 4ten Armee-Corps dahin gegeben wird.

Das Hauptquartier des Feldmarschalls kommt nach Genvry bei Noyon.

Die Herren Generalstabs-Offiziere der Reserve-Kavallerie, der

die Reserve-Artillerie Fontaine le Clerc,
die 16te Brigade Happencourt und Arthem.

(gezeichnet) Bülow v. Dennewitz.

Für gleichlautende Abschrift der Chef des Generalstabes
G. M. v. Valentini.

Die befestigte Stadt St. Quentin wurde heute von dem Vortrab des 4ten Armee-Corps besetzt, sie öffnete die Thore und wurde von den Franzosen nicht vertheidiget.

Die Stellung des niederrheinischen Kriegsheeres war am Abend:

das 1ste Armee-Corps (v. Zieten):

die 3te Brigade (v. Jagow), als der Vortrab, rückte bis Fargniers gegen la Ferre vor, ein Offizier und 30 Pferde wurden auf dem linken Ufer der Oise gegen diese Festung vorgeschickt, um ihr die Verbindung mit Laon abzuschneiden, wodurch die Einschließung von la Ferre bewirkt wurde; weil jedoch auf dem rechten Ufer der Oise diese Festung theils durch Ueberschwemmung gedeckt, theils sich daselbst auch keine Punkte zur vortheilhaften Aufstellung des Geschützes fanden, wurden in der Nacht noch die Anstalten getroffen, den Fluß unterhalb la Ferre zu passiren, um die Höhen zu gewinnen, welche die Festung nach der Seite von Laon beherrschen.

Das Corps lagerte bei Crisse (auf der Straße von St. Quentin nach la Ferre), das Hauptquartier war auch daselbst.

Das 3te Armee-Corps (v. Thielemann):

die 9te Brigade lagerte bei Origny,
die 10te Brigade bei Hombliers und Menil St. Laurent,
die 11te Brigade bei Marly,
die 12te Brigade bei Neuvilette,
die Reserve-Kavallerie bei Harly,
das Hauptquartier war in Hombliers.

Das 4te Armee-Corps (Bülow von Dennewitz):

der Vortrab des Generals v. Sidow, nachdem er St. Quentin besetzt hatte, marschirtee bis nach Jussy, die Vorderabtheilungen bis nach Genlis, Beaumont und Hamm;
die Reserve-Kavallerie bis nach Montescourt;
das Corps lagerte bei Essigny le grand, woselbst das Hauptquartier war.

Das Hauptquartier des Feldmarschalls Fürsten Blücher war in St. Quentin.

II. Das niederländische Kriegsheer.

In der Nacht vom 24sten zum 25sten Juni eroberte die Division Colville, von der Kavallerie-Brigade Grants unterstützt, die Stadt Cambrai mit Sturm; sie verlor dabei an Todten einen Offizier und 36 Mann.

Das Hauptquartier des Herzogs Wellington war in Joncourt, unweit St. Quentin.

Die braunschweigschen Truppen lagerten bei Morets.

Der 26ste Juni.

I. Das niederrheinische Kriegsheer.

Zum Marsch seines Kriegsheeres auf heute, gab der Feldmarschall Fürst Blücher die Disposition also:

„Das 1ste Armee-Corps marschirt bis nach Noyon, die Avantgarde bis Compiegne, und sucht sich des Ueberganges von Compiegne zu versichern, schickt Detaschements gegen Verbery, um alles dort zum Uebergange vorzubereiten, und gegen Soissons vor. Auf la Ferre wird ein Versuch gemacht, um es zur Uebergabe zu zwingen; gelingt er nicht, so bleibt ein Beobachtungs-Detaschement dort auf dem rechten Ufer der Oise stehen.

Das 4te Armee-Corps marschirt nach Lassigny, die Avantgarde nach Gournay, Detaschements werden nach Clermont, Creil, Pont St. Maxence und Verbery geschickt, um dort die Uebergänge über die Oise zu untersuchen, und alles dazu vorzubereiten.

Das 3te Armee-Corps läßt 2 schwache Bataillons als Besatzung in St. Quentin, und marschirt nach Guiscard, ein Detaschement wird nach Chauny geschickt, welches über Coucl gegen Soissons vorpoussirt. Das 3te Armee-Corps schickt seine Pionnier-Compagnie zum 4ten Armee-Corps, da dieses keine Pionnier hat.

Das Hauptquartier kommt nach Genbry diesseits Noyon.

St. Quentin wird als Hauptdepot der Armee jetzt betrachtet, und dort alles, was an Menschen und Pferden nicht mehr mitgenommen werden kann, hingesendet, eben so die übrigen Effekten, Gewehre, Trommeln rc. Die überflüssigen ledigen Wagen, welche nur Marschhindernisse sind, müssen ebenfalls von den verschiedenen Corps, nach St. Quentin zurückgeschickt werden, wo selbige Lebensmittel für die Armee laden, und ihr nachfolgen sollen.

In St. Quentin wird die General-Verwaltung der eroberten französischen Provinzen, und die obere Polizei derselben angelegt.

Eben so müssen in St. Quentin, Guise u. s. w. eine Anzahl Pferde vom Lande aufgestellt werden, um die Kommunikation zwischen der Operations- und Belagerungs-Armee zu unterhalten, sowohl für Ordonanzen, als Courier und Stafetten."

(gezeichnet) Blücher.

Für gleichlautende Abschrift der Chef des Generalstabes
Graf Gneisenau.

Nachschrift. St. Quentin ist zum Hauptdepot der Armee gemacht, und darin der Sitz der Administration der eroberten Provinzen unter dem Staatsrath Ribbentrop und der Polizei unter dem Obersten v. Loucy. Es wird jede Einmischung französischer Seite zurückgewiesen.

Der General v. Zieten gab dem 1sten Armee-Corps folgende Disposition:

Das Corps, sowohl das Gros desselben, als die Avantgarde bricht um 7 Uhr auf; die Avantgarde läßt die schweren Haubitzen und die 12pfündigen Batterien zurück, und läßt bei Fargniers, zur Bedeckung dieses Geschützes ein Bataillon und eine Esquadron, bis solche von der 1sten Brigade, die bestimmt ist, einen Versuch gegen la Ferre zu machen, abgelöst sind.

Die Avantgarde marschirt rechts ab, über Noyon auf Compiegne, und sucht sich des Ueberganges daselbst über die Oise zu bemächtigen, und schickt ein Detaschement nach Verberie, um dort alles zum Uebergange über die Oise vorzubereiten. Ein anderes Detaschement schickt sie gegen Soissons vor, um dasselbe zu beobachten.

Die 1ste Brigade marschirt rechts ab, über Remigny, Liez, Quessy nach Fargniers, und nimmt dort die vorbenannten schweren Haubitzen und 12pfünder in Empfang, worauf die dort zurückgelassenen Truppen der 3ten Brigade derselben nachmarschiren. Die schweren 10pfündigen Haubitzen, so noch bei der Reserve-Artillerie sind, stoßen ebenfalls zur bemerkten Zeit bei Fargniers zur 1sten Brigade. Die 1ste Brigade sucht la Ferre in ihre Gewalt zu bekommen. Um es zu bombardiren, wird das Geschütz auf die Höhen von Charmes, nebst einigen Bataillons auf das linke Ufer der Oise hinüber gezogen werden müssen, wozu die massive Brücke bei Beautor benutzt werden kann. Der Oberstlieutenant v. Lehmann wird die Artillerie bei diesem Versuch kommandiren. Die Reserve-Kavallerie detaschirt das brandenburgsche Uhlanen-Regiment nach Fargniers zur 1sten Brigade. Gelingt der Versuch auf la Ferre nicht, so läßt die Brigade ein schwaches Bataillon nebst einer Esquadron, als Beobachtungs-Detaschement, auf dem rechten Ufer der Oise zurück, die Brigade folgt alsdann nach Noyon.

Die 2te und 4te Brigade marschiren rechts ab, über Vendeuil, Travecy, von da rechts von der Chaussee ab, um la Ferre herum nach Fargniers, dann über Chauny bis Noyon, wo sie ein Lager beziehen. 2 Bataillons kommen in die Stadt. Der Lieutenant v. Felden führt diese Kolonne. Die Reserve-Kavallerie macht die Tete der 2ten und 4ten Brigade, daher sie sich so einrichten muß, sich mit diesen Brigaden um 8 Uhr vor Vendeuil zu vereinigen. Sie marschirt ebenfalls rechts ab bis Noyon, und schickt die Brigade von Treskow bis in die Gegend von Cambronne, zum Soutien der 3ten Brigade vor. Alle in den frühern Dispositionen benannten Detaschements der Kavallerie werden eingezogen, und von demjenigen Befehlshaber avertirt, an den sie ihre Meldungen gemacht haben.

Die Reserve-Artillerie folgt der 4ten Brigade rechts abmarschirt nach Noyon, und bezieht daselbst ein Lager.

Die Bagage bleibt bei den Truppen, und folgt den respektiven Kolonnen, die Bagage des Hauptquartiers, der Reserve-Kavallerie, mit Ausnahme der vom brandenburgschen Uhlanen-Regiment, die bei der 1sten Brigade bleibt. Die Bagagen der 2ten und 4ten Brigade und der Reserve-Artillerie sind um 9 Uhr bei Vendeuil versammelt, und werden vom Rittmeister v. Massow nach Noyon geführt.

Mein Hauptquartier kommt nach Noyon.

Das 4te Armee-Corps marschirt nach Lassigny.

Das 3te Armee-Corps marschirt nach Guiscard, und giebt ein Detaschement nach Chauny, welches über Coucy nach Soissons vorgeschickt wird. Mit diesem Detaschement hat sich dasjenige in Verbindung zu setzen, welches die 3te Brigade gegen Soissons vorschickt. Das Detaschement der 3ten Brigade in Verberie setzt sich mit dem Detaschement in Pont St. Maxence in Verbindung, welches vom 4ten Armee-Corps dahin gegeben wird.

Das Hauptquartier des Feldmarschalls kommt nach Genvry bei Noyon.

Die Herren Generalstabs-Offiziere der Reserve-Kavallerie, der

2ten und 4ten Brigade und der Reserve-Artillerie kommen hier her, um mit dem Oberstlieutenant von Reiche vorauszugehen."

Cerise, den 26sten Juni 1815.

(gezeichnet) v. Zieten.

Für gleichlautende Abschrift der Chef des Generalstabes
Oberstlieutenant v. Reiche.

Der General Graf Bülow v. Dennewitz gab dem 4ten Armee-Corps folgende Disposition:

„Das 1ste Armee-Corps marschirt nach Noyon, dessen Avantgarde bis Compiegne, und versucht sich der Uebergänge von Compiegne zu bemeistern, Detaschements gehen nach Verberie, um dort alles zum Uebergange vorzubereiten, und gegen Soissons, auf la Ferre wird ein Versuch gemacht.

Das 3te Armee-Corps marschirt nach Guiscard, ein Detaschement wird nach Chauny geschickt, welches gegen Soissons passirt.

Die Avantgarde des 4ten Armee-Corps bricht um 4 Uhr Morgens auf, marschirt über Guiscard, Lassigny nach Gournay, welches auf der von Peronne über Roye auf Pont St. Maxence und Paris führenden Straße liegt. Sie schickt Detaschements nach Clermont, Creil, Pont St. Maxence und Verberie, um dort die Uebergänge über die Oise zu untersuchen, und alles zu einem Uebergange vorzubereiten.

Die Reserve-Kavallerie bricht um 5 Uhr früh auf, und marschirt über Jussy, Guiscard, Lassigny nach Ressons. Seine königliche Hoheit der Prinz Wilhelm läßt in Jussy das Husaren-Regiment Nr. 10., welches mit dem Gros der Infanterie marschirt.

Die 13te, 14te, 15te und 16te Brigade und die Reserve-Artillerie brechen aus ihren heutigen Bivouaks auf, und richten sich so ein, daß sie ohnfehlbar um 7 Uhr Morgens auf dem Rendezvous bei Jussy, (welches auf dem Wege von St. Quentin nach Chauny liegt) eintreffen. Von Jussy brechen sie in folgender Ordnung auf:

das Husaren-Regiment Nr. 10.,
das 1ste schlesische Landwehr-Kavallerie-Regiment,
die 14te Brigade,
die Bagage des Hauptquartiers,
die 15te Brigade,
die 16te Brigade,
die Reserve-Artillerie,

die Truppen der 13ten Brigade,
die Bagage der sämmtlichen Brigaden,
ein Bataillon der 13ten Brigade,
2 Esquadrons des 2ten schlesischen Landwehr-Kavallerie-Regiments als Arriergarde.

Von Jussy geht der Marsch nach Cugny, Villeselve, Guiscard nach Lassigny, dieser Marsch ist forzirt. Es ist aber eine von den Gelegenheiten, bei denen vom starken Marsch das vollständige Gelingen einer Operation überhaupt abhängt.

Die Herren Brigade-Chefs, Regiments- und Bataillons-Commandeurs werden sich hiervon überzeugen, und daher alles anwenden, ihn mit möglichster Erleichterung der Truppen einzurichten, und dahin trachten, daß der Zweck erreicht werde. Die Bagage darf nicht, wie dies beim heutigen Marsch bei mehreren gewesen, hinter den Bataillons oder Brigaden seyn, sondern muß da fahren, wo die Disposition es vorschreibt.

Das Hauptquartier des Feldmarschalls Fürsten Blücher kommt nach Genvry diesseits Noyon.

Das Hauptquartier des 4ten Armee-Corps kommt nach Lassigny.

Das 3te Armee-Corps giebt 2 Bataillons zur Besetzung von St. Quentin.

Sämmtliche bedeckte Wagen werden von den Brigaden nach Essigny le grand dirigirt, damit sie zum sehr nöthigen Transport der Pionnier-Compagnie zur Avantgarde dienen. Diese Wagen werden an den Oberstlieutenant v. Schlegel abgeliefert."

Hauptquartier Essigny le grand, Morgens 1 Uhr.

(gezeichnet) Bülow von Dennewitz.

Für gleichlautende Abschrift der Chef des Generalstabes
General-Major v. Valentini.

Nachschrift. St. Quentin wird als Hauptdepot der Armee jetzt betrachtet, und dort alles was an Menschen und Pferden nicht mehr mitgenommen werden kann, hingesendet, eben so alle überflüssige Effekten und ledige Wagen, welche in St. Quentin Lebensmittel für die Armee aufladen können. In St. Quentin wird die General-Verwaltung der eroberten Provinzen, und die obere Polizei derselben angelegt.

Bombardement der Festung la Ferre.

Vom 1sten Armee-Corps lösete die 1ste Brigade die 3te Brigabe ab, und schloß die Festung la Ferre ein; die Batterien wurden aufgestellt, mit dem Beschießen der Festung angefangen und bis Mittag lebhaft fortgefahren; da jedoch die Uebergabe der Festung dadurch nicht erzwungen wurde, indem der französische Kommandant, General Berthier, sie ernstlich zu vertheidigen entschlossen, ohnerachtet das Feuer wirksam war, und mehrere Gebäude in Brand geriethen, und da der Angriff auf la Ferre nur ein Versuch seyn sollte; so marschirte die 1ste Brigade Nachmittags gleichfalls ab, und ließ nur das Füsilier-Bataillon des brandenburgschen Infanterie-Regiments und eine Esquadron brandenburgsche Uhlanen zur Beobachtung der Festung zurück.

Die Stellung des niederrheinischen Kriegsheeres war am Abend:

das 1ste Armee-Corps (v. Zieten):

die 3te Brigade (v. Jagow) sollte bis nach Compiegne marschiren, allein es war ihr unmöglich, diesen Ort zu erreichen; sie ruhete einige Stunden bei Cambronne, ließ jedoch durch ein starkes Detaschement noch in der Nacht Compiegne, und die dortige Brücke über die Oise besetzen;

die Vordertruppen streiften gegen Verberie und Soissons;

die Brigade v. Treskow stand zur Unterstützung in Cambronne;

das Corps konnte Noyon gleichfalls nicht erreichen, es lagerte bei Chauny, woselbst auch das Hauptquartier war.

Das 3te Armee-Corps (v. Thielemann):

es ließ 2 schwache Bataillons zur Besatzung in St. Quentin zurück;

die 11te Brigade marschirte durch St. Quentin gegen Hamm;

das Corps marschirte über Jussy nach Guiscarde, wo das Hauptquartier blieb, und die 9te und 11te Brigade lagerten;

die 10te Brigade lagerte bei Guiscry;

die 12te Brigade lagerte bei Briancourt.

Die Reiterei-Abtheilung, welche von Coucy aus gegen Soissons vorgeschickt worden, stieß ungefähr eine Stunde hinter Coucy auf einen feindlichen Vorposten, von einem Dragoner-Regiment und einem Bataillon Fußvolk.

Das 4te Armee-Corps (Graf Bülow v. Dennewitz):

der Vortrab (v. Sidow) stand bei Gournay auf der Straße von Peronne nach Pont St. Maxence, er schickte Abtheilungen gegen Clermont, Creil, Verberie und Pont St. Maxence;

das Corps nebst der Reserve-Kavallerie lagerte bei Ressous; das Hauptquartier war in Lassigny.

Das Hauptquartier des Feldmarschalls Fürsten Blücher war in Genvry unweit Noyon.

II. Das niederländische Kriegsheer.

Der Herzog Wellington machte in Person eine Erkennung der Festung Peronne, und fand die Möglichkeit, selbige mit Sturm zu erobern; die erste englische Brigade unter dem General Maitland erhielt diesen Auftrag, sie mußte die Leitern aus der Gegend zusammenbringen, und da sie zu kurz waren, zusammenbinden; als der Kommandant die Aufforderung ausschlug, wurde das Hornwerk an der Straße nach Cambray des Abends um 7 Uhr gestürmt; die Engländer eroberten mit geringem Verlust (1 Offizier und 1 Soldat todt, und 9 Mann verwundet) dieses Hornwerk, wodurch die Vorstadt auf dem linken Ufer der Somme gedeckt wird, und unmittelbar nachher ergab sich die Stadt und Zitadelle durch Kapitulation; die Besatzung mußte die Waffen niederlegen, worauf sie nach Hause entlassen wurde.

Das englische Kriegsheer marschirte bis über Vermans hinaus, in diesem Orte war das Hauptquartier des Herzogs Wellington.

Das braunschweigische Corps lagerte bei Nauraine.

Die Angriffe auf Cambray und Peronne, so wie der Mangel an Pontons, die noch zurück waren, verzögerten den Marsch des niederländischen Kriegsheeres um einen Tag, so daß das preußische Kriegsheer ihm um einen Marsch voraus war.

Die französischen Truppen, von dem Vorrücken des preußischen Kriegsheeres gegen die untere Oise unterrichtet, fingen heute an, von Laon- und Soissons links abzumarschiren, um sich jenem an der Oise und vor Paris entgegenzustellen.

Der 27ste Juni.

I. Das niederrheinische Kriegsheer.

Der Feldmarschall Fürst Blücher gab folgende Disposition:

„Das 1ste Armee-Corps marschirt morgen durch Compiegne, wo es die Oise passirt, durch den Wald von Compiegne auf der Straße nach Crepy bis Gilicourt; wenn der Feind noch heute bei Soissons gestanden hat, schickt es seine Avantgarde nach Villers Cotterets, und hält sich bereit, diese Avantgarde zu unterstützen, und das von Soissons auf Paris zurückweichende Corps anzugreifen und abzuschneiden.

„Das 3te Armee-Corps marschirt nach Compiegne, und ist bestimmt das 1ste Armee-Corps zu unterstützen, es poussirt ein starkes Detaschement gegen Soissons, um den Feind dort zu beobachten, und ihn zu beunruhigen wenn er abzieht.

Wenn das 4te Armee-Corps bei Verberie, Pont St. Maxence oder Creil die Oise passiren kann, so geht es an diesen Orten über den Fluß, und schickt eine Avantgarde nach Senlis. Detaschements werden nach Luzarches, Louvres und Dammartin geschickt; sind keine Uebergänge über die Oise an den vorbeschriebenen Orten oder in der Gegend möglich, so marschirt das Corps ebenfalls über Compiegne, und von dort nach Verberie. Die Avantgarde sucht dann ebenfalls nach Senlis zu erreichen. Auf jeden Fall muß die Wiederherstellung der Brücken mit der größten Schnelligkeit betrieben werden.

Ueber die Möglichkeit der Uebergänge und ihren Zustand erwarte ich schleunigen Rapport.

Das Hauptquartier kommt nach Compiegne, wo ein Bataillon des 3ten Armee-Corps zur Wache desselben kommandirt wird."

(gezeichnet). Blücher.

Für gleichlautende Abschrift der Chef des Generalstabes
Graf Gneisenau.

Der General v. Zieten gab dem 1sten Armee-Corps folgende Disposition:

„Das Corps marschirt rechts ab, die Reserve-Kavallerie hat die Tete, stehet mit selbiger um 7½ Uhr am Thore von Noyon. Der Marsch geht über Compiegne auf der Straße nach Crepy bis Gilicourt, wo das Armee-Corps in Bivouak rückt. Auf die Reserve-Kavallerie folgt die 2te, dann die 4te, dann die 1ste Brigade, wenn letztere nämlich bis zum Abmarsch heran ist; ist dieses nicht der Fall, so folgt auf die 4te Brigade die Reserve-Artillerie. Der Lieutenant v. Felden führt die Kolonne.

Die Brigade-Kavallerie, welche bis Cambronne vorgerückt ist, bleibt dort halten, und setzt sich in Bewegung, wenn der General-Lieutenant v. Röder mit der andern Brigade ankommt.

Die 3te Brigade unter dem General v. Jagow setzt sich in Marsch, wenn die Tete der Reserve-Kavallerie Longueil erreicht hat, und dirigirt ihren Marsch durch das Holz von Compiegne auf Villers Cotterets. Durch diese Bewegung stehet die Avantgarde dem bei Soissons stehenden Feinde, wenn sich derselbe nach

Paris zurückbegeben will, im Rücken. Sie muß also ihre Kräfte zusammen behalten, um den zurückgehenden Feind anzugreifen und auf Soissons zurückzuwerfen, ich werde selbige von Giliçourt sogleich unterstützen. Sämmtliche Detaschements werden eingezogen, und werden die Herren Befehlshaber, welche Detaschements vorpoussirt haben, dieselben davon benachrichtigen.

Das 3te Armee-Corps marschirt bis Compiegne, und schickt Detaschements nach Soissons vor.

Das 4te Armee-Corps marschirt nach Verberie, sucht dort über die Oise zu gehen, und schickt seine Avantgarde bis Senlis.

Das Hauptquartier des Feldmarschalls Fürsten Blücher kommt nach Compiegne.

Das Hauptquartier des 1sten Armee-Corps nach Giliçourt.

Die Herren General-Stabsoffiziere kommen wie gewöhnlich vor dem Abmarsch zum Oberst-Lieutenant v. Reiche voraus.

Die Bagage marschirt von Noyon ab, wenn die 1ste, 2te und 4te Brigade durch ist."

Hauptquartier Noyon den 27sten Juni 1815.

(gezeichnet) v. Zieten.

Für gleichlautende Abschrift der Chef des Generalstabes
Obristlieutenant v. Reiche.

Der General Graf Bülow v. Dennewitz gab dem 4ten Armee-Corps folgende Disposition:

„Das 2te pommersche Landwehr-Kavallerie-Regiment unter dem Major v. Kamke, passirt die Oise bei Pont St. Maxence, stellt sich jenseits auf, und poussirt gegen Verberie und Senlis vor.

Die Brigade von Ryssel passirt gleichfalls auf den Fähren, und besetzt die Höhen zu beiden Seiten der Straße nach Paris, die Artillerie der Brigade bleibt diesseits, bis die Brücke fertig ist.

Die Brigade von Losthin besetzt mit einem Bataillon den diesseitigen Theil der Stadt.

Die übrigen Brigaden bivouakiren hinter der Stadt zu beiden Seiten der Straße hinter einander, in der Ordnung wie sie ankommen.

Die Reserve-Kavallerie bivouakirt bei le Plessis Longeaux.

Es ist ganz vorzüglich auf strenge Mannszucht zu halten."

Pont St. Maxence den 24. Juni 1815 des Abends.

(gezeichnet) Bülow v. Dennewitz.

Für die Richtigkeit der Abschrift der Chef des Generalstabes
G. M. v. Valentini.

Nachschrift. Eben geht die Nachricht ein, daß die Engländer Peronne mit Sturm genommen haben.

Das niederrheinische Kriegsheer passirte demnach heute die Oise in zwei Hauptkolonnen, nämlich bei Compiegne das 1ste und 3te Armee-Corps, das 4te Armee-Corps bei Verberie und Pont St. Maxence, um die feindlichen Truppen in den Rücken zu nehmen.

Gefecht bei Compiegne.

Um 3½ Uhr erreichte die 3te Brigade die Stadt Compiegne, und gleich darauf traf der feindliche Vortrab (Graf Erlon) von Soissons aus, gleichfalls hier ein, um den Uebergang über die Oise zu besetzen; es kam zum Gefechte, allein die Bemühungen des Feindes waren vergeblich, die 3te Brigade aus Compiegne zu verdrängen, denn die Anordnungen des Generals v. Jagow waren so zweckmäßig, daß der Feind seinen Endzweck nicht erreichte, ungeachtet er mehrere Angriffe versuchte. Besonders trugen die vortheilhafte Aufstellung des Geschützes auf dem rechten Ufer der Oise, wodurch die feindlichen Truppen bei ihren Angriffen in die linke Flanke genommen wurden, so wie das tapfere Benehmen des schlesischen Schützenbataillons sehr viel dazu bei, den wichtigen Uebergang über die Oise zu behaupten.

Der Angriff des Feindes beabsichtigte, die Preußen hier festzuhalten, um den Marsch seiner Truppen von Soissons gegen Paris zu decken. Nachdem das 1ste Armee-Corps in Compiegne eintraf, wurde der Feind zum Rückzuge genöthiget; er hatte über 3 Stunden eine lebhafte Kanonade und ein Scharfschützengefecht unterhalten.

Der General v. Zieten beabsichtigte, den Feind auf seinem Rückzuge noch zu erreichen, und ließ das Corps in größter Eile aufbrechen, nachdem er in Compiegne folgende Disposition gegeben hatte:

„Die Reserve-Kavallerie nebst 100 Schützen an der Tete gehen durch den Wald von Compiegne in dem Wege nach Crepy vor; sie schickt ein starkes Detaschement in den Weg nach Villers Cotterets links ab. Dieses Detaschement und die Avantgarde rücken in gleicher Höhe vor. Wenn die Reserve-Kavallerie die jenseitige Lisiere des Waldes erreicht hat, macht sie Halt; sollte sich der Feind noch in Gilicourt halten, so wird die Artillerie vorgezogen, das Defilée geräumt, und Kavallerie jenseits des Defilees geschickt, um den Feind zu verfolgen. Das Detaschement welches den Weg von Villers Cotterets einschlägt, geht bis Longprée vor, sucht das dortige Defilee zu reinigen, und wo möglich Villers Cotterets mit einiger Mannschaft zu erreichen. Auf die Reserve-Kavallerie folgt die 2te Brigade als Avantgarde in demselben Wege bis Crepy und jenseits des Waldes. Von dort ab sucht die Avantgarde über Marienval die über Villers Cotterets fahrende Straße zu gewinnen, und rückt in derselben bis Longprée vor. Von jenseits des Waldes ab, wird der 2ten Brigade das brandenburgische Dragoner-Regiment beigegeben.

Die Spitze der Avantgarde muß Villers Cotterets erreichen, das Gros des Corps marschirt; die 4te und 3te Brigade, beide unter dem General v. Jagow, dann die 1ste Brigade, dann die Reserve-Artillerie, sie setzen ihren Marsch in dem Wege auf Crepy bis Gillcourt fort. Der Obristlieutenant v. Reiche wird dort das Lager anweisen, wenn es seyn kann, mit dem rechten Flügel an Crepy, mit dem linken gegen den Weg von Villers Cotterets, das Defilee vor der Fronte. Das 1ste schlesische Husaren-Regiment ist auf dem Wege nach Soissons vordirigirt. Ich werde dahin antragen, es durch das 3te Armee-Corps ablösen zu lassen, dann rückt es noch heute in die Reserve-Kavallerie. Die 3te Brigade kommt im Lager als Reserve zu stehen; der Oberstlieutenant v. Lehmann wird noch heute schweres Geschütz in der Position auffahren lassen."

Nachmittag um 2½ Uhr.

(gezeichnet) v. Zieten.

Für gleichlautende Abschrift der Chef des Generalstabes
Obristlieutenant v. Reiche.

Die feindliche Nachhut wurde noch diesseits Crepy eingeholt, und durch zwei Regimenter Reiterei dergestalt zurückgeworfen, daß sie sich in Unordnung durch den genannten Ort durchziehen mußte.

Zufolge der erhaltenen Befehle, daß die 2te Brigade als Vortrab nach Longprée marschiren, und ihre Vorposten bis nach Villers Cotterets versammeln sollte, stieß das brandenburgische Dragoner-Regiment und 5 Kanonen der reitenden Batterie No. 10. zu derselben, worauf sie aus 5 schwachen Bataillons Fußvolk, 5 Esquadrons Reiterei und 13 Kanonen bestand.

Hinter dem Walde von Compiegne ließ der General von Pirch II. einen Vortrab, welcher aus:

dem Füsilier-Bataillon des 1sten westpreußischen Infanterie-Regiments,
dem brandenburgischen Dragoner-Regiment,
und 5 Kanonen der reitenden Batterie No. 10.

bestand, vorrücken, und folgte demselben um 4 Uhr Nachmittags, indem er eine Esquadron nach Longpré vorausschickte, und Retheuil und Taille Fontaine patrouilliren ließ; er marschirte durch den Wald von Compiegne auf der Straße von Crepy vor, und schlug von hier einen Feldweg links ein, um Longpré zu erreichen, denn seine Absicht war, den Wald von Villers Cotterets links liegen zu lassen, und ihn bloß zu beobachten.

Als der General v. Pirch II. auf der Höhe von Marienval angekommen war, überzeugte er sich, daß die Engpässe von Grimanecourt und Bonneuil nicht geeignet seien, mit einer Kolonne bei einem Nachtmarsch passirt zu werden, deshalb suchte er die große Straße durch den Wald zu gewinnen, und langte auf dieser in der Nacht um 1 Uhr an.

Gefecht bei Creil und Senlis.

Der General von Sidow erhielt mit Tagesanbruch den Befehl, mit dem Vortrab des 4ten Armee-Corps die bei Creil über die Oise führende Brücke zu besetzen.

Sein Vortrab bestand aus:

dem 3ten neumärkischen Landwehr-Infanterie-Regiment,
einem Bataillon des 1sten schlesischen Landwehr-Infanterie-Regiments,
dem 8ten Husaren-Regiment,
dem 1sten pommerschen Landwehr-Kavallerie-Regiment,
der halben reitenden Batterie No. 12.

Da es für den Uebergang des 4ten Armee-Corps von der höchsten Wichtigkeit war, daß die Brücke bei Creil schnell besetzt würde, so eilte der General v. Sidow mit einer Esquadron des 8ten Husaren-Regiments (v. Eisenhardt) und mit 100 Mann Fußvolk (die auf Wagen gefahren wurden) von Gournay dahin schnell voraus, und traf daselbst ein, als die Franzosen so eben im Begriff waren in Creil einzurücken, letztere wurden sogleich angegriffen, zurückgeworfen, und von dem preußischen Fußvolk die Brücke besetzt. Als der Vortrab nachgefolgt, besetzte das Bataillon des 1sten schlesischen Landwehr-Infanterie-Regimentes die Brücke bei Creil, die übrigen Truppen hingegen traten sogleich den Marsch nach Senlis an.

Die Spitze des Vortrabes (das 8te Husaren-Regiment und das 3te Bataillon des 3ten neumärkischen Landwehr-Infanterie-Regiments) unter dem Major v. Colomb, traf um 10 Uhr des Abends in Senlis ein, und fand diese Stadt noch von den Franzosen besetzt; diese wurden sogleich lebhaft angegriffen, und nach einem hartnäckigen Gefechte von ½ Stunden, sie zu verlassen genöthiget (General Kellermann mit 1500 Pferden und einem Bataillon Fußvolk). Die Franzosen wurden sofort auf der Straße nach Crepy hin verfolgt, auch der Vortrab des Generals v. Sidow passirte die Stadt Senlis, und lagerte jenseits derselben an dem Saum eines Waldes, an der Straße von Pont St. Maxençe nach Senlis.

Das 1ste pommersche Landwehr-Kavallerie-Regiment (Major v. Blankenburg) erhielt in Creil den Befehl, an die Oise bis Verberie hinauf zu marschiren, um das bei Compiegne mit dem 1sten Armee-Corps statt habende Gefecht zu beobachten. In Pont St. Maxençe ertheilte ihm der General Graf Bülow v. Dennewitz jedoch den veränderten Befehl nach Senlis zu marschiren, wo es um 10 Uhr des Abends eintraf, und sehr entscheidenden Antheil an dem Zurückwerfen der feindlichen Truppen nahm.

Die Stellung des niederrheinischen Kriegsheeres am Abend war folgende:

Das 1ste Armee-Corps (v. Zieten).

- Die 2te Brigade (v. Pirch II.) traf in der Nacht unweit Villers Cotterets ein;
- das Corps passirte bei Compiegne die Oise, und lagerte bei Gilliçourt, wo auch das Hauptquartier war.

Das 3te Armee-Corps (v. Thielemann).

- Es war bestimmt, nöthigenfalls das 1ste Armee-Corps zu unterstützen,
- es poussirte starke Detaschements gegen Soissons, um den Feind dort zu beobachten, und wenn er abzöge, zu beunruhigen;
- das Corps passirte bei Compiegne die Oise und lagerte daselbst, auch das Hauptquartier war in der Stadt;
- die 12te Brigade lagerte bei Venette.

Das 4te Armee-Corps (Graf Bülow v. Dennewitz).

- Das Corps passirte bei Creil und Pont St. Maxençe die Oise;
- der Vortrab des Generals von Sidow lagerte jenseits Senlis;

die 14te Brigade und das 2te pommersche Landwehr-Kavallerie-Regiment standen bei Pont St. Maxençe auf dem linken Ufer der Oise, und sendeten Abtheilungen gegen Verberie und Senlis vor;

die 13te, 15te und 16te Brigade lagerten auf dem rechten Ufer der Oise bei Pont St. Maxençe;

die Reserve-Kavallerie lagerte bei Plessis Congeaux;

das Hauptquartier war in Pont St. Maxençe;

das Hauptquartier des Feldmarschalls Fürsten Blücher war in Compiegne.

II. Das niederländische Kriegsheer.

Es rückte heute vorwärts;

das Hauptquartier des Herzogs Wellington war in Nesle;

das braunschweigische Corps lagerte bei Hamm.

Der 28ste Juni.

I. Das niederrheinische Kriegsheer.

Der Feldmarschall Fürst Blücher gab ihm folgende Disposition:

„Das 1ste Armee-Corps marschirt über Crepy nach Nanteuil, läßt aber bedeutende Detaschements in Villers Cotterets und la Ferte Milon, die die Bewegungen der französischen Corps bei Soissons beobachten; sollte die Nachricht einlaufen, daß sich das französische Corps von Soissons nach Paris in Bewegung setzte, so zieht sich das 1ste Corps sogleich zusammen, um den Feind auf dem Marsch anzugreifen, es benachrichtiget das 3te Corps, und dieses marschirt sogleich zu seiner Unterstützung nach Crepy.

Das 4te Armee-Corps passirt noch mit seinen letzten Truppen die Oise, und marschirt bis Marly la Ville, die Avantgarde nach Gonesse; hat der Feind St. Denis nicht besetzt, so wird wo möglich noch Infanterie bis dahin vorgeschickt, um diesen wichtigen Punkt zu besetzen.

Das 3te Armee-Corps marschirt über Verberie auf Senlis; sollte jedoch das 1ste Armee-Corps der Unterstützung bedürfen, so marschirt es auf Crepy. Das gegen Soissons vorpoussirte Detaschement beobachtet fortwährend den Feind, und folgt seinem Marsch.

Die Armee-Corps formiren aus allen Leuten, welche durchaus nicht mehr fort können, jedes Corps ein Detaschement, und schicken es nach Compiegne zur einstweiligen Besatzung.

Das

Das 4te Armee-Corps ernennt dazu einen Stabsoffizier, der als Kommandant in Compiegne bleibt, und das Schloß sowohl gegen Plünderung, als auch gegen Entwendung der eigenen Offizianten schützt, er läßt sich daher die Inventarien übergeben.

Das Hauptquartier kömmt nach Senlis."

(gezeichnet) Blücher.

Für gleichlautende Abschrift der Chef des Generalstabes

Graf Gneisenau.

Der General v. Zieten gab dem 1sten Armee-Corps folgende Disposition:

„Die Brigaden des 1sten Armee-Corps, die bei Gillçourt stehen, brechen um 9 Uhr auf, es wird rechts abmarschirt nach Manteuil. Die 2te Brigade bricht wo möglich um 7 Uhr, oder gleich nach Empfang dieser Disposition auf, marschirt rechts ab, über Crepy, woselbst sie mit dem Corps d'Armee zusammenstößt. Wenn das Gros des Corps bei Crepy angekommen, und die 2te Brigade noch nicht da ist, so wird letztere abgewartet, um sich als Avantgarde vor die Tete zu setzen, bei Manteuil angekommen, rückt das Corps in eine Position.

Die Marschordnung des Corps ist folgende: auf die Avantgarde folgt die Reserve-Kavallerie, dann die 1ste, 3te und 4te Brigade, und zuletzt die Reserve-Artillerie; ein Theil der 4ten Brigade macht die Arriergarde.

Die Reserve-Kavallerie schickt 2 Beobachtungs-Detaschements, jedes von einem Offizier und 30 Pferden nach Villers Cotterets und la Ferte Milon, um die französischen Corps die bei Soissons stehen möchten, zu beobachten. Die Bagage des Corps bricht eine Stunde nach dem Abmarsch auf, und sammelt sich bei Crepy; der Rittmeister von Massow hat darauf zu sehen, daß zwischen den Truppen und der Bagage immer ein Zwischenraum von wenigstens einer Stunde bleibt. Der Lieutenant v. Felden führt die Kolonne.

Sollte sich ein feindliches Corps von Soissons nach Paris in Bewegung befinden, oder werden feindliche Kolonnen unterweges angetroffen und eingeholt, so werden solche ohne Zeitverlust angegriffen, es muß daher alles in schlagfertigem Stande seyn.

Das 4te Armee-Corps marschirt über Verberie bis Marsil la ville, die Avantgarde nach Gonesse, das 3te Armee-Corps über Verberie nach Senlis. Es ist zur Unterstützung des 1sten Corps bestimmt; sollte solche nöthig seyn, so marschirt es auf Crepy.

I

Die Brigaden formiren aus allen den Leuten, die durchaus nicht mehr fortmarschiren können, Detaschements, und schicken solche nach Compiegne zur einstweiligen Besatzung. In Crepy sammeln sich diese Detaschements, es werden solche unter Führung eines Offiziers, der einiger Erholung bedarf, nach Compiegne geschickt."

(gezeichnet) v. Zieten.

Für gleichlautende Abschrift der Chef des Generalstabes
Obristlieutenant v. Reiche.

Der General Graf Bülow von Dennewitz gab dem 4ten Armee-Corps folgende Disposition:

„Das 1ste Armee-Corps marschirt über Crepy nach Nanteuil, und läßt bedeutende Beobachtungs-Detaschements gegen Soissons, bei Villers Cotterets und la Ferte Milon stehen.

Das 3te Armee-Corps marschirt über Verberie nach Senlis.

Vom 4ten Armee-Corps besteht die Avantgarde aus den Truppen unter dem General v. Sidow, aus der Brigade des General-Majors v. Ryssel, und aus der ganzen Reserve-Kavallerie, das Ganze unter dem Befehl Seiner Königl. Hoheit des Prinzen Wilhelm von Preußen. Gleich nach Tagesanbruch setzt sich die Brigade von Ryssel in Marsch auf der Chaussee nach Senlis, und setzt sich jenseits des Waldes. Der General von Sidow, der um 11 Uhr Abends in Senlis eingetroffen ist, und den Feind dort herausgeworfen hat, ziehet auch das in Creil gelassene Bataillon an sich.

Die Reserve-Kavallerie bricht um 6 Uhr und nicht später aus ihren Bivouaks auf, und geht auf Senlis. Sobald Seine Königliche Hoheit der Prinz Wilhelm die Avantgarde vorwärts vom Walde auf Hallat zusammen hat, so marschirt solche über Senlis, Louvre bis Gonesse. Der General-Major v. Sidow poussirt gleich mit Tagesanbruch leichte Kavallerie zur Aufsuchung des Feindes; findet sich Abends, daß der Feind St. Denis nicht besetzt hat, so wird wo möglich noch Infanterie bis dahin geschickt, um diesen wichtigen Punkt zu besetzen. Die Avantgarde muß besonders ihren rechten Flügel und die Chaussee über Luzarches auf St. Denis aufklären.

So wie die Reserve-Kavallerie marschirt ist, so folgt das Gros des Corps so fort, und zwar die 15te Brigade, die 16te Brigade, die Reserve-Artillerie, die 13te Brigade und 2 Esquadrons des 2ten schlesischen Landwehr-Kavallerie-Regiments als

Arriergarde. Das Gros des 4ten Corps marschirt bis nach Marly la ville.

Das Hauptquartier des Fürsten Blücher kommt nach Senlis.

Das Hauptquartier des 4ten Corps nach Marly la ville.

Die Armee=Corps formiren aus allen denen Leuten, welche durchaus nicht mehr fortmarschiren können, jedes Corps ein Detaschement, und schicken es nach Compiegne zur einstweiligen Besatzung. Das 4te Armee=Corps, und zwar die 15te Brigade ernennt dazu einen Stabsoffizier, der als Kommandant in Compiegne bleibt, und das Schloß sowohl gegen Plünderung als gegen Entwendung der eigenen Offizianten schützt, er läßt sich daher die Inventarien übergeben. Vom 4ten Armee=Corps versammelt sich dieses Detaschement in Pont St. Maxençe, und wird durch den obenerwähnten Stabsoffizier nach Compiegne geführt."

Hauptquartier Pont St. Maxençe am 28sten Juni 1815.

(gezeichnet) Bülow v. Dennewitz.

Für gleichlautende Abschrift der Chef des Generalstabes General=Major v. Valentini.

Bei dem heutigen Marsche des niederrheinischen Kriegsheeres war die Absicht des Feldmarschalls Fürsten Blücher, die von Soissons nach Paris führende nördliche Straße zu erreichen, und die Franzosen von derselben und von Paris abzudrängen, damit diese genöthiget würden, einen weiten Bogen zu beschreiben, um in ermüdenden Gewaltmärschen nach Paris zu gelangen.

Gefecht bei Villers Cotterets.

Die Truppen des Marschall Grouchy, waren auf ihrem Rückzuge von Soissons nach Paris, am 27sten Juni des Abends in Villers Cotterets eingetroffen, und kantonirten daselbst und in den umliegenden Dörfern, eine reitende Batterie stand in Viviers, Monsgobert und Puiseux. Der Marschall hatte befohlen, daß seine Truppen am 28sten Juni schon des Morgens um 2 Uhr aufbrechen sollten, welches auch mit Ausschluß der Nachhut und seines Hauptquartiers geschah.

Der General v. Pirch II. rückte um 2 Uhr des Morgens mit dem Vortrabe des 1sten Armee=Corps gegen Villers Cotterets vor, und bald meldete seine Spitze, daß feindliche Truppen vor diesem Orte lagerten; er zog sogleich eine Füsilier=Compagnie und eine Esquadron Dragoner heraus, um eine Erkennung der feindlichen Stellung zu unternehmen, und diese stießen bei dem von

J 2

Vivier einfallenden Wege auf eine feindliche reitende Batterie, die von sehr wenig Kavallerie gedeckt war; der Feind wurde sogleich angegriffen, und nach unbedeutender Gegenwehr zur Flucht genöthiget, nachdem er 14 Stück Geschütz nebst 20 Pulverwagen den Preußen überlassen müssen, weil die Bedeckung von 150 Mann theils niedergehauen, theils gefangen worden. Es war jene reitende Batterie, welche in Vivier übernachtet, und sich etwas verspätet hatte, sie wollte eben die große Straße durchschneiden, um auf die nach Nanteuil zu gelangen, als sie von dem preußischen Vortrabe überrascht und erobert wurde.

Die feindlichen Truppen, welche noch in Villers Cotterets standen, wurden durch dieses Gefecht aufgeschreckt, sie bemühten sich vergeblich im Orte zu versammeln, und verließen die Stadt; der Marschall Grouchy warf sich zu Pferde, und stellte sie jenseits auf der Straße nach Nanteuil bei dem Windmühlenberge auf.

Der General v. Pirch II. beschloß sogleich Villers Cotterets anzugreifen, denn er überzeugte sich, daß hier nur die Nachhut eines früher abmarschirten Corps stehe. Das Füsilier-Bataillon des 1sten westpreußischen Infanterie-Regiments griff den Ort an, warf den Feind bald gänzlich heraus, bemeisterte sich des Ausganges nach Soissons, und besetzte den Schloßgarten. 3 Esquadrons des brandenburgischen Dragoner-Regiments (eine Esquadron war nach Longpré zur Sicherung der rechten Flanke entsendet) und 5 reitende Kanonen, rückten sogleich in der Ebene vor, um den abziehenden Feind zu verfolgen.

Dem Marschall Grouchy gelang es, bei dem Windmühlenberge ungefähr 9000 Mann zusammenzubringen, theils die 3000 Mann welche zur Nachhut bestimmt, theils die in Vauciennes, Coyolles und Piseleux gestandenen Truppen, er schien entschlossen hier ein Gefecht annehmen zu wollen.

Der General v. Pirch II. nahm gleichfalls eine Stellung; er entwickelte sein Fußvolk, und die Fußbatterie auf der Höhe am Schloßgarten, schickte 2 Bataillons bis an die vorspringende ihm rechts liegende Waldspitze, und war noch mit den Anordnungen zum Angriff beschäftiget, als durch eine auf der Straße nach Soissons vorgeschickte Reiterei-Abtheilung die Meldung einging, es sey ein feindliches Truppen-Corps von Soissons kommend (Vandamme) im Anmarsch. Dieser Meldung folgte gleich darauf die zweite, daß der Feind von dieser Seite viele Reiterei zeige, von denen 2 Regimenter bereits den Weg in der linken Flanke der Preußen einschlügen, während auch Reiterei in die rechte Flanke marschire, die viele Artillerie (20 bis 25 Kanonen) zeige.

In dieser Lage auf beiden Seiten vom Feinde umfaßt, und gegen die überlegene feindliche Truppenzahl, konnte der General v. Pirch keinen Angriff mit Vortheil unternehmen, um so mehr als die Stärke des hinter dem Windmühlenberge aufgestellten feindlichen Fußvolkes nicht zu beurtheilen war.

Bei dem Vandammschen Corps verbreitete die Nachricht, es sey von Paris abgeschnitten, die größte Verwirrung, und unter dem wilden Geschrei, „nach la Ferté Milon links in die Wälder" nahm es seine Richtung dahin, nur der General Vandamme mit 2000 Mann und einigen Kanonen marschirte über Pisseleux, griff Villers Cotterets lebhaft an, und drängte das Füsilier-Bataillon des 1sten westpreußischen Regiments zurück, während er Reiterei und Geschütz über Montgobert und Savey nach Rheteuil schickte, um die Preußen von Compiegne abzuschneiden.

Der General v. Pirch trat nun freiwillig seinen Rückzug gegen Crepy bis an den Ausgang des Waldes an, ließ seine Reiterei jedoch noch in der Ebene, und befahl dem Füsilier-Bataillon sich zurückzuziehen; er beabsichtigte rechts durch den Wald über Longpree nach St. Mard mit dem Feinde parallel zu marschiren, der sich auf der Straße nach Nanteuil in Marsch gesetzt hatte, allein die Engpässe bei Longpree gestatteten dies nicht, sondern er mußte auf der Straße nach Compiegne bis dahin zurückgehen, wo der Weg von Vivier einfällt, und zur Deckung der linken Flanke und des Rückens jene Esquadron stehen geblieben war. Eine Reiterei-Abtheilung blieb am Ausgange des Waldes zurück, um Villers Cotterets zu beobachten, welches die Franzosen mit Fußvolk stark besetzten.

Um den erhaltenen Befehlen zufolge über Crepy nach Nanteuil zu marschiren, mußte der General v. Pirch den Weg auf Buts einschlagen, weil er der einzige ist, der aus einem fast undurchdringlichen Walde ins Thal führt. Bei Buts mußte er einige Zeit verweilen, um Menschen und Pferde durch einen Trunk Wasser zu erquicken, an dem sie seit Mittag des vorigen Tages gänzlich Mangel gelitten hatten, welches sie bei der Hitze und dem fortwährenden Marsch niederdrückte.

Um 12 Uhr Mittags langte er auf der Höhe von Frenois la Riviere an, wo er auf Befehl einige Stunden ruhete, und sodann seinen Marsch über Crepy nach Nanteuil fortsetzte, woselbst er Abends um 9 Uhr ankam, nachdem seine Truppen in 38 Stunden nur 6 Stunden gestanden, und 32 Stunden fortwährend marschirt waren. Die eroberten 14 Stück Geschütz wurden nach Compiegne geschickt, sie hätten auf diesem Marsch der feindlichen Reiterei des Generals Vandamme sehr leicht wieder in die Hände fallen können, die 20 eroberten Pulverwagen konnten aus Mangel an Pferden nicht fortgeschafft werden, sie wurden zerstört.

Der General v. Pirch II. hatte seinen Zweck erreicht, den Marsch des Feindes aufgehalten, Unordnung in dessen Reihen verbreitet, und dem 1sten Armee-Corps Gelegenheit gegeben, den Franzosen bei Nanteuil zuvorzukommen.

Gefecht bei Nanteuil.

Die Trennung des 1sten Armee-Corps (von welchem die 1ste Brigade im Marsch von Chauny, die 3te Brigade nebst einer Kavallerie-Brigade bei Crepy, und die 4te Brigade nebst der andern Kavallerie-Brigade bei Gileçourt stand), machte es dem General von Zieten unmöglich, das Gefecht bei Villers Cotterets zu unterstützen; um jedoch den in Marsch begriffenen Feind nochmals anzugreifen, beschloß der General v. Zieten, ohne seine andern Truppen abzuwarten, sogleich mit der 3ten Brigade und einer Brigade der Reserve-Reiterei von Crepy gegen Nanteuil vorzurücken; das Dorf Levigneu wurde mit Haubitzgranaten beworfen, als der Feind durch dasselbe marschirte, dieser setzte seinen Rückzug so eilig fort, daß er erst unweit Nanteuil eingeholt wurde; es kam mit der feindlichen Reiterei zum Gefechte, die preußische Reiterei mußte auf die feindlichen Cuirassiere einhauen, und warf diese in großer Unordnung zurück, 2 Kanonen wurden erobert, und das 1ste schlesische Husaren-Regiment erhielt Gelegenheit sich auszuzeichnen.

Nach diesem Gefechte gab der Feind sein Vorhaben auf, Paris über Nanteuil zu erreichen, und zog sich zum Theil (Grouchy) über Assy, Meaux, Claye und Vinçennes, so wie (Vandamme) zum Theil über la Fertè Milon, Meaux und Lagny nach Paris zurück.

Am Abend war die Stellung des niederrheinischen Kriegsheeres folgende:

Das 1ste Armee-Corps (v. Zieten).

Der Vortrab (die 1ste Brigade) in le Plessis, die Vordertruppen bei Dommartin;
das Corps lagerte jenseits Nanteuil;
das Hauptquartier war in Nanteuil.

Das 3te Armee-Corps (v. Thielemann).

Das Fußvolk marschirte auf Crepy, die Reiterei sollte über Verberie gegen Senlis vorrücken, sie wurde jedoch, als das 1ste Armee-Corps mit dem Feinde im Gefecht war, von der Höhe von Verberie auch nach Crepy gezogen. Als sie daselbst eintraf, wurde die 1ste Brigade der Reserve-Kavallerie mit 6 Stück reitenden Kanonen auf der Straße nach Nanteuil vorgeschoben, sie traf dort mit der Reserve-Kavallerie des 1sten Armee-Corps zusammen, und nahm an dem Gefechte von Nanteuil sehr thätigen Antheil, doch konnte dem Feinde im Rückzuge wenig Schaden zugefügt werden, weil er diesen mit der höchsten Eile fortsetzte.

Die 1ste Brigade der Reserve-Reiterei stand in Montigny, die Spitze derselben (Obristlieutenant v. Zettritz) in Dommartin.

Die 2te Brigade der Reserve-Reiterei stand auf der Straße von Crepy nach Villers Cotterets;

die 9te und 11te Brigade lagerten bei Villers und Ormoy;

die 10te Brigade hinter Rouville;

die 12te Brigade bei Crepy;

das Hauptquartier war in Crepy.

Das 4te Armee-Corps (Graf Bülow v. Dennewitz).

Der Vortrab unter dem Prinzen Wilhelm v. Preußen erreichte Gonesse, den Vereinigungspunkt der von Senlis und Soissons kommenden Straßen, er stieß auf mehrere feindliche Abtheilungen, die von Soissons nach Paris im Rückzuge waren, zerstreuete sie, und machte an 2000 Mann zu Gefangenen.

Die Vorderabtheilungen rückten bis Bourget und St. Denis vor, diese beiden Orte waren jedoch noch vom Feinde besetzt.

Der Vortrab lagerte bei Gonesse;

das Corps lagerte bei Marli la ville;

das Hauptquartier war in Marli la ville.

Das Hauptquartier des Feldmarschalls Fürsten Blücher war in Senlis.

So waren durch den raschen Marsch der Preußen von St. Quentin gegen die Oise, nachdem die Uebergänge über diesen Fluß gewonnen, die Franzosen von der geraden Straße nach Paris abgedrängt worden, nachdem sie sehr bedeutenden Verlust erlitten, und mehr als 3000 Mann an Gefangenen verloren hatten. Die

Franzosen waren von Paris gänzlich abgeschnitten, und konnten diese Hauptstadt nur auf Umwegen mit den größten Anstrengungen erreichen; nachdem sie 28 französische Meilen (Lieues) in 30 Stunden marschirten.

Die Preußen waren im Angesicht von Paris, schon hatte man ihre Kanonen dort gehört. Eine neue Gesandtschaft der provisorischen Regierung (Boissy d'Anglas, Andreossy, Valence, Flaugerges und Labenardiere) erschien heute, um den Fürsten Blücher und den Herzog Wellington zu einem Waffenstillstande zu bewegen, wahrscheinlich um die verbündeten Kriegsheere von der Hauptstadt abzuhalten. Die Feldherren ließen sich jedoch auf nichts ein, und setzten ihren Marsch auf Paris fort.

II. Das niederländische Kriegsheer.

Das Hauptquartier des Herzogs Wellington war in Orville.

Das Reserve-Corps (General Kempt) lagerte bei der Stadt Roye.

Der 29ste Juni.

I. Das niederrheinische Kriegsheer.

Der Feldmarschall Fürst Blücher gab die Disposition also:

„Das 4te Armee-Corps marschirt auf St. Denis, besetzt diesen Ort, wenn er nicht vom Feinde gehalten wird, und poussirt bis zum Montmartre vor, um die Stellung des Feindes zu besichtigen; wird St. Denis vom Feinde behauptet, und ist es nicht wahrscheinlich, daß es genommen werden kann, so müssen alle Anstalten getroffen werden, um die Seine unterhalb St. Denis nach Argenteuil zu passiren.

Das 1ste Armee-Corps marschirt über Dommartin nach Aunay und Blanc menil, und schickt Detaschements nach Bondy und Pantin.

Das 2te Armee-Corps marschirt nach Dommartin, die Reserve-Kavallerie nach Tremblay, zur Unterstützung des 1sten Corps ein Detaschement nach Claye."

Das Hauptquartier kommt nach Gonesse.

(gezeichnet) Blücher.

Für gleichlautende Abschrift der Chef des Generalstabes Graf Gneisenau.

Der General v. Zieten gab dem 1sten Armee-Corps folgende Disposition:

„Früh um 8 Uhr setzt sich das 1ste Armee-Corps links abmarschirt in Bewegung, die Avantgarde bricht zu derselben Zeit auf, die Tete der Kolonne macht die Reserve-Kavallerie, darauf folgen die Brigaden, die 4te, 3te und 2te, und die Reserve-Artillerie folgt der 2ten Brigade.

Der General v. Jagow übernimmt das Kommando der 4ten Brigade, bis der Oberst v. Schutter heran ist; das 1ste schlesische Husaren-Regiment rückt wieder zur Avantgarde, und wird bei der heutigen Stellung den Vorpostendienst übernehmen. Das 1ste kurmärkische Landwehr-Kavallerie-Regiment tritt wieder zur Reserve-Kavallerie zurück. Es wartet solche ab, bis die Tete der Kolonne in die Gegend ihres Lagerplatzes kommt, dagegen das 1ste schlesische Husaren-Regiment vor 8 Uhr bei der 1sten Brigade eingetroffen seyn muß. Alle übrigen Truppentheile, die bis jetzt noch umgetauscht sind, treten wieder zu ihren Brigaden nach der Formation zurück, wie sie vor Ausbruch der Feindseligkeiten waren.

Der Marsch geht über Dommartin nach Blanc menil und Aunay, woselbst eine Position genommen wird. Die 1ste Brigade rückt in dieser Stellung in die Linie auf dem rechten Flügel ein. Die Reserve-Kavallerie giebt Detaschements nach Bondy und Pantin, der Major v. Dedenroth wird die Kolonne führen.

Die Herren Brigade-Chefs werden ersucht, ihre Truppen in bester Ordnung marschiren und besonders ins Lager einrücken zu lassen, um jederzeit zum Gefecht bereit zu seyn.

Die Bagage des Corps bleibt noch hinter dem Defilee bei Gilliçourt stehen, die Branntwein- und Kassenwagen folgen den Bataillons.

Mein Hauptquartier kommt nach Blanc menil.

Das 4te Corps marschirt heute auf St. Denis, und poussirt bis zum Montmartre.

Das 3te Armee-Corps marschirt bis Dommartin, die Reserve-Kavallerie nach Tremblay, zur Unterstützung des 1sten Corps, und giebt ein Detaschement nach Claye.

Das Hauptquartier des Feldmarschalls Fürsten Blücher kommt nach Gonesse."

Hauptquartier Manteuil, den 29sten Juni 1815.

(gezeichnet) v. Zieten.

Für gleichlautende Abschrift der Chef des Generalstabes
v. Reiche.

Der General Graf Bülow v. Dennewitz gab dem 4ten Armee-Corps folgende Disposition:

der belgischen Grenze zurückgekehrten Trümmer, mit den Truppen des Marschalls Grouchy, und neuen Truppen (Depots), welche aus der Gegend von der Loire angekommen waren; sie waren zusammen noch 50 bis 60,000 Mann, es wurden ihnen aus Paris 200 Kanonen neues Feldgeschütz gegeben; die eine Hälfte stellte sich hinter den Kanälen von St. Denis und dem Ourcq-Kanal auf, die andere Hälfte unter dem General Vandamme besetzte den Mont rouge auf der andern Seite, alle Reiterei lagerte im Gehölz von Boulogne.

Die bei Paris vereinigten Streitkräfte betrugen demnach 30,000 Mann Nationalgarden, 17,000 Föderirte, mehr als 1000 Mann Artillerie und 300 Kanonen in den Festungswerken von Paris, so wie im ersten Treffen 50 bis 60,000 Mann mit 200 Feldkanonen, zusammen mehr als 100,000 Streiter mit 500 Stück Kanonen und einer ungeheuern Menge Munition. Sie standen in einer sehr festen militärischen Position vereiniget, der Geist der Soldaten war sehr gut, ihr und der Föderirten Losungswort war „siegen oder sterben". Der Marschall Davoust übernahm den Oberbefehl über die französische Kriegsmacht, und nahm sein Hauptquartier in la Villette.

Napoleon hatte sich nach seiner Abdankung (am 29sten Juni) von Paris nach Malmaison zurückgezogen, die kühne Zuversicht, die ihn sonst belebt, war erschüttert, denn der Glaube an ein unvermeidliches Schicksal, so wie er im Glück verwegen macht, so stürzt er im Unglück in desto größern Kleinmuth. Dieser Kleinmuth erzeugte den seiner unwürdigen Antrag an die provisorische Regierung, sie solle ihn als General an die Spitze der Truppen stellen; er zeigte von der Verwirrung, die in seinem Geiste herrschte. Napoleon auszuliefern, wie es der Herzog Wellington verlangt hatte, wurde verweigert, hingegen wurde ihm der Vorschlag gemacht, er solle nach Amerika reisen, und zwei französische Fregatten wurden im Hafen zu Rochefort für ihn ausgerüstet — das sichere Geleit wurde von dem Herzog Wellington abgeschlagen, jener Hafen von englischen Schiffen strenge bewacht. — Als am 28sten Juni seine Parthei neue Unruhen in Paris erregte, da erhielt er den Befehl, auf der Stelle abzureisen. Er reisete unter der Aufsicht des General Beckers, der für seine Sicherheit Sorge zu tragen beauftraget wurde, in Begleitung seiner Getreuen (Bertrand, Savary, Lallemand) am 29sten Juni des Nachts von Malmaison über Orleans nach Rochefort ab.

Die Stellung des niederrheinischen Kriegsheeres am Abend war:

das 1ste Armee-Corps (v. Zieten).

Der Vortrab und die Reserve-Kavallerie stand bei Aulnay und Sévegny, die Reserve-Kavallerie schickte Detaschements nach Serran, Livry, Bondy und Baubigny. Das Füsilier-Bataillon des 2ten westpreußischen Infanterie-Regiments stand in Nonneville, das 6te Uhlanen- und das 1ste schlesische Husaren-Regiment mit zwei reitenden Kanonen standen längs dem Ourcq Kanal.

Das Corps lagerte mit dem rechten Flügel an Blanc menil, mit dem linken Flügel an Aunay.

Das Hauptquartier war in Aunay.

Das dritte Armee-Corps (v. Thielemann).

Das Corps war um 9 Uhr links abmarschirt, die 9te Brigade ließ ein Bataillon und ihre Kavallerie zur Bedeckung der Reserve-Artillerie zurück, welche der 9ten Brigade folgte; es nahm folgende Stellung:

die 9te Brigade lagerte bei Dommartin,
die 10te — — bei Longperrie,
die 11te — — bei Rouvrees,
die 12te — — bei Villeneuve,
die Reserve-Kavallerie stand bei Tremblay zur Unterstützung des 1sten Armee-Corps.

Das Hauptquartier war in Dommartin.

Das 4te Armee-Corps (Graf Bülow v. Dennewitz).

Der Vortrab des General v. Sidow stand zwischen le Bourget und St. Denis. Das Fußvolk des Vortrabes hatte St. Denis eingeschlossen.

Der Oberstlieutenant v. Schill stand mit einem Kavallerie-Regiment (1stes schlesisches Landwehr) und 2 Bataillons Fußvolk (dem Füsilier-Bataillon des 2ten schlesischen Infanterie-Regiments und dem 2ten Bataillon des 2ten pommerschen Landwehr-Regiments) bei Stains.

Das Corps lagerte bei le Bourget, woselbst auch das Hauptquartier war.

Das Hauptquartier des Feldmarschalls Fürsten Blücher war in Gonesse.

II. Das niederländische Kriegsheer.

Das Hauptquartier des Herzogs Wellington war in St. Martin Longueau.

Das Reserve-Corps und die braunschweigschen Truppen lagerten bei Neufville unweit Gournay.

Der 30ste Juni.

Der Herzog Wellington kam heute zum Fürsten Blücher nach Gonesse, und dort verabredeten die beiden Feldherren eine zweite glänzende strategische Bewegung, nämlich die: ein Kriegsheer solle den Feind in den Linien von St. Denis festhalten, während das andere Kriegsheer unterhalb Paris über die Seine gehen, und über Versailles am linken Ufer gegen Paris vorrücken, und es einschließen solle.

Die Beweggründe dazu waren, daß die Linien von Paris mit dem zur Festung umgewandelten Montmartre, ein so starkes Ganzes machten, daß es ohne Approchen schwerlich zu nehmen war, und die Eroberung hätte mit Blut theuer erkauft werden müssen; durch diese Bewegung schnitt man Paris die Lebensmittel der Normandie ab, und ließ nur noch die Zufuhr zwischen der Seine und Marne offen, in welcher Gegend die leichten Truppen der baierschen und russischen Armee bald ankommen mußten. — Hierdurch mußte Paris zu einer Kapitulation gezwungen werden, und war die französische Armee einmal von der Hauptstadt entfernt, so war der Krieg als geendigt anzusehen.

Der Feldmarschall Fürst Blücher befahl: daß die Preußen, sobald das niederländische Kriegsheer in der Ebene vor Paris eingetroffen (welches den 30sten und 1sten geschehen sollte) rechts abmarschiren, die Seine passiren, und Paris umgehen sollten, während das niederländische Kriegsheer die Verschanzungen in der Fronte bedrohen werde.

I. Das niederrheinische Kriegsheer.

Der Feldmarschall Fürst Blücher gab seinem Kriegsheer folgende Disposition:

„Es ist wichtig die Contenance des Feindes zu prüfen, das 4te Armee-Corps soll daher diese Nacht Aubervilliers und die Verschanzungen am Ourcq Kanal zwischen St. Denis und la Villette allarmiren, und wenn der Feind in Unordnung kommt, sich der Uebergänge des Ourcq-Kanals bemeistern.

Das 1ste Armee-Corps führt dasselbe gegen Pantin und la Villette aus, der Angriff muß um 1 Uhr Nachts auf allen Punkten geschehen. Er wird durch leichte Infanterie und etwas Kavallerie unternommen, die von einer Brigade, und von einem Theil der Reserve-Kavallerie jedes Armee-Corps unterstützt werden.

Gelingt es, die Uebergänge über den Ourcq Kanal zu gewinnen, so geht die Kavallerie gleich vor, um die Ebene zwischen St.

Denis und dem Montmartre zu durchstreichen und Schrecken zu verbreiten, die Brigade setzt sich dann auf den Uebergängen fest, und die Armee-Corps hinter sie, um sie zu unterstützen.

Wenn dieser Angriff nicht gelingen sollte, so bereiten sich sämmtliche Corps zum Rechtsabmarsch vor, und treten ihn sobald als möglich an, die Vorposten des 1sten und 4ten Corps bleiben bis 12 Uhr Mittags stehen, und folgen dann ihren Corps.

Das 4te Armee-Corps marschirt nach Argenteuil, führt aber während des Marsches Geschütz gegen St. Denis vor, um diesen Ort zu beschießen, und den Feind glauben zu machen, daß dieser Punkt ernsthaft angegriffen werden soll.

Das 1ste Armee-Corps marschirt über Gonesse, Montmagny ebenfalls nach Argenteuil.

Das 3te Armee-Corps bricht um 5 Uhr Morgens auf, und marschirt auf der Straße von Dommartin so weit vor, bis wo sie von Gonesse in die Straße von Senlis nach Paris fällt, und folgt dann dem 1sten Corps.

Der Zweck dieser Bewegung ist, Paris von seiner schwächsten, nämlich von der Südseite anzugreifen, indeß die englische Armee in unsere heutige Stellung einrückt.

Der Major v. Colomb erhält den Befehl, im Fall er seinen Auftrag nicht hat ausführen können, und die Brücke bei Chatou zerstört ist, daß sie nicht wieder hergestellt werden kann, nach St. Germain zu marschiren, um diese Brücke zu behaupten, die bis jetzt noch nicht zerstört seyn soll.

Ueber die Arbeit bei Argenteuil erwarte ich die schleunigsten Nachrichten.

Alle die ungeheuern Massen von Wagen, die sich bei den Armee-Corps befinden, bleiben bei dem Uebergange über die Seine zurück, und folgen hinter den letzten Truppen.

Das 1ste Armee-Corps schickt seine Pionniere nach Argenteuil."

(gezeichnet) Blücher.

Für gleichlautende Abschrift der Chef des Generalstabes
Graf Gneisenau.

Der General Graf Bülow v. Dennewitz gab dem 4ten Armee-Corps folgende Disposition:

„Vier Bataillons von der 13ten Brigade und 3 Kavallerie-Regimenter, unter dem General-Major v. Sidow, allarmiren in der Nacht um 1 Uhr (vom 29sten zum 30sten Juni) den Feind auf der Linie am Ourcq Kanal, und vertreiben ihn aus Aubervilliers, das 1ste Armee-Corps thut dasselbe gegen Pantin und la Villette, die übrigen 4 Bataillons der 13ten Brigade, und das eine Bataillon der 14ten Brigade und die Artillerie, welche schon jetzt bei Bourget stehet, stellen sich als Soutien vorwärts dieses Ortes auf. Alle übrige Truppen halten sich marschfertig, und nehmen das Gewehr in die Hand. Sollte die Intention, mit dem Ganzen über den Ourcq Kanal zu gehen, nicht gelingen, so wird das Corps morgen früh rechts abmarschiren nach Argenteuil, um daselbst die Seine zu passiren.

Wenn dieser Marsch statt finden soll, so wird dazu der Befehl gegeben werden, auf den Fall daß er ertheilt, wird für ihn Folgendes festgestellt:

Der General-Major v. Sidow bleibt mit den unter ihm stehenden 3 Kavallerie-Regimentern, und den 5 Bataillons, welche diese Nacht seinen Soutien machen, wenn dieser Abmarsch erfolgt, vorwärts le Bourget, hält die Vorposten wie heute, und deckt das Abziehen. Das Corps selbst marschirt in zwei Kolonnen, die 1ste oder linke Kolonne besteht aus einem Kavallerie-Regiment (welches der Prinz Wilhelm bestimmt), der Brigade von Ryssel, den 4 Bataillons der 13ten Brigade, welche diese Nacht den Angriff machen, und der Reserve-Kavallerie. Diese Kolonne unter dem Befehl des Prinzen Wilhelm von Preußen geht über Dugny, Pierre fille, St. Gracien und Saunois, welches unweit Argenteuil liegt.

Gegen St. Denis rechts des Baches stehet unter dem Oberstlieutenant v. Schill bei Stains ein Detaschement, zur Maskirung dieses Ortes. Sobald die Brigade von Ryssel über das Defilee von Dugny hinaus ist, schickt sie die Hälfte ihrer Batterie und 2 Bataillons über Stains gegen St. Denis. Der General-Major v. Ryssel begiebt sich selbst dahin, und beschießt St. Denis, damit der Feind glaube, wir greifen jenen Ort an.

Die 2te oder rechte Kolonne besteht aus einem Kavallerie-Regiment (welches der Prinz Wilhelm bestimmt), der 16ten Brigade, der Reserve-Artillerie, und der 15ten Brigade, diese Kolonne kommandirt der General-Major v. Losthin, welcher sich dabei eine Avantgarde formirt; sie marschirt von Gonesse über Arnonville nach Pierre fille, bleibt dort, bis die erste Kolonne über St. Gracien vorbei ist, und folgt dann denselben Weg, welchen der Prinz Wilhelm einschlägt. Der Prinz Wilhelm dirigirt das

zur

zur zweiten Kolonne stoßende Kavallerie-Regiment über Garges zum General v. Losthin.

Sämmtliche Bagage, welche jetzt bei den Brigaden ist, geht nach Louvres, und stellt sich im Park rückwärts der Stadt auf, wohin sie der Befehl auf den 29sten schon angewiesen hatte."

(gezeichnet) Bülow v. Dennewitz

Für gleichlautende Abschrift der Chef des Generalstabes G. M. v. Valentini.

Nach den gestrigen Gefechten, wurden die Franzosen, welche noch vorwärts St. Denis standen, vertrieben, und bis hinter das Flüßchen Rouillon zurückgeworfen. Das preußische Kriegsheer hatte sich hierauf, mit dem rechten Flügel an Epinay, mit dem Zentrum bei Dugny, und mit dem linken Flügel an den Wald von Bondy gelehnt, so daß das Dorf Condray vor seiner Fronte lag.

Gefecht bei Aubervilliers (auch Vertus genannt).

Als der General v. Sidow gestern (den 29sten Juni) eine Erkennung gegen la Courneuve und Aubervilliers unternahm, da zogen sich die französischen Truppen bis gegen das Dorf Aubervilliers zurück, besetzten dasselbe mit ungefähr 1000 Mann Fußvolk und Reiterei, während die andern Truppen den Ourcq Kanal passirten.

Den erhaltenen Befehlen zufolge setzte sich, in der Nacht vom 29sten zum 30sten Juni um 1 Uhr, der General-Major von Sidow, mit 3 Regimentern Reiterei und 4 Bataillons Fußvolk (der 13ten Brigade) unter dem Obersten v. Lettow, von le Bourget aus in Marsch, zu der Unternehmung auf Aubervilliers, und zum Uebergange über den Ourcq Kanal; zuvörderst bis nach der Ferme Hotel Dieu und la Courneuve, wo seine Vorposten unter dem Major v. Waldow aufgestellt waren, welche St. Denis und Aubervilliers beobachteten, und einen Seitenposten von 100 Mann rechts bei der Ferme Merville aufgestellt hatten, der die dortige Brücke über die Crou vertheidigen sollte.

Nachdem die Abtheilung des General-Majors v. Sidow bei Hotel Dieu vereiniget war, gab derselbe zum Angriff auf Aubervilliers folgende Befehle:

„Ein Bataillon greift die linke Flanke, ein Bataillon die rechte Flanke, und 2 Bataillons die Fronte des Dorfes Aubervilliers an, diesen angreifenden Bataillons folgen 4 andere Batail-

tows, das 2te schlesische Husaren- und das 1ste pommersche Landwehr-Kavallerie-Regiment zur Unterstützung nach."

Als die Truppen in 3 Kolonnen zum Angriff vorrückten, geschah aus St. Denis ein Kanonenschuß, welches wahrscheinlich ein Signal-Schuß war; als die Kolonnen noch ungefähr 50 Schritt von Aubervilliers entfernt waren, erreichte sie das feindliche Feuer, dennoch rückten sie mit unbeschreiblicher Schnelligkeit bis an die Eingänge dieses Dorfes, welche die Franzosen zweckmäßig barrikadirt hatten, und sehr hartnäckig vertheidigten. Die Preußen räumten alle Hindernisse im heftigsten feindlichen Feuer schnell auf, so daß ihre Kolonnen im Sturmschritt in das Dorf eindringen konnten; sie nahmen einen großen Theil der feindlichen Besatzung nebst ihren Offiziers gefangen, und warfen die Franzosen bis jenseits des Ourcq Kanals zurück.

Der General v. Sidow machte mit dem Oberstlieutenant v. Lützow des Generalstabes sofort eine Erkennung des Ourcq Kanals; er fand, daß am jenseitigen Ufer desselben, überall viel feindliches Fußvolk aufgestellt, und daß alle Plätze, die sich zu einem Uebergange eigneten, mit Batterien besetzt waren, wodurch es unmöglich wurde über den Kanal vorzugehen, wollte er seine Truppen nicht einem gewissen Tode aussetzen, ohne daß der vorgesetzte Zweck dadurch erreicht worden wäre, um so mehr, da auch die Besatzung vom Montmartre schon unter dem Gewehr stand, und zum Empfang bereit war.

Unter dem Obersten Grafen Dohna rückte um dieselbe Zeit, das 3te Bataillon des 1sten pommerschen Landwehr-Infanterie Regiments, (Major v. Krüger) und das 10te Husaren-Regiment (welches links von Aubervilliers auf Vorposten stand, und die Verbindung mit dem 1sten Armee-Corps unterhielt) gleichfalls gegen den Ourcq Kanal vor, um den Feind zu beunruhigen; es kam auch hier zu einem sehr heftigen Scharfschützen-Gefecht, worauf sich später die preußischen Truppen wieder in die frühere Stellung zurückzogen.

Der Major v. Colomb war mit dem 8ten Husaren-Regiment abgeschickt worden, um ein Unternehmen gegen Malmaison zu versuchen, weil man erfahren hatte, daß Napoleon sich dort befinde; als er die Brücke von Chatou, welche dahin führt, zerstört fand, so marschirte er sogleich eilig gegen St. Germain, und bemächtigte sich dieser Brücke in demselben Augenblick, als die Franzosen sie zerstören wollten; er besetzte und vertheidigte die Brücke so lange, bis das preußische Fußvolk eintraf.

Der Feldmarschall Fürst Blücher gab nach der vermehrten Ueberzeugung, daß Paris von dieser Seite nicht ohne großen Menschenverlust anzugreifen sei, gegen Mittag den Befehl, sein Kriegsheer solle rechts abmarschiren; allein es sollten:

„um dem Feinde die Bewegung des preußischen Kriegsheeres rechts über die Seine zu verbergen, heute noch das 4te Armee-Corps in seiner Aufstellung bei le Bourget bleiben, (weil die Engländer erst in der Nacht eintreffen werden) und das 1ste Armee-Corps bis zum Einbruch der Nacht in seiner Aufstellung bei Blanc mesnil, dagegen das 3te Armee-Corps seinen Marsch über Gonesse nach Argenteuil sogleich fortsetzen."

Die Franzosen wurden durch den Angriff auf Aubervilliers getäuscht, und glaubten; der kühne preußische Feldherr mit seinen tapfern Preußen werde nicht anstehen, ihre verschanzten Linien anzugreifen, in dieser Meinung fesselten sie ihre Aufmerksamkeit auf diese Punkte, und so gelang die Absicht des Feldmarschalls Fürsten Blücher, er erntete die schönsten Früchte seiner meisterhaften Anordnungen.

Gefecht bei St. Denis.

Der Oberst v. Hiller erhielt den Befehl (am 30sten) St. Denis von der Seite von Stains, Pierresite bis Epinay mit 6 Bataillons Fußvolk, einem Regiment Reiterei, einer halben 6pfündigen Batterie und 2 reitenden Kanonen einzuschließen. Es waren bereits 2 Bataillons Fußvolk, das 1ste schlesische Landwehr-Kavallerie-Regiment und 2 Kanonen reitender Artillerie unter dem Oberstlieutenant v. Schill, schon gestern bis zwischen Stains und Pierresite vorgerückt; sie hatten nach einem heftigen Gefechte die feindlichen Vorposten aus Stains und bis hinter die bei St. Denis angelegten Verhaue zurückgedrängt.

Am Nachmittage um 3 Uhr meldeten die preußischen Vorderposten, daß einige Kolonnen französischer Truppen aus St. Denis vorrückten, und die einzelnen Vorderposten bereits zurückgedrängt hätten. Der Oberst v. Hiller verstärkte die Feldwachen, ließ die Scharfschützen von 2 Bataillons und 2 Esquadrons Reiterei mit 2 reitenden Kanonen vorrücken, während die bei Stains gelagerten Truppen zu den Waffen traten, um zur Unterstützung bereit zu seyn. Es kam zu einem sehr heftigen Scharfschützen-Gefecht, obwohl in der Ebene die Schützen nichts als die Bäume an der großen Straße und das hohe Korn zu ihrer Deckung benutzen konnten. Es wurde dem Feinde nicht allein widerstanden,

K 2

sondern dieser bis in seine Verhaue zurückgedrängt; gleichzeitig wurde die zu einer Erkennung gegen Epinay und Pierrefite vorgerückte feindliche Abtheilung auch zurückgeworfen.

Das 3te Armee-Corps (v. Thielemann) marschirte zufolge der Disposition, nachdem es sich um 5 Uhr Morgens bei Villeneuve versammelt hatte, in folgender Ordnung von dort ab, nämlich rechts abmarschirt die 9te, 10te, 11te und 12te Brigade, die letztere bildete eine Nachhut von einem Bataillon Fußvolk und ihrer Reiterei. Das Corps traf gegen Mittag in Gonesse ein, wo es vom Feldmarschall Fürsten Blücher folgende Befehle erhielt:

„Das Corps solle sich nach St. Germain in Marsch setzen, besonders sein Vortrab so viel als möglich eilen, um St. Germain zu erreichen, und dort den Major v. Colomb im Besetzen und Behaupten der Brücke unterstützen. Es solle auch sogleich ein Detaschement nach Maissons geschickt werden, um dort die Brücke zu behaupten, welche noch nicht zerstört ist, damit, im Fall die Brücke von St. Germain noch vom Feinde zerstört werden sollte, das Kriegsheer über diese die Seine passiren kann, weil die Brükken bei Bessons und Chatou zerstört, und bei Argenteuil die Materialien fehlen, um eine Brücke zu bauen."

Das 3te Armee-Corps setzte sich sogleich in Marsch gegen St. Germain, die Reserve-Reiterei, welche an der Spitze des Corps, marschierte bis Argenteuil, und lagerte sodann rechts an der Straße, das Fußvolk hingegen marschirte die Nacht hindurch, die 9te Brigade machte den Vortrab.

Das 1ste Armee-Corps erhielt gegen Abend den Befehl, es solle sogleich rechts abmarschiren, der General v. Zieten gab dazu folgende Disposition:

„Heute Abend um 10½ Uhr bricht das 1ste Armee-Corps rechts abmarschirt auf, die Reserve-Kavallerie macht mit einer Brigade die Tete, mit der andern folgt sie der Reserve-Artillerie.

Um 10½ Uhr steht das 1ste Armee-Corps zum Abmarsch bei Blanc mesnil bereit, die 2te, 3te und 4te Brigade schließen rechts an die erste heran; die Brigade-Kavallerie, welche der General-Lieutenant v. Röder bestimmen wird, setzt sich auf den rechten Flügel der 1sten Brigade, die andere hinter die Reserve-Artillerie, welche letztere stehen bleibt, und sich erst in Marsch setzt, wenn die 4te Brigade vorbei ist, auf welche sie folgt. Eine 12pfündige Batterie stößt zur 1sten Brigade.

Die beiden Regimenter, das 6te Uhlanen-Regiment, und das 1ste schlesische Husaren-Regiment, nebst den beiden reitenden Kanonen, die Posten, welche die Reserve-Kavallerie zu Serran, Livry, Bondy, Baubigny u. s. w. gegeben hat, so wie das Füsilier-Bataillon des 2ten westpreußischen Infanterie-Regiments in Nonneville, bleiben als Vorposten unter dem Major v. Engelhardt so lange stehen, bis sie von den Engländern abgelöst sind, worauf sie alsdann dem Corps folgen.

Die Bivouak-Feuer werden im Lager unterhalten, wozu per Bataillon 2 Mann im Lager zurückbleiben; die 2te und 4te Brigade lassen einen Offizier zurück, welche morgen früh, wenn es Tag ist, dem Corps folgen, um dem Feinde den Abmarsch zu verbergen.

Der Marsch geht über Gonesse nach St. Germain. Der Major v. Dedenroth wird die Kolonne führen. Der Major von Engelhardt erhält seine Instruktion von mir.

Die Bagage bleibt stehen. Morgen mit dem Tage fährt sie nach Gonesse, wo sie außer der Straße auffährt.

Das Hauptquartier des Feldmarschalls ist morgen in St. Germain.

Ein für allemal kommen die Herren Generalstabs-Offiziere der Brigaden gleich nach dem Eingang der Disposition ins Hauptquartier, um mit dem Oberstlieutenant v. Reiche vorauszugehen. Heute finden sie sich an der Tete der 1sten Brigade ein.

Hauptquartier Aunay, den 30sten Juni 1815.

(gezeichnet) v. Zieten.

Für gleichlautende Abschrift der Chef des Generalstabes
Oberstlieutenant v. Reiche.

Nachschrift. Bei dem bevorstehenden Nachtmarsch muß die größte Aufmerksamkeit verwendet werden, daß die verschiedenen Truppentheile nicht von einander abbleiben. Die Brigade-Kavallerie würde zur Unterhaltung der Kommunikation zu verwenden seyn.

Die Stellung des niederrheinischen Kriegsheeres war am Abend folgende:

Das 1ste Armee-Corps (v. Zieten) setzte sich um halb 11 Uhr des Abends von Blanc mesnil in Marsch gegen St. Germain, und marschirte die Nacht hindurch über Gonesse, Montmorency, le Mesnil nach Cariere au Mont, unweit St. Germain.

Die Vorderposten unter dem Major v. Engelhardt blieben in ihrer Stellung unverändert stehen.

Das 3te Armee-Corps (v. Thielemann) marschirte von Dommartin über Gonesse und Argenteuil, wo die Reserve-Kavallerie lagerte, die Nacht hindurch nach St. Germain.

Das 4te Armee-Corps (Graf Bülow v. Dennewitz) blieb in seiner Stellung bei le Bourget stehen, um den Marsch des Kriegsheeres zu decken.

Die Vorderabtheilungen standen:
der Oberstlieutenant v. Schill bei Stains,
der Oberst v. Hiller gegen St. Denis,
der General-Major v. Sidow in, und bei Aubervilliers.

Das Corps lagerte bei le Bourget.

Der Oberstlieutenant v. Sohr passirte mit dem brandenburgschen und pommerschen Husaren-Regiment bei St. Germain die Seine, und rückte gegen Versailles vor.

Der Major v. Colomb hatte die Brücke bei St. Germain besetzt.

Das Hauptquartier des Feldmarschalls Fürsten Blücher blieb in Gonesse.

II. Das niederländische Kriegsheer.

Das Hauptquartier des Herzogs Wellington war in Louvres.

Die Corps der Generale Hill und Byng lagerten daselbst.

Die Reserve des Generals Kempt passirte bei Pont St. Maxence die Oise, und lagerte jenseits des Waldes von Hallate, die Reiterei bei Fleurines.

Der 1ste Juli.

I. Das niederrheinische Kriegsheer:

Das 3te Armee-Corps traf um halb 6 Uhr des Morgens in St. Germain ein, und besetzte sogleich die dortige Brücke.

Der Feldmarschall Fürst Blücher gab dem 3ten Armee-Corps folgende Befehle:

„Das 3te Armee-Corps schickt um 6 Uhr des Abends eine Avantgarde bis nach Marly vor, welche sowohl die Straße nach Versailles, als die, welche gerade nach Paris führt, beobachtet. Von dieser Avantgarde wird ein Detaschement nach dem Monte Valerien vorgeschickt, und ein anderes nach Versailles.

Der Major v. Colomb geht mit seiner Abtheilung bis Vaucresson vor, und poussirt bis zu den Brücken von St. Cloud und Sevres, um diese Punkte zu untersuchen."

Die 9te Brigade wurde als der Vortrab bis nach Marly vorgeschickt, die übrigen Truppen des 3ten Armee-Corps passirten die Seine, und bezogen auf dem linken Ufer derselben, nahe bei St. Germain im Thal ein Lager. Die Reserve-Artillerie blieb noch auf dem rechten Ufer der Seine zurück.

Gefecht bei Verrieres und Versailles.

Der Oberstlieutenant v. Sohr brach mit Tagesanbruch mit seinen 6 Esquadrons Husaren von Versailles auf, um seiner Bestimmung gemäß, die Verbindung zwischen Paris mit Orleans, und mit Fontainebleau aufzuheben. Die Franzosen, von dem Uebergange der Preußen bei St. Germain unterrichtet, waren ihm zuvorgekommen, und der General Excelmanns wartete mit 4 Regimentern Reiterei bei Vervieres im Walde auf ihn. Als die Preußen aus diesem Walde vorrückten, wurden sie in der Fronte von 2 feindlichen Dragoner-Regimentern, und in der Flanke vom 6ten Husaren- und 20sten Dragoner-Regiment sehr lebhaft angegriffen. Von so starker Uebermacht gedrängt, beschloß der Oberstlieutenant v. Sohr den Rückzug, und setzte denselben auch glücklich bis in die Straßen v. Versailles fort; allein hier sah er sich plötzlich von 2 Chasseur-Regimentern und einem Linien-Infanterie-Regiment, die unter dem General Piré in den Gehölzen von Ville d'Avray und Roquencourt versteckt gelegen, in den Rücken genommen, und von der Versailler Nationalgarde mit einem Kugelhagel aus den Fenstern empfangen. In dieser Lage und bei der unverhältnißmäßigen Uebermacht des Feindes, kämpften die Preußen bei aller Tapferkeit und Ausdauer dennoch ein sehr unglückliches Gefecht; sie erlitten großen Verlust, ihr tapferer Führer blieb schwer verwundet auf dem Schlachtfelde liegen.

Gefecht bei Marly.

Es war 7 Uhr des Abends, als die 9te Brigade (v. Bork) im Marsch von St. Germain gegen Marly begriffen, um sich dort als Vortrab aufzustellen, auf die feindliche Reiterei der Generale Exelmanns und Piré stieß, welche in Versailles mit der Abtheilung des Oberstlieutenants v. Sohr gekämpft hatten. Die Brigade marschirte sogleich auf, und schickte zum Angriff dem Feinde 2 Füsilier-Bataillons (das vom Leib-Regiment und 30sten Infanterie-Regiment) entgegen; welche die Spitze der Kolonne hatten. Des Feindes wiederholte Versuche weiter vorzudringen, blieben vergeblich, denn die Scharfschützen, von ihren Bataillons kräftig unterstützt, vereitelten sein Vorhaben. Als der Feind die linke Flanke zu umgehen beabsichtigte, so mußte sich das Füsilier-Bataillon des 30sten Infanterie-Regiments, links von der Straße nach Louveciennes ziehen, und das Füsilier-Bataillon des Leib-Infanterie-Regiments griff ihn gleichzeitig mit dem Bajonett so entscheidend und rasch an, daß der Feind bis nach Roquencourt zurückgeworfen wurde.

Um bei der einbrechenden Dunkelheit nicht alle Truppen sogleich ins Gefecht zu bringen, wurde bloß das 1ste Bataillon des 30sten Regiments noch zur Unterstützung nachgeschickt, die übrigen Truppen aber in Bataillonsmassen, rechts und links der Straße aufgestellt, die Reiterei, bis auf eine Esquadron, nahe bei St. Germain zurückgelassen, weil die Gegend sich nicht zum Gefecht für sie eignete. Der Feind, durch die Tapferkeit der Füsilier-Bataillons zum Rückzuge genöthiget, setzte denselben bis hinter Versailles unaufhaltsam fort, so daß er des Morgens um 3 Uhr schon dort nicht mehr zu treffen war.

Die englischen Truppen-Corps der Generale Hill und Byng löseten das 4te Armee-Corps und die Vorposten des 1sten Armee-Corps heute bei St. Denis, Stains, Aubervilliers, le Bourget ab, worauf das 4te Armee-Corps Befehl erhielt, gleichfalls die Seine abwärts recht abzumarschiren.

Der General Graf Bülow v. Dennewitz gab dem 4ten Armee-Corps zu diesem Marsch folgende Disposition:

„Die englischen Truppen lösen das 4te Armee-Corps auf der von Senlis nach Paris gehenden Chaussee bei le Bourget ab, worauf das 4te Armee-Corps nach Argenteuil marschirt.

Der Marsch geht über Dugny, Pierresitte nach Argenteuil.

Sobald die englische Avantgarde le Bourget passirt, so setzt sich die Reserve-Kavallerie auf dem bezeichneten Wege in Bewegung, ihr folgt die Brigade von Losthin, die Brigade von Lettow geht durch den Ort durch, stellt sich, denselben vor der Front habend, westlich der Chaussee, und erwartet zum Aufbruch den Befehl.

Wenn die englische Avantgarde den General-Major v. Ryssel abgelöset hat, so geht er mit seiner Brigade und der bei sich habenden Kavallerie durch le Bourget, macht westlich von der Chaussee halt, und erwartet zur Fortsetzung des Weges ferneren Befehl. Der Oberst v. Hiller mit denen vor St. Denis stehenden Truppen seiner Brigade, und der Brigade von Lettow, hat seine besondere Instruktion erhalten."

Hauptquartier le Bourget, den 1sten Juli, Vormittags um 12 Uhr.

(gezeichnet) Bülow v. Dennewitz.

Für gleichlautende Abschrift der Chef des Generalstabes
General-Major v. Valentini.

Die Stellung des niederrheinischen Kriegsheeres war am Abend:

Das 1ste Armee-Corps (v. Zieten).

Des Abends um 7 Uhr traf das Corps nach einem ein und zwanzigstündigen ununterbrochenen Marsch, nachdem es bei le Menil die Seine passirt, auf seinem Lagerplatze zwischen den Dörfern le Menil und Carriere au Mont ein.

Das Hauptquartier war in Auval.

Das 3te Armee-Corps (v. Thielemann).

Die 9te Brigade, als der Vortrab, lagerte bei Roquencourt.

Das Corps lagerte auf dem linken Ufer der Seine im Thale unweit St. Germain.

Das Hauptquartier war in St. Germain.

Das 4te Armee-Corps (Graf Bülow, v. Dennewitz) war auf dem Marsch nach St. Germain.

Das Hauptquartier des Feldmarschalls Fürsten Blücher war in St. Germain.

II. Das niederländische Kriegsheer.

Das Hauptquartier des Herzogs Wellington war in Gonesse.

Die Corps der Generale Hill und Byng besetzten die Stellung bei Blanc menil, le Bourget, St. Denis und Aubervilliers.

Das Reserve-Carps des Generals Kempt passirte Senlis, und lagerte unweit Louvres.

Der 2te Juli.

I. Das niederrheinische Kriegsheer.

Der Feldmarschall Fürst Blücher gab folgende Disposition.

„Das 3te Armee-Corps setzt sich morgen mit Tagesanbruch in Marsch über Marly bis Roquencourt, die Avantgarde bis Versailles. Hier bleibt es so lange halten, bis das 1ste Corps heran ist, dann geht es auf Versailles, und von dort auf Plessis Piquet, die Avantgarde auf Chatillon.

Das 1ste Armee-Corps setzt sich ebenfalls mit Tagesanbruch in Marsch, und geht über St. Germain, Marly bis Roquencourt; hier wendet es sich auf Vaucresson, Sevres nach Meudon, die Avantgarde nach Issy; ein Seiten-Detaschement marschirt die große Straße gegen Paris, und wendet sich bei Malmaison auf St. Cloud.

Das 4te Armee-Corps bricht ebenfalls mit Tagesanbruch auf, und marschirt über St. Germain nach Versailles.

Das Hauptquartier kommt nach Versailles.

Es muß in diesem kouppirten waldigten Terrain mit gehöriger Vorsicht marschirt werden, die Wälder rechts und links werden gehörig abpatrouillirt und beobachtet. Das 3te Armee-Corps schickt ein Detaschement Infanterie und Kavallerie nach Poissy, um die dortige Brücke zu besetzen, und die Gegend zu beobachten, und ein anderes Detaschement nach St. Nom, um jenseits des Waldes von Marly die Straße von Versailles nach Mantes zu beobachten.

Wenn die Brücken bei Chatou und Argenteuil fertig sind, so bleiben Detaschements zu ihrer Bewachung, bis sie von den Engländern abgelöst werden können."

(gezeichnet) Blücher.

Für gleichlautende Abschrift der Chef des Generalstabes
Graf Gneisenau.

Der General v. Zieten gab dem 1sten Armee-Corps folgende Disposition:

„Das 1ste Armee-Corps bricht um 8 Uhr auf, und marschirt rechts ab, über St. Germain, Marly bis Roquencourt, hier wendet er sich auf Vaucresson, Sevres nach Meudon, die Avantgarde nach Issy.

Ein Seiten-Detaschement unter dem Hauptmann v. Krenski mit seinem Bataillon, 2 reitenden Kanonen und einer Esquadron marschirt die große Straße auf Paris, und wendet sich bei Malmaison nach St. Cloud, und setzt sich rechts durch Seitenpatrouillen mit dem Armee-Corps in Verbindung. Der Lieutenant v. Felden wird dieses Detaschement führen, der Major v. Dedenroth führt die Kolonne.

An der Tete der Kolonne marschirt das brandenburgische Uhlanen-Regiment, dann folgt die 1ste Brigade, der außer ihrer Fußbatterie, noch eine Batterie, eine 12pfündige und sämmtliche 10pfündige Haubitzen beigegeben werden. Auf die 1ste Brigade folgt eine Brigade Reserve-Kavallerie unter dem General-Major v. Treskow, dann folgen die 3 andern Brigaden, die Reserve-Artillerie, und zuletzt die Reserve-Kavallerie. Die Vertheilung der Kavallerie und Artillerie nach dieser Disposition, muß auf jeden Fall so früh geschehen, daß der Abmarsch um die bestimmte Zeit statt finden kann.

Wenn das Corps bei Meudon angekommen ist, so geht die 1ste Brigade als Avantgarde vor, postirt sich bei Issy, und poustfirt gegen Paris vor. Die Brigade Reserve-Kavallerie bleibt als Soutien zwischen der Avantgarde und dem Corps stehen.

Da das Terrain, durch welches der Marsch geht, sehr buschigt und waldigt ist, so muß die größte Vorsicht beobachtet werden, um frühzeitig genug zu erfahren, wenn sich etwas vom Feinde sehen läßt.

Das 3te Armee-Corps kömmt nach Plessis Piquet, die Avantgarde nach Chatillon, mit welcher sich der General von Steinmetz in Verbindung zu setzen hat.

Das 4te Armee-Corps kömmt nach Versailles, wohin auch das Hauptquartier des Feldmarschalls kommt.

Wenn die Brücken bei Chatou und Argenteuil fertig sind, so bleiben Detaschements zu ihrer Bewachung bis zu ihrer Ablösung durch die Engländer dabei.

In der Kolonne dürfen keine andern als vorschriftsmäßige Wagen fahren, alle übrige müssen zur kleinen Bagage stoßen, die bereits Ordre hat dem Corps zu folgen.

Die 1ste und 4te Brigade werden jede einen Offizier in St. Germain zurücklassen, um die noch nachkommenden Truppen der Brigaden, die unter dem Major v. Engelhardt auf Vorposten gestanden haben, dem Corps nachzuführen."

Hauptquartier Auval den 2ten Juli 1815.

(gezeichnet) v. Zieten.

Für gleichlautende Abschrift der Chef des Generalstabes
Obristlieutenant v. Reiche.

Der General Graf Bülow von Dennewitz gab dem 4ten Armee-Corps folgende Disposition:

„Das 4te Armee-Corps marschirt auf der Chaussee nach Versailles. Die Avantgarde steht unter dem Befehl Sr. Königl. Hoheit des Prinzen Wilhelm von Preußen, die Kavallerie der Avantgarde unter dem General-Major v. Sidow, die Infanterie unter dem Obrist v. Hiller. Sie bestehet aus 3 Regimentern Kavallerie, einer halben reitenden Batterie der Brigade v. Hiller und der Reserve-Kavallerie. Bei der Brigade v. Hiller ist die Pionnier-Compagnie des Capitains Mauck attaschirt.

Das Gros des Corps bestehet aus den Brigaden v. Lettow, v. Losthin, der Reserve-Artillerie, der Pontonnier-Compagnie unter dem Capitain von Saberofsky, der von heute an die Reserve-Artillerie attaschirt ist; die Wagen mit Lebensmitteln, welche bei den Brigaden sind, und als Arriergarde ein Bataillon der Brigade v. Losthin.

Die Brigade v. Ryssel und 3 Kavallerie-Regimenter unter dem Obristen Grafen Dohna folgen auf dem heutigen Marsch als eine besondere Kolonne hinter dem Gros des Corps. Die Truppen unter dem Obristlieutenant v. Schill, welche bei St. Denis gewesen, rücken zu ihrer Brigade ein, wenn sie zur rechten Zeit hier ankommen; wo nicht, so folgt der Obristlieutenant von Schill mit diesem Detaschement bis Versailles, wo dann das Einrücken in die Brigade geschieht.

Bei Versailles rücken die 3 Kavallerie-Regimenter unter dem Obristen Grafen Dohna zur Reserve-Kavallerie ein.

Von morgen an detaschirt der Prinz Wilhelm noch ein Kavallerie-Regiment von der Reserve-Kavallerie zum Soutien der Avantgarde.

Die Brigade von Losthin läßt ihr schwächstes Landwehr-Bataillon bis auf weiteres als Garnison in St. Germain. Die Avantgarde giebt von Versailles einen Vorposten auf der Straße nach Chartres.

Die sämmtliche Bagage des Corps, unter Aufsicht des Obristlieutenants v. Schlegel, ist nach Maison bois dirigirt. Jede Brigade schickt zur Aufsicht ihrer Bagage unter dem Befehl des Obristlieutenants v. Schlegel einen Offizier, und das 2te schlesische Landwehr-Kavallerie-Regiment 12 Mann Kavallerie dahin.

Der Major v. Hedemann führt die Kolonne."

(gezeichnet) Bülow v. Dennewitz.

Für gleichlautende Abschrift der Chef des Generalstabes
G. M. v. Valentini.

4.

Zum Beziehen des Lagers bei Versailles gab der General Graf Bülow v. Dennewitz dem 4ten Armee-Corps folgende Disposition:

„Die Brigade von Hiller bivouakirt bei Montreuil, schickt ein Bataillon vorwärts auf dem Wege, welcher durch den Bois de fausse repose und Ville d'Avray nach der Brücke von Sevres führt, ein anderes Bataillon da, wo sich der von Montreuil längs dem Park von Clagny führende Weg mit der Chaussee kreuzt, welche von Roquencuort auf St. Cloud führt. Jedes dieser Bataillons erhält ein Kavallerie-Piquet zum Patrouilliren vorwärts.

Die Brigade von Lettow bivouakirt bei Viroflay auf der

Straße nach Sevres, ein Bataillon vorwärts auf gedachter Straße, dieses Bataillon erhält ebenfalls ein Kavallerie-Piquet.

Die Reserve-Kavallerie bivouakirt vorwärts von Versailles links von Montreuil, sämmtliche übrige Kavallerie-Regimenter bivouakiren in der Stadt auf dem Boulevard de l'Imperatrice.

Die Brigade von Losthin bivouakirt auf den Plätzen in Versailles, und giebt die Wachen an den Barrieren und beim General v. Bülow.

Die Reserve-Artillerie bivouakirt in Versailles vor der Fronte, links vom Wege.

Die Brigade von Ryssel bivouakirt bei dem Chateau de Belair.

Die Brigaden beobachten in sich und durch ausgesetzte Vorposten in dem waldigen unbekannten Terrain, und bei der Nähe des Feindes alle mögliche Vorsicht. Außer den vorgeschriebenen Bataillonen und Posten stellt jeder der Herren Brigade-Chefs noch diejenigen Vorsichtsmaßregeln auf, welche er für nöthig erachtet.

Die Avantgarde giebt den schon befohlenen Posten in Buc und les Loges, ein Offizier und 50 Pferde werden zum Patrouilliren gegen Chartres gebraucht. Dieser Offizier meldet sich vorher bei dem General-Major von Valentini. Die Avantgarde schickt außerdem 2 Esquadrons nach Garches, welches einen Posten in Ruel auf der Chaussee von Neuilly nach St. Germain, einen in Suresnes, einen beim Schlosse von Busanval, und einen beim Schlosse von Fouilleuse setzt. Diese Posten müssen unter einander durch Patrouillen kommunizíren, so wie vorwärts gegen den Monte Calvaire und Neuilly patrouilliren.

Die Brigade von Hiller setzt, tausend Schritt rückwärts von der Stadt, auf der Chaussee einen Capitain mit einer Compagnie. Dieser läßt nach der Stadt Versailles keine andere Bagage hinein, als die der Generalität, und Wagen, welche den Brigaden Lebensmittel auf ihre Bivouaks nachführen, und von einem Offizier geführt werden. Alle andere Wagen werden in denen rechts der Chaussee gelegenen Gärten der Schlösser Trianon en Park aufgefahren, der Capitain ist für die Ausführung dieses Befehls verantwortlich.

Die Brigade von Ryssel stellt ein Bataillon nach St. Cyr, welches das Dorf Villepreux besetzt.

Das 2te schlesische Landwehr-Kavallerie-Regiment kommt zur Brigade von Lettow.

Das Quartier des Generals von Bülow ist in Versailles in der Rue d'Hotels, im Hotel de France. Jede Brigade giebt für diese Nacht 2 Offiziere zur Ordonnanz beim General v. Bülow, welche die Wohnungen der Brigade-Chefs und die Bivouaksplätze der Brigaden genau kennen müssen."

(gezeichnet) Bülow v. Dennewitz.

Für gleichlautende Abschrift der Chef des Generalstabes General-Major v. Valentini.

Gefechte bei Meudon, Sevres und Issy.

Das gesammte Kriegsheer brach am Morgen in 2 Kolonnen auf, das 3te Armee-Corps (v. Thielemann) zog den rechten Flügel bildend gegen Plessis Piquet und Chatillon; das 1ste Armee-Corps (v. Zieten) als linker Flügel über Marly, Roquencourt und Vauçresson nach Sevres; das 4te Armee-Corps (Graf Bülow v. Dennewitz) marschirte die Reserve bildend über Marly nach Versailles.

Die Franzosen von dem Marsch des niederrheinischen Kriegsheeres auf dem linken Ufer der Seine unterrichtet, ließen 40,000 Mann unter den Generalen Grafen Vandamme und Gerard bei Montrouge eine vortheilhafte Stellung nehmen; der rechte Flügel lehnte sich bei Issy an die Seine und an dieses stark besetzte Dorf, das Dorf Vauves sicherte den rechten Flügel, und die Mitte stand auf den Höhen von Montrouge; der linke Flügel dehnte sich gegen die Straße von Orleans aus. Die genannten Dörfer waren stark besetzt, und weil die Häuser gemauert, und auch die Gärten von steinernen Mauern eingeschlossen sind, so eignen sie sich zur hartnäckigsten Vertheidigung; die hinter den Dörfern liegenden Höhen waren von zahlreicher Artillerie besetzt, welche die Dörfer mit Kartätschenfeuer bestreichen konnte; der größte Theil der französischen Reiterei, die im Boulogner Walde gestanden, ging in Paris über die Seine, und begab sich in die Ebene von Grenelle, indem sie sich rechts an die Seine und links an Vaugirad anlehnte.

Bei Ville d'Avray stieß das 1ste Armee-Corps zuerst auf eine feindliche Truppenabtheilung, welche sofort angegriffen und zurückgeworfen wurde. Da man ungewiß war, ob der Feind St. Cloud geräumt und die dortige Brücke über die Seine zerstört hatte, so wurde eine Abtheilung von 1 Bataillon, 1 Esquadron und ½ reitenden Batterie dorthin geschickt, welche noch weiter links nach Mont Valerien detaschirte, um die Brücke von Neuilly und das rechte Ufer der Seine bis Paris zu beobachten; diese

Abtheilung kam zum Gefechte mit feindlichen Truppen, die von Neuilly aus, zur Beunruhigung der linken Flanke der preussischen Truppen ausgeschickt waren.

Nachmittags gegen 3 Uhr traf die 1ste Brigade in Sevres auf den feindlichen Vortrab, welcher dieses Städtchen und die Höhe bei Bellevue stark besetzt, und am jenseitigen Ufer der Seine, in dem Dorfe Billancourt und in denen an der Brücke von St. Cloud gelegenen Häusern 4 bis 5 Bataillons aufgestellt hatte, die ein starkes Feuer auf das diesseitige Ufer unterhielten.

Der General-Major v. Steinmetz erhielt den Auftrag, mit der 1sten Brigade den Feind aus Sevres zu vertreiben, die 2te und 4te Brigade sollten ihn unterstützen; die 3te Brigade wurde gegen St. Cloud zur Deckung der linken Flanke aufgestellt.

Der Feind vertheidigte den Engpaß vor Sevres sehr hartnäckig, das Gefecht von Sevres war durch die Beschaffenheit des Terrains sehr schwierig, denn der Park von St. Cloud, durch welchen das 1ste Armee-Corps vorrücken mußte, ist von steinernen Mauern umgeben, und auf gleiche Weise sind alle Höhen von Sevres zu Weinbergen benutzt, umschlossen. Die Straße von Sevres führt 2 Lieues fast immer zwischen solchen Mauern, die es unmöglich machten, mit Reiterei und Geschütz vorzurücken, das Gefecht mußte also nur durch Fußvolk geführt werden, welches mit unsäglichen Schwierigkeiten die Mauern der Weinberge überstieg, und die steinernen Häuser von Sevres einzeln erobern mußte.

Doch trotz allen diesen Schwierigkeiten, ohne auf die Mehrzahl des Feindes und auf die aus allen Fenstern fallenden Schüsse zu achten, stürzte sich die 1ste Brigade auf den Feind, warf ihn nach einem sehr lebhaften Gefechte aus Sevres, von der Höhe aus den Schlössern Bellevue und Meudon, so wie aus den Dörfern Moulineau und Berverie, eroberte so innerhalb einer Stunde diese Ortschaften nebst der erwähnten Hügelkette, und rückte gegen Issy in die Ebene vor, wohin sich die Franzosen zurückzogen, und zur ernstlichen Vertheidigung anschickten.

Die 2te Brigade erhielt jetzt den Befehl, nebst der Reserve-Artillerie nach Meudon zu marschiren; die 3te Brigade wurde von St. Cloud herangezogen, die Reserve-Kavallerie folgte der 1sten Brigade zur Unterstützung; die 4te Brigade blieb in Sevres.

Die Franzosen griffen das Dorf Moulineau aufs neue an, es wurde von dem schlesischen Schützen-Bataillon hartnäckig vertheidiget, die 2te Brigade sendete 2 Bataillons des 2ten westphälischen Landwehr-Infanterie-Regiments zur Unterstützung dahin, weil das Gefecht immer heftiger wurde, und der Feind alles anwendete, dieses Dorf zurück zu erobern; gleichzeitig wurde die halbe Fußbatterie No. 3 am Abhange der vorliegenden Höhe links von Moulineau vorgeschickt, um 3 feindliche Geschütze, die in der Ebene standen und das preußische Fußvolk flankirten, zum schweigen zu bringen, der Zweck wurde erreicht. Alle feindliche Angriffe auf Moulineau wurden von den Preußen aufs tapferste abgeschlagen.

Die 1ste Brigade rückte hierauf weiter vor, und besetzte den wichtigen Posten an der Windmühle, zwischen Meudon und Issy, die Mühle von Clamart genannt; die 4te Brigade besetzte Moulineau, die 2te rückte zur Unterstützung der 1sten vor, die 3te Brigade blieb zur Reserve nebst der Reserve-Artillerie bei Meudon, auf der hohen Terrasse des Schlosses, und die Reserve-Kavallerie stand in der Ebene.

Es war Abends um 7 Uhr, als die 1ste Brigade das Dorf Issy angriff; 15 französische Bataillons standen in und bei dem Dorfe, von zahlreicher Reiterei und Artillerie unterstützt. Der Feind vertheidigte die davor liegenden Weinberge durch sein Fußvolk mit vieler Tapferkeit, dennoch wurde er geworfen, und das Dorf Issy hierauf gestürmt; nach mehreren abgeschlagenen Angriffen, und nachdem das Gefecht bei Issy, Moulineau und Sevres (auf dem rechten Ufer der Seine) bis um Mitternacht gedauert, wurde das Dorf Issy von der 1sten und 2ten Brigade erobert und behauptet. Gleichzeitig wurde der Feind gezwungen, sich von Moulineau gegen Issy zurückzuziehen; die Majors von Neumann und v. Münsterberg folgten ihm schnell dahin nach, sie halfen Issy mit dem Bajonett erobern.

Der Feind floh in großer Unordnung nach Vaugirard, die Preußen rückten bis auf die jenseits Issy liegenden Höhen vor. Das Dorf Issy liegt nur 1400 Toisen von den Mauern von Paris, folglich in der Kanonenschußweite.

Der Vortrab des 3ten Armee-Corps kam am Abend auf der Höhe von Chatillon an, und bedrohte das feindliche Zentrum bei Montrouge, auf diesem Punkte kam es nur zu einer Kanonade.

Die Franzosen sahen mit Erstaunen und viel Bestürzung, daß ihre Befestigungen zur Vertheidigung von Paris unnütz geworden, und daß Paris auf dem linken Ufer der Seine bereits eingeschlossen, morgen in die Gewalt der verbündeten Truppen fallen werde, denn sie konnten die nördlichen Vertheidigungslinien

nicht

nicht entblößen, weil der Herzog Wellington sie jeden Augenblick anzugreifen drohete, und die dünne und niedrige Mauer nebst den elenden Pallisadirungen an den Barrieren der Stadt, konnten Paris am linken Ufer der Seine vor den tapfern Preußen nicht mehr schützen, ihr stürmender Angriff konnte durch das Beschießen der Stadt von den Höhen von Montrouge und Chatillon unterstützt werden; die Preußen konnten aus ihrer starken Stellung auf der Hügelkette von Meudon, Sevres nach St. Cloud nicht mehr verdrängt werden.

Die Feldherren der verbündeten Kriegsheere muß das Gelingen der herrlichen Pläne, die ihre Weisheit erfand, hoch belohnen, besonders da sie das Leben ihrer tapfern Soldaten schonen konnten, und den vorgesetzten Zweck schnell und herrlich erreichten.

Noch um 10 Uhr des Abends traf der französische General Lamotte, vom Marschall Davoust gesendet, bei dem Herzog Wellington ein, mit der Bitte, die Feindseligkeiten einzustellen, indem sich das französische Kriegsheer dem König Ludwig dem 18ten, unter den Bedingungen einer vollkommenen Begnadigung und Beibehaltung der dreifarbigen Kokarde unterwerfen wolle. Er erhielt den Bescheid, zum König könne er sich begeben, allein die Feldherren der verbündeten Kriegsheere würden sich in keine Unterhandlungen einlassen, bevor nicht Paris besetzt sey, und das französische Kriegsheer sich bis hinter die Loire zurückgezogen habe.

Die Stellung des niederrheinischen Kriegsheeres war am Abend:

Das preußische Kriegsheer stand mit dem rechten Flügel bei Plessis piquet, mit dem Zentrum bei Meudon, mit dem linken Flügel bei St. Cloud an die Seine gelehnt, die Reserve stand in Versailles.

Das 1ste Armee-Corps (v. Zieten).

Es hatte seinen rechten Flügel auf dem Windmühlenberge von Clamart, das Zentrum auf dem Schloßberge von Meudon, den linken Flügel in Moulineau und Sevres, und den Vortrab in Issy, unterstützt durch die Reserve-Reiterei.

Die 2te Brigade hatte Issy besetzt;

die 1ste Brigade stand zur Unterstützung der 2ten Brigade auf dem Windmühlenberge von Clamart;

die 4te Brigade besetzte Sevres, Moulineau und die Höhe von Bellevue, sie war der linke Flügel;

die 3te Brigade stand zwischen les Capucins, Meudon und

L

Fleury als Reserve, St. Cloud war durch eine Abtheilung Fußvolk besetzt;

das Hauptquartier war in Meudon.

Das 3te Armee-Corps (v. Thielemann).

Es brach mit Tagesanbruch auf, hielt 2 Stunden bei Roquencourt und sein Vortrab bei Versailles an, und marschirte sodann über Chatillon gegen Paris bis dahin vor, wo die Straße von Bourg la Reine in diese einfällt.

Der Vortrab, die 9te Brigade, marschirte bis nach Chatillon, welches die Franzosen nach einer Kanonade verließen, es blieben nur 4 Esquadrons zwischen Chatillon und Montrouge aufgestellt.

Die 10te und 11te Brigade lagerten vorwärts von Velisy;

die 12te Brigade bei Chatnay und Sceaux;

die Reserve-Kavallerie wurde nach St. Cyr gesendet, sie deckte auf dem heutigen Marsch des Corps rechte Flanke;

das Hauptquartier war in Villacoublay.

Das 4te Armee-Corps (Graf Bülow v. Dennewitz).

Es stand als Reserve in, und bei Versailles, woselbst das Hauptquartier war.

Das Hauptquartier des Feldmarschalls Fürsten Blücher war in Versailles.

II. Das niederländische Kriegsheer.

Der Herzog Wellington ließ, nachdem die Brücke bei Argenteuil erbauet, noch während der Nacht ein Truppen-Corps über die Seine gehen, es stellte sich bei Gurennes, Courbevoye und Anieres auf; die Dörfer Villeneuve la Garenne und Chatou wurden stark besetzt. Die Verbindung der beiden Kriegsheere war dadurch bewirkt.

Die englischen Truppen blieben bei St. Denis, Aubervilliers, le Bourget und Blancmenil stehen.

Das Hauptquartier des Herzogs Wellington blieb in Gonesse.

Der Herzog Wellington begnügte sich, den Erfolg der Bewegungen der Preußen im Rücken des Feindes durch thätige Demonstrationen zu befördern, welche den größern Theil der französischen Streitkräfte in seinen Stellungen am Montmartre festhielten.

Nach Mitternacht nahmen die Franzosen folgende Stellung:

Sie lehnten ihren linken Flügel an die Straße von Orleans,

ihre Linie zog sich über Gentilly, Montrouge und Vaugirard, alle diese Ortschaften stark besetzt, bis an die Seine, an welche sich der rechte Flügel lehnte.

Das Corps des Generals Vandamme lagerte zwischen den Barrieren de l'Ecole militaire und de l'Enfer, zwischen Vaugirard und der Stadt; andere Truppentheile jenseits der Seine im Boulogner Wald, mehrere Bataillons lagerten dort längs des Ufers, und thaten von Zeit zu Zeit einige Schüsse auf die diesseits aufgestellten preußischen Vorposten; die andern französischen Streitkräfte standen in den Verschanzungen, um die Engländer zu beobachten.

Der 3te Juli.

I. Das niederrheinische Kriegsheer.

Der Feldmarschall Fürst Blücher gab folgende Disposition:

„Das 1ste Armee-Corps bleibt bis auf weitere Ordre bei Meudon, die Avantgarde bei Issy; das Seitendetaschement, welches über Malmaison nach St. Cloud gegangen ist, wird durch Kavallerie verstärkt, und poussirt gegen den Mont Valerien und die Brücke von Neuilly vor, um zu sehen, was sich vom Feinde noch diesseits der Seine befindet, auch sieht es, ob die Engländer schon bei Argenteuil die Brücke vollendet haben, und dort vorgehen.

Das 3te Armee-Corps bleibt ebenfalls in seiner Position, die Avantgarde bei Chatillon und Bagneux, ein Detaschement nach Bourg la Reine; es schickt Patrouillen nach Chevilly und Villejuif.

Das 4te Armee-Corps bleibt bei Versailles stehen, es schickt aber ein Kavallerie-Regiment unter einem intelligenten Chef bei Corbeil oder einem andern Punkte über die Seine. Dieser Offizier hat den Auftrag, als Parteigänger im Lande zwischen der Marne und Seine vorzugehen, und sowohl das Anrücken französischer Verstärkungen, als auch die Annäherung des Feldmarschalls Fürsten Wrede zu beobachten. Er sucht sich mit dem Regiment Königin Dragoner, das über Chateau Thierry hat vorgehen sollen, in Verbindung zu setzen.

Kleine Detaschements gehen immer gegen Rambouillet, Dourdan und Lonjumeau vor.

Das Hauptquartier bleibt vorläufig in Versailles.

L a

Ich erwarte so bald als möglich genaue Meldungen über die Aufstellung des Feindes, seine Verschanzungen und Geschütze."

(gezeichnet) Blücher.

Für gleichlautende Abschrift der Chef des Generalstabes
Graf Gneisenau.

Der General v. Zieten gab dem 1sten Armee-Corps folgende Disposition:

„Die Stellung die das 1ste Armee-Corps im Fall eines feindlichen Angriffs zu behaupten hat, ist folgende:

Der rechte Flügel auf dem Windmühlenberge von Clamart, Issy vor der Fronte. Issy bleibt von der Brigade von Steinmetz mit einem Theil besetzt, der andere dient zur Unterstützung mit der 1sten Brigade der Reserve-Kavallerie.

Die 2te Brigade besetzt den Windmühlenberg, und dient zur Unterstützung der 1sten Brigade. Wird die 1ste Brigade genöthiget sich zurückzuziehen, so geschieht dies nach dem Windmühlenberge, der alsdann durch 2 Brigaden vertheidigt wird. Das Geschütz der beiden Brigaden, und die Batterie der Reserve-Artillerie, die jetzt bei der 1sten und 2ten Brigade sind, fahren auf dem Windmühlenberge in Position.

Der linke Flügel auf der Höhe von Meudon; solche wird vertheidiget durch die 3te Brigade, die zugleich dazu dient, sich mit einem Theil, und erforderlichen Falls ganz, wenn nämlich der feindliche Angriff gegen den rechten Flügel geschehen sollte, auf der Höhe zwischen dem Windmühlenberge und der Höhe von Meudon aufzustellen, um von da aus nach Befinden der Umstände, rechts oder links unterstützen zu können. Die Batterie der Brigade wird auf der Höhe aufgefahren. Rückt die 3te Brigade auf die Höhe ins Zentrum, so stellt sich die 4te Brigade auf die Höhe von Meudon, bis dahin behält diese Brigade das Dorf Sevres und Moulineau besetzt, und dient zur Unterstützung dieser beiden Orte.

Die Batterie der 4ten Brigade fährt auf den Abhang links vorwärts von Meudon, um die Pläne zwischen dem Höhenzuge der von Issy nach Meudon geht, zu bestreichen; eine Batterie der Reserve-Artillerie fährt ebenfalls dahin auf, sobald der Feind in dieser Niederung vorrücken sollte. In diesem letztern Falle rückt eine reitende Batterie auf den Kamm der Höhe zwischen Meudon und Issy vor, um den feindlichen Angriff in die linke Flanke zu nehmen, alsdann muß das Dorf Moulineau auf das äußerste vertheidiget werden, und die 3te Brigade, sobald sie in der Position zwischen Meudon und der Windmühle von Clamart stehet, vorwärts rücken, um dem Feinde in die linke Flanke zu fallen.

Die Angriffe des Feindes werden in der Art abgeschlagen, daß man offensiv gegen den Feind rückt, und mit dem Bajonett ihn zurücktreibt. Die Brigaden behalten eine disponible Reserve.

Da die 1ste Brigade nothwendigerweise sich sammeln muß, so wird die 2te Brigade den Posten der 1sten Brigade übernehmen, dagegen die 1ste Brigade den der 2ten Brigade auf dem Windmühlenberge von Clamart, jedoch muß die 1ste Brigade so lange bei Issy stehen bleiben, bis sie durch die 2te Brigade abgelöst wird. Es findet daher alles, was in dieser Disposition für die 1ste Brigade gesagt, nunmehro Anwendung auf die 2te Brigade; dagegen alles, was für die 2te Brigade gesagt worden, auf die 1ste Brigade Anwendung findet.

Das Hauptquartier bleibt unverändert im Schlosse Meudon."

Hauptquartier Meudon am 3ten Juli 1815.

(gezeichnet) v. Zieten.

Für gleichlautende Abschrift der Chef des Generalstabes
Obristlieutenant v. Reiche.

Feindlicher Angriff auf Issy.

Der Marschall Davoust beschloß noch einen Angriff auf die preußischen Truppen, wenn dieser aber abgeschlagen würde, die Thore von Paris zu öffnen, weil in einem Kriegsrath mit einer Mehrheit von 48 Stimmen gegen 2, Paris unter den jetzigen Verhältnissen für unhaltbar erklärt worden war.

Es war des Morgens um 3 Uhr, als der General Vandamme mit 2 Kolonnen von Vaugirard und Montrouge zum Angriff gegen Issy vorrückte; das Gefecht begann mit einer lebhaften Kanonade, darauf stürmten die Franzosen das Dorf Issy mehreremale, sie wurden von denen hinter Barrikadirungen stehenden Preußen empfangen, verloren viele Menschen und zogen sich zurück. Bald kehrten sie jedoch beträchtlich verstärkt zurück, allein die 1ste und 2te Brigade vertheidigten das Dorf aufs tapferste und ausdauerndste. Die Franzosen begannen nun ein furchtbares Kartätschen- und Kanonenfeuer, welches den Preußen viele Menschen kostete, und wiederholten unter dem Schutz desselben ihre Angriffe, ohne jedoch glücklicher als vorher zu seyn.

Der General von Zieten ließ sein Armee-Corps zu den Waffen treten, damit es zur Unterstützung bereit sey, den Feldmarschall-Fürsten Blücher, bat er 2 Brigaden des 4ten Armee-Corps für ihn in Bereitschaft zu halten, und ersuchte den General v. Thielemann, daß er von Chatillon vorrücken, und den Feind bedrohen möchte.

Die Franzosen überzeugten sich, daß ihre Anstrengungen vergeblich waren, den Preußen die Aussenwerke ihrer Stellung zu entreißen, sie zogen sich daher zurück, und sogleich folgten ihnen die preußischen Scharfschützen bis beinahe an die Barrieren von Paris.

Es war 8 Uhr des Morgens, als der General Guilleminot, Chef des Generalstabes des Marschalls Davoust erschien, und erklärte, die französische Armee wolle den Siegern Paris durch Kapitulation überlassen, und nach der Loire abziehen. Zugleich erbat er die Einstellung der Feindseligkeiten, um wegen der Uebereinkunft unterhandeln zu können, welche ihm bewilliget wurde.

Der Pallast von St. Cloud wurde zum Abschluß der Kapitulation bestimmt, die Feldherren Blücher und Wellington verfügten sich dahin, und ihre Abgeordneten so wie die der Franzosen traten dort zusammen, um die Uebereinkunft abzuschließen, durch welche Paris übergeben wurde.

So war es das 1ste Armee-Corps des Generals v. Zieten, welches den 15ten Juni den Krieg durch die Gefechte an der Sambre eröffnete, und welches am 3ten Juli den Krieg im freien Felde, durch die Eroberung und Behauptung des Dorfes Issy nach 18 Tagen ruhmvoll beendigte.

Die Stellung des niederrheinischen Kriegsheeres war folgende:

Das 1ste Armee-Corps (v. Zieten).

Die 1ste und 2te Brigade bei Clamart, das Dorf Issy vor der Fronte und Vanvres stark besetzt;

die 3te und 4te Brigade bei Meudon;

das Hauptquartier in Meudon.

Das 3te Armee-Corps (v. Thielemann).

Die 9te Brigade bei Chatillon und Bagneux, ein Detaschement in Bourg la Reine, es schickte Patrouillen nach Chevilly und Villejuif;

die 10te und 11te Brigade in Plessis piquet;

die 12te Brigade bei Chatenay und Sceaux;

die Reserve-Kavallerie und Artillerie bei Plessis piquet;

das Hauptquartier war in Ville Coublay.

Das 4te Armee-Corps (Graf Bülow v. Dennewitz).

Das Corps stand in und bei Versailles, es sendete Kavallerie-Detaschements nach Rambouillet, Dourdan und Lonjumeau;

das Hauptquartier war in Versailles.

Das Hauptquartier des Feldmarschalls Fürsten Blücher war in St. Cloud.

II. Das niederländische Kriegsheer.

Es blieb in seiner Stellung unverändert stehen.

Das Hauptquartier des Herzogs Wellington war in Gonesse.

Die königlich niederländischen Truppen waren folgendergestalt dislozirt:

die Brigade v. Anthing in Saultin;
die 1ste Division vor Valenciennes;
die 1ste Brigade der 2ten Division in Peronne;
die 2te Brigade der 2ten Division in le Bourget;
die 1ste Brigade der 3ten Division bei Blanc menil;
die 2te Brigade der 3ten Division bei Bobingine und Grand Drancy;
die Reiterei bei Saultain, le Bourget und Denaing;
die Artillerie bei Curgies.

Der 4te Juli.

In der Nacht vom 3ten zum 4ten Juli wurde in St. Cloud von den Bevollmächtigten die Uebereinkunft wegen Besetzung der Stadt Paris nachfolgend abgeschlossen.

Militairkonvention, die Uebergabe von Paris betreffend.

„Heute den 3ten Juli 1815 sind die von den kommandirenden Generalen der Armeen ernannten Kommissarien, nämlich:

der General-Major Freiherr v. Müffling mit den Vollmachten Sr. Durchlaucht des Feldmarschalls Fürsten Blücher, kommandirenden Generals der preußischen Armee;

der Obrist Hervey mit den Vollmachten Sr. Excellenz des Herzogs von Wellington versehen,

eines Theils,

der Baron Bignon die auswärtigen Angelegenheiten besorgend;

der Graf Guilleminot, Chef des Generalstabes der französischen Armee;

der Graf Bondy, Präfekt des Seine-Departements,

mit den Vollmachten Sr. Excellenz des Marschalls Prinzen von Eckmühl, kommandirenden Generals der französischen Armee, versehen andern Theils,

sind über folgende Punkte übereingekommen:

Artikel 1.

Es ist Waffenstillstand zwischen den allirten Armeen, befehligt von Sr. Durchlaucht dem Fürsten Blücher, Sr. Excellenz dem Herzog Wellington, und den französischen Armeen unter den Mauern von Paris.

Artikel 2.

Morgen setzt sich die französische Armee in Marsch, um über die Loire zu gehen. Die vollständige Räumung von Paris wird in 3 Tagen bewirkt, und in 8 Tagen ist die französische Armee jenseits der Loire.

Artikel 3.

Die französische Armee nimmt ihr Feldgeschütz, ihre Kriegskassen, ihre Pferde und das Eigenthum der Regimenter mit sich, ohne Ausnahme, so wie das Persönliche der Depots und verschiedenen Administrations-Zweige, welche der Armee gehören.

Artikel 4.

Die Kranken und Verwundeten, so wie die Chirurgen, welche zu ihrer Heilung nöthig sind, bleiben unter dem besondern Schutz der kommandirenden Generale der englischen und preußischen Armee zurück.

Artikel 5.

Die Offizianten und Militairs, von denen im vorigen Artikel die Rede ist, können nach ihrer Herstellung zu ihren Corps zurückgehen.

Artikel 6.

Die Frauen und Kinder aller Glieder der französischen Armee können in Paris bleiben, auch ohne Schwierigkeit Paris verlassen, und mitnehmen, was ihnen und ihren Männern gehört.

Artikel 7.

Die Offiziers der Linien-Truppen, welche in den Nationalgarden oder den Föderirten dienen, können sich der Armee anschließen, oder auch in ihren Wohnort oder Geburtsort zurückkehren.

Artikel 8.

Morgen den 4ten Juli Mittags, wird St. Denis, St. Ouen, Clichy und Neuilly übergeben. Uebermorgen den 5ten Juli zu derselben Stunde der Montmartre, und den dritten Tag, den 6ten Juli alle Barrieren.

Artikel 9.

Der innere Dienst von Paris wird durch die Nationalgarde und städtische Gensd'armerie fortgesetzt werden.

Artikel 10.

Die kommandirenden Generale der englischen und preußischen Armeen versprechen, die jetzigen Autoritäten, so lange sie bestehen, zu respektiren, und durch ihre Untergebenen respektiren zu lassen.

Artikel 11.

Oeffentliches Eigenthum (mit Ausnahme dessen, welches sich auf den Krieg bezieht), es gehöre dem Gouvernement, oder hänge von Ortsobrigkeiten ab, wird respektirt, und die verbündeten Mächte werden in keiner Art in die Verwaltung oder Verfügung eingreifen.

Artikel 12.

Eben so sollen Personen und Privat-Eigenthum respektirt werden. Die Einwohner der Hauptstadt, und überhaupt alle Individuen, welche sich daselbst befinden, fahren fort ihre Rechte und Freiheiten zu genießen, ohne beunruhiget, oder wegen ihrer Dienstverrichtungen, sowohl gegenwärtiger wie vergangener, wegen ihres Betragens oder ihrer politischen Meinungen in Untersuchung genommen zu werden.

Artikel 13.

Die fremden Truppen werden die Approvisionirung der Hauptstadt nicht hindern, im Gegentheil die Ankunft und den freien Umlauf der dazu bestimmten Gegenstände beschützen.

Artikel 14.

Gegenwärtiger Vertrag wird bis zum Friedensschluß wegen gegenseitiger Verhältnisse als Vorschrift dienen. Im Fall eines Bruchs soll er in den gewöhnlichen Formen, 10 Tage vorher aufgekündigt werden.

Artikel 15.

Sollte bei Ausführung des einen oder des andern Artikels eine Schwierigkeit vorkommen, so wird die Auslegung zum Vortheil der französischen Armee und der Stadt Paris Statt finden.

Artikel 16.

Vorstehende Konvention ist für alle verbündete Armeen mit dem Vorbehalte der Ratifikation der Mächte, von denen sie abhängen, gemeinschaftlich abgeschlossen.

Artikel 17.

Die Ratifikationen werden morgen den 4ten Juli früh um 5 Uhr auf der Brücke von Neuilly ausgewechselt.

Artikel 18.

Es werden von den verschiedenen Theilen Kommissarien ernannt, um gegenwärtige Konvention auszuführen.

Geschlossen und unterzeichnet zu St. Cloud in dreifacher Ausfertigung durch obengenannte Kommissarien, am oben genannten Tage und Jahr."

(Gezeichnet) Freiherr v. Müffling (L. S.)
F. B. Hervey, Obrist (L. S.)
Baron Bignon (L. S.)
Graf Guilleminot (L. S.)
Graf Bondy (L. S.)

Gegenwärtiger Waffenstillstands-Vertrag genehmigt und ratifizirt zu Meudon am 3ten Juli 1815.

Der Feldmarschall Fürst Blücher.

So fiel die stolze Hauptstadt an der Seine in Jahresfrist zum zweitenmal in die Gewalt der Sieger, ihr Fall war nothwendig, um die Franzosen vom Uebermuthe gründlich zu heilen. Ein dreiwöchentlicher Feldzug hatte die Macht Frankreichs gebrochen, eine Schlacht reichte hin sein Kriegsheer zu zertrümmern, und ihm auf den Fuß folgend, bis in das Herz des Landes vorzudringen, und seine Hauptstädt zu erobern. Das französische Heer war an der Tapferkeit der verbündeten Krieger, an dem Willen, an der Kraft, und an der Herrlichkeit ihrer Feldherren gescheitert. Frankreich war tief erschüttert, der Krieg geendiget, denn die Trümmer des Heeres (noch 50,000 Mann mit 70 Kanonen) zogen still und gedemüthiget nach Orleans hin; schon geendiget war der Krieg am 4ten Juli, den das französische Volk vor wenig Wochen bis in das Herz von Deutschland zu wälzen vermeinte, er war früher geendiget, noch ehe die großen Kriegsheere der verbündeten Mächte herangerückt waren.

Und die, welchen die Feldherren unserer Zeit ein herrlich Vorbild sein werden, welche diesen Feldzug zu ihrer Belehrung studieren, oder künftige Geschichtschreiber, sie können nicht genugsam beachten und herausheben, jene meisterhaften Bewegungen, und die großen Thaten, durch welche unleugbar die glänzenden Erfolge so schnell herbeigeführt wurden.

Zu bewundern ist der Muth des moralisch unbesiegten preußischen Kriegsheeres nach der verlornen Schlacht von Ligny, nur solch ein Kriegsheer konnte der Feldmarschall Fürst Blücher am 18ten schon zur neuen Schlacht von Belle Alliance führen, nicht aber ein durch seine Niederlage entmuthigtes Kriegsheer.

Zu bewundern ist der Fürst Blücher, der mit festem Willen und Entschluß, sich weder durch den feindlichen Angriff bei Wavre noch durch die schwierigen Engpässe abhalten ließ, sein Kriegsheer in Flanke und Rücken des feindlichen zu führen, wodurch dieses geschlagen werden mußte.

Die rastlose Verfolgung des preußischen Heeres unter dem General Grafen Gneisenau am Abend des 18ten Juni, welche erst die Niederlage und gänzliche Auflösung des feindlichen Heeres entschied, und diesem nicht gestattete, sich an der Sambre aufzustellen, welches sonst geschehen seyn würde.

Der herrliche und rasche Marsch des preußischen Kriegsheeres von St. Quentin gegen die untere Oise, durch welchen der Feind in seiner Stellung bei Soissons und Laon umgangen, die Uebergänge über diesen Fluß gewonnen, und die Franzosen zum Rückzuge genöthiget wurden, um nicht von Paris abgeschnitten zu werden.

Und endlich der Uebergang des preußischen Kriegsheeres auf das linke Ufer der Seine, durch welchen die Verschanzungen von Paris umgangen, und Paris ohne großen Menschenverlust, der Tapferkeit der Preußen eine leichte Beute wurde.

I. Das niederrheinische Kriegsheer.

Der Feldmarschall Fürst Blücher benachrichtigte die kommandirenden Generale, daß ein Waffenstillstand, und eine Uebereinkunft wegen der Räumung der Stadt Paris mit den Franzosen abgeschlossen sey, zufolge der die französischen Truppen sich heute hinter die Loire zurückziehen würden; er befahl: daß die nöthigen Sicherheitsmaßregeln dennoch nicht verabsäumt werden sollten, daß alle Detaschements, und besonders die, welche nach der Straße von Orleans vorgeschickt, vom Waffenstillstand schnell in Kenntniß gesetzt, und angewiesen werden sollten, die Straßen von Paris nach Fontainebleau und nach Orleans nicht zu beunruhigen, weil die französischen Truppen auf diesen nach der Loire marschirten.

Das niederrheinische Kriegsheer verblieb in seiner Stellung:

das 1ste Armee-Corps (v. Zieten) Hauptquartier in Meudon;

das 3te Armee-Corps (v. Thielemann) Hauptquartier in Plessis piquet;

das 4te Armee-Corps (Graf Bülow v. Dennewitz) Hauptquartier in Versailles;

das Hauptquartier des Feldmarschalls Fürsten Blücher war in Meudon.

II. Das niederländische Kriegsheer.

Es blieb in seiner Stellung unverändert stehen.

Das Hauptquartier des Herzogs Wellington wurde nach Neuilly verlegt.

Das Reserve-Corps lagerte zwischen Bonneuil und Arnonville.

Die englischen Truppen besetzten heute, der Uebereinkunft zufolge St. Denis, St. Ouen, Clichy und Neuilly.

Das französische Kriegsheer, vom Marschall Davoust befehliget, verließ heute Paris, und setzte sich nach der Loire in Marsch.

Der 5te Juli.

Die beiden verbündeten Kriegsheere blieben in ihren Stellungen unverändert stehen.

Am Mittage besetzten die Engländer den Montmartre.

Die französische Nationalgarde besetzte das Innere der Eingänge von Paris.

Der 6te Juli.

I. Das niederrheinische Kriegsheer.

Der Feldmarschall Fürst Blücher gab folgende Disposition:

„Das 1ste Armee-Corps wird morgen (den 6ten) Paris militärisch besetzen, und darüber noch seine nähere Instruktion erhalten. Das 3te und 4te Armee-Corps bleiben noch in ihren Positionen stehen, bis die feindliche Armee die gehörige Entfernung gewonnen hat, dann werden sie auch nach Paris, und zu ihrer weitern Bestimmung rücken.

Kleine Beobachtungs-Detaschements werden dem Feinde in gehöriger Entfernung nachgeschickt, um seinen Marsch zu beobachten.

Von jedem Armee-Corps bricht morgen früh ein Kavallerie-Regiment auf, um die Ordnung im Rücken herzustellen; das des 1sten Armee-Corps marschirt nach Compiegne, das des 3ten nach

Louvre militärisch, worauf auch das Geschütz der Brigade zu placiren sein wird. Die Brigade bivouakirt im Garten der Thuilerien, sie besetzt außerdem die Brücken Concorde, Reunion und des Arts.

Die große wie die kleine Bagage, wird in der Ebene zwischen dem Dorfe Issy und der Seine aufgefahren. Nur allein die Wagen der Generale, die Kassen- und Medizin-Wagen der Bataillone folgen den Brigaden hinter der Artillerie derselben, alles übrige Fuhrwerk, selbst die Branntwein-Wagen bleiben bei der Bagage zurück. Die Bagage des kommandirenden Generals folgt der Reserve-Artillerie, und fährt vorläufig hinter derselben, in den Elisäischen Feldern auf. Auf 3 Tage tragen die Soldaten Lebensmittel und Branntwein bei sich. Bei der Bagage, die bei Issy zurückbleibt, wird von der 1sten Brigade ein Capitain, und per Brigade ein Offizier und die vorschriftsmäßige Mannschaft zur Bedeckung gegeben; der Major v. Domis führt den Oberbefehl über sämmtliche Bagage.

Das Haus, worin das Hauptquartier kommen wird, ist noch nicht anzugeben, die Brigaden schicken aber gleich nach ihrem Einrücken in die Reviere, Ordonanz-Offiziere, und die Reserve-Artillerie einen Ordonanz-Unteroffizier auf den Platz de la Concorde, wo diese Offiziere so lange verbleiben müssen, bis sie ihre nähere Bestimmung erhalten.

Des Nachts müssen die Brigaden in ihren Revieren fleißig patrouilliren lassen, damit keine gefährliche Zusammenkünfte statt finden können, und die Reserve-Kavallerie ordnet Patrouillen an, die während der Nacht durch die Hauptstraßen und Plätze von Paris gehen.

Die Wachen, die nicht rein militärisch sind, werden zur Hälfte von Pariser Nationalgarden besetzt, mit denen die gehörige Eintracht gehalten werden muß, auch darf es nicht anstößig gefunden werden, daß die Nationalgarden die dreifarbige Kokarde tragen. Die Patrouillen werden ebenfalls zur Hälfte von unsern Truppen, und zur Hälfte von Nationalgarden gegeben.

Wenn die Brigaden in ihren Revieren eingetroffen sind, so wird zuvor Gottesdienst gehalten, der so feierlich und erhebend als möglich eingerichtet werden muß; nachdem dem Gott der Heerschaaren für die verliehenen Siege gedankt ist, muß das Gefühl der Religiosität angeregt, und zur Ordnung und Zucht aufgemuntert werden.

Jede muthwillige Beleidigung von unserer Seite wird strenge

denen Ordnung ohne Zwischenraum folgen können. Die 3te Brigade marschirt durch die Champs Elisees gerade nach den Thuillerien hinunter, wendet sich daselbst rechts nach der Seine, marschirt auf dem Quai die Seine hinauf, bis an die Brücke von Austerlitz, repassirt daselbst die Seine, und besetzt die Mairien 10, 11 und 12 auf dem rechten Ufer der Seine. Die Brigade bivouakirt in 4 Abtheilungen:

1) auf dem Quai an der Brücke von Austerlitz;
2) im Park von Luxembourg, in dessen Nähe das Brigade-Quartier kommt;
3) auf dem Platz vor dem Invalidenhause;
4) auf dem Champ de Mars, wo zugleich die Kavallerie und Artillerie der Brigade aufgestellt wird.

Wenn die Seine bei der Brücke von Jena passirt wird, so geht der Marsch nicht durch die Elisäischen Felder, sondern rechts die Seine hinauf.

Die Reserve-Kavallerie und Artillerie bivouakirt auf den Champs Elisees, die Kavallerie zunächst den Thuillerien, und die Artillerie dahinter nach der Barriere de l'Etoile zu, die Front nach der Seine.

Sie folgt der 3ten Brigade bis an die Brücke von Austerlitz, wendet sich dort links, marschirt über die Boulevards wieder nach den Elisäischen Feldern; die 2te Brigade folgt denselben Weg bis zur Brücke von Austerlitz, und von da wendet sie sich links, marschirt über die Boulevards, und besetzt die Mairie No. 1., mit Ausnahme der Thuillerien und des Louvres. Die Brigade bivouakirt zwischen den Champs d'Elisees und der Barriere de l'Etoile, Front nach der Seine, ihre Artillerie und Kavallerie auf dem Rondeel zunächst den Champs Elisees. Die Brücke von Jena wird mit Infanterie und einem Theil der Brigade-Artillerie besetzt.

Die 1ste Brigade nimmt denselben Weg wie die zweite, längs dem Quai bis zum Greve Platz. Sie besetzt die Mairie No. 9., worin das Arsenal liegt, und die Inseln auf der Seine, die zu dieser Mairie gehören. Sie bivouakirt auf den geräumigsten Plätzen dieses Bezirks, und besetzt alle Brücken über die Seine vom Pont neuf bis zur Brücke von Austerlitz mit einbegriffen. Zur Besetzung der Brücken wird der Brigade noch eine 12pfündige Batterie zugetheilt.

Die 4te Brigade marschirt durch die Elisäischen Felder nach dem Platz de la Concorde, und besetzt die Thuillerien und den

Louvre militärisch, worauf auch das Geschütz der Brigade zu placiren sein wird. Die Brigade bivouakirt im Garten der Thuillerien, sie besetzt außerdem die Brücken Concorde, Reunion und des Arts.

Die große wie die kleine Bagage, wird in der Ebene zwischen dem Dorfe Issy und der Seine aufgefahren. Nur allein die Wagen der Generale, die Kassen- und Medizin-Wagen der Bataillone folgen den Brigaden hinter der Artillerie derselben, alles übrige Fuhrwerk, selbst die Branntwein-Wagen bleiben bei der Bagage zurück. Die Bagage des kommandirenden Generals folgt der Reserve-Artillerie, und fährt vorläufig hinter derselben, in den Elisäischen Feldern auf. Auf 3 Tage tragen die Soldaten Lebensmittel und Branntwein bei sich. Bei der Bagage, die bei Issy zurückbleibt, wird von der 1sten Brigade ein Capitain, und per Brigade ein Offizier und die vorschriftsmäßige Mannschaft zur Bedeckung gegeben; der Major v. Domis führt den Oberbefehl über sämmtliche Bagage.

Das Haus, worin das Hauptquartier kommen wird, ist noch nicht anzugeben, die Brigaden schicken aber gleich nach ihrem Einrücken in die Reviere, Ordonanz-Offiziere, und die Reserve-Artillerie einen Ordonanz-Unteroffizier auf den Platz de la Concorde, wo diese Offiziere so lange verbleiben müssen, bis sie ihre nähere Bestimmung erhalten.

Des Nachts müssen die Brigaden in ihren Revieren fleißig patrouilliren lassen, damit keine gefährliche Zusammenkünfte statt finden können, und die Reserve-Kavallerie ordnet Patrouillen an, die während der Nacht durch die Hauptstraßen und Plätze von Paris gehen.

Die Wachen, die nicht rein militärisch sind, werden zur Hälfte von Pariser Nationalgarden besetzt, mit denen die gehörige Eintracht gehalten werden muß, auch darf es nicht anstößig gefunden werden, daß die Nationalgarden die dreifarbige Kokarde tragen. Die Patrouillen werden ebenfalls zur Hälfte von unsern Truppen, und zur Hälfte von Nationalgarden gegeben.

Wenn die Brigaden in ihren Revieren eingetroffen sind, so wird zuvor Gottesdienst gehalten, der so feierlich und erhebend als möglich eingerichtet werden muß; nachdem dem Gott der Heerschaaren für die verliehenen Siege gedankt ist, muß das Gefühl der Religiosität angeregt, und zur Ordnung und Zucht aufgemuntert werden.

Jede muthwillige Beleidigung von unserer Seite wird strenge

Noch gab der General v. Zieten folgende Befehle:

„Nach einer so eben eingegangenen, nachträglichen Ordre des Feldmarschalls Fürsten Blücher Durchlaucht, sollen die Barrieren d'Italie, de l'Enfer, de Sevres und das Pulvermagazin Grenelle, jedes mit einem Bataillon und 2 Kanonen besetzt werden. Von den hierzu nöthigen 4 Bataillons geben: die 1ste Brigade das 1ste Bataillon des brandenburgschen Regiments, und die 2te Brigade die 3 Bataillons des 1sten westpreußischen Regiments; dagegen giebt die 1ste Brigade den in der früheren Disposition bestimmten Capitain mit 3 Offizieren, 4 Spielleuten, 8 Unteroffizieren und 200 Mann nicht, so wie auch die 2te Brigade die daselbst bestimmten 3 Offiziere, 3 Spielleute, 6 Unteroffiziere und 150 Mann nicht weiter zu geben braucht, dagegen die letztere Brigade die ganze Batterie von Neander zur Besetzung der vorgedachten vier Posten verwenden wird. Die übrigen 4 Posten werden so besetzt, wie es die Disposition besagt, auch treten in Ansehung der Kavallerie weiter keine Abänderungen ein, daher die andern Brigaden die bestimmten Detaschements geben müssen. Da das ganze 1ste westpreußische Regiment jetzt zur Besetzung der Barrieren verwendet wird, so wird der Obristlieutenant v. Stach die obere Leitung übernehmen, und der Major v. Quadt die spezielle Direktion des Dienstes unter dem Obristlieutenant v. Stach verwalten. Alles übrige bleibt, wie es die Disposition besagt, ausgenommen, daß die Barrieren statt um 1 Uhr, erst um 2 Uhr besetzt werden.

Der General-Major v. Müffling ist zum Gouverneur von Paris ernannt."

Hauptquartier Meudon, den 6ten Juli 1815.

(gezeichnet) v. Zieten.

Für gleichlautende Abschrift der Chef des Generalstabes,
Obristlieutenant v. Reiche.

Der General Graf Bülow v. Dennewitz gab dem 4ten Armee-Corps folgende Disposition:

„Die Brigade v. Hiller löst noch heute die Posten des 1sten Armee-Corps ab, und unterstützt auch den Brückenbau bei Sevres und St. Cloud. Die Pionnier-Compagnie des Capitain v. Rohwedel, welche von Chatou kommend, heute St. Cloud passiren wird, muß zum Brückenbau daselbst mit angewendet werden. Die andern beim 4ten Armee-Corps befindlichen Pionniere marschiren gleich nach Sevres, und melden sich beim Obristen v. Hiller. Die Compagnie des Capitains v. Zaborowsky läßt aber ein

Detaschement bei den Pontons; die bei der Reserve=Kavallerie bleiben.

Nach St. Germain zu gehen, wird das 2te neumärkische Landwehr=Kavallerie=Regiment bestimmt, der Commandeur desselben meldet sich noch heute bei dem General=Major v. Valentini, um seine nähere Instruktion zu empfangen.

In Hinsicht der Beobachtungs=Detaschements wird Seine königliche Hoheit der Prinz Wilhelm das Nähere an den Major v. Colomb in Trappes, und an den Major v. Blankenburg in Vauhallant erlassen."

Hauptquartier Versailles, den 5ten Juli 1815.

(gezeichnet) Bülow v. Dennewitz.

Für gleichlautende Abschrift der Chef des Generalstabes General=Major v. Valentini.

Es wurden demnach von den Preußen heute die 11 Barrieren der Stadt Paris auf dem linken Ufer der Seine, zufolge der gegebenen Vorschriften besetzt, so wie von den Engländern die Barrieren der Stadt auf dem rechten Ufer der Seine.

Die Stellung des niederrheinischen Kriegsheeres war:

das 1ste Armee=Corps (v. Zieten) stand bei Meudon und Issy;

das 3te Armee=Corps (v. Thielemann) stand bei Chatillon und Plessis piquet;

das 4te Armee=Corps (Graf Bülow v. Dennewitz) stand in und bei Versailles, die Brigade des Obristen v. Hiller besetzte die Vorposten gegen Paris;

das Hauptquartier des Feldmarschalls Fürsten Blücher wurde nach St. Cloud verlegt.

II. Das niederländische Kriegsheer.

Das Hauptquartier des Herzogs Wellington verblieb in Neuilly.

Die Armee blieb unverändert in ihrer Stellung.

Das Reserve=Corps des Generals Kempt rückte nach Garges.

Der 7te Juli.

I. Das niederrheinische Kriegsheer.

Der General v. Zieten gab dem 1sten Armee=Corps folgende Disposition:

„Das 1ste Armee=Corps rückt morgen früh in Paris ein,

M 2

um diese Hauptstadt militärisch zu besetzen. Es verbleibt dabei ganz bei der darüber am gestrigen Tage gegebenen Disposition, nur sind folgende nähere Bestimmungen nachzutragen.

Die 3te Brigade richtet sich so ein, daß sie um 8 Uhr mit der Tete an der Barriere la Cunette, am diesseitigen Ufer der Seine stehet, und die übrigen brechen aus ihren Lagerplätzen so auf, daß sie in der vorgeschriebenen Ordnung folgen können.

Bei der Brücke von Jena wird die Seine auf dem jenseitigen Ufer passirt, und die 3te Brigade repassirt solche bei der Brücke von Austerlitz. Die 3te Brigade besetzt nicht die Brücke von Austerlitz, wie solches in der gestrigen Disposition gesagt wurde, sondern es fällt solche der 1sten Brigade zu. Die 3te Brigade besetzt sämmtliche Barrieren auf der Südseite der Stadt, die großen, als die Barrieren von Sevres, l'Enfer und d'Italie, so wie das Pulvermagazin von Grenelle, werden mit 1 Offizier, 2 Unteroffizieren, 1 Tambour und 30 Mann, die übrigen nur mit einem Unteroffizier, 1 Tambour und 10 Mann besetzt. Die 3te Brigade vertheilt sich nur auf den 3 Plätzen: Luxemburg, dem Invaliden Platz, und dem Marsfelde.

Der Obristlieutenant v. Stach und der Major v. Quadt werden die Barrieren den neuen Ablösungen nachweisen, zu welchem Ende die 3te Brigade frühzeitig genug einen Offizier dahin voraus schicken muß. Der Obristlieutenant v. Stach und der Major von Quadt werden bei der Barriere l'Enfer zu erfragen seyn.

In der Mairie No. 1. wird der Herzog Wellington sein Quartier nehmen, wornach der Kommandant dieser Mairie instruirt werden muß. Diesen Kommandanten giebt die 2te Brigade, und wäre dazu der Major v. Quadt zu nehmen.

Zur Besetzung aller militairischen Vorräthe geben die Brigaden in ihren Bezirken die nöthigen Wachen. Der General von Braun übernimmt die Artillerie-Vorräthe, der Major v. Knakfus die Karten 2c., und der Staatsrath Ribbentrop alle übrigen Vorräthe. Die Brigaden haben diesen Personen die nöthige militärische Assistenz zu geben, wenn solche verlangt wird.

Der General von Müffling ist Gouverneur von ganz Paris, der Obrist v. Pfuhl ist Kommandant von preußischer Seite.

Dem Gottesdienst werde ich morgen bei der 2ten Brigade beiwohnen.

(gezeichnet) v. Zieten.

Für gleichlautende Abschrift der Chef des Generalstabes
Obristlieutenant v. Reiche.

Hierauf erfolgte von den verbündeten Kriegsheeren, und zwar von den Preußen, vom 1sten Armee-Corps, unter dem Feldmarschall Fürsten Blücher und dem General v. Zieten, so wie von den Engländern, unter dem Herzog Wellington, der Einzug in Paris.

Es war dieser Einzug sehr ernst und ohne Prunk, kein feierlicher Siegeszug, sondern eine militärische Besetzung der feindlichen Hauptstadt; alles behielt ein kriegerisches Ansehen, die Truppen lagerten auf den bedeutendsten Plätzen der Stadt, und diese, so wie die Brücken blieben mit Kanonen besetzt.

Die Stellung des niederrheinischen Kriegsheeres war:

das 1ste Armee-Corps (v. Zieten) stand in Paris:

das 3te Armee-Corps (v. Thielemann) bei Chatillon und Plessis piquet;

das 4te Armee-Corps (Graf Bülow v. Dennewitz) in Versailles;

das Hauptquartier des Feldmarschalls Fürsten Blücher war in St. Cloud;

II. Das niederländische Kriegsheer.

Es blieb in seinen Stellungen unverändert stehen.

Das Hauptquartier des Herzogs Wellington wurde nach Paris verlegt.

Der 8te Juli.

Beide verbündete Kriegsheere blieben in ihren Stellungen unverändert stehen, bis auf das 3te preußische Armee-Corps, welches unter dem General von Thielemann heute seinen Einzug in Paris hielt, doch sogleich eine Kavallerie-Brigade und das Füsilier-Bataillon des Leib-Infanterie-Regiments, als Vortrab bis nach Villejuif vorschickte.

Nachdem der König von Frankreich die Nacht in Arnonville zugebracht hatte, hielt er heute um 3 Uhr Nachmittag von St. Denis kommend, seinen Einzug in Paris.

Der 9te Juli.

I. Das niederrheinische Kriegsheer.

Der Feldmarschall Fürst Blücher gab folgende Disposition:

„Das 3te Armee-Corps wird am 9ten Juli von Paris aufbrechen, und zwischen Juvissy und Corbeil, den 10ten Juli zwischen la ferté Aleps und Perthes, und den 11ten Juli bis zwischen Fontainebleau, Nemours und Malesherbes marschiren, wo das Corps Kantonirungen beziehen kann.

Das Hauptquartier kommt nach Fontainebleau.

Die Avantgarde geht bis Pithiviers und Neuville, Detaschements bis Orleans und Gien.

Befinden sich noch französische Truppen diesseits der Loire, so werden sie aufgefordert, über diesen Fluß zurückzugehen, weil jedes diesseits Verbleiben ein Bruch der Konvention sei. Das Corps muß seine gehörigen Vorsichtigkeitsmaßregeln nehmen, und Kavallerie-Detaschements nach allen Seiten vorpoussiren, um zeitig von allem unterrichtet zu seyn. Aller Orten werden die Einwohner und National-Garden sogleich entwaffnet, und sämmtliche Gewehre nach St. Germain geschickt. Die Pulverfabrik in Essonne wird sogleich besetzt und ihr Zustand untersucht.

Das 4te Armee-Corps wird zwischen Versailles und Rambouillet Kantonirungen beziehen, und seine Avantgarde über Chartres zur Loire vorschicken.

Eben so wird der Feldmarschall Fürst Wrede sich zwischen der Marne und Seine aufstellen; er ist aufgefordert, eine Avantgarde gegen Gien an die Loire zu schicken."

(gezeichnet) Blücher.

Für gleichlautende Abschrift der Chef des Generalstabes
Graf Gneisenau.

Zum Einmarsch in Paris gab der General Graf Bülow von Dennewitz dem 4ten Armee-Corps folgende Disposition:

„Das 4te Armee-Corps marschirt morgen, als den 7ten d. M. nach Paris. Die Truppen brechen um 6 Uhr auf, und sammeln sich auf dem Rendezvous vorwärts Sevres, auf dem Wege von Issy und Vaugirard, in folgender Ordnung.

Die Avantgarde, unter Befehl Seiner königlichen Hoheit des Prinzen Wilhelm von Preußen, bestehend aus einem Kavallerie-Regiment an der Tete, dann die Infanterie und Artillerie der Brigade v. Hiller, hierauf die ganze Reserve-Kavallerie; hierauf folgt das Gros des Corps in folgender Ordnung:

die 13te Brigade, die 15te Brigade, die 14te Brigade, mit der Reserve-Artillerie, hinter deren Quee, ein Bataillon und die Kavallerie der 14ten und 15ten Brigade marschirt. Der Lieutenant v. Trzebiatowsky wird auf dem Rendezvous sich befinden, und die Kolonne führen.

Hinter dem Ganzen folgt die Equipage des Corps, es bleiden dabei per Bataillon einige Kommandirte, und per Brigade ein Offizier, die ganze Equipage steht unter dem Obristlieutenant v. Schlegel.

In dieser Ordnung geschieht der Einmarsch in Paris, und zwar von Vaugirard über die Brücke von Jena, durch die Champs Elisées, den Boulevard, die Brücke von Austerlitz, nach dem auf der Südseite belegenen Theile der Stadt, wo die Truppen einquartiert werden. Von jeder Brigade gehen ein Offizier des Generalstabes und die Quartiermacher noch diese Nacht voraus, sammeln sich in Sevres bei dem Obristen v. Hiller, und marschiren, wenn sie von allen Brigaden zusammen sind, unter dem Kommando des ältesten Offiziers nach Paris, und melden sich bei dem Gouverneur, General-Major v. Müffling. Der Rittmeister von Below wird den Truppen die Quartiere, und der Kavallerie die Biwouak-Plätze auf den Boulevards anzeigen.

Die etatsmäßigen Wagen marschiren mit den Truppen in die Quartiere. Die überflüssigen Vorspannwagen bleiben auf dem Marsfelde, fahren dort auf, und werden dem General v. Braun, und dem Regierungsrath Ribbentrop überwiesen, welches der Obristlieutenant v. Schlegel zu besorgen hat.

Die englische Raketten-Batterie wird den Einmarsch mitmachen, und dann zu ihrer Armee zurückkehren. Sie schließt sich auf dem Marsch an unsere Reserve-Artillerie an, und wird der Major v. Bardeleben sie beordern und anweisen.

Es wird den Truppen Ordnung, Propretee, und die strengste Mannszucht anbefohlen, und den Herren Offizieren ein ernstes zurückhaltendes Betragen gegen alle Franzosen, und sind die Commandeurs der Regimenter, Bataillone und Compagnien für jede vorfallende Unordnung verantwortlich, und müssen solche unablässig thätig seyn.

Es versteht sich von selbst, daß alle Sauvegarden, Kommandos und Detaschements eingezogen werden, mit Ausnahme des Requisitions-Kommandos, das bei dem hiesigen Intendanten Herrn Chaubert sich befindet.

Das Landwehr-Bataillon v. Knorr von der Brigade v. Losthin bleibt in Versailles zur Besatzung, und der Major v. Kutulinsky bleibt Kommandant des Ortes.

Das 8te Husaren-Regiment unter dem Major v. Colomb rückt vor bis Rambouillet, und poussirt seine Beobachtungs-Detaschements bis Chatres, das 1ste pommersche Landwehr-Kavallerie-Regiment, unter dem Major v. Blankenburg, rückt vor Angerville, sobald der Feind diese Gegend geräumt hat, und beobachtet dessen Abmarsch mit nachzusendenden Detaschements gegen die Loire.

Das Detaschement von 2 Bataillons, das morgen unter dem Major v. Köller nach St. Germain marschiren soll, folgt der ihm gegebenen Instruktion, indem es nicht mit in Paris einrückt."

Hauptquartier Versailles, den 8ten Juli 1815.

(gezeichnet) Bülow v. Dennewitz.

Für die Richtigkeit der Abschrift der Chef des Generalstabes G. M. v. Valentini.

Es rückte heute das 4te Armee-Corps in Paris ein; so ließ der Feldmarschall Fürst Blücher dem gesammten preußischen Kriegsheere, jedem seiner tapfern Soldaten den Genuß, daß er als Sieger in der Hauptstadt seiner Feinde sey.

Die Stellung des Kriegsheeres war folgende:

das 1ste und 4te Armee-Corps standen in Paris;

das 3te Armee-Corps (v. Thielemann) marschirte am Morgen von Paris ab, und bezog folgende Marschquartiere:

- die 9te Brigade in Corbeil, Essonne und der Gegend;
- die 10te Brigade in Morsan, Orangis, Couronne, Bonduffle, Fleury le Plessis, le Comte, Lissis, Mousseau;
- die 11te Brigade in Villemoisson, Epinay, St. Michel, St. Genevieve;
- die 12te Brigade in Lonjumeau, Chilly, Morangis, Bellainvilliers, Montchery, Linas und Champlan;
- die Reserve-Kavallerie in Menecy, Echaçon, Fontenay, Ormay, Villeroy, le Coudray, Monçeau, St. Fargaux;
- die Reserve-Artillerie in Savigny, Viry, Gringy, Ris;
- das Hauptquartier in Savigny;

das Hauptquartier des Feldmarschalls Fürsten Blücher verblieb in St. Cloud.

II. Das niederländische Kriegsheer

blieb heute unverändert stehen.

Das Hauptquartier des Herzogs Wellington blieb in Paris.

Das braunschweigsche Corps kantonirte in den Dörfern la Planchette, Clichy, la Garonne und St. Ouen. Es besetzte heute die Barrieren von Pantin und St. Denis mit einem Bataillon Fußvolk und 2 Compagnien Husaren.

Der 10te Juli.

Die beiden verbündeten Kriegsheere blieben in ihren Stellungen unverändert stehen, bis auf das 3te Armee-Corps, welches seinen Marsch zufolge der gegebenen Befehle fortsetzte, und am Abend nachfolgende Marschquartiere bezog:

die 9te Brigade in Fontainebleau, Avon und Dependenzen;

die 10te Brigade in Chailly, St. Martin, Fleury, Cely, Bertes, Villers;

die 11te Brigade in Maudigon, Boissse le Roi, Prangy, Auverneux, St. Fargeux, le Coudray, Armay und Menecy;

die 12te Brigade in la Ferté Aleps, Guigneville, Baille, Villers, Dulson, Verny, Boutigny, Orvean, Herville, Boloncourt;

die Reserve-Kavallerie:

die 1ste Brigade beobachtete die Straße, welche über Pithiviers nach Orleans führt, so wie beide Straßen, welche von Etany kommen, und die eine über Angerville, die andere über Autroy und Faronville nach Orleans führen, die letztere nur durch kleine Seiten-Detaschements;

die 2te Brigade ging nach Nemours und der Gegend, und beobachtete die Straßen, welche über Montargis und über Gironville nach der Loire g hen;

die Reserve-Artillerie stand in Corbeil, Essonne, Villade, Lissis;

die Kriegskasse und das Proviantfuhrwesen in Orangis le Plessis, Ris;

das Hauptquartier des Generals v. Thielemann war in Corbeil.

Fünftes Kapitel.

Bewegungen des Kriegsheeres vom Oberrhein, unter dem Feldmarschall Fürsten Schwarzenberg, vom Juni bis den 10ten Juli 1815.

Das Kriegsheer vom Oberrhein hatte eine Stellung von Mannheim an, längs dem Rheine aufwärts, bis an den Bodensee genommen, in welcher es noch stand, als in den Niederlanden der Krieg in den Tagen vom 15ten bis den 18ten Juni schon entschieden wurde. Als die Nachricht von diesen Vorfällen in Heidelberg, dem Hauptquartiere der verbündeten Monarchen, (der Kaiser von Oestreich und von Rußland) und des Feldmarschalls Fürsten Schwarzenberg eintraf, wurde dem Kriegsheere das Zeichen zum Aufbruch gegeben, es rückte von dieser Seite in Frankreich ein, und die Feindseligkeiten begannen.

Zum Uebergange über den Rhein gab der Feldmarschall Fürst Schwarzenberg folgende allgemeine Disposition:

„Die Armee vom Oberrhein macht ihren Uebergang über den Rhein im allgemeinen auf zwei Hauptpunkten:

der linke Flügel zwischen Basel und Rheinfelden,

der rechte Flügel zwischen Germersheim und Mannheim.

Der linke Flügel besteht: aus dem 1sten und 2ten Corps nebst dem östreichischen Reserve-Corps;

der rechte Flügel aus dem 3ten Corps und der baierschen Armee.

Der Uebergang der letztern wird durch die russische Armee des Feldmarschalls Grafen Barklay de Tolly unterstützt, welche den 1sten Juli bei Kaiserslautern konzentrirt seyn wird. Das Operations-Objekt des rechten, und einer Kolonne des linken Flügels, ist bis auf weiteres Nancy. Der Zweck des ganzen Marsches ist die schnelle Konzentrirung der Armee vom Oberrhein mit der russischen bei Nancy.

Die Hindernisse, welche der Feind diesem Marsch entgegenstellen kann, sind außer den Festungen Bedfort, Hüningen, Breisach, Schlettstädt, Straßburg, Landau, Pfalzburg, Bitsch, Metz und Thionville, das Corps des Generals Rapp bei Weißenburg, und das Corps des Generals Lecourbe bei Basel.

Nach diesen Voraussetzungen, und nachdem man sich hierüber mit dem Feldmarschall Grafen Barklay de Tolly in Einverständniß gesetzt hat, werden folgende Dispositionen en detail gegeben.

Die Kolonne des rechten Flügels. Der Feldmarschall Fürst Wrede macht mit der baierschen Armee die Avantgarde der russischen, welche über Saargemünde, Chateau Salins gegen Nancy vorrückt.

Zu diesem Zweck forcirt der erwähnte Feldmarschall am 24sten Juni den Uebergang bei Saargemünde, und setzt sich an diesem Tage an der Saar fest. Die Division des General-Lieutenants Grafen Lambert, unterstützt diesen Angriff durch eine Diversion nach Saarbrück. Die baiersche Armee verfolgt ihren Marsch von der Saar nach Nancy, je nachdem die Umstände es erfordern, entweder über Petelange, Morhange und Chateau Salins, oder über Bouquemont, Dieuze, Vic auf Nancy, oder endlich über Pfalzburg, Saarburg gegen Blamont und Lüneville auf Nancy.

Für die baiersche Armee läßt sich keine ganz bestimmte Direktion angeben, denn ihre erste Bestimmung muß dahin gerichtet seyn, das Corps des Generals Rapp, wenn es sich erdreisten sollte, im Rheinthale stehen zu bleiben, gemeinschaftlich mit dem 3ten Corps zu vernichten. Der Marsch des Feldmarschalls Fürsten Wrede kann daher durch den Angriff auf den General Rapp verzögert, oder durch die Verfolgung desselben, in der Richtung die er nehmen dürfte, beschleuniget werden. Endlich wird es allein von diesen Umständen abhängen, auf wie viel Marschdistanze die baiersche Armee vor der russischen vorrücken kann, so wie sich auch nur von Kaiserslautern bestimmen läßt, ob die russische Armee in einer Kolonne über Homburg, Saargemünde, Petelange, Morhange, Chateau Salins auf Nancy oder in mehreren Kolonnen dahin abrücken soll.

Auf alle Fälle bricht diese Armee am 2ten Juli von Kaiserslautern gegen Homburg auf, formirt sich am 3ten und 4ten bei Saargemünde, und wird daher aller Wahrscheinlichkeit nach am 6ten und 7ten Juli in Nancy vereiniget seyn.

Das Corps des Generals Grafen Langeron, welches für die Blokaden von Metz, Thionville, Pfalzburg und Bitsch bestimmt, in dieser Eigenschaft die rechte Flanke der russischen Armee deckt, ist zu diesem Zweck an die Befehle Sr. kaiserlichen Hoheit des Erzherzogs Carl gewiesen, welcher zugleich mit einem Theile der Garnison von Mainz, mit 4000 Baiern, und einigen östreichischen Bataillons des 3ten Armee-Corps die Blokade von Landau übernommen hat.

Das 3te Armee-Corps passirt am 23sten und 24sten Juni bei Germersheim den Rhein, blokirt längstens am 25sten Landau, und stellt die Division des Feldmarschall-Lieutenants Wallmoden, welche bis zur Uebernahme der Blokaden an die Befehle Sr. königlichen Hoheit des Kronprinzen von Wirtemberg gewiesen ist, und jetzt die Linien der Queich besetzt hat, an seinem linken Flügel auf. Längstens am 26sten Juni, wo möglich schon am 25sten Juni dirigiren sich Se. königl. Hoheit mit dem 3ten Corps gegen Weißenburg, der Graf Wallmoden aber gegen Lauterburg.

Wäre der General Rapp wider alle Erwartung noch in den Linien bei Weißenburg aufgestellt, so muß ihn das 3te Corps solange in der Fronte beschäftigen, bis die baiersche Armee zum gemeinschaftlichen Angriff in seinem Rücken eingetroffen ist. Die Verbindung zwischen dem 3ten Corps und der baierschen Armee muß zu diesem Zweck unausgesetzt erhalten werden. Sobald der General Rapp zurückgedrängt worden ist, setzt das 3te Armee-Corps seinen Marsch auf Straßburg fort, und zernirt diese Festung gemeinschaftlich mit dem Feldmarschall-Lieutenant Wallmoden. Diese Vorrückung des 3ten Corps geht über Weißenburg, Sulz, Hagenau und Brumpt; jene des Generals Wallmoden über Lauterburg, Fort Louis, Drusenheim und Wanzenau nach Straßburg. Vor Landau läßt der Feldmarschall-Lieutenant Wallmoden 3 bis 4000 Mann Infanterie, eine Esquadron Knesevich Dragoner und eine Batterie zurück.

Man kann mit ziemlicher Bestimmtheit annehmen, daß der Kronprinz von Wirtemberg längstens am 30sten Juni oder 1sten Juli die Zernirung von Straßburg vollendet haben wird. Von dieser Zeit an übergiebt er die Beobachtung dieser Festung dem Feldmarschall-Lieutenant Wallmoden, indem er selbigen mit so viel Truppen von der Division Palombini verstärkt, als es die Umstände nach dem eigenen Ermessen Sr. königl. Hoheit nothwendig machen.

Die weitere Direktion des 3ten Armee-Corps geht von Straßburg über Mutzig, Schirmek, Raon l'Etappe, Baccarat, Lüneville nach Nancy. Da dieses Corps nicht Kavallerie genug hat, um zu gleicher Zeit die Verbindung mit der russischen Armee zu erhalten, und links die mit der östreichischen über Schlettstädt zu suchen, so wird die russische Armee die Verbindung links mit dem 3ten Armee-Corps übernehmen, während Se. königl. Hoheit der Kronprinz von Wirtemberg blos Rekognoscirungen über Obernhaim gegen Schlettstädt, und über Erstein nach Marcolsheim zu detaschiren hat. Das 3te Armee-Corps kann in diesen Umständen nicht viel vor dem 3ten Juli in Nancy anlangen.

Die Brücken von Oppenheim und Mannheim werden den russischen, die Brücke bei Germersheim den baierschen, und die Brücke bei Fort Louis dem 3ten Armee-Corps zur Erbauung und Bewachung übertragen.

Die zur Blokade von Schlettstädt bestimmten 3 Bataillons Wirtemberger konzentriren sich am 27sten Juni bei Bischofsheim, passiren am 28sten die Brücke bei Fort Louis, und folgen dem 3ten Armee-Corps nach der Disposition Sr. königl. Hoheit des Kronprinzen von Wirtemberg, welcher sie sofort von Muzig und über Obernheim nach Schlettstädt detaschirt, wo sie längstens am 3ten Juli eingetroffen seyn müssen. Der General-Lieutenant Graf Hochberg theilt ihnen eine Division vom Kaiser Chevaux legers, und jene 3pfündige Batterie zu, welche er bei Offenburg erhalten hat. Das Bataillon Reuß Greiz bleibt bis auf weiteres in Kehl stehen.

Mit der Brigade des Generals Volkmann und dem Bataillon Hessen-Darmstädter vereiniget sich der General Graf Hochberg selbst am 27sten Juni bei Mahlberg, marschirt am 28sten nach Freiburg, allwo er ein Bataillon Badner zurückläßt, geht am 29sten nach Mühlheim, am 30sten nach Basel, am 1sten Juli nach Groß-Kembs, am 2ten nach Bodelsheim, am 3ten gegen Neu-Breisach, wo er die Beobachtung der Festung übernimmt.

Die 2 Divisionen von Kaiser Chevaux legers, welche von Alt-Breisach über Neuburg bis Lörrach aufgestellt sind, bleiben bis zum 3ten Juli stehen, konzentriren sich an diesem Tage bei Neuburg, und marschiren den 4ten nach Hüningen. Das Bataillon Badner aus Freiburg rückt am 4ten nach Neuburg, am 5ten nach Basel, am 6ten nach Ottmarsheim, allwo es sich am 7ten Juli mit den übrigen vor Neu-Breisach vereiniget.

Die Kolonne des linken Flügels. Diese besteht aus dem 1sten und 2ten Armee-Corps, und dem östreichischen Reserve-Corps unter der Oberleitung Sr. kaiserl. Hoheit des Erzherzogs Ferdinand.

Das 1ste Armee-Corps ist am 25sten im Lager bei Lörrach.

Das 2te Armee-Corps an diesem Tage in drei Lägern bei Lörrach, Warmbach und Creuznach.

Die Reserve in Lägern bei Bingen und Eimeldingen versammelt.

In der Nacht vom 25sten zum 26sten Juni werden bei Creuznach 2 Ponton-Brücken über den Rhein geschlagen. Mit Anbruch des Tages defiliren die im Lager bei Warmbach aufgestellten Truppen über die Brücke von Rheinfelden, und setzen ihren Marsch nach Basel fort.

Die in den Lägern bei Lörrach, Bingen, Eimeldingen und Creuznach stehenden Truppen formiren sich vor Anbruch des Tages, und passiren den Rhein über die Ponton-Brücken bei Creuznach. Die Stadt Basel und ihre Brücke wird in der Nacht vom 25sten zum 26sten vom 2ten Armee-Corps militairisch besetzt.

Der Marsch der 3 Corps muß so eingerichtet seyn, daß der größte Theil der Massen längstens Vormittag um 10 Uhr in der Stellung vor Basel eingetroffen und vereiniget seyn kann. Offiziere vom General-Quartiermeisterstabe werden ihnen diese anweisen.

Der Angriff auf den General Leçourbe und die Disposition hierzu bleibt Sr. kaiserl. Hoheit dem Erzherzog Ferdinand überlassen. Im allgemeinen wird noch Folgendes festgesetzt: es muß alles angewendet werden, um den General Lecourbe wo möglich in seiner ersten Aufstellung zu sprengen, wozu die Tage vom 26sten, 27sten und 28sten Juni der Disposition Sr. kaiserl. Hoheit überlassen sind. Vom 29sten Juni an wird hoffentlich das 1ste Armee-Corps zur Verfolgung und Beobachtung des Feindes hinreichen, Se. kaiserl. Hoheit der Erzherzog Ferdinand aber, mit dem 2ten Armee-Corps und dem östreichischen Reserve-Corps, seinen Marsch in möglichster Eile nach Nançy fortsetzen, und auf seinem Wege Neu-Breisach zerniren.

Se. kaiserl. Hoheit haben auf Nançy zwei Hauptstraßen, eine von Donne Marie auf Remiremont und Epinal, eine von Altkirch über Mühlhausen, Colmar, St. Marie aux mines, Baccarat und Lüneville. Nur allein die Umstände lassen bestimmen, ob man beide Straßen in zwei Kolonnen benutzen, oder auf einer bis Nançy vorrücken soll. Auf jeden Fall muß man alles anwenden, um die Vereinigung mit dem 3ten Armee-Corps so schnell als möglich zu erhalten, das Rheinthal zu reinigen, und sich der Pässe über die Vogesen in möglichster Geschwindigkeit zu bemeistern.

Das 1ste Armee-Corps, dessen Hauptzweck die Verfolgung des Generals Leçourbe, der Marsch gegen Langres und die Zernirung von Bedfort ist, kann sich allein nach den Umständen richten.

Das für Bedford bestimmte Blokade-Corps schließt sich an das 1ste Armee-Corps an, während das für Hüningen längstens am 27sten Juni an seine Bestimmung abgeht. Es müssen sofort bei Rheinweiler, nächstdem aber in der Gegend von Rheinau oder Markolsheim Schiffbrücken über den Rhein geschlagen, diese aber durch Tete de ponts gedeckt werden. Die Bewachung derselben ist der Disposition Sr. kaiserl. Hoheit des Erzherzogs Ferdinand überlassen.

Aus dieser Disposition ergiebt es sich, daß die ganze russische Armee, und von der Armee des Oberrheins die baiersche Armee, das 2te und 3te Armee-Corps und die östreichische Reserve längstens am 7ten Juli bei Nançy vereiniget seyn müssen, und daß jeder Augenblick ein gewonnener ist, an welchem die Corps früher als zu diesem Zeitpunkt dort eintreffen. Das 1ste Armee-Corps deckt die linke Flanke, die baiersche Armee und das Corps des Generals Grafen Langeron die rechte.

Ueber die Blokaden bemerke ich folgendes: die Blokade von Neu-Breisach und Schlettstädt ist dem badenschen General-Lieutenant Grafen Hochberg übertragen. Er erhält zu dem Ende 3 Bataillons Wirtemberger mit einem Bataillon Hessen-Darmstädter unter einem wirtembergischen General; ferner ein Bataillon Bianchy, 3 Bataillons Badner und 2 Divisionen Kaiser Cheveaux legers, nebst 2 östreichischen 3pfündigen Batterien unter dem General Volkmann. Der General-Lieutenant Graf Hochberg wird sein Quartier in Colmar nehmen, und dieses mit einem Bataillon Hessen-Darmstädter, einer Division Kaiser Cheveaux legers und einer halben Batterie besetzen.

Die Blokade von Neu-Breisach übernimmt der General Volkmann mit 4 Bataillons, und die von Schlettstädt ein wirtembergischer General mit 3 Bataillons.

Die Blokade von Bedfort und Hüningen ist dem Feldmarschall Lieutenant Mariassy übertragen. Für die Blokade von Hüningen erhält er das 4te Bataillon Benjowsky, das 4te Bataillon Kaiser Alexander, das 4te Bataillon Hieronimus Colloredo und das 4te Bataillon Joseph Colloredo unter dem General Wazel.

Für die Blokade von Bedford unter dem General Collenbach, die 4ten Bataillons der Regimenter Kottulinski, Bellegarde, Wenzel Colloredo und Wirtemberg, nebst 2 Divisionen Kaiser Cheveaux legers und 2 3pfündigen Batterien.

Von beiden Blokaden muß ein Bataillon und eine Division von Kaiser Cheveaux legers mit einer halben Batterie zur Besetzung von Mühlhausen gegeben werden, wo der Feldmarschall-Lieutenant Mariassy sein Quartier nimmt. Die obere Leitung der Blokaden von Breisach, Schlettstädt, Hüningen und Bedfort ist Sr. kaiserl. Hoheit dem Erzherzog Johann übertragen.

Das Hauptquartier bleibt am 24sten, 25sten und 26sten Juni in Mannheim, marschirt am 27sten nach Speier, am 28sten nach Rheinzabern, am 29sten nach Weißenburg, am 30sten nach Hagenau, am 1sten Juli nach Hochfelden, am 2ten nach Mutzig, am 3ten nach Schirmeck, am 4ten nach Raone l'Etappe, am 5ten nach Lüneville, am 6ten nach Nancy.

Eine Kolonne der russischen Armee folgt an demselben Tage dem Hauptquartier und Hoflager."

Hauptquartier Heidelberg am 23sten Juni 1815.

(gezeichnet) Schwarzenberg.

Die Stellung des Kriegsheeres vom Oberrhein war demnach:

Das 1ste und 2te Armee-Corps und die östreichische Reserve kantonirten am Oberrhein, zwischen dem Bodensee und Basel.

Das 3te Armee-Corps (Kronprinz v. Wirtemberg) kantonirte zwischen Durlach, Bruchsal, Schwezingen, Wiesloch, Hilsbach, Eppingen, Bretten und Rastadt.

Das Hauptquartier des Kronprinzen v. Wirtemberg war in Bruchsal (seit dem 7ten May).

Das 4te Armee-Corps (Fürst Wrede).

Das Hauptquartier war in Mannheim.

Die 1ste Division Hauptquartier in Kaiserslautern;
- die 1ste Brigade in Meissenheim,
- die 2te — in Kaiserslautern.

Die 2te Division Hauptquartier in Groß-Gerau;
- die 1ste Brigade in Murfelden,
- die 2te — in Groß-Umstedt.

Die 3te Division Hauptquartier in Speyer;
- die 1ste Brigade in Neustadt,
- die 2te — in Speyer.

Die 4te Division, Hauptquartier in Heppenheim;
- die 1ste Brigade in Gernsheim,
- die 2te — in Weinheim.

Die Infanterie-Reserve-Brigade in Mannheim.

Die 1ste Kavallerie-Division, Hauptquartier in Birkenfeld;
- die 1ste Brigade in Homburg,
- die 2te — in Kirn.

Die 2te Kavallerie-Division, Hauptquartier in Neustadt an der Hardt;
- die 1ste Brigade in Edesheim,
- die 2te — in Haßloch;

die Reserve-Kavallerie-Brigade in Ladenburg.

Der 19te Juni.

Der gegebenen Disposition des Feldmarschalls Fürsten Schwarzenberg zufolge, nach welcher das Kriegsheer vom Oberrhein, in 2 Hauptkolonnen bei Germersheim und Mannheim, und bei Basel und Rheinfelden den Rhein passiren, und in Frankreich vorrücken sollte, erhielt der Feldmarschall Fürst Wrede die Bestimmung, am 24sten den Uebergang über die Saar zu forciren, theils um die Ver-

Verbindung mit dem niederrheinischen Kriegsheer des Feldmarschalls Fürsten Blücher auf dem jenseitigen Ufer der Saar gegen die Mosel herzustellen, theils um die Vogesen zu umgehen, und dadurch das zwischen Weißenburg, Landau und Saarlouis stehende feindliche Armee-Corps von seiner Operationslinie, und sämmtlichen Verbindungen abzuschneiden.

Die Bewegung sollte auf dem linken Flügel durch das 3te Armee-Corps unterstützt werden, welches am 25sten Juni den Rhein bei Germersheim passiren, und das im Rheinthal stehende feindliche Corps in der Fronte anzugreifen angewiesen war.

Die königlich baiersche Armee wurde heute durch ein russisches Truppen-Corps unter dem General-Lieutenant Grafen Lambert verstärkt, es bestand aus:

dem Achtirskischen Husaren-Regiment,
dem Weißreussischen Husaren-Regiment,
dem Kosacken-Regiment Bihalow des 1sten,
dem — — Kutainikow des 6ten,
6 Kanonen der reitenden Batterie No. 4.,
12 Bataillons Infanterie oder der 9ten Infanterie-Division,
3 Batterien, als der schweren No. 9, den leichten No. 17 und 18,
der Pionnier-Compagnie des Capitain Gosliakow.
Zusammen 12 Bataillons, 12 Esquadrons, 42 Kanonen, 2 Kosacken-Regimentern und einer Pionnier-Compagnie.

In der Stellung des oberrheinischen Kriegsheeres wurde verändert:

der russische Vortrab (Graf Lambert) passirte heute bei Manheim den Rhein, und marschirte bis nach Worms;

die 2te baiersche Division (Beckers) passirte bei Oppenheim den Rhein, und marschirte bis nach Alzey;

die 4te baiersche Division (Zollern) passirte am 18ten Juni bei Mannheim den Rhein, und rückte bis Türkheim; heute (den 19ten) marschirte sie bis nach Hochspeier;

die baiersche Reserve-Infanterie-Brigade (Maillot) marschirte von Mannheim nach Friedesheim;

die baiersche Artillerie-Reserve (Colonge) passirte bei Mannheim den Rhein.

Der 20ste Juni.

Bei dem Kriegsheere vom Oberrhein geschahen folgende Bewegungen:

der russische Vortrab (Graf Lambert) marschirte bis nach Göllheim;

N

die 1ste baiersche Division (Raglovich) marschirte bis nach Zweibrücken;
die 2te baiersche Division (Beckers) nach Ottersberg;
die 4te baiersche Division (Zollern) nach Landstuhl;
die Reserve-Infanterie-Brigade (Maillot) nach Hochspeier;
die Reserve-Kavallerie-Brigade (Seidewitz) nach Alsenborn;
die Reserve-Artillerie (Colonge) nach Grünstadt;
das Hauptquartier des Feldmarschalls Fürsten Wrede würde nach Dürkheim verlegt.

Vom 3ten Armee-Corps (Kronprinz von Wirtemberg) wurden die Truppen in engeren Kantonirungen mehr vereiniget.

Das Hauptquartier des Kronprinzen von Wirtemberg wurde nach Schwetzingen verlegt.

Vorposten-Gefechte vor Landau und bei Dahn.

Es wurde heute die von der 3ten Infanterie- und von der 2ten Kavallerie-Division gegen Landau aufgestellte Vorpostenlinie von der französischen Besatzung, jedoch ohne Erfolg angegriffen. Die baierschen Truppen machten in diesem Gefechte einen Verlust von 5 Todten und 2 Verwundeten, und die französischen Truppen wurden gezwungen, das Anweiler Thal schon früher zu verlassen, ehe noch die zur Reserve bereit stehenden baierschen Bataillons eingetroffen waren.

Eine bei Dahn postirte Schützen-Compagnie des 11ten baierschen National-Feldbataillons Ingolstadt, wurde durch ihr überlegene feindliche Reiterei und Fußvolk angegriffen, obwohl die Compagnie einige feindliche Angriffe standhaft zurückwies, so konnte sie ihren Posten dennoch nicht behaupten, sondern sie zog sich mit Ordnung auf die Unterstützungsposten zurück, mit diesen rückte sie hierauf am Abend wieder vor, und besetzte die frühere Stellung; der Verlust der Baiern bestand in 15 Mann an Todten.

Der 21ste Juli.

Die baiersche Armee marschirte heute:
der russische Vortrab (Graf Lambert) bis nach Neukirchen;
die 2te Kavallerie-Division (Preising) nach Weidenthal;
die Reserve-Kavallerie-Brigade (Seidewitz) nach Neuenkirchen;
die 2te Infanterie-Division (Beckers) nach Ranstein;
die 3te Infanterie-Division (Lamotte);
- die 1ste Brigade besetzte die Stellung von Anweiler bis Edesheim;
- die 2te Brigade blieb an der Queich stehen;

die 4te Infanterie-Division (Zollern) nach Vogelbach;
die Reserve-Infanterie-Brigade (Maillot) nach Kaiserslautern;
die Reserve-Artillerie (Colonge) mit der Tete nach Münchweiler, und mit dem Quee bis Niederwürstadt;
das Hauptquartier des Feldmarschalls Fürsten Wrede war in Kaiserslautern.

Das 3te Armee-Corps (Kronprinz v. Wirtemberg) blieb in seiner bisherigen Stellung. Als der Kronprinz heute die Nachricht von der Schlacht von Belle Alliançe erhielt, gab er den Befehl, sein Armee-Corps solle sich schleunig versammeln.

Das Hauptquartier des Feldmarschalls Fürsten Schwarzenberg blieb in Heidelberg.

Der 22ste Juni.

Die baiersche Armee marschirte heute:
der russische Vortrab (Graf Lambert) bis nach Waldmohr;
die 1ste Kavallerie-Division (Prinz Carl von Baiern) und die 1ste Infanterie-Division (Ragliovich) vereinigten sich zwischen dem linken Bließ- und dem linken Hornbach-Ufer, die letztere stand in Lauterkirchen;
die 2te Kavallerie-Division (Preising) bis nach Trupstadt;
die Reserve-Kavallerie-Division (Seidewitz) nach Vogelbach;
die 2te Infanterie-Division (Beckers) nach Meesweiler;
die 3te Infanterie-Division (Lamotte) nach Anweiler; (nachdem die 2te Brigade durch Truppen aus Mainz auf der Vorpostenlinie längs der Queich war abgelöst worden);
die 4te Infanterie-Division (Zollern) nach Zweibrücken;
die Infanterie-Reserve-Brigade (Maillot) stellte sich Treffenweise zwischen Kaiserslautern und Homburg auf;
die Reserve-Kavallerie (Colonge) nach Landstuhl;
das Hauptquartier des Feldmarschalls Fürsten Wrede kam nach Homburg.

Der Feldmarschall Fürst Wrede erließ heute an seine ihm untergeordnete Armee nachfolgenden Tagesbefehl:

„Soldaten! Ihr seid in drei Tagen vom Rhein bis an die Saar marschirt, in der Hoffnung, zu den Operationen der verbündeten Armeen in den Niederlanden mit beiwirken zu können. Diese siegreichen Armeen sind euch zuvorgekommen, ein großer entscheidender Sieg hat ihr Unternehmen am 18ten gekrönt. An uns, und den Verbündeten der Oberrhein-

N 2

Armee ist es nun, die feindlichen Corps zu zernichten, die sich uns entgegenstellen.

Soldaten! morgen greifen wir den Feind an, auf gegen ihn mit Tapferkeit und Beharrlichkeit! Se. königliche Hoheit unser Kronprinz ist in unserer Mitte, Se. königl. Hoheit sein jüngerer Bruder ist bei der Avantgarde. Der Kronprinz wird Zeuge Eurer Handlungen seyn. Ehret und schützet das Eigenthum des ruhigen französischen Inwohners; nicht ihm machen wir den Krieg gegen Napoleon und seine Anhänger ist unser Schwerdt gezogen.

Auf also, gegen Ihn und Sie! Auf für König und Vaterland, für unsre Verbündete, für Deutschland."

(gezeichnet) Fürst Wrede,
Feldmarschall.

Das 3te Armee-Corps (Kronprinz v. Wirtemberg).

Der östreichische General Luxem besetzte mit dem Infanterie-Regiment Reuß Greiz und einer 6pfündigen Brigade-Batterie die Verschanzungen von Germersheim, das Regiment Vogelsang sammelte sich bei Kislau;

die Brigade von Czollich versammelte sich bei Bruchsal und Mingolsheim;

die Hessen-Darmstädtische Division (Prinz Emil von Hessen) versammelte sich bei Philippsburg;

von der wirtembergischen Kavallerie-Division, rückte das Dragoner-Regiment No. 3. mit der ersten reitenden Batterie über Germersheim bis nach Ober-Lustadt;

die wirtembergischen Truppen lagerten zwischen Germersheim und Ettlingen;

die Division des Feldmarschall-Lieutenants Grafen Wallmoden (10 Bataillons und 5 Esquadrons) beobachtete Landau und die Queich-Linien;

das Hauptquartier des Kronprinzen von Wirtemberg war in Germersheim.

Die Hoflager und das Hauptquartier des Feldmarschalls Fürsten Schwarzenberg blieben in Heidelberg.

Der 23ste Juni.

Disposition für die königlich baiersche Armee und für das kaiserlich-russische Corps des General-Lieutenants Grafen Lambert auf den 23. Juni 1815.

„Morgen nach dem Abkochen, welches bei allen Truppen der Armee um 9 Uhr vollendet seyn muß, macht solche folgende Bewegungen und Angriffe:

Der Herr General-Lieutenant Graf Beckers, an welchen Se. königl. Hoheit der General-Lieutenant Prinz Carl bis morgen früh 9 Uhr eine Division Cheveaux legers nach Neuenkirchen schicken werden, marschirt mit der rechten Flügel-Brigade, einer Batterie und einer Esquadron um 9 Uhr von Neuenkirchen über Bildstöckel, Sulzbach, Duttweiler, gegen Saarbrück; die linke Flügel-Brigade mit einer Batterie und einer Esquadron nimmt die nämliche Direktion gegen Saarbrück, auf der Straße von Spiesen und St. Impert.

Der General-Lieutenant Graf Beckers wird bei seiner rechten Flügel-Brigade die größte Vorsicht in der rechten Flanke anempfehlen; derselbe wird trachten, mit seinen beiden Kolonnen spätestens mit dem Schlage 3 Uhr Nachmittags hinter Saarbrück anzukommen, wird gleich von seiner rechten Flügel-Kolonne zur Observirung der von Saarlouis kommenden Straße ein starkes Detaschement gegen Louisenthal schicken, zugleich aber dann seine Attaque gegen Saarbrück in der Art beginnen, daß er, wenn es ohne zu große Anstrengung geschehen kann, die Vorstadt gewinnt, um wo möglich die Brücke herstellen zu lassen.

Da aber der Hauptzweck ist, den wirklichen Uebergang bei Saargemünde zu bewirken, so wird der Herr General-Lieutenant Graf Beckers, wenn er großen Widerstand bei Saarbrück findet, nur einige Fausses-Attaquen machen, gleichwohl so nahe als möglich bei Saarbrück aufgestellt bleiben. Gelingt aber sein Angriff, so beschäftiget er sich, die Brücke herstellen zu lassen, und besetzt die Stadt militairisch mit seiner linken Flügel-Brigade, die rechte aber läßt er bei Mehlstadt bivouakiren, und poussirt von da aus starke Patrouillen so weit als möglich gegen Saarlouis, bis wohin, und selbst bis Merzig noch kleine Cheveaux legers-Detaschements stehen, welchen aber Se. königl. Hoheit der Herr General-Lieutenant Prinz Carl von Baiern den Befehl ertheilen, morgen Abend bei Saarbrück einzutreffen.

Der Herr General-Lieutenant v. Ragliovich und Se. königl. Hoheit der General-Lieutenant Prinz Carl konzentriren beide ihre Divisionen um 1 Uhr Mittags zwischen Thalheim und Herbitzheim, und wird vom Herrn General-Lieutenant v. Ragliovich eine Avantgarde aus 2 Esquadrons, einigen leichten Piecen vor dem Dorfe Frauenberg aufgestellt. Um 2 Uhr wird von da gegen

Saargemünde abmarschirt, und wird sowohl die 1ste Infanterie- als die 1ste leichte Kavallerie-Division nach Anordnung des Herrn General-Lieutenants von Ragliovich ihren Marsch gegen Saargemünde fortsetzen, um die Passage daselbst zu forciren.

Die zur Schlagung von 2 auch 3 Brücken nöthigen Pontons werden um 1 Uhr Mittags hinter Thalheim eintreffen. Ich werde um jene Stunde selbst mit Sr. königl. Hoheit dem Kronprinzen mich dahin begeben. Sobald die Brücke geschlagen, und die Stadt Saargemünde von der Infanterie militairisch besetzt ist, so schickt diese von Kavallerie unterstützt, Detaschements auf der Straße nach Wilstweiler, nach Hambach und nach Lutzen. Se. königl. Hoheit der Herr General-Lieutenant Prinz Carl, geht dann mit der ganzen leichten Kavallerie Division bis Saaralben, und poussirt noch von da aus Patrouillen gegen Bouquenon und Haarzkirchen. Der Herr General-Lieutenant von Ragliovich poussirt Abends noch einen starken Infanterie-Posten bis Weilburg an der Saar.

Der Herr General-Lieutenant de la Motte bleibt mit der 3ten Division, und zwar mit der linken Flügel-Brigade in Pirmasens stehen, mit der rechten Flügel-Brigade marschirt derselbe nach Neu-Hornbach.

Die 2te leichte Kavallerie-Division marschirt morgen mit der Tete bis Zweibrücken, mit dem Quee bis Bischweiler, um den Herrn General-Lieutenant de la Motte nöthigenfalls zu unterstützen.

Der Herr General-Lieutenant von Zollern marschirt mit seiner Division von Zweibrücken über Mittelbach und Altheim, wo er einen Bivouak bezieht, mit seiner linken Flügel-Brigade Front gegen Bitsch, mit seiner rechten Front gegen Saargemünde macht, und von der ersteren starke Detaschements gegen Bitsch schickt.

Die Reserve-Infanterie-Brigade marschirt nach Zweibrücken, um sowohl den Herrn General-Lieutenant de la Motte, als den Herrn General-Lieutenant v. Zollern nöthigenfalls unterstützen zu können.

Die Reserve-Kavallerie-Brigade marschirt mit der Tete bis Zweibrücken, mit dem Quee bis Homburg.

Die Reserve-Artillerie marschirt mit der Tete bis Bauhmühlbach.

Der Herr General-Lieutenant Graf Lambert bezieht morgen die in der Disposition vom 19ten bestimmten Kantonirungen in Ottweiler und Konkurrenz, hält sich aber bereit, am 24sten früh um 6 Uhr mit seiner gesammten Kavallerie bei Saarbrück die Brücke passiren zu können.

Die kaiserlich = russische 9te Infanterie = Division marschirt morgen mit der Tete bis Ranstein, am 24sten aber mit der Tete wo möglich bis Saarbrück.

Ich nehme morgen mein Hauptquartier in Saargemünd.

Von morgen an werden die Truppen in geschlossenen Kolonnen marschiren, und die Nächte über Bivouaks beziehen, die Mäntel werden nur bei Nachtmärschen angezogen, sonst immer gepackt getragen."

Hauptquartier Homburg am 22sten Juni. 1815.

(gezeichnet) Wrede,
Feldmarschall.

Gefechte bei Saarbrück und Saargemünde.

Die baiersche Armee rückte in 2 Kolonnen gegen die Saar vor, und zwar:

Die rechte Flügelkolonne aus der 2ten Infanterie-Division (Graf Beckers) bestehend, gegen Saarbrück, um dort überzugehen, im Fall der Feind nicht zu großen Widerstand leistete; im letztern Falle aber, um hier nur Scheinangriffe zu machen. Der General = Lieutenant Graf Beckers vereinigte seine beiden Kolonnen und griff Saarbrück an, er fand einen ziemlich heftigen Widerstand, welchen die feindlichen Truppen unter dem General Meriage leisteten, er ließ die Vorstadt stürmen, und rückte beinahe mit dem Feinde zugleich in die Stadt ein, so daß er 4 Offiziers und 70 Mann (meist alte Kavalleristen zu Fuß) zu Gefangenen machte. Außerdem verloren die Franzosen mehr als 100 Mann an Todten und Verwundeten. Das 5te leichte Infanterie = Bataillon, welches den Angriff machte, zeichnete sich durch sein muthiges Benehmen aus, es zählte 19 Todte, und an Verwundeten 2 Offiziers, 2 Unteroffiziers und 27 Soldaten, auch wurde der Major Bauer vom Generalstabe schwer verwundet. Das 14te National = Feldbataillon, welches die Vorstadt St. Johann mit erstürmte, zählte 5 Verwundete, so wie die Artillerie 1 Offizier, 1 Unteroffizier und 3 Gemeine verwundet.

Der General Graf Beckers ließ die Stadt Saarbrück besetzen, seine Truppen auf den Höhen gegen Forbach aufmarschiren, und seine Patrouillen gingen in der Fronte bis gegen St. Avold und rechts gegen Saarlouis vor.

Die linke Flügelkolonne, aus der 1sten Kavallerie und

der 1sten Infanterie-Division bestehend, marschirte gegen Saargemünde; sie stieß erst vorwärts Heenkirchen auf bewaffneten feindlichen Landsturm, von dem auch nachdem ein kleines Gefecht statt gefunden, sogleich viele Mannschaft zu Gefangenen gemacht wurde. Bei der Stadt Saargemünde wurde das Gefecht etwas heftiger, und es zeigte sich, daß auf dem rechten Ufer der Saar ein kleiner Brückenkopf errichtet war, der auch nur vom Landsturm vertheidiget wurde. Während der Feind mit Kanonen beschossen wurde, machte das 4te leichte Bataillon einen Angriff, es erstürmte sogleich den Brückenkopf, und als der Major v. Ettlinger vom Ingenieur-Corps die schlecht befestigten Pallisaden ausreissen lassen, so rückte das Bataillon schnell in die Stadt ein, und die Franzosen geriethen hier in eine solche Verwirrung, daß sie entflohen, ohne die Brücke zu vernichten; die Flüchtlinge wurden theils auseinander gesprengt, theils gefangen.

Hierauf marschirte die 1ste Infanterie-Division (Raglovich) durch die Stadt, und lagerte auf den dortigen Höhen, auf den Straßen gegen Buquenon und Lüneville.

Die 1ste Kavallerie-Division (Prinz Carl von Baiern) marschirte bis nach Saaralben, sie machte noch mehrere Gefangene.

Der russische Vortrab (Lambert) marschirte bis nach Ottweiler, die 9te Infanterie-Division nach Rannstein.

Die 2te Kavallerie-Division (Preising) nach Zweibrücken und Bischweiler.

Die Kavallerie-Reserve-Brigade (Seidewitz) bis nach Bruckmüllbach.

Die 3te Infanterie-Division (Lamotte) nach Pirmasens und Neu-Hornbach.

Die 4te Infanterie-Division (Zollern) gegen Bitsch. Der General v. Zollern ließ den französischen Kommandanten der Festung Bitsch, General Kreuzer zur Uebergabe auffordern, allein dieser wies alle Unterhandlungen von sich.

Die Infanterie-Reserve-Brigade (Maillot) nach Zweibrücken.

Die Reserve-Artillerie (Colonge) nach Bruchmüllbach.

Das Hauptquartier des Feldmarschalls Fürsten Wrede kam des Abends um 6 Uhr nach Saargemünde, wo das 1ste Bataillon des Grenadier-Regiments zur Besatzung einrückte.

Das 3te Armee-Corps (Kronprinz von Wirtemberg) passirte heute bei Germersheim den Rhein (ausgenommen die leichte Brigade von Hügel, und das östreichsche Husaren-Regiment Kronprinz von Wirtemberg, welche erst den 24sten und

25sten Juni übergingen); Nachmittags ließ der Kronprinz eine Erkennung gegen die Queich-Linien in zwei Kolonnen unternehmen.

Die 1ste Kolonne unter dem östreichischen Feldmarschall-Lieutenant Prinzen Philipp v. Hessen-Homburg, aus der Brigade Luxem, der wirtembergischen Kavallerie-Brigade von Moltke, und 2 Bataillons vom Blokade-Corps von Landau bestehend, marschirte über Keitelsheim.

Die 2te Kolonne unter dem General-Lieutenant Prinzen Emil von Hessen-Darmstadt,* bestehend aus seiner Division und dem wirtembergischen Kavallerie-Regiment No. 2., marschirte auf der großen Straße von Bellheim gegen die Queich.

Um 4 Uhr Nachmittags geschah der Angriff auf die Queich, der Uebergang über diesen Fluß geschah ohne Widerstand, der feindliche Posten von Bellheim zog sich bis nach Rheinzabern zurück, der Kronprinz ließ diese Stadt durch das wirtembergsche Kavallerie-Regiment No. 2. und durch ein hessisches Infanterie-Regiment angreifen, und nach einem ziemlich hartnäckigen Gefechte wurde sie erobert; die Franzosen zogen sich bis zum Bienenwalde zurück.

Der Vortrab des Generals von Moltke rückte bis Herxheim vor.

Die über die Queich gegangenen Truppen besetzten Rilsheim, Rheinzabern, Hert, Leimersheim und Bellheim.

Die beiden wirtembergischen Divisionen standen bei Germersheim.

Das Hauptquartier des Kronprinzen von Wirtemberg blieb in Germersheim.

Die Division des Feldmarschall-Lieutenants Grafen Wallmoden rückte gegen Landau vor.

Das Hauptquartier des Feldmarschalls Fürsten Schwarzenberg blieb in Heidelberg.

Der 24ste Juni.

Der Feldmarschall Fürst Wrede gab der baierschen Armee folgende Disposition:

„Die Armee macht morgen folgende Bewegungen:

Die 1ste Infanterie-Division marschirt nach dem Abkochen bis Boekenom; der Herr General-Lieutenant v. Ragliovich trägt Sr. königl. Hoheit dem Herrn General-Lieutenant Prinzen Carl auf, starke Parteien so nahe als möglich nach Pfalzburg zu schicken, um zu rekognosciren, was bei dieser Festung vorgeht.

Auf der Straße nach Lüneville schickt der Herr General-Lieutenant Ragliovich starke Abtheilungen bis Moyenvic.

Der Herr General-Lieutenant Graf Beckers marschirt morgen mit seiner Division bis Forbach, die bei sich habende Kavallerie schickt derselbe, sobald der Herr General-Lieutenant Graf Lambert mit seiner Kavallerie Forbach besetzt hat, nach Püttlingen oder Petelange, um wieder bei der 1sten leichten Kavallerie-Division einzurücken.

Der Herr General-Lieutenant Graf Preising marschirt morgen mit der 2ten leichten Kavallerie-Division hier durch bis Püttlingen oder Petelange.

Der Herr General-Lieutenant de Lamotte marschirt mit der 1sten Brigade von Hornbach bis über Breutschelbach, Bischweiler, Urtweiler nach Bottweiler; mit der 2ten Brigade marschirt er von Pirmasens über die Elsbacher Mühle, Riedelburg, Opperdingen bis Ohrenthal. Das Divisions-Quartier ist in Ohrenthal.

Der Herr General-Lieutenant Baron Zollern marschirt mit der 4ten Division hierher (Saargemünde), behält aber Bitsch mit der nöthigen Abtheilung blokirt.

Die Kavallerie-Reserve-Brigade marschirt bis Bliescastel und Konkurrenz.

Die Infanterie-Reserve-Brigade marschirt morgen über Bliescastel, und kantonirt in Mimbach, Breitfurth, Hallheim, Frauenburg und Neuenkirchen, wo das Brigadequartier hinkömmt.

Der Artillerie-Reserve-Park marschirt auf der großen Straße von Homburg nach Saarbrück bis Rohrbach.

Der Herr General-Lieutenant Graf Lambert passirt morgen früh, wie es in der gestrigen Disposition gesagt, bei Saarbrück die Saar, und geht mit dem Gros seiner Kavallerie über Forbach gegen St. Avold, schickt aber sogleich einige hundert Mann Kavallerie gegen Saarlouis, um diese Festung zu beobachten. Bei seiner Passage über Saarbrück giebt derselbe die zwei bei sich habenden Pulks Kosacken, dann ein Husaren-Regiment nebst 2 Kanonen an den Herrn General-Lieutenant Czernitschef, an denselben schickt auch der Herr General-Lieutenant Graf Preising 2 Esquadrons Cheveaux legers nach Saarbrück.

Der Herr General-Lieutenant Czernitschef wird sich angelegen seyn lassen, rechts die Kommunikation mit dem Corps des Herrn Generals der Infanterie Grafen Kleist möglichst herzustellen, links wird er sich so weit als möglich der großen Pariser Straße nähern. Demselben sind gleichfalls 2 Esquadrons vom kaiserlich-östreichischen Husaren-Regiment Erzherzog Joseph zugetheilt. Der Herr General-Lieutenant Graf Lambert wird dagegen das Kosacken-Regiment Wlassow in forcirten Märschen bei seinem unterhabenden Corps einrücken lassen.

Die kaiserlich-russische 9te Infanterie-Division trachtet morgen Saarbrück zu erreichen, und kann in dieser Stadt kantoniren, indem der Herr General-Lieutenant Graf Beckers sich in Forbach militairisch aufstellt, und mithin solche deckt.

Die Kranken der Armee, auch jene des Corps des Herrn General-Lieutenants Grafen Lambert, werden nach Zweibrücken gebracht. Auch wird das Marode-Depot für die gesammte Kavallerie dort etablirt.

Das Hauptquartier bleibt morgen hier."

Hauptquartier Saargemünde den 23sten Juni 1815.

(gezeichnet) Wrede,
Feldmarschall.

Diesen Befehlen zufolge marschirte demnach:

die 1ste Infanterie-Division (Raglіovich) bis nach Bouquenon;

die 1ste Kavallerie-Division (Prinz Carl) gegen Pfalzburg, sie machte eine Erkennung dieser Festung, und schickte rechts auf der Straße nach Lüneville, die Vorderabtheilungen bis gegen Moyenvic;

die russischen Truppen (Lambert) passirten die Saar in Saarbrück, und marschirten bis St. Avold, sendeten Abtheilungen rechts gegen Metz, und links gegen Saarlouis;

die russische 9te Infanterie-Division (Udom) marschirte bis nach Saarbrück;

das Detaschement des General-Lieutenants Czernitschef marschirte bis nach Bouzonville, es suchte die Verbindung mit dem norddeutschen Bundes-Corps (Graf Kleist) auf;

die 2te Infanterie-Division (Beckers) marschirte bis nach Forbach, sie war angewiesen, nöthigenfalls den General Grafen Lambert zu unterstützen;

die 3te Infanterie-Division (Lamotte) marschirte nach Ratenweiler;

die 4te Infanterie-Division (Zollern) marschirte nach Saargemünde, nachdem sie die nöthigen Truppen zur Einschließung von Bitsch zurückgelassen hatte. Die französische Garnison in Bitsch bestand aus 800 Mann Nationalgarden;

die 2te Kavallerie=Division (Preising) marschirte nach Püttlingen;

die Kavallerie=Reserve=Brigade (Seidewitz) nach Bliescastel;

die Infanterie=Reserve=Brigade (Maillot) nach Neunkirchen bei Saargemünde;

die Reserve=Artillerie (Colonge) bis nach Rohrbach bei Saarbrück;

das Hauptquartier des Feldmarschalls, Fürsten Wrede verblieb in Saargemünde.

Der Feldmarschall Fürst Wrede erhielt heute ein Schreiben des französischen Generals Meriage, welches ankündigte, daß Napoleon dem Thron von Frankreich entsagt habe, daß in Paris eine provisorische Regierung ernannt, welche eine Deputation an die verbündeten Monarchen abgesendet, weshalb der General Meriage um einen Waffenstillstand bitte; dieser wurde ihm jedoch abgeschlagen, und die Armee setzte ihre Bewegungen fort.

Das 3te Armee=Corps (Kronprinz von Wirtemberg).

Bei Bergzabern stieß der General v. Jett (welcher das Kavallerie=Regiment No. 2. und ein Bataillon des östreichischen Regiments Vogelsang befehligte) auf den Feind, welcher 5 Bataillons Fußvolk, 2 Esquadrons stark war, und 6 Stück Geschütz mit sich führte.

Der Kronprinz von Wirtemberg rückte mit dem Kavallerie=Regiment No. 3. von Barbelroth bis Nieder=Ottersbach vor, er fand hinter diesem Dorfe auf den Höhen den Feind (6 Esquadrons und 2 Bataillons) aufgestellt, ließ ihn angreifen und zurückwerfen.

Der Vortrab des Armee=Corps (die Kavallerie=Regimenter No. 3 und 4, und die Brigade Luxem) behielt Dierbach leicht besetzt, und lagerte bei Barbelroth.

Der General v. Jett stellte sich bei Bergzabern auf.

Die hessische Division lagerte bei Billigheim.

Die Division v. Koch und die Brigade v. Hügel lagerten bei Impsing.

Die Brigade v. Lalance blieb in den Verschanzungen von Germersheim stehen.

Das Hauptquartier des Kronprinzen v. Wirtemberg kam nach Billigheim.

Der Feldmarschall=Lieutenant Graf Wallmoden ließ 3 Bataillons, 2 Esquadrons und 2 Kanonen auf dem linken Ufer der Queich zur Beobachtung von Landau zurück, und marschirte mit seinen übrigen Truppen bis nach Rheinzabern, sein Vortrab rückte bis nach Joerin vor, ohne auf den Feind zu stoßen.

Die Truppen des Generals Grafen Wallmoden wurden unter den Oberbefehl des Kronprinzen von Wirtemberg gestellt, und erhielten den Befehl, als linker Flügel längs dem Rhein zu operiren, während das 3te Armee-Corps über Weißenburg und Hagenau vorrücken, und das 4te Armee-Corps über Bitsch und Pfalzburg die Weißenburger Linien in den Rücken nehmen sollte.

Das Hoflager des Kaisers von Oestreich, und die Hauptquartiere des Kaisers von Rußland und des Feldmarschalls Fürsten Schwarzenberg wurden von Heidelberg nach Mannheim verlegt.

Der 25ste Juni.

Der Feldmarschall Fürst Wrede gab der baierschen Armee folgende Disposition:

„Die Armee macht morgen folgende Bewegungen:

Der Herr General-Lieutenant Tschernitschef geht von Bouzonville mit seinem Gros bis Kedange, und detaschirt Partheien gegen Thionville und Luxemburg; findet er es möglich, so schickt er ein Detaschement auf das linke Mosel-Ufer, um die Kommunikation zwischen Metz und Longwy wenigstens augenblicklich zu unterbrechen.

Der Herr General-Lieutenant Graf Lambert geht mit dem Gros seiner Kavallerie bei Foligny vor, und detaschirt so nahe als möglich Partheien bis vor die Thore von Metz.

Der Herr General-Lieutenant Graf Beckers läßt, um solchen unterstützen zu können, eine Brigade bis St. Avold vorrücken, mit der andern bleibt er bei Forbach stehen, um von da aus zugleich das Detaschement des Herrn Obristen v. Löwenstern, welches heute Saarlouis zernirt hat, nöthigenfalls unterstützen zu können.

Der Herr General-Lieutenant Graf Preising geht mit der 2ten leichten Kavallerie-Division auf der Straße von Chateau Salins bis Morange mit dem Gros vor, besetzt mit einem Regimente Chateau Salins, und poussirt seine Vorposten rechts auf der Metzer Straße bis Delme, links bis Bourtecourt an dem Seille Fluß.

Der Herr General-Lieutenant Baron Zollern marschirt mit der 4ten Infanterie-Division zu dessen Unterstützung bis dahin, wo die von St. Avold nach Dieuze führende Straße mit der nach Chateau Salins führenden, zusammenkommt.

Der Herr General-Lieutenant v. Raglovich marschirt mit der 1sten Infanterie-Division, so wie mit der 1sten leichten Kavallerie-Division, und zwar mit der Infanterie bis Dieuze, das Gros der Kavallerie bis Moyenvic, und schickt diese links ihre Feldwachen bis Einville au jard. Seine königliche Hoheit der Prinz Carl werden aber zugleich im Laufe des Tages eine Patrouille von 2 Esquadrons bis Lüneville schicken.

Ich nehme morgen mein Hauptquartier in Putelange, wohin auch das Grenadier-Garde-Regiment marschirt.

Die Infanterie-Reserve-Brigade rückt dahier (Saargemünde) ein.

Der Herr General Graf Seidewitz marschirt mit der Reserve-Kavallerie-Brigade hier durch nach Ernesville hinter Putelange.

Die 3te Infanterie-Division marschirt mit der 1sten Brigade bis Neunkirchen hinter hiesiger Stadt, die 2te Brigade bis Bottweiler, wohin das Divisions-Quartier kommt, der Herr General-Lieutenant de Lamotte läßt die gesammte bei sich habende Kavallerie bei ihrer Division einrücken.

Der Artillerie-Reserve-Park marschirt über Saarbrück und Forbach nach Eseling.

Die Pontons und 10pfündigen Haubitz-Batterien rücken beim Reserve-Park ein.

Der General v. Udom bleibt mit der 9ten russischen Division in Saarbrücken stehen."

Hauptquartier Saargemünde, am 24sten Juni 1815.

(gezeichnet) Wrede
Feldmarschall.

Das baiersche Kriegsheer **stand am Abend folgendergestalt aufgestellt:**

der General Tschernitschef bei Kedange, seine Vorderabtheilungen gegen Thionville und Luxemburg;

der General Graf Lambert bei Foligny, sein Vortrab stand bei Metz, dieser griff den Feind bei Courcelles an, und warf ihn über die Nied;

das Detaschement des Obristen Löwenstein schloß die Festung Saarlouis ein;

die russische 9te Infanterie-Division (Udom) stand bei Saarbrück;

die 2te Infanterie-Division (Beckers) stand mit einer Brigade in Forbach, mit der andern Brigade in St. Avold;

die 2te Kavallerie-Division (Preising) in Morange, ihre Vorderabtheilungen besetzten Chateau Salins, Delme und Bourtecourt;

die 3te Infanterie-Division (Lamotte) in Neuenkirchen und Bottweiler;

die 4te Infanterie-Division (Zollern) zwischen St. Avold und Dieuze;

die 1ste Infanterie-Division (Ragllovich) in Dieuze;

die 1ste Kavallerie-Division (Prinz Carl von Baiern) bei Moyenvic, sie schickte Feldwachen bis Einville au jard und gegen Lüneville;

die Reserve-Kavallerie- und Infanterie-Brigaden in Pütelange;

die Artillerie-Reserve (Colonge) in Eseling;

das Hauptquartier des Feldmarschalls Fürsten Wrede war in Putelange.

Das 3te Armee-Corps (Kronprinz von Wirtemberg).

Der Kronprinz von Wirtemberg ordnete den Marsch gegen die Weißenburger Linien in 2 Kolonnen an:

die 1ste Kolonne, welche sich bei Bergzabern versammelte, bestand aus:

Wirtembergsche Truppen.	der Brigade des Generals v. Jett, dem Kavallerie-Regiment No. 3., der Division des Generals v. Koch, der Brigade des Generals v. Hügel, 2 Fußbatterien und 1½ reitenden Batterie;
Oestreichische Truppen.	der Brigade des Generals v. Czollich, der Brigade des Generals v. Luxem, einer 6pfündigen und einer 12pfündigen Batterie.

Damit der Feldmarschall-Lieutenant Palombini mit der Brigade v. Czollich und dem wirtembergschen Kavallerie-Regiment No. 5., aus seiner Stellung vor Landau abrücken konnte, so rückte heute der Feldmarschall-Lieutenant Graf Kinski, mit 2 Esquadrons Husaren und der Brigade v. Lalance von Germersheim dahin vor, und übernahm die Beobachtung dieser Festung.

Die 2te Kolonne unter dem Befehl des Feldmarschall-Lieutenants Prinzen von Hessen-Homburg, bestand aus:

dem wirtembergschen Kavallerie-Regiment No. 5.,
einer halben reitenden Batterie
und der Hessen-Darmstädtschen Division;

sie erhielt Befehl über Nieder-Ottersbach vorzurücken.

Der Feldmarschall-Lieutenant Graf Wallmoden erhielt den Befehl heute nach Lauterburg vorzurücken.

Die Franzosen verließen in der Nacht Weißenburg und die verschanzten Linien, und zogen sich nach dem Hagenauer Forst zurück, das große Dorf Surburg wurde von ihnen besetzt.

Der Kronprinz von Wirtemberg ließ sein Armee-Corps auf der Straße nach Hagenau weiter vorrücken:

den Vortrab bis nach Ingolsheim;

das Hauptcorps kantonirte bei Weißenburg, Bergzabern und Nieder-Horbach;

das Hauptquartier des Kronprinzen von Wirtemberg war in Weißenburg;

die Division des Feldmarschall-Lieutenants Grafen Wallmoden besetzte Lauterburg, nachdem es vom Feinde war verlassen worden.

Die Hoflager der Monarchen, und das Hauptquartier des Feldmarschalls Fürsten Schwarzenberg blieben in Mannheim.

Das 1ste östreichische Armee-Corps (Graf Colloredo) vereinigte sich im Lager bei Lörrach.

Das 2te östreichische Armee-Corps (Fürst Hohenzollern) vereinigte sich in den 3 Lägern bei Lörrach, Warmbach und Creuznach.

Die östreichische Reserve (Erzherzog Ferdinand) vereinigte sich bei Bingen und Eimeldingen.

Der 26ste Juny.

Der Feldmarschall Fürst Wrede gab der baierschen Armee folgende Disposition:

„Die Armee marschirt morgen folgendergestalt:

Der Herr General-Lieutenant Tschernitschef setzt seine Bewegungen von Kedange aus fort, um zwischen Thionville und Luxemburg die Verbindung mit letztgedachter Festung herzustellen.

Der Herr General-Lieutenant Graf Lambert geht mit dem Gros seiner Avantgarde bis Ponte a Chaussy vor, setzt aber zugleich Partheien, auf die von Saarlouis nach Metz führende Straße aus, und läßt das Gros davon bei Condé sich aufstellen, die Festung Metz muß auf beiden Straßen, und so nahe als möglich observirt werden.

Um die Bewegung des Herrn General-Lieutenants Grafen Lambert zu unterstützen, marschirt der Herr General-Lieutenant Graf Beckers mit der ersten Brigade seiner Division bis Foligny, mit der zweiten bis St. Avold.

Der

Der Herr General-Major Udom detaschirt von der 9ten russischen Infanterie-Division ein Regiment gegen Saarlouis, um mit dem Herrn v. Löwenstern diese Festung so nahe als möglich zu zerniren, und noch morgen im Laufe des Tages aufzufordern. Mit den übrigen 5 Regimentern marschirt der General Udom, mit 2 nach Forbach, und mit 3 nach Freiming auf der Straße nach St. Avold.

Der Herr General-Lieutenant v. Zollern marschirt mit der 4ten Infanterie-Division, auf der nach Chateau Salins führenden Straße, bis Gerbecourt.

Der Herr General-Lieutenant Raglovich marschirt mit der 1sten Infanterie- und der 1sten Kavallerie-Division, und zwar mit der Infanterie bis Moyenvic; die Kavallerie stellt das Gros von Bathlemont bis Einville auf, und poussirt ihre Vorposten bis dicht an Lüneville.

Der Herr General-Major Maillot marschirt mit der Infanterie-Reserve-Brigade über Putelange, mit der Tete bis Vinterange.

Der Herr General-Major Graf Seidewitz marschirt mit der Kavallerie-Reserve-Brigade auf der Dieuzer Straße, mit der Tete bis Marimont; er wird sich in seiner linken Flanke gegen Pfalzburg sichern, und starke Partheien vom 1sten Uhlanen-Regiment dahin schicken.

Der große Artillerie-Reserve-Park und die Pontans marschiren nach Putelange mit dem Quee, mit der Tete bis Helimair.

Der Herr General-Lieutenant de Lamotte marschirt mit der Tete seiner Division bis Putelange, der Quee bleibt in Saargemünde.

Ich nehme mein Hauptquartier in Morange."

Hauptquartier Putelange, am 25sten Juni 1815.

(gezeichnet) Wrede,

Feldmarschall.

Die Stellung der baierschen Armee war folgende:

der General Tschernitschef stand zwischen Thionville und Luxemburg;

der General Graf Lambert bei Ponte a Chaussy, seine Abtheilungen streiften gegen Metz;

die 9te russische Infanterie-Division (Udom) vor Saarlouis, und bei Forbach und Freiming;

O

der Oberst v. Löwenstern schloß die Festung Saarlouis ein;

die 1ste Infanterie-Division (Ragliovich) und die 1ste Kavallerie-Division (Prinz Carl v. Baiern) standen bei Moyenvic, die Reiterei zwischen Bathlemont und Einville; sie stieß bei dem Fort Marsall auf feindliche Reiterei, verdrängte diese, und schloß das Fort ein; die Vorderposten standen unweit Lüneville;

die 2te Kavallerie-Division (Preising) stand auf der Straße nach Nancy;

die 2te Infanterie-Division (Beckers) mit einer Brigade bei Foligny, mit der andern bei St. Avold;

die 3te Infanterie-Division (Lamott) bei Petelange und Saargemünde;

die 4te Infanterie-Division (Zollern) in Gerbecourt;

die Infanterie-Reserve-Brigade (Maillot) bei Viätevange;

die Kavallerie-Reserve-Brigade (Seidewitz) bei Mariment; sie sicherte ihre linke Flanke gegen Pfalzburg durch vorgeschickte Abtheilungen;

die Artillerie-Reserve (Colonge) bei Helimair und Petelange;

das Hauptquartier des Feldmarschalls Fürsten Wrede war in Morange.

Der franz. Gouverneur der Festung Metz, General-Lieutenant Graf Beliard, trug bei dem General Grafen Lambert auf einen Waffenstillstand an, welchen der Feldmarschall Fürst Wrede verweigerte.

Von den baierschen Vorposten wurde heute ein Courier aus Paris aufgefangen, alle Zeitungen und Briefe, die man bei ihm fand, bestätigten die Nachricht von Napoleons Thronentsagung, und schilderten die Bestürzung seiner Anhänger.

Das 3te Armee-Corps (Kronprinz von Wirtemberg).

Gefechte bei Surburg und Selz.

Der Kronprinz von Wirtemberg beschloß, bis an den Hagenauer Forst vorzurücken, und zwar in zwei Kolonnen, nämlich mit dem Hauptcorps über Sulz gegen Surburg, mit der Division des Generals Grafen Wallmoden gegen Selz.

Der Vortrab der ersten Kolonne stieß jenseits Sulz auf den Feind, dieser wurde sogleich von der wirtembergischen Reiterei des Generals v. Jett angegriffen, zurückgedrängt, und auf seiner rechten Flanke überflügelt; ein Wald, der rechts an der Straße liegt, wurde durch das östreichische Infanterie-Regiment Reuß-Greiz gereinigt, und der sich nach Surburg zurückziehende Feind, auch aus diesem Dorfe, obwohl nach heftigem Widerstande, zurückgeworfen. Durch diese entschlossenen Angriffe, wurden die Franzosen mit sehr bedeutendem Verlust über den Surbach zurückgedrängt, worauf sie sich bis in den Hagenauer Forst (durch welchen die große Straße nach Straßburg geht) zurückzogen, und bis in die Nacht ein lebhaftes Geschütz- und Scharfschützen-Feuer unterhielten. Der Kronprinz von Wirtemberg erwähnt mit besonderem Lobe die Tapferkeit des östreichischen Infanterie-Regiments Reuß-Greiz, welches in diesem rühmlichen Gefechte 3 Offiziere und 73 Mann an Todten und Verwundeten verlor. Die Wirtemberger verloren 4 Offiziere und 50 Mann, und 18 Pferde an Todten und Verwundeten.

Die Kolonne des Generals Grafen Wallmoden verfolgte den Feind von Lauterburg aus auf der Rheinstraße. Die feindlichen Truppen unter dem General Rothenburg, waren ungefähr 6000 Mann Fußvolk und ein Regiment Reiter stark. Der Vortrab des Generals Grafen Wallmoden, von dem General-Major Wrede geführt, (aus 2 Esquadrons Knesewich Dragoner, 2 Kanonen, und den Bataillons Reuß, Isenburg und Frankfurth bestehend), fand den Feind im Walde diesseits Selz aufgestellt, wo er sich zu behaupten beabsichtigte.

Der General Graf Wallmoden befahl den Bataillonen von Isenburg und Reuß vorzurücken, und den Feind in der Fronte anzugreifen, während das Frankfurther Bataillon in seiner linken Flanke vorrückte. Das Bataillon Isenburger warf die Franzosen sogleich bis in einen rückwärts liegenden Verhau, überstieg auch diesen, und drängte sie bis nach dem Dorfe Selz zurück; hier besetzte der Feind noch die Häuser diesseits des Baches, und setzte das Gefecht durch ein sehr heftiges Scharfschützen-Gefecht fort, bis das Frankfurther Bataillon zur Unterstützung vorrückte, mit dessen Hülfe der Feind mit sehr bedeutendem Verlust, zurückgeworfen wurde, daß er die Brücke nur mangelhaft zerstören konnte. Der General Graf Wallmoden beschränkte sich auf die Behauptung des linken Ufers der Selz, weil ihm der Feind an Truppen und Geschütz überlegen war. In der Nacht zogen sich die Franzosen freiwillig gegen Beinheim zurück.

In diesem rühmlichen Gefecht wurde der Major Marquard, 6 andere Offiziers und 250 Mann verwundet, und 40 Mann getödtet.

O 2

Der Vortrab des 3ten Armee-Corps wurde bei Gundstedt aufgestellt;

das Hauptcorps lagerte bei Sulz und Surburg;

das Hauptquartier des Kronprinzen von Wirtemberg war in Sulz;

die Division des Generals Grafen Walmoden lagerte auf dem rechten Ufer bei Selz.

In der Nacht vom 25sten zum 26sten Juni passirten die östreichischen Truppen bei Rheinfelden und Basel den Rhein:

das 1ste Armee-Corps (Graf Colloredo) marschirte gegen Befort und Montbeliard;

das 2te Armee-Corps (Prinz Hohenzollern) und die östreichische Reserve (Erzherzog Ferdinand);	berennten Hüningen und marschirten gegen Colmar.

Der französische General Lecourbe leistete mit seinem schwachen Corps in Burgfelden, Bourglibre, Neudorf und Häsingen, und auf der Bergebene vor Trois maisons den heftigsten Widerstand; allein er wurde zurückgeworfen, und die Oestreicher schlossen die Festung Hüningen ein.

Die Hauptquartiere der Monarchen und des Feldmarschalls Fürsten Schwarzenberg blieben in Mannheim.

Der 27ste Juni.

Der Feldmarschall Fürst Wrede gab der baierschen Armee folgende Disposition:

„Die Herren General-Lieutenants Lambert und Tschernitschef bleiben morgen in ihren heutigen Stellungen stehen.

Der Herr General v. Udom marschirt mit 2 Regimentern der 9ten Infanterie-Division nach St. Avold, mit zweien nach Forbach.

Der Herr General-Lieutenant Graf Beckers marschirt mit seiner ganzen Division bis Neufrolle vor, und schickt starke Patrouillen bis Nancy.

Der Herr General-Lieutenant Baron Zollern marschirt mit seiner Division von Chateau Salins nach Mazerulle.

Der Herr General-Lieutenant Raglìowich marschirt mit der 1sten Infanterie-Division nach Einville.

Die 1ste leichte Kavallerie-Division stellt sich bei Bouviller auf, schickt starke Patrouillen nach Lüneville, und von da auf die Straße von St. Dieu, und auf jene von Pfalzburg.

Der Herr General-Major Baron Maillot marschirt mit der Infanterie-Reserve, mit dem Quee bis Morange, mit der Tete bis Gerbecourt, bei Chateau Salins.

Der Herr General Graf Seidewitz marschirt mit der schweren Kavallerie-Reserve bis Moyenvic, und wird von da aus, auf der nach Straßburg führenden Straße, seine linke Flanke sichern, und Streifpartheien auf dieser Straße vorschicken.

Der Artillerie-Reserve-Park und die Pontons marschiren bis Vinterange hinter Morange.

Der Herr General-Lieutenant de Lamotte marschirt mit der Tete bis Grostenquin, läßt den Rest der Division bei Estrof auf dem Embrechement, wo sich die Straße von St. Avold nach Dieuz, mit der von Petelange nach Morange kreuzt, biwouakiren, und sichert sich vorzüglich in seiner linken Flanke.

Ich nehme mein Hauptquartier morgen in Chateau Salins."

Hauptquartier Morange, am 26sten Juni 1815.

(gezeichnet) Wrede,
Feldmarschall.

Die Stellung der baierschen Armee war folgende:

- die Vorposten rückten heute schon bis Nancy, wo dieselben gut aufgenommen wurden, wiewohl die Nationalgarde der Stadt unterm Gewehr stand;
- die Abtheilungen der Generale Graf Lambert und Tschernitschef blieben stehen;
- die russische 9te Infanterie-Division (Udom) stand in Forbach und St. Avold;
- die 1ste Kavallerie-Division (Prinz Carl von Baiern) lagerte bei Bouvilliers, und schickte starke Patrouillen gegen Lüneville, St. Diez und Pfalzburg. Die Stadt Lüneville schickte Abgeordnete an den Prinzen Karl v. Baiern, und empfahl sich seinem Schutz;
- die 2te Kavallerie-Division (Preising) stand bei Neuflott, ihre Vordertruppen standen vor Nancy;
- die 1ste Infanterie-Division (Raglowich) bei Eineville; das 4te leichte Bataillon (Croneg) war um die kleine Festung Marsall einzuschließen, zurückgeblieben;
- die 2te Infanterie-Division (Beckers) stand in Chateau Salins;
- die 3te Infanterie-Division (Lamotte) in Grostinquin;
- die 4te Infanterie-Division (Zollern) in Mazerolle;

die Infanterie-Reserve (Maillot) lagerte vor Chateau Salins;
die Kavallerie-Reserve (Seidewitz) bei Moyenvic; sie sendete Streifpartien in der linken Flanke gegen Straßburg hin;
die Artillerie-Reserve (Colonge) in Vinterange;
der Feldmarschall Fürst Wrede hatte sein Hauptquartier in Chateau Salins.

Das 3te Armee-Corps (Kronprinz von Wirtemberg).

In der Voraussetzung, daß der Feind den Hagenauer Forst vertheidigen würde, ordnete der Kronprinz v. Wirtemberg alles zum Angriff an. Der Major v. Arlt, mit den wirtembergschen Pionniers, wurde an die Spitze der Kolonne gesetzt, und stellte die abgebrochene Brücke über das Flüßchen Sur wieder her. Als der Vortrab vorrückte, ergab sich jedoch, daß der Feind gegen Erwarten den Hagenauer Forst (der als ein beschwerliches Defilée von 2 Stunden, mit geringer Anstrengung zur Vertheidigung geeignet ist) verlassen, und sich bis auf die Höhen vor Hagenau zurückgezogen hatte; hier war der Feind aufmarschirt, und schien entschlossen, Widerstand zu leisten; allein, als sich die wirtembergische Reiterei rasch entwickelte, zog er sich, nach einigen Kanonenschüssen, durch die Stadt Hagenau schnell zurück, ohne daß er den Versuch machte, diese zu behaupten, weil er von der wirtembergschen Reiterei schnell verfolgt wurde, die ihn auf den Anhöhen hinter Hagenau einholte, und sehr lebhaft drängte; 2 Esquadrons des 2ten Cheveauxlegeres-Regiments (Herzog Louis) unter dem Obristen v. Gaisberg, warfen 3 feindliche Esquadrons Chasseur, welche einen Angriff wagten, gänzlich über den Haufen. Da der Feind den Hagenauer Wald noch mit Fußvolk besetzt hatte, so mußte die Kolonne des Fußvolkes erwartet werden, worauf, als diese erschien, die Franzosen den fernern Rückzug sogleich antraten, ohne das Gefecht anzunehmen.

Das Armee-Corps des Kronprinzen von Wirtemberg folgte sogleich durch den Wald, bis nach Nieder-Schäffelsheim, und, obwohl der Kronprinz, ohne sein Fußvolk zu erwarten, von hier mit seiner ganzen Reiterei rasch vorrückte, so konnte er die feindliche Nachhut doch nicht mehr erreichen, weil diese sich hinter das Defilée von Brumpt zurückgezogen hatte, aus welchem Orte, und von der Brücke über den Zornbach, feindliches Fußvolk durch die absitzenden tapfern wirtembergschen Jäger vertrieben, und bis jenseits des Dammes verfolgt wurde.

Der Vortrab lagerte hinter Brumpt und Abtheilungen desselben bei Mommenheim und Bischweiler; von letzterem Orte aus wurde die Verbindung mit dem General Grafen Wallmoden unterhalten.

Das Hauptcorps lagerte bei Nieder-Schäffelsheim.

Die Brigade des Generals Czollich besetzte Hagenau.

Der Feldmarschall-Lieutenant Graf Kinski mit seiner Abtheilung (dem östreichischen Husaren-Regiment und der Brigade Lalance) ließ ein Bataillon in Weißenburg zurück, und marschirte nach Ingolsheim.

Das Hauptquartier des Kronprinzen von Wirtemberg war in Hagenau.

Der Feldmarschall-Lieutenant Graf Wallmoden ließ die Brücke über die Selz herstellen, und marschirte mit seiner Division ohne Widerstand des Feindes nach Drusenheim.

Der Kronprinz von Wirtemberg hielt es für wahrscheinlich, daß der Feind morgen in der vortheilhaften Stellung hinter der Suffel, und unter dem Schutz der Kanonen von Straßburg, ein Gefecht annehmen werde; er war entschlossen, das feindliche Corps des Generals Grafen Rapp bis nach Straßburg zu werfen, und diese Festung bis an den Kanal von Molsheim einzuschließen.

Die östreichischen Truppen.

Der Vortrab des 1sten Armee-Corps (Graf Colloredo), von dem Feldmarschall-Lieutenant Baron Lederer befehliget, warf ungefähr 3000 Mann feindliche Truppen (Lecourbe) bis nach Donnemarie zurück. Das Gefecht war ziemlich hitzig, und der beiderseitige Verlust nicht unbedeutend; die östreichischen Truppen verloren an Verwundeten 7 Offiziere und 200 Mann.

Das Hoflager des Kaisers von Oestreich und die Hauptquartiere des Kaisers von Rußland und des Feldmarschalls Fürsten Schwarzenberg wurden von Mannheim nach Speier verlegt, woselbst am Nachmittage auch der König von Preußen, von Hanau kommend, eintraf.

Der 28ste Juni.

Der Feldmarschall Fürst Wrede gab der baierschen Armee folgende Disposition:

„Die Armee macht morgen folgende Bewegungen:

Der rechte Flügel unter dem Kommando der Herrn General-Lieutenants Graf Lambert und Tschernitschef bleibt stehen. Letzterer poussirt nach den Umständen und Möglichkeit, um die Kommunikation auf den Hauptstraßen vom Innern von Frankreich zu unterbrechen.

Der Herr General-Lieutenant v. Raglovich marschirt mit

der ersten Infanterie- und der ersten leichten Kavallerie-Division nach Lüneville, so daß die Infanterie ihren Bivouak auf den Höhen hinter der Stadt, die Meurthe vor der Fronte lassend, nimmt, und die Brücken und die Zugänge der Stadt, von der Straße von Pfalzburg nach St. Diey, wohl besetzt hält.

Seine königliche Hoheit der Herr General-Lieutenant Prinz Carl nehmen Ihr Quartier in Morinvillier; die rechte Flügel-Brigade der ersten Kavallerie-Division wird bei Mousel aufgestellt. Seine königliche Hoheit schicken über Hamond starke Patrouillen gegen Saarbourg und Pfalzburg, um wo möglich die Kommunikation mit dem rechten Flügel Seiner königlichen Hoheit des Kronprinzen von Wirtemberg, der heute zwischen Straßburg und Savern sein Lager bezogen hat, aufzusuchen. Von der rechten Flügel-Brigade schicken Seine königliche Hoheit starke Detaschements über Baccarat gegen St. Diey.

Der feindliche General Rapp hat sich, laut den von Seiner königlichen Hoheit dem Kronprinzen von Wirtemberg eingetroffenen Nachrichten vom 25sten Juni Morgens, eilends aus der Stellung von Weißenburg nach Hagenau zurückgezogen; er kann gestern bei Molzheim in der Gegend bei Pfalzburg angekommen seyn, im ersteren Falle muß er glauben, die Straße nach Lüneville einschlagen zu können, und Lust haben, eine Schlacht zu liefern, die wir mit Vergnügen annehmen wollen. Im zweiten Falle kann er glauben, entweder den Weg über Baccarat noch offen zu finden, oder den über Marie aux mines, und von da nach St. Diey über Bragieres gegen Epinal. Die so weit als möglich vorpoussirt werdenden Patrouillen Seiner königlichen Hoheit des Herrn General-Lieutenants Prinzen Carl, müssen darüber baldigst Auskunft geben. Um in einem oder dem andern Falle die Armee verwenden zu können, rückt daher der Herr General-Lieutenant Graf Beckers mit der 2ten Infanterie-Division, und der Herr General-Lieutenant Baron v. Zollern mit der 4ten Infanterie-Division in ein Lager bei Nancy, wozu der Herr General-Major und Chef des Generalstabes Graf Rechberg den Platz angeben wird.

Der Herr General-Lieutenant Graf Preising rückt mit einer Brigade nach St. Nicolas, und stellt von da einen Kavallerie-Posten auf der Straße von Bayon bei Ferriere auf, den Hauptposten bei St. Helnire; hierdurch wird er eines Theils den Herrn General-Lieutenant v. Raglovich unterstützen können, andern

Theils a portée bei Nancy seyn, mit der 2ten Brigade marschirt er nach Bathlemont auf der Touler Straße.

Der Herr General-Lieutenant Graf Preising stellt zugleich einen Kavallerie-Posten auf der nach Neufchateau führenden Straße bei Chavigny auf, dieser detaschirt sein vorgeschobenes Piquet bis an das Mosel-Ufer, Pont St. Vincent gegenüber.

Der Herr General-Major Baron Maillot wird das Jäger-Bataillon der Reserve-Brigade an den Herrn General-Lieutenant Grafen Preising zur Dienstleistung anweisen, um in dem von Nancy nach Toul führenden Walde zu bivouakiren, und die Kavallerie-Posten zu unterstützen.

Von der Infanterie-Reserve-Brigade kommt die Grenadier-Garde und das 1ste Linien-Infanterie-Regiment nach Nancy, das 2te Linien-Infanterie-Regiment bezieht mit einem Bataillon einen Bivouak bei Chapigneul, mit dem 2ten bei Frouard auf der Straße nach Pont a Mousson, und bemächtiget sich der Brücke oder Ueberfahrt bei Pompay, und hat daher den Auftrag, die von Pont a Mousson kommende Straße zu beobachten.

Die schwere Kavallerie-Reserve-Brigade marschirt nach Mazevilles, Domartemont, Pirecourt und Agincourt, Bouxieres, Loy, St. Christoph und Dommartin. Sie deckt sich in ihrer rechten Flanke gegen Pont a Mousson auf der von da nach Chateau Salins führenden Straße, und stellt daher bei Atton ein starkes Uhlanen-Piquet auf, welches noch über Pont a Mousson auf dem linken Mosel-Ufer gegen Metz patrouillirt.

Die schwere Artillerie-Reserve marschirt über Chateau Salins nach Champenon.

Der Herr General-Lieutenant de Lamotte marschirt mit der 3ten Division, und zwar mit der 1sten Brigade bis Mazerulle, mit der 2ten bleibt er in Chateau Salins stehen.

Das Hauptquartier kommt morgen nach Nancy.

Die Kranken der Armee werden nach Diey gebracht."

Hauptquartier Chateau Salins, am 27sten Juni 1815.

(gezeichnet) Wrede,
Feldmarschall.

Die Stellung der baierschen Armee war am Abend folgende:

Die Abtheilung des General-Lieutenants Tschernitschef sendete Detaschements auf die Straßen von Metz nach Paris und zwischen Metz und Thionville; auch wurde ein Kosaken-Regiment

der Oberst v. Löwenstern schloß die Festung Saarlouis ein;

die 1ste Infanterie-Division (Rägliovich) und die 1ste Kavallerie-Division (Prinz Carl v. Baiern) standen bei Moyenvic, die Reiterei zwischen Bathlemont und Einville; sie stieß bei dem Fort Marsall auf feindliche Reiterei, verdrängte diese, und schloß das Fort ein; die Vorderposten standen unweit Lüneville;

die 2te Kavallerie-Division (Preising) stand auf der Straße nach Nancy;

die 2te Infanterie-Division (Beckers) mit einer Brigade bei Foligny, mit der andern bei St. Avold;

die 3te Infanterie-Division (Lamott) bei Petelange und Saargemünde;

die 4te Infanterie-Division (Zollern) in Gerbecourt;

die Infanterie-Reserve-Brigade (Maillot) bei Vintevange;

die Kavallerie-Reserve-Brigade (Seidewitz) bei Marimont; sie sicherte ihre linke Flanke gegen Pfalzburg durch vorgeschickte Abtheilungen;

die Artillerie-Reserve (Colonge) bei Helimair und Petelange;

das Hauptquartier des Feldmarschalls Fürsten Wrede war in Morange.

Der franz. Gouverneur der Festung Metz, General-Lieutenant Graf Beliard, trug bei dem General Grafen Lambert auf einen Waffenstillstand an, welchen der Feldmarschall Fürst Wrede verweigerte.

Von den baierschen Vorposten wurde heute ein Courier aus Paris aufgefangen, alle Zeitungen und Briefe, die man bei ihm fand, bestätigten die Nachricht von Napoleons Thronentsagung, und schilderten die Bestürzung seiner Anhänger.

Das 3te Armee-Corps (Kronprinz von Wirtemberg).

Gefechte bei Surburg und Selz.

Der Kronprinz von Wirtemberg beschloß, bis an den Hagenauer-Forst vorzurücken, und zwar in zwei Kolonnen, nämlich mit dem Hauptcorps über Sulz gegen Surburg, mit der Division des Generals Grafen Wallmoden gegen Selz.

Der Vortrab der ersten Kolonne stieß jenseits Sulz auf den Feind, dieser wurde sogleich von der wirtembergschen Reiterei des Generals v. Jett angegriffen, zurückgedrängt, und auf seiner rechten Flanke überflügelt; ein Wald, der rechts an der Straße liegt, wurde durch das östreichische Infanterie-Regiment Reuß-Greiz gereinigt, und der sich nach Surburg zurückziehende Feind, auch aus diesem Dorfe, obwohl nach heftigem Widerstande, zurückgeworfen. Durch diese entschlossenen Angriffe, wurden die Franzosen mit sehr bedeutendem Verlust über den Surbach zurückgedrängt, worauf sie sich bis in den Hagenauer Forst (durch welchen die große Straße nach Straßburg geht) zurückzogen, und bis in die Nacht ein lebhaftes Geschütz- und Scharfschützen-Feuer unterhielten. Der Kronprinz von Wirtemberg erwähnt mit besonderem Lobe die Tapferkeit des östreichischen Infanterie-Regiments Reuß-Greiz, welches in diesem rühmlichen Gefechte 3 Offiziere und 73 Mann an Todten und Verwundeten verlor. Die Wirtemberger verloren 4 Offiziere und 50 Mann, und 18 Pferde an Todten und Verwundeten.

Die Kolonne des Generals Grafen Wallmoden verfolgte den Feind von Lauterburg aus auf der Rheinstraße. Die feindlichen Truppen unter dem General Rothenburg, waren ungefähr 6000 Mann Fußvolk und ein Regiment Reiter stark. Der Vortrab des Generals Grafen Wallmoden, von dem General-Major Wrede geführt, (aus 2 Esquadrons Kneserich Dragoner, 2 Kanonen, und den Bataillons Reuß, Isenburg und Frankfurth bestehend), fand den Feind im Walde diesseits Selz aufgestellt, wo er sich zu behaupten beabsichtigte.

Der General Graf Wallmoden befahl den Bataillonen von Isenburg und Reuß vorzurücken, und den Feind in der Fronte anzugreifen, während das Frankfurther Bataillon in seiner linken Flanke vorrückte. Das Bataillon Isenburger warf die Franzosen sogleich bis in einen rückwärts liegenden Verhau, überstieg auch diesen, und drängte sie bis nach dem Dorfe Selz zurück; hier besetzte der Feind noch die Häuser diesseits des Baches, und setzte das Gefecht durch ein sehr heftiges Scharfschützen-Gefecht fort, bis das Frankfurther Bataillon zur Unterstützung vorrückte, mit dessen Hülfe der Feind mit sehr bedeutendem Verlust, zurückgeworfen wurde, daß er die Brücke nur mangelhaft zerstören konnte. Der General Graf Wallmoden beschränkte sich auf die Behauptung des linken Ufers der Selz, weil ihm der Feind an Truppen und Geschütz überlegen war. In der Nacht zogen sich die Franzosen freiwillig gegen Beinheim zurück.

In diesem rühmlichen Gefecht wurde der Major Marquard, 6 andere Offiziers und 250 Mann verwundet, und 40 Mann getödtet.

Der Vortrab des 3ten Armee-Corps wurde bei Gundstedt aufgestellt;

das Hauptcorps lagerte bei Sulz und Surburg;

das Hauptquartier des Kronprinzen von Wirtemberg war in Sulz;

die Division des Generals Grafen Walmoden lagerte auf dem rechten Ufer bei Selz.

In der Nacht vom 25sten zum 26sten Juni passirten die östreichischen Truppen bei Rheinfelden und Basel den Rhein:

das 1ste Armee-Corps (Graf Collorebo) marschirte gegen Bedfort und Montbeliard;

das 2te Armee-Corps (Prinz Hohenzollern) und die östreichische Reserve (Erzherzog Ferdinand); } berennten Hüningen und marschirten gegen Colmar.

Der französische General Lecourbe leistete mit seinem schwachen Corps in Burgfelden, Bourglibre, Neudorf und Häsingen, und auf der Bergebene vor Trois maisons den heftigsten Widerstand; allein er wurde zurückgeworfen, und die Oestreicher schlossen die Festung Hüningen ein.

Die Hauptquartiere der Monarchen und des Feldmarschalls Fürsten Schwarzenberg blieben in Mannheim.

Der 27ste Juni.

Der Feldmarschall Fürst Wrede gab der baierschen Armee folgende Disposition:

„Die Herren General-Lieutenants Lambert und Tschernitschef bleiben morgen in ihren heutigen Stellungen stehen.

Der Herr General v. Udom marschirt mit 2 Regimentern der 9ten Infanterie-Division nach St. Avold, mit zweien nach Forbach.

Der Herr General-Lieutenant Graf Beckers marschirt mit seiner ganzen Division bis Neufcolle vor, und schickt starke Patrouillen bis Nancy.

Der Herr General-Lieutenant Baron Zollern marschirt mit seiner Division von Chateau Salins nach Mazerulle.

Der Herr General-Lieutenant Ragliowich marschirt mit der 1sten Infanterie-Division nach Einville.

Die 1ste leichte Kavallerie-Division stellt sich bei Bouviller auf, schickt starke Patrouillen nach Lüneville, und von da auf die Straße von St. Dieu, und auf jene von Pfalzburg.

Der Herr General-Major Baron Maillot marschirt mit der Infanterie-Reserve, mit dem Quee bis Morange, mit der Tete bis Gerbecourt, bei Chateau Salins.

Der Herr General Graf Seidewitz marschirt mit der schweren Kavallerie-Reserve bis Moyenvic, und wird von da aus, auf der nach Straßburg führenden Straße, seine linke Flanke sichern, und Streifpartien auf dieser Straße vorschicken.

Der Artillerie-Reserve-Park und die Pontons marschiren bis Vinterange hinter Morange.

Der Herr General-Lieutenant de Lamotte marschirt mit der Tete bis Grostenquin, läßt den Rest der Division bei Estrof auf dem Embrochement, wo sich die Straße von St. Avold nach Dieuz, mit der von Petelange nach Morange kreuzt, bivouakiren, und sichert sich vorzüglich in seiner linken Flanke.

Ich nehme mein Hauptquartier morgen in Chateau Salins."

Hauptquartier Morange, am 26sten Juni 1815.

(gezeichnet) Wrede,
Feldmarschall.

Die Stellung der baierschen Armee war folgende:

die Vorposten rückten heute schon bis Nancy, wo dieselben gut aufgenommen wurden, wiewohl die Nationalgarde der Stadt unterm Gewehr stand;

die Abtheilungen der Generale Graf Lambert und Tschernitschef blieben stehen;

die russische 9te Infanterie-Division (Udom) stand in Forbach und St. Avold;

die 1ste Kavallerie-Division (Prinz Carl von Baiern) lagerte bei Bouvilliers, und schickte starke Patrouillen gegen Lüneville, St. Diez und Pfalzburg. Die Stadt Lüneville schickte Abgeordnete an den Prinzen Karl v. Baiern, und empfahl sich seinem Schutz;

die 2te Kavallerie-Division (Preising) stand bei Neuflott, ihre Vordertruppen standen vor Nancy;

die 1ste Infanterie-Division (Raglowich) bei Eineville; das 4te leichte Bataillon (Croneg) war um die kleine Festung Marsall einzuschließen, zurückgeblieben;

die 2te Infanterie-Division (Beckers) stand in Chateau Salins;

die 3te Infanterie-Division (Lamotte) in Grostinquin;

die 4te Infanterie-Division (Zollern) in Mazerolle;

der Suffel feuern mußte, weil erst ein Uebergang vorbereitet wurde. Der General v. Hügel unterhielt das Gefecht mehr als 4 Stunden, der Feind wurde mehreremale bis unter die Kanonen von Straßburg zurückgeworfen, allein noch immer wollte er das Dorf Suffelweiherßheim nicht aufgeben, weil die Gegend jenseits des Dorfes im Kartäschenschuß der Schanzen lag, und deshalb von den Wirtembergern nicht behauptet werden konnte.

Die wirtembergsche Reiterei rückte im heftigsten Kanonenfeuer auf beiden Seiten der großen Straße von Brumpt, und über die steinerne Brücke der Suffel vor. Der Major und Flügel-Adjudant Graf Grevenitz machte einen entschlossenen Angriff auf die hinter der Brücke stehende Batterie von 6 Kanonen, er eroberte diese, hieb das feindliche Fußvolk, welches sie zu decken bestimmt war, zusammen, und jagte ein Dragoner-Regiment in die Flucht; dieses kühne Unternehmen entschied das Gefecht, denn der Kronprinz von Wirtemberg führte die Kavallerie-Brigaden von Moltke und v. Jett persönlich heran, ließ durch die 12pfündige Batterie die verlassene Höhe besetzen, welche durch ihr heftiges Feuer, und weil sie die feindliche Stellung beherrschte, die Franzosen zum Rückzuge nöthigte. Das Kavallerie-Regiment No. 5 folgte dem Feinde auf der großen Straße bis unter die Kanonen der Festung, der Feind zog sich überall zurück; es war 8 Uhr des Abends.

Auf dem äußersten linken Flügel kämpfte das Landschaftschützen-Regiment No. 11. sehr ausgezeichnet; es drängte den Feind bis in das Dorf Hönheim zurück, verschoß seine ganze Munition, und erlitt durch das feindliche Feuer großen Verlust, so daß es noch spät des Abends durch das 1ste Bataillon des 4ten Infanterie-Regiments abgelößt werden mußte. Das Kanonen- und Schaarfschützenfeuer dauerte auf dem linken Flügel, und besonders bei Höhnhausen bis zum Einbruch der Nacht fort.

Der General Graf Wallmoden kam mit seiner Kolonne auf der Rheinstraße bis nach Wanzenau, konnte aber wegen des Engpasses von dort nicht weiter vorrücken; er wurde von den Auen (von Straßburg) her, vom Feinde aufs heftigste beschossen.

Der Verlust des 3ten Armee-Corps in diesem Gefechte betrug:

an Todten	7 Offiz. u. 200 M.	(Wirtemb.)	4 Offiz. u. 68 M.
an Verw.	42 — 1047 M.	—	22 — 735 M.
Zusammen	49 Offiz. u. 1247 M.	—	26 Offiz. u. 803 M.

Der Verlust des Feindes soll an 3000 Mann betragen haben, gefangen wurden nur an 200 Mann; von den Wirtembergern wurden 6 Kanonen und 2 Fahnen erobert.

Wenn der General Graf Rapp entschlossen war, sich nach Straßburg zurückzuziehen, wie er es, ohne durch Gefechte dazu genöthiget zu seyn, bereits seit 3 Tagen gethan hatte, so ist es unbegreiflich, warum er sich diesem unnöthigen Gefechte aussetzte, welches zwecklos nur seine Streitkräfte verminderte.

Der Kronprinz von Wirtemberg ließ sein Armee-Corps für diese Nacht eine Stellung an der Suffel nehmen, und die Dörfer Ober-, Mittel- und Nieder-Hausbergen, Mundolsheim und Suffelweihersheim besetzen.

Der Kronprinz von Wirtemberg nahm sein Hauptquartier in Wendenheim.

Die östreichische Armee.

Gefecht bei Chavannes.

Das 1ste Armee-Corps (Graf Colloredo), welches gegen Bedfort marschirte, fand die feindliche Nachhut des Generals Lecourbe bei Chavannes, zwischen Donnemarie und Bedfort, ungefähr 8000 Mann Fußvolk und 500 Mann Reiterei, aufgestellt, die Östreicher griffen die feindlichen Truppen lebhaft an, drängten sie bis nach Chavannes zurück, vertrieben sie nach einem hartnäckigen Gefechte auch aus diesem Orte, und besetzten Colombe und Movillers. Das 1ste Armee-Corps verlor in diesem Gefechte 9 Offiziere und 400 Mann an Todten und Verwundeten.

Das 2te Armee-Corps und die östreichische Reserve, in Marsch nach Kollmar begriffen, besetzten Thonn, und schickten ein Detaschement zur Erkennung des befestigten Punktes von St. Amarin vor; sie eilten, um so bald als möglich Remiremont zu erreichen, um theils das Ende der Engpässe zu gewinnen, theils um dem General Lecourbe, sollte er bei Bedfort stehen bleiben, in Flanke und Rücken zu kommen. Der General-Major v. Scheither war mit seiner Brigade in Delle.

Das Hauptquartier der 3 Monarchen und des Feldmarschalls Fürsten Schwarzenberg war heute in Rheinzabern.

Das 4te russische Armee-Corps (Rajewsky) marschirte:
die 3te Husaren-Division (Tschaplitz) bis nach Scheid;
die 11te Infanterie-Division (Zwieinief) nach Candel;
die 17te — — (Alsufiew) nach Rühlsheim.

Der 29ste Juni.

Die baiersche Armee verblieb heute in ihrer Stellung bei Nancy und Lüneville.

Der Obrist-Lieutenant v. Croneg, welcher die Truppen kommandirte, die die Festung Marsall eingeschlossen hielten, wurde heute von dem französischen Partheigänger Bruçe angegriffen; die Baiern warfen den Landsturm bald zurück. Der französische Kommandant der Festung Marsall hielt sich während dieses Gefechts völlig ruhig; ein bei Moyenvic stehendes Bataillon der 3ten Infanterie-Division (Lamotte) erhielt den Befehl, nöthigenfalls die bei Marsall stehenden Truppen zu unterstützen.

Die von dem Prinzen Carl von Baiern über Baccarat gegen St. Diey und über Blamont bis Saarburg vorgeschickten Abtheilungen stießen überall auf keinen Feind.

Der Kommandant von Toul wurde heute zur Uebergabe der Stadt aufgefordert, allein er gab eine unbefriedigende Antwort.

Das 3te Armee-Corps (Kronprinz von Wirtemberg).

Es schloß heute Straßburg noch enger ein, und ließ den Theil des Dorfes Suffelweihersheim, welcher jenseits des Suffelbaches liegt, niederbrennen, weil diese Häuser vom Feinde leicht zurückerobert werden konnten, und nur Anlaß zu beständigen Gefechten gegeben hätten.

Der Kronprinz von Wirtemberg sendete Abtheilungen aus, welche Nachrichten einziehen sollten, ob der General Rapp mit einem Theil Straßburg verlassen habe, und die zugleich die Verbindung mit dem bis Schlettstädt vorgerückten 2ten östreichischen Armee-Corps herstellen sollten.

Das Hauptquartier des Kronprinzen von Wirtemberg blieb in Wendenheim.

Die östreichische Armee.

Der General-Major v. Scheither vom 1sten Armee-Corps (Graf Colloredo), eroberte heute die Verschanzungen bei Bourgogne und Montvillar, allein der Feind erneuerte seine Angriffe später so heftig und mit so überlegener Stärke, daß diese Verschanzungen von den Oestreichern wieder verlassen werden mußten. Vom Haupt-Corps wurde der General Lecourbe heute fechtend bis Bedfort zurückgedrängt, das durchschnittene Terrain gewährte dem Feinde vortheilhafte Stellungen zur Vertheidigung.

Die Division des Erzherzogs Maximilian (von der Reserve) rückte als Vortrab schon heute in Kolmar ein, welches einige feind-

feindliche Bataillons Fußvolk, ein Regiment Reiterei und 4 Kanonen freiwillig verließen, ohne ein Gefecht anzunehmen.

Die Festung Neu-Breisach wurde durch die Division des Feldmarschall-Lieutenants Mazzuchelli nach einem lebhaften Gefechte eingeschlossen, die Franzosen behielten das unter den Kanonen der Festung liegende Dorf Wikelheim stark besetzt, und vertheidigten es mit aller Anstrengung, bis es endlich das Infanterie-Regiment Wirtemberg eroberte. Noch am Abend machte die feindliche Besatzung einen Ausfall, und griff das Dorf Wolfhausheim an; allein dieser Versuch glückte nicht, und die Franzosen wurden mit Verlust bis in die Festung zurückgeworfen.

Die Hauptquartiere der 3 Monarchen und des Feldmarschalls Fürsten Schwarzenberg befanden sich in Weißenburg.

Das 4te russische Armee-Corps (Rajewsky) marschirte:

die 3te Husaren-Division (Tschaplitz) nach Sulz;
die 11te Infanterie-Division (Zwielenief) nach Ingolsheim;
die 17te Infanterie-Division (Alsufiew) nach Schweigen.

Der 30ste Juni.

Bei der baierschen Armee fanden keine Bewegungen statt.

Der Feldmarschall Fürst Wrede befahl dem General von Ragliovich, er solle in der Nacht vom 30sten Juni bis 1sten Juli die Festung Marsall beschießen, und wo möglich zur Uebergabe zwingen; dem Prinzen Carl von Baiern aber, er solle eine Erkennung gegen Saarburg unternehmen, und, wolle sich dieser Ort nicht ergeben, ihn gleichfalls beschießen.

Vom Feldmarschall Fürsten Schwarzenberg erhielt der Feldmarschall Fürst Wrede die Anweisung, daß die baiersche Armee aufbrechen, gleichsam den Vortrab der östreichisch-russischen Kriegsheere bilden, sich dem englisch-preußischen Kriegsheere nähern, und ihre Bewegungen gegen die Marne in der Richtung gegen Paris unverweilt beginnen solle.

Das Hauptquartier des Feldmarschalls Fürsten Wrede blieb in Nancy.

Das 3te Armee-Corps (Kronprinz von Wirtemberg).

Es blieb in seiner Stellung vor Straßburg unverändert stehen, und erhielt den Befehl, die Festung Straßburg so lange zu blokiren, bis es vom 2ten östreichischen Armee-Corps (Fürst Hohenzollern) abgelöst werde; auch sollte es 3 Bataillons Landwehr,

P

2 Esquadrons östreichischer Kavallerie und eine Batterie unter dem General-Major von Steckmeier zum Blokade-Corps von Schlettstadt, und 2 Bataillons, 1 Esquadron Husaren und eine halbe Batterie östreichischer Truppen unter dem Obrist Neugebauer nach Pfalzburg senden, um diesen Platz einzuschließen.

Das Hauptquartier des Kronprinzen von Wirtemberg blieb in Wendlinheim.

Die östreichische Armee.

Der Feldzeugmeister Graf Colloredo verstärkte heute den General von Scheither, damit er die Verschanzungen bei Bourgogne und Montvillar aufs neue angreifen, und wenn er sie erobert, behaupten könne, indem ihr Besitz sowohl zum ungehinderten Marsch des 1sten Armee-Corps, als wie, um Bedfort einzuschließen, höchst wichtig waren. Nach einem nicht unbedeutenden Gefechte wurden die Verschanzungen erobert und behauptet.

Das 2te Armee-Corps (Fürst Hohenzollern) und die östreichische Reserve, beide unter dem Oberbefehl des Erzherzogs Ferdinand, trafen heute in Colmar ein. Von hier aus wendete sich das 2te Armee-Corps gegen Straßburg, das östreichische Reserve-Corps hingegen nach St. Marie aux mines, weshalb der Vortrab unter dem Feldmarschall-Lieutenant Stutterheim heute bereits nach Remiremont marschirte.

Die Hauptquartiere der 3 Monarchen und des Feldmarschalls Fürsten Schwarzenberg waren in Hagenau.

Das 4te russische Armee-Corps (Rajewsky) marschirte:

die 3te Husaren-Division (Tschaplitz) nach Burmit;
die 11te Infanterie-Division (Zwielenief) nach Kaltenhausen;
die 18te Infanterie-Division (Alsufiew) nach Schwekhausen.

Die Bevollmächtigten der einstweiligen französischen Regierung (Sebastiani, Lafayette, Laforet, Benjamin Constant und d'Argeron) trafen aus Laon mit Pässen des Feldmarschalls Fürsten Blücher heute in Hagenau ein, und die Monarchen ernannten Bevollmächtigte, um sie über die Vorfälle in Paris und über ihre Anträge zu vernehmen.

Die Bevollmächtigten waren, östreichischer Seits der Feldmarschall-Lieutenant Graf Wallmoden Gimborn, russischer Seits der Geheime-Rath Graf Capo d'Istria, preußischer Seits der General-Lieutenant und General-Adjudant Freiherr v. Knesebeck und englischer Seits der General-Lieutenant Lord Stewart; sie traten zu einer Konferenz zusammen, und sendeten die französischen Abgeordneten mit folgendem Bescheid nach Paris zurück:

„Da es in den Allianztraktaten heißt, daß keine der Partheien abgesondert unterhandeln, noch Frieden oder Waffenstillstand anders, als in gemeinsamer Uebereinstimmung schließen werde, so können sich die drei, hier anwesenden Höfe in keine Unterhandlungen einlassen. Die Kabinette werden sich so bald als möglich vereinigen. Die drei Monarchen betrachten es als vorläufige und wesentliche Bedingung alles Friedens und eines wahren Ruhestandes, daß Napoleon Bonaparte außer Stand gesetzt werde, fernerhin die Ruhe Frankreichs und Europas zu stören. Nach dem was im Monat März vorgefallen ist, müssen die Mächte fordern, daß er ihrer Hut anvertrauet werde."

Hagenau am 1sten Juli um 9 Uhr Morgens.

(gezeichnet) Wallmoden. Capo d'Istria. v. Knesebeck.

Der 1ste Juli.

Der baierschen Armee gab der Feldmarschall Fürst Wrede folgende Disposition:

„Die Armee setzt sich morgen folgendermaßen in Bewegung: Sie hat den Auftrag, als Avantgarde der großen östreichischen und russischen Haupt-Armee sich der englischen und preußischen Armee zu nähern.

Diesem gemäß bricht der Herr General-Lieutenant Graf Preising, nachdem er die bei St. Nicolas stehende Brigade seiner Division an sich gezogen hat, morgen früh um 4 Uhr auf, und marschirt, das Jäger-Bataillon der Reserve-Brigade an seiner Tete habend, über Gondreville, wo er besagtes Jäger-Bataillon zurückläßt, auf den Höhen von Toul auf. Er läßt sogleich, nachdem er aufmarschirt ist, von seinem linken Flügel aus, die Furthen zwischen Dommartin und Chauloy untersuchen, und schickt sodann die linke Flügel-Brigade mit einer halben Batterie über die aufgefundene Furth, um auf der Straße von Ligny bis Pagny vorzugehen. Die zweite Brigade läßt er in einem kurzen Zwischenraum folgen, um mit einem Regimente derselben, Toul auf dem linken Moselufer zu zerniren, das andere aber bis Foug als Unterstützungsposten für die, nach Pagny vorgegangene 1ste Brigade marschirend zu machen.

Der Herr General-Lieutenant Baron Zollern marschirt mit der 4ten Infanterie-Division aus dem Lager um halb 4 Uhr ab,

P 2

und folgt dem Quee des Herrn General-Lieutenants Grafen Preising.

Der Herr General-Lieutenant Graf Beckers folgt dem Quee des Herrn General-Lieutenants Baron Zollern.

Der Herr General-Lieutenant de Lamotte hat den Befehl erhalten, um 4 Uhr aus seiner bisherigen Stellung aufzubrechen, zwischen seiner 1sten und 2ten Brigade marschirt der ganze Reserve-Park und die Pontons.

Die schwere Kavallerie-Reserve-Brigade bricht um 6 Uhr aus ihren Kantonirungen auf, um sich an den Quee der 2ten Infanterie-Division anzuschließen; die Infanterie-Reserve-Brigade marschirt um 10 Uhr ab.

Alle diese Truppen nehmen ihre Direktion nach Toul, und beziehen auf den Anhöhen vor dieser Stadt ein vom Chef des Generalstabes bezeichnetes Lager. Der Herr General Baron Colonge wird Abends 5 Uhr, 80 Piecen vor Toul aufführen lassen, und, wenn es sich nicht auf die Aufforderung ergiebt, es in Grund schießen, zugleich wird er zwischen Chauley und Dommartin 2 Brücken über die Mosel schlagen lassen.

Das Hauptquartier kommt morgen nach Gondreville, wohin auch die Grenadier-Garde marschirt.

Der Herr General-Lieutenant v. Ragliovich marschirt mit seiner Infanterie-Division und der Kavallerie-Division Sr. königl. Hoheit des Herrn General-Lieutenants Prinzen Carl in der Art von Lüneville anhero ab, daß er gegen Mittag hier eintrifft; zur Uebernahme des Garnisondienstes aber muß ein Regiment schon um 8 Uhr Morgens hier eintreffen. Der Herr General-Lieutenant Prinz Carl lassen ihre Division in hiesiger Gegend einquartiren, und folgen übermorgen mit Tagesanbruch, die Kavallerie an der Spitze, der Bewegung der Armee. Der Garnisondienst dahier wird den russischen Truppen übergeben; sollten solche den 2ten mit Tagesanbruch noch nicht eingetroffen seyn, so marschirt das den Garnisondienst gemacht habende Regiment dennoch ab.

Der Herr General-Lieutenant Graf Lambert zieht sich morgen in und bei Pont à Mousson zusammen, läßt nur die höchst nöthigen Posten bei Metz stehen, bis diese von der Dragoner-Division des Herrn General-Lieutenants v. Korff abgelöset sind. Der Herr General-Lieutenant Graf Lambert schickt morgen Partheien von Pont a Mousson auf der Straße von Commercy bis auf das Posthaus Beaumont an das Embrachement der dort zusammen kommenden Straßen.

Der Herr General-Lieutenant Graf Tschernitschef gehet mit seinem ganzen Corps auf das linke Mosel-Ufer, und nimmt seine Richtung zwischen St. Menouh und Grand Prée, er muß sich angelegen sein lassen, auf jede, möglichste Art die Kommunikation mit dem linken Flügel der preußischen Armee Graf v. Kleist zu bewerkstelligen, der seine Richtung zwischen Sedan und Mezieres genommen hat.

Die Kranken der Armee werden hier gelassen."

Hauptquartier Nancy den 30sten Juni 1815.

(gezeichnet) Wrede,
Feldmarschall.

Der General-Lieutenant Tschernitschef passirte die Mosel durch eine Furth bei Argencis (zwischen Thionville und Metz), machte mehrere Gefangene, und setzte seinen Marsch gegen Estain fort, um die Verbindung mit dem preußischen Kriegsheere herzustellen, und jene des Feindes mit Paris zu unterbrechen.

Die Festung Marsall ließ der General-Lieutenant v. Raglovich aus 8 Kanonen, welche 80 Schuß thaten, jedoch ohne Erfolg beschießen. Die Absicht, Toul zu beschießen, wurde von dem Feldmarschall-Fürsten Wrede aufgegeben, weil seine Artillerie nur mit 200 Schuß per Kanone versehen, und der Reserve-Park drei Märsche zurück war; auch die Brücken über die Mosel wurden nicht erbauet.

Die Stellung der baierschen Armee war am Abend folgende:

die baiersche Armee lagerte auf den Anhöhen vor Toul;

das Hauptquartier des Feldmarschalls Fürsten Wrede war in Gondreville.

Das 3te Armee-Corps des Kronprinzen von Wirtemberg blieb vor Straßburg unverändert stehen.

Die östreichische Armee.

Gefechte bei Besançourt und Chevremont.

Das 1ste Armee-Corps (Graf Colloredo) rückte heute in drei Kolonnen gegen den Feind an, nämlich die Division Marschall auf Besetois, die Division Lederer gegen Chevremont und Besançourt, und die Abtheilung des Generals Villatte gegen Roppé. Das 2te Jäger-Bataillon, welches die Dörfer Chevremont und Besançourt eroberte, war durch sein zu kühnes Vordringen einige Zeit in Gefahr gesetzt, es wurde jedoch durch das

Vorrücken der Division Lederer sehr zweckmäßig unterstützt. Die Abtheilung des Generals Villatte bemächtigte sich der Dörfer Roppe und Dennay nach einem heftigen Gefechte, und die Division Marschall erzwang endlich auch den Besitz des Dorfes Moval, so daß das feindliche Corps des Generals Lecourbe zum Rückzuge genöthiget, und bis hinter Bedfort zurückgedrängt wurde; es stellte seine Nachhut (von 2000 Mann Fußvolk, einigen hundert Mann Reiterei und 7 Kanonen) auf den Höhen von Bermont auf.

Das 2te Armee-Corps (Fürst Hohenzollern) war im Marsch gegen Straßburg.

Die östreichische Reserve (Erzherzog Ferdinand) marschirte von Collmar gegen Remiremont; aus letzterem Orte marschirte der Vortrab des Feldmarschall-Lieutenants von Stutterheim ab.

Die Hauptquartiere der drei Monarchen und des Feldmarschalls Fürsten Schwarzenberg waren in Zabern (oder Savern genannt).

Das 4te russische Armee-Corps (Rajewsky) marschirte:

die 3te Husaren-Division (Tschaplitz) nach Dittweiler;

die 11te Infanterie-Division (Zwielenief) nach Wilsheim;

die 17te Infanterie-Division (Alsufiew) nach Schwiedrazheim.

Der König von Preußen verfügte sich heute von Hagenau nach Wendenheim vor Straßburg, besichtigte die Stellung des 3ten Armee-Corps, und kehrte nach Zabern zurück.

Der 2te Juli.

Der baierschen Armee gab der Feldmarschall Fürst Wrede folgende Disposition:

„Die Armee marschirt morgen nachfolgend:

Die schwere Kavallerie-Reserve-Brigade bricht um 4 Uhr auf, passirt bei Chaudeneu über die Mosel, und stellt sich auf der von Foug nach Toul führenden Straße bei Lapelotte auf, um die Festung Toul während des Marsches der übrigen Armee auf dem linken Mosel-Ufer zu observiren, und zugleich das vom Herrn General-Lieutenant Grafen Preising stehen gebliebene Regiment abzulösen. Bei Lapelotte bleibt aber nur das 1ste Uhlanen-Regiment, das Garde du Corps und 1ste Cuirassier-Regiment aber marschiren bis Pagny, wo sie abfuttern, und Mittags um 3 Uhr aufbrechen, um noch bis St. Aubin zu marschiren.

Der Herr General-Lieutenant Graf Preising bricht um 4 Uhr von Pagny auf, und marschirt über Void, St. Aubin, Ligny bis Longreville, auf der Straße von Bar le Duc.

Der Herr General-Lieutenant Baron Zollern bricht um 3 Uhr früh auf, marschirt, nachdem er bei Chaudenay die Brücke passirt hat, über Pagny, Void, St. Aubin nach Ligny. Eben dahin marschirt um 3½ Uhr die Infanterie-Reserve-Brigade des Herrn General-Majors v. Maillot ab.

Um 4 Uhr marschirt ebenmäßig der Herr General-Lieutenant Graf Beckers über Pagnil, Void nach Saux.

Der Herr General-Lieutenant de Lamotte marschirt mit der 1sten Brigade an dem Queue des Generals Grafen Beckers. Dieser folgt der Artillerie-Reserve-Park, dann die 2te Brigade des Herrn General-Lieutenants de Lamotte. Diese Division so wie die Reserve-Artillerie marschiren bis Void, wo der Herr General-Lieutenant de Lamotte die nach Vaucouleurs und Neufchateau gehende Straße beobachten wird.

Seine königliche Hoheit der Herr General-Lieutenant Prinz Carl schicken um 3 Uhr ein Kavallerie-Regiment über Chaudenay auf das linke Mosel-Ufer, um das 1ste Uhlanen-Regiment in seiner oben besagten Bestimmung ablösen zu lassen, dieses folgt dann der Bestimmung seiner Brigade. Mit den übrigen 3 Regimentern marschiren Se. königl. Hoheit um 4 Uhr aus Nancy ab, und beziehen Quartiere auf dem linken Mosel-Ufer in Pagny, Loy und Foug.

Der Herr General-Lieutenant v. Ragliovich bricht ebenmäßig nach 4 Uhr von Nancy auf, und bivouakirt auf dem heutigen Lagerplatz der Armee, auf den Höhen von Dommartin und Chodnuy, um Toul auf dem rechten Ufer den morgenden Tag hindurch zu beobachten.

Der Herr General-Lieutenant Graf Lambert schickt morgen seine Avantgarde bis St. Mihiel, mit seinem Gros geht er bis Bouzonville.

Der Herr General-Lieutenant v. Tschernitschef befolgt die ihm in der gestrigen Disposition gegebene Bestimmung.

Ich nehme morgen mein Hauptquartier in Ligny."

Hauptquartier Gondreville den 1sten Juli 1815.

(gezeichnet) Wrede,
Feldmarschall.

Wegen der verspäteten Ankunft der Pontons gab der Feldmarschall Fürst Wrede an die baiersche Armee nachfolgende, veränderte Disposition.

Disposition für den 2ten und 3ten Juli 1815.

„Da wegen der verspäteten Ankunft der Pontons, die Armee die für den heutigen Tag bestimmt gewesene Marschdisposition nicht in Vollzug setzen konnte, so wird nun folgende Bewegung für den heutigen und morgenden Tag anbefohlen.

Nach dem Abkochen marschirt die schwere Kavallerie-Reserve-Brigade über die Brücke bei Chaudenay, läßt durch das 1ste Uhlanen Regiment das dort stehende Regiment der 2ten leichten Kavallerie-Division ablösen, und observirt die Festung Toul auf dem linken Mosel-Ufer. Das Garde du Corps- und das 1ste Cuirassier-Regiment bezieht sodann die Dörfer Pagney, Laye und Foug, und sichert ihre linke Flanke gegen Vauçouleurs.

Der General-Lieutenant Graf Preising bricht von Pagney auf, und marschirt bis Ligny, wo er sich militairisch aufstellt, sich in beiden Flanken sichert, den Ornain-Fluß vor seiner Fronte behaltend.

Die 4te Infanterie-Division marschirt bis St. Aubin.

Die 2te Infanterie-Division, mit der ersten Brigade bis Sçaux, mit der zweiten bis Melislahorgue.

Das Hauptquartier marschirt nach Void, wohin auch die Infanterie-Reserve-Brigade marschirt.

Der Herr General-Lieutenant de Lamotte marschirt mit seiner 1sten Brigade, als Bedeckung des ihm folgenden großen Reserve-Parks, bis Grandmenil; dessen 2te Brigade marschirt auf den Anhöhen hinter Dommartin, hält diesen Ort gut besetzt, um die Festung Toul vom rechten Ufer zu beobachten.

Se. königl. Hoheit der Herr General-Lieutenant Prinz Carl marschiren mit ihrer ganzen Division nach Gondreville.

Der Herr General-Lieutenant v. Ragliovich marschirt mit der 1sten Infanterie-Division nach Velaine.

Morgen bricht der Herr General-Lieutenant Graf Preising um 4 Uhr Morgens von Ligny auf, marschirt über Bar le Duc, mit dem Gros bis Laymond, poussirt aber seine Patrouillen bis Anzeçourt und Netançourt, eben so auf der Straße nach Vitry bis Sermalze; dessen dahin folgende Patrouillen bekommen den Auftrag, nach Vitry le Française wissen zu lassen, daß die ganze Armee den 3ten dort eintrifft, auch schickt der Graf Preising von Bar le Duc aus Patrouillen bis Santiütt auf der Straße nach

St. Diziers, um nach letzterem Orte wissen zu lassen, daß eine Kolonne von 30,000 Mann den 3ten dahin marschirt. Unter eigener Verantwortung des Herrn Divisions-Kommandanten dürfen keine Patrouillen schwächer, als in einer halben Esquadron, die Spitze aber in einem Zuge bestehend gemacht werden. Es steht Kassation für den Herrn Offizier darauf, welcher bei einer Patrouille einen Mann absitzen, und in ein Haus gehen läßt.

Die 4te Infanterie-Division marschirt morgen über Bar le Duc bis Frans.

Die 2te Infanterie-Division und die Reserve-Infanterie-Brigade bis Bar le Duc, wohin auch das Hauptquartier kommt.

Die schwere Kavallerie-Reserve-Brigade marschirt nach Savonnieres und Langreville, läßt aber das 1ste Uhlanen-Regiment so lange bei Toul stehen, bis es von einem Regiment Sr. königl. Hoheit des Prinzen Carl abgelöst ist.

Der Herr General-Lieutenant de Lamotte marschirt mit seiner ganzen Division und dem Artillerie-Reserve-Park, den er zu bedecken hat, bis Ligny.

Se. königl. Hoheit der Herr General-Lieutenant Prinz Carl marschiren bis St. Aubin und Seaux. Se. königl. Hoheit wird morgen mit Tagesanbruch das 1ste Uhlanen-Regiment auf dem linken Mosel-Ufer bei Toul ablösen lassen, und das dazu bestimmte Regiment bis zum 4ten Morgens bis Tagesanbruch daselbst stehen bleiben, dann aber als Arriergarde der Armee folgen.

Der Herr General-Lieutenant v. Ragliovich marschirt mit einer Brigade bis Mesnil la Horgue mit der andern nach Void, und sichert sich mit seiner linken Flanke gegen Vauçouleurs. Sobald morgen die Division des Herrn General-Lieutenants v. Ragliovich die Brücke bei Chaudenay passirt hat, wird solche der Hauptmann Loesse abbrechen, und die Pontons beim großen Reserve-Park wieder einrücken machen."

Hauptquartier Gondreville am 2ten Juli 1815.

(gezeichnet) Wrede,
Feldmarschall.

Der Feldmarschall Fürst Wrede gab der baierschen Armee sehr strenge und geschärfte Befehle, daß das Ganze und jeder Einzelne jede Gewaltthätigkeit vermeiden solle.

Die Stellung der baierschen Armee war am Abend folgende:

die 1ste Kavallerie-Division (Prinz Carl von Baiern) in Gondreville;

die 2te Kavallerie-Division (Preising) in Ligny;
die Kavallerie-Reserve-Brigade (Seidewitz) in Pagny, Lay und Foug;
die 1ste Infanterie-Division (Raglievich) in Velaine;
die 2te — — (Beckers) in Scaux und Menis la Horgue;
die 3te Infanterie-Division (Lamotte) in Grandmenil und Dommartin;
die 4te Infanterie-Division (Zollern) in St. Aubin;
die Infanterie-Reserve-Brigade (Maillot) in Void;
das Hauptquartier des Feldmarschalls Fürsten Wrede war in Void.

Das 3te Armee-Corps (Kronprinz von Wirtemberg) blieb unverändert in seiner Stellung vor Straßburg stehen.

Die östreichische Armee.

Der französische General Leçourbe verlangte heute von dem Feldzeugmeister Grafen Colloredo einen Waffenstillstand; da dieser ihn anzunehmen nur bereit war, wenn Bedfort übergeben würde, wurden die Unterhandlungen abgebrochen.

Gefecht bei Montbeliard.

Der General v. Scheither rückte heute vor Montbeliard, die Franzosen hatten die Stadt befestiget und mit Sturmpfählen versehen, und sie, so wie das feste Schloß, besetzt. Die Oestreicher griffen die Stadt an, und stellten ihr Geschütz so vortheilhaft auf, daß sowohl der Ort, als seine Vertheidiger aufs wirksamste beschossen wurden; die letztern wurden dadurch genöthiget, die Stadt zu verlassen, und sich auf der Straße nach Besançon zurückzuziehen; auf diesem Rückzuge wurden noch viele Franzosen zu Gefangenen gemacht. In der Stadt wurden 7 Kanonen erobert, und ziemlich bedeutende Mund- und Schießvorräthe gefunden.

Das 2te Armee-Corps (Fürst Hohenzollern) setzte seinen Marsch nach Straßburg fort.

Die östreichische Reserve (Erzherzog Ferdinand) traf mit dem Vortrabe heute in St. Diey, mit dem Haupt-Corps in Remiremont ein.

Die Hauptquartiere der drei Monarchen und des Feldmarschalls Fürsten Schwarzenberg und das 4te russische Armee-Corps (Rajewsky) machten heute einen sehr beschwerlichen Marsch, indem sie die Festung Pfalzburg auf beinahe unwegsamer Straße umgehen mußten.

Die Garnison der Festung Pfalzburg bestand, unter dem Kommandanten General Barthelmy aus 1500 Nationalgarden, einer Compagnie Artillerie und 32 Stück Kanonen. Bereits gestern und heute mit Tagesanbruch, wurde die Festung von den russischen Truppen folgendermaßen eingeschlossen.

Das Dorf le Quatre Vents wurde mit einer Abtheilung Fußvolk und Reiterei, und mit einigen Kanonen besetzt, welche die große Straße deckten, und die Besatzung von Pfalzburg beobachteten, es wurden Posten in den waldigten Bergen ausgestellt, die angewiesen waren, die Kolonne sogleich zu benachrichtigen, wenn der Feind angreifen sollte; einige Bataillons wurden im Thale bei der Mühle von Rossich aufgestellt, welche der Hauptpunkt zur Vertheidigung dieses Thales ist, von hier wurden Vorposten sowohl gegen Pfalzburg, als auch gegen das kleine Fort Lützelstein (la petite Pierre) ausgestellt und die Brücke von Krausthal besetzt. Bei den Dörfern Pfalzweiler und Mittelbrunn wurden gleichfalls Abtheilungen Fußvolk und Reiterei aufgestellt, welche die Straße und Festung auch von dieser Seite beobachteten.

Der Marsch erfolgte vor dem Dorfe le Quatre Vents rechts abgebogen, einen hohen Berg hinunter, in einem schmalen durch Felsenberge gebildeten Thale längs dem Flüßchen Zielig, hierauf in einem Felsenwege wieder bergauf, und durch die Dörfer Pfalzweiler, Berlingen, Weschern, Zillingen nach St. Jean, wo die Kolonne die große Straße wieder erreichte; wohl würde man es früher für unmöglich gehalten haben, daß in einem solchen beschwerlichen Wege starke Truppenkolonnen von allen Waffen, nebst zahlreichem Geschütz und Bagage marschiren könnten.

Die Hauptquartiere der drei Monarchen und des Feldmarschalls Fürsten Schwarzenberg kamen nach Saarburg.

Das 4te russische Armee-Corps (Rajewsky) marschirte:

- die 3te Husaren-Division (Tschaplitz) nach Häming, sie sendete Abtheilungen gegen Blamont und Marsall.
- die 1ste Infanterie-Division (Zwielenief) nach Rieding und Haumartin;
- die 17te Infanterie-Division (Alsufiew) nach Pfalzweiler und Mittelbrunn, sie beobachtete Pfalzburg.

In dieser Gegend, im Ober-Elsaß, in den Vogesen, in der Franche Comté und in Burgund eröffnete sich ein neuer Krieg mit den allgemein bewaffneten Landleuten und französischen

Streifpartheien, die von Offizieren angeführt, durch die örtliche gebirgigte Gegend und die zahlreichen Festungen geschützt und begünstiget, diesen Rachekrieg mit großem Eifer führten. Meuchelmord wurde an einzelnen Soldaten, oder geringen Detaschements verbündeter Truppen verübt, alle Straßen waren unsicher, aus allen Wäldern und in Dörfern wurde geschossen, Soldaten fand man angenagelt, gekreuziget, auf schreckliche Weise ermordet; Weiber und Kinder übten Meuchelmord. Die Bagagen wurden geplündert, die Couriere aufgehoben, jeder Einzelne ergriffen und in Wälder geschleppt. Von den verbündeten Truppen wurden zur Strafe Wohnungen und ganze Dörfer geplündert und in Brand gesteckt, und durch Feuer und Schwerdt büßte der Schuldige mit dem Unschuldigen.

Der 3te Juli.

Die baiersche Armee marschirte heute:

die 1ste Kavallerie-Division (Prinz Carl v. Baiern) nach St. Aubin und Saux;

die 2te Kavallerie-Division (Preising) nach Laymont, sie sendete Patrouillen gegen Anzecourt, Netançourt und Sermaize;

die Kavallerie-Reserve-Brigade (Seidewitz) nach Savonnieres und Langreville;

die 1ste Infanterie-Division (Ragliovich) nach Vold und Mesnil la Horgue;

die 2te Infanterie-Division (Beckers) und die Infanterie-Reserve-Brigade (Maillot) } nach Bar le Duc.

die 3te Infanterie-Division (Lamotte) die Reserve-Artillerie (Colonge) } nach Ligny.

die 4te Infanterie-Division (Zollern) nach Frans;

das Hauptquartier des Feldmarschalls Fürsten Wrede war in Bar le Duc.

Der General-Lieutenant Tschernitschef traf am Morgen bei Chalons sur Marne ein, und eroberte diese Stadt nach einem lebhaften Gefecht, da man, obwohl die Stadt versprochen, sich nicht zu widersetzen, auf seinen Vortrab verrätherisch feuerte. Die russische leichte Reiterei saß ab, erstürmte die Thore und drang in die Stadt ein, wo ein Theil der französischen Besatzung niedergehauen, der Divisions-General Rigault, 2 Obristen, 20 Offiziers und einige hundert Soldaten zu Gefangenen gemacht, und 6 Kanonen mit 6 Pulverwagen erobert wurden. Die Kanonen waren an der Brücke über die Marne aufgestellt, und sollten den Uebergang über diesen Fluß vertheidigen.

Das 3te Armee-Corps (Kronprinz von Wirtemberg) stand vor Straßburg in unveränderter Stellung. Der östreichische Feldmarschall-Lieutenant Graf Vacquandt hatte den General Grafen Wallmoden, in seinem Kommando abgelöst.

Die östreichische Armee.

Das 2te Armee-Corps (Fürst Hohenzollern) stand heute in Hegersheim;

das 1ste Armee-Corps (Graf Colloredo) stand in der Gegend von Bedfort;

das östreichische Reserve-Corps (Erzherzog Ferdinand) traf in St. Diey ein;

die Hauptquartiere der drei Monarchen und des Feldmarschalls Fürsten Schwarzenberg hatten in Saarburg Ruhetag.

Am Nachmittage, als die 3te russische Husaren-Division (Tschaplitz) von Häming bereits abmarschirt war, um zum morgenden Marsch die Gegend zu besetzen und zu patrouilliren, wurden in dem Walde jenseits Häming die Quartiermacher der Hauptquartiere von 400 Mann bewaffneten Partheigängern angegriffen, und, außer dem Lieutenant Perowsky vom russischen Generalstabe noch einige Mann verwundet. Dieser Angriff war gegen den Willen ihres Führers, des Esquadrons-Chef Briere, unternommen, welcher die Absicht hatte, mit 1500 Pferden in dieser Nacht das Hauptquartier in Saarburg zu überfallen, ein Unternehmen welches ihm ohne Schwierigkeit gelingen konnte, weil zwischen Häming und Saarburg keine Truppen kantonirten, und die Stadt nur von 2 Bataillons besetzt war.

Der 4te Juli.

Der baierschen Armee gab der Feldmarschall Fürst Wrede folgende Disposition:

Disposition für den 4ten und 5ten Juli 1815.

„Die Armee marschirt morgen den 4ten, und zwar:

Der Herr General-Lieutenant Graf Preising mit der 2ten leichten Kavallerie-Division über Netancourt, Possesse le France, mit dem Gros bis Coupeville; er poussirt seine Vorposten bis Longeras. In seiner linken Flanke schickt er Patrouillen über Dampierre und Francheville auf die von Vitry nach Chalons führende Straße, rechts schickt er sie über Poix, Sommeville auf die von Straßburg und Metz dorthin führenden Straßen.

Der Herr General-Lieutenant v. Zollern bricht mit der 4ten Infanterie-Division aus dem heutigen Bivouak um 4 Uhr auf, und marschirt über Laymont, Possesse nach le France, wohin das Hauptquartier kommt.

Dahin marschirt auch der Herr General-Lieutenant Graf Beckers mit der 2ten Infanterie-Division, und der General Maillot mit der Infanterie-Reserve-Brigade.

Der Herr General-Major Graf Seidewitz marschirt mit der schweren Reserve-Kavallerie-Brigade bis nach Possesse, St. Crepin und Bussy le repos.

Der Herr General-Lieutenant de Lamotte marschirt mit der 3ten Infanterie-Division, dem Reserve-Park und den Pontons über Bar le Duc bis Netancourt.

Seine königliche Hoheit der Herr General-Lieutenant Prinz Carl marschiren mit der 1sten leichten Kavallerie-Division über Ligny, Bar le Duc bis Anzecourt, decken sich aber in Ihrer rechten Flanke mit Vorsicht.

Der Herr General-Lieutenant v. Raglovich marschirt mit einer Brigade seiner Division über Bar le Duc bis Laymont, mit der andern bis nach Bar le Duc.

Am 5ten Juli marschirt

Der Herr General-Lieutenant Graf Preising über Chalons auf dem linken Ufer der Marne bis Jaalons, und poussirt seine Vorposten bis Chauilly.

Der Herr General-Lieutenant v. Zollern marschirt an diesem Tage über Chalons bis St. Giebrien.

Der Herr General-Lieutenant Graf Beckers marschirt über Chalons bis Fagnieres.

Die Infanterie-Reserve-Brigade marschirt mit dem Hauptquartier nach Chalons.

Die Reserve-Kavallerie-Brigade nach St. Memie, Fontenay und St. Bartholomey.

Seine königliche Hoheit der Herr General-Lieutenant Prinz Carl marschiren über le Fresne, Longeras nach Sary und Moncetz, und beobachten die von Vitry kommende Straße.

Der Herr General-Lieutenant de Lamotte marschirt an diesem Tage mit der Reserve-Artillerie bis Longeras.

Der Herr General-Lieutenant Raglovich bis Coupeville und le Fresne.

Die Herren Divisions-Commandanten werden trachten, heute

ihr Schlachtvieh und übrige Lebensmittel an sich zu ziehen, weil nicht zu erwarten ist, daß am morgenden Tage die mindeste Ressource vom Lande zu erheben ist.

Die Kranken der Armee werden hier in das Spital gebracht. Alle Marode werden hier gesammelt. Die 4te Infanterie-Division giebt einen Capitain, welchem das Kommando über alle Marode und Traineurs übertragen ist. Jede Infanterie-Division, und die Infanterie-Reserve-Brigade giebt einen Lieutenant.

Ueberdieß wird ein Commissair befehliget werden, der die nöthigen Schuh-Reparationen der hier zurückbleibenden Mannschaft besorgt. Der Capitain, der zugleich auch als Kommandant hier angestellt wird, hat Sorge zu tragen, daß diese Mannschaft so schnell als möglich, in Abtheilungen durch Offiziere geführt, den Bewegungen der Armee auf der Straße nach Paris über Chalons folge."

Hauptquartier Bar le Duc, am 3ten Juli 1815.

(gezeichnet) Wrede,
Feldmarschall.

Die baiersche Armee stand am Abend:

die 1ste Kavallerie-Division (Prinz Carl von Baiern) in Azecourt;

die 2te Kavallerie-Division (Preising) in Coupeville, die Vorposten in Longeras;

die 1ste Infanterie-Division (Raglovich) in Bar le Duc und Laymont;

die 2te und 4te Infanterie-Division und die Reserve-Infanterie-Brigade lagerten bei le Fresne;

die 3te Infanterie-Division (Lamotte) und die Reserve-Artillerie und Pontons in Metancourt;

die Reserve-Kavallerie-Brigade (Seidewitz) in Possesse;

das Hauptquartier des Feldmarschalls Fürsten Wrede war in le Fresne.

Das 3te Armee-Corps (Kronprinz v. Wirtemberg).

Es wurde heute durch das 2te Armee-Corps (Fürst Hohenzollern) abgelöset, welches bestimmt war, die Einschließung der Festung Straßburg ferner zu übernehmen. Weil die Ablösung am Tage erfolgte, so geschah von der französischen Besatzung am Nachmittage um 3 Uhr ein Ausfall, und die französische Reiterei drängte bis Ober-Hausbergen vor, allein sie wurde durch die Anordnungen des Fürsten Hohenzollern bald in die Festung zurückgetrieben.

Das 3te Armee=Corps trat sofort seinen Marsch über die Vogesen in zwei Kolonnen nach Raone l'Etappe und nach Lüneville an. Der Kronprinz von Wirtemberg nahm sein Hauptquartier heute in Molsheim.

Mit Tagesanbruch marschirte, um einen Versuch zur Wegnahme der Bergfestung Pfalzburg zu machen, der Feldmarschall-Lieutenant Palombini mit:

2 Esquadrons Husaren Kronprinz von Wirtemberg,
2 Bataillons des Infanterie=Regiments Reuß=Greiz,
einem Bataillon vom Infanterie=Regiment Vogelsang,
einer halben 6pfündigen Batterie,
einer 12pfündigen Batterie,
2 östreichischen und 6 wirtembergschen Haubitzen

nach Pfalzburg ab, um diese Festung in der Nacht vom 5ten zum 6ten Juli zu beschießen, im Weigerungsfall der Uebergabe, am 6ten Juli des Morgens das Geschütz wieder zurückzuziehen.

In der Nacht vom 5ten zum 6ten Juli wurde die Festung Pfalzburg mit vieler Wirkung beschossen, und mehrere Magazine und Gebäude entzündet; da jedoch der Kommandant keine Unterhandlungen anknüpfte, so marschirte der General Palombini am 6ten nach Saarburg, und ließ den General=Major Luxem mit 2 Bataillons Reuß=Greiz, einer Esquadron Husaren und einer halben Batterie, vor Pfalzburg stehen.

Das 1ste Armee=Corps (Graf Colloredo) stand bei Bedfort, wo es heute zu einem neuen Gefechte kam.

Das östreichische Reserve=Corps (Erzherzog Ferdinand) war in Raon l'Etappe.

Die Hauptquartiere der 3 Monarchen und des Feldmarschalls Fürsten Schwarzenberg waren im Städtchen Vic. Der heutige Marsch wurde durch die Bauern und Partheigänger beunruhiget, welche aus dem Walde häufig schossen.

Das 4te russische Armee=Corps (Rajewsky) schloß heute die Festung Marsall ein, und lagerte auf beiden Seiten von Vic und Moyenvic.

Der 5te Juli.

Das Oberrheinische Kriegsheer verfolgte heute seinen Marsch, also:

Die baiersche Armee (Fürst Wrede):

die 1ste Kavallerie=Division (Prinz Carl von Baiern), nach Sary;

die

die 2te Kavallerie-Division (Preising) nach Jaalons, die Vorderposten nach Chamilly;
die Kavallerie-Reserve-Brigade (Seidewitz) nach Campertrix;
die 1ste Infanterie-Division (Raglovich) nach le Fresne;
die 2te Infanterie-Division (Beckers)
die Infanterie-Reserve-Brigade (Maillot) } nach Chalons;
die 3te Infanterie-Division (Lamotte) und der Reserve-Park nach Longeras;
die 4te Infanterie-Division (Zollern) nach St. Gibrien;
das Hauptquartier des Feldmarschalls Fürsten Wrede war in Chalons sur Marne.

Das 3te Armee-Corps (Kronprinz v. Wirtemberg):
den Vortrab machte der Feldmarschall-Lieutenant Graf Kinski mit der Brigade Czollich und 8 Esquadrons Husaren des Regiments Kronprinz v. Wirtemberg;
die Abtheilung des Generals Palombini war in Saarburg;
das Hauptquartier des Kronprinzen von Wirtemberg war in Raon l'Etape;

Die östreichische Armee:
das 1ste Armee-Corps (Graf Collredo) stand bei Bedfort;
das 2te Armee-Corps (Fürst Hohenzollern) vor Straßburg;
das Reserve-Corps (Erzherzog Ferdinand) marschirte nach Lüneville.

Am Mittage hielten die drei Monarchen und der Feldmarschall Fürst Schwarzenberg an der Spitze des 4ten russischen Armee-Corps (Rajewsky) ihren Einzug in die Stadt Nancy, woselbst sie heute ihre Hauptquartiere nahmen.

Der 6te Juli.

Der baierschen Armee gab der Feldmarschall Fürst Wrede folgende Disposition:

„Die 1ste und 2te leichte Kavallerie-Division, die schwere Kavallerie-Reserve-Brigade, die 2te und 4te Infanterie-Division und die Reserve-Infanterie-Brigade bleiben morgen in ihrer heutigen Aufstellung stehen.

Die Herren Divisions-Kommandanten werden diesen Tag zur Reparirung von Sattel und Zeug, Herstellung des Beschlages, und der Propretät bei der Kavallerie, und eben so die Herren Divisions-Kommandanten der Infanterie zu gleichem Zweck, so weit es sie trifft, verwenden. Die Mannschaft muß waschen, und soll

Q

vorzüglich getrachtet werden, von neuem die Füße badend zu machen.

Der viertägige, unangreifbare Vorrath, muß so viel möglich wieder ergänzt werden.

Der Chef der Administration wird Sohlen und Oberleder zur Reparirung der Schuhe und Stiefeln abgeben lassen.

Die Kranken werden hierher gebracht.

Die 1ste und 3te Infanterie-Division, der Artillerie-Reserve-Park und die Pontons marschiren morgen hier in das Lager, welches denselben der Chef des Generalstabes anweisen wird.

Das Hauptquartier bleibt morgen hier."

Hauptquartier Chalons, am 5ten Juli 1815.

(gezeichnet) Wrede,
Feldmarschall.

Es verblieb die baiersche Armee demnach in ihrer gestrigen Stellung, und nur die 1ste und 3te Infanterie-Division und der Reserve-Park marschirten bis nach Chalons, und stellten sich jenseits im Lager auf, so daß die 1ste Infanterie-Division auf der Straße nach Montmirail, die 3te Infanterie-Division auf jener nach Avize lagerte.

Das Hauptquartier des Feldmarschalls Fürsten Wrede war in Chalons.

In der Gegend von Epernay wurde von den Baiern heute die Verbindung mit dem preußischen Kriegsheere eröffnet.

Das 3te Armee-Corps (Kronprinz v. Wirtemberg).

Das Hauptquartier des Kronprinzen von Wirtemberg war in Raon l'Etappe.

Die Franzosen hatten an mehreren Orten des vogesischen Gebirges Verschanzungen aufgeworfen, die jedoch von Truppen verlassen waren.

Die östreichische Reserve (Erzherzog Ferdinand) marschirte nach Bajon.

Die Hauptquartiere der drei Monarchen und des Feldmarschalls Fürsten Schwarzenberg verblieben heute in Nancy.

Der General-Quartiermeister, Feldmarschall-Lieutenant Graf Radetzky, schloß heute mit dem Kommandanten der befestigten Stadt Toul, zu Dommartin unweit Toul, eine Uebereinkunft ab, welche die Beilage No. 28. enthält.

Da durch den, aus der Gefangenschaft der Parthelgänger entlassenen, Major v. Martens, die Ausdehnung der Bewaffnung des

Landvolks bekannt wurde, so wurde unter dem General-Major Orlow Reiterei gegen dasselbe geschickt, und befohlen, es solle die russische Infanterie-Division (Udom) in Nancy zurückbleiben, theils um die gefährdete Verbindung zu sichern, theils um diese Stadt selbst in Ordnung zu halten, weil sie sehr zweideutige Gesinnungen hegte.

Der 7te Juli.

Der baierschen Armee gab der Feldmarschall Fürst Wrede folgende Disposition:

Disposition für den 7ten, 8ten und 9ten Juli 1815.

„Der Armee wird bekannt gemacht, daß der unterfertigte Feldmarschall von Seiner Durchlaucht dem Herrn Feldmarschall Fürsten Blücher heute Nacht mittelst Couriers die Nachricht der Kapitulation der Hauptstadt Paris erhalten; vermöge solcher ist die königlich-preußische und englische Armee am 4ten, 5ten und 6ten in Paris eingerückt.

Die Armee marschirt am 7ten Juli folgendergestalt:

Seine königliche Hoheit der Herr General-Lieutenant Prinz Carl marschiren von Pary und Mouteez in der Art ab, daß sie um 5 Uhr bei Thiebie auf der Straße nach Bergeres vor dem Lagerplatz der 1sten Infanterie-Division eintreffen, und als Avantgarde des linken Flügels der Armee bis Champeaubert auf der Straße von Montmirail vorrücken.

Der Herr General-Lieutenant v. Raglovich mit seiner Division marschirt über Bergeres bis Etoges, wo er sich militärisch aufstellt. Der Herr General-Lieutenant v. Raglovich giebt ein Bataillon zur Bedeckung des ebenmäßig auf dieser Straße marschirenden, und daher um 3 Uhr aus seinem heutigen Lager aufbrechenden Reserve-Parkes. Seine königliche Hoheit geben dazu 2 Esquadrons Cheveaux legeres als Arriergarde.

Der Herr General Graf Seidewitz marschirt um 4 Uhr aus seiner Kantonirung über Villers aux Corneilles, Champigneul, Avize und Vertus nach La Charmoye.

Der Herr General-Lieutenant de Lamotte an dem Queue dieser Kavallerie den nämlichen Weg bis la Charmoye.

Der Herr General-Lieutenant Graf Preising marschirt um 4 Uhr als Avantgarde des rechten Flügels mit der 2ten leichten Kavallerie-Division über Epernay bis Mareе, wo er sich militärisch aufstellt.

Q 2

Ihm folgt, und bricht daher um 3 Uhr Morgens auf, die 2te Infanterie-Division, und zwar über Epernay bis Voessienne, jedoch, da dieser Ort links von der Straße liegt, sich a cheval auf der Straße aufstellend.

Die 4te Infanterie-Division marschirt bis Epernay, dahin kommt auch das Hauptquartier und die Infanterie-Reserve-Brigade.

Auf dieser Straße marschiren die Pontons der Armee, es giebt die Infanterie-Reserve-Brigade ein Bataillon zu ihrer Bedeckung.

Am 8ten Juli

marschirt der Herr General-Lieutenant Graf Preising über Chateau Thierry bis Montreuil auf dem rechten Marne-Ufer. Die 2te Infanterie-Division marschirt bis Chateau Thierry, und eben so die 4te, das Hauptquartier, die Reserve-Brigade und die Pontons.

Der Herr General-Major Graf Seidewitz marschirt von la Charmoye über Jonvillieres nach Montmirail, wohin auch die 3te Infanterie-Division folgt.

Seine königliche Hoheit der Herr General-Lieutenant Prinz Carl marschiren von Etoges über Champeaubert, Vauchamps, Montmirail, nach Vieux maison, dahin folgt auch die 1ste Infanterie-Division und der Reserve-Park.

Am 9ten Juli

marschirt der Herr General-Lieutenant Graf Preising bis Meaux.

Die 2te Infanterie-Division marschirt an diesem Tage über Montreuil, la Ferté sous Jouarre, bis St. Jean les deux Jumeaux.

Die 4te Infanterie-Division marschirt bis Sommerou.

Die Infanterie-Reserve-Brigade an diesem Tage von Chateau Thierry über Villiers, la Guillotiere, Champerzy, St. Aulde nach la Ferté sous Jouarre, wohin auch das Hauptquartier kömmt.

Seine königliche Hoheit der Herr General-Lieutenant Prinz Carl marschirt von Vieux maison über la Ferté und Monteçeaux bis Trilport.

Der Herr General-Lieutenant v. Raglovich marschirt von Vieux maison über Russieres bis Monteceaux.

Der Herr General-Major Graf Seidewitz marschirt über Vieux maison bis Bussieres, wohin auch der Herr General-Lieutenant de Lamotte mit der 3ten Infanterie-Division marschirt.

Der Herr General-Major Baron Colonge wird heute noch die Herren Ingenieur-Offiziere abschicken, um die Brücken bei Chateau Thierry und la Ferté in möglichster Geschwindigkeit herzustellen. Der Herr General-Lieutenant Graf Preising wird diesen Herren Offizieren die nöthige Bedeckung mitgeben. Es ist zu trachten, daß die Brücken daselbst sämmtlich mit Landschiffen hergestellt werden, um am 9ten bei Trilport eine Ponton-Brücke schlagen zu können.

Da nach eingegangenen Nachrichten mehrere Banden bewaffneter Bauern und Partisans in der Gegend umher schwärmen, so werden die Truppen mit der gehörigen Vorsicht marschiren, und vorzüglich die einzelnen Detaschements sich gegen die Angriffe derselben sichern."

Hauptquartier Chalons, am 6ten Juli 1815.

(gezeichnet) Wrede,
Feldmarschall.

Die baiersche Armee marschirte demnach in zwei Kolonnen von Chalons, über Epernay und Montmirail, gegen Meaux.

Die Kolonne, welche nach Epernay marschirte, bestand: aus der 2ten Kavallerie-, der 2ten und 4ten Infanterie-Division, der Infanterie-Reserve-Brigade, und dem Hauptquartier.

Die Kolonne, welche nach Montmirail marschirte, bestand: aus der 1sten Kavallerie-, der 1sten und 3ten Infanterie-Division, der Kavallerie-Reserve-Brigade und dem Reserve-Artillerie-Park.

Die Stellung der baierschen Armee war am Abend folgende:

die 1ste Kavallerie-Division (Prinz Carl von Baiern) stand in Champeaubert;
die 2te Kavallerie-Division (Preising) in Moret;
die Kavallerie-Reserve-Brigade (Seidewitz) in la Charmoye;
die 1ste Infanterie-Division (Raglovich) in Etoges;
die 2te — — (Beckers) in Boessienne;
die 3te — — (de Lamotte) in la Charmoye;
die 4te — — (Zollern) } in Epernay;
die Infanterie-Reserve-Brigade (Maillot) } in Epernay;
das Hauptquartier des Feldmarschalls Fürsten Wrede war in Epernay.

Der Feldmarschall Fürst Wrede beschloß, als er erfuhr, daß

der Feind noch das Schloß von Thierry besetzt habe, diesen Punkt am folgenden Tage angreifen zu lassen; er sendete deshalb den Ingenieur-Major Edlinger mit 2 Esquadrons nach Chateau Thierry, um sowohl eine Erkennung der Gegend zu machen, als auch um einen Platz aufzusuchen, wo eine Brücke geschlagen werden könnte, um mit Hülfe derselben diesen Punkt umgehen, und von der andern Seite angreifen zu können. Als die Franzosen vom Heranrücken der baierschen Armee, und von ihren ernsthaften Anstalten unterrichtet wurden, verließ die Besatzung, nachdem sie die Brücke abgebrannt hatte, das Schloß Thierry, welches die Baiern sofort besetzten, und darin 13 Stück Kanonen, 26 Munitionswagen, 175,000 Flinten-Patronen, 200 Centner Pulver, und mehrere hundert Gewehre vorfanden.

Der General-Lieutenant Tschernitschef stieß heute zwischen Brie und Montmirail auf eine Abtheilung französischer Truppen; er griff selbige an, warf sie über die Seine zurück, und eroberte 5 Kanonen.

Das 3te Armee-Corps (Kronprinz v. Wirtemberg) marschirte bis nach Lüneville und der Gegend. Das Hauptquartier des Kronprinzen von Wirtemberg war in Lüneville.

Die Division Palombini erhielt vom Feldmarschall Fürsten Schwarzenberg den Befehl, nach Straßburg zurück zu marschiren, um das Einschließungs-Corps zu verstärken.

Die Hauptquartiere der drei Monarchen und des Feldmarschalls Fürsten Schwarzenberg, so wie das 4te russische Armee-Corps (Rajewsky) mußten heute die, von französischen Truppen noch besetzte Stadt Toul umgehen; es wurde unweit derselben rechts abgebogen, bei dem Dorfe Gondreville die Mosel passirt, und mit einem großen Umwege um die Stadt Toul herum marschirt, bis bei Mesnil die große Straße wieder erreicht wurde. Die Partheigänger und Landleute schossen heute überall aus den Waldungen, so daß von den marschirenden Truppen mehrere Menschen verwundet wurden; deshalb wurden 9 Mann von ihnen ergriffen, und sofort erschossen; sie waren aus den Dörfern Lagny, Pogney und Ecrouy.

Die Hauptquartiere der drei Monarchen und des Feldmarschalls Fürsten Schwarzenberg waren in dem kleinen Flecken Void.

Auf dem Wege dahin wurde dem Könige von Preußen, durch den Rittmeister und Adjudanten v. Fröhlich, die Nachricht von der mit Paris abgeschlossenen Uebereinkunft, und der Besetzung dieser Hauptstadt gemeldet.

Der 8te Juli.

Die baiersche Armee blieb im Marsch, und hatte am Abend die folgende Stellung:

die 2te Kavallerie-Division (Preising) passirte durch eine Furth die Marne, und marschirte bis Montreal;

die 2te und 4te Infanterie-Division, und die Infanterie-Reserve-Brigade passirten die Marne über eine Ponton-Brücke, und lagerten bei Chateau Thierry;

die 3te Infanterie-Division (Lamotte) und die Reserve-Kavallerie-Brigade (Seidewitz) lagerten bei Montmirail;

die 1ste Kavallerie- und die 1ste Infanterie-Division bei Vieux maison;

das Hauptquartier des Feldmarschalls Fürsten Wrede war in Chateau Thierry.

Das 3te Armee-Corps (Kronprinz von Wirtemberg) machte Ruhetag in Lüneville und der Gegend.

Der anfänglich über Nancy bestimmte Marsch des 3ten Armee-Corps wurde dahin abgeändert, daß er nun über Neufchateau fortgesetzt wurde.

Die östreichische Armee.

Das 1ste Armee-Corps (Colloredo) griff heute das feindliche Corps des Generals Lecourbe in seiner Stellung vor Bedfort aufs neue an, und es kam zu einem heftigen Gefechte; nach hartnäckigem Kampfe eroberten die Oestreicher die Dörfer Perouse und Parvilliers, wodurch nun die Festung Bedfort, noch enger als bisher, eingeschlossen wurde. Die Oestreicher verloren in diesem Gefechte 7 Offiziere als todt und 18 Offiziere als verwundet, und 1000 Mann an Todten und Verwundeten.

Das 1ste Armee-Corps nahm hierauf seine Stellung zwischen den Dörfern Herkourt und Savoureuse, und beobachtete die Straße nach Bessencourt und Lure.

Das 2te Armee-Corps (Fürst Hohenzollern) stand vor Straßburg.

Die östreichische Reserve (Erzherzog Ferdinand) stand in Neufchateau.

Die Hauptquartiere der drei Monarchen und des Feldmarschalls Fürsten Schwarzenberg wurden nach Ligny verlegt.

Das 4te russische Armee-Corps (Rajewsky) marschirte:

die 3te Husaren-Division (Tschaplitz) bis Ligny;

die 11te Infanterie-Division (Zwielenieff) bis nach Rieval;

die 17te — — (Alsufiew) bis nach Velaine und Neuville.

Die russische Armee war, wie es die Beilage No. 25. nachweiset, in Frankreich vorgerückt, und jetzt mit dem Kriegsheere vom Oberrhein auf gleicher Höhe angekommen. Das Hauptquartier des Feldmarschalls Grafen Barklay de Tolly war in Bar le Duc.

Der 9te Juli.

Die baiersche Armee marschirte:

die 5te Kavallerie-Division (Prinz Carl von Baiern) bis nach Trilport;

die 2te Kavallerie-Division (Preising) bis nach Meaux;

die 1ste Infanterie-Division (Raglisvich) bis nach Montreaux;

die 2te und 4te Infanterie-Division und die Infanterie-Reserve-Brigade bis nach la Ferté sous Jouarre;

die 3te Infanterie-Division, und die Kavallerie-Reserve-Brigade bis nach Brescieres;

das Hauptquartier des Feldmarschalls Fürsten Wrede war in la Ferté sous Jouarre.

Das 3te Armee-Corps (Kronprinz von Würtemberg) trat seinen fernern Marsch in zwei Kolonnen an:

die 1ste Kolonne unter dem Feldmarschall-Lieutenant Prinzen von Hessen-Homburg, bestehend aus dem östreichischen Husaren-Regiment Kronprinz von Wirtemberg und der hessischen Division, marschirte bis nach Bajon;

die 2te Kolonne unter dem General der Infanterie Grafen Franquemont, aus den wirtembergschen Truppen bestehend, marschirte nach Rembervillers.

Das Hauptquartier des Kronprinzen von Wirtemberg war in Bajon.

Die drei Monarchen reiseten mit wenig Begleitung, und zwar die Kaiser von Oestreich und Rußland von Ligny über St. Diziers, der König von Preußen hingegen über Bar le Duc und Metencourt, die ersteren von dem russischen kasanschen Dragoner-Regiment, der König von Preußen vom finnländschen Dragoner-Regiment begleitet, bis Chalons, wo sie am Nachmittage eintrafen, und wo 2 Compagnien des smolenskischen Infanterie-Regiments (der 12ten russischen Infanterie-Division) die Wache bei ihnen versahen.

Der Feldmarschall Fürst Schwarzenberg verfügte sich heute in das Hauptquartier des östreichischen Reserve-Corps nach Doulevent.

Die Hauptquartiere der drei Monarchen kamen nach St. Diziers, wohin auch das 4te russische Armee-Corps (Rajewsky) marschirte.

Der 10te Juli.

Der baierschen Armee gab der Feldmarschall Fürst Wrede folgende Disposition:

„Die Armee wird in nachbemerkten Tagen folgendergestalt aufgestellt:

Seine königliche Hoheit der Herr General-Lieutenant Prinz Carl marschiren mit der 1sten Kavallerie-Division am 10ten über Nanteuil, Bautigny nach Crecy, am 11ten marschiren Höchstdieselben nach Tournon, am 12ten nach Villeneuf St. George, woselbst und in dessen Konkurrenz von dieser Division Kantonirungsquartiere, jedoch nur auf dem rechten Seine-Ufer bezogen werden. Seine königliche Hoheit nehmen Ihr Quartier in Villenewve.

Der Herr General-Lieutenant Graf Preising marschirt mit der 2ten leichten Kavallerie-Division am 10ten mit der Tete bis Formontiere, am 11ten mit der Tete bis Aubepierre, und am 12ten nach Melun, wo und in dessen Konkurrenz Kantonirungsquartiere, jedoch nur auf dem rechten Seine-Ufer bezogen werden. Der Herr General-Lieutenant nehmen ihr Quartier in Melun.

Die schwere Kavallerie-Reserve-Brigade marschirt am 10ten über la Ferté sous Jouarre nach Rebais, am 11ten nach Colommiers, und am 12ten nach Rocoy, wo und in dessen Konkurrenz Kantonirungsquartiere bezogen werden. Der Herr General-Lieutenant nehmen ihr Quartier in Rocoy.

Der Herr General-Lieutenant Baron Zollern bezieht mit der 4ten Infanterie-Division morgen Kantonirungsquartiere auf dem rechten Flügel in Meaux.

Der Herr General-Lieutenant von Ragliovich bezieht mit der 1sten Infanterie-Division morgen Kantonirungsquartiere, mit dem rechten Flügel an Lagny, mit dem linken an Crecy. Der Herr General-Lieutenant nehmen ihr Quartier in Lagny.

Der Herr General-Lieutenant Graf Beckers marschiren mit

der 2ten Infanterie-Division morgen nach Coulommiers, den 11ten nach Fontenay, und dislozirem am 12ten dieselbe, mit dem linken Flügel an Chaulmes, mit dem rechten Flügel an Brie Comte Robert. Der Herr General-Lieutenant nehmen ihr Quartier in diesem Orte.

Der Herr General-Lieutenant de Lamotte marschirt am 10ten nach Bellot St. Leger, und rückt am 11ten in die Kantonirungen, mit dem rechten Flügel an Couloumiers, mit dem linken nach la Ferté gaucher. Der Herr General-Lieutenant nehmen ihr Quartier in Couloumiers.

Die Infanterie-Reserve-Brigade und das Hauptquartier marschiren morgen über Couloumiers nach Rozoy, am 11ten nach Gros-bois, wohin das Hauptquartier verlegt wird, und in dessen Konkurrenz sich die Infanterie-Reserve-Brigade dislozirt.

Der Artillerie-Reserve-Park und die Pontons, zu deren Bedeckung die Infanterie-Reserve-Brigade ein Bataillon detaschirt, marschiren morgen nach Crecy, am 11ten in die Kantonirungen nach Tournon.

Wenn die Divisionen und Brigaden, Reserve-Parks und Pontons in der eben bezeichneten Stellung eingetroffen sind, dürfen zwar enge Kantonirungen bezogen werden, allein in der Art, daß jede Brigade in 3 Stunden Zeit, und jede Division in 6 Stunden Zeit, sich vereinigen kann.

Weniger als eine Compagnie oder Esquadron darf durchaus nicht in einen Ort gelegt werden. In jedem Kantonement müssen die Aus- und Eingänge besetzt, und eine Hauptwache aufgestellt werden.

Die einschlägigen Präfekturen und Unter-Präfekturen werden dahin verständiget, daß die Ortschaften, welche keine Einquartirung haben, zur Beschaffung der Lebensmittel und Fourage in die belegten Ortschaften zu konkurriren haben.

Gleich nach dem Einrücken beschäftigen sich die Herren Divisions-Kommandanten, durch abzuschickende Detaschements, die nie schwächer als eine Compagnie oder Esquadron seyn dürfen, die Wälder zu durchstreifen, und die bewaffneten Brigands aufzuheben; alle Bewohner werden entwaffnet, und Waffen und Munition an den Reserve-Park abgeliefert.

Es wird die allerstrengste Mannszucht anbefohlen, und bleiben die Herren Divisions-Kommandanten dafür verantwortlich. Jede Division errichtet in ihrem Bezirk ein kleines Spital, bis ein Hauptspital ausgemittelt seyn wird.

Da vom Tage des Einrückens an, mehr als ein zweitägiger Vorrath von Lebensmitteln nicht nothwendig ist, so sind unter der schwersten Verantwortung, die zur Fortbringung derselben bisher nothwendig gewesenen Landfuhren, zu entlassen. Diejenigen Pferde aber, deren Eigenthümer entlaufen, sind unter strengster Verantwortung der Herren Divisions-Kommandanten an den Artillerie-Reserve-Park abzuliefern."

Das bei den Divisionen befindliche Schlachtvieh, ist für unvorhergesehene Fälle bei den Divisions-Stäben zu behalten, und verpflegen zu lassen."

Hauptquartier la Ferté sous Jouarre, den 9ten Juli 1815.

(gezeichnet) Wrede,
Feldmarschall.

Nachtrag zu der heutigen Disposition.

„Die heute gegebene Disposition wird dahin abgeändert: daß Seine königliche Hoheit der Herr General-Lieutenant Prinz Carl am 12ten, statt nach Villeneuve zu marschiren, von Tournon nach Brie Comte Robert, den 13ten aber nach Corbeil marschirt, und dort à cheval auf dem linken Ufer der Seine enge Kantonirungen bezieht.

Eben so marschirt der Herr General-Lieutenant Graf Preising am 12ten nach Melun, und bezieht sodann ebenmäßig Kantonirungen auf dem linken Seine-Ufer.

Das Hauptquartier bleibt morgen den 10ten dahier, marschirt den 11ten, und mit ihm die Reserve-Infanterie-Brigade, nach Couloumiers, am 12ten nach Rocoy, am 13ten nach Melun.

Die Kavallerie-Reserve-Brigade bleibt in ihrer heutigen Stellung den 10ten stehen, marschirt den 11ten über la Ferté sous Jouarre nach Rebais, am 12ten nach Couloumiers, am 13ten nach Rocoy, und bezieht daselbst und in der Konkurrenz Quartiere; das Brigade-Quartier bleibt in Rocoy.

Der Herr General-Lieutenant Graf Beckers dehnen ihre Kantonirungen, und zwar den rechten Flügel erst am 13ten, nach Brie Comte Robert aus.

Der Herr General-Lieutenant de Lamotte marschiren am 12ten von la Ferté gaucher nach Provins, und beziehen am 13ten in dieser Stadt, in Nangis und Donnemarie Kantonirungen.

In allem Uebrigen folgen die Truppen ihren früher gegebenen Bestimmungen.

Es wird bemerkt, daß sämmtliche Divisionen und Brigaden in denen ihnen angewiesenen Kantonirungen, nur auf 2, oder höchstens 3 Ruhetage rechnen können, daher keinem Herrn Offizier erlaubt werden darf, sich aus seiner Kantonirung zu begeben."

Hauptquartier la Ferté sous Jouarre, am 9ten Juli 1815.

(gezeichnet) Wrede,
Feldmarschall.

Zufolge der getroffenen Uebereinkunft mit den Feldmarschällen Herzog Wellington, Fürsten Blücher und Fürsten Schwarzenberg, erhielt die baiersche Armee die vorläufige Bestimmung, zwischen der Seine und Marne Kantonirungen zu beziehen, und die Spitzen ihrer Kolonnen auf das linke Ufer der Seine vorzupoussiren.

Die Stellung des Oberrheinischen Kriegsheeres war am 10ten Juli folgende:

Die baiersche Armee marschirte, nachdem über die Marne zwei Schiffbrücken geschlagen worden:

die 1ste Kavallerie-Division (Prinz Carl von Baiern) bis nach Crecy;

die 2te Kavallerie-Division (Preising) nach Fortmoutier;

die Infanterie- und Kavallerie-Reserve-Brigaden blieben in der gestrigen Stellung;

die 1ste Infanterie-Division (Raglovich) nach Lagny;

die 2te — — (Beckers) nach Couloumiers;

die 3te — — (Lamotte) nach Bellot;

die 4te — — (Zollern) nach Meaux;

das Hauptquartier des Feldmarschalls Fürsten Wrede verblieb in la Ferté sous Jouarre.

Das 3te Armee-Corps (Kronprinz von Wirtemberg):

die 1ste Kolonne (Prinz von Hessen-Homburg) marschirte bis nach Vezelize;

die 2te Kolonne (Graf Franquemont) bis nach Mirecourt;

das Hauptquartier des Kronprinzen von Wirtemberg war in Mirecourt.

Die östreichische Armee:

das 1ste Armee-Corps (Graf Colloredo) stand zwischen Hericourt und Savoureuse unweit Bedfort;

das 2te Armee-Corps (Fürst Hohenzollern) vor Straßburg;

die östreichische Reserve (Erzherzog Ferdinand) in Doulevant und der Gegend.

Das Hauptquartier des Feldmarschalls Fürsten Schwarzenberg war in Doulevant.

Die drei Monarchen trafen heute von Chalons, zuerst unter Bedeckung des russischen Kosaken-Regiments Wlassow des 3ten, sodann baierscher Reiterei, und jenseits Meaux auf ihrer Reise von englischer Reiterei begleitet, in Bondy ein, woselbst das 3te englische Garde-Regiment zur Ehrenwache aufgestellt war; allein die Monarchen veränderten ihren frühern Entschluß, hier zu übernachten, und trafen des Abends um 9 Uhr unerkannt in Paris ein.

Die Hauptquartiere der drei Monarchen waren in Sommepuis.

Das 4te russische Armee-Corps (Rajewsky) marschirte:

die 3te Husaren-Division (Tschaplitz) nach Ferre Champenoise;
die 11te Infanterie-Division (Zwielenief) nach Soude St. Croix;
die 17te Infanterie-Division (Alsufiew) nach Poivre.

Sechstes Kapitel.

Feldzug des östreichischen Kriegsheeres von Ober-Italien in Frankreich.

In Ober-Italien hatte sich unter dem General der Kavallerie Baron Frimmont, im Monat Juni, mit Einschluß der piemontesischen Truppen (15,000 Mann) ein östreichisches Kriegsheer von 60,0000 Mann (wie es die Beilage No. 25. nachweiset) vereiniget; es setzte sich im Juni in Bewegung, um durch Wallis und Savoyen in Frankreich einzurücken, und theilte sich in zwei Hauptkolonnen, von denen die stärkste durch Wallis, die schwächste (Bubna) von Piemont aus, durch Savoyen, beide gegen die Rhone vorrückten.

Diesem Kriegsheere stand die französische Alpen-Armee, unter dem Befehle des Marschalls Suchet, entgegen, die aus den beiden Divisionen Dessaix und Maransin und wenig Reiterei bestand, und nur 15 bis 18,000 Mann stark war. Von Napoleon erhielt der Marschall Suchet Befehl, die Feindseligkeiten nicht früher, als am 14ten Juni (wo sie französischer Seits auch in den Niederlanden anfangen sollten) und nur in dem Fall früher zu beginnen, wenn er durch die Angriffe des östreichischen Kriegsheeres dazu genöthiget werden sollte; er sollte dem östreichischen Kriegsheere die Gebirgspässe im Wallisserlande und in Savoyen versperren, und es vom Vordeingen in Frankreich abhalten.

höchstens 3 Ruhetage rechnen können, daher keinem Herrn Offizier erlaubt werden darf, sich aus seiner Kantonirung zu begeben."

Hauptquartier la Ferté sous Jouarre, am 9ten Juli 1815.

(gezeichnet) Wrede,
Feldmarschall.

Zufolge der getroffenen Uebereinkunft mit den Feldmarschällen Herzog Wellington, Fürsten Blücher und Fürsten Schwarzenberg, erhielt die baiersche Armee die vorläufige Bestimmung, zwischen der Seine und Marne Kantonirungen zu beziehen, und die Spitzen ihrer Kolonnen auf das linke Ufer der Seine vorzupoussiren.

Die Stellung des Oberrheinischen Kriegsheeres war am 10ten Juli folgende:

Die baiersche Armee marschirte, nachdem über die Marne zwei Schiffbrücken geschlagen worden:

die 1ste Kavallerie-Division (Prinz Carl von Baiern) bis nach Crecy;

die 2te Kavallerie-Division (Preising) nach Fortmoutier;

die Infanterie- und Kavallerie-Reserve-Brigaden blieben in der gestrigen Stellung;

die 1ste Infanterie-Division (Raglio vich) nach Lagny;

die 2te — — (Beckers) nach Couloumiers;

die 3te — — (Lamotte) nach Bellot;

die 4te — — (Zollern) nach Meaux;

das Hauptquartier des Feldmarschalls Fürsten Wrede verblieb in la Ferté sous Jouarre.

Das 3te Armee-Corps (Kronprinz von Wirtemberg):

die 1ste Kolonne (Prinz von Hessen-Homburg) marschirte bis nach Vezelize;

die 2te Kolonne (Graf Franquemont) bis nach Mirecourt;

das Hauptquartier des Kronprinzen von Wirtemberg war in Mirecourt.

Die östreichische Armee:

das 1ste Armee-Corps (Graf Colloredo) stand zwischen Hericourt und Savoureuse unweit Bedfort;

das 2te Armee-Corps (Fürst Hohenzollern) vor Straßburg;

die östreichische Reserve (Erzherzog Ferdinand) in Doulevant und der Gegend.

Das Hauptquartier des Feldmarschalls Fürsten Schwarzenberg war in Doulevant.

Die drei Monarchen trafen heute von Chalons, zuerst unter Bedeckung des russischen Kosaken-Regiments Wlassow des 3ten, sodann baierscher Reiterei, und jenseits Meaux auf ihrer Reise von englischer Reiterei begleitet, in Bondy ein, woselbst das 3te englische Garde-Regiment zur Ehrenwache aufgestellt war; allein die Monarchen veränderten ihren frühern Entschluß, hier zu übernachten, und trafen des Abends um 9 Uhr unerkannt in Paris ein.

Die Hauptquartiere der drei Monarchen waren in Sommepuis.

Das 4te russische Armee-Corps (Rajewsky) marschirte:

die 3te Husaren-Division (Tschaplitz) nach Ferre Champenoise;
die 11te Infanterie-Division (Zwielenief) nach Soude St. Croix;
die 17te Infanterie-Division (Alsufiew) nach Poivre.

Sechstes Kapitel.

Feldzug des östreichischen Kriegsheeres von Ober-Italien in Frankreich.

In Ober-Italien hatte sich unter dem General der Kavallerie Baron Frimmont, im Monat Juni, mit Einschluß der piemontesischen Truppen (15,000 Mann) ein östreichisches Kriegsheer von 60,0000 Mann (wie es die Beilage Nr. 25. nachweiset) vereinigt; es setzte sich im Juni in Bewegung, um durch Wallis und Savoyen in Frankreich einzurücken, und theilte sich in zwei Hauptkolonnen, von denen die stärkste durch Wallis, die schwächste (Bubna) von Piemont aus, durch Savoyen, beide gegen die Rhone vorrückten.

Diesem Kriegsheere stand die französische Alpen-Armee, unter dem Befehle des Marschalls Suchet, entgegen, die aus den beiden Divisionen Dessaix und Maransin und wenig Reiterei bestand, und nur 15 bis 18,000 Mann stark war. Von Napoleon erhielt der Marschall Suchet Befehl, die Feindseligkeiten nicht früher, als am 14ten Juni (wo sie französischer Seits auch in den Niederlanden anfangen sollten) und nur in dem Fall früher zu beginnen, wenn er durch die Angriffe des östreichischen Kriegsheeres dazu genöthiget werden sollte; er sollte dem östreichischen Kriegsheere die Gebirgspässe im Walliserlande und in Savoyen versperren, und es vom Vordringen in Frankreich abhalten.

Der Marschall Suchet rückte hierauf in Savoyen und auf der Straße, die zum Simplon führt, bis an den Genfer See vor, allein die schnellen Märsche der Oestreicher verhinderten die Franzosen, die Straßen bei Meillerie durch das Sprengen der Felsen zu versperren, und sich der Pässe bei St. Moritz zu bemächtigen; auf dieser Seite kamen ihnen die Oestreicher zuvor, und in Savoyen wurden die Pässe, welche die Franzosen besetzt hielten, von den Oestreichern mit vieler Tapferkeit überwältiget.

Am 15ten Juni drängten die Franzosen von allen Seiten längs der Grenze von Montmelian bis nach Genf vor, und die piemontesischen Vorposten auf savoyischem Gebiete bis über die Isere zurück; sie gingen über die Arve, umringten von hieraus Genf, und hatten die Absicht, die wichtigen Pässe von Meillerie und St. Moriz zu erreichen, um der östreichischen Hauptkolonne, welche aus dem Wallisterlande herabstieg, den Ausgang zu versperren.

Als der Feldmarschall-Lieutenant v. Radivojevich die Meldungen vom Vorrücken der französischen Truppen erhielt, beschleunigte er den Marsch seiner Truppen über den Simplon dergestalt, daß sein Vortrab unter dem Befehl des Feldmarschall-Lieutenants Grafen Creenville, nach einem im schlechten Wetter sehr beschwerlichen, dreitägigen Marsch, St. Moritz besetzte, und gegen Monthey vorrückte.

Am 21sten Juni passirten die Franzosen bei Effreux die Brücke über die Durance, um dieselbe Zeit, da der General-Major Bogdan, welcher die Spitze des östreichischen Vortrabes (Creenville) befehligte, gegen Vauvier vorzurücken im Begriff stand. Es war der General Dessaix, der 4000 Mann von seiner Division in Evian zurückgelassen, und mit 2000 Mann, theils auf der Hauptstraße, theils über die Gebirge gegen Meillerie und St. Gingolf vorrückte. Der General v. Bogdan erkannte das Vorhaben des Feindes, und keine Unterstützung erwartend, rückte er dennoch mit seiner schwachen Abtheilung (2 Compagnien des 7ten Jäger-Bataillons, 2 Compagnien Wallachen, Illirier und Husaren), ohne Artillerie dem Feinde muthig entgegen, besetzte die Straße von Meillerie, und stellte sich zwischen diesem Orte und St. Gingolf auf.

Um 4 Uhr Nachmittags begann die französische Kolonne den Angriff auf Meillerie, den sie durch ein starkes Kanonenfeuer unterstützte, allein die Tapferkeit der östreichischen Truppen, welche durch ihre Führer einsichtsvoll geleitet wurden, machte alle Anstrengungen des Feindes vergeblich, die Oestreicher behaupteten Meillerie, drängten die Franzosen zurück, und verfolgten sie bis nach Evian; sie verloren 2 Offiziere an Verwundeten, und 73 Mann an Todten und Verwundeten.

Am 24sten und 25sten Juni passirte die Kolonne des Feldmarschall-Lieutenants Grafen Bubna den Mont Cenis, der Feind versuchte vergeblich, durch eine Diversion aus der Dauphinée sie daran zu hindern, indem er auf der, von Briançon über den Mont Genevre nach Turin führenden Straße vorrückte, und die Stellung von Clavieres besetzte.

Am 22sten Juni griffen die Franzosen bei Cesane eine Abtheilung östreichischer Truppen unter dem Obrist Obrion an, sie glaubten es müsse ihnen gelingen, durch Uebermacht diesen Posten zu überwältigen, allein sie wurden nach einem 4stündigen Gefechte mit namhaften Verlust zurückgeschlagen. Die Franzosen rückten an diesem Tage auch gegen Moutier in Savoyen vor, besetzten das stark verschanzte Conflans, und legten an der Mündung der Arli in die Isere einen Brückenkopf an.

Am 27sten Juni traf der General-Major v. Trenk vor Conflans ein, er traf seine Anstalten zum Angriff am folgenden Tage; jener wurde am 28sten in zwei Kolonnen ausgeführt, nämlich: die 1ste Kolonne des General-Majors d'Andezene rückte vor, eroberte den festen Posten von Vauton, und verfolgte den Feind bis Hopital, hier kam es zu einem sehr hartnäckigen Gefechte, der Feind erhielt Verstärkungen, und erneuerte seine Angriffe, dennoch behaupteten die Oestreicher den Ort. Die 2te Kolonne des General-Majors v. Trenk griff den feindlichen rechten Flügel sehr unerschrocken an, vertrieb ihn von den Anhöhen und aus der Stadt Conflans, welche der Feind aufs hartnäckigste vertheidigte, endlich aufgab, und sich bis in den Brückenkopf zurückzog; allein auch dieser wurde von den Oestreichern angegriffen, stürmend erobert und behauptet, so, daß der Feind nicht so viel Zeit behielt die Brücke abzutragen, welche er den rasch verfolgenden Oestreichern überlassen mußte.

Die Hauptkolonne unter dem unmittelbaren Befehl des kommandirenden Generals Baron Frimont war, nach dem Gefechte bei Meillerie am Genfer See, aus dem Walliserlande hervorgebrochen, und über Thonon bis zum 27sten Juni schon bis an die Arve vorgerückt, die Schnelligkeit der Bewegungen, die angestrengten Märsche, welche die Truppen während 10 Tagen bei ungünstiger Witterung durch die beschwerlichsten und höchsten Gebirge mit froher Bereitwilligkeit zurücklegten, werden in der Geschichte unvergeßlich seyn. Am 27sten Juni wurde von dem Vortrabe (Creenville) eine Abtheilung gegen Bonneville geschickt, um die Brücke über die Arve zu besetzen. Die Franzosen hatten Bonneville stark besetzt, die Lage des Dorfes in einem engen Thale bot ihnen viele Vortheile zur Vertheidigung dar; deshalb fanden die Oestreicher bei ihrem Angriff sehr heftigen Widerstand; da jedoch der östreichische Vortrab bei Carouge über die Arve setzte, nachdem der General v. Bogdan diesen Ort erobert und die Brücke hergestellt hatte, so mußten sich die Franzosen gänzlich zurückziehen, und das Thal der Arve nebst dem Uebergange bei Bonneville verlassen. Der Vortrab (Creenville) passirte sogleich die Stadt Genf, und vertrieb den Feind von den Anhöhen von Grand Saconex und aus St. Genis.

Am 29sten Juni folgte das Haupt-Corps (Radivojevich) nach. Das Regiment Esterhazi, welches in Honon stand, sollte auf dem Genfer See eingeschifft werden, um die verschanzte Stellung auf dem Jura-Gebirge anzugreifen; allein der stürmische See vereitelte diese Absicht, und das Regiment mußte zu Lande den weiten Umweg machen.

Am 1sten Juli wurden die Kolonnen zum Angriff auf das Jura-Gebirge geordnet, diese steile Gebirgswand mußte durch zwei enge Gebirgspässe überschritten werden, welche der Feind mit vieler Sorgfalt verschanzt hatte, so daß sie unangreifbar schienen. Der General Baron v. Frimmont beschloß den entfernteren Gebirgspaß, les Rousses genannt, zu welchem die Straße über Treiex und St. Cergue führt, zu erobern, und von da den näheren Weg über Gex nach St. Claude, durch eine Umgehung zu eröffnen, während der Feind in der Fronte beschäftiget würde. Man rückte in zwei Kolonnen vor, nämlich: der General von Fölseis über Crassi, Treiex gegen St. Cergue, und der Feldmarschall-Lieutenant v. Radivojevich gegen Gex; der Vortrab der letztern Kolonne (Bogdan) vertrieb den Feind von den gangbaren Höhen hinter Gex, und drängte ihn in den Engpaß zurück, wo er in den Verschanzungen sich, in einer fast unangreifbaren Stellung, behaupten zu wollen schien. Der General Bogdan, welcher den Feind nur beschäftigen wollte, ließ durch sein Fußvolk die steilen Höhen erklimmen, worauf der Feind, als er sich umgangen sah, die vorderste Schanze verließ, in der Hauptstellung sich jedoch noch ferner behauptete.

Die 1ste Kolonne (Fölseis) traf mit Tagesanbruch unweit

der

der Verschanzungen des Passes les Rousses ein, der Feind war auf einen Angriff nicht unvorbereitet, er hatte Verstärkungen an sich gezogen, und die zur Vertheidigung ohnehin so geeignete Gegend außerdem noch viel verschanzt, deshalb hatten einige Angriffe der Oestreicher nicht den gewünschten Erfolg. Der General von Fölseis verstärkte sich durch seine Reserve, und ordnete einen neuen Angriff; die Franzosen, dies gewahrend, eilten diesem zu begegnen, unternahmen aus ihren Verschanzungen einen Ausfall, und rückten den Oestreichern entschlossen entgegen. Den Vortheil des Herausrückens aus den Verschanzungen benutzte der General v. Fölseis mit so viel Klugheit als Entschlossenheit, er nahm die Franzosen mit seiner Reiterei und dem Geschütz in die Flanke, und warf sie mit so bedeutendem Verlust zurück, daß sie ihre Stellung hinter les Rousses und bei Morez nicht ferner behaupten konnten, und auch den Paß von la Faucille verlassen mußten. Der Oestreichische Vortrab verfolgte die Franzosen und erreichte noch am Abend St. Claude und St. Laurent. Der Verlust der Franzosen an Todten und Verwundeten war sehr bedeutend, auch verloren sie viele Gefangene.

Das Reserve-Corps (Meerville) rückte auf dem linken Ufer der Rhone vor, die Franzosen zogen sich auf das rechte Ufer der Rhone zurück, und zerstörten die Brücke von Seyssel.

Nachdem die verschanzten Engpässe des Jura-Gebirges eröffnet, und die östreichischen Truppen hindurch marschirt waren, so mußte zuvörderst das Fort de l'Ecluse eingeschlossen werden; es liegt in einer Felsenschlucht, und versperrt die Hauptstraße von Genf nach Lyon. Die Franzosen hatten auf dem Abhange des Berges, oberhalb des Forts, noch eine selbstständige Redoute erbauet, die alle Annäherung an das Fort auf einen weiten Umkreis erschwerte, und die vorliegende Ebene mit wirksamem Kanonenfeuer bestrich; die steilen Abhänge gestatteten nicht, diese Redoute mit Geschütz anzugreifen. Das Regiment Esterhazy hatte die feindlichen Posten aus Colonge und von den nächsten Höhen zurückgeworfen, und erhielt nun den Befehl, dieses wichtige Werk mit Sturm zu erobern. Nach geschehener Erkennung fand sich, daß das Werk vollkommen geschlossen, mit einer Art Gallerie gedeckt, und mit einer dreifachen Reihe Wolfsgruben versehen sey. In 2 Kolonnen wurde der Angriff ausgeführt; beide hatten viele Mühe und das heftigste Feuer auszuhalten, bis sie zum Sturm gelangten; doch der tapfersten Vertheidigung des Feindes ungeachtet, welche der Kommandant des Forts selbst leitete, wurde die Schanze von den Oestreichern erstürmt, ein Theil der Besatzung

R

niedergemacht, die andere gefangen, und 4 Kanonen nebst beträchtlichen Munitionsvorräthen und einer Fahne erobert; allein auch der Verlust des tapfern Regiments Esterhazy war groß, und bestand aus 4 verwundeten Offiziers, 18 Todten und 83 verwundeten Soldaten. Das Fort de l'Ecluse wurde sogleich enge eingeschlossen.

Da das Reserve-Corps (Merville) durch das Fort l'Ecluse verhindert wurde, auf der Hauptstraße von Genf nach Lyon vorzurücken, so mußte dieses Truppen-Corps das Fort am linken Ufer der Rhone umgehen, um den Uebergang bei Perte du Rhone zu erzwingen; (die Rhone, welche bei Genf 213 Fuß breit ist, hat 2 Meilen unterhalb l'Ecluse nur eine Breite von 15 bis 16 Fuß, und stürzt sich weiterhin mit außerordentlichem Geräusch in einen Trichter, dessen Felsen einander so nahe stehen, daß an einer Stelle beide Ufer nur 2 Fuß [Büsching sagt 2 Klafter] von einander entfernt sind). An dieser merkwürdigen Stelle, wo sich der reißende Strom in Felsenklüften zu verlieren scheint, hatte der Feind einen Brückenkopf angelegt, um den Uebergang zu vertheidigen; die Bewegung des 1sten Armee-Corps nach Chatillon zwang jedoch den Feind, diesen Brückenkopf zu räumen. Allein die daselbst befindliche steinerne Bogen-Brücke, ein Werk von vorzüglicher Schönheit, war gesprengt, und lag in Trümmern. An der Stelle, wo eine andere Brücke erbauet werden sollte, war das Felsenbette so weit geöffnet, daß kein Balken lang und stark genug war, um einen Uebergang zu Stande zu bringen. Eine Jochbrücke schien unmöglich zu seyn, indem der unterste und sehr tiefe Theil des gespaltenen Felsengewölbes keinen haltbaren Grund darbot. Der Obristlieutenant Winker des Pionnier-Corps ließ einen aus Faschinen und Baumstämmen mühsam verfertigten, über die tiefste Spalte der Wölbung gelegten Damm oder Röst erbauen, der einer auf mehreren Jochen ruhenden Brücke zum Grunde diente, auch mußte die Zufahrt zu dieser Brücke eben so mühsam in Stand gesetzt werden; außerdem wurde bei Gresin noch eine Laufbrücke hergestellt.

Der Vortrab des Reserve-Corps, vom Feldmarschall-Lieutenant Grafen Hardegg befehliget, passirte die Rhone zuerst, und fand den Feind bei Chaix hinter Chatillon auf dem Wege nach Mantua, in einer sehr vortheilhaften Stellung aufgestellt; der General Graf Hardegg ließ ihn sogleich in 3 Kolonnen angreifen, nämlich den linken Flügel durch das Landwehr-Bataillon Kerpen, die Mitte, unter dem General v. Mumb, durch 2 Bataillons des

Regiments Deutschmeister und 2 Eskadronen Wallachen, und den rechten Flügel durch das Landwehr-Bataillon Erzherzog Ludwig; das Gefecht wurde bald allgemein, das Feuer sehr heftig, weil der Feind sich standhaft vertheidigte, doch da er sich von den Kolonnen, welche ihn umgangen, mit rascher Entschlossenheit angefallen sah, so wurde er zum eiligen Rückzuge gezwungen. Er hinterließ viele Todte auf dem Schlachtfelde, und wurde bis über Nantua verfolgt; von den Oestreichern war der Obristlieutenant Graf Kollowrath verwundet, und 150 Mann waren getödtet.

Nach der Eroberung der Schanze vor dem Fort de l'Ecluse, wurde sogleich mit der Beschießung dieses Forts angefangen; der Obrist v. Blumenfeld von der Artillerie unternahm selbiges mit 8 Kanonen und 2 Haubitzen, er stellte dieses wenige Geschütz so umsichtig auf, daß nach 26 Stunden das Fort beträchtlich beschädiget wurde, und ein Pulvermagazin in die Luft flog, wodurch ein allgemeiner Brand entstand, und die feindliche Besatzung, aus dem Platze entfliehend, sich dem vorrückenden Regimente Deutschmeister ergeben mußte. Im Fort befanden sich 4 Kanonen, und sowohl hier als im Blockhause ein beträchtlicher Munitions-Vorrath. Die große Straße von Genf nach Lyon war so in 3 Tagen für das östreichische Kriegsheer von Obstakeln eröffnet.

Die Kolonne des Feldmarschall-Lieutenants Grafen Bubna traf am 3ten Juli in Echelles ein; ihr versperrte die Straße nach Lyon das zwischen Chambery und Lyon liegende Fort de la Grotte, weil es kein Mittel giebt, sich über diese Berge einen andern Weg zu bahnen, als der durch diesen Engpaß führet; das Infanterie-Regiment Kerpen, unter dem Obrist Obelen, schloß dieses Fort ein, und forderte dessen Besatzung zur Uebergabe auf, und unerwartet ergab sich selbige, 5 Offiziere und 95 Mann stark. Die Franzosen hatten die Straße verschüttet und unwegsam gemacht, allein durch den Eifer der Thalbewohner, welche der General Graf Bubna durch die Zimmerleute seines Heertheils unterstützte, wurde die Straße in 24 Stunden gangbar, so daß in der Nacht zum 7ten Juli die Truppen bereits durch den Engpaß zogen, während der Vortrab unter dem General Bretschneider über Pont de Beauvoisin bis le Albrets vorrückte. Gleichzeitig hatte der General-Major von Trenk, vom See Bourget herkommend, St. Genies erreicht, und eine Abtheilung zurückgelassen, welche das am rechten Ufer der Rhone liegende Schloß Pierre Chatel einschloß.

Am 3ten Juli hatte der General-Major v. Bogdan ein Gefecht bei Ojonax mit 2000 Mann feindlicher Truppen, unter dem

Artikel 1.

Zwischen beiden Armeen besteht ein Waffenstillstand.

Artikel 2.

Die Demarkationslinie zwischen ihnen geht von Maçon über Beaujeu, Chasselay, Larare, Montroller, Izeron, St. Andeol und Condrieu ausschließlich, und von da längs dem linken Ufer der Rhone, bis da, wo die Isere hineinfällt, längs diesem Fluß hinauf bis Grenoble, im Fall aber dieses schon genommen ist, zieht sich die Linie auf Vizille, und von da dem Ufer der Romanche nach, durch Amont. Die Truppen im Departement der Oberalpen behalten die Stellungen, die sie am Tage der Unterzeichnung gegenwärtiger Konvention inne hatten.

Artikel 3.

Am 13ten Juli verläßt demnach die französische Armee ihre gegenwärtige Stellung, und bezieht die Werke von Montessuy, zwischen der Rhone und Saone. Am 14ten werden diese den östreichischen Truppen vor Sonnenuntergang eingeräumt, so wie die Außenwerke des Brotteaux und der Guillotiere. Am 15ten werden die Vorstädte und Brückenköpfe von Guillotiere und des Brotteaux (bei Lyon) überantwortet. Am 16ten die Vorstadt de la Croix Rousse, und die Barriere von St. Clair. Endlich am 17ten werden alle Barrieren von Lyon übergeben, und die Stadt von den französischen Truppen geräumt, alles vor Sonnenuntergang. Die Straße, welche die französische Armee zu ihrem Rückzuge einschlägt, soll vor dem 21sten durch keine allirte Truppen besetzt werden.

Artikel 4.

Die französische Armee nimmt ihr ganzes Material, Feldgeschütz, Kriegskassen, Pferde, und alles was zum Eigenthum der Regimenter gehört, ohne Ausnahme mit sich; so wird es auch mit dem Personal der Depots und der verschiedenen Armee-Verwaltungszweige gehalten. Im Fall die französische Armee einen Theil ihrer Kriegsgeräthschaften zu Lyon zurückließe, wird darüber ein Verzeichniß verfertiget; die Gegenstände bleiben dort im Depot, und sind der Loyauté des östreichischen Oberbefehlshabers anvertrauet. Die Forts, Redouten und Befestigungswerke bleiben unverändert während des Waffenstillstandes.

Artikel 5.

Die Kranken und Blessirten, nebst den Feldärzten, die man zu ihrer Besorgung zurückläßt, kommen unter besondern östreichischen Schutz.

greifen, sie wurde nach einem heftigen Gefechte von den Oestreichern erstürmt, und 4 Kanonen, 1 Haubitze und 8 Munitionswagen erobert, auch viele Gefangene gemacht. Der General von Pflügen besetzte die Stadt Maçon, und stellte seine Truppen-Abtheilung auf dem rechten Ufer der Saone auf.

Es rückte gleichzeitig das 2te Armee-Corps (Bubna), am linken Ufer der Rhone gegen Lyon, bis zu den Verschanzungen der Vorstadt la Guillotiere vor, und auch das Reserve-Corps (Merville) traf nach einigen zwischen der Saone und der Rhone vorgefallenen, leichten Vorpostengefechten, jetzt bei Lyon ein, während das 1ste Armee-Corps (Radiwojevich) sich anschickte, bei Maçon über den Fluß Saone zu setzen.

Da erschien am 11ten Juli ein französischer Abgesendeter, der den Antrag machte, einen Waffenstillstand zu unterhandeln. Man ließ sich mit ihm auf die Bedingungen ein, daß die Stadt Lyon nebst dem verschanzten Lager von den Franzosen geräumt werde, und der Marschall Suchet mit den französischen Truppen sich in eine Demarkationslinie bis hinter die Loire zurückziehe. Schon am folgenden Tage wurde dieser Vertrag unterzeichnet, und in demselben die Räumung von Lyon vom 12ten bis 17ten Juli festgesetzt.

Das östreichische Kriegsheer von Ober-Italien hat in dem kurzen Zeitraum von 29 Tagen seit seinem Ausmarsch aus der Lombardei, die Gefechte von Sezane, Meillerie, Bonneville, Conflans, Hopital, Ojonax, am Jura-Gebirge, beim Fort Ecluse, Maçon, la Crotte und Grenoble, ruhmvoll gekämpft, und Lyon die zweite Hauptstadt des Reichs, besetzt. Es war bis in den Mittelpunkt des mittäglichen Frankreichs vorgerückt, hatte alle seine Streitkräfte vereiniget, und war zu den kräftigsten Unternehmungen bereit.

Die Anführer des östreich-italiänischen Kriegsheeres bewiesen in dem kurzen Feldzuge, in welchem sie innerhalb 3 Wochen über die Alpen gingen, und in Lyon einzogen, eine sehr achtungswerthe Thätigkeit. In einer Reihe von abgesonderten, theilweis bestandenen, aber sehr heftigen Gefechten, kämpften die Oestreicher mit ausgezeichneter Tapferkeit und Ausdauer, und ihre Generale bewährten, unter sehr schwierigen Ortsverhältnissen ein richtiges Urtheil, sichern Blick, und eine glückliche Ausführung.

Der Waffenstillstands-Vertrag zwischen dem östreichischen Kriegsheere von Ober-Italien und der französischen Alpen-Armee lautete also:

Artikel 1.

Zwischen beiden Armeen besteht ein Waffenstillstand.

Artikel 2.

Die Demarkationslinie zwischen ihnen geht von Maçon über Beaujeu, Chasselay, Tarare, Montrolier, Yzeron, St. Andeol und Condrieu ausschließlich, und von da längs dem linken Ufer der Rhone, bis da, wo die Isere hineinfällt, längs diesem Fluß hinauf bis Grenoble, im Fall aber dieses schon genommen ist, zieht sich die Linie auf Vizille, und von da dem Ufer der Romanche nach, durch Almont. Die Truppen im Departement der Oberalpen behalten die Stellungen, die sie am Tage der Unterzeichnung gegenwärtiger Konvention inne hatten.

Artikel 3.

Am 13ten Juli verläßt demnach die französische Armee ihre gegenwärtige Stellung, und bezieht die Werke von Montessuy, zwischen der Rhone und Saone. Am 14ten werden diese den östreichischen Truppen vor Sonnenuntergang eingeräumt, so wie die Außenwerke des Brotteaux und der Guillotiere. Am 15ten werden die Vorstädte und Brückenköpfe von Guillotiere und des Brotteaux (bei Lyon) überantwortet. Am 16ten die Vorstadt de la Croix Rousse, und die Barriere von St. Clair. Endlich am 17ten werden alle Barrieren von Lyon übergeben, und die Stadt von den französischen Truppen geräumt, alles vor Sonnenuntergang. Die Straße, welche die französische Armee zu ihrem Rückzuge einschlägt, soll vor dem 21sten durch keine alliirte Truppen besetzt werden.

Artikel 4.

Die französische Armee nimmt ihr ganzes Material, Feldgeschütz, Kriegskassen, Pferde, und alles was zum Eigenthum der Regimenter gehört, ohne Ausnahme mit sich; so wird es auch mit dem Personal der Depots und der verschiedenen Armee-Verwaltungszweige gehalten. Im Fall die französische Armee einen Theil ihrer Kriegsgeräthschaften zu Lyon zurückließe, wird darüber ein Verzeichniß verfertiget; die Gegenstände bleiben dort im Depot, und sind der Loyauté des östreichischen Oberbefehlshabers anvertrauet. Die Forts, Redouten und Befestigungswerke bleiben unverändert während des Waffenstillstandes.

Artikel 5.

Die Kranken und Blessirten, nebst den Feldärzten, die man zu ihrer Besorgung zurückläßt, kommen unter besondern östreichischen Schutz.

Artikel 6.

Die erstern können sogleich nach ihrer Herstellung zu ihren Corps zurückkehren.

Artikel 7.

Die Weiber und Kinder von Individuen, die bei der französischen Armee stehen, können zu Lyon, oder in andern, von den östreichischen Truppen besetzten Gegenden bleiben, oder auch ungehindert mit ihrem und ihrer Männer Eigenthum zur Armee ziehen.

Artikel 8.

Die Linien-Offiziere, welche entweder Föderirte oder Tirailleurs der Nationalgarden befehligen, können, nach ihrer Wahl, zur Armee oder nach Hause zurückkehren.

Artikel 9.

Der innere Dienst zu Lyon, Vienne, Ville franche, und andern Städten innerhalb der Demarkationslinie, wird durch die Nationalgarden, gemeinschaftlich mit den allirten Truppen, versehen.

Artikel 10.

Die gegenwärtigen Behörden sollen respektirt werden, auch sollen die Beamten und alle Individuen, die sich aus den besetzten Gegenden entfernen wollen, sicheres Geleit erhalten.

Artikel 11.

Das Eigenthum, die Denkmäler, und die öffentlichen Anstalten, sie mögen der Regierung gehören, oder von den Munizipalbehörden abhängen, werden respektirt, und die Befehlshaber der östreichischen Armee enthalten sich aller Einmischung in die örtliche Verwaltung.

Artikel 12.

Auch die Privatpersonen und ihr Eigenthum bleiben unangetastet, die Einwohner fahren fort im Genuß ihrer Rechte und Freiheiten, ohne um irgend etwas zur Untersuchung gezogen und beunruhiget zu werden, was sich auf ihre gegenwärtigen oder verflossenen Amtsverrichtungen, auf ihr Benehmen und ihre politische Meinung beziehen könnte.

Artikel 13.

Die östreichischen Autoritäten werden sich mit den französischen zu Handhabung von öffentlicher Ruhe und Ordnung in Einverständniß setzen.

Artikel 14.

Die freie Zufuhr von Lebensmitteln nach Lyon, und den besetzten Provinzen soll durch die fremden Truppen auf keine Weise gestört, vielmehr durch [illegible] [illegible] sichere Verkehr befördert werden. Das Gleiche versteht sich auch von den Forts und Kriegsplätzen, die innerhalb der Demarkationslinie liegen.

Artikel 15.

Mit dem Maire von Lyon werden besondere Uebereinkünfte über die Einkasernirung der östreichischen Truppen abgeschlossen.

Artikel 16.

Gegenwärtiger Vertrag bestimmt die gegenseitigen Verhältnisse bis zum erfolgenden Friedensschlusse. Im Fall eines Bruches, soll er in den gewöhnten Formen wenigstens 10 Tage zuvor aufgekündiget werden.

Artikel 17.

Zweifelhafte Punkte dieser Konvention werden zu Gunsten der französischen Armee und der Städte Lyon, Vienne und Villafranche ꝛc. ausgelegt. So verhält es sich auch mit den, in dieser Konvention nicht erwähnten Fällen.

Artikel 18.

Die gegenwärtige Konvention ist in Betreff der Linien, welche sie angiebt, als obligatorisch erklärt, für alle östreichische und übrige alliirte Armeen; jedoch in Betreff der letztern unter Vorbehalt der Ratifikation der Mächte, von denen diese Armeen abhängen.

Artikel 19.

Die Ratifikationen sollen morgen den 12 Juli um 3 Uhr Nachmittags und, wo möglich, noch früher ausgewechselt werden.

Artikel 20.

Da die östreichischen Bevollmächtigten die Uebergabe des Forts Barreau und Pierre Chatel verlangt, und dagegen die von dem Herzoge von Albufera Bevollmächtigten erklärt haben, daß sie zu dieser Abtretung nicht ermächtiget seien, so ist man übereingekommen, diesen Gegenstand der Entscheidung der respektiven Regierungen anheim zu stellen.

Artikel 21.

Es werden gegenseitig Kommissarien zu Vollziehung obiger Konvention ernannt,

Artikel 22.

und sogleich längs der ganzen Linie beiderseits Offiziere abgeordnet, um den Feindseligkeiten Einhalt zu thun.

Artikel 23.

Die Artikel dieses Vertrages, welche sich im Widerspruche mit denjenigen befinden würden, was zu Paris zwischen den respektiven Regierungen abgeschlossen wird, sind als nicht bestehend anzusehen.

Also abgeschlossen und unterzeichnet zu Montluel am 11ten Juli 1815.

(unterzeichnet) General-Major Graf Ficquelmont.
Obrist Baron Kudelka, Chef des Generalstabes der italienischen Armee.

(unterzeichnet) General-Lieutenant Baron Pinthod.
Pons, Präfekt des Rhone-Departements.
Chevalier Ricci, Adjudant-Kommandant.
Jars, Maire der Stadt Lyon.

Eingesehen und ratifizirt mit folgenden Zusätzen:

Zum Art. 4. Die Verpflichtung, die Befestigungswerke in ihrem gegenwärtigen Stande zu lassen, geht nur auf diejenigen, welche bewaffnet übergeben werden.

Zum Art. 9. Die Bestimmung der Zahl und des Dienstes der Nationalgarden wird von den alliirten Militairautoritäten abhängen.

Zum Art. 18. Nach den Worten für alle östreichische Armeen, sollen auch die Worte stehen, und alle französische Armeen.

(unterzeichnet) der Ober-General Baron Frimmont.
der Marschall Herzog von Albufera, Ober-General der französischen Alpen-Armee.

Der sardinische General d'Osasco, der sich nach Nizza gewendet hatte, schloß dort mit dem Marschall Brune schon am 9ten Juli einen Waffenstillstand.

Nachdem die französische Alpen-Armee sich bis hinter die Loire zurückgezogen hatte, und von dem Kriegsheer von Ober-Italien (Frimmont) die Hauptstadt Lyon vertragsmäßig besetzt worden war, setzte sich das letztere Kriegsheer zum Theil in Marsch gegen die Saone. Das 2te Armee-Corps (Bubna) blieb in Lyon zurück, während das 1ste Armee-Corps (Radivojevich) gegen Chalons sur Saone vorrückte, um den dortigen Brückenkopf zu besetzen. Da jedoch noch eine feindliche Abtheilung (vom Corps des Generals Lecourbe) in Salins, und zwischen Dole und Pourtaliers stand, auch Besançon noch nicht von den verbündeten Truppen eingeschlossen war, so beschloß der Ober-General Baron Frimmont Besançon sofort einzuschließen, und jene feindliche Abtheilung in Salins anzugreifen.

Gegen Salins marschirte über Lons le saulnier unter dem General-Major Hecht dessen eigene und die Brigade des General-Majors Treuk (vom Reserve-Corps), während die Brigade des General-Majors Folseis (vom 1sten Armee-Corps) über Dole gegen Besançon vorrückte.

Als der Vortrab des 1sten Armee-Corps (Radivojevich) unter dem Feldmarschall-Lieutenant Grafen Creneville bei Chalons sur Saone eintraf, fand er zwar den Brückenkopf nach vom Feinde besetzt, allein als die Oestreicher angreifen wollten, verließ der Feind unerwartet die Stadt. Der General Hecht traf in Salins ein, der General Folseis bei Besançon; durch diese vereinigte Bewegung wurde der noch zu Salins stehenden französischen Abtheilung des Generals Laplane der Rückzug abgeschnitten, wodurch sie bewogen wurde, eine Uebereinkunft abzuschließen, zufolge der die Nationalgarden aufgelöst und nach ihrer Heimath entlassen, sämmtliche Generale und Offiziere aber als Kriegsgefangene über die Loire geschickt, und eins der beiden Forts von Salins den östreichischen Truppen übergeben wurde.

Am 20sten Juli rückte das 1ste Armee-Corps (Radivojevich) von Chalons sur Saone bis nach Autun vor, und dessen Vortrab gegen Nevers und Moulins.

Besançon wurde von östreichischen Truppen des oberrheinischen Kriegsheeres besetzt, und zu Dijon fand die Vereinigung des Kriegsheeres von Ober-Italien mit dem des Oberrheines statt.

Als die verbündeten Kriegsheere Kantonirungsquartiere in Frankreich bezogen, wurde das Kriegsheer von Ober-Italien nachfolgend verlegt:

- das 1ste Armee-Corps (Radivojevich), Hauptquartier nach Vienne an der Rhone;
- das 2te Armee-Corps (Bubna), Hauptquartier nach Lyon;
- das Reserve-Corps (Meerville), Hauptquartier nach Maçon;
- das sardinische Armee-Corps (Latour), Hauptquartier nach Gapp, den Departements des hautes Alpes und Grenoble;
- das Hauptquartier des Generals der Kavallerie Baron Frimont war in Lyon.

Der General-Major Gifflenga rückte am 11ten August nach Gapp, am 12ten nach Embrun, welche Festung sich ihm durch Uebereinkunft ergab; auch das Fort Barreau kapitulirte am 9ten August 1815.

Die östreichische italiänische Armee, unter dem Befehl des Feldmarschall-Lieutenants Baron Bianchy, rückte im

Monat August gleichfalls über Nizza, ungefähr 30,000 Mann stark in Frankreich ein, sie bezog Quartiere:

das Corps des Feldmarschall-Lieutenants Grafen Nugent in Nismes und der Gegend von Toulon;

das Corps des Feldmarschall-Lieutenants Grafen Neiperg in Avignon und der Gegend von Orange;

das Hauptquartier des Feldmarschall-Lieutenants Baron Bianchy war in Aix in der Provence.

Siebentes Kapitel.

Das niederländische Kriegsheer vom 11ten Juli bis zum Monat October 1815.

Zufolge der, unter den verbündeten Mächten (am 3ten August) abgeschlossenen Uebereinkunft, wurden dem englisch-niederländischen Kriegsheer zu Kantonirungen in Frankreich, die nachfolgenden Departements angewiesen; als:

1. das Departement Seine inferieure;
2. — — Eure;
3. — — Seine und Oise auf dem rechten Ufer der Seine;
4. das Departement Lis;
5. — — du Nord;
6. — — Seine und Marne auf dem linken Ufer der Seine;
7. das Departement Somme;
8. — — Pas de Calais;
9. — — Oise.

Das englisch-niederländische Kriegsheer besetzte den ganzen Distrikt zwischen der Seine, der Oise, und der Linie, welche von St. Denis bis Luzarches geht, und namentlich folgende Ortschaften:

St. Denis	Pierre laye	Bethemont
Pierre-fitte	Moulignon	Villers Adam
Eçouen	Margeny	Trepillon
Villetaneuve	Audilly	Besançourt
Aubonne	St. Preux	Taverny
le Plessis boychard.	Chanvry	St. Leu.

Montmorency	Baillet	Sannois
Villaines	Mont soult	Herblay
Belloy	Maffliers	Montigny
Villerslesec	Attainville	Lafrette
Deuil	Piscop	Sartrouville
Labarre	St. Brice	Conflans
St. Gratien	La Rue	Crugny
Epinay	Daumont	St. Ouen
Ermont	Moisselles	Naiville
Groslay	Ezanville	Luzarches.
Montmagny	Framouville	
Bouffemont	Cormeil	

Die braunschweigischen Truppen unter dem Obrist von Herzberg (später Obrist v. Olfermann):

das Hauptquartier, die 4 leichten Bataillons und die Artillerie in Clichy la Garenne;

die Avantgarde und Uhlanen in Villiers und la Panchette;

die 3 Linien-Bataillons in St. Ouen;

das Husaren-Regiment in St. Ouen, la Villette und la Chapelle;

die Hospitäler (in Laeken, Mecheln, Merzchthem) und Clichy la Garenne.

Die hanseatische Legion unter dem Obrist Campbell:

das Hauptquartier in Nesle, im Departement de la Somme, zwischen Peronne und Roye, 15 Meilen von Paris.

Das Hauptquartier des Feldmarschalls Herzogs Wellington bleibt unverändert in Paris.

Achtes Kapitel.

Das niederrheinische Kriegsheer, vom 11ten Juli bis zum Monat October 1815.

Der 11te Juli.

Der Feldmarschall Fürst Blücher gab dem 4ten preußischen Armee-Corps folgende Disposition:

„Die Avantgarde und Reserve-Kavallerie des 4ten Armee-Corps setzt sich sogleich nach Versailles und der Gegend in Marsch, das Corps selbst aber folgt morgen dahin nach. Das

Corps marschirt den 12ten bis Versailles und Gegend, und bezieht am 13ten Kantonirungen zwischen Versailles, Rambouillet und Houdan, die Reserve-Kavallerie geht bis Chartres und Gegend, und die Avantgarde bis Chateau d'Un; Detaschements werden bis Blois, Vendome, Nemours und Alençon geschickt, vom Corps selbst gehen Detaschements bis Evreux. Alle französische Truppen müssen aufgefordert werden über die Loire zurückzugehen, und im Weigerungsfall feindlich behandelt werden. An allen Orten werden die Einwohner und Nationalgarden entwaffnet, und sämmtliche Waffen und Militair-Effekten nach St. Germain gesandt.

Das 3te Armee-Corps kantonirt zwischen Fontainebleau, Nemours und Malesherbes, die Avantgarde und Reserve-Kavallerie bei Pithiviers und [illegible]; Detaschements gegen Orleans und Gien.

Von der Reserve-Kavallerie des 1sten Armee-Corps steht der General v. Katzler bei [illegible], [illegible], Melun und Mantes.

Der General v. Bülow wird sein Hauptquartier in Versailles nehmen, und ich werde das meinige hier in St. Cloud behalten."

Hauptquartier St. Cloud, am 11ten Juli 1815.

(gezeichnet) Blücher.

Für gleichlautende Abschrift der Chef des Generalstabes

Graf Gneisenau.

Der General Graf Bülow v. Dennewitz gab dem 4ten Armee-Corps auf den 11ten und 12ten Juli 1815 die folgende Disposition:

„Das 4te Armee-Corps bezieht Kantonirungs-Quartiere zwischen Versailles, Rambouillet und Houdan, die Reserve-Kavallerie bei Chartres, und die Avantgarde unter dem Obristen von Hiller bei Chateau d'Un.

Zu dem Ende bricht die Avantgarde unter dem Obristen von Hiller, und die Reserve-Kavallerie — das Ganze unter dem General-Major v. Sydow — noch heute auf, und marschirt bis Versailles und den umliegenden Dörfern in Quartiere.

Morgen, als den 12ten d. M., marschirt die Avantgarde unter dem Obristen v. Hiller bis Rambouillet und in die diesseits liegenden Dörfer. Der in Rambouillet stehende Major v. Colomb marschirt mit seinen unterhabenden Regimente nach Maintenon, zieht das Füsilier-Bataillon v. Keller an sich, poussirt seine Spitze bis Chartres, und meldet, was seine Patrouillen vom Feinde erfahren. Den 13ten marschirt er nach Chartres, und poussirt seine Spitze auf der Straße nach Chateau d'un, so weit als möglich vor.

Die Reserve-Kavallerie bezieht ihre Marschquartiere auf den 12ten hinter der Avantgarde zwischen le Tremblay, Bazoches, St. Remy, les Essarts, Maincourt, Levy, Coigneres, Maurepas, Jouarre, ein Detaschement nach Montfort vorpoussirt.

Der Obrist v. Hiller nimmt sein Quartier am 12ten in Rambouillet, und der General v. Sidow in Coigneres. Das Gros des Corps bricht morgen früh, als den 12ten um 5 Uhr, von Paris auf, und zwar die 14te und 15te Brigade nimmt den Weg bis bei der Barriere de l'Ecole militaire aus der Stadt, und über Vaugirard, Sevres nach Versailles. Die Brigade v. Losthin bis nach Versailles, Viroflay und St. Antoine. Die 14te Brigade nach Trapes, Boisarcy, St. Cyr und Guyencourt in Marschquartiere. Die 13te Brigade, und hinter ihr die Reserve-Artillerie passiren die Seine über die Brücke von Austerlitz, und marschiren aus der Barriere, die nach Montrouge führt, über Plessis piquet nach Toussu, Buc le Loges und Jouny in Marschquartiere.

Die Reserve-Artillerie nach Velisy, es bivouakirt ein Bataillon der 13ten Brigade zur Bedeckung bei derselben. Das 8te Dragoner-Regiment rückt morgen nach Sevres, und stößt mit dem folgenden Marsch vorläufig zu dem Gros des Corps. Alle Bagage folgt unmittelbar hinter ihren Brigaden, und es müssen aus den hiesigen Magazinen die Lebensmittel-Wagen beladen werden.

Die Brigaden senden Offiziere und ihre Kriegscommissarien voraus, um Quartiere und Verpflegung zu besorgen.

Das Hauptquartier kommt morgen nach Versailles, und die Ordonanz-Offiziere der Brigaden finden sich bei Zeiten daselbst ein, um den Befehl auf den 13ten, daselbst zu empfangen.

Das Bataillon von der 13ten Brigade, das in St. Germain steht, bleibt daselbst zur Besetzung bis auf weitere Ordre.

Alle französische Truppen, auf welche unsre Detaschements stoßen, müssen aufgefordert werden, über die Loire zurückzugehen, und im Weigerungsfalle feindlich behandelt werden. An allen Orten werden die Einwohner und Nationalgarden entwaffnet, und sämmtliche Waffen und Militair-Effekten nach St. Germain gesendet.

Das 3te Armee-Corps kantonirt zwischen Fontainebleau, Nemoyrs und Malesherbes. Die Avantgarde und Reserve-Kavallerie bei Pithiviers und Neufville; Detaschements nach Orleans und Gien. Von der Reserve-Kavallerie des 2ten Armee-Corps steht der General v. Katzler bei Poissy, Pontoise, Meulan und Mantes.

Das Hauptquartier Seiner Durchlaucht des Fürsten Blücher bleibt in St. Cloud."

Hauptquartier Paris, den 12ten Juli 1815, Nachmittags halb 5 Uhr.

(gezeichnet) Bülow v. Dennewitz.

Für die Richtigkeit der Abschrift der Chef des Generalstabes v. Mont. Valentini.

Die Stellung des niederrheinischen Kriegsheeres war also:

Das 1ste Armee-Corps (v. Zieten) verblieb in Paris.

Das 3te Armee-Corps (v. Thielemann) setzte seinen Marsch nach der Loire fort:

die 9te Brigade als Avantgarde, und zur Aufnahme der Reserve-Kavallerie, bis nach Pithiviers und in die rückwärts liegenden Dörfer;

von der Reserve-Kavallerie, die 1ste Brigade bis Mareau, Santeau, Chillers, Courcy, Bouzonville und Neufville, sie beobachtete die Straßen über Marigny, so wie die über Ambert und Artenay nach Orleans, und poussirte starke Patrouillen nach Orleans;

die 2te Brigade (der Reserve-Kavallerie) bis Beaumont und Gegend, und beobachtete die Straße, welche über Chatenay an die Loire führt, so wie die nach Gien führenden Wege. Sie poussirte starke Patrouillen bis gegen Gien;

die 10te Brigade bis Nemours und Gegend. Sie ließ durch ihre Reiterei die Verbindung mit der 2ten Kavallerie-Brigade unterhalten, und Montargis durch einen Posten besetzen;

die 11te Brigade bis Fontainebleau und Gegend;

die 12te Brigade bis Malesherbes und Gegend, sie unterhielt die Verbindung mit der 1sten Kavallerie-Brigade;

die Reserve-Artillerie bis Chailly, Fleury, St. Martin, Peters, Villers und St. Sauveur;

der Proviant-Train bis Pringy; Mennecy, Boissie le Roy;

das Hauptquartier des Generals v. Thielemann war in Fontainebleau.

Der General v. Thielemann befahl: daß beim unvermutheten starken Andringen des Feindes, die 1ste Kavallerie-Brigade auf die 9te Brigade, diese auf die 12te, die 2te Kavallerie-Brigade auf die 10te, und diese auf die 11te Brigade sich zurückziehen; daß die Meldungen der 1sten Kavallerie-Brigade über Pithiviers, Malesherbes und Fontainebleau gehen, und die dem General v. York wichtigen Nachrichten, diesem sogleich mitgetheilt werden; daß die Meldungen der 2ten Kavallerie-Brigade über Nemours nach Fontainebleau, aber auch zugleich an den General v. Hohe nach Moreau gehen sollten. Die 1ste Kavallerie-Brigade sollte die Verbindung mit dem 4ten Armee-Corps, die 2te Kavallerie-Brigade dagegen die mit der baierischen Armee aufsuchen. Die Dislokation sämmtlicher Brigaden sollte so eingerichtet werden, daß sie in zwei Stunden auf ihrem Versammlungspunkt seyn könnten; die Vorposten sollten in beständiger Wachsamkeit, und die Brigaden jederzeit in Bereitschaft seyn.

Das Hauptquartier der französischen Loire-Armee (Davoust) war in la Source, jenes des Generals Grafen Vandamme war in St. Marceau, diesseits der Brücke.

Das 4te Armee-Corps (Bülow v. Dennewitz):

das 8te Husaren-Regiment stand in Rambouillet;

der Vortrab unter dem General-Major v. Sidow, (die 16te Brigade und die Reserve-Kavallerie) marschirte bis nach Versailles;

das Corps blieb unverändert in Paris stehen;

das Hauptquartier des Generals Grafen Bülow verblieb in Paris.

Das Hauptquartier des Feldmarschalls Fürsten Blücher in St. Cloud.

Den 12ten Juli.

Die Stellung des niederrheinischen Kriegsheeres war folgende:

das 1ste Armee-Corps (v. Zieten) stand in Paris;

das 3te Armee-Corps (v. Thielemann) in Fontainebleau und der Gegend;

das 4te Armee-Corps (Bülow v. Dennewitz):

das 8te Husaren- und das Füsilier-Bataillon des 15ten Infanterie-Regiments in Maintenon;

der

der Vortrab (die 16te Brigade) in Rambouillet;
die Reserve-Kavallerie (General v. Sidow) in Coignieres;
das Dragoner-Regiment No. 3. in Sevres, das 1ste pommersche Landwehr-Kavallerie-Regiment und eine Esquadron des 1sten Neumärkischen Landwehr-Kavallerie-Regiments in Angerville;
die 13te Brigade (Obrist v. Lettow) in Jony;
die 14te Brigade (General v. Ryssel I.) in St. Cyr;
die 15te Brigade (General v. Losthin) in Versailles;
die Reserve-Artillerie in Velissy;
das Hauptquartier des Generals Grafen Bülow von Dennewitz war in Versailles.

Das Hauptquartier des Feldmarschalls Fürsten Blücher war in St. Cloud.

Der 13te Juli.

Der General Graf Bülow v. Dennewitz gab dem 4ten Armee-Corps folgende Disposition:

„Die Avantgarde und die Reserve-Kavallerie des 4ten Armee-Corps setzen die befohlnen Bewegungen gegen Chartres fort. Der Major v. Colomb mit seinem Detaschement wird direkte an die Befehle des Obristen v. Hiller gewiesen, und der Obrist von Hiller steht unter dem General v. Sidow, welcher in Abwesenheit Seiner königlichen Hoheit des Prinzen Wilhelm die ganze Avantgarde kommandirt; das Dragoner-Regiment No. 8. marschirt den 13ten von Sevres nach Coigneres, und stößt den 14ten über Rambouillet zur Reserve-Kavallerie in die Quartiere.

Das Gros des Armee-Corps bleibt morgen in seinen gegenwärtigen Quartieren stehen, und bezieht am 14ten die Kantonirungsquartiere zwischen Versailles, Rambouillet und Houdant:
die 13te Brigade wird bei Rambouillet kantoniren;
die 14te Brigade bei Houdant;
die 15te Brigade und die Reserve-Artillerie bei Versailles;
und werden die Brigaden über diese Kantonements das Nähere noch erhalten.

Es werden überall nach den Marsch- und Kantonirungsquartieren Offiziere vorausgeschickt, welche die Einquartirung und Verpflegung regelmäßig einrichten, und es müssen die Kriegscommissairs der Brigaden mit voraus gehen. Die vorzuschickenden befohlnen Detaschements nach Blois und Mans werden vom 8ten Husaren-Regiment (Major v. Colomb) von Vendome aus poussirt.

S

Die Reserve-Kavallerie detaschirt ein Regiment nach Nogent, als Zwischenposten zwischen Chateau d'un und Alençon, wohin, (nämlich nach Alençon) dieses Regiment ein Detaschement poussirt. Der Major von Blankenburg bleibt mit seinem Kavallerie-Regiment in Angerville stehen, unterhält die Verbindung mit dem 3ten Armee-Corps, poussirt sogleich ein Detaschement gegen Orleans vor, und tritt unter die direkten Befehle des General-Majors v. Sidow. Der General v. Sidow wird von der Reserve-Kavallerie die nöthigen Ordonanz-Relais zwischen der Avantgarde bei Chateau d'un und zwischen dem Hauptquartiere besorgen, und anzeigen, wo sie stehen. Die Zwischenstationen zwischen Versailles und Rambouillet, sollen von der Brigade-Kavallerie gegeben werden."

Hauptquartier Versailles, am 12ten Juli 1815.

(gezeichnet) Bülow v. Dennewitz.

Für gleichlautende Abschrift der Chef des Generalstabes

General-Major v. Valentini.

Die Stellung des niederrheinischen Kriegsheeres war also folgende:

das 1ste Armee-Corps (v. Zieten) stand in Paris;

das 3te Armee-Corps (v. Thielemann) in Fontainebleau und der Gegend.

Der Feldmarschall Fürst Blücher befahl: die Stadt Orleans solle durch den Vortrab (die 9te Brigade) besetzt werden, und die Reserve-Kavallerie zu dessen Unterstützung längs der Loire aufgestellt werden.

Das 4te Armee-Corps (Graf Bülow v. Dennewitz):

das Detaschement des Majors v. Colomb in Chartres;

der Vortrab (Obrist v. Hiller) zwischen Maintenon und Chartres;

die Reserve-Kavallerie (General v. Sidow) in Rambouillet;

das Dragoner-Regiment No. 8. in Coignieres, das Detaschement des Majors v. Blankenburg in Angerville;

das Corps blieb in Jony, St. Cyr und Versailles stehen;

das Hauptquartier des Generals Grafen Bülow v. Dennewitz war in Versailles.

Das Hauptquartier des Feldmarschalls Fürsten Blücher war in St. Cloud.

Der 14te Juli.

Das niederrheinische Kriegsheer hatte folgende Stellung inne:

das 1ste Armee-Corps (v. Zieten) verblieb in Paris;

das 3te Armee-Corps (v. Thielemann) in Fontainebleau und der Gegend.

Die 10te Brigade erhielt Befehl, in die Kantonirungen der nach Orleans abmarschirenden 9ten Brigade, nach Pithiviers und der Gegend zu rücken, und ihre jetzigen Quartiere den Oestreichern einzuräumen.

Mit dem herangerückten östreichischen Reserve-Corps, wurde die nachfolgende Uebereinkunft wegen der Kantonirungen geschlossen.

„Nemours und Beaumont, wo bisher 2 Divisionen des 3ten Armee-Corps gestanden haben, werden der kaiserlich östreichischen Armee abgetreten.

Die Grenze zwischen beiden Armeen wird gebildet durch die Straße, welche von Nemours über Beaumont, Bellegarde, Natenoy, Leborde auf Sully an der Loire geht, so daß die Orte auf der Straße der kaiserlich östreichischen Armee verbleiben. Nördlich von Nemours geht die Grenze den Kanal entlang bis Moret, welches letztere den östreichischen Truppen bleibt.

Fontainebleau bleibt dem 3ten preußischen Armee-Corps, da aber das Hauptquartier des Fürsten Schwarzenberg dorthin kommt, so wird die Deckung des Hauptquartiers daselbst einquartiert, und zu diesem Ende ein Bataillon des 3ten Armee-Corps aus diesem Orte weggenommen werden."

(gezeichnet) v. Klausewitz.
v. Heß,
kaiserlich östreichischer Hauptmann im Generalstab.

Das 4te Armee-Corps (Bülow v. Dennewitz):

das Detaschement des Majors v. Colomb stand in Bonneval und Houssay;

der Vortrab (Obrist v. Hiller) in Thyras und Chartres;

die Reserve-Kavallerie (General v. Sidow) hatte Ruhetag in Rambouillet und der Gegend;

die 13te Brigade (Obrist v. Lettow) blieb in Kantonirungen in Rambouillet und der Gegend;

die 14te Brigade (General v. Ryssel I.) in Kantonirungen in Houdan und der Gegend;

S 2

die 15te Brigade (General v. Losthin) in Kantonirungen in Versailles und der Gegend;

die Reserve-Artillerie in Trappes;

das Hauptquartier des Generals Grafen Bülow v. Dennewitz war in Versailles.

Das Hauptquartier des Feldmarschalls Fürsten Blücher war in St. Cloud.

Nach eingegangenen Meldungen, sollten am 12ten Juli ungefähr 15,000 Mann französischer Truppen bei Gien über die Loire gegangen seyn, die französische Artillerie damals bei la Charitée, und gegenwärtig bei Bourges stehen. 6000 Mann unter dem General-Lieutenant Grafen Erlon kantonirten auf dem linken Ufer der Loire, und der jenseitige Theil von Gien war von den Franzosen stark besetzt.

Der 15te Juli.

Der Feldmarschall Fürst Blücher gab dem 3ten Armee-Corps den Befehl, Kantonirungen zwischen Etampes und Neufville zu beziehen, und den östreichischen Truppen die Departements Loire und Marne zu überlassen; auch sollten die Requisitionen in Orleans möglichst unterstützt werden.

Die Stellung des niederrheinischen Kriegsheeres war folgende:

Das 1ste Armee-Corps (v. Zieten) verblieb in Paris.

Das 3te Armee-Corps (v. Thielemann):

die 9te Brigade (General v. Bork) rückte in Orleans ein;

die 10te Brigade (Obrist v. Kempfen) in Pithiviers und die Gegend;

die 11te Brigade (Obrist v. Luck) in Milly und die Gegend;

die 12te Brigade (Obrist v. Stülpnagel) in Malesherbes und die Gegend;

die Reserve-Kavallerie (General v. Hobe) stand längs der Loire;

das Hauptquartier des Generals v. Thielemann war in Fontainebleau, nebst dem 2ten Bataillon des 3ten kurmärkischen Landwehr-Infanterie-Regiments.

Der General v. Thielemann gab den Befehl, zur Herstellung der Sicherheit der Straßen Detaschements, jedes von einer Compagnie Fußvolk und 50 Pferden, zu bilden.

Das 4te Armee-Corps (Graf Bülow v. Dennewitz):

das Detaschement des Majors v. Colomb stand in Chateau d'un;

der Vortrab (Obrist v. Hiller) in Bonneval;

die Reserve-Kavallerie (General v. Sidow) in Kantonirungen in und bei Chartres, das Detaschement des Majors von Blankenburg in Angerville, es poussirte gegen Orleans;

das Corps verblieb in seiner Stellung;

das Hauptquartier des Generals Grafen Bülow v. Dennewitz in Versailles.

Das Hauptquartier des Feldmarschalls Fürsten Blücher war in St. Cloud.

Der 16te Juli.

Die Stellung des niederrheinischen Kriegsheeres war folgende:

Das 1ste Armee-Corps (v. Zieten) verblieb in Paris.

Das 3te Armee-Corps (v. Thielemann) bezog die folgenden Kantonirungen:

die 9te Brigade blieb in Orleans;

die 10te Brigade in Pithiviers und der Gegend;

die 11te Brigade in Etampes, Morigny, Champigny, Brieres les Selles, Chald St. Mars, St. Hilaire, Boutarvilles, Ormay la riviere;

die 12te Brigade in Thoury, Poinville, Germonville, Ghilay, Outaroil le Flauville, le Puiset, Oinville, Thivernou, Santilly, Chaussy;

die Reserve-Kavallerie:

die 1ste Brigade in Fleury, Chenelle, Ingre St. Jean, Saran, Rebrechhain;

die 2te Brigade in Boigny, Marigny, Benecy, Donory, Joy;

die Reserve-Artillerie in Malesherbes und der Gegend;

das Proviant-Amt in Etampes;

das Feldlazareth in Estrechy;

das Hauptquartier des Generals von Thielemann war in Etampes;

Das 4te Armee-Corps (Graf Bülow v. Dennewitz):

das Detaschement des Majors v. Colomb stand in Vendome, es sendete Vorderabtheilungen nach Blois, Mans und Tours;

der Vortrab (Obrist v. Hiller) stand in Chateau d'un;

die Reserve-Kavallerie (General-Major v. Sidow) verblieb in Kantonirungen in Chartres und der Gegend, und sendete ein Kavallerie-Regiment nach Nogent;

das Detaschement des Majors v. Blankenburg blieb in Angerville;

das Corps blieb in seinen Kantonirungen unverändert stehen; das Hauptquartier des Generals Grafen Bülow v. Dennewitz blieb in Versailles.

Das Hauptquartier des Feldmarschalls Fürsten Blücher war in St. Cloud.

Der 17te Juli.

Das niederrheinische Kriegsheer blieb unverändert in der gestrigen Stellung.

Der 18te Juli.

Der Feldmarschall Fürst Blücher benachrichtigte das 3te und 4te Armee-Corps, daß der französische General Lefebre Desnouettes über die Loire gegangen sey, und die Oestreicher angegriffen habe; er empfahl den Truppen die größte Wachsamkeit, und befahl, das 4te Armee-Corps solle Kantonirungen bei Chartres beziehen, das 3te Armee-Corps sich mit seinem linken Flügel mit den östreichischen Truppen, mit seinem rechten Flügel aber mit dem 4ten Armee-Corps in Verbindung setzen, auch die Verbindung mit den baierschen Truppen unterhalten, deren Hauptquartier in Montargis sey.

Der General Graf Bülow v. Dennewitz gab dem 4ten Armee-Corps die folgende Disposition:

„Das 4te Armee-Corps soll sich den 18ten in Marsch setzen, und Kantonirungen in und um Chartres beziehen. Die Avantgarde geht bis Vendome, und die Reserve-Kavallerie bis Chateau d'un, die Brigaden schicken ihre Quartiermacher so schleunig als möglich voraus. Es brauchen den Brigaden keine Rendezvous gegeben zu werden, sondern es wird nach Umständen Regimenter- und Bataillonsweise marschirt, und die Truppen auf den kürzesten Wegen dirigirt.

Die Verpflegung wird bis auf weitere Ordre aus den Quartieren genommen. Auf allen Punkten, wo die Truppen mit hinlänglicher Stärke hinkommen, wird sogleich die Entwaffnung sämmtlicher Einwohner und der Nationalgarden durch den kommandirenden Offizier ordnungsmäßig vorgenommen. Gleichfalls ist Beschlag auf alle Militair-Effekten zu legen, und diese Vorräthe und Waffen unter Bedeckung nach Chartres zu schicken. Die Ordonanz-Kommandos werden nach anliegender Bestimmung gegeben."

Hauptquartier Versailles, am 17ten Juli 1815.

(gezeichnet) Bülow v. Dennewitz.

Nachtrag.

Die nicht transportablen Kranken des Armee-Corps, werden von der Avantgarde und Reserve-Kavallerie in Chateau d'un und Chartres, von der 13ten und 14ten Brigade in Rambouillet, von der 15ten Brigade und der Reserve-Artillerie in Versailles versammelt, und in den daselbst befindlichen Lazarethen untergebracht. Die aus den benannten Orten ausrückenden Truppen, lassen die bei den Lazarethen schon angestellten Chirurgen und Aufseher zurück, welche die weitern Anordnungen vom General-Chirurgus Rust erhalten werden.

Die 15te Brigade ernennt einen Offizier, welcher in Rambouillet die Kommandantur-Geschäfte übernimmt, und dem zugleich ein Kommando von 50 Mann Infanterie mit den nöthigen Unteroffizieren von der Brigade zuzutheilen sind; dieses Kommando bleibt den 19ten Juli in Rambouillet zurück.

(gezeichnet) v. Valentini,
General-Major und Chef des Generalstabes.

Folgende Ordonanz-Relais sind in den neuen Kantonements zu stationiren:

1. Zwischen Chartres und Versailles:

von der 13ten Brigade	in Maintenon	1	Unteroffiz.	6	Pferde,
	in Rambouillet	1	—	6	—
von der 15ten Brigade	in Coigneres	1	—	6	—
	in Versailles	1	—	8	—

2. Von Charters nach Chateau d'un:

von der 13ten Brigade	in St. Loup	1	Unteroffiz.	6	Pferde,
	in Bonneval das Brigade-Quartier.				

3. Zwischen Chartres und Evreux:

von der 14ten Brigade	in Cherenon de Champs	1	Unteroffiz.	4	Pferde,
	in Dreux	1	—	8	—
	in St. Andree	1	—	4	—
	in Evreux steht eine Esq. d. Reserve-Kavallerie.				

Alle vorbenannten Relais müssen den 19ten Juli früh auf ihren Posten eintreffen, die bis jetzt gegebenen Relais sind von den respektiven Brigaden so zu instruiren, daß sie erst den 19ten Abends abgehen, und muß ihnen eine offene Ordre gegeben werden, der sie nachzufolgen haben.

Die Ordonanz-Relais müssen sich an der Straße einquartieren, und des Nachts muß vor dem Hause, wo der Unteroffizier wohnt, eine Laterne brennen.

(gezeichnet) v. Valentini,
General-Major.

Die Stellung des niederrheinischen Kriegsheeres war folgende;

Das 1ste Armee-Corps (v. Zieten) war in Paris.

Das 3te Armee-Corps (v. Thielemann) in Etampes und in Orleans.

Das 4te Armee-Corps (Graf Bülow v. Dennewitz):

der Vortrab (Obrist v. Hiller) in Chateau d'un;
die Reserve-Kavallerie in Bonneval und der Gegend;
die 13te Brigade in Chartres und der Gegend;
die 14te Brigade in Dreux und der Gegend;
die 15te Brigade zwischen les Essarts und Rambouillet;
die Reserve-Artillerie in Maintenon und Epernon;
die Pionnier-Compagnie (Nauk) in Coigneres;
die Feldbäckerei und Train-Kolonne in Rambouillet;
das Hauptquartier des Generals Grafen Bülow v. Dennewitz in Versailles.

Der Major v. Colomb wurde mit seiner Abtheilung gegen Blois aufgestellt, und setzte sich links mit dem 3ten Armee-Corps in Verbindung.

Das Detaschement des Majors v. Colomb wurde gegen Tours poussirt, und patrouillirte längs der Loire bis gegen Angers.

Das 10te Husaren-Regiment rückte von Nogent auf Mans, ließ aber in Alençon einen Posten, und patrouillirte nach la Fleche.

In Evreux blieb eine Esquadron bis auf weitere Ordre.

Das Bataillon in St. Germain blieb stehen, so wie das Regiment des Majors v. Kamke.

In Versailles blieb der Kommandant Major v. Kottulinski mit einem Bataillon der 15ten Brigade zurück.

Das Hauptquartier des Feldmarschalls Fürsten Blücher war in St. Cloud.

Der 19te Juli.

Die Stellung des niederrheinischen Kriegsheeres war:

Das 1ste Armee-Corps (v. Zieten) verblieb in Paris.

Das 3te Armee-Corps (v. Thielemann) in Etampes und der Gegend.

Das 4te Armee-Corps (Graf Bülow v. Dennewitz) marschirte heute:

der Vortrab (Obrist v. Hiller) nach Vendome und der Gegend;
die Reserve-Kavallerie bis nach Chateau d'un und der Gegend;
die 13te Brigade nach Bonneval;
die 14te Brigade nach Cornpville;
die 15te Brigade nach Maintenon und Gallerdon;
die Reserve-Artillerie in Kantonirungen im Kanton Chartres;
die Pionnier-Compagnie nach Epernon;
die Feldbäckerei und der Train nach Chartres und Rambouillet;
das Hauptquartier des Generals Grafen Bülow v. Dennewitz kam nach Chartres.

Das Hauptquartier des Feldmarschalls Fürsten Blücher blieb in St. Cloud.

Der 20ste Juli.

Der General v. Thielemann gab dem 3ten Armee-Corps die folgende Disposition:

„Die 9te Brigade bleibt in ihrer Stellung, ist aber immer schlagfertig, und handelt in enger Verbindung und Uebereinstimmung mit der Reserve-Kavallerie.

Die Reserve-Kavallerie bleibt gleichfalls in ihrer Stellung, schickt aber sogleich ein Kavallerie-Regiment links nach Sury an den Kanal von Orleans, welches die Bestimmung hat, die Zugänge zu unsern Kantonements auf dieser Seite zu decken, und die Verbindung mit der östreichischen und baierschen Armee zu unterhalten, wobei bemerkt wird, daß das Hauptquartier des Marschalls Wrede in Montargis ist, dieses Regiment wird also:

in Verbindung mit dem General v. Hobe bleiben,
die Wege nach Chateau neuf und Sully beobachten,
über Loires und Chailly die Verbindung mit der östreichisch-baierschen Armee aufsuchen und unterhalten,
wichtige Nachrichten sogleich an die 10te Brigade nach Pithiviers melden,
im Bivouak und in einer völligen Vorpostenstellung bleiben.

Sollten die östreichisch-baierschen Truppen sich so nahe befinden, daß das Regiment von Vitry aus, welches gleichfalls am Kanal von Orleans liegt, und näher an Orleans ist, den eben an-

der Park-Train bis Pringy; Montgermont, Boissise le Roi;

das Hauptquartier des Generals v. Thielemann war in Fontainebleau.

Der General v. Thielemann befahl: daß beim unvermutheten starken Andringen des Feindes, die 1ste Kavallerie-Brigade auf die 9te Brigade, diese auf die 12te; die 2te Kavallerie-Brigade auf die 10te, und diese auf die 11te Brigade sich zurückziehen; daß die Meldungen der 1sten Kavallerie-Brigade über Pithiviers, Malesherbes und Fontainebleau gehen, und die dem General v. York wichtigen Nachrichten, diesem sogleich mitgetheilt werden; daß die Meldungen der 2ten Kavallerie-Brigade über Nemours nach Fontainebleau, aber auch zugleich an den General v. Hobe nach Mareau gehen sollten. Die 1ste Kavallerie-Brigade sollte die Verbindung mit dem 4ten Armee-Corps, die 2te Kavallerie-Brigade hingegen die mit der baierischen Armee aufsuchen. Die Dislokation sämmtlicher Brigaden sollte so eingerichtet werden, daß sie in zwei Stunden auf ihrem Versammlungspunkt seyn könnten; die Vorposten sollten in beständiger Wachsamkeit, und die Brigaden jederzeit in Bereitschaft seyn.

Das Hauptquartier der französischen Loire-Armee (Davoust) war in la Source; jenes des Generals Grafen Vandamme war in St. Marceau, diesseits der Brücke.

Das 4te Armee-Corps (Bülow v. Dennewitz):

das 8te Husaren-Regiment stand in Rambouillet;

der Vortrab unter dem General-Major v. Sydow (die 16te Brigade und die Reserve-Kavallerie) marschirte bis nach Versailles;

das Corps blieb unverändert in Paris stehen;

das Hauptquartier des Generals Grafen Bülow verblieb in Paris.

Das Hauptquartier des Feldmarschalls Fürsten Blücher in St. Cloud.

Den 1[illegible]ten Juli.

Die Stellung des niederrheinischen Kriegsheeres war folgende:

das 1ste Armee-Corps (v. Zieten) stand in Paris;

das 3te Armee-Corps (v. Thielemann) in Fontainebleau und der Gegend;

das 4te Armee-Corps (Bülow v. Dennewitz):

das 8te Husaren- und das Füsilier-Bataillon des 15ten Infanterie-Regiments in Maintenon;

der

der Vortrab (die 16te Brigade) in Rambouillet;
die Reserve-Kavallerie (General v. Sidow) in Coignieres;
das Dragoner-Regiment No. 3. in Sevres, das 1ste pommersche Landwehr-Kavallerie-Regiment und eine Esquadron des 1sten Neumärkischen Landwehr-Kavallerie-Regiments in Angerville;
die 13te Brigade (Obrist v. Lettow) in Jony;
die 14te Brigade (General v. Ryssel I.) in St. Cyr;
die 15te Brigade (General v. Losthin) in Versailles;
die Reserve-Artillerie in Velissy;
das Hauptquartier des Generals Grafen Bülow von Dennewitz war in Versailles.

Das Hauptquartier des Feldmarschalls Fürsten Blücher war in St. Cloud.

Der 13te Juli.

Der General Graf Bülow v. Dennewitz gab dem 4ten Armee-Corps folgende Disposition:

„Die Avantgarde und die Reserve-Kavallerie des 4ten Armee-Corps setzen die befohlnen Bewegungen gegen Chartres fort. Der Major v. Colomb mit seinem Detaschement wird direkte an die Befehle des Obristen v. Hiller gewiesen, und der Obrist von Hiller steht unter dem General v. Sidow, welcher in Abwesenheit Seiner königlichen Hoheit des Prinzen Wilhelm die ganze Avantgarde kommandirt; das Dragoner-Regiment No. 8. marschirt den 13ten von Sevres nach Coigneres, und stößt den 14ten über Rambouillet zur Reserve-Kavallerie in die Quartiere.

Das Gros des Armee-Corps bleibt morgen in seinen gegenwärtigen Quartieren stehen, und bezieht am 14ten die Kantonirungsquartiere zwischen Versailles, Rambouillet und Houdant:
die 13te Brigade wird bei Rambouillet kantoniren;
die 14te Brigade bei Houdant;
die 15te Brigade und die Reserve-Artillerie bei Versailles;
und werden die Brigaden über diese Kantonements das Nähere noch erhalten.

Es werden überall nach den Marsch- und Kantonirungsquartieren Offiziere vorausgeschickt, welche die Einquartirung und Verpflegung regelmäßig einrichten, und es müssen die Kriegscommissairs der Brigaden mit voraus gehen. Die vorzuschickenden befohlnen Detaschements nach Blois und Mans werden vom 8ten Husaren-Regiment (Major v. Colomb) von Vendome aus poussirt.

S

Die Reserve-Kavallerie detaschirt ein Regiment nach Nogent, als Zwischenposten zwischen Chateau d'un und Alençon, wohin, (nämlich nach Alençon) dieses Regiment ein Detaschement poussirt. Der Major von Blankenburg bleibt mit seinem Kavallerie-Regiment in Angerville stehen, unterhält die Verbindung mit dem 3ten Armee-Corps, poussirt sogleich ein Detaschement gegen Orleans vor, und tritt unter die direkten Befehle des General-Majors v. Sidow. Der General v. Sidow wird von der Reserve-Kavallerie die nöthigen Ordonanz-Relais zwischen der Avantgarde bei Chateau d'un und zwischen dem Hauptquartiere besorgen, und anzeigen, wo sie stehen. Die Zwischenstationen zwischen Versailles und Rambouillet, sollen von der Brigade-Kavallerie gegeben werden."

Hauptquartier Versailles, am 12ten Juli 1815.

(gezeichnet) Bülow v. Dennewitz.

Für gleichlautende Abschrift der Chef des Generalstabes

General-Major v. Valentini.

Die Stellung des niederrheinischen Kriegsheeres war also folgende:

das 1ste Armee-Corps (v. Zieten) stand in Paris;

das 3te Armee-Corps (v. Thielemann) in Fontainebleau und der Gegend.

Der Feldmarschall Fürst Blücher befahl: die Stadt Orleans solle durch den Vortrab (die 9te Brigade) besetzt werden, und die Reserve-Kavallerie zu dessen Unterstützung längs der Loire aufgestellt werden.

Das 4te Armee-Corps (Graf Bülow v. Dennewitz):

das Detaschement des Majors v. Colomb in Chartres;

der Vortrab (Obrist v. Hiller) zwischen Maintenon und Chartres;

die Reserve-Kavallerie (General v. Sidow) in Rambouillet;

das Dragoner-Regiment No. 8. in Coignieres, das Detaschement des Majors v. Blankenburg in Angerville;

das Corps blieb in Jony, St. Cyr und Versailles stehen;

das Hauptquartier des Generals Grafen Bülow v. Dennewitz war in Versailles.

Das Hauptquartier des Feldmarschalls Fürsten Blücher war in St. Cloud.

Der 14te Juli.

Das niederrheinische Kriegsheer hatte folgende Stellung inne:

das 1ste Armee-Corps (v. Zieten) verblieb in Paris;

das 3te Armee-Corps (v. Thielemann) in Fontainebleau und der Gegend.

Die 10te Brigade erhielt Befehl, in die Kantonirungen der nach Orleans abmarschirenden 9ten Brigade, nach Pithiviers und der Gegend zu rücken, und ihre jetzigen Quartiere den Oestreichern einzuräumen.

Mit dem herangerückten östreichischen Reserve-Corps, wurde die nachfolgende Uebereinkunft wegen der Kantonirungen geschlossen.

„Nemours und Beaumont, wo bisher 2 Divisionen des 3ten Armee-Corps gestanden haben, werden der kaiserlich östreichischen Armee abgetreten.

Die Grenze zwischen beiden Armeen wird gebildet durch die Straße, welche von Nemours über Beaumont, Bellegarde, Naternoy, Lebarde auf Sully an der Loire geht, so daß die Orte auf der Straße der kaiserlich östreichischen Armee verbleiben. Nördlich von Nemours geht die Grenze den Kanal entlang bis Moret, welches letztere den östreichischen Truppen bleibt.

Fontainebleau bleibt dem 3ten preußischen Armee-Corps, da aber das Hauptquartier des Fürsten Schwarzenberg dorthin kommt, so wird die Deckung des Hauptquartiers daselbst einquartiert, und zu diesem Ende ein Bataillon des 3ten Armee-Corps aus diesem Orte weggenommen werden."

(gezeichnet) v. Klausewitz.

v. Heß,

kaiserlich östreichischer Hauptmann im Generalstab.

Das 4te Armee-Corps (Bülow v. Dennewitz):

das Detaschement des Majors v. Colomb stand in Bonneval und Houssay;

der Vortrab (Obrist v. Hiller) in Thyras und Chartres;

die Reserve-Kavallerie (General v. Sidow) hatte Ruhetag in Rambouillet und der Gegend;

die 13te Brigade (Obrist v. Lettow) blieb in Kantonirungen in Rambouillet und der Gegend;

die 14te Brigade (General v. Ryssel I.) in Kantonirungen in Houdan und der Gegend;

S 2

die 15te Brigade (General v. Losthin) in Kantonirungen in Versailles und der Gegend;

die Reserve-Artillerie in Trappes;

das Hauptquartier des Generals Grafen Bülow v. Dennewitz war in Versailles.

Das Hauptquartier des Feldmarschalls Fürsten Blücher war in St. Cloud.

Nach eingegangenen Meldungen, sollten am 12ten Juli ungefähr 15,000 Mann französischer Truppen bei Gien über die Loire gegangen seyn, die französische Artillerie damals bei la Charitee, und gegenwärtig bei Bourges stehen. 6000 Mann unter dem General-Lieutenant Grafen Erlon kantonirten auf dem linken Ufer der Loire, und der jenseitige Theil von Gien war von den Franzosen stark besetzt.

Der 15te Juli.

Der Feldmarschall Fürst Blücher gab dem 3ten Armee-Corps den Befehl, Kantonirungen zwischen Etampes und Neufville zu beziehen, und den östreichischen Truppen die Departements Loire und Marne zu überlassen; auch sollten die Requisitionen in Orleans möglichst unterstützt werden.

Die Stellung des niederrheinischen Kriegsheeres war folgende:

Das 1ste Armee-Corps (v. Zieten) verblieb in Paris.

Das 3te Armee-Corps (v. Thielemann):

die 9te Brigade (General v. Bork) rückte in Orleans ein;

die 10te Brigade (Obrist v. Kempfen) in Pithiviers und die Gegend;

die 11te Brigade (Obrist v. Luck) in Milly und die Gegend;

die 12te Brigade (Obrist v. Stülpnagel) in Malesherbes und die Gegend;

die Reserve-Kavallerie (General v. Hobe) stand längs der Loire;

das Hauptquartier des Generals v. Thielemann war in Fontainebleau, nebst dem 2ten Bataillon des 3ten kurmärkischen Landwehr-Infanterie-Regiments.

Der General v. Thielemann gab den Befehl, zur Herstellung der Sicherheit der Straßen Detaschements, jedes von einer Compagnie Fußvolk und 50 Pferden, zu bilden.

Das 4te Armee-Corps (Graf Bülow v. Dennewitz):

das Detaschement des Majors v. Colomb stand in Chateau d'un;

der Vortrab (Obrist v. Hiller) in Bonneval;

die Reserve-Kavallerie (General v. Sidow) in Kantonirungen in und bei Chartres, das Detaschement des Majors von Blankenburg in Angerville, es poussirte gegen Orleans;
das Corps verblieb in seiner Stellung;
das Hauptquartier des Generals Grafen Bülow v. Dennewitz in Versailles.

Das Hauptquartier des Feldmarschalls Fürsten Blücher war in St. Cloud.

Der 16te Juli.

Die Stellung des niederrheinischen Kriegsheeres war folgende:

Das 1ste Armee-Corps (v. Zieten) verblieb in Paris.

Das 3te Armee-Corps (v. Thielemann) bezog die folgenden Kantonirungen:
die 9te Brigade blieb in Orleans;
die 10te Brigade in Pithiviers und der Gegend;
die 11te Brigade in Etampes, Morigny, Champigny, Brieres les Selles, Chald St. Mars, St. Hilaire, Boutaroilles, Ormay la riviere;
die 12te Brigade in Thoury, Poinville, Germonville, Ghilay, Outaroil le Flanville, le Puiset, Oinville, Thivernou, Santilly, Chaussy;
die Reserve-Kavallerie:
die 1ste Brigade in Fleury, Chenelle, Ingre St. Jean, Saran, Rebrechhain;
die 2te Brigade in Boigny, Marigny, Benecy, Donory, Joy;
die Reserve-Artillerie in Malesherbes und der Gegend;
das Proviant-Amt in Etampes;
das Feldlazareth in Estrechy;
das Hauptquartier des Generals von Thielemann war in Etampes;

Das 4te Armee-Corps (Graf Bülow v. Dennewitz):
das Detaschement des Majors v. Colomb stand in Vendome, es sendete Vorderabtheilungen nach Blois, Mans und Tours;
der Vortrab (Obrist v. Hiller) stand in Chateau d'un;
die Reserve-Kavallerie (General-Major v. Sidow) verblieb in Kantonirungen in Chartres und der Gegend, und sendete ein Kavallerie-Regiment nach Nogent;
das Detaschement des Majors v. Blankenburg blieb in Angerville;

das Corps blieb in seinen Kantonirungen unverändert stehen; das Hauptquartier des Generals Grafen Bülow v. Dennewitz blieb in Versailles.

Das Hauptquartier des Feldmarschalls Fürsten Blücher war in St. Cloud.

Der 17te Juli.

Das niederrheinische Kriegsheer blieb unverändert in der gestrigen Stellung.

Der 18te Juli.

Der Feldmarschall Fürst Blücher benachrichtigte das 3te und 4te Armee-Corps, daß der französische General Lefebre Desnouettes über die Loire gegangen sey, und die Oestreicher angegriffen habe; er empfahl den Truppen die größte Wachsamkeit, und befahl, das 4te Armee-Corps solle Kantonirungen bei Chartres beziehen, das 3te Armee-Corps sich mit seinem linken Flügel mit den östreichischen Truppen, mit seinem rechten Flügel aber mit dem 4ten Armee-Corps in Verbindung setzen, auch die Verbindung mit den baierschen Truppen unterhalten, deren Hauptquartier in Montargis sey.

Der General Graf Bülow v. Dennewitz gab dem 4ten Armee-Corps die folgende Disposition:

„Das 4te Armee-Corps soll sich den 18ten in Marsch setzen, und Kantonirungen in und um Chartres beziehen. Die Avantgarde geht bis Vendome, und die Reserve-Kavallerie bis Chateau d'un, die Brigaden schicken ihre Quartiermacher so schleunig als möglich voraus. Es brauchen den Brigaden keine Rendezvous gegeben zu werden, sondern es wird nach Umständen Regimenter- und Bataillonsweise marschirt, und die Truppen auf den kürzesten Wegen dirigirt.

Die Verpflegung wird bis auf weitere Ordre aus den Quartieren genommen. Auf allen Punkten, wo die Truppen mit hinlänglicher Stärke hinkommen, wird sogleich die Entwaffnung sämmtlicher Einwohner und der Nationalgarden durch den kommandirenden Offizier ordnungsmäßig vorgenommen. Gleichfalls ist Beschlag auf alle Militair-Effekten zu legen, und diese Vorräthe und Waffen unter Bedeckung nach Chartres zu schicken. Die Ordonanz-Kommandos werden nach anliegender Bestimmung gegeben."

Hauptquartier Versailles, am 17ten Juli 1815.

(gezeichnet) Bülow v. Dennewitz.

Das 3te Armee-Corps (v. Thielemann) in Etampes und der Gegend.

Das 4te Armee-Corps (Graf Bülow v. Dennewitz) marschirte heute:

der Vortrab (Obrist v. Hiller) nach Vendome und der Gegend;
die Reserve-Kavallerie bis nach Chateau d'un und der Gegend;
die 13te Brigade nach Bonneval;
die 14te Brigade nach Cornville;
die 15te Brigade nach Maintenon und Gallerdon;
die Reserve-Artillerie in Kantonirungen im Kanton Chartres;
die Pionnier-Compagnie nach Epernon;
die Feldbäckerei und der Train nach Chartres und Rambouillet;
das Hauptquartier des Generals Grafen Bülow v. Dennewitz kam nach Chartres.

Das Hauptquartier des Feldmarschalls Fürsten Blücher blieb in St. Cloud.

Der 20ste Juli.

Der General v. Thielemann gab dem 3ten Armee-Corps die folgende Disposition:

„Die 9te Brigade bleibt in ihrer Stellung, ist aber immer schlagfertig, und handelt in enger Verbindung und Uebereinstimmung mit der Reserve-Kavallerie.

Die Reserve-Kavallerie bleibt gleichfalls in ihrer Stellung, schickt aber sogleich ein Kavallerie-Regiment links nach Eury an den Kanal von Orleans, welches die Bestimmung hat, die Zugänge zu unsern Kantonements auf dieser Seite zu decken, und die Verbindung mit der östreichischen und baierschen Armee zu unterhalten, wobei bemerkt wird, daß das Hauptquartier des Marschalls Wrede in Montargis ist, dieses Regiment wird also:

in Verbindung mit dem General v. Hobe bleiben,
die Wege nach Chateau neuf und Sully beobachten,
über Loires und Chailly die Verbindung mit der östreichisch-baierschen Armee aufsuchen und unterhalten,
wichtige Nachrichten sogleich an die 10te Brigade nach Pithiviers melden,
im Bivouak und in einer völligen Vorpostenstellung bleiben.

Sollten die östreichisch-baierschen Truppen sich so nahe befinden, daß das Regiment von Vitry aus, welches gleichfalls am Kanal von Orleans liegt, und näher an Orleans ist, den eben angegebenen Zweck gleichfalls erreichen kann, so nimmt es seine Stellung bei Vitry.

Ein zweites Kavallerie-Regiment schickt der General v. Hobe rechts nach Biras, auf der Straße von Beaugincy nach Chateau dun, um die Verbindung mit der Reserve-Kavallerie des 4ten Armee-Corps aufzusuchen und zu unterhalten, wobei bemerkt wird, daß Seine königliche Hoheit der Prinz Wilhelm sein Hauptquartier in Chartres hat, dieses Regiment wird also:

nach la Ferté und Chateau d'un schicken, und die gedachte Verbindung suchen,

die Verbindung mit Mans an der Loire unterhalten,

wenn der Feind vordringen sollte, es sogleich nach Artenay melden lassen, wo ein Bataillon der 12ten Brigade steht, außerdem aber schleunig alles, an den General v. Hobe und an den nächsten Posten des 3ten Armee-Corps melden.

Sollten diese Regimenter von Partheigängern angefallen werden, deren Stärke sie nicht gewachsen wären, so zieht sich das Regiment des rechten Flügels nach Umständen auf Orleans oder Artenay zurück, das des linken Flügels aber nach Pithiviers. Uebrigens wird der General v. Hobe die Loire ferner rechts bis Mans, und links bis Chateau neuf beobachten lassen, und zwar durch Vorposten, völlig wie im Kriege.

Die 10te Brigade konzentrirt sich so, daß sie in 2 Stunden unzweifelhaft zusammen seyn kann. Die Verpflegung muß zu diesem Behufe so eingerichtet werden, daß die Umgegend nach Pithiviers ins Magazin liefert. Die Kavallerie dieser Brigade kantonirt zwischen Marçeau und Brigny, und unterhält die Verbindung mit dem General v. Hobe, und mit dem Regiment in Gury. Ein kleines Detaschement schickt sie nach Beaune, um auch auf diesem Wege in Verbindung mit Montargis zu kommen. Sollte die 10te Brigade von einem bedeutenden Feinde angegriffen werden, so zieht sie sich auf Etampes zurück.

Die 11te und 12te Brigade bleiben in ihrer jetzigen Stellung, halten sich aber immer bereit (die 11te Brigade bei Etampes, die 12te Brigade bei Thourh) sich zu konzentriren; die 12te Brigade wird durch ihre Kavallerie immer in Verbindung mit dem General v. Hobe bleiben."

(gezeichnet) v. Thielemann.

Für gleichlautende Abschrift der Chef des Generalstabes
Oberst v. Clausewitz.

Nachtrag.

1. Den Posten von Mans soll die Landwehr-Kavallerie der 9ten Brigade übernehmen.
2. Die Regimenter auf beiden Flügeln sollen nach einigen Tagen abgelöst werden.
3. Wenn die Reserve-Kavallerie des 4ten Armee-Corps sich uns näher befände, als hier vorausgesetzt ist, so kann auch das Regiment des rechten Flügels näher heran gezogen werden, welches um so besser ist. Die 10te Brigade schickt nach an diesem Tage von ihrer Kavallerie eine Esquadron nach Marçeau aux bois, die andere nach Brigny aux bois, und einen Offizier und 20 Pferde nach Beaume. Von der Reserve-Kavallerie geht das 9te Husaren-Regiment nach Binas.
4. Die 12te Brigade schickt ein Bataillon nach Artenay, und verlegt ihre Kavallerie nach Liveron und Oyson.

(gezeichnet) v. Clausewitz.

Die Stellung des niederrheinischen Kriegsheeres war:

Das 1ste Armee-Corps (v. Zieten) blieb in Paris.

Das 3te Armee-Corps (v. Thielemann):

die 9te Brigade in Orleans;

die Reserve-Kavallerie in Fleury und der Gegend;

ein Kavallerie-Regiment war links nach Sury, ein anderes rechts nach Vitry detaschirt, und die Loire war mit Vorposten besetzt;

die 10te Brigade stand in Pithiviers und der Gegend;

die 11te Brigade in Etampes und der Gegend;

die 12te Brigade in Thoury und der Gegend;

die Reserve-Artillerie in Malesherbes;

das Hauptquartier des Generals v. Thielemann war in Etampes;

Das 4te Armee-Corps (Graf Bülow v. Dennewitz) war in Chartres und der Gegend.

Das Hauptquartier des Feldmarschalls Fürsten Blücher war in St. Cloud.

Der 21ste Juli.

Das 1ste Armee-Corps des General-Lieutenants v. Zieten wurde zufolge erhaltener Befehle des Feldmarschalls Fürsten Blücher in 2 Corps getheilt, als:

Der General-Lieutenant v. Röder mit der 3ten und 4ten

gegebenen Zweck gleichfalls erreichen kann, so nimmt es seine Stellung bei Vitry.

Ein zweites Kavallerie-Regiment schickt der General v. Hobe rechts nach Viras, auf der Straße von Beaugincy nach Chateau d'un, um die Verbindung mit der Reserve-Kavallerie des 4ten Armee-Corps aufzusuchen und zu unterhalten, wobei bemerkt wird, daß Seine königliche Hoheit der Prinz Wilhelm sein Hauptquartier in Chartres hat, dieses Regiment wird also:

nach la Ferté und Chateau d'un schicken, und die gedachte Verbindung suchen,

die Verbindung mit Mans an der Loire unterhalten,

wenn der Feind vordringen sollte, es sogleich nach Artenay melden lassen, wo ein Bataillon der 12ten Brigade steht, außerdem aber schleunig alles, an den General v. Hobe und an den nächsten Posten des 3ten Armee-Corps melden.

Sollten diese Regimenter von Partheigängern angefallen werden, deren Stärke sie nicht gewachsen wären, so zieht sich das Regiment des rechten Flügels nach Umständen auf Orleans oder Artenay zurück, das des linken Flügels aber nach Pithiviers. Uebrigens wird der General v. Hobe die Loire ferner rechts bis Mans, und links bis Chateau neuf beobachten lassen, und zwar durch Vorposten, völlig wie im Kriege.

Die 10te Brigade konzentrirt sich so, daß sie in 2 Stunden unzweifelhaft zusammen seyn kann. Die Verpflegung muß zu diesem Behufe so eingerichtet werden, daß die Umgegend nach Pithiviers ins Magazin liefert. Die Kavallerie dieser Brigade kantonirt zwischen Marceau und Brigny, und unterhält die Verbindung mit dem General v. Hobe, und mit dem Regiment in Sury. Ein kleines Detaschement schickt sie nach Beaune, um auch auf diesem Wege in Verbindung mit Montargis zu kommen. Sollte die 10te Brigade von einem bedeutenden Feinde angegriffen werden, so zieht sie sich auf Etampes zurück.

Die 11te und 12te Brigade bleiben in ihrer jetzigen Stellung, halten sich aber immer bereit (die 11te Brigade bei Etampes, die 12te Brigade bei Thoury) sich zu konzentriren; die 12te Brigade wird durch ihre Kavallerie immer in Verbindung mit dem General v. Hobe bleiben."

(gezeichnet) v. Thielemann.

Für gleichlautende Abschrift der Chef des Generalstabes
Oberst v. Clausewitz.

1. Den Po...
gten Br...
2. Die Re...
gen abg...
3. Wenn ...
uns n...
das R...
den, ...
nach ...
nach ...
und ...
Rese...
Vin...
4. Die ...
ver...

...ie Truppen haben bei sich verbei
durch die Straßen Montblanc
... hinaus, wendet sich von da
...vres.
...olonnen fortgesetzt, die
...n 3 Kavallerie-Regi...
...General-Major von
... den 22sten nach
... 1sten und
...ter dem
...avres
...sich

Brigade, der Reserve-Kavallerie und ...
gen (den 22sten) so bald die ...
vor Vincennes durch das pre...
abgelößt worden, sofort ...
Kantonirungen zu beziehen. ...
Der General-Lieu...
ferre und Laon zu ...
Brigade, dem ...
und Dragoner...
giment, eine ...
terien, ...

Die Stellung des niederr... ...
res war:

Das 1ste Armee-Corps (v. Zieten) blieb in Paris.

Das 3te Armee-Corps (v. Thielemann):

die 9te Brigade in Orleans;

die Reserve-Kavallerie in Fleury und der Gegend;

ein Kavallerie-Regiment war links nach Jury, ein anderes rechts nach Vitry detaschirt; und die Loire war mit Vorposten besetzt;

die 10te Brigade stand in Pithiviers und der Gegend;

die 11te Brigade in Etampes und der Gegend;

die 12te Brigade in Thoury und der Gegend;

die Reserve-Artillerie in Malesherbes;

das Hauptquartier des Generals v. Thielemann war in Etampes;

Das 4te Armee-Corps (Graf Bülow v. Dennewitz) war in Chartres und der Gegend.

Das Hauptquartier des Feldmarschalls Fürsten Blücher war in St. Cloud.

Der 23ste Juli.

Das 1ste Armee-Corps des General-Lieutenants v. Zieten wurde zufolge erhaltener Befehle des Feldmarschalls Fürsten Blücher in 2 Corps getheilt, als:

Der General-Lieutenant v. Röder mit der 3ten und 4ten

Brigade, der Reserve-Kavallerie und Artillerie erhielt Befehl, morgen (den 22sten) so bald die Wachen und Posten in Paris und vor Vincennes durch das preußische Garde- und Grenadier-Corps abgelöst worden, sofort nach Versailles zu marschiren, und dort Kantonirungen zu beziehen.

Der General-Lieutenant v. Zieten erhielt Befehl, gegen Laferre und Laon zu marschiren, und zwar mit der 1sten und 3ten Brigade, dem schlesischen Husaren-, dem brandenburgschen Uhlanen- und Dragoner- und dem westphälischen Landwehr-Kavallerie-Regiment, einer reitenden, einer Haubitz- und zwei 12pfündigen Batterien, und einer Pionnier-Compagnie.

Der General v. Zieten gab dem 1sten Armee-Corps zu dieser Bewegung folgende.

Disposition zum 21sten, 22sten und 23sten Juli 1815.

„Die 1ste und 2te Brigade des 1sten Armee-Corps, von der Reserve-Kavallerie, das 1ste schlesische Husaren-Regiment, das brandenburgsche Dragoner und brandenburgsche Uhlanen-Reg., ferner die beiden reitenden Batterien v. Schäfer und Richter, die beiden 12pfündigen Batterien und die Haubitzbatterien marschiren (den 21sten) von hier nach Louvres. Die 3 genannten Kavallerie-Regimenter werden von dem General-Major v. Treskow geführt, und die Artillerie wird von dem Obristlieutenant v. Lehmann kommandirt.

Die beiden Esquadrons des westphälischen Landwehr-Kavallerie-Regiments, die bei der 3ten Brigade sind, stoßen zur 1sten Brigade, dagegen die beiden Esquadrons der letztern Brigade, so zum 6ten Uhlanen-Regiment gehören, zur 3ten Brigade übergehen, wovon eine derselben, die vor Vincennes stehende Esquadron des westphälischen Landwehr-Kavallerie-Regiments (noch heute, als den 20sten) ablösen wird.

Das Rendezvous vorgenannter Brigaden und Truppentheile ist morgen früh um halb 8 Uhr auf dem Boulevard des Italiens, in Zügen rechts abmarschirt, in folgender Ordnung:

das schlesische Husaren-Regiment mit der Tete an der Rue de mont blanc;
das brandenburgsche Uhlanen-Regiment;
das brandenburgsche Dragoner-Regiment;
die 1ste Brigade } die Batterien bei sich;
die 2te Brigade }
die Reserve-Artillerie.

Nachdem Se. Majestät die Truppen haben bei sich vorbei defiliren lassen, geht der Marsch durch die Straßen Montblanc und Clichy, zum Thore von Clichy hinaus, wendet sich von da den besten Weg in die Straße nach Louvres.

Der weitere Marsch wird in zwei Kolonnen fortgesetzt, die 1ste. Kolonne rechts, bestehend: aus den 3 Kavallerie-Regimentern, der Reserve-Kavallerie unter dem General-Major von Treskow, marschirt den 21sten nach Dommartin, den 22sten nach Crepy und den 23sten nach Compiegne.

Die 2te Kolonne links, bestehend: aus der 1sten und 2ten Brigade und den Batterien der Reserve-Artillerie unter dem General-Major v. Pirch II., marschirt den 21sten nach Louvres den 22sten bis Senlis, und den 23sten bis Compiegne, wo sich beide Kolonnen wieder vereinigen.

Auf diesem Marsch wird kantonirt, die 1ste Brigade am 21sten und 22sten in den Ortschaften rechts an der Straße, und die 2te Brigade links derselben, die Artillerie dahinter an der Straße. Den 21sten bekömmt die Artillerie die Dörfer Vauderlan, Roissy, Goussaindil'e und le Thillay.

Bis zum 23sten Juli werden meine Geschäfte mich hier noch zurückhalten, daher ich erst in Compiegne zum Corps stoße, bis dahin hat der General-Major v. Pirch II. den Oberbefehl. Für den 22sten wird der Herr General v. Pirch die Güte haben, das Detail der Dislokation anzuordnen. Für den 23sten kömmt die 1ste Brigade auf dem rechten Ufer der Oise, jenseits der Straße von Compiegne nach Mont Didier, die 2te diesseits dieser Straße, die Batterieen der Reserve-Artillerie nach Marigny und Verette, die Reserve-Kavallerie auf dem linken Ufer der Oise in den Ortschaften um Compiegne; Compiegne selbst wird von der 2ten Brigade belegt. Das Detail der Dislokation überbleibt den Brigaden.

Sämmtliche Pionniers des Corps marschiren mit demselben, so auch der Ponton-Train des Hauptmanns v. Zaborowsky.

Die Sauvegarden, die das Corps ausstehen hat, werden, sobald die Garde eingerückt ist, von derselben abgelöst, der Kommandant von Paris Obrist v. Pfuhl wird solche sammeln, und den Brigaden nachschicken.

Die Brigaden und Truppentheile, die morgen abmarschiren, empfangen noch heute Brod und Lebensmittel auf den 22sten, 23sten und 24sten.

Die nöthigen Vorspann-Fuhren lassen sie sich durch die

„Den 24sten Juli marschirt das Corps nach Noyon. Die 3 Kavallerie-Regimenter der Reserve-Kavallerie, und die beiden reitenden Batterien gehen bei Compiegne über die Oise, dergestalt, daß die letzten derselben, die Bagage mit einverstanden, den Fluß um 5 Uhr früh passirt haben müssen.

Um 6 Uhr früh brechen die übrigen Truppen auf, und lassen die Kavallerie vor, damit letztere die Tete machen kann. Die 1ste Brigade darf daher nicht früher antreten, bevor die Kavallerie nicht weit genug voraus ist. Die Kavallerie, mit Ausnahme der reitenden Batterie v. Schäfer, marschirt auf der großen Straße, die von Compiegne nach Noyon führt, und repassirt die Oise auf der ersten Brücke, die sich noch diesseits befindet. Sie geht am 24sten Juli bis Blerancourt, und übernachtet in den Orten am linken Ufer der Oise bis Blerancourt. Die Batterie v. Richter kommt nach Pontoise, und der Herr General v. Treskow wird sich nach Cruts legen.

Die 1ste Brigade belegt die Ortschaften jenseits der Straße, die von Noyon nach Roye, und von Noyon nach Blerancourt führt, ohne daß jedoch von diesen Truppentheilen etwas die Oise passiren darf. Die beiden brandenburgischen Musquetier-Bataillone, die beiden Esquadrons westphälischer Landwehr-Kavallerie, die zur ersten Brigade gehören, und die reitende Batterie v. Schäfer von der Reserve-Kavallerie werden an der Tete der Brigade nach Chaulny zu dislozirt, indem diese Truppentheile bestimmt sind, auf dem rechten Ufer der Oise gegen Laferre vorzurücken, der Obrist v. Hoffmann wird diese kommandiren. Die 1ste Brigade belegt Noyon, wohin mein Hauptquartier kommt.

Die 2te Brigade belegt am 24sten die Ortschaften, die diesseits der Straße von Noyon nach Roye liegen, rückwärts aber nicht weiter als bis Chiry, die Reserve-Artillerie belegt Drelincourt, Pimprez, Risecourt und Cambronne.

Die Bagage bleibt bei den Truppentheilen, zu welchen sie gehört.

Der Herr General Major v. Treskow läßt beim morgenden Durchmarsch durch Compiegne 2 Unteroffizier und 18 Gemeine zurück, die sich auf dem dasigen Schlosse beim Kommandanten des Hauptquartiers Herrn Rittmeister von Goschizki melden, und von ihm ihre nähere Bestimmung erfahren."

Hauptquartier Senlis, am 23sten Juli 1815.

(gezeichnet) v. Zieten.

Für gleichlautende Abschrift der Chef des Generalstabes
Oberstlieutenant v. Reiche.

Die

die Kolonne des General-Majors v. Treskow marschirte bis nach Crepy;

die Kolonne des General-Majors v. Pirch II. marschirte bis nach Senlis.

Das 3te Armee-Corps (v. Thielemann)

blieb in Orleans und Etampes stehen, sein Allarmplatz war in Boulainville.

Das 4te Armee-Corps (Graf Bülow v. Dennewitz)

blieb in Chartres und der Gegend, so wie der Vortrab in Vendome unverändert stehen.

Das Hauptquartier des Feldmarschalls Fürsten Blücher

blieb in St. Cloud.

Der Obrist Graf Lottum meldete, daß der französische General Lefebre Desnouettes mit 200 Pferden oberhalb Gien über die Loire gegangen sey, dort die östreichischen Vedetten geworfen, und einige Höfe geplündert habe, dann aber sogleich wieder zurückgekehrt sey, weshalb dieser Angriff nur um dem Mangel an Lebensmitteln abzuhelfen geschehen zu seyn scheine.

Der 23ste Juli.

Die Stellung des niederrheinischen Kriegsheeres war folgende:

Das 1ste Armee-Corps (v. Zieten):

das Corps des General-Lieutenants v. Röder kantonirte in und um Versailles;

die Kolonnen der Generale v. Pirch und v. Treskow vereinigten sich bei Compiegne;

das Hauptquartier des Generals v. Zieten war in Compiegne.

Das 3te Armee-Corps (v. Thielemann):

die auf beiden Flügeln detaschirten Kavallerie-Regimenter vereinigten sich heute mit der Reserve-Kavallerie;

das Corps blieb in Etampes und der Gegend und in Orleans stehen.

Das 4te Armee-Corps (Graf Bülow v. Dennewitz)

blieb in Vendome und Chartres.

Das Hauptquartier des Feldmarschalls Fürsten Blücher

war in St. Cloud.

Der 24ste Juli.

Der General v. Zieten gab dem 1sten Armee-Corps folgende Disposition:

„Den 24sten Juli marschirt das Corps nach Noyon. Die 3 Kavallerie-Regimenter der Reserve-Kavallerie, und die beiden reitenden Batterien gehen bei Compiegne über die Oise, dergestalt, daß die letzten derselben, die Bagage mit einverstanden, den Fluß um 5 Uhr früh passirt haben müssen.

Um 6 Uhr früh brechen die übrigen Truppen auf, und lassen die Kavallerie vor, damit letztere die Tete machen kann. Die 1ste Brigade darf daher nicht früher antreten, bevor die Kavallerie nicht weit genug voraus ist. Die Kavallerie, mit Ausnahme der reitenden Batterie v. Schäfer, marschirt auf der großen Straße, die von Compiegne nach Noyon führt, und repassirt die Oise auf der ersten Brücke, die sich noch diesseits befindet. Sie geht am 24sten Juli bis Blerancourt, und übernachtet in den Orten am linken Ufer der Oise bis Blerancourt. Die Batterie v. Richter kommt nach Pontoise, und der Herr General v. Treskow wird sich nach Cruts legen.

Die 1ste Brigade belegt die Ortschaften jenseits der Straße, die von Noyon nach Roye, und von Noyon nach Blerancourt führt, ohne daß jedoch von diesen Truppentheilen etwas die Oise passiren darf. Die beiden brandenburgischen Musquetier-Bataillone, die beiden Esquadrons westphälischer Landwehr-Kavallerie, die zur ersten Brigade gehören, und die reitende Batterie v. Schäfer von der Reserve-Kavallerie werden an der Tete der Brigade nach Chauny zu dislozirt, indem diese Truppentheile bestimmt sind, auf dem rechten Ufer der Oise gegen Laferre vorzurücken, der Obrist v. Hoffmann wird diese kommandiren. Die 1ste Brigade belegt Noyon, wohin mein Hauptquartier kommt.

Die 2te Brigade belegt am 24sten die Ortschaften, die diesseits der Straße von Noyon nach Roye liegen, rückwärts aber nicht weiter als bis Chiry, die Reserve-Artillerie belegt Drelincourt, Pimprez, Risecourt und Cambronne.

Die Bagage bleibt bei den Truppentheilen, zu welchen sie gehört.

Der Herr General Major v. Treskow läßt beim morgenden Durchmarsch durch Compiegne 2 Unteroffizier und 18 Gemeine zurück, die sich auf dem dasigen Schlosse beim Kommandanten des Hauptquartiers Herrn Rittmeister von Goschizki melden, und von ihm ihre nähere Bestimmung erfahren."

Hauptquartier Senlis, am 23sten Juli 1815.

(gezeichnet) v. Zieten.

Für gleichlautende Abschrift der Chef des Generalstabes
Oberstlieutenant v. Reiche.

Die

Die Stellung des niederrheinischen Kriegsheeres war:

Das 1ste Armee-Corps (v. Zieten):

die Abtheilung des General-Lieutenants v. Röder kantonirte in und bei Versailles;

die Kavallerie und die 1ste Brigade marschirten bis nach Blerancourt;

die 2te Brigade marschirte bis nach Noyon;

das Hauptquartier des Generals v. Zieten war in Compiegne.

Das 3te und 4te Armee-Corps blieben in Etampes und Chartres.

Das Hauptquartier des Feldmarschalls Fürsten Blücher war in St. Cloud.

Der 25ste Juli.

Der General v. Zieten gab dem 1sten Armee-Corps folgende Disposition:

„Das Corps rückt morgen, als den 25sten Juli, gegen Laferre, und zwar folgendergestalt:

Ein Detaschement, bestehend aus dem 2ten brandenburgischen Infanterie-Regiment, 2 Esquadrons westphälischer Landwehr von der 1sten Brigade, und die reitende Batterie v. Schäfer, unter dem Obristen v. Hoffmann, marschirt um 5 Uhr ab über Chauny auf dem rechten Ufer der Oise, um Laferre auf dieser Seite einzuschließen. Es belegt Quessy, Lyez, Menessy, Frieres, Vouel, Moureuil, Viry und Coudreu. Das Rendezvous dieses Detaschements und das Quartier des Obristen v. Hoffmann kommt nach Vouel. Das Füsilier-Bataillon des brandenburgischen Regiments, so schon vor Laferre steht, vereiniget sich wieder mit dem Regimente, bleibt morgen aber unverrückt stehen, so wie auch die Esquadron des 2ten kurmärkischen Landwehr-Regiments, die diesem Bataillon beigegeben ist. In Noyon wünsche ich, den Herrn Obristen v. Hoffmann heute zu sprechen.

Der übrige Theil der ersten Brigade marschirt über Chauny, passirt daselbst die Oise, und belegt die Ortschaften Fronte nach Laferre auf der rechten Seite, bis an die Straße, die von Premoutre nach Laferre führt, auf der linken Seite bis an die Oise, und rückwärts bis an die Straße von Premoutre nach Chauny. St. Gobin wird nur mit 2 Compagnien des 24sten Regiments belegt. Der Herr General v. Steinmetz wird sein Quartier in Barisy nehmen.

Die ganze 2te Brigade folgt der 1sten über Chauny, woselbst

T

sie ebenfalls die Oise passirt, und die Ortschaften, Front nach Laferre, belegt, die in dem Raum, zwischen der Straße von Premoutre nach Laferre, dem Serre Fluß, und dem Wege von Crepy nach Bush an der Serre liegen, ohne jedoch Crepy und die Dependenzen selbst zu belegen. Der Herr General v. Pirch II. wird sein Quartier in Fourdrain nehmen.

Die Reserve-Kavallerie detaschirt 2 Esquadrons vom brandenburgischen Dragoner-Regiment zur 1sten Brigade. Diese beiden Esquadrons werden nach Andelain und Fressencourt gelegt, und besetzen die Vorposten, mit dem rechten Flügel an die Straße, die von Laferre nach Laon führt, und mit dem linken an die Oise. Die Brigade-Kavallerie der 2ten Brigade lehnt ihre Vorposten mit dem rechten Flügel an die Serre, und mit dem linken an vorbenannte Straße. Die beiden Esquadrons werden nach Versigny und Rogécourt gelegt.

Die Reserve-Kavallerie marschirt morgen, als den 25sten Juli früh um 5 Uhr, von Blerancourt über Couch, läßt daselbst das 1ste schlesische Husaren-Regiment und eine halbe Batterie (Richter), nach Suzy und Crepy. Nach Suzy kommen die beiden andern Esquadrons des brandenburgischen Dragoner-Regiments unter dem Major v. Ostin als Reserve, und belegen außer Suzy, Cessieres und Fançailcourt. Das brandenburgische Uhlanen-Regiment und die andere halbe Batterie (Richter) kommt nach Crepy auf der Straße von Laferre nach Laon, nach welcher Seite sie Front macht. Das Regiment in Coucy patrouillirt links bis Anizy, das in Crepy von Anizy bis an die Serre. Die Esquadrons vom brandenburgischen Dragoner-Regiment geben keine Feldwachen und Patrouillen, damit sie den Umständen nach, disponibel sind. Das Regiment in Coucy patrouillirt vorwärts gegen Soissons, und das in Crepy gegen Laon. Sie suchen die Kommunikation auf mit den Truppen, die gedachte beide Plätze blokiren oder observiren. Der Herr General v. Treskow nimmt sein Quartier in Suzy; die Reserve-Kavallerie beobachtet Soissons und Laon.

Die Reserve-Artillerie folgt der 2ten Brigade über Chauny, von da marschirt sie die große Straße nach St. Gobin, woselbst sie auffahren läßt.

Das Hauptquartier kommt nach St. Gobin.

Uebermorgen, als den 26sten Juli, ist Ruhetag.

Die Truppen können in Noyon Brod und Fourage auf einen Tag empfangen.

Ludwig von Hessen-Homburg aus seinem Hauptquartier Dippach den General Grafen Tauenzien, daß die Festungen Metz und Thionville, welche bisher von dem 6ten russischen Corps (Langeron) beobachtet wurden, jetzt freie Verbindung unter sich erhalten, sein schwaches Einschließungs-Corps vor Longwy angegriffen, und mit Verlust zurückgedrängt hätten; weshalb er ersuche, das 6te preußische Armee-Corps möge jene Festungen beobachten, da die Einschließungs-Corps von Montmedy, Sedan und Mezieres sonst sehr leicht in Gefahr gerathen könnten.

Hierauf wurde am 22sten Juli aus den Kantonirungen bei Simmern der General-Major v. Horn mit:

der 23sten Brigade,
dem 7ten und 8ten schlesischen Landwehr-Kavallerie-Regiment,
der reitenden Batterie No. 17. und der 6pfündigen Fußbatterie No. 19.

gegen Trier in Marsch gesetzt, mit dem Auftrage, in der Höhe von Rehmig auf beiden Ufern der Mosel eine Stellung zu nehmen, und so das Corps des Prinzen v. Homburg zu decken.

Am 21sten Juli traf der Befehl ein, das 6te Armee-Corps solle bis an die Maas vorrücken, und sich auf beiden Ufern derselben zwischen Lüttich und Namur aufstellen.

Am 24sten Juli wurde dieser Marsch angetreten. Das 6te Armee-Corps war bei seinem Einrücken in Frankreich in folgender Ordnung eingetheilt:

1) die Avantgarde (General-Major v. Horn):
die 23ste Brigade,
das 7te und 8te schlesische Landwehr-Kavallerie-Regiment,
die 6pfündige Fußbatterie No. 19.,
die reitende Batterie No. 17.;

2) das Gros des Corps:

General-Major v. Klüx.
- die 21ste Brigade,
- 2 Esquadrons des 6ten schlesischen Landwehr-Kavallerie-Regiments,
- die 6pfündige Fußbatterie No. 23.
- die Train-Kolonne No. 10.;

General-Major v. Lobenthal.
- die 22ste Brigade,
- 2 Esquadrons des 6ten schlesischen Landwehr-Kavallerie-Regiments,
- die 6pfündige Fußbatterie No. 9,
- die Train-Kolonne No. 26.;

die Reserve-Kavallerie (v. Treskow) in Suzy, Cessières und Fauçoncourt;

das Hauptquartier des Generals v. Zieten war in St. Gobin.

Das 3te und 4te Armee-Corps blieben in ihrer Stellung an der Loire, in Etampes, Vendome und Chartres.

Das Hauptquartier des Feldmarschalls Fürsten Blücher war in St. Cloud.

Bewegungen des 6ten preußischen Armee-Corps des Generals der Infanterie Grafen Tauenzien von Wittenberg.

Der Oberbefehl dieses Armee-Corps wurde dem General Grafen Tauenzien v. Wittenberg, mittelst Kabinetsbefehls vom 15ten April 1815, mit dem Andeuten übertragen, daß es unter dem General-Lieutenant v. Oppen bei Erfurt und Minden zusammengezogen werden, und daß der General Graf Tauenzien erst zu demselben abgehen solle, wenn die zur Zeit wichtigen Geschäfte des General-Kommando's in den Marken und in Pommern es ihm erlauben würden. Das Hauptquartier wurde in Paderborn genommen.

Am 3ten Juli 1815 ging im Hauptquartier Paderborn der Befehl des Königs von Preußen ein, das 6te Armee-Corps solle an den Rhein, bis in die Gegend von Coblenz vorrücken, und sich dort auf beiden Seiten des Stromes bis auf weitern Befehl des Feldmarschalls Fürsten Blücher aufstellen.

Die 23ste und 24ste Brigade marschirten (die erstere am 6ten, die letztere am 7ten Juli) sofort über Gotha, Eisenach, Hersfeld und Wetzlar, so daß die erstere am 19ten Juli bei Thal Ehrenbreitstein, die letztere am 21sten Juli bei Kaub den Rhein passirte.

Die 21ste und 22ste Brigade marschirte am 6ten Juli auf der Militairstraße von Minden nach Köln, und schlossen sich, den Rhein heraufmarschirend, an, so daß bis zum 23sten Juli die Kantonirungen bezogen waren.

Das Hauptquartier des Generals Grafen Tauenzien v. Wittenberg war in Coblenz.

Die schlesische Kavallerie hatte sich bei Erfurt, die Kürassiere und die Kavallerie aus Preußen hatten sich bei Minden versammelt, und von beiden Orten den Marsch gleichfalls nach dem Rhein angetreten.

Am 17ten Juli benachrichtigte der General-Lieutenant Prinz

Ludwig von Hessen-Homburg aus seinem Hauptquartier Dippach den General Grafen Tauenzien, daß die Festungen Metz und Thionville, welche bisher von dem 6ten russischen Corps (Langeron) beobachtet wurden, jetzt freie Verbindung unter sich erhalten, sein schwaches Einschließungs-Corps vor Longwy angegriffen, und mit Verlust zurückgedrängt hätten; weshalb er ersuche, das 6te preußische Armee-Corps möge jene Festungen beobachten, da die Einschließungs-Corps von Montmedy, Sedan und Mezieres sonst sehr leicht in Gefahr gerathen könnten.

Hierauf wurde am 22sten Juli aus den Kantonirungen bei Simmern der General-Major v. Horn mit:

der 23sten Brigade,
dem 7ten und 8ten schlesischen Landwehr-Kavallerie-Regiment,
der reitenden Batterie No. 17. und der 6pfündigen Fußbatterie No. 19.

gegen Trier in Marsch gesetzt, mit dem Auftrage, in der Höhe von Rehmig auf beiden Ufern der Mosel eine Stellung zu nehmen, und so das Corps des Prinzen v. Homburg zu decken.

Am 21sten Juli traf der Befehl ein, das 6te Armee-Corps solle bis an die Maas vorrücken, und sich auf beiden Ufern derselben zwischen Lüttich und Namur aufstellen.

Am 24sten Juli wurde dieser Marsch angetreten. Das 6te Armee-Corps war bei seinem Einrücken in Frankreich in folgender Ordnung eingetheilt:

1) die Avantgarde (General-Major v. Horn):
die 23ste Brigade,
das 7te und 8te schlesische Landwehr-Kavallerie-Regiment,
die 6pfündige Fußbatterie No. 19.,
die reitende Batterie No. 17.;

2) das Gros des Corps:

General-Major v. Klüx.	die 21ste Brigade, 2 Esquadrons des 6ten schlesischen Landwehr-Kavallerie-Regiments, die 6pfündige Fußbatterie No. 23. die Train-Kolonne No. 10.;
General-Major v. Lobenthal.	die 22ste Brigade, 2 Esquadrons des 6ten schlesischen Landwehr-Kavallerie-Regiments, die 6pfündige Fußbatterie No. 9. die Train-Kolonne No. 26.;

geschickt, auch ein Rapport über die Entwaffnung und die Anzahl der abgeschickten Waffen eingesendet.

Die Etappenstraße geht von Avesnes auf Guise, St. Quentin, Ham, Noyon, Compiegne, Senlis, Gonesse und St. Germain. Von hier geht die, für das 3te und 4te Armee-Corps auf Rambouillet und Chartres, für das 1ste und 6te Armee-Corps und für die Kavallerie des 2ten Armee-Corps auf Evreux. Von St. Germain sorgen die verschiedenen Corps für die Etappenstraße nach unter einander getroffener Uebereinkunft.

Das 2te Armee-Corps belagert die Festungen der Ardennen und der Maas, und hat die Distrikte von Avesnes und das Departement der Aisne, mit Ausnahme der Distrikte von Soissons und Chateau Thierry, zu seiner Disposition.

Das deutsche Armee-Corps belagert Mezieres und hat das Departement der Ardennen zu seiner Disposition.

Sieben Regimenter rheinischer Landwehr sind nach Guise, St. Quentin, Laferre, Laon und Compiegne bestimmt. Sobald sie eingetroffen seyn werden, marschiren die bisherigen Besatzungen zu ihren Corps. Der General v. Jagow wird das Kommando derselben und die Vollendung ihrer Organisation übernehmen, und St. Quentin zu seinem Aufenthaltsort wählen.

Ich behalte mein Hauptquartier in Rambouillet, und werden die nöthigen Ordonnanz-Stationen nach diesem Orte eingerichtet, dagegen gehen die bisherigen Ordonnanz-Offiziere ab."

Hauptquartier Rambouillet am 26sten Juli 1815.

(gezeichnet) Blücher.

Für gleichlautende Abschrift der Chef des Generalstabes
General-Major v. Grollmann.

Die Armee blieb am 26sten Juli unverändert stehen.

Das Hauptquartier des Feldmarschalls Fürsten Blücher war in Rambouillet.

Der 27ste Juli.

Der General v. Zieten gab dem 1sten Armee-Corps folgende Disposition:

„Die 1ste Brigade schließt Laferre auf beiden Ufern der Oise ein. Auf dem rechten Ufer der Oise verbleiben die 3 Bataillons des brandenburgischen Infanterie-Regiments unter dem Obrist von Hofmann. Der General von Steinmetz übernimmt den Befehl des ganzen Einschließungs-Corps.

um Chartres, die 3te Brigade in Kantonirungen im Departement de l'Orne die Reserve-Kavallerie um Chateau d'un. Die Avantgarde um Vendome, Detaschements nach Blois, und an der Loire, und bis die Russen oder Baiern Orleans besetzt haben werden, ein Detaschement nach Orleans. Die Departements de l'Eure und Loire, de l'Orne und der Theil des Departements der Loire und Cher auf dem rechten Ufer der Loire, sind zur Disposition des 4ten Armee-Corps.

Das 1ste Armee-Corps Hauptquartier in Evreux.

Kantonirungen im Departement der Eure, auf dem linken Seine-Ufer, und in dem von Calvados. Diese Departements und die Distrikte von St. Lo Mortain und Avranches im Departement de la Manche sind zur Disposition des 1sten Armee-Corps. Ein Theil der Reserve-Kavallerie des 2ten Armee-Corps, unter dem General-Major v. Katzler, dessen Quartier in Coutances ist, bezieht Kantonirungen in denen, dem 1sten Armee-Corps oben nicht zugetheilten Distrikten des Departements de la Manche, und hat die Distrikte von Coutances, Charenton, Valognes und Cherbourg zu seiner Disposition.

Das 6te Armee-Corps Hauptquartier in Rennes.

Zwei Brigaden und die Reserve-Artillerie kantoniren um Rennes, die 3te Brigade um Flormeille, die Reserve-Kavallerie zwischen Chateau brilland und Redon, die Avantgarde zwischen Blain und Bernard. Detaschements nach Nantes und zur Beobachtung der Loire. Die Departements de l'Isle und Vilaine, Morbihan, Finisterre, Cotes de Nord, und der Theil des Departements der Loire inferieure am rechten Ufer der Loire, sind zur Disposition dieses Corps (N. B. Dieses Corps ist noch weit zurück).

Die Kantonirungen werden so bezogen, daß jede Brigade innerhalb 8 Stunden auf ihrem Sammelplatz seyn kann, die Sammelplätze der Brigaden, und die von jedem Corps, werden von den kommandirenden Generalen festgesetzt; es werden die nöthigen Lärmstangen errichtet, und sowohl in den Armee-Corps, als auch zur Verbindung mit den andern Heerabtheilungen, die Signale und andern Benachrichtigungen festgesetzt und verabredet.

Alle französische Truppen müssen sich durchaus auf das linke Ufer der Loire ziehen; sind sie in festen Orten, die sie nicht räumen wollen, so werden sie eingeschlossen.

In allen Provinzen werden alle Einwohner und Nationalgarden sogleich entwaffnet, und die Waffen nach St. Germain geschickt, auch ein Rapport über die Entwaffnung und die Anzahl der abgeschickten Waffen eingesendet.

Die Etappenstraße geht von Avesnes auf Guise, St. Quentin, Ham, Noyon, Compiegne, Senlis, Gonesse und St. Germain. Von hier geht die, für das 3te und 4te Armee-Corps auf Rambouillet und Chartres, für das 1ste und 6te Armee-Corps und für die Kavallerie des 2ten Armee-Corps auf Evreux. Von St. Germain sorgen die verschiedenen Corps für die Etappenstraße nach unter einander getroffener Uebereinkunft.

Das 2te Armee-Corps belagert die Festungen der Ardennen und der Maas, und hat die Distrikte von Avesnes und das Departement der Aisne, mit Ausnahme der Distrikte von Soissons und Chateau Thierry, zu seiner Disposition.

Das deutsche Armee-Corps belagert Mezieres und hat das Departement der Ardennen zu seiner Disposition.

Sieben Regimenter rheinischer Landwehr sind nach Guise, St. Quentin, Laferre, Laon und Compiegne bestimmt. Sobald sie eingetroffen seyn werden, marschiren die bisherigen Besatzungen zu ihren Corps. Der General v. Jagow wird das Kommando derselben und die Vollendung ihrer Organisation übernehmen, und St. Quentin zu seinem Aufenthaltsort wählen.

Ich behalte mein Hauptquartier in Rambouillet, und werden die nöthigen Ordonnanz-Stationen nach diesem Orte eingerichtet, dagegen gehen die bisherigen Ordonnanz-Offiziere ab."

Hauptquartier Rambouillet am 26sten Juli 1815.

(gezeichnet) Blücher.

Für gleichlautende Abschrift der Chef des Generalstabes
General-Major v. Grollmann.

Die Armee blieb am 26sten Juli unverändert stehen.

Das Hauptquartier des Feldmarschalls Fürsten Blücher war in Rambouillet.

Der 27ste Juli.

Der General v. Zieten gab dem 1sten Armee-Corps folgende Disposition:

„Die 1ste Brigade schließt Laferre auf beiden Ufern der Oise ein. Auf dem rechten Ufer der Oise verbleiben die 3 Bataillons des brandenburgischen Infanterie-Regiments unter dem Obrist von Hofmann. Der General von Steinmetz übernimmt den Befehl des ganzen Einschließungs-Corps.

Die Vorposten auf dem rechten Ufer der Oise kommen nach Travecie, Farguieres und Baytor, und die übrigen Truppen werden in den Raum zwischen dem rechten Ufer der Oise, und den Oertern Coudren, Noureuil, Mennesif und Vendeuil verlegt. Auf dem linken Ufer der Oise kommen die Vorposten nach Andelain, Charmes und Danisy.

Die übrigen Truppen der Brigade werden in den Raum, zwischen dem linken Ufer der Oise und dem Wege von Chauny nach Premoutre, und von da über St. Nicolas, St. Lambert nach Pont a Bucy über die Serre hinüber, bis nach Brissay verlegt, jedoch zwischen der Serre und Oise Beobachtungsposten zu Majot and Anguilcourt, damit der Besatzung von Laferre die Kommunikation auf dieser Seite benommen werde. Die reitende Batterie von Schäfer verbleibt wie bisher dem Theil der 1sten Brigade, der auf dem rechten Oise-Ufer steht; die beiden Esquadrons des westphälischen Landwehr-Kavallerie-Regiments stoßen zur 2ten Brigade, dagegen erhält die 1ste Brigade von der Reserve-Kavallerie das brandenburgische Dragoner-Regiment und das 1ste schlesische Husaren-Regiment, wovon alle Zeit 2 Esquadrons zum Vopostendienst, und die übrigen 6 zur Reserve bleiben. Die beiden Esquadrons des brandenburgischen Dragoner-Regiments, die gegenwärtig den Vorpostendienst der Brigade versehen, verbleiben noch in diesem Verhältniß. Eine von diesen beiden Esquadrons wird zu demselben Zweck auf das rechte Ufer der Oise detaschirt. Da der Vorpostendienst für die Kavallerie ermüdend seyn wird, so werden die Esquadrons alle 4 Tage durch andere abgelöst, und geschieht diese Ablösung zuerst durch die beiden andern Esquadrons des brandenburgischen Dragoner-Regiments, und hernach durch das 1ste schlesische Husaren-Regiment. Die 6 Esquadrons, die nicht auf den Vorposten stehen, kommen nach Coucy und Gegend, und patrouilliren gegen Soissons.

Die 1ste Brigade auf dem linken Ufer der Oise, nebst der Kavallerie derselben, verpflegt sich aus dem Magazin in Coucy, der andere Theil derselben auf dem rechten Ufer der Oise, verpflegt sich aus dem Magazin zu Chauny. Die 1ste Brigade tritt von ihrem Kantonnements-Bezirk die Oerter Servais, Rony und Sincenis an die Reserve-Artillerie ab; das Brigade-Quartier kommt nach Espourdon.

Die 2te Brigade schließt morgen als den 27sten Juli Laon ein, die Vorposten kommen nach Neuville, Clacy, Leully, Ardon, Athies, Chambry und Besny, von welchen Oertern aus eine Chaine um Laon gezogen wird, daß die Kommunikation der Besatzung dieses Ortes nach außen strenge unterbrochen wird. Das Rendezvous der Brigade ist bei Crepy, wohin auch das Brigade-Quartier kommt.

Jenseits der Straße von Marle über Laon nach Soissons wird die Einschließung bloß durch Detaschements leichter Truppen bewerkstelliget, damit die Brigade nicht zu sehr vereinzelt werde, dagegen der übrige Theil derselben diesseits dieser Straße verbleibt. Die Brigade belegt die Ortschaften auf der Straße nach Marle bis Baranton, auf der Straße nach Laferre bis an die Linie der 1sten Brigade, auf der Straße nach Coucy bis Anizy, und auf der Straße nach Soissons bis an die Lette, und die, welche zwischen diesen Straßen liegen.

Von der Kavallerie erhält die Brigade das westphälische Landwehr-Kavallerie-Regiment und das brandenburgische Uhlanen-Regiment, unter dem General-Major v. Treskow, zugetheilt, welche auf der Straße nach Soissons, auf dem rechten Ufer der Lette verbleiben, und gegen Soissons patrouilliren. 2 Esquadrons derselben, die bisher der Brigade zugetheilt waren, übernehmen den Vorpostendienst, und geschieht die Ablösung in der Art, wie bei der 1sten Brigade bemerkt worden ist.

Die 2te Brigade und die ihr zugetheilte Kavallerie, nebst der reitenden Batterie von Richter, beziehen ihre Verpflegung aus dem Magazin in Crepy. Von Crepy bis St. Gobin werden Briefrelais stationirt, und hat daher die 2te Brigade für diese Zeit keinen Ordonanz-Offizier ins Hauptquartier zu schicken.

Die Reserve-Kavallerie der 1sten und 2ten Brigade erhält die nöthigen Verbindungen unter sich, zu welchem Endzweck sie längs der Lette patrouilliren müssen. Der General v. Treskow wird für diese Zeit seine Befehle vom General v. Pirch II. entgegennehmen. Die beiden 12pfündigen Batterien und die Haubitzbatterie der Reserve-Artillerie kommen nach Servais, Rony, Sinçenis, Autreville und Pierremande, woselbst sie Kantonirungen beziehen, sie verpflegen sich aus dem Magazin in Chauny.

Die Bäckerei verbleibt in Chauny, das fliegende Pferde-Depot in Noyon, woselbst auch das fliegende Lazareth etablirt wird."

Hauptquartier St. Gobin am 26sten Juli 1815.

(gezeichnet) v. Zieten.

Für gleichlautende Abschrift der Chef des Generalstabes
Obristlieutenant v. Reiche.

Der General-Major v. Pirch II. gab dem Einschließungs-Corps von Laon für den 27sten Juli folgende Disposition:

„Die Brigade ist bestimmt, Laon enge zu blokiren, jedoch wird die Einschließung auf der andern Seite nur durch leichte Truppen geschehen, das Gros der Brigade wird diesseits kantoniren, und zwar:

Brigade-Quartier nebst dem 1sten Bataillon des 1sten westpreußischen Infanterie-Regiments und dessen Jäger-Detaschement in Crepy;

das 2te Bataillon des 1sten westpreußischen Infanterie-Regiments, exclusive des Jäger-Detaschements in Vivaise, Chery, Barauton-Cel und Barauton-Bugny;

das Füsilier-Bataillon auf den Vorposten;

das 1ste Bataillon des 28sten Infanterie-Regiments in Anizy le Chateau;

das 2te Bataillon des 28sten Infanterie-Regiments in Etouvelles, Charlevois, Royancourt, Mouharin und les Creuttes;

das 1ste Bataillon des 2ten westphälischen Landwehr-Infanterie-Regiments in Laniscourt und Cesteres;

das 2te Bataillon des 2ten westphälischen Landwehr-Infanterie-Regiments in Molinhart, Bussy und Brie;

die Fußbatterie No. 3. und Train-Kolonne, nebst den Pionnieren, wenn solche von St. Gobin entlassen werden, in Fourdrain.

Die beiden Jäger-Detaschements des 2ten und Füsilier-Bataillons, des 1sten westpreußischen Infanterie-Regiments, so wie die 3 Jäger-Detaschements des 28sten Regiments und die beiden Schützen-Compagnien stoßen zu den Vorposten; die Jäger müssen in der Art gebraucht werden, daß die Feldwachen in ½ Jägern und ½ Füsilier oder Schützen bestehen.

Das Rendezvous der Brigade ist den 27sten früh um 10 Uhr auf der Chaussee von Laferre nach Crepy, mit der Tete nahe an Crepy heran. Das 2te Bataillon des 1sten westpreußischen Regiments und die Fußbatterie sind davon ausgenommen, und marschiren den 27sten den nächsten Weg in ihre neuen Quartiere, ohne jedoch die Festung Laon näher als auf eine Lieue vorbei zu gehen. Ich werde mich selbst auf dem Rendezvous befinden, und den Abmarsch der Brigade von dort aus befehlen.

Vorposten.

Der Vorpostenzirkel wird durch die Straße, welche von Verneuil über Chambry durch Laon, von da über Chivy und Etouvelle, Charignon nach Soissons führt, in 2 Theile getheilt. Der Vorpostenzirkel, diesseits nach Crepy zu, wird von den beiden Schützen-Compagnien, den 3 Jäger-Detaschements des 28sten Regiments, und von 2 Esquadrons des westphälischen Landwehr-Kavallerie-Regiments gebildet, und steht unter dem Major von Rohr. Der jenseitige Halbzirkel besteht aus dem Füsilier-Bataillon des 1sten westpreußischen Regiments, dessen Jäger-Detaschement, und dem des 2ten Bataillons. Ferner aus 2 Esquadrons und dem Jäger-Detaschement des westphälischen Landwehr-Kavallerie-Regiments, diese Truppen stehen unter dem Major v. Wulffen. Die 1ste Vorposten-Abtheilung lehnt sich rechts mit ihren Posten an die Straße von Laon nach Soissons, und links an die von Laon nach Marle. Die Posten der 2ten Vorposten-Abtheilung schließen sich ebenfalls an diese beiden Straßen an.

Die 1ste Abtheilung wird folgendergestalt kantoniren:

in Clacy und Mons eine Schützen-Compagnie, 150 Jäger und eine Esquadron;

in Cerny und Besny eine Schützen-Compagnie und der Rest der Jäger;

in Aulnois eine Esquadron;

der Major v. Rohr in Cerny.

Die 2te Abtheilung

in Chivy eine Füsilier-Compagnie, 30 Jäger und ½ Esquadron;

in Bruyeres 2½ Füsilier-Compagnie, 150 Jäger und eine Esquadron nebst dem Kavallerie-Jäger-Detaschement;

in Chambry ½ Füsilier-Compagnie, 20 Jäger und ½ Esquadron. (Sollte das Dorf Athis noch in der Verfassung seyn, einige Truppen aufnehmen zu können, so kann die Abtheilung aus Chambry dahin detaschiren);

der Major v. Wulffen in Bruyeres.

Die Vorposten werden von gemischten Truppen gegeben, und so nahe als möglich an Laon heran poussirt. Die beiden Herren Vorposten-Kommandanten werden ihre Einrichtungen so treffen, daß der Besatzung von Laon durchaus keine Kommunikation mit dem Aeußern möglich ist.

Das Rendezvous sämmtlicher Vorposten ist den 27sten früh um 9½ Uhr jenseits Crepy auf der Chaussee nach Laon. Sollte der Major v. Wulffen um diese Zeit noch nicht von der 1sten Brigade abgelöst seyn, und die 2 Esquadrons, die bis jetzt bei der 1sten Brigade gestanden haben, noch nicht bei der 2ten eingetroffen seyn, so müssen die übrigen Truppen der Vorposten selbige erwarten, und nicht eher von Crepy abmarschiren, bis alle Abtheilungen vereiniget sind. Der Major v. Wulffen wird die Feldwachen in diesem Fälle stehen lassen, und mit den übrigen um $9\frac{1}{2}$ Uhr jenseits Crepy seyn, der Rittmeister v. Essen wird die Feldwachen alsdann nachführen, die stehenden Vorposten des brandenburgischen Uhlanen-Regiments vor Laon werden von denen der 2ten Brigade abgelöst.

Das brandenburgische Uhlanen-Regiment und die reitende Batterie von Richter, werden in den Dörfern Luzy, Fauconçourt, Brançourt, Quincy, Laudriçourt, Lizy, Mertieux kantoniren. Der Herr General v. Treskow behält sein Quartier in Suzy, und wird den Patrouillengang gegen Soissons zu anordnen.

Sollte der Herr General v. Treskow Infanterie nothwendig bedürfen, so ist das in Anizy le Chateau stehende 1ste Bataillon des 28sten Infanterie-Regiments zu seiner Disposition gestellt. Im übrigen bleibt dieses Bataillon ganz in seinem Verhältniß zur 2ten Brigade. So lange das Magazin in Crepy noch nicht etablirt ist, beziehen sämmtliche Truppentheile ihre Verpflegung in der bisherigen Art.

In Fressençourt, und zwar in den ersten Häusern, welche hart an der großen Straße liegen, wird den 27sten ein Briefrelais von einem Unteroffizier und 4 Uhlanen vom westphälischen Landwehr-Kavallerie-Regiment etablirt, um die Briefe nach St. Gobin und Crepy zu überbringen. Es bleibt dem Major von Wulffen überlassen, ob er dazu Leute von der Jäger-Esquadron nehmen will. Ein anderes Briefrelais wird der Major v. Wulffen zwischen Bruyeres und Crepy etabliren, damit die Meldungen von der gegenseitigen Linie mir schnell zukommen. Bei den Briefrelais bleibt es Regel, daß der angekommene Reiter so lange verweilt, bis der den Brief weiter bringende wieder zurückkommt, damit im Fall einer Antwort nicht 2 Pferde zugleich fatiguirt werden, deshalb müssen die Reiter jederzeit mit etwas Futter versehen seyn.

Die Truppentheile der Brigade, welche nicht zu den Vorposten gehören, können ihre Fouriere voraus schicken, jedoch nicht früher, als daß sie um 7 Uhr in den neuen Quartieren sind. Die

Nach der hier bestimmten Versammlung der Truppen, wird die Brigade auf 2 Hauptpunkten vertheilt seyn, ein Theil von 3 Bataillons Infanterie, 2 Esquadrons Kavallerie und 8 Pieçen unweit Cerny, auf der Straße von Laon nach Laferre; der andere Theil von 3 Bataillons Infanterie, 2 Esquadrons Kavallerie und 8 Pieçen unweit Mons, auf der Straße von Laon nach Soissons, bei Etouvelle werden $3\frac{1}{2}$ Esquadrons die kleine Straße über Chivi nach Soissons besetzen.

Nach welchen Richtungen sich die Truppen von ihren Sammelplätzen bewegen werden, würde davon abhängen, auf welcher Seite der Feind den Ausfall macht, und wie stark er seyn wird. Im allgemeinen muß dahin gewirkt werden, den Feind, er komme von welcher Seite er wolle, auf ein für uns günstiges Terrain, und wo möglich in ziemlicher Entfernung von der Festung zu locken, während der andere Theil vorgeht, und dem Feinde den Rückzug nach Laon abschneidet, wobei ich vorzüglich auf die $3\frac{1}{2}$ bei Etouvelles sich sammelnden Esquadrons zähle. Ich werde bei dem ersten Allarm auf der großen Straße nach Crepy, und späterhin da zu finden seyn, wo der Hauptangriff geschieht.

Sollte der Feind auf beiden Straßen zugleich vorgehen, so muß alles angewendet werden, um jeden Theil des Ausfalls von der Festung abzudrängen, um dadurch der Kavallerie Gelegenheit zu geben, ihm in den Rücken zu gehen.

Damit sowohl in diesem, als in jedem andern unerwarteten Falle, nicht aus Mangel an Befehlen eine Versäumniß entstehe, so bestimme ich, daß:

die Truppen bei Cerny unter dem Herrn Obrist-Lieutenant v. Stach,

die Truppen bei Mons unter dem Herrn General v. Treskow und Obrist-Lieutenant v. Stutterheim,

die Truppen bei Etouvelle unter dem Major von Wulffen

stehen, welche nach den Umständen und dem Terrain gemäß verfahren werden, bis die nähern Befehle von mir eingehen.

Im Fall eines Allarms gehen die Bagagen folgendermaßen zurück:

die des 1sten Bataillons des 1sten westpreußischen Regiments und die des Brigadequartiers nach Fressençourt;

die des 2ten Bataillons des 1sten westpreußischen Regiments über Monçeau les Loups, Versigny nach Fressençourt;

die des Füsilier-Bataillons des 1sten westpreußischen Regiments und der Landwehr-Kavallerie von Bruyeres auf dem Wege nach

der Brigade auf folgenden Plätzen ohne allen Zeitverlust versammeln.

Das 1ste westpreußische Regiment;

das 1ste Bataillon rückt mit der Batterie No. 3. aus Crepy aus, und bis in die Gegend von Cerny vor, zur Unterstützung des Majors v. Rohr;

das 2te Bataillon sammelt sich bei Bivaise (und nicht wie es früher seyn sollte bei Chery), und geht von da über Besny nach Cerny vor, wo es sich an das 1ste Bataillon anschließt.

Das 28ste Infanterie-Regiment;

das 1ste Bataillon rückt von Anizy le Chateau auf der großen Straße bis Mons en Laonnois vor;

das 2te Bataillon sammelt sich bei Bourguignon, und rückt an das 1ste Bataillon heran.

Das 2te westphälische Infanterie-Regiment;

das 1ste Bataillon sammelt sich links an Laniscourt, und rückt nach Mons en Laonnois an das 28ste Regiment heran;

das 2te Bataillon sammelt sich bei Bussy, und stößt bei Cerny zum 1sten westpreußischen Regiment;

die Batterie No. 3. und die Pionniere rücken zum 1sten westpreußischen Regiment jenseits Crepy.

Das brandenburgische Uhlanen-Regiment;

die 2 Esquadrons aus Fauconcourt, Suzy und Merlieux mit der reitenden Batterie von Richter, stoßen zu denen bei Mons versammelten Truppen;

die 2 Esquadrons aus Urcel, Laval, Lierval, gehen bis Etouvelle vor, und vereinigen sich dort mit den Truppen des Majors v. Wulffen.

Von der ersten Vorposten-Abtheilung repliirt sich die Feldwacht No. 1. und 2 auf Mons, No. 3, 4 und 5 auf Cerny, No. 6 und 7 auf Besny, woselbst sie sich mit der Esquadron aus Aulnois verbinden, und zu denen bei Cerny versammelten Truppen stoßen. Die Esquadron aus Mons rückt, sobald die brandenburgische Uhlanen-Esquadron aus Merlieux ankommt, nach Cerny ab; sollte aber der Ausfall nach Crepy hin geschehen, so geht diese Esquadron sogleich im Trabe nach Cerny.

Von der 2ten Vorposten-Abtheilung zieht sich der rechte Flügel bei Chambry zusammen, das Zentrum und der linke Flügel repliiren sich auf Nouvelle.

Nach der, hier bestimmten Versammlung der Truppen, wird die Brigade auf 2 Hauptpunkten vertheilt seyn, ein Theil von 3 Bataillons Infanterie, 2 Esquadrons Kavallerie und 8 Piecen unweit Cerny, auf der Straße von Laon nach Laferre; der andere Theil von 3 Bataillons Infanterie, 2 Esquadrons Kavallerie und 8 Piecen unweit Mons, auf der Straße von Laon nach Soissons, bei Etouvelle werden 3½ Esquadrons die kleine Straße über Chivi nach Soissons besetzen.

Nach welchen Richtungen sich die Truppen von ihren Sammelplätzen bewegen werden, würde davon abhängen, auf welcher Seite der Feind den Ausfall macht, und wie stark er seyn wird. Im allgemeinen muß dahin gewirkt werden, den Feind, er komme von welcher Seite er wolle, auf ein für uns günstiges Terrain, und wo möglich in ziemlicher Entfernung von der Festung zu locken, während der andere Theil vorgeht, und dem Feinde den Rückzug nach Laon abschneidet, wobei ich vorzüglich auf die 3½ bei Etouvelles sich sammelnden Esquadrons zähle. Ich werde bei dem ersten Allarm auf der großen Straße nach Crepy, und späterhin da zu finden seyn, wo der Hauptangriff geschieht.

Sollte der Feind auf beiden Straßen zugleich vorgehen, so muß alles angewendet werden, um jeden Theil des Ausfalls von der Festung abzudrängen, um dadurch der Kavallerie Gelegenheit zu geben, ihm in den Rücken zu gehen.

Damit sowohl in diesem, als in jedem andern unerwarteten Falle, nicht aus Mangel an Befehlen eine Versäumniß entstehe, so bestimme ich, daß:

die Truppen bei Cerny unter dem Herrn Obrist-Lieutenant v. Stach,

die Truppen bei Mons unter dem Herrn General v. Treskow und Obrist-Lieutenant v. Stutterheim,

die Truppen bei Etouvelle unter dem Major von Wulffen

stehen, welche nach den Umständen und dem Terrain gemäß verfahren werden, bis die nähern Befehle von mir eingehen.

Im Fall eines Allarms gehen die Bagagen folgendermaßen zurück:

die des 1sten Bataillons des 1sten westpreußischen Regiments und die des Brigadequartiers nach Fressençourt;

die des 2ten Bataillons des 1sten westpreußischen Regiments über Monçeau les Loups, Versigny nach Fressençourt;

die des Füsilier-Bataillons des 1sten westpreußischen Regiments und der Landwehr-Kavallerie von Bruyeres auf dem Wege nach

nach Corbeny, im übelsten Falle von da auf der Straße nach Bery aux Bacq;
die der beiden Schützen-Compagnien nach Fressençourt;
die der beiden Bataillons des 28sten Regiments hinter Anizy le Chateau, auf der Straße nach Coucy le Chateau;
die des 2ten westphälischen Landwehr-Regiments, nebst der von der Batterie No. 3 und der Pionniere, so wie die der Train-Kolonne nach Fressençourt;
die des brandenburgischen Uhlanen-Regiments und der reitenden Batterie von Richter hinter Anizy le Chateau auf der Straße nach Coucy. Bei sämmtlichen Bagagen werden die nöthigen Kommandirten gegeben."

(gezeichnet) v. Pirch II.

Für gleichlautende Abschrift der Offizier des Generalstabes
Capitain v. Decker.

Die Stellung des niederrheinischen Kriegsheeres war folgende:

das 1ste Armee-Corps (v. Zieten).

Der General-Lieutenant v. Röder mit seiner Abtheilung kantonirte in und bei Versailles;
die 1ste Brigade (v. Steinmetz) hatte Laferre eingeschlossen;
die 2te Brigade (v. Pirch II.) hatte Laon eingeschlossen;
das Hauptquartier des Generals von Zieten war in St. Gobin.

Das 3te Armee-Corps (v. Thielemann).

Es verließ heute seine bisherigen Kantonirungen, und trat seinen Marsch nach dem vom General v. Thielemann gegebenen Marsch-Plan nachfolgend an:

Marsch-Plan des 3ten Armee-Corps vom 28sten Juli bis den 5ten August 1815.

Datum.	Die 9te Brigade.	Die Reserve-Kavallerie.	Die 11te Brigade.	Die 12te Brigade.	Die Reserve-Artillerie.	Die 10te Brigade.	Das Hauptquartier.	Der Train.
den 28. Juli	Bougency	Meun und Gegend	Auneau	Sancheville	Alines	Thoury und Jonville	Thoury	Angerville.
den 29. Juli	Ouques	Machenois	über Chartres	Brou	Bazoches	Sancheville	Sancheville	Thoury.
den 30. Juli	Le Rochs	Vendome	Champeron	Montmirall	Chateaud'un	Bouneval	Bouneval	Sancheville.
den 31. Juli	La Charlere	Le Rochs	Regmalarol	Connere und Montfort	Droue	Droue	Droue	Bouneval.
den 1. August	Le Luel	La Charlere	Mamerē	—	Vibraye	Vibraye	Montmirail	Droue.
den 2. August	Baugē	Pont Valain	Ruhetag	—	St. Mars	St. Mars	Le Mans	Anthou.
den 3. August	—	La Flechē	Beaumont	—	Savigne	Le Mans	—	Vibraye.
den 4. August	—	—	Lille und Gegend	—	—	—	—	—
den 5. August	—	—	Laval	—	—	—	—	—

Das 3te Armee-Corps stand demnach heute:
die 9te Brigade in Bougency;
die Reserve-Kavallerie in Meun und der Gegend;
die 11te Brigade in Auneau;
die 12te — in Sancheville;
die 10te — in Thoury und Jonville;
die Reserve-Artillerie in Allines;
der Train in Angerville;
das Hauptquartier des Generals v. Thielemann war in Thoury.

Das 4te Armee-Corps (Graf Bülow v. Dennewitz) blieb heute noch in seinen bisherigen Kantonirungen von Vendome und Chartres stehen.

Das 6te Armee-Corps (Graf Tauenzien v. Wittenberg) blieb im Marsch.

Das Hauptquartier des Feldmarschalls Fürsten Blücher war in Rambouillet.

Der 1ste August.

Das niederrheinische Kriegsheer hatte folgende Stellung inne:

Das 1ste Armee-Corps (v. Zieten):
die 1ste Abtheilung des General-Lieutenants v. Röder marschirte von Versailles nach den neuen Kantonirungen;
die 1ste Brigade (v. Steinmetz) blieb vor Laferre stehen;
die 2te Brigade (v. Pirch II.) blieb vor Laon stehen;
das Hauptquartier des Generals v. Zieten blieb in St. Gobin.

Das 3te Armee-Corps (v. Thielemann)
war im Marsch nach seinen neuen Kantonirungen;
die 9te Brigade in le Luell;
die 10te Brigade in Vibraye;
die 11te Brigade hatte in Mamers Ruhetag;
die 12te Brigade in Montfort;
die Reserve-Kavallerie in la Charlere;
die Reserve-Artillerie in Vibraye;
der Train in Droue;
das Hauptquartier in Montmirail.

Der General v. Thielemann trug dem General v. Borck auf, er solle, wenn er in Beaugé eingetroffen, das Schloß von Angers durch 2 Bataillons und 1 Esquadron einschließen, niemand aus- und einpassiren lassen, jedoch Feindseligkeiten vermeiden, die Truppen seiner Brigade, die Kantonirungen so beziehen lassen, daß sie in 6 Stunden versammelt seyn könnten, und den Major Graf Finkenstein mit einer Esquadron nach Nantes schikken. Die 1ste Brigade der Reserve-Kavallerie, welche an der Loire stand, wurde angewiesen, alle Vorfälle dem General von York anzuzeigen.

Dem General v. Hobe wurde aufgetragen, er solle die 1ste Brigade der Reserve-Kavallerie bis an die Loire vorrücken lassen; und zwar: ein Regiment sollte Savigny, der Obrist v. Marwitz mit einem Regimente Vermantes, und ein Regiment Beaufort besetzen.

Am 2ten August meldete der General v. York, daß er mit der 9ten Brigade in und bei Baugé eingetroffen, und daß am selbigen Tage ein französisches Detaschement erst diesen Ort verlassen, und sich nach Mayenne zurückgezogen habe, auch sey Angers noch von 300 Franzosen besetzt.

Das 4te Armee-Corps (Graf Bülow v. Dennewitz).

Der General Graf Bülow von Dennewitz gab dem 4ten Armee-Corps folgende Disposition für den 1sten und 2ten August zum Beziehen seiner erweiterten Kantonirungsquartiere.

Die Avantgarde unter dem Prinzen Wilhelm v. Preußen nach Chateau d'un.

Das Detaschement des Majors v. Colomb;

das 8te Husaren-Regiment, das Füsilier-Bataillon des 15ten Infanterie-Regiments,	nach Blois.

Das Detaschement des Majors v. Blankenburg;

ein Bataillon, das 1ste pommersche Landwehr-Kavallerie-Regiment,	in Merou Menares.

Die Vor- und Verbindungs-Posten beider Detaschements werden längs der Loire gegeben. Der linke Flügel der Chaine setzt sich mit den baierschen Truppen, welche in dem Departement Loiret einrücken werden, in Verbindung; der rechte dagegen bei Vanves mit dem 3ten Armee-Corps. Bis dahin, wo dasselbe die Vorposten gegen Tours detaschirt hat, bleiben von dem Detaschement des Majors v. Colomb die Posten gegen Tours und Amboise noch vorläufig besetzt.

Die bisher unter dem Befehl des Majors v. Blankenburg gewesene Esquadron des 1sten neumärkischen Landwehr-Kavallerie-Regiments, kehrt zur Reserve-Kavallerie zurück. Beide Detaschements der Avantgarde stehen unter dem Befehl des Obristen von Hiller.

Das Gros der Avantgarde.

Obrist von Hiller in Vendome:

2 Bataillons des 15ten Infanterie-Regiments, das 1ste schlesische Landwehr-Infanterie-Regiment, das 2te schlesische Landwehr-Infanterie-Regiment, das 2te neumärkische Landwehr-Kavallerie-Regiment, 2 Esquadrons vom 1sten schlesischen Landwehr-Kavallerie-Regiment, die Fußbatterie No. 2. die reitende Batterie No. 1.	nach den Kantons Vendome, Montoyre, Savigni, Mont Doubleau, Drouë, Moree, Selammes und St. Amand.

Die nähere Anordnung der Kantonirungsquartiere der Avantgarde, und die Stellung der Vorposten-Detaschements, werden Sr. königl. Hoheit der Prinz Wilhelm v. Preußen dem Obristen v. Hiller übertragen.

Das Rendezvous der Avantgarde ist in der Gegend von Thoureille, auf der Straße von Vendome nach Blois.

Die Reserve-Kavallerie.

General-Major v. Sidow in Chateau d'un.

Das Detaschement des Majors v. Sidow:

das 1ste neumärkische Landwehr-Kavallerie-Regiment im Kanton Marchenoire erhält die Verbindung mit den Detaschements in Blois und Merau Menares;

das 2te schlesische Husaren-Regiment, das 10te Husaren-Regiment, das 8te Dragoner-Regiment, das westpreußische Uhlanen-Regiment, das 2te pommersche Landwehr-Kavallerie-Regiment, das 3te schlesische Landwehr-Kavallerie-Regiment, die reitende Batterie No. 12.	nach den Kantons Chateau d'un, Cloye, Ouzeneur le Marche, Orgeres und Bonneval.

Die Vertheilung der Quartiere bleibt ganz Sr. königl. Hoheit überlassen; das Rendezvous des Majors v. Sidow ist bei Mayes, auf der Straße von Marchenoise nach Blois.

Das Rendezvous der übrigen Reserve-Kavallerie ist zwischen Moisy und la Gahaldiere, auf den beiden Straßen von Blois; das Defilee vor der Fronte.

Das Gros des Corps.

Die 13te Brigade Obrist von Lettow in Nogent le Retour;

das 1ste schlesische Infanterie-Regiment, das 2te neumärkische Landwehr-Infanterie-Regiment, das 3te neumärkische Landwehr-Kavallerie-Regiment, 2 Esquadrons des 2ten schlesischen Landwehr-Kavallerie-Regiments, die Fußbatterie No. 13.	n. d. Kantons la Lauppe, Thiran, Nogent le retour und Authon.

Die 14te Brigade General-Major v. Ryssel I. in Montagny;

das 2te schlesische Infanterie-Regiment, das 1ste pommersche Landwehr-Infanterie-Regiment, das 2te pommersche Landwehr-Infanterie-Regiment, 2 Esquadrons des 2ten schlesischen Landwehr-Kavallerie-Regiments, die Fußbatterie No 16.	nach den Kanton Sees, Alençon, Martree, St. Lomer, Bellemes, Montagny, Pervanchers, Noçe und Regmalard. Die Kavallerie Esquadronsweise in Domeront und Argenton.

Das Rendezvous der Brigade ist bei le Theil und le Meil sur Sarthe. Ob sich die Gegend von le Theil in Rücksicht der Wege, um nach Claye zu kommen, zum Rendezvous eignet, hierüber ist von der Brigade Bericht zu erstatten.

Die 15te Brigade General-Major v. Losthin in Chartres;

2 Bataillons des 18ten Infanterie-Regiments in Chartres, 1 Bataillon des 18ten Infanterie-Regiments, das 3te schlesische Landwehr-Infanterie-Regiment, 1 Bataillon des 4ten schlesischen Landwehr-Infanterie-Regiments, 2 Esquadrons des 1sten schlesischen Landwehr-Kavallerie-Regiments, die Fußbatterie No. 14.	n. d. Kantons Chartres (welches nur schwach zu belegen ist), Voves, Janvelle und Aundun, nebst einem Theil von Maintenon, wo Gallardon und Guide Longroy gelegen ist.

Das Rendezvous der Brigade ist bei Sancheville, auf der Straße von Chartres nach Villier St. Orgon.

Das gemischte Detaschement der 13ten, 14ten und 15ten Brigade bleibt in Rambouillet stehen.

Die Reserve-Artillerie, Major v. Ziegler in Chartres;

die 12pfündige Batterie No. 3, 5 und 13. die Fußbatterie No. 11. die reitende Batterie No. 11. die Park-Kolonne No. 2, 3, 7, 8 und 13. die Pionnier-Compagnie No. 4.	in den Oertern Dreux, Chateau neuf, und Nogent le Roy.

Das Rendezvous der Reserve-Artillerie ist bei Challet, auf der Straße von Dreux nach Chartres.

Trains.

die Provlant-Kolonne No. 21. die Feldbäckerei No. 6. das fliegende Pferde-Depot	n. d. Kanton Chartres (nord) und nach dem Kanton Maintenon, in den Dörfern Bouglainval, Chartainvilliers und Soulaines.

Das Rendezvous der Trains ist bei Chartainvilliers, wohin sie sich bei einem vorkommenden Allarm aufs schleunigste begeben müssen, um die große Straße von Dreux nach Chartres frei zu machen.

Das Rendezvous des ganzen Corps, mit Ausnahme der Avantgarde, der Reserve-Kavallerie und des Trains, ist, wenn es die Umstände nöthig machen, auf der Höhe von Cloye, mit dem rechten Flügel vor Cloye, mit dem linken gegen Autreuil. Den Herren Brigadiers bleibt es überlassen, in den, ihren Brigaden angewiesenen Kantons, die Kantonirungs-Quartiere anzuordnen.

Nach dem Befehl des kommandirenden Generals en Chef, sollen die Truppen bei einem entstehenden Allarm, oder wenn es befohlen wird, sich aufs schleunigste auf den, den Brigaden angewiesenen Rendezvous vereinigen. Zu diesem Zwecke werden die Lärmstangen errichtet, welche die Herren Brigadiers und Commandeurs der Truppen nach dem Lokale so anzuordnen suchen, daß durch Anzündung derselben, alle Truppentheile, und auch die zunächst gelegenen Brigaden avertirt werden.

Die bei den Lärmstangen aufzustellenden Wachen und Posten, sind von der Lage der in der Gegend befindlichen Fanale zu unterrichten, und dahin zu instruiren, daß wenn sie eines derselben brennen sehen, sie das ihrige auch sogleich anzünden.

Zur Verbindung mit dem 3ten Armee-Corps, hat sowohl der Obrist v. Hiller als auch der Obrist v. Lettow, sich mit den zunächst gelegenen Truppentheilen des gedachten Armee-Corps, über die Errichtung der Fanale zu vereinigen, welche die Armee-Corps gegenseitig allarmiren sollen. Seine Durchlaucht haben nochmals die Entwaffnung aller Einwohner und Nationalgarden befohlen. Die abgelieferten Waffen werden zunächst an den Major v. Ziegler abgeliefert, der sie sodann nach St. Germain befördert, und mir über die ganze Anzahl von Zeit zu Zeit Rapport abstattet.

Sobald das 3te Armee-Corps in dem Departement le Sarthe eingerückt ist, wird die Pionnier-Compagnie des Capitains von Zaborowsky, mit den dabei befindlichen Pontons, zu diesem Corps übergehen, und dazu die Marschroute erhalten; vorläufig bleibt sie noch bei der Avantgarde des 4ten Armee-Corps.

Das Hauptquartier des Feldmarschalls Fürsten Blücher von Wahlstadt Durchlaucht ist in Rambouillet, und es werden die bisherigen Ordonanzoffiziere von dort abgehen.

Die Etappenstraße geht von Avesnes auf Guise, St. Quentin, Hamm, Noyon, Compiegne, Senlis, Gonesse, St. Germain, und zum 4ten Armee-Corps über Rambouillet und Maintenon nach Chartres.

Zu Etappen um Chartres gehören:

Leves, St. Maurice, Mainvilliers, Luce, Luisant, St. Brice, St. Cheron, St. Barthelmy.

Zu Etappen um Maintenon gehören:

Pierre, Houx, Ermenonville, Gaillardon, Mevoison, St. Piat.

In Folge dieser neuen Kantonirungen werden ebenfalls noch in Alençon, Montagny, Dreux und Nogent le retour Magazine errichtet. Die Verpflegung geschieht bis zur Einrichtung der Magazine, vorläufig noch von den Wirthen.

Die Ordonanz-Relais werden in folgender Art stationiret:

1. Von Chartres nach Versailles:

in Maintenon 1 Unteroffizier und 6 Pferde von der 15ten Brigade,
in Rambouillet das Hauptquartier des Fürsten Blücher,

in Coignieres	1 Unteroffiz. 6 Pferde,	von der 15ten Brigade.
in Versailles	1 — 6 —	

2. Von Chartres nach Chateau d'un:

in Louppe	1 Unteroffiz. 6 Pferde,	Reserve-Kavallerie.
in Bonneval	1 — 6 —	
in Chateau d'un das Brigade-Quartier.		

3. Von Chartres nach Nogent le retour:

in Courville	1 Unteroffiz. 9 Pferde,	von der 13ten Brigade.
in Champeron	1 — 6 —	
in Nogent le retour das Brigade-Quartier.		

4. Von Chartres nach Montagny:

in Courville,		
in Lavlouppe	1 Unteroffiz. 6 Pferde,	von der 14ten Brigade.
in Monçeau	1 — 6 —	
in Montagny das Brigade-Quartier.		

Die neuen Ordonanz-Relais müssen sämmtlich am 1sten August auf den vorgeschriebenen Posten seyn, und können die übrigen sodann den 2ten abgehen. Sämmtliche Truppentheile schicken in angemessener Zeit vor der Umquartierung ihre Fouriere voran, um die nöthigen Anordnungen in den neuen Kantonements zu machen. Die allgemeine Dislokationsliste wird, sobald die Eintheilung der Quartiere gemacht ist, eingegeben. Die speziellen Dislokationslisten aber 24 Stunden nach dem Einrücken der Truppen.

Es wird den Herren Brigade-Chefs bekannt gemacht, daß bei dem Durchmarsch des 3ten Armee-Corps durch die Kantonirungen des 4ten, immer einen Tag später, als das Gros der Brigaden, ein Bataillon und eine Esquadron der Brigade folgt, die Quartiere für diese müssen deshalb leer bleiben.

Hauptquartier Chartres, am 28sten Juli 1815.

(gezeichnet) Bülow von Dennewitz.

Für gleichlautende Abschrift der Chef des Generalstabes
General-Major v. Valentini.

Die Stellung des 4ten Armee-Corps war demnach:

der Vortrab (Obrist v. Hiller) in Vendome;
die Reserve-Kavallerie in Chateau d'un;
die 13te Brigade in Nogent le retour;
die 14te Brigade in Montagny;
die 15te Brigade in Chartres;
die Reserve-Artillerie in Chartres und der Gegend;
der Train im Kanton Chartres;
das Hauptquartier des Generals Grafen Bülow v. Dennewitz in Chartres.

Das 6te Armee-Corps (Graf Tauenzien v. Wittenberg). Es war auf dem Marsch.

Das Hauptquartier des Feldmarschalls Fürsten Blücher war in Rambouillet.

Der 5te August.

Die Stellung des niederrheinischen Kriegsheeres war:

Das 1ste Armee-Corps (v. Zieten):

- die Abtheilung des General-Lieutenants v. Röder war im Marsch nach den neuen Kantonirungen;
- die 1ste Brigade (v. Steinmetz) hatte Laferre eingeschlossen;
- die 2te Brigade (v. Pirch II.) hatte Laon eingeschlossen;
- das Hauptquartier des Generals v. Zieten war in St. Gobin.

Der General v. Pirch II. gab folgende Disposition:

„Morgen, als den 5ten August, werden die Vorposten abgelöset, und zwar das westphälische Landwehr-Kavallerie-Regiment durch das brandenburgische Uhlanen-Regiment, das westpreußische Füsilier-Bataillon durch das 2te Bataillon des 28sten Regiments, die beiden Schützen-Compagnien und Jäger-Detaschements durch das 2te Bataillon des 1sten westpreußischen Regiments, auch wird das Jäger-Detaschement des 1sten Bataillons dieses Regiments mit zum Vorpostendienst angezogen. Die Ablösung geschieht auf folgende Art:

Das 2te Bataillon des 28sten Regiments, das Jäger-Detaschement vom 1sten Bataillon des 1sten westpreußischen Regiments, und die 1ste und 4te Uhlanen-Esquadron aus Urcel, Laval ꝛc. versammeln sich morgen früh um 8 Uhr bei Etouvelle, unter dem Major v. Schierstedt, der die Güte haben wird, den Befehl über die 2te Vorposten-Abtheilung in Bruyeres zu übernehmen. Von dort geht diese Abtheilung auf der Chaussée bis jenseits Chivi vor, woselbst der Major v. Wulffen zur Ablösung bereit seyn wird.

Das 2te Bataillon des 1sten westpreußischen Regiments und die 1ste Uhlanen-Esquadron aus Fauçoncourt, stehen morgen früh um 9 Uhr bei Besny, woselbst der Major v. Rohr zur Ablösung bereit seyn wird.

Die 3te Esquadron aus Merlieux geht, um nicht unnütz fatiguirt zu werden, gerade nach Mons en Laonnois. Die hier genannten Truppen bilden die 1ste Vorposten-Abtheilung, über welche der Herr Obrist v. Stutterheim in Cerny, den Befehl zu übernehmen die Güte haben wird.

Die abgelösten Truppentheile rücken in folgende Kantonirungen:

die beiden Schützen-Compagnien nach Etouvelles, Royancourt, St. Julien;

das Jäger-Detaschement vom 2ten Bataillon des 1sten westpreußischen Regiments in Verneuil sur Serre und Challevois;

das Jäger-Detaschement vom 1sten Bataillon des 28sten Regiments nach Anizy le Chateau;

das Jäger-Detaschement vom 2ten Bataillon des 28sten Regiments nach Montbavin;

das Jäger-Detaschement vom Füsilier-Bataillon des 28sten Regiments nach Remy;

das Füsilier-Bataillon des 1sten westpreußischen Infanterie-Regiments nach Bevaise, Chery, Baranton-cel und Baranton-Bugny;

die beiden Esquadrons und die Jäger aus Bruyeres nach Laval, Lierval, Uval;

die beiden Esquadrons aus Aulnois und Mons, nach Fauçoncourt, Suzy, Merlieux; und es tritt diese Kavallerie alsdann unter die Befehle des Herrn Generals v. Treskow, der sein jetziges Quartier in Anizy le Chateau behält.

Was die Ablösung selbst betrifft, so wollen die hier genannten Herren Vorposten-Kommandanten sich außer dem Tableau über die ausgesetzten Feldwachten, noch alles Dasjenige auf das genaueste überliefern lassen, was zum Dienst der Vorposten auf den respektiven Punkten gehört. Der Major v. Wulffen wird sein Quartier in einer Kantonirung seines Regiments sich wählen, und mir davon Anzeige machen. Der Major von Rohr geht nach Crepy zurück.

Da nach einer anderweitigen Bestimmung, die disponibeln Truppen der 1sten Brigade, die 2te bei einem Ausfall aus Laon unterstützen sollen, so ändert sich die gegebene Disposition dahin ab, daß sich die sämmtliche Infanterie der 2ten Brigade bei einem Allarm vor Crepy sammelt. Für die Kavallerie hingegen bleibt es bei der gegebenen Bestimmung, nur mit dem Unterschiede, daß wenn sich die Vorposten der 2ten Abtheilung bei Mons gesammelt haben, sie alsdann im Verein mit der Kavallerie sich ebenfalls langsam nach Crepy abziehen, so daß die Brigade bei diesem Orte sich sammelt, die reitende Batterie v. Richter geht nunmehr mit der Infanterie aus Anizy le Chateau, im Fall eines Allarms sogleich nach Crepy.

Die morgen statthabende Ablösung der Vorposten, macht keine Abänderung in der Disposition, indem nunmehr jeder Truppentheil die darin festgestellten Verbindlichkeiten von demjenigen Theile übernimmt, den er abgelöst hat, oder in dessen Quartier er eingerückt ist. Die beiden neu angekommenen Füsilier-Bataillons des 28sten und 2ten westphälischen Landwehr-Regiments rücken bei einem Allarm ebenfalls sogleich nach Crepy ab

Da die Jäger-Esquadron des westphälischen Landwehr-Kavallerie-Regiments nunmehr von den Vorposten abgehen wird, so tritt selbige von morgen an, zum brandenburgschen Uhlanen-Regiment über, und hat der Major von Wulffen alles was die Jäger-Esquadron betrifft, dem Obristen von Stutterheim zu übergeben."

(gezeichnet) v. Pirch II.

Für gleichlautende Abschrift der Offizier des Generalstabes Capitain v. Decker.

Das 3te Armee-Corps (v. Thielemann).

Das Hauptquartier war in le Mans.

Das 4te Armee-Corps (Graf Bülow v. Dennewitz).

Das Hauptquartier war in Chartres.

Das 6te Armee-Corps (Graf Tauenzien v. Wittenberg) war noch auf dem Marsch befindlich.

Das Hauptquartier des Feldmarschalls Fürsten Blücher war in Rambouillet.

Der 9te und 10te August.

Der General v. Zieten gab dem 1sten Armee-Corps folgende Disposition:

„Nach Uebereinkunft mit dem Kommandanten von Laon wird der Platz am 10ten August unsern Truppen übergeben. Am 9ten werden die beiden Thore, das von Rheims und das von Crepy, so wie die Magazine besetzt, zu welchem Behuf der General-Major v. Pirch das Bataillon des Majors v. Rohr bestimmen wird. Die Besitznahme der Thore und Magazine geschieht um Mittag, zu welcher Zeit das Bataillon zu dieser Bestimmung in der Nähe von Laon versammelt seyn muß. Des Morgens am 10ten wird die 2te Brigade zusammengezogen und rückt in die Stadt ein, sobald die französische Besatzung ausgezogen ist. Der Major von Rohr übernimmt alsdann den Posten als Kommandant, behält aber die Führung des Bataillons dabei, und verbleibt in dieser

Eigenschaft nur so lange, bis die Brigade nach der Normandie abmarschirt.

Sobald die Thore und Magazine besetzt sind, gehen Commissäre in die Stadt, um die verschiedenen Gegenstände, die von Effekten und Beständen zurückbleiben müssen, zu übernehmen. Zu Commissairs sind ernannt: für die Artillerie-Gegenstände der Hauptmann Richter und Lieutenant Böthke, und für Magazingegenstände der Kriegscommissair Schmidt von der 2ten Brigade.

Die Truppen, so die Thore und Magazine besetzen, müssen alles vermeiden, wodurch Uneinigkeiten mit der französischen Besatzung und den Bürgern entstehen könnten."

(gezeichnet) v. Zieten.

Für gleichlautende Abschrift der Chef des Generalstabes
Oberstlieutenant v. Reiche.

Zur Besitznahme von Laon gab der General v. Zieten für den 10ten August 1815 folgende Disposition.

1. „Der Theil des Bataillons des 1sten westpreußischen Infanterie-Regiments, der nicht zur Besitznahme des Crepyschen Thores am 9ten verwandt ist, hält sich am Morgen des 10ten d. dergestalt bereit, daß er sämmtliche Thore von Laon, sobald die französische Besatzung zum Thore von St. Martin ausmarschirt ist, gleich darauf besetzen kann.

2. Zur Besetzung der Thore werden für den 10ten 2 Compagnien, dieses Bataillons verwendet, und die beiden andern Compagnien stellen sich auf dem Marktplatz als Reserve auf. Die Thorwachen setzen Posten längs der Stadtmauer innerhalb derselben aus.

3. Das Füsilier- und das 1ste Bataillon des 1sten westpreußischen Infanterie-Regiments, die Fußbatterie der Brigade, und die Esquadron des brandenburgischen Uhlanen-Regiments, wovon der Stab in Cerny steht, stehen morgen früh um halb 9 Uhr auf der Chaussee von Laferre, bei der Vorstadt St. Marcel, zum Einrücken in die Stadt bereit.

4. Sobald der Major v. Rohr dem Herrn General-Major v. Pirch, der die No. 3. benannten Truppen in die Stadt führen wird, gemeldet hat, daß die französische Besatzung ausmarschirt ist, und daß die Thore besetzt sind, halten die Truppen um 9 Uhr in folgender Ordnung ihren Einzug:

die Esquadron des brandenburgischen Uhlanen-Regiments;

das 1ste Bataillon des 1sten westpreußischen Infanterie-Regiments;

die Fußbatterie der Brigade;

das Füsilier-Bataillon des westpreußischen Infanterie-Regiments;

5. Die Esquadron stellt sich in der Stadt auf der Esplanade zwischen der Stadt und der Zitadelle auf, in so fern daselbst genug Raum ist, ist dieses nicht, so stellt sie sich auf dem Quartier der Cavallerie auf.

6. Das 1ste Bataillon nebst der Batterie stellen sich auf dem Quartier der Cavallerie auf.

7. Das Füsilier-Bataillon bei der Abtei St. Vincent. Ist aber innerhalb der Ringmauern auf dem Platz nach genannter Abtei zu, ein genugsamer Raum, so ist es vorzuziehen, wenn das Füsilier-Bataillon hier aufgestellt wird.

8. Wenn die Truppen dergestalt aufgestellt sind, und in der Stadt ist alles ruhig, so werden Quartiere für die Besatzung gemacht, die darauf bezogen werden können.

9. Es ist nicht zu vermuthen, daß Volksbewegungen statt finden, sollte es dennoch seyn, so muß die Kavallerie Patrouillen von 6 bis 10 Mann durch die Stadt schicken, um die Zusammenrottirungen aus einander zu treiben. Die beiden Infanterie-Compagnien, welche auf dem Markte stehen, schicken in diesem Fall eben dergleichen Patrouillen.

10. Die Bagage darf nicht früher als um 2 Uhr Nachmittags in die Stadt gelangen, erst wenn die Truppen in den Quartieren sind.

11. Mein Hauptquartier bleibt in St. Gobin."

Hauptquartier St. Gobin, am 9ten August 1815.

(gezeichnet) v. Zieten.

Für gleichlautende Abschrift der Chef des Generalstabes
Oberstlieutenant v. Reiche.

Der General-Major v. Pirch II. gab hierauf folgende Disposition:

„Die Festung Laon wird morgen, als den 10ten August, den preußischen Truppen übergeben, und mit 3 Bataillons einer Esquadron und einer Fußbatterie von der 2ten Brigade besetzt.

Ich bestimme dazu die 3 Bataillons des 1sten westpreußischen Regiments, die in Mons stehende Esquadron des brandenburgschen Uhlanen-Regiments, und die Fußbatterie No. 3., und werde mein Brigade-Quartier von morgen an in Laon nehmen.

Die zum Einrücken bestimmten Truppen stehen morgen früh um 9 Uhr auf der Chaussée von Crepy nach Laon, da wo jetzt die Kavallerie-Feldwacht steht, in Zügen rechts abmarschirt, und zwar hat die Esquadron die Tete, ihr folgt das 2te Bataillon, die Fußbatterie No. 3., und das Füsilier-Bataillon hat den Quee.

Die französische Besatzung wird morgen früh um 6 Uhr aus dem Thore von St. Martin aus-, und nach der Loire abmarschiren.

Von der ersten Vorposten-Abtheilung rücken die Feldwachen der Infanterie heute Abend, sobald es dunkel wird, in ihre Quartiere. Von der Kavallerie bleiben bloß 2 Feldwachten stehen, und zwar eine bei Clacy, die andere auf der Straße nach Crepy, wo sie jetzt steht. Alle übrigen werden eingezogen. Von der 2ten Vorposten-Abtheilung wird eine Feldwacht auf der Straße von Chivy nach Laon, eine andere bei Leuilly, und eine 3te bei Ardon ausgesetzt; alle übrigen gehen von heute Abend ein.

Sobald die Besatzung morgen früh die Stadt verlassen hat, gehen auch diese 5 Feldwachten ein, und die Vorposten rücken nach der beifolgenden Dislokation zu ihren Regimentern ab. Die Fourierschützen, der in Laon einrückenden Truppentheile, melden sich morgen früh um 7 Uhr in Laon beim preußischen Kommandanten Major v. Rohr.

Die übrigen Truppentheile der Brigade beziehen morgen folgende Quartiere:

2 Schützen-Compagnien in Cesteres und Mollnchart;

das 28ste Regiment:

das 1ste Bataillon in Anizy le chateau, Lizy, Merlieux und Challevois,

das 2te Bataillon in St. Julien, Royancourt, Montbavin, Bourgignon, les Cruttes, Mons en Laonnois,

das Füsilier-Bataillon in Fauçoncourt und Sucy;

das 2te westphälische Landwehr-Infanterie-Regiment:

das 1ste Bataillon in Crepy,

das 2te Bataillon in Vivaise, Besny, Chery und Aulnois,

das Füsilier-Bataillon in Couvron;

die Pionniere in Crepy;

brandenburgische Uhlanen 3 Esquadrons und Jäger in Bruyeres, Vorget, Cheret, Parfondon;

das westphälische Landwehr-Kavallerie-Regiment

in Urcel, Laval, Lierval, Etouvell, Chiry, l'Eveque, Thierny, Montberault, Monthenault, Martigny;

die reitende Batterie Richter, Anizy le Chateau;

die Train-Kolonne in Crepy.

Die Fourierschützen gehen noch heute nach diesen Orten voraus."

(gezeichnet) v. Pirch II.

Für gleichlautende Abschrift der Offizier des Generalstabes

Capitain v. Decker.

Die Stellung des niederrheinischen Kriegsheeres war:

Das 1ste Armee-Corps (v. Zieten):

die Abtheilung des General-Lieutenants v. Röder bezog die Kantonirungen;

die 1ste Brigade (v. Steinmetz) hielt die Festung Laferre eingeschlossen;

die 2te Brigade (v. Pirch II.) besetzte der Disposition gemäß, nachdem die französische Besatzung nach der Loire abmarschirt war, die Stadt Laon;

das Hauptquartier des Generals v. Zieten war in St. Gobin.

Das 3te Armee-Corps (v. Thielemann).

Es war, nachdem es die neuen Kantonirungen bezogen hatte, nachfolgend aufgestellt:

die Avantgarde, die 9te Brigade (v. Bork) Brigadequartier in Baugé:

das Leib-Infanterie-Regiment;

das 1ste Bataillon in Baugé,
das 2te — in Jarze,
das Füsilier-Bataillon in Vecil Baugé;

das 30ste Infanterie-Regiment von 3 Bataillons in Angers;

das 1ste kurmärkische Landwehr-Infanterie-Regiment:

das 1ste Bataillon in Baze,
das 2te — in Corne,
das 3te — in Braux und Corneille;

eine Esquadron des 3ten kurmärkischen Landwehr-Kavallerie-Regiments in le Plessis, au gromaire Angers;

die 6pfündige Fußbatterie No. 18. in Baugé;

eine halbe Train-Kolonne in Tongeré.

Die Reserve-Kavallerie General-Major v. Hobe in Lasleché:

1ste

1ste Brigade. Obrist v. Marwitz in Beaufort:
7tes Uhlanen-Regiment in Savigne,
5tes Uhlanen-Regiment, 8tes Uhlanen-Regiment, 12tes Husaren-Regiment, } in Beaufort und Vernautes;
2te Brigade Obrist Graf Lottum in Lafleché,
die Kürassier-Esquadron in Dastal,
das 7te Dragoner-Regiment in Lafleché und St. Germain,
das 9te Husaren-Regiment in le Lude, St. Mars de Cré, Savigny le Lude, Thorée, la Chapelle aux Choux;
die reitende Batterie No. 18. in Clermont, Mareil, Creans, Pringé, Luche;
die Train-Kolonne No. 1. Crosmieres, le Bailleul, Vervon.

Die 10te Brigade (Obrist v. Kemphen) in le Mans:
das 27ste Infanterie-Regiment in le Mans, St. Croix, Pontlieue, Yore;
das 2te kurmärkische Landwehr-Infanterie-Regiment:
das 1ste Bataillon St. Lernhard, Voevre, Astenay, Cheminée, le Gaudin,
das 2te Bataillon in Coulans, Fay, Chaufour, Degrée, Brain,
das 3te Bataillon in St. Aubin, St. Saturnin, Frangé, Bouillon, grand Alonne;
das 3te kurmärkische Landwehr-Kavallerie-Regiment in Souligne, Flacé, Arnagé;
die 6pfündige Fußbatterie No. 35. in Milesse, Aigné;
die Proviant-Kolonne in St. Pavin.

Die 12te Brigade (General-Major v. Lossow) in Montfort:
das 31ste Infanterie-Regiment in Montfort, Pont de Genes, Connére, Torigné, Dollon;
das 5te kurmärkische Landwehr-Infanterie-Regiment in Tüffe, St. Hilaire le Clezzl, Boissy le sec,
das 6te kurmärkische Landwehr-Infanterie-Regiment in Bonnetable, Brié, St. George de Rosoy, St. Agnon;
2 Esquadrons des 6ten kurmärkischen Landwehr-Kavallerie-Regiments in Cellerin, le Geré, Remy, Beché;
die 6pfündige Fußbatterie No. 24. in Force und Beaufay;
die Train-Kolonne in Sille le Philippe.

X

Die 11te Brigade (Obrist v. Luck) in Laval:

das 2te kurmärkische Landwehr-Inf.-Reg.
das 4te — — —
die halbe Train-Kolonne No. 25. } in Laval;

2 Esquadrons des 6ten kurmärkischen Landwehr-Kavallerie-Regiments in Rennes und Chateau Brilland;

die 6pfündige Fußbatterie No. 35. in Cosé.

Die Reserve-Artillerie (Obrist v. Monhaupt) in le Manns:

die 12pfündigen Fußbatterien No. 7. und 11. in Savigny und Joue d'Albe;

die 6pfündige Fußbatterie No. 30. in Moutrille;

die reitenden Batterien No. 19. und 20. in Cour ce beuf, St. Mars;

die Park-Kolonnen No. 1., 3., 5., 19. in Neufville sur Sarthe, St. Pavace, Sauge;

die Proviant-Kolonne in Savigny.

Die Trains in Soulig und St. Remy:

die Feldbäckerei-Kolonne No. 3. in Ginerche;

das fliegende Feldlazareth No. 2. in St. Gemé, No. 13. in le Mans;

das Montirungsdepot in Montbizot;

die Kriegskasse in le Mans.

Das Hauptquartier des Generals v. Thielemann war in le Mans.

Das 4te Armee-Corps (Graf Bülow v. Dennewitz): das Hauptquartier war in Chartres, das Corps lag in seinen bekannten Kantonirungen unverändert.

Das 6te Armee-Corps (Graf Tauenzien v. Wittenberg) war auf dem Marsch.

Das Hauptquartier des Feldmarschalls Fürsten Blücher war in Rambouillet.

Der 21ste August.

Der General v. Zieten gab dem 1sten Armee-Corps folgende Disposition:

„Die 1ste Brigade, das schlesische Schützen-Bataillon, die 1ste Pionnier-Compagnie, und das westphälische Landwehr-Kavallerie-Regiment (da es vom 1sten Armee-Corps das stärkste Kavallerie-Regiment ist) übernehmen vom 21sten ab, unter Kommando des Herrn Generals v. Steinmetz, die Einschließung von Laferre.

Die 2te Brigade, das brandenburgsche Uhlanen-Regiment, das 1ste schlesische Husaren-Regiment, die hier befindlichen Batterien der Reserve-Artillerie treten am 21sten ihren Marsch nach der Normandie an. Da ich den 22sten d. mich von hier nach Evreux begebe, so wird der Herr General-Major v. Treskow die Führung der Truppen auf diesem Marsch übernehmen.

Die Besatzung von Laon wird durch ein Bataillon von der rheinischen Landwehr abgelöst, welches den 21sten d. daselbst eintreffen wird.

Den 20sten löst das westphälische Landwehr-Kavallerie-Regiment die schlesischen Husaren vor Laferre ab, dagegen letzteres, wenn es abgelöst ist, in seine alten Kantonirungen bei Coucy wieder einrückt. Die beiden schlesischen Schützen-Compagnien, die bisher der 2ten Brigade zugegeben waren, gehen den 21sten zur 1sten Brigade ab, wo sie vom General-Major v. Steinmetz ihre weitere Bestimmung erhalten werden. Eben so geht an diesem Tage die Abtheilung der 1sten Pionnier-Compagnie, die bisher bei der 2ten Brigade war, zur 1sten Brigade, dergestalt, daß diese Compagnie hier vereiniget bleibt. Die 5te Pionnier-Compagnie geht mit der 2ten Brigade.

Den 21sten gehen die beiden genannten Kavallerie-Regimenter bis Blerancourt, und können außer diesem Orte auch Naucel, Audignecourt, Blerancourdel, Camelin, Doussancourt, Quierzy, Cuse, Bretigny, Varennes und Pontoise belegen.

Die Infanterie nebst der Pionnier-Compagnie marschiren an diesem Tage bis Coucy le Château, und können außer diesem Orte auch Coucy la ville, Verneuil, Folembray, Premoutre, Bassolles, Quincy, Brancourt, Laudricourt, Champs, Pont St. Mars, St. Aubin, St. Paul aux bois, Crecy und Leuilly belegen.

Die Reserve-Artillerie verbleibt heute in ihren bisherigen Kantonirungen.

Den 22sten August marschirt das Ganze bis Noyon, die Kavallerie bis Cambronne und darüber hinaus, die Infanterie in und um Noyon bis gegen Cambronne, und die Artillerie hinter Noyon.

Den 23sten August nach Compiegne, die Kavallerie bis Verberie und über die Autone hinaus, und das Uebrige in und um Compiegne. Da die Gegend bei Compiegne auf dem linken Ufer der Oise wenig Ortschaften hat, so kann ein Theil der Infanterie auf dem rechten Ufer der Oise verbleiben, da sie den folgenden Tag bei Verberie und Pont St. Maxence über diesen Fluß gehen kann.

X 2

Den 24sten August nach Senlis, die Kavallerie über la Chapelle hinaus, bis Louvres.

Den 25sten August bis Gonesse, die Kavallerie nach Argenteuil, bis an das rechte Ufer der Seine hinaus.

Den 26sten August ist Ruhetag. Die Dislokation des vorhergehenden Tages ist daher darnach einzurichten, daß die Truppen möglichst gleichförmig vertheilt sind.

Den 27sten August nach St. Germain, die Kavallerie bis Fresne und darüber hinaus; da Poissy mit belegt werden kann, so kann der Uebergang bei Maison über die Seine, zur bessern Direktion der Truppen nach Poissy und der Gegend vortheilhaft benutzt werden.

Den 28sten August nach Mantes, die Kavallerie über Villeneuve en Cheuvry hinaus.

Den 29sten August nach Pacy, die Kavallerie über Miserey hinaus.

Den 30sten August nach Evreux, die Kavallerie rückt über die Straße, die von Couches nach Neufbourg führt, hinaus, und wird zwischen dieser und dem Rille Fluß dislozirt.

Das 28ste Infanterie-Regiment kommt in und um Louviers;
das 1ste westpreußische Infanterie-Regiment nach Evreux und der Gegend;
das 2te westphälische Landwehr-Infanterie-Regiment nach Damville und der Gegend;
und die Reserve-Artillerie zwischen Evreux und Pacy.

Von Mantes aus, müssen die Marschdirektionen der Truppen hiernach bestimmt werden.

Sämmtliche Mitglieder der Bekleidungs-Abnahme-Commission, die von den in hiesiger Gegend stehenden Truppen dazu bestimmt sind, müssen sich spätestens den 20sten beim Major von Rohr vom 1sten westpreußischen Infanterie-Regiment eingefunden haben.

Die Truppen nehmen aus denen ihnen angewiesenen Magazinen auf 3 Tage Lebensmittel mit.

Die beiden fliegenden Feldlazarethe No. 5. und 12., so gegenwärtig in Noyon stehen, brechen den 25sten von da auf, und marschiren auf derselben Straße, die die Truppen gehen, bis Pacy, wo sie vor der Hand stehen bleiben."

Hauptquartier St. Gobin, den 18ten August 1815.

(gezeichnet) v. Zieten.

Für gleichlautende Abschrift der Chef des Generalstabes
Obristlieutenant v. Reiche.

Am 21sten August brach die 2te Brigade diesen Befehlen zufolge von Laon auf, und marschirte der Vorschrift gemäß, nach Evreux und der Gegend.

Der General v. Zieten gab dem 1sten Armee-Corps die folgende Disposition zum Beziehen der Kantonirungen in den Departements Eure, Calvados und la Manche.

„Die 1ste Brigade bleibt noch in ihrer Stellung vor Laferre.

Die 2te Brigade belegt die Distrikte St. Lo Avranche, und Morlain des Departements la Manche, das Brigade-Quartier St. Lo, den 31sten d. kommt sie nach Evreux und der Gegend, hat den 1sten September Ruhetag, den 2ten nach Beaumont, den 3ten nach Thiberville, den 4ten nach Cambronnier, den 5ten Ruhetag, den 6ten nach Caen, den 7ten nach Bayeux, den 8ten nach St. Lo in die Quartiere. Die Brigade schränkt sich vor der Hand auf den Distrikt St. Lo ein, und wird späterhin nach Maßgabe der Umstände die beiden andern Bezirke belegen können.

Die 3te Brigade belegt die Distrikte Evreux, Bernay und Louviers im Departement Eure, mit Ausnahme von Vernon und Pacy nebst den umliegenden Dörfern. Für den 31sten August, den 1sten, 2ten, 3ten, 4ten und 5ten September räumt die Brigade längs der Straße von Evreux, Vernon und Thiberville die Ortschaften, die auf derselben und eine Stunde seitwärts davon liegen, zum Unterkommen der durchmarschirenden 2ten Brigade, das Brigade-Quartier bleibt in Evreux.

Die 4te Brigade belegt die Distrikte Caen und Bayeux im Departement Calvados, das Brigade-Quartier Caen. Nach jedem Hauptorte der Distrikte, nach Caen und Bayeux, kommt ein Regiment zu stehen. Für den 6ten und 7ten räumt die Brigade in ihren Bezirken diejenigen Ortschaften, die zum Unterkommen der durchmarschirenden Brigade nöthig sind.

Die Reserve-Kavallerie belegt die Distrikte Pont l'Eveque, und Lisieux im Departement Calvados, und den Distrikt Pont Audemer im Departement Eure, das Brigade-Quartier nach Lisieux. Bei dem Dislokations-Entwurf ist auf das 4te Uhlanen-Regiment Rücksicht zu nehmen, welches noch zum Corps stößt. Auch ist zu bemerken, daß das brandenburgische Dragoner-Regiment später aus Paris anlangen wird.

Das 6te Uhlanen-Regiment stößt zur Reserve-Kavallerie, und bleibt mit derselben für die Zeit der hiesigen Kantonements vereiniget. Es tritt seinen Marsch in die Quartiere der Reserve-Kavallerie an, wenn die 2te Brigade die Quartiere der 4ten Brigade passirt ist. Die Kavallerie detaschirt weiter keine Leute, als die gesetzmäßigen Ordonanzen bei den Herren Brigadiers, und die nöthigen Briefrelais, die so oft durch andere abgelöst werden können, als es der Herr General-Lieutenant v. Röder für zweckmäßig halten wird.

Die Kavallerie-Regimenter, als das brandenburgische Uhlanen-, brandenburgsche Dragoner-, und 1ste schlesische Husaren-Regiment, bekommen ihre Dislokation vom Herrn General-Lieutenant von Röder zugewiesen, wenn sie in ihren Kantonirungen zwischen Neufbourg und Couches auf dem rechten Ufer der Rilly eingetroffen sind, wo sie den 31sten eintreffen, und den 1sten, 2ten, 3ten, 4ten und 5ten September verbleiben, bis die 2te Brigade die Quartiere der Reserve-Kavallerie passirt hat. Die Reserve-Kavallerie räumt längs der Straße auf eine Stunde zur Seite dieserhalb die Ortschaften, die die 2te Brigade den 4ten September über Lisieux und Cambenier passirt.

Die Reserve-Artillerie belegt die Distrikte Vire und Valaise im Departement Calvados. Vorläufig schränkt sie sich auf den Distrikt Valaise ein. Bis den 3ten marschiren die drei 12pfündigen Batterien, die Haubitzbatterie und die beiden reitenden Batterien, die mit der Abtheilung unter dem General von Treskow herankommen, mit der 2ten Brigade; den 4ten geht sie bis Lisieux und Gegend, den 5ten Ruhetag, den 6ten nach St. Pierre, und den 7ten nach Valaise in die Quartiere.

Die in hiesiger Gegend stehenden Abtheilungen der Reserve-Artillerie richten sich so ein, daß sie den 7ten September in den Kantonirungen im Distrikte Valaise eintreffen können. Die Brigade-Batterien der 2ten, 3ten und 4ten, und der Reserve-Kavallerie-Brigade bleiben bei ihren Brigaden. Die fliegenden Lazarethe kommen nach Vernon, das No. 5. bleibt vorläufig bei Evreux. Die Bäckerei kommt nach Pacy und den umliegenden Orten. Die Briefrelais auf der Straße von Evreux über Lisieux, Caen nach St. Lo, und von Evreux nach dem großen Hauptquartier zu Alençon, bleiben an den Orten stehen, wo sie sich gegenwärtig befinden. Die Artillerie giebt zur nöthigen Verbindung mit Evreux ein Briefrelais von Valaise bis Lisieux in die Orte Bolibeuf, St. Pierre, St. Justen und Lisieux.

Die Magazine werden in den Hauptorten der Distrikte und Kantons angelegt, welche von Truppen bequartirt werden. Die

Füllung derselben geschieht durch die Landesbehörden auf Requisition der Brigade-Chefs. Sie müssen stets einen Bestand von 14 Tagen haben.

Die Herren Brigade-Chefs besetzen die Kommandanturen in den von ihren Truppen besetzten Distrikten. Als Grundsatz dient hierbei, daß in jedem Hauptort des Kantons, in welchem Truppen liegen, und auf jedem Etappen-Platze, Kommandanten angestellt werden, welche letztere von denjenigen Brigaden gegeben werden, in deren Bezirk diese Plätze liegen. Hiernach besetzt die 3te Brigade die Kommandantenstellen in Pacy, Evreux, Beaumont, le Noyer, Thiberville auf der Straße nach Caen. Die Reserve-Kavallerie in Cambronnier auf derselben Straße, die 4te Brigade in Caen und Bayeux, und die 2te Brigade in St. Lo; außerdem aber auch in Arvandtes und Morlain nebst einem angemessenen Detaschement.

Wenn der Herr General v. Treskow die Truppen bis Evreux geführt hat, so übernimmt derselbe wiederum das Kommando der Kavallerie-Brigade, und der Obristlieutenant v. Stach führt die übrigen Truppen, als die Infanterie der 2ten Brigade und die Reserve-Artillerie, auf der Straße nach St. Lo weiter. Bei Lisieux trennt sich diese Artillerie von der 2ten Brigade, von welchem Orte an der Major v. Huet die Führung derselben allein übernimmt."

Hauptquartier zu Navarra bei Evreux, am 26sten August 1815.
(gezeichnet) v. Zieten.

Für gleichlautende Abschrift der Chef des Generalstabes
Obristlieutenant v. Reiche.

Die Stellung des niederrheinischen Kriegsheeres war demnach folgende:

Das 1ste Armee-Corps (v. Zieten):
- die 1ste Brigade stand vor Laferre;
- die 2te Brigade in St. Lo;
- die 3te Brigade in Evreux;
- die 4te Brigade in Caen;
- die Reserve-Kavallerie in Lisieux;
- die Reserve-Artillerie in Valaise;
- das Hauptquartier des Generals v. Zieten war in Navarra bei Evreux.

Das 3te Armee-Corps (v. Thielemann):
- die 9te Brigade in Angers;

die 10te Brigade in le Mans;
die 11te Brigade in Laval;
die 12te Brigade in Bonnetable;
die Reserve-Kavallerie in la Fleche;
die Reserve-Artillerie in le Mans und Montfort;
das Hauptquartier des Generals v. Thielemann war in le Mans.

Das 4te Armee-Corps (Graf Bülow v. Dennewitz):
die 13te Brigade in Nogent le retour;
die 14te Brigade in Montagny;
die 15te Brigade in Chartres;
die 16te Brigade in Vendome;
die Reserve-Kavallerie in Chateau d'un;
die Reserve-Artillerie in Chartres;
das Hauptquartier des Generals Grafen Bülow v. Dennewitz war in Chartres.

Das 6te Armee-Corps (Graf Tauenzien v. Wittenberg):

Am 21sten August erreichte die Spitze des Armee-Corps St. Germain, es wurde im Marsch bei Paris Brigadenweise vom König von Preußen (vom 22sten bis 25sten August) und am 29sten August beim Durchmarsch in Alençon vom Feldmarschall Fürsten Blücher besichtiget, und bezog am 13ten September die folgenden Kantonirungen:
die 21ste Brigade in Redon;
die 22ste Brigade in Rennes;
die 23ste Brigade in Nantes;
die 24ste Brigade in Dinant;
die Reserve-Kavallerie in Rennes;
die Reserve-Artillerie in Morlain und Avranches;
das Hauptquartier des Generals Grafen Tauenzien v. Wittenberg war in Rennes.

Das Hauptquartier des Feldmarschalls Fürsten Blücher war in Alençon, später in Caenne.

Der 24ste September.

Der Feldmarschall Fürst Blücher ertheilte seinem Kriegsheere die folgende Disposition zum Beziehen veränderter Kantonirungsquartiere:

„Die Armee soll folgendermaßen dislozirt werden:

Das 1ste Armee-Corps und die 4 Kavallerie-Regimenter des 2ten Armee-Corps im Departement de l'Eure auf dem linken Seine=Ufer, und die Distrikte von Montfort und Maures auf dem linken Seine=Ufer vom Departement Seine und Oise. Das Hauptquartier in Evreux.

Das 4te Armee=Corps Departement Eure und Loire, und Distrikt von Dourdan und Estampes vom Departement Seine und Oise. Hauptquartier Chartres. Die Avantgarde in Chateau d'un.

Das 3te Armee=Corps Departement de l'Orne, nördlicher Theil des Departements de la Sarthe, Avantgarde in le Mans. Hauptquartier in Montagne, wo es am 25sten d. M. eintreffen wird.

Das 6te Armee=Corps Departement Calvados und Distrikt von St. Lo und Morlain vom Departement de la Manche. Hauptquartier Caen, wo es den 27sten eintreffen muß.

Das Hauptquartier des General=Armee=Kommandos geht den 23sten nach Lisieux, den 24sten nach Evreux, den 25sten nach Mantes, den 26sten nach Versailles.

Den 24sten d. M. brechen sämmtliche Truppen auf, um ihre neuen Quartiere zu beziehen, das pommersche und brandenburgsche Husaren=Regiment bleiben so lange in ihren Quartieren, bis sie die abzuliefernden Pferde erhalten haben, dann rücken sie in die neuen Kantonements beim 1sten Armee=Corps.

Die im Bezirk des 1sten, 3ten und 4ten Armee=Corps befohlnen Magazine, werden mit Thätigkeit zusammengebracht, und vom 1sten Corps in Evreux, vom 3ten in Montagne, und vom 4ten in Cartres aufbewahrt. Die Sache muß vor dem Abmarsch der Truppen in Ordnung seyn.

Das 4te Armee=Corps giebt die nöthige Besatzung nach Versailles."

Hauptquartier Caen, den 18ten September 1815.

(gezeichnet) Blücher.

Für gleichlautende Abschrift der Chef des Generalstabes
General=Major v. Grollmann.

Die Stellung des niederrheinischen Kriegsheeres war hiernach folgende:

Das 1ste Armee=Corps (v. Zieten):

Der General v. Zieten gab seinem Armee=Corps folgende Disposition:

„Den 24sten bricht das 1ste Armee=Corps auf, um die nach der Disposition des Feldmarschalls Fürsten Blücher von Wahl=

stadt Durchlaucht veränderte Stellung im Departement der Eure auf dem linken Ufer der Seine, und in den Distrikten Mantes und Montfort des Departements Seine und Oise, auf demselben Ufer der Seine einzunehmen. Beigehendes Marsch-Tableau zeigt die nähern Anordnungen des Marsches, und die Kantonements-Bezirke für die Brigaden an. Es wird nützlich seyn, wenn die Generalstabsoffiziere der Brigaden frühzeitig nach den angewiesenen Distrikten vorausgehen, und das Detail der Dislokation in Uebereinkunft mit den Unterpräfekten reguliren, damit bei den gedrängten Quartieren die Lokalität möglichst beobachtet werde.

Mein Hauptquartier verbleibt im Schlosse Navarra bei Evreux, das Seiner Durchlaucht des Fürsten Blücher von Wahlstadt kommt am 23sten nach Lisieux, den 24sten nach Evreux, den 25sten nach Mantes und den 26sten nach Versailles.

Das Hauptmagazin der 2ten Brigade wird in Bernay angelegt, und wenn es die Lokalität erlaubt, können kleine Nebenmagazine in den Hauptörtern der Kommunen eingerichtet werden, in welchen die Truppen kantoniren. Die Kommandanten bleiben so lange auf ihren Posten, bis sie durch die auf ihre Bezirke und Orte angewiesenen Truppen abgelöst sind, worauf sie dann zu ihren Brigaden zurückkehren. Die Brigaden besetzen die erforderlichen Kommandanturposten in ihren Bezirken, sobald sie daselbst eingerückt seyn werden, auch erwarte ich mit der Eingabe der Dislokationslisten, wo, und wer als Kommandant angestellt ist.

Anliegend übersende ich auch die Aufstellung der Briefrelais zur Verbindung von Bernay nach Evreux."

Hauptquartier Navarra, am 19ten September 1815.

(gezeichnet) v. Zieten.

Für gleichlautende Abschrift der Chef des Generalstabes
Obristlieutenant v. Reiche.

Marsch-Plan des 1sten Armee-Corps vom 24sten September bis 1sten October 1815.

Brigade.	Jetziges Stand-Quartier.	d. 24sten	d. 25sten	d. 26sten	d. 27sten	d. 28sten	d. 29sten	d. 30sten	d. 1sten October.
Die 2te Brigade	in St. Lo	Bayeux	Caen	Argençe	Lisieux	Bernay			
Die 3te Brigade	in Evreux	Pacy und Vernon	Mantes						
Die 4te Brigade	Caen und Bayeux	Marche de Dozulle	Pont l'Eveque	Pontoudemer					
Die Reserve-Kavallerie	in Lisieux	Boisy de Laberoille	Neufbourg	Louviers					
Die Reserve-Artillerie	in Falaise-	S. Pierre	Lisieux	Boisy de Lamberville	Ecauberville Neufbourg	Evreux			
Die Reserve-Kavallerie des 2ten Armee-Corps	in Courtaines	St. Lo	Bayeux	Caen	Croissanville	Lisieux	Bernay	Breteil	Verneuil.
Die Bäckerei	in Vernon	bleibt stehen							
Das Pferde-Depot	in Parville bei Evreux	bleibt stehen							

(gezeichnet) v. Zieten.
Für gleichlautende Abschrift der Chef des Generalstabes
Obristlieutenant v. Reiche.

Die neuen Kantonirungen des 1sten Armee-Corps waren demnach folgende:

die 1ste Brigade blieb vor Laferre stehen;

die 2te Brigade in Bernay und seinem Distrikt;

die 3te Brigade in Mantes;

die 4te Brigade in Pontandemer;

die Reserve-Kavallerie in Louviers;

die Reserve-Artillerie in Evreux;

die Bäckerei in Vernon;

das Pferde-Depot in Parville bei Evreux;

die Lazarethe in Evreux, Bernay und Vernon;

die 4 Kavallerie-Regimenter des 2ten Armee-Corps in Verneuil;

das Hauptquartier des Generals v. Zieten blieb im Schlosse Navarra bei Evreux.

Das 3te Armee-Corps (v. Thielemann) erhielt am 21sten September den Befehl zum Marsch bis nach Versailles und der Gegend.

Der General v. Thielemann gab folgenden Marschplan:

Marsch-Plan für das 3te Armee-Corps vom 22sten bis 29sten September 1815.

Truppentheile.	den 22sten	23sten	24sten	25sten	26sten	27sten	28sten	29. September.
Die 12te Brigade	Bellesme	la Loupe	Maintenon	Versailles				
Die 10te Brigade	la ferté Bernard	Noyent	Courbille	Maintenon	Montfort	S. Germain		
Die 11te Brigade	—	Mayenne	Alençon	Montagne	Verneuille	Dreux	Montfort	
Die 9te Brigade	—	Faultroule	le Mans	la Ferté Bernard	Noyent	Courville	Maintenon	
Die 1ste Kavallerie-Brigade	Foultroule	le Mans	la Ferté Bernard	Noyent	Courville	Maintenon	Chevreuse	
Die 2te Kavallerie-Brigade	Grand Luçe	Vibraye	Brou	Chartres	Ablis	Rochefort	Lonjumeau	
Die Reserve-Artillerie	—	la Ferté Bernard	Noyent	Champrond	Chartres	Epernon	le Pray	Versailles.
Das Hauptquartier	la Ferté Bernard	Noyent	Courville	Maintenon	Versailles			
Die Trains	—	Bellesme	la Loupe	Chateau neuf	Maintenon	Rambouillet	le Perray	Versailles.

(gezeichnet) v. Thielemann.

Für gleichlautende Abschrift der Chef des Generalstabes
Obrist v. Clausewitz.

Die neuen Kantonirungen des 3ten Armee-Corps waren folgende:

die 9te Brigade in Rambouillet;
die 10te Brigade in Poissy;
die 11te Brigade in Montfort;
die 12te Brigade in Sevres;
die Reserve-Kavallerie in Lonjumeau und Palaiseau;
die Reserve-Artillerie im Kanton Versailles;
das Hauptquartier des Generals v. Thielemann war in Versailles.

Das 3te Armee-Corps rückte am 3ten und 4ten October an die Stelle des abmarschirenden preußischen Garde- und Grenadier-Corps in Paris ein.

Die 9te Brigade in Paris, Charonne, Montreuil, St. Mande und Charenton;
die 11te Brigade in Paris, Vaugirard, Issy, Montfetard;
die 10te Brigade in St. Germain und der Gegend;
die 12te Brigade in Sevres;
die Reserve-Kavallerie in Chevreuse, Palaiseau und Lonjumeau;
die Reserve-Artillerie in Sçeaux und Villejulf;
das Hauptquartier des Generals v. Thielemann war in Paris;

Das 4te Armee-Corps, (Graf Bülow v. Dennewitz):

die 13te Brigade in Nogent le retour;
die 14te Brigade in Montagny;
die 15te Brigade in Chartres;
die 16te Brigade in Vendome;
die Reserve-Kavallerie in Chateau d'un;
die Reserve-Artillerie in Chartres;
das Hauptquartier des Generals Grafen Bülow v. Dennewitz in Chartres.

Das 6te Armee-Corps (Graf Tauenzien v. Wittenberg) trat am 23sten September seinen Marsch von Rennes und der Gegend über Faugeres, Mortin und Villiers an, und bezog die folgenden Kantonirungen:

die 21te Brigade in Caen und Pont l'Eveque;
die 22ste Brigade in Mortain;
die 23ste Brigade in Vire und Falaise;
die 24ste Brigade in St. Lo und Bayeux;
die Reserve-Kavallerie im Distrikte von Caen;
die Reserve-Artillerie im Distrikte von Lisieux;

das Hauptquartier des Generals Grafen Tauenzien v. Wittenberg war in Caen;

das Hauptquartier des Feldmarschalls Fürsten Blücher war in Versailles.

Der 11te October.

Der Feldmarschall Fürst Blücher gab seinem Kriegsheere folgende Disposition zur Aufstellung in veränderten Kantonirungen:

„Das 1ste Armee-Corps die Distrikte von Beauvais und Clermont, vom Departement der Oise und Montdidier, vom Departement der Seine. Die Brigade von Steinmetz bleibt in ihrer bisherigen Aufstellung. Das Hauptquartier in Beauvais.

Das 3te Armee-Corps die Distrikte von Meaux und Couloumiers im Departement der Seine und Marne, und den Distrikt von Chateau Thierry, vom Departement der Aisne. Die in Paris stehenden Truppen, so wie die Bataillons in Versailles und St. Germain bleiben so lange stehen, bis sie von denen des 4ten Armee-Corps abgelöst worden. Das Hauptquartier in Meaux.

Das 4te Armee-Corps in Paris.

Das 6te Armee-Corps die Distrikte von Rouen, Neufchatel und Gournay, vom Departement Seine inferieure, und die Distrikte von Andelys, Louviers und Evreux, vom Departement der Eure. Das Hauptquartier in Rouen.

Das Hauptquartier der Armee kommt nach Compiegne.

Sämmtliche Truppen brachen den 11ten dieses auf, um die neuen Quartiere zu beziehen. Die Kranken werden wo möglich mitgenommen, die schweren aber nur irgend transportablen nach Paris und Versailles geschafft, was gar nicht zu transportiren ist, muß in den Hauptorten unter gehöriger Bedeckung und chirurgischer Hülfe gelassen werden.

Die Rekonvaleszenten müssen nicht einzeln abgehen, sondern zusammen der Armee nachfolgen. Was an Magazinvorräthen nicht mitgenommen werden kann, wird unter gehöriger Bedeckung nach St. Germain geschafft."

Hauptquartier Versailles am 8ten October 1815.

(gezeichnet) Blücher.

Für gleichlautende Abschrift der Chef des Generalstabes General-Major v. Grollmann.

Das 1ste Armee-Corps (v. Zieten).

Der General v. Zieten gab folgende Disposition:

„Das 1ste Armee-Corps bricht den 11ten dieses auf, und bezieht neue Kantonirungsquartiere in den Distrikten Beauvais und Clermont, im Departement Oise, und im Distrikt Montdidier im Departement Somme.

Das weitere Detail des Marsches besagt beiliegendes Marschtableau (Beilage No. 30.), worin auch die Kantonementsbezirke der Brigaden angezeigt sind.

Die 2te Brigade schickt ein Bataillon nach Evreux, welches den 11ten dieses daselbst einrücken wird, um das Füsilier-Bataillon des 29sten Regiments daselbst abzulösen, dieses Bataillon bleibt bis den 14ten dieses daselbst stehen, und folgt dann der Brigade. Das Füsilier-Bataillon des 28sten Regiments, da es von der 2ten Brigade am nächsten an Evreux steht, würde dazu zu bestimmen seyn.

Das Schützen-Bataillon in Vernon stößt nach dem Marschtableau auf dem Marsch zur 3ten Brigade. Das Füsilier-Bataillon des 29sten Regiments marschirt mit der Reserve-Artillerie zur Deckung derselben nach Roye, woselbst es von einem Bataillon der 1sten Brigade abgelöst werden wird, und dann wieder zur 3ten Brigade in Clermont stößt.

Das 6te Uhlanen-Regiment wird bei den Brigaden vertheilt, so daß 2 Esquadrons zur 2ten Brigade, eine Esquadron zur 3ten und eine Esquadron zur 4ten Brigade kömmt. Der Herr General-Lieutenant v. Röder wird die Esquadrons bestimmen, wie sie vertheilt werden sollen. Die beiden Esquadrons, die zur 2ten Brigade kommen, stoßen bei Vernon den 13ten zu derselben.

Auf der Etappen-Straße über St. Germain, Mantes, Pacy, Evreux, Beaumont le Royer, Bernay und Thiberville, bleiben die Etappen-Kommandanten und Briefrelais so lange stehen, bis sie vom 6ten Armee-Corps abgelöst sind, dann kehren sie zu ihren Truppentheilen zurück. Alle übrigen Kommandanten und Briefrelais werden eingezogen.

Sobald die Brigaden in ihren neuen Kantonirungen eingerückt sind, werden Briefrelais von den Brigadequartieren zum Hauptquartier nach Beauvais durch die bei sich habende Kavallerie aufgestellt, die 3te Brigade giebt selbige von Clermont nach Compiegne zum Hauptquartier des Fürsten Blücher von Wahlstadt, und die 2te Brigade von Beauvais bis Clermont. Die Brigade des Generals v. Kaßler giebt von Montmedy bis Breteuil, und von

von Montmedy bis Roye zum Brigade-Quartier der Reserve-Artillerie. Bis zum 20sten dieses giebt die 2te Brigade die Briefrelais ganz bis Compiegne, die so lange stehen bleiben, bis sie von der 3ten Brigade abgelöst sind.

Gleich nach dem Einrücken in die Quartiere werden von den Brigaden, im Hauptorte der Distrikte und Kantons, Kommandanten angestellt.

Die Militair-Kommissionen gehen mit dem Armee-Corps, die unter dem Obristen v. Mauvillon kommt nach Beauvais. Diejenigen der hiesigen Einwohner, die wegen Vergehungen gegen preußische Militairs arretirt, und noch in Untersuchung sind, werden mitgeführt. Die Sauvegarden, die von den Brigaden etwa ausgestellt sind, werden eingezogen, und kehren zu ihren Truppentheilen zurück. Die Brigaden müssen auf 3 Tage Verpflegung mit sich führen, und sobald sie in ihren neuen Kantonirungen eintreffen werden, Magazine in den Hauptorten der Kantone anlegen. Die Wachen die bei den Fanalen sind, werden eingezogen und marschiren mit.

Die Kranken werden wo möglich mitgenommen, die schweren, wenn sie irgend transportabel sind, werden nach Paris und Versailles geschickt; was gar nicht zu transportiren ist, muß unter gehöriger Bedeckung und chirurgischer Hülfe zurückgelassen werden. Die Rekonvaleszenten dürfen nicht einzeln abgehen, sondern müssen in ganzen Trupps dem Corps folgen.

Die General-Stabsoffiziere der Brigaden müssen vorausgehen, um die Vorbereitungen zu den Märschen zu treffen, und die speziellen Dislokations-Entwürfe müssen durchaus in Gemeinschaft mit den Landesbehörden gemacht werden.

Der Major v. Dedenroth vom Generalstabe, und der Ober-Proviantmeister Kupka werden nach Beauvais vorausgehen, an den sich die General-Stabsoffiziere der Brigaden zu wenden haben, wenn die Lokalität nähere Rücksichten erforderlich machen sollte."

Hauptquartier Evreux am 9ten October 1815.

(gezeichnet) v. Zieten.

Für gleichlautende Abschrift der Chef des Generalstabes
Obrist-Lieutenant v. Reiche.

Die Stellung des 1sten Armee-Corps war folgende:
die 1ste Brigade (v. Steinmetz) stand vor Laferre;
die 2te — in Beauvais;

Y

die 3te Brigade in Pontoise;
die 4te — in Grandvilliers;
die Reserve-Kavallerie in Breteuil;
die Reserve-Artillerie in Roye;
die 4 Kavallerie-Regimenter des 2ten Armee-Corps (v. Katzler) in Montdidier;
die Lazarethe in Beauvais, Clermont und Breteuil;
die Bäckerei in Noyon;
das Pferde-Depot in Bracheux, St. Ouen bei Beauvais;
das Hauptquartier des Generals v. Zieten war in Beauvais.

Das 3te Armee-Corps (v. Thielemann).

Der General v. Thielemann gab folgende Befehle zum Marsch von Paris nach den neuen Kantonirungen:

Marsch=Plan des 3ten Armee=Corps vom 11ten bis 16ten October 1815.

Truppentheile.	den 11ten	den 12ten	den 13ten	den 14ten	den 15ten	den 16ten October.
Die 9te Brigade	—	—	—	Lagny	Meaux	
Die 10te Brigade	in Gonesse	Dommartin	Assy u. Reiz	Neuilly	Gonesse und Claye	Dommartin.
Die 11te Brigade	—	—	—	—		
Die 12te Brigade	in Sceaux und Villejuif	Bondy	Meaux	Chateau Thierry		
Die Reserve=Artillerie	in Bondy	Meaux	la Ferté sous jouarre	—		
Die 1ste Kavallerie=Brigade	in Corbeil	Brie sur Yeres	Tournan	Couloumiers	Rebais	
Die 2te Kavallerie=Brigade	in Montlhery	Corbeil	Brie sur Yeres	Tournon	Couloumiers	
Train und Pionniere	in St. Germain	Gonesse	Dommartin	Planchard und Cregy		
Das Hauptquartier	—	—	—	Meaux		

(gezeichnet) v. Thielemann.

Für gleichlautende Abschrift der Chef des Generalstabes
Obrist v. Clausewitz.

Die Stellung des 3ten Armee-Corps war folgende:

die 9te Brigade in Meaux, Crepy und Lisy;

die 10te — in Neuilly;

die 11te — in Dommartin, Claye und Lagny;

die 12te — in Chateau Thierry, Conde, Charly;

die 1ste Kavallerie-Brigade in Rebais und la Ferté gaucher;

die 2te Kavallerie-Brigade in Couloumiers und Rosay;

das Hauptquartier des Generals v. Thielemann war in Meaux.

Das 4te Armee-Corps (Graf Bülow v. Dennewitz) besetzte Paris und die nächsten Dörfer;

das Hauptquartier des Generals Grafen Bülow v. Dennewitz war in Paris.

Das 6te Armee-Corps (Graf Tauenzien v. Wittenberg) marschirte am 11ten October über Pont au de Mier und Bourgachard nach Rouen, und bezog daselbst die folgenden Kantonirungen:

die 21ste Brigade in Rouen;

die 22ste — in Gournay;

die 23ste — in Souviers;

die 24ste — in Evreux;

die Reserve-Kavallerie in Rouen und der Gegend;

die Reserve-Artillerie in Rouen;

das Hauptquartier des Generals Grafen Tauenzien v. Wittenberg in Rouen.

Das Hauptquartier des Feldmarschalls Fürsten Blücher war in Compiegne.

Es bleibt ferner nichts weiter anzuführen, als daß, nachdem die im Friedensschluß gemachten Bedingungen inzwischen von Frankreich erfüllt, hierauf das preußische Kriegsheer seinen Rückmarsch nach dem Vaterlande (mit Ausnahme der in Frankreich verbleibenden Truppen) anzutreten, befehliget wurde. Der Rückmarsch wurde für das 1ste und 6te Armee-Corps durch die Niederlande, die Rhein-Provinzen und durch Hannover; für das 3te und 4te Armee-Corps hingegen durch die Champagne, Lothringen, über Mainz und Erfurth nach Wittenberg und Torgau bestimmt, und befohlen, daß die Armee-Corps bis zur Elbe vereiniget bleiben, und nur die Regimenter und Generale, welche ihre Bestimmungen diesseits der Elbe erhielten, in dem Maße abgehen sollten, als sie sich dem Ort ihrer Bestimmung nähern würden. Die Corps sollten sich erst an der Elbe völlig auflösen, und die Truppen zu ihren neuen Bestimmungen abrücken.

Das 1ste Armee-Corps vom General-Lieutenant von Röder befehliget, trat seinen Rückmarsch von Beauvais durch die Niederlande an, passirte den Rhein bei Kölln, und marschirte nach Magdeburg, zufolge des in der Beilage No. 31. enthaltenen Marschplanes.

Das 3te Armee-Corps unter dem General-Lieutenant von Thielemann, rückte von Meaux über Chateau Thierry, Epernay, Chalons, passirte den Rhein bei Mainz, und marschirte über Erfurth nach Torgau.

Das 4te Armee-Corps unter dem General Grafen Bülow v. Dennewitz, marschirte von Paris auf der großen Straße über Meaux und Chalons, passirte den Rhein bei Mainz, und rückte über Erfurth nach Wittenberg.

Das 6te Armee-Corps unter dem General Grafen Tauenzien v. Wittenberg, marschirte von Rouen über Neufchateau, Amiens, Bapaume, Mons, Brüssel, Lüttich und Achen; hier wurden 2 Kolonnen gebildet, von denen die zur Linken, welche der General-Major v. Wrangel kommandirte, über Wesel, die Kolonne zur Rechten (bis Magdeburg unter dem Befehl des General-Major Grafen Haak, und von da bis nach Schlesien unter dem des Obristen v. Briesen) über Kölln marschirte. Die Märsche beider Kolonnen sind in der Beilage No. 32. enthalten.

Neuntes Kapitel.

Das kaiserlich-russische Kriegsheer vom 11ten Juli bis zu seinem Rückmarsch.

Nachdem das kaiserlich-russische Kriegsheer das 6te Armee-Corps (Langeron) bei Mainz, und zum Einschließen der Festungen Metz, Thionville, Verdun, Saarlouis und Soissons zurückgelassen hatte, und hierauf, wie erwähnt, bis gegen Paris vorgerückt war, so wurden ihm, zufolge der am 3ten August 1815 abgeschlossenen Uebereinkunft, die Departements Seine und Marne am rechten Seine-Ufer, Aisne, Ardennen, Marne, Meuse, Mosel, Meurthe, haute Marne zu einem Viertheil, und Aube zu einem Drittheil angewiesen, worauf es in diese Departements die folgenden Kantonirungen bezog:

Dislokation des kaiserlich- russischen Kriegsheeres in Kantonirungen in Frankreich.

Das Hauptquartier des Feldmarschalls Grafen Barklay de Tolly war in Melun, für die Begleitung des Hauptquartiers waren die Dörfer Boisselle, Boissis la Bertrand, port vers St. Denis und Cessous bestimmt.

Für die Kriegs-Polizei, die Dörfer Milly, Courtoy und Sivry.

Für durchmarschirende Kommandos, die Dörfer Livry. Savigny le Temple, Nandy, Montereau sur le jard, Aubigny, St. Germain de Laxis, Rubelles, Voisenon, grande Moisendy und Maincy.

Das 5te Infanterie-Corps (General der Infanterie Baron Sacken).

Das Corps-Quartier in Meaux, der Sammelplatz in Melun.

Die 12te Infanterie-Division nebst Artillerie (General-Lieutenant Woronzof), Divisions-Quartier in Meaux, Sammelplatz bei Couloumiers, die Dörfer auf dem rechten Ufer des Grand Morin-Baches, und um die Städte la Ferté gaucher und Crecy.

Die 15te Infanterie-Division nebst Artillerie (General-Lieutenant Markoff), Divisions-Quartier in Rozay, Sammelplatz bei Melun. Sie verlegt sich auf dem linken Ufer des Grand Morin-Baches, in den Kantons Couloumiers und Nangis.

Die 26ste Infanterie-Division nebst Artillerie (General-Lieutenant Emme), Divisions-Quartier und Sammelplatz in Crespy. Sie belegt im Departement der Oise, die Kantons Crespy, Nanteuil le Houdoin und Betz, und im Departement der Aisne, die Kantons Oulchy, Chateau Thierry und Neuilly St. Front. Diese Division kommandirt eine Infanterie-Brigade, welche mit 2 Esquadrons Husaren (der 2ten Husaren-Division) die feste Stadt Soissons blokirt.

Die 2te Dragoner-Division (General-Lieutenant Baron Korff), Divisions-Quartier in Sezanne, der Sammelplatz ist bei Provins; sie belegt im Departement Seine und Marne die Kantons Provins und Villiers St. George.

Das 4te Infanterie-Corps (General der Kavallerie Rajewsky). Das Corps-Quartier in Epernay, der Sammelplatz in Sezanne.

Sobald das Hauptquartier des Feldmarschalls Grafen Barklay Chalons verläßt, so wird das Corps-Quartier dorthin verlegt.

Die 11te Infanterie-Division (General-Major Zwielenietw). Divisions-Quartier in Hielz le Maurup, der Sammelplatz bei Soudé, besetzt die Kantons Sommepuis, Vitry, Hielz le Maurup, Thiblemont und Dommartin sur Yevres. Das Polozkische Infanterie-Regiment bleibt ferner zum Einschließen von Vitry bestimmt.

Die 17te Infanterie-Division (General-Lieutenant Alsufiew), Divisions-Quartier in Epernay, der Sammelplatz bei Montmirail, besetzt im Departement der Aisne, die Distrikte Chateau Thierry, Charly und Condé, und im Departement der Marne die Kantons Dormans, Epernay, Avise und Vertus.

Das Beloserskische Infanterie-Regiment besetzt die Dörfer Colus, Ecury, Sogny, Merry, Togny, Vauçienne, Vitry la ville, St. Quentin, Brevery und Niusemont. Die Pionnier-Compagnie des Obristlieutenants Gebenera besetzt die Stadt Vertus und das Dorf Bergeres.

Die 3te Husaren-Division (General-Lieutenant von Tschaplitz) und die reitende Artillerie-Compagnie No. 10. Divisionsquartier Arcis sur Aube, der Sammelplatz in Mery, besetzt im Departement der Aube den Kanton Arcis, im Departement der Marne die Kantons Sommepuis und Stremy.

Das 3te Armee-Corps (General der Infanterie Dochterow). Das Corps-Quartier und der Sammelplatz in Rheims.

Die 7te Infanterie-Division nebst Artillerie (General-Lieutenant Kapzewitsch). Divisions-Quartier und Sammelplatz in Rheims; besetzt die Kantons Ville en Tardenois, Rheims, Bourgogne, Versy, Beine und Ay, und läßt die Orte Bourgogne und Beine frei, um daselbst Magazine anzulegen.

Die 24ste Infanterie-Division nebst Artillerie (General-Lieutenant Radt). Divisions-Quartier und Sammelplatz in St. Menehould; besetzt im Departement der Marne die Kantons Ville sur Tourbe und St. Menehould.

Die 2te Pionnier-Compagnie besetzt Suippe, Jonchery, Grand St. Hilaire und Grand Maurkelon.

Die 2te Husaren-Division (General-Lieutenant Graf Lambert). Divisions-Quartier in Fismes, der Sammelplatz in Braine, besetzt im Departement der Aisne die Kantons Bailly, Braine und ferre Tardenois, und im Departement der Marne die Kantons Fismes und Chatillon.

Das 7te InfanterieCorps (Gen.-Lieut. Sabanejew). Das Corps-Quartier und der Sammelplatz in Nancy.

Die 9te Infanterie-Division nebst Artillerie (General-Major Udom). Divisions-Quartier und Sammelplatz in Nancy; besetzt die Kantons Nancy und St. Nicolas, und auf dem rechten Ufer der Meurthe, Mausson, Nomini, Lüneville, Blamont und Bacharat.

Die 27ste Infanterie-Division nebst Artillerie (General-Lieutenant Sabanejew). Divisions-Quartier in Dieuze, der Sammelplatz bei Lüneville; besetzt die Kantons Chateau Salins und Saarbourg.

Das Grenadier-Corps (General-Lieutenant Jermolow). Das Corps-Quartier in Commercy.

Die 2te Grenadier-Division nebst Artillerie (General-Lieutenant Paskiewitsch). Divisions-Quartier in Comercy, der Sammelplatz bei Void; besetzt die Kantons Thrançourt, Domerce, Toul, Vigneules, St. Mihiel, Commercy, Pierre fitte und Void.

Die 3te Grenadier-Division nebst Artillerie (General-Lieutenant Roth) bei Paris.

Das 2te Kavallerie-Corps (General der Kavallerie Winzingerode).

Die 2te Cuirassier-Division (General-Lieutenant Kretow) bei Paris.

Die 2te Uhlanen-Division (General-Lieutenant Graf Orurk). Divisions-Quartier in Nogent, der Sammelplatz in Bray; besetzt die Kantons Nogent, Bray und Donnemarie.

Das 3te Kavallerie-Corps (General-Lieutenant Graf Pahlen). Das Corps-Quartier und der Sammelplatz in Ligny.

Die 3te Cuirassier-Division (General-Lieutenant Duça). Divisions-Quartier in Colombey aux belles femmes, der Sammelplatz in Vauçouleurs, besetzt im Departement der Meurthe die Kantons Colombey aux belles femmes, Gerbeville, Bajon, Haronē, Vezelise, Vauçouleurs und Gondreçourt.

Die 3te Uhlanen-Division (General-Lieutenant Lissanewitsch). Divisions-Quartier und Sammelplatz in Vassy, besetzt die Kantons Vassy, Toinville, Doujeux, Doulevant, Sailly, Chivillon, Moutier sur Saux und Ligny.

Die Reserve-Artillerie.

Das Stabs-Quartier in Bar le Duc, belegt die Kantons Vavrençourt, Revigny, Vaubeçour und Fiençour.

Die Magazine und Hospitäler.

Die Magazine in den Kantons St. Diziers und Montierender.

Die Lazarethè in Rheims, Bourgogne und Beine.

Die Pontonnier-Compagnie No. 1. bleibt bei der 15ten Infanterie-Division.

Die Kosacken-Regimenter.

Das Regiment Bihalow des 1sten, der Stab in Aix en Othe und in den Dörfern Neufville, Villemont, Paisy, Coudon, St. Bennoit sur Vannes, Vullames, Rigny de Feron und Berulle.

Das Regiment Kutainikof des 6ten, der Stab in St. Mards en Othe, und in den Dörfern Ville moiron, Chennegy, Berçenay, Maray und Nogent.

Das Regiment Kostine des 4ten, der Stab in Troyes und in den Dörfern St. Julien, Bervlande, Courgerennes, Buchere, Verrieres, St. Avantin, Clairay, Souleau, Rouçenay und Mongey.

Das 6te uralische Kosacken-Regiment, der Stab in Troyes, und in den Dörfern Mergey, St. Benoist, Lavau, St. Meure und Vannes.

Die Kosacken-Regimenter Wlassow und Charitanow besetzen die Posten zur Unterhaltung der Verbindung mit den Armee-Corps unter einander.

(gezeichnet) Graf Barklay de Tolly.

Für Richtigkeit der Abschrift der Chef des Generalstabes
General-Lieutenant Baron Diebitsch.

Am 10ten und 11ten September 1815 war das gesammte in Frankreich stehende russische Kriegsheer (ausgenommen das 6te Armee-Corps des Grafen Langeron), 120,000 Mann stark; in 132 Bataillons und 168 Esquadrons eingetheilt, mit 528 Stück Kanonen, auf der großen Fläche unweit der Stadt Vertus, mit dem rechten Flügel an das Dorf Bergeres, mit dem Zentrum vor dem Berge Montaimeк zu einer großen Heeresschau vereiniget. Der Kaiser von Oestreich, der König von Preußen, die Prinzen und viele Feldherren der verbündeten Kriegsheere wohnten derselben bei, und eine solche Heeresschau ist in der Geschichte der stehenden Kriegsheere bisher ohne Beispiel. Nachdem das russische Kriegsheer hier beinahe 8 Tage vereiniget war, trat es bereits am 12ten September 1815 in 4 Kolonnen seinen Rückmarsch nach dem Vaterlande an. Die Beilage No. 33 enthält diesen Rückweg speziell.

Zehntes Kapitel.

Das oberrheinische Kriegsheer des Feldmarschalls Fürsten Schwarzenberg vom 11ten Juli 1815 bis zum Rückmarsch aus Frankreich.

Das oberrheinische Kriegsheer hatte am 10ten Juli folgende Stellung inne:

Die baiersche Armee

die 1ste Kavallerie-Division (Prinz Carl v. Baiern) in Crecy;
die 2te — — (Preising) in Fortmoutier;
die Kavallerie und Infanterie-Reserve-Brigaden in la Ferté sous Jouarre und Rebais;
die 1ste Infanterie-Division (Ragliovich) in Lagny;
die 2te — (Beckers) in Couloumiers;
die 3te — (Lamotte) in Bellot;
die 4te — (Zollern) in Meaux;
das Hauptquartier des Fürsten Wrede war in la Ferté sous Jouarre.

Das 3te Armee-Corps (Kronprinz v. Wirtemberg).

Die 1ste Kolonne (Prinz v. Hessen-Homburg) in Vezelize;
die 2te Kolonne (Graf Franquemont) in Mireçourt;
das Hauptquartier des Kronprinzen v. Wirtemberg war in Mireçourt.

Die östreichische Armee.

Das 1ste Armee-Corps (Graf Colloredo) stand zwischen Hériçourt und Savoureuse, unweit Bedfort.

Das 2te Armee-Corps (Fürst Hohenzollern) stand vor Straßburg.

Die östreichische Reserve (Erzherzog Ferdinand) in Doulevant und der Gegend.

Das Hauptquartier des Feldmarschalls Fürsten Schwarzenberg war in Doulevant.

Der 11te Juli.

Die Stellung des oberrheinischen Kriegsheeres war folgende:

Die baiersche Armee marschirte:

die 1ste Kavallerie-Division (Prinz Carl von Baiern) nach Tournon;
die 2te Kavallerie-Division (Preising) nach Aubepierre;
die Kavallerie-Reserve (Seidewitz) nach Rebais;

die 1ste Infanterie-Division (Ragliovich) blieb in Lagny stehen;
die 2te — — (Beckers) marschirte nach Fontenoy;
die 3te — — (Lamotte) nach Couloumiers;
die 4te — — (Zollern) blieb in Meaux stehen;
die Infanterie-Reserve-Brigade (Maillot) nach Couloumiers;
das Hauptquartier des Feldmarschalls Fürsten Wrede war in Couloumiers.

Das 3te Armee-Corps (Kronprinz v. Wirtemberg) marschirte:
die 1ste Kolonne (Prinz von Hessen-Homburg) bis nach Vaucouleurs;
die 2te Kolonne (Graf Franquemont) nach Neufchateau an der Maas;
das Hauptquartier des Kronprinzen von Wirtemberg war in Neufchateau an der Maas.

Der Kronprinz von Wirtemberg erhielt vom Feldmarschall Fürsten Schwarzenberg den Befehl, seinen Marsch über Troyes nach Sens fortzusetzen.

Die östreichische Armee:
das 1ste Armee-Corps (Graf Colloredo) blieb vor Bedfort stehen.

Es wurde heute ein Waffenstillstandsvertrag zwischen dem 1sten Armee-Corps des Feldzeugmeisters Grafen Colloredo Mannsfeld, und dem französischen Observations-Corps des Jura, unter dem General Lecourbe, abgeschlossen. Die wesentlichen Bedingungen desselben waren: die Uebereinkunft solle bis zum Friedensschluß gehalten, die gegenseitigen Vorpostenlinien bestimmt werden, alle 14 Tage die zum Unterhalt der französischen Truppen nothwendigen, auf 10,000 Portionen Proviant, und 1,800 Rationen Fourage abgeschätzten Vorräthe, von den Oestreichern aus den französischen Magazinen, für die Franzosen unweigerlich verabfolgt werden, und die Uebereinkunft solle für alle unter dem General Lecourbe stehende französische Truppen, also auch für die unter dem Marschall Jourdan und dem General Laplane, gültig und verpflichtend seyn.

Das 2te Armee-Corps (Fürst Hohenzollern) stand vor Straßburg.

Das Reserve-Corps (Erzherzog Ferdinand) und das Hauptquartier des Feldmarschalls Fürsten Schwarzenberg, waren auf dem Marsch nach Fontainebleau.

Der 12te Juli.

Die Stellung des oberrheinischen Kriegsheeres war folgende:

die baiersche Armee marschirte:

die 1ste Kavallerie-Division (Prinz Carl von Baiern) nach Brie Comte Robert;

die 2te Kavallerie-Division (Preising) nach Melun;

die Kavallerie-Reserve-Brigade (Seidewitz) nach Coulomiers;

die 1ste Infanterie-Division (Ragliovich) blieb in Lagny stehen;

die 2te — — (Beckers) blieb in Fontenoy stehen;

die 3te — — (Lamotte) nach Provins, Nangis, und Donnemarie;

die 4te Infanterie-Division (Zollern) blieb in Meaux stehen;

die Infanterie-Reserve-Brigade (Maillot) nach Rocroy;

das Hauptquartier des Feldmarschalls Fürsten Wrede war in Rocroy.

Das 3te Armee-Corps (Kronprinz von Wirtemberg) marschirte:

die 1ste Kolonne (Prinz von Hessen-Homburg) bis nach Joinville;

die 2te Kolonne (Graf Franquemont) bis nach Andelot;

das Hauptquartier des Kronprinzen von Wirtemberg war in Andelot.

Die östreichische Armee:

das 1ste Armee-Corps (Graf Colloredo) stand bei Bedfort;

das 2te Armee-Corps (Fürst Hohenzollern) stand vor Straßburg.

Der 13te Juli.

Das oberrheinische Kriegsheer:

die baiersche Armee marschirte:

die 1ste Kavallerie-Division (Prinz Carl von Baiern) nach Corbeil, und bezog Kantonirungen auf dem linken Ufer der Seine;

die 2te Kavallerie-Division (Preising) blieb in Melun und der Gegend stehen;

die Kavallerie-Reserve-Brigade (Seidewitz) nach Rocoy;

die 1ste Infanterie-Division (Ragliovich) blieb in Lagny stehen;

die 2te — — (Beckers) nach Brie le Comte;

die 3te — — (Lamotte) blieb in Provins und der Gegend stehen;

die 4te Infanterie-Division (Zollern) blieb in Meaux stehen;
die Infanterie-Reserve-Brigade (Maillot) nach Melun;
die Reserve-Artillerie nach Tournon;
das Hauptquartier des Feldmarschalls Fürsten Wrede war in Melun.

Das 3te Armee-Corps (Kronprinz von Wirtemberg) marschirte:
die 1ste Kolonne (Prinz von Hessen-Homburg) bis nach Dommartin;
die 2te Kolonne (Graf Franquemont) nach Chaumont;
das Hauptquartier des Kronprinzen von Wirtemberg war in Chaumont.

Die östreichische Armee:
das 1ste und 2te Armee-Corps blieben bei Bedfort und Straßburg stehen.

Der 15te Juli.

Der baierschen Armee gab der Feldmarschall Fürst Wrede folgende Disposition:

„Die Armee macht folgende Bewegung:
am 17ten Juli marschirt der Herr General-Lieutenant Graf Preising von Melun über Fontainebleau nach Nemours;
am 18ten Juli nach Ferrieres;
am 19ten — über Montargis bis nach Noyon oder Nogent sur Vernisson;
am 20sten Juli bis nach Briare an der Loire, wo er sich militärisch aufstellt, jedoch ⅔ der Division zwischen Briare, Bomy und Neury kantoniren läßt.

Die 1ste Kavallerie-Division, Seiner königlichen Hoheit des Herrn General-Lieutenants Prinzen Carl, marschirt:
am 17ten Juli von Corbeil über Coutron, Montigny bis St. Germain;
am 18ten Juli bis nach Milly;
am 19ten — über la Chapelle la Reine bis nach Chernainvillieres;
am 20sten — nach Courtempierre;
am 21sten — nach Combreuil;
am 22sten — nach Gien an der Loire, wo sich Höchstdieselben militärisch aufstellen, und mit ⅔ der Division zwischen dem rechten Flügel des Herrn General-Lieutenants Grafen Preising, und dem linken Flügel der königlich preußischen Armee, welche St.

Goudon gegenüber zu stehen kommt, Kantonirungsquartiere beziehen.

Die 2te Infanterie-Division des Herrn General-Lieutenants Grafen Beckers marschirt:

am 17ten Juli nach Melun;

am 18ten — nach Nemours;

am 19ten — nach Montargis;

am 20sten — nach Chatillon, wo sie hinter der 2ten Kavallerie-Division Kantonirungsquartiere bezieht.

Die 1ste Infanterie-Division, Herr General-Lieutenant v. Ragliovich, marschirt:

am 17ten Juli nach Tournon;

am 18ten — nach Melun;

am 19ten — nach Nemours;

am 20sten — nach Montargis, wo sie Kantonirungsquartiere bezieht.

Die 3te Infanterie-Division, Herr General-Lieutenant de Lamotte, sammelt sich am 17ten Juli bei Provins, und marschirt:

am 18ten Juli nach Bray;

am 19ten — nach Pont sur Yonne;

am 20sten — nach Valerien;

am 21sten — nach Courtenay;

am 22sten — nach Charny, wo sie Kantonirungsquartiere bezieht.

Das Hauptquartier mit der Infanterie-Reserve-Brigade marschirt:

am 19ten Juli nach Nemours;

am 20sten nach Montargis, wo das Hauptquartier und das Grenadier-Garde-Bataillon verbleibt, der Rest der Reserve-Brigade marschirt nach Ferrieres, wo er Kantonirungsquartiere bezieht.

Die Artillerie-Reserve marschirt von Tournon:

am 17ten nach Rocoy;

am 18ten — nach Nangis;

am 19ten — nach Montereau;

am 20sten — nach Moret, wo sie Kantonirungsquartiere bezieht.

Die Kavallerie-Reserve-Brigade marschirt:

am 17ten Juli nach Nangis;

am 18ten — nach Montereau;

am 19ten Juli nach Cheray, wo sie Kantonirungsquartiere bezieht.

Die 4te Infanterie-Division (Herr General-Lieutenant Baron Zoller) marschirt:

am 17ten Juli nach Crecy;

am 18ten — nach Rocoy;

am 19ten — nach Nangis;

am 20sten — nach Montereau, wo sie von da, mit ihrem rechten Flügel längs dem linken Ufer der Yonne bis nach Sens, Kantonirungsquartiere bezieht.

Die Truppen nehmen nicht mehr als einen zweitägigen Mund- und Fourage-Vorrath mit sich. Der Chef der Administration wird auf der Stelle die einschlägigen Präfekten und Unter-Präfekten, von dem Marsch der Armee und den Kantonirungen, die sie beziehen, benachrichtigen.

Der Chef des Generalstabes wird die Dislokation der Divisionen und Brigaden reguliren, damit unter diesen keine Irrungen entstehen.

Der Chef der Administration wird sich voraus begeben, um die Anstalten wegen der Magazine zu treffen.

Der Ober-Feld-Spital-Direktor wird sich voraus begeben, um ein Haupt- und einige Absatz-Spitäler einzurichten."

Hauptquartier Paris, am 15ten Juli 1815.

(gezeichnet) Wrede,
Feldmarschall.

Am 22sten Juli war die baiersche Armee in ihren Kantonirungen nachfolgend aufgestellt:

die 1ste Kavallerie-Division (Prinz Carl von Baiern) in Briaire an der Loire;

die 2te Kavallerie-Division (Preising) in Gien an der Loire;

die Kavallerie-Reserve-Brigade (Seidewitz) in Cheroy;

die 1ste Infanterie-Division (Raglovich) in Montargis;

die 2te — — (Beckers) in Chatillon;

die 3te — — (Lamotte) in Charmy;

die 4te — — (Zollern) in Montereau;

die Infanterie-Reserve-Brigade (Maillot) in Ferrieres;

die Artillerie-Reserve in Moret;

das Hauptquartier des Feldmarschalls Fürsten Wrede war in Montargis.

Das 3te Armee-Corps (Kronprinz von Wirtemberg) marschirte:

am 15ten Juli die 1ste Kolonne bis Soulaines,
die 2te — bis Bar sur Aube;
am 16ten Juli die 1ste — bis Brienne,
die 2te — bis Vendoeuvres;
am 17ten Juli die 1ste — bis Troyes,
die 2te — bis Bar sur Seine;
am 18ten Juli die 1ste — bis Auxon,
die 2te — bis Chatillon;
am 19ten Juli war Ruhetag;
am 21sten Juli rückte das 3te Armee-Corps in Kantonirungen zwischen Montbard und Tonnere.

Das Hauptquartier des Kronprinzen war:

am 15ten Juli in Bar sur Aube;
am 16ten Juli in Vendoeuvres;
am 17ten Juli in Bar sur Seine, und
am 18ten Juli reisete der Kronprinz von Wirtemberg nach Paris ab.

Die östreichische Armee:

das 1ste Armee-Corps (Graf Collorebo) kantonirte um Langres und Bedfort.

Das 2te Armee-Corps (Fürst Hohenzollern) stand unverändert vor Straßburg, das Hauptquartier in Stuzheim. Am 22sten Juli wurde mit dem französischen General Rapp ein Waffenstillstand abgeschlossen, welcher außer Straßburg, auch alle unter den Befehlen des Obergenerals der französischen Rheinarmee General Grafen Rapp stehende Festungen mit begriff. Die Beilage No. 45. enthält seine Artikel.

Die östreichische Reserve-Armee (Erzherzog Ferdinand) marschirte bis in die Gegend von Fontainebleau.

Das Hauptquartier des Feldmarschalls Fürsten Schwarzenberg (der sich persönlich in Paris aufhielt) war in Fontainebleau.

Zufolge der am 3ten August 1815 abgeschlossenen Uebereinkunft, wurden dem Kriegsheere vom Oberrhein die folgenden Departements zu Kantonirungen angewiesen, als:

Der östreichischen Armee. Die Departements Cote d'or, haut Saone, Saone und Loire, haut Loire, Bouches du Rhone, Vaucluse, haute Alpes und Var; sie besetzte also die Departepartements an der Grenze von Italien und der Schweiz bis an die Allier, und vom Rhein bis nach Orleans und an die Loire.

Der baierschen Armee. Die Departements: Loiret bis an die Loire, Yonne, Nievres, Aube zu zwei Drittheilen, haute Marne zu drei Viertheilen, Vosges.

Den wirtembergischen und Hessendarmstädtschen Truppen. Die Departements: Allier, Puy de Dome und Nievers.

Den sächsischen und badenschen Truppen. Die Departements: haut Rhin und bas Rhin.

Das oberrheinische Kriegsheer wurde demzufolge aufgestellt:

das 1ste Armee-Corps (Graf Colloredo); das Hauptquartier in Maçon sur Saone;

das 2te Armee-Corps (Fürst Hohenzollern) vor Straßburg; das Hauptquartier in Stutzheim;

das 3te Armee-Corps (Kronprinz von Wirtemberg); das Hauptquartier in Nevers;

das 4te Armee-Corps (Fürst Wrede), die baiersche Armee:

die 1ste Kavallerie-Division (Prinz Carl von Baiern) in Briare;

die 2te Kavallerie-Division (Preising) in Orleans;

die Kavallerie-Reserve-Brigade (Seidewitz) in Bar sur Seine;

die 1ste Infanterie-Division (Rагliovich) in Chaumont;

die 2te — — (Beckers) in Choigny;

die 3te — — (Lamotte) in Montargis;

die 4te — — (Zollern) in Neufchateau;

die Infanterie-Reserve-Brigade (Maillot) in Auxerre;

die Artillerie-Reserve in Chaumont;

das Hauptquartier des Feldmarschalls Fürsten Wrede war in Auxerre;

die östreichische Reserve-Armee (Erzherzog Ferdinand):

das Corpsquartier in Dijon;

die Division des Feldmarschall-Lieutenants, Fürsten Moritz Lichtenstein, in Paris;

die Division des Feldmarschall-Lieutenants, Fürsten Aloys Lichtenstein, in Chatillon sur Seine;

die Division des Feldmarschall-Lieutenants, Erzherzogs Maximilian, in Semure:

die Division des Feldmarschall-Lieutenants, Grafen Wartensleben, in Autun;

die Division des Feldmarschall-Lieutenants, Grafen Nostitz, in Chalons sur Saone;

die Division des Feldmarschall-Lieutenants Stutterheim, in Dole;

die Division des Feldmarschall-Lieutenants Erzherzogs Ludwig in Dijon.

Die östreichische Haupt-Artillerie-Reserve (Baron Reißner) zwischen Dijon und Vessoul.

Die Blokade-Armee (Erzherzog Johann).

Das Corps-Quartier in Basel. Diese Armee blokirte die Festungen Hüningen, Bedfort, Besançon, Schiettstädt und Neu-Breisach (siehe Festungen).

Das Hauptquartier des Feldmarschalls, Fürsten Schwarzenberg, war in Fontainebleau.

Für das Kriegsheer vom Oberrhein wurden in dieser Aufstellung die folgenden Militairstraßen festgesetzt.

1. Für die baiersche Armee:

von Germersheim über Lauterburg,

Hagenau,	Clermont,
Hochfelden,	Chaumont,
Molsheim,	Laferté sur Aube,
Dornbach,	Bar sur Seine,
St. Marie aux Mines,	Chaourée,
St. Diey,	St. Florentin,
Rembervilliers,	Joigny,
Charmes,	Courtenay und
Mirecourt,	Montargis.
Neufchateau,	

2. Für das 3te Armee-Corps (Kronprinz v. Wirtemberg):

von Freiburg oder Mahlberg, auf Burkheim oder Emlingen,

Guemar,	Aysy sous Thil,
Bonhommle,	Loucenay,
Langres,	Chateau Chinon,
Arc en Barrois,	Chatillon und
Chatillon sur Seine,	Nevers.
Montbard,	

3. Für das 1ste Armee-Corps, und für den linken Flügel des Reserve-Corps:

von Creuznach bei Basel nach Altingen,

Lerancourt,	Beaume les Dames,
Blamont,	Ornons,

Salins,	St. Amours,
Poligny,	Bourg en Bresse,
Lons le Saulnier,	Maçon.

4. **Für das Zentrum des Reserve-Corps:**

von Rheinweiler nach Altkirch,

Montbeillard,	Gray,
Villersexel,	Mirabeau und
Vessoul,	Dijon.
Freligny,	

5. **Für das Hauptquartier, die Division Fürst Moritz Lichtenstein und für den rechten Flügel des Reserve-Corps nach Paris:**

von Freiburg oder Mahlberg nach Burkheim und Eutingen:

Colmar,	Chatillon sur Seine,
Cerney,	Tonnere,
Geromag,	St. Florentin,
Lure,	Joigny,
Vessoul,	Sens,
Cambeau fontaine,	Villeneuve la Guyard,
Fayl-Villot,	Fontainebleau,
Langres,	Essonne und Corbeuil,
Arc en Barrois,	Paris.

Nachdem am 5ten und 6ten October 1815 der größte Theil des in Frankreich anwesenden, kaiserlich-östreichischen Kriegsheeres bei Dijon 80,000 Mann stark (74 Bataillons Fußvolk, 134 Esquadrons Reiterei, mit 264 Stück Kanonen) in einem Lager versammelt, und vom Kaiser von Oestreich daselbst große Heeresschau abgehalten worden, so setzte sich dasselbe in drei Kolonnen in Marsch nach dem Vaterlande, und passirte bei Basel, Fort Louis, und Sponek den Rhein.

Auch die königlich-baiersche Armee hatte sich am 4ten October 1815 bei Chaumont in Bassigny versammelt, und 25,000 Mann, in 22 Bataillons, 44 Esquadrons und 7 Batterien, führten in Gegenwart des Kaisers von Rußland verschiedene Bewegungen aus; die baiersche Armee trat hierauf ihren Rückmarsch an, und passirte den Rhein bei Germersheim.

Eilftes Kapitel.

Vorfälle in Paris, vom 11ten Juli bis zum Monat Oktober 1815.

Nach der abgeschlossenen Kapitulation von Paris, marschirte die französische Armee, wie bereits erwähnt, unter dem Oberbefehl des Marschalls Davoust nach der Loire ab; der Marschall nahm sein Hauptquartier in Olivet, der Stadt Orleans gegenüber, und die Demarkationslinie der französischen Armee wurde nachfolgend bestimmt:

„Die Loire bis zum Einfluß der Allier, von hier der Fluß Allier bis zur Grenze des Departements von Lozere and Ardeche, und von da bis zum Einfluß der Ardeche in die Rhone, und sodann das Ufer der Rhone bis zu deren Einfluß ins mittelländische Meer.

Als der König von Frankreich, der am 22sten Juni Gent verließ, über Mons, Cambray und St. Denis, am 9ten Juli Nachmittags in Paris eintraf, wurde die bisherige Regierungs-Commission aufgelöst.

Am 3ten Juli traf Napoleon in Rochefort ein, wo er bis zum 8ten Juli verblieb; an diesem Tage bestieg er die Fregatte Saale, weil er hoffte, den englischen Kriegsschiffen, welche diesen Hafen blokirten, zu entkommen; als dieses vergeblich war, stieg er am 9ten Juli auf der Insel Aix wieder ans Land, worauf er am 15ten Juli 1815 sich freiwillig auf das englische Admiralsschiff Bellerophon begab, welches der Admiral Hotham kommandirte.

Also einen Monat später, als Napoleon die Feindseligkeiten in den Niederlanden begonnen, führte er den letzten freien Entschluß seines Lebens aus, indem er sich den Britten freiwillig überlieferte. Schon am 16ten Juli segelte der Bellerophon ab, er traf am 24sten Juli in Torbai, und am 26sten Juli im Hafen von Plymouth ein.

Nach getroffener Uebereinkunft unter den verbündeten Mächten zu Paris, wurde Napoleon schon am 30sten Juli das über ihn gefällte Urtheil eröffnet:

„daß er, einem gemeinschaftlichen Beschluß der verbündeten Mächte zufolge, als Gefangener derselben, jedoch unter unmittelbarer Aufsicht der brittischen Regierung, angesehen werde, und auf die Insel St. Helena, als Verwahrungsort gebracht werden solle.“

Hierauf wurde Napoleon am 8ten August 1815 auf das

Kriegsschiff Northumberland gebracht, und dieses segelte unter dem Admiral Cokburn mit ihm sogleich nach St. Helena ab. Die Insel St. Helena, etwas näher an Afrika als an Amerika, im atlantischen großen Ozean liegend, ist ringsum mit Felsen umgeben, und hat kaum 12 Stunden im Umfange, sie ist nur an einem Punkte der südlichen Spitze, bei genauer Kenntniß des Meeres und Windes zugänglich; allein jede ihrer zahlreichen Batterien beherrscht die auf diesen Ort zu steuernden Schiffe, die schon auf 60 Meilen weit erkannt werden können.

Die verbündeten Kriegsheere hatten in den von ihnen durchzogenen, oder besetzten Departements von Frankreich einstweilige Verwaltungen niedergesetzt *).

*) Eintheilung der kaiserlich-östreichischen Gouvernements in Frankreich 1815.

1. Gouverneur des Ober- und Nieder-Rheins (Elsaß) war der Landrechts-Präsident Baron Heß. Sitz des Gouvernements in Colmar.

2. Gouverneur der Departements Ober-Saone und Cote d'or war der Freiherr von Baden. Der Sitz des Gouvernements war in Dijon.

3. Gouverneur der Departements Doubs, Jura, Saone und Loire war der Hofrath Baron Eger. Der Sitz des Gouvernements war in Maçon.

4. Der Sitz des Gouvernements der Departements Aisne, Montblanc und d'Ellevaux war in Bourg en Bresse.

5. Gouverneur der Departements Rhone, Isere und Loire war der Hofrath von Raschmann, der Sitz des Gouvernements war in Lyon.

6. Gouverneur der Departements Drome, Vaucluse, Ober-Alpen und Nieder-Alpen war der Gubernial-Vice-Präsident von Stahl; der Sitz des Gouvernements war in Valence.

7. Der Sitz des Gouvernements der Departements de l'Ardeche und eines Theils der Departements Puy de Dome und Ober-Loire war in Clermont.

8. Die Departements Var und Rhone-Mündungen waren von sardinischen Truppen besetzt.

Von der baierschen Armee. General-Gouverneur der Departements Loiret, Yonne, des halben Departements der Aube und ½ des Departements der obern Marne war der Kriegsrath von Knapp. Der Sitz des Gouvernements war in Chaumont.

Von der russischen Armee. General-Gouverneur des Departements Lothringen war der Minister von Alopäus. Der Sitz des Gouvernements war in Nancy.

Der König von Frankreich verlangte, daß die Verwaltung den französischen Behörden zurück gegeben werden solle. Dies Begehren veranlaßte die folgende Note der Minister der verbündeten 4 Hauptmächte (Oestreich, Rußland, Preußen und Großbritannien) an den Fürsten Talleyrand.

„Die Minister haben die Eröffnungen in reifliche Erwägung gezogen, welche das königliche Ministerium durch Seine Excellenz den Herrn Baron Louis in der Absicht, den Gang der Verwaltung in den von den allirten Armeen besetzten Ländern zu reguliren, an sie hat gelangen lassen. Sie sind zu sehr von der Nothwendigkeit durchdrungen, diesfalls die schleunigsten und wirksamsten Maßregeln zu nehmen, um sich nicht zu beeilen, in die Absichten, welche jene Vorschläge gegeben haben, einzutreten. Sie glauben demnach, daß folgende von ihnen beschlossene Anordnungen die geeignetsten seyn werden, um die Wünsche des Königs mit der Lage, worin die allirten Armeen während ihres Aufenthalts in Frankreich sich befinden werden, zu vereinbaren.

1. Um den Nachtheilen zu begegnen, welche aus der Ungewißheit über die Kantonements der allirten Armeen entspringen, wird eine Demarkationslinie die von ihnen zu besetzenden, und ihnen zum Unterhalte besonders anzuweisenden Departements bestimmen.
2. Diese Departements werden zwischen den verschiedenen Armeen dergestalt vertheilt werden, daß jede der letztern einen Rajon erhält, und in einem und demselben Departement nur Truppen der nämlichen Art seyn sollen.
3. Inzwischen wird man in diesen Rajons, und überhaupt in sämmtlichen, von den Allirten besetzten Departements, ein gleichförmiges Sistem in allen auf die Verwaltung und Bedürfnisse der Armee sich beziehenden Angelegenheiten befolgen.
4. Die königlichen Beamten werden in allen diesen Departements sogleich wieder eingesetzt werden, und die Präfekten und Unterpräfekten ihre Amtsverrichtungen wieder antreten.
5. Um diese Beamten zu schützen, und zu gleicher Zeit dafür zu sorgen, daß einerseits alles, was den Dienst und die Bedürfnisse der allirten Armeen angeht, pünktlich vollzogen werde, und daß letztere andererseits, die vollkommenste Ordnung beobachten, werden Militär-Gouverneurs für die Departements, welche die Rajons jeder Armee bilden, ernannt werden. Die Präfekten und andere öffentliche Beamte sol-

len jedoch nur in Sachen, welche den Dienst und die Sicherheit der Armeen betreffen, an die Anordnungen der Militär-Gouverneurs der alliirten Mächte gebunden seyn.

6. Diese Gegenstände werden noch näher bestimmt werden; die Unterhaltung der verschiedenen Armeen aber wird nach gleichförmigen Grundsätzen statt haben.

7. Zu Paris ist eine Administrativ-Kommission niedergesetzt, und wird sich, sobald als möglich, mit der von dem Könige ernannten Kommission in Verbindung setzen.

8. Es sind Befehle gegeben, die Kontributionen, welche in den verschiedenen Städten und Departements ausgeschrieben sind, nicht weiter einzutreiben, und in Zukunft sollen keine solche Kontributionen mehr durch isolirte Befehle der Intendanten der verschiedenen Armeen gefordert werden.

Da diese Anordnungen so weit gehen, als es für den Augenblick den Alliirten die Sorge für ihre eigenen Armeen, und ihre militärische Lage erlaubt, so schmeicheln sich die Unterzeichneten, daß das königliche Ministerium darin ein aufrichtiges Verlangen, zur Herstellung der königlichen Gewalt, und zur Erleichterung der Kriegslasten, so weit es die Umstände möglich machen, beizutragen, erkennen würde.

Sie haben die Ehre, Seiner Durchlaucht dem Fürsten Talleyrand ihre hohe Achtung zu versichern."

Paris, den 24sten Julii 1815.

(gezeichnet) Metternich, Nesselrode, Castlereagh, Hardenberg.

Am 3ten August wurde hierauf in derselben Sache die nachstehende nachträgliche Note gegeben:

„Um alles dasjenige, was auf die Bedürfnisse der alliirten in Frankreich befindlichen Armeen Bezug hat, zu reguliren, haben die vier Höfe, Oestreich, Rußland, Preußen und England, in Gemäßheit des 7ten Artikels der Note vom 24sten Juli, eine Administrations-Commission niedergesetzt. Die Unterzeichneten haben die Ehre, dem königlich französischen Ministerium bekannt zu machen, daß der neu errichtete Administrationsrath aus nachbenannten Personen besteht: Seine Excellenz der Herr Baron v. Baldacci, östreichischer Armee-Minister, für Oestreich; Seine Excellenz der Herr Baron von Altenstein, königlich preußischer Staatsminister, für Preußen; Herr Dunmare, Oberkommissär der englischen Armee, für Großbrittannien, und der Herr von Bulgakow, wirklicher Staatsrath Seiner Majestät des Kaisers von Rußland, für Rußland.

Da es sowohl für das Interesse des Königs von Frankreich als das der alliirten Mächte, von wesentlichem Nutzen ist, daß dieser Administrationsrath sich, sobald es nur immer möglich ist, mit der Kommission in Verbindung setze, welche der König zu dem nämlichen Zweck ernannt hat, so laden die Minister der verbündeten Mächte J. J. E. E. die Minister Seiner allerchristlichsten Majestät ein, diejenigen Personen bekannt zu machen, aus denen die von dem Könige zu ernennende Central-Kommission bestehen wird, damit beide Kommissionen sogleich in direkte Verbindung mit einander treten können.

Die Unterzeichneten bitten Seine Durchlaucht den Herrn Fürsten Talleyrand die Versicherung ihrer hohen Achtung zu genehmigen."

Paris, am 3ten August 1815.

(unterzeichnet) Castlereagh, Hardenberg, Nesselrode, Metternich.

Zugleich wurde die Vertheilung der Departements von Frankreich, unter die Truppen der verbündeten Mächte, nachfolgend festgestellt:

1. **Für die königlich preußischen Armeen.** Das Hauptquartier des Feldmarschalls Fürsten Blücher von Wahlstadt in **Rambouillet** (später in Caen und Versailles). Die Departements Finistere, Morbihan, Cotes du Nord, Manche, Isle und Vilaine, Calvados, Orne, Majenne, Sarthe, Eure und Loire, beide bis ans linke Seine-Ufer, Seine inferieure, Loire und Cher, Indre und Loire, Maine und Loire, und Loire inferieure, diese letztere bis ans rechte Loire-Ufer.
2. **Die königlich preußische Armee, in Gemeinschaft mit den königlich großbrittannischen und kaiserlich-königlichen östreichischen Armeen.** Die Departements; Seine, Seine und Oise, bis zum linken Ufer der Seine.
3. **Die königlich großbrittannischen und königlich-niederländischen Armeen.** Das Hauptquartier des Feldmarschalls Herzogs Wellington war in **Paris.** Die Departements; Seine inferieure, Eure, Seine und Oise am rechten Seine-Ufer, Lys, Nord, Seine und Marne am linken Seine-Ufer, Somme, Pas de Calais, und Oise.
4. **Die kaiserlich russische Armee.** Das Hauptquartier

des Feldmarschalls Grafen Barklay de Tolly war in Melun. Die Departements: Seine und Marne am rechten Seine-Ufer, Aisne, Ardennes, Marne, Meuse, Mosel, Meurthe, haute Marne ½, Aube ⅓.

5. Die königlich baiersche Armee. Das Hauptquartier des Feldmarschalls Fürsten Wrede, war zuerst in Montargis, später in Auxerre. Die Departements: Loiret bis an die Loire, Yonne, Nievres, Aube ⅔, haute Marne ½, Vosges.

6. Die königlich wirtembergschen und großherzoglich Hessen-darmstädtschen Truppen. Das Hauptquartier des Kronprinzen von Wirtemberg war in Nevers. Die Departements: Allier, und Puy de Dome.

7. Die kaiserlich-östreichische Hauptarmee. Das Hauptquartier des Feldmarschalls Fürsten Schwarzenberg war in Fontainebleau (persönlich war er in Paris). Die Departements: Loire, haut Loire, Cantal, Lozere, Gard, Bouches du Rhone, Basses Alpes und Var.

8. Die östreichisch-italiänische Armee. Das Hauptquartier des Generals der Kavallerie Baron Frimmont war in Dijon. Die Departements: Cote d'or, haute Saone, Saone und Loire, Jura, Doubs, Rhone, Aisne, Montblanc, Isere, Ardeche, Drome, hautes Alpes.

9. Die königlich sächsischen u. großherzoglich-badenschen Truppen. Das Hauptquartier des Generals der Infanterie Erzherzog Johann war in Basel. Die Departements: haute Rhin, und bas Rhin.

Die Garnison von Paris bestand unter dem Gouverneur, dem königlich-preußischen General-Major v. Müffling:
dem preußischen Kommandanten Obristen v. Pfuhl,
dem russischen Kommandanten Obristen v. Kochius,
und einem östreichischen und englischen Kommandanten.

1) An preußischen Truppen:
vom 7ten bis zum 21sten Juli aus dem 1sten Armee-Corps (v. Zieten);
vom 22sten Juli bis zum 1/2 October aus dem Garde- und Grenadier-Corps unter dem General-Lieutenant Herzog Carl von Meklenburg-Strelitz aus 14 Bataillons, 12 Esquadrons und 4 Batterien bestehend, die, wie es die Beilage No. 34 enthält, einquartirt waren.

2) An englischen Truppen:

lag beständig eine Brigade Infanterie und eine Brigade Kavallerie im Lager in den Champs Elisees, außerdem war der Montmartre von ihnen stark besetzt; diese Truppen wurden aus den nahen Kantonirungen sehr oft abgelöset.

3) Aus russischen Truppen:

Die 3te Grenadier-Division (General-Lieutenant Roth). Divisions-Quartier in Romaineville.

General-Major Pissaref.	1) Das Grenadier-Regiment König von Preußen in Lavilette, St. Denis, Pantin, Pres St. Gervais, Romaineville, Noissy und Merlon; 2) das Fanagorische Grenadier-Regiment in Belleville, Bagnolet, Charonne und Montreuil;
General-Major Lewin.	3) das sibirische Grenadier-Regiment in St. Meaux, St. Hilaire und Charenton; 4) das kleinreußische Grenadier-Regiment in Fontenay, Nogent und Neuilly;
General-Major Krassowsky.	5) das 26ste Grenadier-Jäger-Regiment in Bondy, Clichy, Livri, Counberon, Courtry und Ville parisis; 6) das 29ste Grenadier-Jäger-Regiment in Villenomble, Gagny, Chelles und Montfermeil;
Obrist Nilus.	die schwere Batterie No. 3. in Maison; die leichten Batterien No. 5 und 6 in Creteil.

Die 2te Cuirassier-Division (General-Lieutenant Kretow), Divisions-Quartier in Champigny.

General-Major Saß I.	1) Das Ekaterinoslawsche Cuirassier-Regiment in Boisy, Brevaine le Chateau, Bonneuil, Sussy, Noisseau ou Ormesson; 2) das Gluchowsche Cuirassier-Regiment in Chenevieres, Villiers, Brie, Noisy, Gournay;

General-Major Leontiew.

3) das Astrachansche Cuirassier-Regiment in Villeneuve, Montgeron, Crosne, Yeres, Villeçresne und Marolles;

4) das Pskowsche Cuirassier-Regiment in Brunnoy, Epinay, Boussy, Mandre, Perigny, Sauteny und Servon;

die reitende Batterie No. 6. in Limell und Valentru;

das Kommando donischer Kosacken in Vaufours.

4) Aus kaiserlich-östreichischen Truppen:

unter Kommando des Feldmarschall-Lieutenants Grafen Wallmoden Gimborn.

General-Major Graf Bentheim.

Das Grenadier-Bataillon Storr in Paris in der Kaserne de la nouvelle France, Faubourg poissonnieres;

das Grenadier-Bataillon Meuse in Paris in der Kaserne la Courtille, Faubourg du Temple;

das Grenadier-Bataillon Pourçel in Paris in der Kaserne de la Pepiniere, Rue de mont blanc;

das Grenadier-Bataillon Jarossy in Paris in der Kaserne Pepiniere.

Die Division des Feldmarschall-Lieutenants Fürsten Moritz Lichtenstein.

General-Major Graf Auersberg.

Das Regiment Erzherzog Joseph Husaren, der Stab in Paris,

2 Esquadrons in den Kasernen Abataire de Montmartre,

4 Esquadrons in den Dörfern Vissour, Chateau mont Jean, Morangis, Chilly, Savigny und Lonjumeau;

das Meerfeldsche Uhlanen-Regiment von 8 Esquadrons in Juvissy, Ris, Athis, Orly, Mons, Ablein und Villeneuve;

General-Major Graf Desfours.

das Cuirassier-Regiment Sommariva von 6 Esquadrons in Antony, Fresnes, Massy, Champlan, Chatenoy und Vezieres;

General-Major Graf Dessours. { das Cuirassier-Regiment des Großfürsten Konstantin von 6 Esquadrons in der Kaserne Abatoire de Montmartre;

das Hauptquartier, die Kanzellei-Bespannungen und Equipagen in Choisy le Roy und Thiais;

(das Grenadier-Bataillon Jurichich stand in Fontainebleau).

Der Gouverneur von Paris, General-Major v. Müffling, gab den Befehlshabern der verbündeten Truppen der Garnison, für den Fall eines Allarms, folgende geheime Disposition:

„Der innere Dienst von Paris und die Aufrechthaltung der Ordnung sind der National-Garde anvertraut, und die Garnison der alliirten Mächte hält die großen Plätze der Stadt gewissermaßen als Reserve besetzt.

Da jedoch Fälle denkbar sind, in welchen die National-Garden es versuchen könnten, sich der Unterdrückung großer Tumulte zu entziehen, so dienen folgende Vorschriften für die Garnison von Paris.

Versammlung der Garnison auf den Allarmplätzen.

Der Befehl zur Versammlung der Garnison von Paris wird durch den Gouverneur gegeben, und zwar durch 3 Kanonenschüsse auf dem Platz Demi Lune, in den Champs Elisées an der Seine. Diese werden wiederholt durch ein Kanon an der Brücke des Jardins des Plantes.

Auf diese Signale, sie mögen bei Tage oder Nacht gegeben werden, rücken die Truppen auf ihre Allarmplätze. Da es möglich ist, daß Wind und Wetter es verhindern, die Kanonenschüsse zu hören, so werden die Herren Brigade-Chefs und Brigade-Commandeurs solche Maßregeln treffen, daß sie die Benachrichtigung erhalten, daß die Schüsse auf dem Platz Demi lune geschehen sind, damit bei einer solchen allgemeinen Versammlung nicht einzelne Truppen fehlen.

Die Besetzung von Paris von den alliirten Truppen und ihren Allarmplätzen ist nachfolgende:

1) Die königlich-englische Brigade

formirt sich in den Avenüen von Neuilly mit der Tete an dem Platze Ludwig XV., sie besetzt mit einem Bataillon den Platz Beauveau, und mit einem andern Bataillon den Punkt, wo der

Boulevard de la Madelaine von der Straße St. Honorée durchschnitten wird.

2) Die kaiserlich-östreichische Brigade besetzt den Platz Vendome mit 2 Bataillons. Ein Bataillon setzt sich in Kolonne vor das Quartier Sr. Majestät des Kaisers von Oestreich, und ein viertes Bataillon da, wo der Boulevard des Capucins von dem Boulevard des Italiens durch die Straße Montblanc getrennt wird. Die Kavallerie stellt sich auf dem Boulevard de la Madelaine auf.

3) Die königlich-preußische Garde-Brigade besetzt die Esplanade des Invalides mit 2 Bataillons. Das länglichte Viereck, umgeben von der Straße la belle Chasse, Quay d'Orsay, der Straße de Bourgogne und der Universitäts-Straße mit 1 Bataillon;

ein Bataillon stellt sich auf bei dem Pont Royal,

— — bei dem Pont neuf,

— — bei dem Pont Luxembourg,

— — nebst der Artillerie und Kavallerie bleibt auf dem Champ de Mars.

4) Die königlich-preußische Grenadier-Brigade besetzt mit einem Bataillon den Platz bei der Bastille,

mit einem Bataillon die Brücke des Jardin des plantes,

mit zwei Bataillons den Quay de la Tournelle,

mit einem Bataillon den Platz beim Pantheon,

mit zwei Bataillons die Insel du Palais mit ihren Brücken;

die Kavallerie und Artillerie bleibt auf dem Platz Valhubert vor dem Jardin des Plantes stehen.

Die sämmtlichen Wachen in der Stadt und an den Barrieren bleiben stehen.

Für den Montmartre wird eine besondere Instruktion erfolgen.

Der Gouverneur der Stadt wird auf dem Platz Vendome, der Kommandant der Nordseite von Paris auf dem Platze Ludwig XV., der Kommandant der Südseite auf dem Pontneuf zu finden seyn.

In diesen Stellungen erhalten die verschiedenen Abtheilungen mit den zunächst stehenden die Verbindung durch Patrouillen, und vertheidigen sich wenn sie angegriffen werden, bis sie besondere Weisungen erhalten."

Paris am 23sten Juli 1815.

(gezeichnet) der Gouverneur von Paris
v. Müffling.

Der General-Lieutenant Herzog Carl v. Meklenburg-Strelitz gab dem königlich-preußischen Garde- und Grenadier-Corps folgende Disposition:

„Wenn bei entstehendem Allarm die Bedeutsamkeit desselben so zunimmt, daß die vom Gouverneur der Stadt gegebene Allarm-Disposition nicht mehr zureicht, so tritt folgende augenblicklich ein.

Die Vertheidigung der Stadt durch das Garde- und Grenadier-Corps beschränkt sich auf die Linie, welche vom Pont Louis XV. über den Boulevard des Invalides, bis nach der Barriere de Sevre geht. Die Truppen besetzen diese Linie in folgender Art, und halten sie, bis alle Bagagen Sr. Majestät des Königs und des Hauptquartiers, und des Corps, welche augenblicklich bei jedem Allarm, auf den Champ de Mars unter Bedeckung gefahren werden, von hier durch die Barriere de l'Ecole militaire gelangt sind, wenn die eintretenden Umstände den Befehl zu dieser weitern Entfernung nothwendig machen sollten.

Der Platz vor dem Corps Legislatif an der Brücke Louis des 15ten mit einer 6pfündigen Batterie, welche 2 Kanonen auf den Platz du palais Bourbon giebt, um nach Maßgabe der Umstände die Straßen de l'Université, de Bourgogne und St. Dominique zu bestreichen:

1 Bataillon auf dem Quay d'Orsay,
1 — auf dem Platz Bourbon,
2 — und 1 Esquadron Garde du Corps in der Straße von Jena oder auf der Esplanade des Invalides,
2 Esquadrons Garde du Corps in der Straße von Austerlitz,
2 Bataillons und 4 Kanonen (von der reitenden Batterie No. 4) auf dem Boulevard des Invalides, und zwar bestreichen 2 Kanonen die Straße Grenelle, und 2 Kanonen die Straße Varennes.

Die andere Hälfte der reitenden Batterie No. 4, da wo die Straße Babylone den Boulevard des Invalides durchschneidet, um diese beiden Straßen zu durchschneiden; 2 Bataillons werden theils bei diesen Kanonen, theils rückwärts auf dem Platz Vauban aufgestellt.

Zwei Bataillons und die reitende Batterie No. 15 auf dem Etoile de Breteuil und vorwärts desselben auf denen dahin führenden Straßen, um namentlich die von Sevre zu beschießen.

Das Dragoner-Regiment auf dem Platz de Fontenay.

Vier Bataillons und die 12pfündige Fußbatterie in Reserve

auf dem Champ de Mars, diese werden zugleich die Brücke von Jena beobachten.

Um nach diesem Punkte zuvor zu kommen, geht das auf dem Bastille-Platz aufgestellte Bataillon über die Brücke von Austerlitz zurück, und nimmt von hier die Fußbatterie längs dem Quai mit, so wie dieses Bataillon an die nächsten Bataillons auf dem Quai de la Tournelle kömmt, setzen dieselben vereint den Marsch auf den Quais fort, und eben so verlassen die Bataillons auf Isle de Prince, dem Pontneuf und Pont de Thuilleries ihren Platz nicht eher, als bis diese Bataillons successive an sie herankommen.

Das Dragoner-Regiment und die reitende Batterie gehen, wenn das Bataillon von der Bastille bei ihnen vorbeigekommen ist, über den Boulevard de l'Hopital, du Midi, St. Jacques, d'Enfer und Mont Tharnasse nach ihrem Platz.

Die Bataillons, die beim Luxembourg und Pantheon stehen, gehen zusammen durch die Straße Vaugirard auf ihren Platz auf dem Etoile de Breteuil. Die Garde-Brigade giebt außer diesen noch die beiden Bataillons auf dem Boulevard des Invalides und auf dem Platz Vauban, woselbst der Oberst von Alvensleben kommandirt.

Die Grenadier-Brigade giebt die andern 4 Bataillons in der Straße von Jena und auf dem Quai; hier kommandirt der Obrist von Natzmer. Bis die Grenadier-Bataillons hier ankommen, behalten 2 Bataillons Garde diesen Platz besetzt.

Soll von hier ab die Stadt verlassen werden, so geschieht das nicht eher bis der Befehl dazu erfolgt, und sämmtliche Bagage aus der Stadt heraus ist. Diese geht unter Führung der Majors von Plotho und von Buddenbrock durch die Barriere Ecole militaire außerhalb der Stadt bei Grenelle vorbei, auf dem geraden Wege durch Issy auf den jenseits des Dorfes belegenen Platz, den der Lieutenant von Schmeling den beiden Majors anzeigen wird, hier schließen sich die Trains an sie an, die auf den entstehenden Allarm dahin abgehen, auch die Königswache und die Stabswache, welche die in Issy stehende Esquadron bei sich haben.

Die außerhalb der Stadt stehende Kavallerie (Husaren und Uhlanen) rückt auf den dazu zu erwartenden Befehl von ihren Allarmplätzen auf die Pläne von Grenelle, und erwartet daselbst die Kavallerie aus der Stadt, welche sich nunmehro zuerst abzieht, und zwar die Garde du Corps durch die Barriere de la Cunette, die Dragoner durch die Barriere de l'Ecole militaire. Ihr folgt die 12pfündige Batterie, und das eine Garde-Bataillon vom Champ de Mars, durch die Barriere de l'Ecole militaire auswärts bei der von Grenelle vorbei, und besetzen die Weinbergshöhe bei der Windmühle rechts der bereits aufmarschirten Kavallerie. Die Grenadier-Brigade marschirt alsdann durch die Barriere la Cunette, die Garde-Brigade durch die Ecole militaire, jede mit ihrer Artillerie voran, auf die oben genannte Weinbergs-Anhöhe, die reitende Batterie schicken sie von da zur Kavallerie, und die Reserve vom Champ de Mars macht die Arriergarde."

(gezeichnet) Herzog Carl von Meklenburg-Strelitz.
Für gleichlautende Abschrift der Chef des Generalstabes
Obristlieutenant v. Wedel.

Das Garde- und Grenadier-Corps trat am 3ten und 4ten October seinen Rückmarsch von Paris nach Berlin an, welchen die Beilage No. 35. speziell nachweiset.

Der Kaiser von Rußland verließ Paris am 28sten September 1815, und reisete nach Brüssel, wo er am 29sten eintraf, am 1sten October von dort bis Laon, am 2ten nach Vitry, am 3ten nach Chaumont und am 4ten nach Dijon; hier wohnte er am 5ten und 6ten October der Musterung über das östreichische Kriegsheer bei, ging hierauf über Vessoul und Basel nach Carlsruhe, und über Ulm nach Worlik und Pisek in Böhmen (zum Feldmarschall Fürsten Schwarzenberg) von dort am 21sten October über Prag, am 22sten nach Peterswalde, am 23sten nach Frankfurth an der Oder, und traf am 24sten in Berlin ein, von wo aus er am 7ten November über Warschau nach St. Petersburg abreisete.

Der Kaiser von Oestreich reisete am 29sten September von Paris ab, über Melun und Fontainebleau nach Dijon, und von dort über Bregenz und Tirol nach Italien.

Der König von Preußen reisete am 8ten October 1815 um Mitternacht von Paris ab über Maubeuge, am 9ten bis nach Laeken bei Brüssel, am 11ten nach Achen, am 13ten nach Wisbaden, am 14ten nach Fulda, am 15ten nach Erfurth, am 16ten nach Döllitsch, und traf am 17ten October in Potsdam ein.

Zwölf-

Zwölftes Kapitel.

Der Festungskrieg in Frankreich vom Monat Juni bis October 1815.

I. Des englisch-niederländischen Kriegsheeres.

1) Die Festung Valenciennes.

Der Prinz Friedrich von Oranien blieb, als das niederländische Kriegsheer vorrückte, mit ungefähr 15,000 Mann (der indischen Brigade des General-Lieutenants Anthing, der 1sten Infanterie-Division des General-Lieutenants Stedtmann und einiger Reiterei) zurück, um die französischen Festungen an der Grenze einzuschließen. Es rückte zuerst gegen Valenciennes, welches er einschloß, und am 30sten Juni sein Hauptquartier in Curgies ungefähr ½ Stunden von dieser Festung nahm. An demselben Tage entließ der französische Kommandant General Rey (er war Adjudant Napoleons, und hatte in Spanien die Festung St. Sebastian sehr ehrenvoll vertheidiget), 500 der ärmsten Einwohner, weil er, zur hartnäckigsten Vertheidigung entschlossen, sich mit seiner schwachen Besatzung aus der Stadt nach der Zitadelle zurückzog.

Der Prinz Friedrich von Oranien ließ am Abend des 1sten Juli die Stadt mit glühenden Kugeln bewerfen, und am 2ten Juli das Bombardement anfangen, wodurch ein Theil der Straße St. Geri und der Vorstadt Marly ein Raub der Flammen wurde. Die Einwohner der Festung empörten sich gegen die Besatzung, und es wurde in diesem Tumult selbst für einen Augenblick die weiße Fahne aufgesteckt, allein sehr bald wieder abgenommen. Die Stadt wurde von zahlreichen Batterien sehr lebhaft beschossen. Am 4ten Juli des Abends wurden aus der Festung Haubitzgranaten und glühende Kugeln auf das Dorf Marly geworfen, wodurch 200 Häuser abbrannten. Der General Rey ließ die Umgebungen der Festung so abbrennen, damit er die Bewegungen der niederländischen Truppen besser erkennen könne, und am 5ten entließ er abermals 1000 Einwohner, weil sie nicht auf 6 Monate mit Lebensmitteln versehen waren.

Doch schon am 12ten August 1815 wurde eine Kapitulation mit der Besatzung abgeschlossen, der zufolge die Besatzung entlassen, und die Festung bloß von den Bürgern besetzt wurde.

Die Festung Quesnoy

war längere Zeit von den niederländischen Truppen eingeschlossen, wurde heftig beschossen, und ergab sich endlich durch Uebereinkunft; es wurden 51 Kanonen in diesem Platz gefunden.

A a

3) Die Festung Condé.

Der französische Kommandant General Bonnaire vertheidigte sie, bis sie durch eine Uebereinkunft den niederländischen Truppen übergeben wurde.

II. Des königlich-preußischen Kriegsheeres.

Unter den Oberbefehl Sr. königl. Hoheit des Generals der Infanterie Prinzen August von Preußen, wurden am 24sten Juni 1815, zum Einschließen und Belagern der Festungen, das 2te Armee-Corps, das norddeutsche Bundes-Corps, und später die aus Luxemburg vorgerückte Garnison von Luxemburg gestellt, und diese Truppen beobachteten und belagerten die folgenden Festungen:

A. Das 2te preußische Armee-Corps.

1) Die Festung Maubeuge vom 20sten Juni bis den 11ten Juli 1815.

Am 20sten Juni rückte die 5te Brigade (v. Tippelskirch) vom 2ten Armee-Corps vor die Festung Maubeuge, welche durch 3000 Mann meist französischer Nationalgarden besetzt war; der Gouverneur war der General Baron Latour Maubourg, der Kommandant hieß de Maret.

Die 5te Brigade schloß die Festung sogleich auf dem linken Ufer der Sambre enge ein, und zog eine Postenkette von Reiterei und Fußvolk von der Vorstadt Baslieux über Assevent, deren linker Flügel bis an die Sambre reichte; auf dem rechten Ufer der Sambre hielt ein hannövrisches Kavallerie-Regiment unter dem Obristen Grafen Kielmannsegge die Postenkette, es stand in Bettignie, allein es marschirte schon am folgenden Tage ab.

Die Stellung der 5ten Brigade auf dem linken Ufer der Sambre war folgende:

3 Bataillons 2 Esquadrons standen in Douzier, Baslieux und Assevent;

die Vorposten besetzte das Elb-Landwehr-Kavallerie-Regiment; das 5te kurmärkische Landwehr-Kavallerie-Regiment stand bei Elesmes und Merun;

das Gros der Brigade lagerte bei Bersilly, Villers, und St. Nicola.

Der Obrist Graf Schulenburg besorgte auf dem rechten Ufer der Sambre die Einschließung mit 2 Kavallerie-Regimentern und einer reitenden Batterie.

Am 20. u. 23. Juni ließ der Feldmarschall Fürst Blücher, durch den Lieutenant v. Massow des Generalstabes, die Festung auffordern, welches auch von Seiten des Generals von Tippelskirch schriftlich geschah, allein der Gouverneur General Latour verweigerte jede Unterhandlung.

Die Vorposten wurden angewiesen, die Festung alle Nächte zu allarmiren, weil man bezweckte, die Nationalgarden und den Theil der Bürger, welcher den Nachrichten zufolge an der Besatzung der Wälle Theil nahm, in steter Anstrengung zu erhalten, und sie dadurch vielleicht mißmuthig zu machen.

Am 23sten Juni des Abends traf die 7te Brigade ein, sie wurde bei Boussier, wo eine Brücke geschlagen worden, als Reserve aufgestellt.

Am 24sten Juni ließ der General-Major v. Pirch I. das Blokade-Corps nachfolgend aufstellen:

2 Bataillons des 25sten Infanterie-Regiments passirten bei Marpent die Sambre, und besetzten die Straße von Maubeuge nach Berlaimont, eine Compagnie wurde bei Hautmont postirt, woselbst die Brücke wieder hergestellt wurde;

2 Esquadrons des Elb-Landwehr-Kavallerie-Regiments beobachteten die Straße nach Avesnes;

2 Compagnien standen in Rooissier;

1 — in Murhines und Auxarmes;

3 — in Ferriere le grand.

Diese Truppen unterhielten durch Zwischenposten die Verbindung unter sich, sie besetzten die Vorposten-Linie gegen die Festung und gegen die Linien des alten Lagers von Roussies.

Das Haupt-Corps der 5ten Brigade, bestehend aus dem pommerschen Infanterie-Regiment und der Fußbatterie stand bei Boussois.

Das Haupt-Corps der 7ten Brigade stand im Lager bei Cerfontaine.

Diese beiden Reserve-Corps waren bestimmt, den feindlichen Bewegungen überall mit Nachdruck zu begegnen. Bei Boussois wurde zur nähern Verbindung der beiden Brigaden eine Brücke geschlagen.

Sr. königl. Hoheit der Prinz August von Preußen übernahm heute das Kommando des 2ten Armee-Corps und der sämmtlichen Festungs-Blokaden, und übertrug den speziellen Befehl des Belagerungs-Corps von Maubeuge dem General-Major v. Pirch I.

Aa 2

Am 26sten Juni zündete der Feind durch Granatwürfe ein Haus auf der großen Straße nach Beaumont an, in welchem sich von den Vorposten ein Piquet preußisches Fußvolk befand. Die Besatzung der Festung machte gleichzeitig einen Ausfall, jedoch nur mit geringer Mannschaft; das Gefecht dauerte, bis ein Bataillon aus Ferriere le grand zur Unterstützung der Vorposten heranrückte, worauf die Franzosen sich zurückzogen.

Am 27sten Juni ließ der Prinz August von Preußen, nachdem er die Aufstellung der Einschließungs-Truppen besichtiget hatte, und noch ein festes Lager bei Roussies vom Feinde, obwohl nur schwach, besetzt fand, am Abend desselben durch 4 Bataillons unter dem General-Major von Brause angreifen. 3 Bataillons wurden zum Angriff gebraucht, und 1 Bataillon, ½ reitende Batterie und 2 Esquadrons blieben als Reserve zur Unterstützung bereit. Der Angriff gelang vollkommen, indem der Feind genöthigt wurde, alle Werke bis auf eine geschlossene Schanze, welche im Kartätschenschuß der Festung lag, zu verlassen. Um des Feindes Aufmerksamkeit von dem Angriffspunkte abzuziehen, allarmirte der General-Major von Tippelskirch die Festung auch auf dem linken Ufer der Sambre.

Die alten Verschanzungen waren das sicherste Deckungsmittel des Baues der Batterien, um die Festung zu bombardiren, weshalb sie dazu benutzt wurden; schon am 27sten und 28sten erfolgten die Vorbereitungen zum Bau der Batterien, welche in der Nacht vom 28sten zum 29sten aufgeworfen wurden. Auf den nicht angegriffenen Fronten des linken Sambre-Ufers wurde die Festung beunruhiget.

Es wurden 4 Batterien auf dem linken Ufer der Sambre, rechts der Straße von Assevent nach Maubeuge, für 8 Stück 12pfündige Kanonen, und in den Linien des Lagers von Roussies 3 Wurfbatterien, rechts an der Straße nach Beaumont, für 10 Stück 7pfündige Haubitzen gebaut. Als Trancheewache im alten Lager vor Roussies dienten 3 Bataillons, und zur Reserve standen rückwärts 2 Bataillons, 2 Esquadrons und 2 reitende Kanonen. Neben den Batterien wurde 1 Bataillon zur Deckung derselben hinter einen Aufwurf gestellt, der Rest des Haupt-Corps der 5ten Brigade rückte von Assevent zur Unterstützung vor. Die Arbeiten gingen vom Feinde unbemerkt von statten, sie waren mit Tagesanbruch vollendet.

Den 29sten Juni um 7 Uhr des Morgens (wegen eines eingefallenen dichten Nebels nicht früher) begann hierauf das Bombardement. Der Feind beantwortete es die erste Stunde nur schwach, gegen 10 Uhr aber lebhafter, jedoch ohne den Preußen Schaden zuzufügen. Nachdem die preußischen Batterien ungefähr eine Stunde gespielt hatten, gerieth ein Heu- und Strohmagazin in Brand, es gelang indessen der Thätigkeit des Feindes bald, den Flammen Einhalt zu thun. Das Feuern wurde um 2 Uhr Nachmittags eingestellt, mit verdoppelter Thätigkeit um 5 Uhr erneuert, und ununterbrochen bis des Abends um 7 Uhr fortgesetzt.

Der Prinz August von Preußen sendete um diese Zeit einen Parlementair an den Kommandanten; dieser versprach Antwort zu senden; als diese nicht erfolgte, so wurde das Feuer aus allen Batterien fortgesetzt. Hierauf ließ der Kommandant sagen, er werde einen Kriegsrath zusammen berufen, und dessen Beschluß morgen früh um 6 Uhr mittheilen. Der Prinz August ließ das Feuer aufs kräftigste unterhalten, und um die Bestürzung in der Stadt noch zu vermehren, und um dem Löschen die Arbeiter zu entziehen, die Festung allarmiren. Es brach jetzt an mehreren Orten Feuer aus, und man bemerkte sehr deutlich, daß die Anstrengungen der Einwohner vergeblich seyen, den um sich greifenden Flammen Einhalt zu thun. Nach 9 Uhr des Abends that der Feind nur noch einige Schüsse, und später ließ er das Feuern der Preußen unbeantwortet. Gegen 2 Uhr in der Nacht gerieth die große Kirche in Brand, und das Zusammenstürzen des Thurmes entzündete auch mehrere benachbarte Häuser; bis um 4 Uhr dauerte das Feuern der Preußen fort, die über 4000 Schuß gethan haben. Um das Feuer nicht auf einmal abzubrechen, setzten die Wurfbatterien das ihrige in langen Pausen bis gegen 2 Uhr Mittags fort, weil die zugesagte Antwort des Kommandanten ausblieb.

Am 30sten Juni des Abends wurde das Geschütz in die Parks zurückgefahren, 6 Compagnien blieben als Trancheewache in den Linien, und 2 Compagnien mehr rückwärts als Reserve. Das Bataillon in den Trancheen neben der Batterie bei Assevent wurde hinter dieses Dorf in einen Bivouak zurückgezogen; alle weitere Verbindung mit der Festung wurde abgebrochen, und den Vorposten befohlen, auf alles, was aus selbiger herauskäme oder hinein wolle, Feuer zu geben.

Es wurden nun die ernstlichsten Vorbereitungen zur Belagerung gemacht, und weil die vorhandenen Mittel unzureichend waren, auch 10 Tage erforderlich, um das Belagerungs-Geschütz von Namur (wohin es von Lüttich auf dem Wege war) die Sambre hinauf bis vor Maubeuge zu transportiren, so wendete sich der Prinz August von Preußen an den Herzog Wellington, der hierauf einen in Mons bereit stehenden, englischen Train von 60 Stück Kanonen seiner Disposition überließ, von denen am 8ten Juli 38 Stück Geschütz, mit Munition jeder Art überflüssig versehen, bei Boussois vor Maubeuge eintrafen.

Die 5te und 7te Brigade gaben täglich 600 Arbeiter nach Rousses und Rocquigni zur Disposition des Ingenieur-Obersten von Plauzen, welcher diese Arbeiten leitete. Bei Assevent wurde eine Schiffbrücke geschlagen.

Am 1sten Juli vereinigte der Obrist Graf Schulenburg die beiden Kavallerie-Regimenter bei Rocq und Rocquigni, und bei jeder Brigade blieben ferner nur 1 Offizier und 40 Pferde zum Vorpostendienst, doch wurde am 4ten Juli dem General v. Tippelskirch noch ½ Esquadron zur Disposition gegeben.

Am 10ten Juli, nachdem das in Avesnes und Guise eroberte schwere Geschütz eingetroffen war, konnten der feindlichen Fronte 80 Kanonen entgegengestellt werden, auch war die Anfertigung der Faschinen und Schanzkörbe vollendet, viele Ingenieur-Offiziers und 2 Pionnier-Compagnien (die 6te Feld- und die Mansfeldsche) waren eingetroffen.

Nach vorher gegangener, vielfacher und genauer Erkennung der örtlichen Lage der Festung, wurde beschlossen, das dem Dorfe Roussies gegenüberliegende Polygon anzugreifen; zur Deckung der linken Flanke aber, und um die zu diesem Zweck zu eröffnende Parallele gegen das Enfiliren der Redoute rechts der großen Straße von Beaumont zu schützen, wurde beliebt, sich dieser zuerst durch Laufgräben zu nähern, und sie entweder mit stürmender Hand, oder durch Bewerfen zu erobern, je nachdem man im Vorrücken über Profil, Konstruktion, und ihre Vertheidigungsanlagen genauere Auskunft erhalten werde. Zugleich sollte der Angriff dieser Redoute den Feind über die eigentliche Absicht der Belagerer ungewiß machen, und ihn bewegen, auf dem ihm gegenüber liegenden Polygon seine Kräfte zu sammeln, und so die Aufmerksamkeit desselben von der wirklichen Angriffsseite ablenken. Se. königl. Hoheit den Prinzen August von Preußen bestimmten folgende Gründe zur Genehmigung dieses Angriffsplanes:

1) daß die Festung hier die schmälste Front darbietet;

2) daß dieses Polygon trockene Gräben hat;

3) daß dasselbe von den Thoren am weitesten entlegen, und daher den feindlichen Ausfällen am wenigsten ausgesetzt ist;

4) dienen hier die alten Verschanzungen dazu, die ganze angegriffene Fronte zugleich in Flanke und Rücken zu nehmen.

Es war in der Nacht vom 8ten zum 9ten Juli, als die Trancheen gegen die vorerwähnte Redoute eröffnet wurden. Se. königl. Hoheit der Kronprinz und der Prinz Friedrich von Preußen legten die ersten Faschinen, und gleichzeitig wurden 3 Batterien erbauet. Der Feind störte die Belagerer nicht, welche während der Nacht sich bis auf 80 Schritt näherten, auch selbst als es Tag geworden, und der Feind die Arbeiter deutlich sehen konnte, geschah dennoch bis zum Morgen um 6 Uhr kein Schuß. Um diese Zeit aber veranlaßte ein starkes und anhaltendes Gewehrfeuer des Feindes aus der Redoute, auch das Feuer der Belagerer, aus den 3 Mörserbatterien, welches so wirksam war, daß die Redoute zu schweigen genöthiget wurde. Um diese noch mehr zu ängstigen, ließ der Prinz August von Preußen 3 kleine englische Mörser in die Tranchee bringen, und sie unausgesetzt bewerfen, so daß 900 Bomben verbraucht wurden, wozu die Ueberzeugung veranlaßte, daß dies, nach einem sehr starken Profil gebauete und längs der Berme doppelt verpallisadirte Werk nur so, und außerdem nur durch großen Menschenverlust zu erobern seyn dürfte. Nächstdem wurden 25 Büchsenschützen der Redoute gegenüber in der Tranchee mit vielem Nutzen gebraucht, sie erhielten durch ihr wohlgezieltes und wirksames Feuer die feindlichen Kanoniere bei ihren Geschützen in der Redoute unthätig.

Obwohl der Feind das Feuer der Mörser mehrere Stunden hindurch von einigen Bastionen und der Lünette Assevant sehr lebhaft erwiederte, so wurde jedoch der Bau der Batterien No. 4 und 5 unaufhaltsam fortgesetzt, und auch außer dem Bereich der Festung zur Eröffnung der Laufgräben auf der wirklichen Angriffsfronte am linken Ufer der Sambre alles vorbereitet, da dieser Angriff auf die Nacht vom 9ten zum 10ten Juli vorbestimmt war.

Auch diese Arbeiten gingen ungestört von statten, und erst als es völlig Tag war, feuerte auf dem linken Ufer der Sambre die Lünette, jedoch erfolglos, mit Kartätschen und kleinem Gewehr in die Laufgräben der Belagerer; der Feind aber hielt späterhin damit ein, theils weil die Belagerer sich im Arbeiten nicht stören ließen, theils es nicht der Mühe werth hielten, das Feuer zu beantworten.

In der Nacht zwischen 1 und 2 Uhr verließ der Feind in

aller Stille, durch das überlegene Feuer und den dadurch erlittenen großen Verlust bewogen, die rechts der Straße von Beaumont, Roussies gegenüber liegende Redoute. Sie wurde sogleich von einer Compagnie besetzt, die aus der Festung, sowohl von der Lünette als von mehreren Bastionen sehr lebhaft beschossen wurde, so daß sie einen Verlust von 2 Todten und 5 schwer Verwundeten erlitt, weshalb auf Befehl des Prinzen die Besatzung bis auf 30 Mann vermindert wurde.

In der Nacht vom 10ten zum 11ten Juli wurde die Approche der Belagerer parallel mit der linken Face der Lünette gegen die Sambre hinausgetrieben, die Batterien No. 4 und 5 vervollständiget, Geschütze eingefahren, und die Batterien No. 6, 7 und 8 angelegt. Der Feind ließ auch diese Arbeiten bis gegen Tagesanbruch ruhig geschehen, machte sodann aber mit 500 Mann einen Ausfall, und näherte, von einem Nebel begünstigt, sich unbemerkt dem rechten Flügel der Laufgräben, so daß die Arbeiter überrascht wurden, und sich zurückziehen mußten, bis ihnen das bei Assevent aufgestellte 5te westphälische Landwehr-Infanterie-Regiment zur Unterstützung heranrückte, worauf der Feind mit Zurücklassung einiger Todten und vieler Verwundeten in die Festung zurückgeworfen wurde.

Am 11ten Juli um 6 Uhr des Morgens eröffneten die Mörserbatterien No. 6, 7 und 8 ihr Feuer auf die Lünette, und um 8 Uhr die Batterien No. 4, 5 und 9. Der Feind richtete sein stärkstes Feuer auf die Batterie No. 4, tödtete und verwundete einige Mann, demontirte auch eine 24pfündige Kanone. Das Feuer der Belagerer wurde dem feindlichen sehr überlegen, und der Fall der Lünette war für die nächste Nacht als gewiß vorauszusetzen, weil die Mannschaft sich nicht mehr darin behaupten konnte, das Geschütz schon unbedient blieb, und die Belagerer sich ihr schon bis auf 60 Schritt genähert hatten. Zwischen 2 und 3 Uhr war das Feuer der Festung am stärksten, alle darin vorhandene Geschütze schienen in Thätigkeit, diese Kraftanstrengungen waren die Folge der eingetretenen Krisis.

Gegen 4 Uhr Nachmittags wehte die weiße Fahne auf dem angegriffenen Polygon, der Kommandant kapitulirte unter der Bedingung, daß die Nationalgarden die Waffen niederlegen, er selbst aber mit 250 Mann und 4 Kanonen freien Abzug zur französischen Armee hinter die Loire erhalten sollte.

So kam nach einer dreiwöchentlichen Einschließung, einem 16stündigen Bombardement und einer 4tägigen förmlichen Belagerung, nachdem kaum ein Drittheil der zu Gebot stehenden Mittel angewendet worden, der Schlüssel zu einer der Hauptstraßen von Frankreich in den Besitz der Preußen. Den unermüdeten Anstrengungen der preußischen Truppen, der umsichtigen Leitung der Belagerung durch Seine königliche Hoheit den Prinzen August, war die Ehre aufbewahrt, eine Festung zu erobern, die in allen frühern Kriegen Frankreichs den Ruf der Uneinnehmbaren erworben hatte.

Am 14ten Juli 1815 stellte sich das Belagerungscorps zu beiden Seiten der Straße von Maubeuge nach Berlaimont auf, die 250 Mann feindlicher Truppen defilirten, und die Festung wurde von den Preußen besetzt, man fand in derselben:

76 Stück Geschütz,

5 bis 6000 fertige und 15,000 nicht zusammengesetzte Gewehre,

500 Centner Pulver, so wie außerdem die verhältnißmäßige Eisenmunition, ansehnliche Nutzholzvorräthe und bedeutende Magazine von Lebensmitteln.

Der Zustand der Festung bewies, daß der Angriffspunkt nicht zweckmäßiger hätte gewählt werden können, denn die Lünette deckte den schwächsten Theil der Festung, die Werke waren hier am meisten verfallen, und es würde nicht schwer gewesen seyn, hier eine Bresche zu erhalten.

Der Major v. Löwenfeld (vom 14ten Regiment) wurde zum Kommandanten der Festung Maubeuge ernannt, zwei Bataillons zur Besatzung bestimmt, die nöthigen Artillerie- und Ingenieur-Offiziere ernannt, und ihnen ein Pionnier-Detaschement zugetheilt.

Die 5te Brigade blieb in und bei Maubeuge stehen, die 7te Brigade hingegen setzte sich sogleich in Marsch gegen Landrecy.

2. Die Festung Landrecy, vom 24sten Juni bis zum 23sten Juli 1815.

Die 6te Brigade (v. Krafft) erhielt die Bestimmung, die Festungen Landrecy und Avesnes einzuschließen, als jedoch die letztere Festung bereits übergegangen war, so wurde am 24sten Juni aus dem Lager bei Avesnes der Oberst von York mit:

2 Esquadrons des neumärkischen Dragoner-Regiments,

dem 26sten Infanterie-Regiment, und

2 Kanonen gegen Landrecy gesendet, um diese Festung einzuschließen, welches seit einigen Tagen von der 13ten Brigade (des 4ten Armee-Corps) geschehen war, worauf diese Brigade, als der Oberst v. York dort eintraf, weiter vorrückte.

Schon am 25sten Juni rückte die 6te Brigade, mit Ausnahme eines Bataillons, welches zur Besatzung in Avesnes zurückblieb, vor Landrecy, und der General-Major v. Krafft ordnete die Einschließung dieser Festung nachfolgend an:

Der Obrist v. York rückte mit den 3 Bataillons des 26sten Infanterie-Regiments und mit 2 Esquadrons neumärkischer Dragoner nach Fontaine aux Bois auf das linke Ufer der Sambre, ein Bataillon hielt täglich die Vorposten auf dieser Seite, es war in 4 verschiedene Posten getheilt, und umgab die Festung mit einer Kette von Vedetten, die nur einige hundert Schritt vom Glacis standen.

Die übrigen 5 Bataillons der Brigade, nebst 2 Esquadrons neumärkischer Dragoner, und 2 Esquadrons vom 4ten kurmärkischen Landwehr-Kavallerie-Regiment bezogen zwischen Marvilles und der Festung einen Bivouak, sie gaben gleichfalls täglich ein Bataillon zum Vorpostendienst auf dem rechten Ufer der Sambre; dieses Bataillon stand an der Vorstadt, da, wo der Weg von la Capelle in die Straße nach Landrecy fällt, und detaschirte verschiedene Posten, welche diese Festung auch auf dieser Seite mit einer Kette von Schildwachen umgaben.

Die Vedetten des Einschließungscorps standen so nahe an der Festung, daß ein ununterbrochenes kleines Gewehrfeuer unterhalten wurde, welches aber von sehr geringer Wirkung war.

Den 26sten Juni wurde in der Nacht die Festung einigemal durch die Scharfschützen und durch einige Würfe aus einer Haubitze beunruhiget, so daß Allarm geschlagen wurde, und die feindliche Garnison die ganze Nacht hindurch unter den Waffen stehen blieb.

Den 27sten Juni wurde des Abends der Obrist von York mit:

dem Füsilier-Bataillon des Regiments Colberg,
dem 2ten und 3ten Bataillon des 1sten Elb-Landwehr-Infanterie-Regiments,
2 Esquadrons neumärkischer Dragoner und einer Kanone entsendet, um die Festung Rocroy einzuschließen. Hierdurch wurde folgende neue Eintheilung des Einschließungscorps vor Landrecy veranlaßt:

auf dem linken Ufer der Sambre übernahm der Major v. Dossow die Einschließung der Festung mit:

dem Füsilier-Bataillon des 26sten Regiments und
einer Esquadron neumärkischer Dragoner;

auf dem rechten Ufer der Sambre hingegen verblieb:

- das 1ste und 2te Bataillon des colbergschen Regiments,
- das 2te Bataillon des 26sten Regiments,
- eine Esquadron neumärkischer Dragoner,
- zwei Esquadrons des 4ten kurmärkischen Landwehr-Regiments und
- eine 6pfündige Batterie.

So blieb die Festung Landrecy enge eingeschlossen, und die Tage bis zum 15ten Juli wurden durch keine Vorfälle ausgezeichnet, bis, nachdem Maubeuge kapitulirt hatte, an diesem Tage der General-Major v. Brause mit der 7ten Brigade von 6 Bataillons eintraf, von denen sogleich 4 Bataillons auf dem rechten, und 2 Bataillons auf dem linken Ufer der Sambre aufgestellt wurden.

Am 17ten Juli trafen Seine königliche Hoheit der Prinz August von Preußen bei Landrecy ein, er nahm sein Hauptquartier in Marville, und machte eine Erkennung der Festung, welche sofort belagert werden sollte; sie war bereits so enge eingeschlossen, daß die geringste Bewegung der Garnison nicht unbemerkt blieb, diese hingegen konnte die Annäherung der Preußen, welche durch das Terrain begünstiget wurden, nicht entdecken.

Das Belagerungscorps, welches unter die Befehle des General-Majors v. Krafft gestellt wurde, bestand aus:

5 Bataillons Fußvolk der 6ten Brigade,
6 — — der 7ten —
2 — — der 8ten —
4 Compagnien Pionniers,
8 — Artillerie,
2 Esquadrons neumärkischer Dragoner,
4 — (das 4te kurmärkische Landwehr-Regiment),
26 preußischen und 60 englischen Stück Geschütz aller Art, größtentheils von schwerem Kaliber.

Unter dem General-Major v. Brause standen auf dem linken Ufer der Sambre 4 Bataillons (2 Bataillons vom 14ten und 2 Bataillons vom 26sten Regiment) und eine Esquadron neumärkischer Dragoner, die übrigen Truppen auf dem rechten Ufer der Sambre kommandirte der Obrist v. Schon.

Nachdem alle Vorbereitungsarbeiten vollendet waren, wurde am 19ten Juli zur Verbindung der beiden Ufer bei Pont Ogny, ungefähr 2000 Schritt unterhalb der Festung, eine Brücke geschlagen. Oberhalb der Festung hatte der Feind das Thal der Sambre mittelst einer in der Stadt befindlichen Schleuse überschwemmt, so daß das Wasser einige Fuß hoch stand, und diesen Theil der Festung unzugänglich machte. Am Abend versammelten sich 400 Arbeiter auf dem linken Ufer der Sambre, und um 9 Uhr wurden die Trancheen eröffnet. Der Prinz August von Preußen legte die erste Faschine; die Tranchee lehnte den linken Flügel an den Weg, der längs der Sambre hinläuft, und den rechten an die Vorstadt von le Quesnoy. Die nächste Entfernung der Tranchee vom Glacis des Hornwerkes betrug 250 Schritt. Während der Nacht bemerkte der Feind nichts von dieser Arbeit, und es fiel kein Schuß.

Am 20sten Juli, des Morgens um 4 Uhr, geschahen 100 bis 150 Flintenschüsse aus dem bedeckten Wege auf die Arbeiter der Belagerer, auch that der Feind später 100 Kanonenschüsse auf dieselben, allein die Tranchee war schon so weit fertig, daß die Leute ziemlich gedeckt standen, diese gegen das Hornwerk eröffnete Tranchee war jedoch nur ein falscher Angriff, und hatte den Zweck, den Feind vom eigentlichen Angriffspunkte abzuleiten. In der Festung brachen heute unter der Garnison, welche sich in verschiedene Partheien theilte, sehr bedeutende Unruhen aus.

In der Vorstadt auf dem rechten Ufer der Sambre versammelten sich 650 Arbeiter, um die eigentliche Tranchee von dieser Seite zu eröffnen, an der schon bei Tage unter dem Schutz von Hekken und Gräben angefangen wurde, und welche mit dem rechten Flügel die Straße von Avesnes durchschnitt, mit dem linken Flügel aber bis über den Windmühlenberg hinaus reichte. Sie näherte sich an einigen Stellen dem Glacis bis auf 250 Schritt, allein troß dieser Nähe verhielt sich die Garnison die ganze Nacht hindurch ruhig. Auf dem linken Ufer der Sambre wurden in dieser Nacht 3 Batterien von zehn 24pfündigen Kanonen und eine Wurfbatterie von 11 Mörsern erbauet, um die Stadt auch von dieser Seite zu beschießen.

Am 21sten Juli des Morgens um 5 Uhr waren die Arbeiten auf beiden Ufern ziemlich vollendet, auch die Tranchee auf dem rechten Ufer war tief genug, um den Leuten Schutz zu gewähren. Nachdem die Sonne aufgegangen war, that der Feind einige Kanonenschüsse nach den Batterien auf dem linken Ufer. Nach 9 Uhr fingen die preußischen Batterien zu spielen an, und nachdem sie nur kurze Zeit gefeuert hatten, schlug die Garnison Chamade und verlangte zu kapituliren.

Die Kapitulation wurde in der Vorstadt le Quesnoy abgeschlossen, und in Folge derselben noch am Abend um 7 Uhr, das auf dem linken Ufer der Sambre liegende Hornwerk von einem Bataillon des colbergschen Infanterie-Regiments besetzt.

Am 23sten Juli des Morgens verließ die französische Besatzung unter dem Kommandanten, Obristen Foras, die Festung Landrecy, nachdem sie die Nationalgarden entlassen hatte, mit allen Kriegsehren; ihr wurden 2 Feldgeschütze und 50 Gewehre per Bataillon zugestanden.

So fiel die Festung Landrecy, nach einer 4 wöchentlichen Einschließung und 36 Stunden nach der Eröffnung der Laufgräben; sie war in jeder Hinsicht im besten Zustande, — 45 Stück Geschütz und ansehnliche Vorräthe von Lebensmitteln wurden darin vorgefunden.

Der Verlust, welchen die Preußen bei der Belagerung erlitten, betrug 3 todte und 4 verwundete Soldaten.

3) Die Festung Marienbourg.

Nachdem die auf der Verbindungslinie mit dem innern Frankreich liegenden Festungen Maubeuge und Landrecy erobert waren, waren die Belagerungen der Maas-Festungen das Nächste, was Seine königliche Hoheit der Prinz August von Preußen unternahmen.

Gleich am 21sten Juni erhielt die 8te Brigade des 2ten Armee-Corps den Befehl, die Festungen Philippeville und Givet einzuschließen, und überhaupt die Gegend von Chimay und Marienbourg von den, etwa dort noch befindlichen Feinden zu reinigen. Es wurde demnach der Obristlieutenant v. Winskowsky mit dem 23sten Infanterie-Regiment, einer Esquadron Kavallerie und 2 Kanonen zur Beobachtung von Philippeville nach Stenrieux entsendet, während der übrige Theil der 8ten Brigade nach Chimay marschirte. Am 24sten Juni rückte der letztere Truppentheil, unter dem Obristen von Rekow, vor Marienbourg, welches ein fester, mit einer starken Mauer, so wie mit Graben und Pallisaden, versehener Ort ist, der nicht durch einen Coup de main zu nehmen stand, besonders weil seine Besatzung entschlossen war, ihn hartnäckig zu vertheidigen. Der Ort wurde sofort haubitzirt, und das 3te Bataillon des 3ten Elb-Landwehr-Infanterie-Regiments, trieb mit vieler Tapferkeit die noch außerhalb der Stadt stehenden französischen Truppen bis in selbige zurück. Um diese Zeit erhielt dieser Truppentheil den Befehl, über Couvin nach Chimay, und von dort gegen Philippeville vorzurücken.

Am 29sten Juni erhielt das 1ste Bataillon des 3ten Elb-Landwehr-Infanterie-Regiments den Befehl, sich in der Gegend von Roly aufzustellen, um die Verbindung zwischen den beiden Festungen Philippeville und Marienbourg zu unterbrechen; in dieser Stellung blieb es ruhig bis zum 6ten Juli.

Am 7ten Juli erhielt das Bataillon, nachdem es durch einen Offizier mit 30 Pferden verstärkt worden, den Befehl, die Einschließung der Festung Marienbourg zu bewirken. Die beiden rechten Flügel-Compagnien schlossen selbige ohne Hinderniß ein, doch als die beiden linken Flügel-Compagnien ihre Stellung einnahmen, und die Vorposten aussetzten, feuerte der Feind mit Kanonen, und machte gleichzeitig auf der Straße nach Givet einen Ausfall, ward jedoch durch lebhaftes Geschützfeuer der Preußen, baldigst zum Rückzuge genöthiget. Am 8ten Juli wurden die Einschließungstruppen durch eine Compagnie desselben Regiments verstärkt.

Am 21sten Juli erhielt der Major v. Röbel den Befehl, mit dem 1sten Bataillon des 5ten westphälischen Landwehr-Regiments und einer Esquadron Kavallerie den Major v. Quiatkowsky vor Marienbourg abzulösen, worauf der letztere in der Nacht vom 21sten zum 22sten zur Blokade von Givet abmarschirte. Der Major v. Röbel machte eine Erkennung der Festung, und schob seine Vorposten so nahe als möglich heran, um sie enge einzuschließen, dies gelang auch vollkommen, obwohl der Feind aus der Festung und aus der vor ihr liegenden verpallisadirten Mühle, ein sehr lebhaftes Feuer unterhielt, auch wurden in der Nacht verschiedene Brücken über das Flüßchen l'eau blanche und über andere Gewässer angelegt, damit die Truppen, bei einem Ausfall der feindlichen Besatzung, sich gegenseitig einander rascher unterstützen konnten.

Der Prinz August von Preußen setzte am 22sten Juli die 6te Brigade nach Philippeville in Marsch, die 5te Brigade erhielt außer der gleichen Bestimmung noch die, die Festung Marienbourg einzuschließen, und das dort gestandene Bataillon der 8ten Brigade abzulösen.

Am 23sten Juli verlegte der Prinz August von Preußen sein Hauptquartier nach Sanzeilles vor Philippeville, und weil die Vorbereitungen zum Angriff auf diesen Platz, erst in einigen Tagen vollendet seyn konnten, so beschloß der Prinz, sich zuvörderst in den Besitz von Marienbourg zu setzen. Eine am 27sten Juli von dem Prinzen August von Preußen unternommene Erkennung dieses Platzes, gab die Gewißheit, daß er zu langem Widerstande unfähig sey; um also theils die zu seiner Beobachtung nöthigen Truppen zu sparen, theils um im Fall der Uebergabe von Philippeville, die freie Straße nach Rocroy zu besitzen, so wie auch, damit die Transporte von Landrecy und Avesnes gegen Givet, nicht weite Umwege machen dürften, geschah der Angriff auf Marienbourg sofort.

In der Nacht vom 27sten auf den 28sten Juli wurden die Trancheen eröffnet, und 2 Wurfbatterien angelegt, der Feind, welcher das Klappern der englischen Munitionswagen während der Nacht gehört haben mochte, that einige Kanonenschüsse, ohne jedoch die Arbeiter zu stören.

Am 28sten Juli des Morgens um 7 Uhr begann das Feuer der Belagerer aus 12 Mörsern auf die Festung, die es lebhaft beantwortete, und, vom Terrain begünstiget, zwar die Kommunikation der Belagerer bestrich, ihr jedoch keinen Schaden zufügte.

Die den Artilleristen auf einige Stunden gegebene Ruhe, wurde zu den Vorbereitungsmaßregeln für die folgende Nacht benutzt, in der eine Breschbatterie von sechs 24pfündern erbauet werden sollte; doch als das Feuer am Nachmittage mit neuer Lebhaftigkeit begann, hielt der Feind, welcher das seinige in langsamen Pausen fortgesetzt hatte, damit ein, und steckte die weiße Fahne auf, worauf die Kapitulation (Beilage No. 36.) am Abend abgeschlossen wurde, welche der französischen Besatzung die Bedingungen von Landrecy zugestand; der Kommandant Obrist Alliot übergab am 31sten Juli den Platz den preußischen Truppen.

Obgleich die in der Festung Marienbourg vorgefundenen Vorräthe nicht sehr bedeutend waren, so können doch die Vortheile der Einnahme dieses Ortes um so höher angeschlagen werden, weil durch den Angriff keine Zeit verloren, anderntheils die Kommunikation eröffnet wurde, die für die Erreichung größerer Zwecke unentbehrlich war.

Der 7ten Brigade wurden nunmehro die eroberten Plätze (Maubeuge, Landrecy und Marienbourg) nebst einem angemessenen Bezirk um dieselben, als Kantonirungen angewiesen, und die enge Einschließung von Rocroy übertragen.

Die 6te Brigade wurde vor Givet gesendet, und dem General-Major v. Krafft dort der Befehl über die Blokade-Truppen ertheilt.

Die 5te Brigade unter dem General-Lieutenant v. Pirch I. übernahm die Belagerung von Philippeville.

4) Die Festung Philippeville.

Die Schwierigkeit des Transports des englischen Geschützes, und außerdem der sehr fühlbare Mangel an Fuhrmitteln in einer ohnehin armen, und durch den Krieg sehr verwüsteten Gegend, so wie der große Mangel an Schanz-Materialien waren dem Eröffnen der Trancheen und dem Batteriebau sehr hinderlich, so daß, aller Anstrengungen ungeachtet, die Trancheen erst in der Nacht vom 7ten zum 8ten August eröffnet werden konnten. Es wurde das Bastion No. 1. neben der Porte de france zur Angriffsfront erwählt, und sogleich 6 Wurfbatterien gegen die verschiedenen Fronten der Festung erbauet. Unter Begünstigung des Terrains von Vachefontaine wurden daher, 200 Schritt von der Festung, die Trancheen eröffnet, und auch gleich in der ersten Nacht mit Einschluß der Kommunikation 2600 Schritt hinausgetrieben. Der Boden, der zum größten Theil felsigt war, stellte kaum zu bekämpfende Hindernisse entgegen, doch die Ausdauer der Truppen und ihre unermüdeten Anstrengungen ließen sie den vorgesetzten Zweck erreichen. Die Ordnung und Stille, mit der alles vor sich ging, so wie die dunkle Nacht, begünstigten sehr die Arbeit, so daß der Feind sie nicht entdeckte.

Der von dem Prinzen August von Preußen gegebenen Disposition zufolge, wurden Nachmittags 18 Unteroffiziere und 306 Arbeiter, der Artillerie überwiesen, um 6 Uhr versammelten sich außerdem 700 Arbeiter bei Neufville, und 800 Arbeiter bei dem Vorwerke Vachefontaine zur Disposition des Ingenieur-Corps.

Um diese Arbeiter zu decken, versammelten sich um 7 Uhr des Abends:

- 2 Compagnien des 1sten pommerschen Regiments, zur Besetzung der Gärten bei Vachefontaine links des Weges und der Gärten;
- 2 Compagnien des colbergschen Regiments zur Deckung der Tranchee-Arbeiten rechts des Weges;
- 2 Compagnien des 1sten pommerschen Regiments als Reserve bei Vachefontaine;
- 2 Compagnien vom 3ten Bataillon des 5ten westphälischen Landwehr-Regiments, wurden zur Besetzung der Brücke im Grunde von Somar gebraucht;

eine Compagnie vom Füsilier-Bataillon des 25sten Regiments wurde

wurde bei der Vorstadt von Vaudezée zur Deckung des dortigen Batteriebaues bestimmt.

Mit Tagesanbruch entdeckte der Feind die Arbeiten am Fuße seiner Werke, und begann nun ein lebhaftes Feuer, welches anfänglich nur von zwei, später aber von allen sechs in der Nacht gebaueten, und mit 27 Stück Geschütz besetzten Batterien erwiedert wurde. Der Feind schien die ganze Zahl seines disponibeln Geschützes zu beschäftigen; es brach bereits verschiedenemale Feuer in der Festung aus, die Arbeiter der vergangenen Nacht wurden durch 1300 andere abgelöset, die Parallele war nach 12stündiger Arbeit, dicht vor der Festung, in einer Länge von 300 Schritt aufgeführt, mit einem Kommunikations-Graben von 1500 Schritt.

Nachdem den Artilleristen eine zweistündige Ruhe bewilliget, und der Kommandant vergeblich aufgefordert worden, wurde das heftigste Feuer erneuert, und der Widerstand des Feindes schon merklich schwächer, bis um 4 Uhr Nachmittags ein sehr großes Feuer in der Festung entstand, indem eine hinter der Kehle des angegriffenen Polygons liegende Kaserne in Flammen stand; dieses Feuer nöthigte die Bedienung des Geschützes, dasselbe zu verlassen.

Es war 7 Uhr des Abends, (am 8ten August) als der französische Kommandant, General Casergue, zu kapituliren verlangte, und die Kapitulation wurde ihm unter den gewöhnlichen Bedingungen zugestanden. Den 9ten August um 7 Uhr Morgens wurde hierauf die Porte de france durch das 2te Bataillon des pommerschen Regiments besetzt. Am 10ten August 1815 defilirte die feindliche Besatzung, (sie war gegen 1700 Mann stark) mit 2 Kanonen, zur Porte de france hinaus, wo sie, 150 Mann ausgenommen, das Gewehr streckte.

Die 5 Bataillons der 6ten Brigade rückten sogleich vor Givet, die 5te Brigade hingegen in ihre früheren Quartiere.

5. Die Festung Rocroy.

War seit Ende Juni vom neumärkischen Dragoner-Regiment unter dem Obristen v. Bork eingeschlossen. Nach der Eroberung von Landrecy wurden das 1ste und das Füsilier-Bataillon des 14ten Infanterie-Regiments unter dem Major v. Mirbach nach Rocroy gesendet; sie trafen am 24sten Juli dort ein.

Um die 1590 Mann starke feindliche Garnison so viel als möglich en echecq zu halten, wurden ein Bataillon und eine Esquadron gegen die Porte de france, an der Straße von Mezieres vor

Bb

Sevigny la foret, und ein Bataillon und eine Esquadron gegen die Porte de Bourgogne an der Straße von Coubin bei le Gué d'Hussus aufgestellt. Von beiden Lagern aus wurden die Vorposten bis nahe an die Festung vorgeschoben, und die Vedetten so postirt, daß die Festung auf allen Seiten enge eingeschlossen war.

Bis zum 24sten Juli hatte der Feind mehrere Ausfälle gemacht. von dieser Zeit an aber verhielt er sich völlig ruhig.

Nach der Einnahme der Festung Philippeville befahl der Prinz August von Preußen dem General-Major v. Brause, mit der 7ten Brigade und dem 5ten westphälischen Landwehr-Infanterie-Regiment die Festung Rocroy zu belagern. Um den Belagerungen der Maas-Festungen eine engere Verbindung zu geben, war jetzt der Besitz von Rocroy, welches auf der Straße nach Mezieres liegt, sehr wünschenswerth. Alle Angriffsmittel wurden daher sofort gegen diesen Platz gewendet.

Am 11ten August machte der Prinz August von Preußen eine Erkennung der Festung, und verlegte sein Hauptquartier nach le Guè d'Hussus, den 12ten August nach Maubert fontaine.

Am 12ten in der Nacht machte der Feind aus der porte de france mit 3 bis 400 Mann einen Ausfall, warf die auf der kleinen Straße nach Chimay stehenden Unteroffizierposten im ersten Anlauf zurück, und rückte auf dem Wege nach Maubert Fontaine bis gegen den Pachthof la Guinguette vor, wahrscheinlich, weil er vermuthete, daß dort Bagagen und Trains aufgefahren seyen; als er sich in seiner Erwartung getäuscht sah, so eilte er schnell zurück, allein seine Nachhut wurde noch erreicht, und ihr großer Schaden zugefügt.

Am 14ten August trafen die letzten Truppen der 7ten Brigade bei Rocroy ein, worauf selbige folgendergestalt aufgestellt wurden:

unter dem Obristen von Schon, im Lager bei le Guè d'Hussus	das 1ste und 2te Bataillon des 14ten Regiments, das 1ste und 2te Bataillon des 2ten Elb-Landwehr-Infanterie-Regiments, eine Esquadron Dragoner;
unter dem Major v. Röbell, im Lager vor Sevigny la Foret	das Füsilier-Batail. des 14ten Regiments, das 1ste u. 2te Batail. des 5ten westphäl. Landwehr-Infanterie-Regiments, das Füsilier-Bataillon des 2ten Elb-Landwehr-Regiments, eine Esquadron Dragoner;

unter dem Major v. Sack, im Lager bei le Rouille und Chaudiere le grand { 3 Bataillons des 22sten Regiments, das Füsilier-Bataillon des 5ten westphälischen Landwehr-Regiments.

Da schon in dieser Nacht die Kommunikation zu der, gegen die Porte de France beabsichtigten Tranchee angelegt wurde, so rückten 2 Compagnieen zur Deckung der Arbeiter vor.

Es wurde alle Thätigkeit angewandt, um bis zum 15ten August des Abends die Vorbereitungsarbeiten zu Ende zu bringen. Die feindliche Garnison feierte an diesem Tage noch Napoleons Geburtstag.

Der Prinz August von Preußen verlegte sein Hauptquartier nach Chaudiere le grand, im Bereich der Festung, und nachdem, unter Begünstigung des mit hohen Hecken durchschnittenen Bodens, schon, wie erwähnt, bei Tage die Kommunikation vollendet worden, so wurde am Abend um 10 Uhr, zur Eröffnung der Trancheen 200 Schritt von dem Glacis der Festung, und zum Bau von 5 Batterien für 21 Geschütze geschritten. Obwohl Mondschein war, und der Feind als Folge des Festes vielleicht wachsamer als sonst war, so wurde er jedoch nur auf das Klappern der Wagen auf denen der Festung zunächst laufenden Wegen aufmerksam gemacht, und entdeckte dennoch die Arbeiter nicht; er schoß und warf jedoch 2 Stunden lang aufs Ungewisse nach allen Seiten hin, fügte den Belagerern indeß keinen andern Schaden zu, als daß vor einem Munitionswagen 3 Pferde getödtet, und ein englischer Mortier zerschossen wurde. Die Arbeiter rückten mit der fliegenden Sappe bis auf 40 Schritt vom Graben vor; mit Tagesanbruch wurde mit Wallbüchsen aus der Festung heftig, doch ohne Erfolg, gefeuert.

Als sich am Morgen der Nebel verzogen, begann das feindliche Geschütz zu spielen, die Preußen erwiederten das Feuer aufs heftigste, ihre Batterien bewarfen die feindlichen Werke, und ihre Bomben schlugen dicht bei dem feindlichen Geschütz ein. Bald wehete von dem Präfektur-Gebäude die weiße Fahne, und der Kommandant verlangte zu kapituliren. Die Kapitulation wurde sofort noch am 16ten August abgeschlossen, und am Abend um 7 Uhr das Thor von Frankreich, so wie am 18ten August die Festung selbst in Besitz genommen.

Die Festung befand sich im vorzüglichsten Zustande, und es fielen 35 Stück Kanonen, so wie andere nicht unbedeutende Vorräthe, den Preußen zu.

Bb 2

6. Die Festungen: die beiden Givets, der Mont d'Haurs, und das Fort des Vignes.

Die Festung Charlemont ließ der Kaiser Carl der 5te im Jahr 1555 auf niederländischem Gebiet erbauen; sie wurde am 27sten Februar 1680 von den Franzosen in Besitz genommen, und hierauf ließ der König Ludwig der 14te, nicht nur am Fuße von Charlemont an beiden Ufern der Maas zwei feste Städte erbauen, nämlich Groß- und Klein-Givet; sondern auch Mont d'Haurs zu einer Festung umschaffen, diese bilden nun eine Gruppe von 4 Festungen, die in ihrer Befestigung von einander verschieden sind. Die beiden untern Städte sind durch eine Schiffbrücke mit einander in Verbindung gesetzt, und enthalten zusammen ungefähr 4000 Einwohner. Die Stadt Charlemont enthielt nichts als eine Zitadelle, welche von Staatsgefangenen bewohnt wurde, der Gouverneur dieser Festungen war der General-Lieutenant Graf Bourke.

Nach der Einnahme von Rocroy trat für die offensiven Operationen des 2ten Armee-Corps eine Veränderung ein, denn bisher hatten die Engländer die Preußen mit ihren Belagerungs- und Ingenieur-Parks unterstützt, jetzt aber stellten sie den Grundsatz auf, daß nur solche Festungen feindlich zu behandeln wären, die das Aufstecken der weißen Fahne, und die Anerkennung des Königs Ludwig des 18ten verweigerten.

Hierdurch wurden die Preußen auf ihre eigenen Belagerungsmittel beschränkt, deren Herbeischaffung um so schwieriger war, da ein bedeutender Theil derselben schon die Bestimmung hatte, zum Angriff auf Longwy und Montmedy zu dienen, und zu diesem Zweck sich bereits in der dortigen Gegend befand; theils waren die Transporte noch nicht heran, und theils reichten die in den eroberten Festungen vorgefundenen, mehr für die Vertheidigung als für den Angriff eingerichteten Geschütze, so wie die eroberte Munition nicht hin, um damit die Belagerung der beiden Festungen Givets und des Charlemonts anfangen zu können; deshalb wurde überall Munition in Bestellung gegeben.

Diese Festungen wurden daher vorerst enge eingeschlossen, bis alle zu einer förmlichen Belagerung nöthigen Mittel vereiniget waren.

Zuerst rückte die 6te Brigade vor Givet, die 8te Brigade, welche bisher hier gestanden hatte, nach Mezieres, und dagegen die 7te und die 2te hessische Brigade an ihre Stelle, so daß außer der Artillerie und den Pionnieren, das Blokade-Corps aus

14,000 Mann bestand; zu seiner Reserve war außerdem noch die 1ste hessische Brigade bestimmt.

Am 29sten Juli erhielt der General-Major v. Krafft das Kommando über das Einschließungscorps von Givet; er nahm sein Hauptquartier in Doisches vor Givet, wo auch der Prinz August von Preußen ankam, der am 30sten Juli eine Erkennung der Festungen machte, welche damals durch die 8te Brigade, und durch 4 Bataillons von der 6ten Brigade eingeschlossen waren. Die 4 Bataillons der 6ten Brigade, nebst dem 6ten schlesischen Landwehr-Kavallerie-Regiment standen auf dem rechten Ufer der Maas, unter dem Obristlieutenant v. Rangow, während die 8te Brigade unter dem General v. Bose auf dem linken Ufer stand.

Die Aufstellung der Einschließungstruppen vor Givet war später folgende:

a) auf dem linken Ufer der Maas der General-Major von Bose:

das 1ste Bataillon des 3ten Elb-Landwehr-Infanterie-Regiments:

- 2 Compagnien bei Foische,
- 1 — links von Foische hinter einem Hügel,
- 1 — auf dem gegen die Festung zu laufenden Wege;

das 2te Bataillon des 3ten Elb-Landwehr-Regiments hinter Foische, zur Unterstützung des rechten Flügels;

das Füsilier-Bataillon des 23sten Infanterie-Regiments auf dem linken Flügel der Vorposten:

- 1 Compagnie in quatre cheminée,
- 2 — in Prairey du Roi,
- 1 — rechts in einem Busche;

das 2te Bataillon des 23sten Infanterie-Regiments zur Unterstützung bei Algemont.

Die Reserve stand im Lager bei Doisches:

das 21ste Infanterie-Regiment,
das 1ste Bataillon des 23sten Infanterie-Regiments,
das 3te Bataillon des 3ten Elb-Landwehr-Regiments,
die zwei freiwilligen Jäger-Detaschements des 21sten und 23sten Regiments,
das 5te kurmärkische Landwehr-Kavallerie-Regiment,
die 6pfündige Fußbatterie No. 12.,
das Kommissariat und die Post waren in Vaudelet.

b) Auf dem rechten Ufer der Maas unter dem Obristlieutenant v. Schmidt:

der rechte Flügel hinter Massambe:	das Füsilier-Bataillon des colbergischen Regiments, eine Esquadron des 6ten schlesischen Landwehr-Kavallerie-Regiments;
das Zentrum bei Dion Valle:	2 Bataillon des 2ten Elb-Landwehr-Regiments, eine Esquadron des 6ten schlesischen Landwehr-Kavallerie-Regiments;
der linke Flügel:	das 2te Bataillon des 26sten Infanterie-Regiments bei Charnoy hinter dem Felsenrücken unweit Rasenne, 2 Esquadrons des 6ten schlesischen Landwehr-Kavallerie-Regiments, sie kantonirten in Javinge, Winene und Severin.

Den 8ten August marschirte der General v. Bose mit dem 23sten Infanterie-Regiment zur Belagerung von Philippeville ab.

Am 9ten August schlug man bei Chooz eine Brücke, nachdem man schon früher bei Aigimont eine Fähre über die Maas errichtet hatte.

Am 10ten August kehrten, nachdem Philippeville erobert war, sowohl das 23ste Infanterie-Regiment, als jene 5 Bataillons und die Batterie No. 5. von der 6ten Brigade zurück, so daß nun die 6te und 8te Brigade hier vereiniget waren, das 6te schlesische Landwehr-Kavallerie-Regiment marschirte zur 21sten Brigade, dagegen traf das 11te Husaren-Regiment hier ein, dieses und 2 Bataillons des colbergschen Infanterie-Regiments gingen auf das rechte Ufer der Maas, wo der Obristlieutenant v. Schmidt das Kommando übernahm, hingegen 12 Bataillons, 2 Batterien und das 5te kurmärkische Landwehr-Kavallerie-Regiment standen bei Doisches auf dem linken Ufer der Maas, unter dem General v. Bose.

Am 22sten August traf der Prinz August von Preußen vor Givet ein, und nahm sein Hauptquartier in Romerce.

Am 29sten August marschirte die 8te Brigade (v. Bose) über Fumay nach Mezieres ab, dagegen traf die 7te Brigade hier ein, und der General-Major v. Braüse übernahm das Kommando auf dem linken Ufer der Maas.

In der Nacht vom 2ten zum 3ten September ließ der Prinz

August von Preußen die bei Tage nur wenig bewachte, zur Nachtzeit aber vom Feinde gänzlich verlassene Flesche de Rigny, durch einen starken Infanterie-Posten besetzen, weil selbige zum Bau einer Batterie sehr gelegen war. Der Feind der auf diese, das Fort de Vignes flankirende, und nur 300 Schritt von selbigem entfernte Höhe, viel Werth zu setzen schien, machte am 4ten September einen Ausfall mit 500 Mann, den er durch ein sehr heftiges Artillerie-Feuer unterstützte, allein er wurde mit bedeutendem Verlust an Todten und Verwundeten zurückgetrieben. In den folgenden Tagen begnügte sich der Feind, die Flesche mit Kugeln und Granaten zu beschießen.

Am 6ten September traf die 2te hessische Brigade (von Müller) ein, sie marschirte über Chooz und Dion le Val, der Feind schoß von Charlemont und Mont d'Haurs auf sie, jedoch ohne Erfolg.

Nachdem seit längerer Zeit die Arbeiter täglich am Schanzmaterial gearbeitet hatten, waren endlich alle Vorarbeiten so weit gediehen, und so viel Belagerungsgeschütz und Munition vorhanden, daß der Prinz August von Preußen beschloß, den Angriff zuerst auf Givet zu unternehmen. Der Feind wurde daher mit jedem Tage enger eingeschlossen, seine Außenposten bis in die Werke zurückgeworfen, und in der Nacht vom 8ten zum 9ten September sollte der Batteriebau anfangen. Allein am 8ten September sendete der Gouverneur, General Graf Bourke, einen Parlamentair, durch welchen er sich erbot, er wolle die beiden Forts Givets, den Mont d'Haurs und das Fort de Vignes übergeben. Die Kapitulation (Beilage No. 37.) wurde am 9ten September abgeschlossen, und am 11ten September 1815 hierauf die genannten Forts nebst 10 Stück Kanonen mit Munition, und den Vorräthen von Lebensmitteln den Preußen übergeben. Die französische Besatzung derselben, ungefähr 4 bis 5000 Mann stark, zog sich nach Charlemont zurück. Das 2te Bataillon des 14ten Infanterie-Regiments wurde zur Besatzung, und der Major von Hövel zum Kommandanten bestimmt.

Eine mit dem General Grafen Bourke abgeschlossene Uebereinkunft, nach welcher nur nach 24 Stunden vorangegangener Aufkündigung, die Feindseligkeiten wieder anfangen konnten, gewährte den Preußen den Vortheil, ihre Materialien und Munitions-Transporte nach den zum Angriff bestimmten Punkten bringen zu können; es arbeiteten täglich 300 Mann, 7 Batterien wurden erbauet, die Thore von Givet wurden gesperrt, und die Kanonen auf dem Place d'armes aufgefahren. So waren alle Anstalten zur förmlichen Belagerung des Charlemonts bereits getroffen, denn 62 Stück Geschütz sollten in 13 verschiedenen Batterien aufgestellt, am 22sten September des Morgens ihr Feuer beginnen, als am 20sten September der Prinz August von Preußen von Seiner Majestät dem König den Befehl erhielt, es sollten: die Belagerungen der französischen Festungen jetzt eingestellt, und selbige bis auf Weiteres nur blokirt werden.

Hierauf ließ der Prinz August von Preußen:

- durch die 7te Brigade (General v. Brause) die Festung Charlemont einschließen;
- die 6te Brigade (General v. Krafft) bezog Kantonirungen;
- die 1ste hessische Brigade (General Prinz Salms) stand in Chimay;
- die 2te hessische Brigade (General v. Müller) stand in Couvin;
- und das Hauptquartier des Prinzen August von Preußen wurde nach Givet verlegt.

B. Das norddeutsche Bundes-Corps.

Das norddeutsche Bundes-Corps (in der Beilage No. 38. siehe seine Eintheilung und Schlachtordnung) versammelte sich bereits in der Mitte Aprils, unter dem Oberbefehl des Generals der Infanterie Grafen Kleist von Nollendorf in der Gegend von Coblenz, und bezog dort Kantonirungsquartiere auf dem rechten Ufer des Rheines, von der Lahn bis zur Sieg. Einige Zeit später passirte es bei Coblenz und Neuwied den Rhein, bezog eine Stellung an der Mosel und Saar, und seine Vorposten standen von Arlon bis Mertzig, längs der französischen Grenze; in dieser Stellung erhielt es den Auftrag, die Verbindung zwischen dem niederrheinischen (dem 3ten Armee-Corps) und dem oberrheinischen Kriegsheere (der baierschen Armee) zu erhalten. Das Hauptquartier war in Trier.

In erwähnter Stellung blieb das Armee-Corps bis zum 16ten Juni stehen, da die Nachricht eintraf, daß die Feindseligkeiten angefangen; hierauf rückte dasselbe unter dem Befehl des General-Lieutenants v. Engelhard (weil der General Graf Kleist v. Nollendorf wegen Krankheit zurückbleiben mußte) von der Mosel nach der Saar, oder von Trier bis nach Arlon vor.

Der General v. Engelhard gab zu diesem Marsch folgende Befehle:

Marsch-Plan des norddeutschen Bundes-Corps von Trier nach Arlon.

Datum.	Avantgarde.	Kur-Hessen.	Arriergarde.	Thüringsche Brigade.
den 17. Juni	Luxemburg 4½ Meile.	Grevemachern 2 Meil.	in die Vorposten-Chaine zwischen dem rechten Mosel- u. linken Saar-Ufer.	
den 18. Juni	Arlon 3 Meil.	Luxemburg 3½ Meile.	Luxemburg 4½ Meile.	Marsch.
den 19. Juni	—	Arlon 3 Meil.	Arlon 3 Meil.	Arlon.

Den kurhessischen Truppen gab der General-Lieutenant von Engelhard die folgende Disposition:

„Die hessischen Truppen versammeln sich morgen den 17ten Juni bei Grevemachern, die Infanterie bivouakirt, die Kavallerie und Artillerie kann kantoniren.

Der Obristlieutenant v. Schäfer setzt sich gleichfalls den 17ten mit dem Gros der Avantgarde in Marsch, passirt die Mosel bei Remich, und beziehe diesseits Luxemburg enge Kantonirungen; er sendet einen Offizier zur Regulirung derselben voraus. Das Füsilier-Bataillon Landgraf Carl stößt zum Oberstlieutenant von Schäfer.

Der Major v. Bödiker erhält das Kommando über die Vorposten-Chaine, welche zwischen der Saar und der Mosel aufgestellt ist.

Die Truppen marschiren mit dem kompletten sechstägigen Bestande an Lebensmitteln und Fourage; Fourage muß wenigstens auf zwei Tage auf den Pferden mitgenommen werden, und die Truppen müssen einen dreitägigen Bedarf von Lebensmitteln durchaus selbst tragen. Der Brandwein wird gefahren, und erst auf dem Bivouak ausgegeben.

Die Equipagen der Offiziere und der Brandweinwagen jedes Bataillons, folgen demselben, die Munitionswagen fahren bei den Batterien.

Die mit dem dreitägigen Bedarf beladenen Wagen werden

in der Allee, welche um die Stadt geht, aufgefahren, wobei alle Thor-Passagen frei zu lassen sind, und die Tete der Kolonne sich in der Gegend des Neu-Thores befinden muß. Von jeder Brigade wird ein Kapitain, per Bataillon ein Offizier, und per Compagnie ein Unteroffizier und 4 Gemeine dazu kommandirt.

Die Truppen marschiren mit einem 6tägigen Bestand an Lebensmitteln und Fourage, welcher, wenn er aus den Magazinen nicht erhalten werden kann, in den Quartieren gegen Empfangsquittungen zu entnehmen ist.

Zum Nachbringen eines eisernen Bestandes an Fourage und Lebensmitteln wird ein Stabsoffizier kommandirt, der sich mit dem preußischen Kriegs-Commissair von Voß und mit einem hessischen Kriegs-Commissair vereiniget, um dieses in Trier ins Werk zu setzen. Zu diesem Transport werden 1 Capitain, 2 Offiziers, 100 Mann und 10 Pferde kommandirt, welche nach Trier rücken, und sich bei dem Stabsoffizier zu melden haben. Dieser Major schlägt bei seinem Abmarsch von Trier den Weg über Hospital, Echternach, Diekirch und Ettelbrück ein, woselbst er sich an den General-Major v. Eglofstein zu wenden hat. Im Fall dieser Bestand nicht zu erhalten wäre, so erwartet der Major in Trier weitere Befehle.

Das zum Bivouak nöthige Stroh und Holz wird entweder von den Behörden in Grevemachern geliefert, oder von den Truppen selbst, doch mit Ordnung angeschafft.

Den 18ten Juni setzt sich das Corps rechts abmarschirt von Grevemachern zeitig in Marsch gegen Luxemburg, woselbst es die fernere Weisung erhalten wird. Dieser Marsch muß en Ordre de Bataille vollführt werden. Eine jede Batterie bleibt bei ihrer Brigade, und die Park-Kolonne so wie sämmtliche Wagen ohne Ausnahme folgen der Kolonne, auf welche außer den Kommandirten eine Arriergarde folgt. Der Obristlieutenant von Schäfer marschirt ebenfalls zeitig gegen Luxemburg ab, und schickt einen Offizier voraus, um von dem Chef des Generalstabes Obrist von Witzleben das fernere zu erfahren.

Die schweren Kranken werden in Trier und St. Maximin untergebracht.

Aller auf dem Marsch nöthige Vorspann muß so oft als möglich gewechselt werden, und wenn dieses nicht von den Behörden zu erhalten, so wird der neue Vorspann durch Kavallerie-Detaschements beigebracht.

Das Hauptquartier kömmt:

den 17ten Juni nach Grevemachern,
den 18ten — bei Luxemburg."
Hauptquartier Trier am 16ten Juni 1815.
(gezeichnet) v. Engelhard.

Diesen Anordnungen zufolge marschirte hierauf das norddeutsche Bundes-Corps:

den 17ten Juni bis nach Grevemachern und der Umgegend;
den 18ten — — — Strassen bei Luxemburg und der Umgegend;
den 19ten Juni bis nach Arlon;

daselbst blieb es bis zum 21sten Juni stehen, an welchem Tage des Abends es vom Feldmarschall Fürsten Blücher (nach dem erfochtenen Siege bei Belle Alliance) die Bestimmung erhielt, über Bastogne und Neufchateau nach Frankreich vorzurücken, und die Festungen Sedan und Bouillon vorerst zu berennen und einzuschließen.

Am 22sten Juni setzte sich das Armee-Corps in 2 Kolonnen in Marsch, die hessischen Brigaden über Neufchateau vor Sedan, die thüringisch-anhaltsche Brigade über Reçogne vor Bouillon. Nachdem Sedan bombardirt worden, kapitulirte bereits am 26sten Juni die Stadt (siehe die Beilage No. 39), sie wurde am 27sten Juni von den hessischen Truppen besetzt, und nur die Zitadelle blieb ferner in den Händen der Franzosen, welche sie erst am 15ten September mittelst Uebereinkunft verließen.

Die Festung Bouillon sollte anfänglich durch einen Coup de main genommen werden, allein ihre Festigkeit machte es unmöglich, sie wurde deshalb anfänglich von der 4ten Brigade, vom 25sten Juni an, vom Infanterie-Regiment Lippe-Waldeck, und vom 21sten August an, von niederländischen Truppen enge eingeschlossen.

Am 28sten Juni 1815 rückten die Truppen beider Kolonnen vor Mezieres, die Festung wurde auf allen Seiten enge eingeschlossen, und ihr mit Ausnahme der Stadt Charleville alle Verbindung mit den zunächst gelegenen Ortschaften abgeschnitten. Das Corps besetzte auf dem linken Ufer der Maas die Ortschaften grandes et petites Ayvelles, Villers devant Mezieres, Semeuse, la Francheville, Evigny, Poys, Warcq, Grange du bois, Belval, Haudrecy, Tourne, Damouzy, Estron, St. Mont oder Belair, und auf dem rechten Ufer Homery, St. Laurent, le Teux, Monçey, St. Pierre, und schob seine Vorposten bis Mohon und la Grange. Zur Verbindung zwischen Setneuse und St. Laurent wurde eine Schiffbrücke über die Maas geschlagen.

Der General-Lieutenant von Haak übernahm den Oberbefehl über das norddeutsche Bundes-Corps, und legte sein Hauptquartier einstweilen nach Sedan und grand Clivelles; das Corps mußte in dieser Stellung die Ankunft des Belagerungs-Geschützes erwarten, und es wurde alles zur regelmäßigen Belagerung vorbereitet.

Eroberung der Stadt Charleville.

Es war am 28sten Juni, als der General von Haak dem Obristlieutenant v. Schäfer, welcher den Vortrab des norddeutschen Bundes-Corps befehligte, der aus:

2 Esquadrons Husaren,

2 Compagnien Jäger (Major v. Bödiker),

dem Füsilier-Bataillon des Regiments Prinz Solms

bestand, den Befehl ertheilte, gegen die Stadt Charleville, die unter den Kanonen der Festung Mezieres liegt, vorzurücken, und einen Versuch zu ihrer Eroberung zu machen.

Die Stadt Charleville ist von der Festung Mezieres durch die Maas und einige Gärten getrennt, sie ist durch hohe Mauern, Pallisaden und Verhaue befestiget, und wurde durch 1000 Mann, meistens Nationalgarden, unter dem Befehl des Generals Laplanche vertheidiget. Der Obristlieutenant v. Schäfer ließ zweimal vergeblich die Stadt zur Uebergabe auffordern.

Am 29sten Juni des Morgens erhielt der Vortrab eine Verstärkung durch:

2 Kanonen und 1 Haubitze,

das Füsilier-Bataillon vom Regiment des Kurfürsten,

die preußische Pionnier-Compagnie No. 2, des Capitain von Rhaden.

Der Angriff wurde nun sofort ausgeführt, und erfolgte unter der umsichtigen Leitung des Obristlieutenants v. Schäfer, von den Truppen mit Tapferkeit und seltener Ordnung.

Die Kanonen fingen an, auf das stark verrammelte Thor zu spielen, während die Haubitze Granaten in die Stadt warf; allein das Thor und der auf demselben befindliche Thurm waren zu fest, als daß die Wirkung der Kanonenkugeln hätte sehr zerstörend seyn können. Auch setzte der Feind durch die Schießscharten der Pallisaden, so wie hinter der Mauer, und sogar aus den Fenstern der Kasernen, die rechts und links mit dem Thore verbunden sind, einen sehr heftigen Widerstand entgegen, der noch durch das Flankenfeuer des Geschützes aus der Festung Mezieres vermehrt wurde.

Da der Feind zu vortheilhaft verschanzt war, auch das Artilleriefeuer nicht vollkommene Wirkung zu thun schien, so wurde der Befehl zum Sturm gegeben. Dieser erfolgte unter der persönlichen Anführung des Majors v. Bödiker, der mit den Jägern mit großen Anstrengungen die Mauern erstieg; ihnen folgte die Pionnier-Compagnie No. 2 unter dem heftigsten Gewehrfeuer nach; bald war das Thor erreicht, die Pallisaden geworfen, alle Verhaue und Verrammelungen weggeräumt, und die Verschanzung welche noch mit dem Bajonett vertheidiget wurde, erobert; denn obwohl sich der Feind nur auf die Vertheidigung des Thores beschränkte, so konnte er der Tapferkeit der Angreifenden dennoch nicht widerstehen; das Thor wurde theils überstiegen, theils niedergerissen, das Fußvolk drängte im Sturmschritt vor, die Reiterei folgte und unterstützte es. Der Feind wollte noch in den Straßen der Stadt Widerstand leisten, was erreicht werden konnte, wurde mit dem Bajonett niedergestochen, und die Husaren überwältigten die Mannschaft auf der Hauptwache, welche noch feuerte, und sich vertheidigen wollte.

Die Hessen eroberten einen Adler mit der Fahne, der General Laplanche mit 18 Offizieren und dem größten Theil der Besatzung wurde gefangen, nur wenige Franzosen erreichten Mezieres, außerdem war ihr Verlust an Todten und Verwundeten sehr bedeutend, auch wurden 320 Mann im Lazareth gefunden.

Die hessischen Truppen verloren an Todten den Lieutenant Pfeiffer und 11 Mann, verwundet wurden der Major v. Bödiker und 30 Mann.

Die Einnahme von Charleville gewährte dem norddeutschen Bundes-Corps viele Vortheile, sie erleichterte die Belagerung von Mezieres. Die hessischen Truppen bewährten ihren oft erprobten Muth.

Es wurden von dem norddeutschen Bundes-Corps mehrere mobile Kolonnen zur Beobachtung der noch nicht eingeschlossenen, nahe gelegenen Festungen, Montmedy, Laon und Rheims abgesendet. Die gegen Rheims abgesendete Kolonne unter dem Major v. Bödiker marschirte am 5ten Juli bis nach Launoy, am 6ten besetzte sie die Stadt Rethel, und traf am 7ten vor Rheims ein, sie besetzte diese Stadt am 8ten, zufolge einer mit dem französischen Kommandanten General Brasseur abgeschlossenen Uebereinkunft; die 4000 Mann starke französische Besatzung zog sich bis hinter die Loire zurück. Später wurde Rheims an die russischen Truppen übergeben, die zur Beobachtung von Metz und Verdun eintrafen.

Der Obristlieutenant v. Schäfer rückte gegen Laon, um die Verbindung mit dem niederrheinischen Kriegsheere zu unterhalten.

Am 8ten Juli war bei dem Dorfe Chauvenay, zwischen Montmedy und Stenay ein Gefecht, welches durch eine Erkennung veranlaßt wurde, welche der Hauptmann von Mannsbach mit 50 hessischen Dragonern dahin machte; er stieß hier auf ungefähr 500 Mann, theils Soldaten, theils bewaffnete Bauern und Gensd'armen, die ihrer unverhältnißmäßigen Ueberlegenheit ungeachtet, dennoch zum Rückzuge genöthiget wurden.

1) Die Festung Mezieres.

Am 1sten Juli wurde bei Charleville zur Verbindung mit den auf dem rechten Ufer der Maas stehenden Truppen eine Schiffbrücke geschlagen.

Am 5ten Juli. Nach Aussage von Ueberläufern, die zu den Vorposten kamen, bestand die französische Besatzung in Mezieres aus ungefähr 3000 Mann mit 60 Stück Geschütz.

Den 11ten Juli ließ der General-Lieutenant v. Haak die Festung zur Uebergabe auffordern, der Gouverneur antwortete durch den Antrag um einen Waffenstillstand, der aber verweigert wurde.

Den 16ten Juli steckte die Garnison die weiße Fahne auf.

Den 17ten Juli wurde nach einem Auflauf in der Festung wieder die dreifarbige Fahne aufgesteckt, allein schon am Abend wieder abgenommen, und abermals die weiße aufgesteckt.

In der Nacht vom 23sten zum 24sten Juli ward eine 10pfündige Haubitzbatterie zwischen der von Sedan nach Mezieres führenden Straße und der Maas, in den Gärten des Dorfes Mahon erbaut, und das Geschütz hinein gebracht.

In der Nacht vom 24sten zum 25sten Juli ward eine Mortierbatterie in den Gärten von Charleville erbauet, die Mortiere hinein gebracht, und der Bau einer 10pfündigen Haubitzbatterie und einer 12pfündigen Batterie gleichfalls in den Gärten von Charleville angefangen.

Den 24sten Juli machte der Feind einen Ausfall, um die Vorposten aus einem 120 Toisen von der Festung entlegenen Hause, Bellevue genannt, zu vertreiben, welches ihm jedoch nicht gelang, auch beschoß er die angelegten Batterien, ohne ihnen Schaden zuzufügen.

Den 25sten Juli verlegte der General-Lieutenant v. Haak sein Hauptquartier nach Belair oder St. Mont, welches einen Kanonenschuß von der Festung liegt.

Zwischen 9 und 10 Uhr Vormittags unternahm die feindliche Besatzung, unter dem Befehl des Kommandanten, General-Lieutenants Lemoine, mit 1200 Mann, theils Fußvolk theils Reiterei, aus allen Thoren zugleich einen Ausfall. Ein Bataillon rückte aus der Zitadelle in der Richtung auf St. Laurent, ein anderes mit 2 Kanonen hingegen aus dem Thore du Pont de Pierre gegen Mahon, und eine 3te Abtheilung gegen Charleville. Die für den Fall, wenn der Feind auf der Seite von Mahon einen Ausfall versuchen wollte, getroffenen Anordnungen waren folgende:

2 Compagnien des Füsilier-Bataillons Kurfürst standen rechts und links der Batterie bei Mahon, und die beiden andern Compagnien dieses Bataillons zur Unterstützung hinter dem Dorfe, links daneben ein Bataillon des Regiments Landgraf Carl im Lager, um dem ausfallenden Feinde in die rechte Flanke zu fallen, und seinen Rückzug zu bedrohen. Ein Bataillon des Regiments Prinz Solms stand bei Villers devant Mezieres zur Reserve, woselbst sich auch der Obrist von Zink, welcher diese Truppen befehligte, befand.

Der feindliche Angriff auf Mahon war sehr lebhaft, und das Füsilier-Bataillon Kurfürst wurde so überraschend angegriffen, daß es sich ungeachtet seiner Tapferkeit nicht in seiner Stellung behaupten konnte, sondern etwas zurückgedrängt wurde (sein Commandeur, der Major v. Bretthauer, wurde am Halse verwundet); der Feind machte schon Miene, die linke Flanke zu umgehen, und war im Begriff Mahon zu erreichen, als der Obrist von Zink das 1ste Bataillon Prinz Solms heranrücken ließ. Unter dem heftigsten Feuer gelang es diesem tapfern Bataillon, die bedrohete Flanke zu decken, und den Laufgraben neben der Batterie zu erreichen; hierauf rückte das Füsilier-Bataillon Kurfürst wieder vor, und das Füsilier-Bataillon Landgraf Carl bedrohete die rechte Flanke und den Rücken des Feindes, der auf allen Seiten zurückgedrängt, sich genöthiget sah, unter dem Schutze der Kanonen der Festung seinen Rückzug anzutreten. Eine in dem Dorfe Francheville stehende Abtheilung kurhessischer Jäger, welche der Lieutenant v. Cöster kommandirte, hatte sich an den linken Flügel der Scharfschützen des Füsilier-Bataillons Landgraf

Carl angeschlossen, und den Feind bis an die Wälle verfolgt. Das Gefecht dauerte bis gegen 12 Uhr, und wurde später nur noch durch Kanonenfeuer von der Festung fortgesetzt. Der Verlust des norddeutschen Bundes-Corps bestand in 1 Offizier und 4 Mann an Todten, und 4 Offiziers und 45 Mann Verwundeten; die Franzosen verloren ungefähr 70 Mann an Todten und Verwundeten, 2 Offiziere und mehrere Mann wurden gefangen.

Jene Ausfälle auf den Seiten von Charleville und St. Laurent waren erfolglos, und sind nur als falsche Angriffe zu betrachten; sie wurden gleich zurückgewiesen, und die Franzosen zogen sich, ohne etwas zu versuchen, bis in die Festung zurück.

In der Nacht vom 25sten zum 26sten Juli wurden die in der vorigen Nacht angefangenen 2 Batterien fertig, durch einen Laufgraben unter sich und mit der ersteren Batterie verbunden, und die Geschütze aufgestellt.

Den 26sten Juli des Morgens ½ auf 5 Uhr, begann das Bombardement aus den 3 Wurfbatterien, welches der Feind sehr lebhaft erwiederte. Es währte mit geringen Pausen, die zur Herstellung der Batterien und einigen Reparaturen benutzt wurden, bis den 27sten Juli Mittags. Der dem Feinde durch dieses Bombardement zugefügte Schaden war sehr bedeutend, indem das Feuer an 50 verschiedenen Orten zündete. Da aber die Mehrzahl der Häuser massiv ist, auch in der Stadt gute Löschanstalten vorhanden waren, so wurde das Feuer gleich wieder unterdrückt, jedoch brannte ein Magazin gänzlich aus. Die Franzosen beantworteten das Feuer sehr lebhaft, und beschränkten sich nicht darauf, die Batterien der Belagerer zu beschießen, sondern sie beschossen auch die Stadt Charleville, so daß es an einigen Orten brannte. Die Batterien der Belagerer litten unbedeutend, nur 2 Räder wurden zerschossen, und ein eiserner Mortier zersprang. Der Verlust der hessischen Truppen während des Bombardements betrug an Todten 1 Offizier und 2 Mann, und an Verwundeten 24 Mann. Noch an demselben Tage des Abends wurde das Geschütz aus den Batterien wieder herausgeführt, nachdem 2800 Bomben, Granaten und Kugeln in die Festung waren geworfen worden.

Den 28sten Juli wurde dem Gouverneur, General Lemoine, eine Unterredung mit dem Präfekten Milon de Villiers, der als Kommissär des Königs von Frankreich in das Departement der Ardennen geschickt war, in Gegenwart des Generals v. Egloffstein und des Chefs des Generalstabes Obersten v. Wizleben

leben bewilliget, auch wurde die Festung aufgefordert, jedoch ohne den gewünschten Erfolg.

Den 29sten Juli gegen Mittag, versuchte der Feind mit geringer Mannschaft einen Ausfall bei Charleville, er vertrieb das in dem letzten Hause der nach Mezieres führenden Allee aufgestellte Piquet, wurde jedoch bald wieder delogirt, und in die Festung zurückgeworfen.

Das Meklenburg-Strelitzsche Husaren-Regiment, unter dem Befehl des General-Majors v. Warburg, traf heute 400 Pferde stark beim Corps ein.

Den 30sten Juli beunruhigten die Franzosen die Vorposten der Belagerer durch das Feuer von den Wällen, ohne ihnen jedoch Schaden zuzufügen.

Den 31sten Juli des Abends um 10 Uhr, wurde die vor der Zitadelle von Mezieres, ungefähr 250 Schritt vom bedeckten Wege derselben entfernte Flesche durch eine Compagnie des Regiments Oldenburg angegriffen und erobert, theils um den Feind zu beunruhigen, und über die Operationen in Zweifel zu lassen, theils um zu versuchen, diese Flesche zu zerstören, die für den Feind wichtig war, weil sich in ihrer Nähe die Quelle befindet, aus welcher die Festung ihr Trinkwasser erhält. Die Flesche hatte zwei zurückgezogene Flanken, und wurde durch eine eingeschnittene und auf beiden Seiten aufs Glacis ablaufende und verpallisadirte Kommunikation mit dem bedeckten Wege der Zitadelle verbunden. Sie wurde zwar erobert, und die zur Zerstörung beorderten 50 Arbeiter rückten auch vor, allein der beabsichtigte Zweck konnte nicht erreicht werden, weil aus der Festung ein heftiges Kartätsch- und Gewehrfeuer die Compagnie nöthigte sie wieder zu verlassen, und sich zurückzuziehen; der Verlust bestand in 6 Verwundeten. Vom Feinde wurden einige Mann in der Flesche getödtet, die Besatzung rettete sich durch eilige Flucht. Nach Verlassung wurde die Flesche aufs neue von den Franzosen besetzt.

In derselben Nacht wurden Behufs des Uebergangs nach der Insel St. Julien, von wo aus die Festung angegriffen werden sollte, zwei Brücken geschlagen, die eine dicht bei dem Dorfe Warcq, und die zweite zwischen diesem und dem Dorfe Prys. Zu ihrer Deckung wurden auch sofort zwei Brückenköpfe angelegt, ohne daß der Feind einen Versuch machte, es zu verhindern.

Den 1sten August Nachmittags machte der Feind, mit einem Detaschement Douaniers zu Pferde und einigem Fußvolk,

C 5

nach der Insel St. Julien einen Ausfall, die dort aufgestellten hessischen Jäger wiesen selbigen aber bald zurück und verwundeten einige Leute.

In der Nacht vom 1sten August wurde der Angriff auf die Flesche erneuert, und dieselbe auch durch eine Compagnie des Regiments Oldenburg erobert, verloren und wieder genommen. Sie ward 1½ Stunde lang behauptet, dann aber wieder verlassen, theils weil ihre Brustwehr aus aufgesetztem Gestein bestand, und nicht zerstört werden konnte, theils weil sie wegen des heftigen Feuers nicht zu behaupten war. Der Verlust bestand in 2 Todten und 26 Verwundeten.

In dieser Nacht wurde auf der Insel St. Julien bis auf eine Nähe von 6 bis 800 Schritt gegen das vom Feinde stark besetzte Dorf St. Julien vorgegangen, und daselbst 2 Fleschen erbauet, die von 2 Bataillons besetzt wurden, auch die auf der Insel dem Dorfe Prys gegenüber liegende Meierei Voirenne durch ein Detaschement Jäger und 30 Husaren besetzt. Der Feind zog sich auf die große Allee zwischen dem Dorfe St. Julien und Abaas und bis in die Häuser des Dorfes zurück, ließ seine Vorposten jedoch vorwärts demselben stehen.

In der Nacht vom 2ten bis 3ten August ward unweit Prys die dritte Brücke über die Maas geschlagen, und zu ihrer Deckung ein Brückenkopf angelegt, auch die Schließung der Fleschen zu zwei starken Redouten angefangen. Die ganze Vertheidigungslinie der Festung wurde durch die Vorposten der Belagerer beunruhiget, und hiermit in den folgenden Nächten fortgefahren.

In der Nacht vom 3ten zum 4ten August wurden zwei neue Fleschen 300 Schritt von den erstern erbauet, und die vordersten Häuser des Dorfes St. Julien durch 120 Freiwillige des Regiments Kurprinz und 50 Jäger erobert. Der Angriff so wie die Vertheidigung des Dorfes war äußerst lebhaft, und obgleich der Feind ein heftiges und anhaltendes Feuer aus der Festung machte, so glückte dennoch der Angriff vollkommen, und die hessischen Truppen behaupteten sich in den vordersten Häusern des Dorfes St. Julien.

Den 4ten August gegen Mittag steckte der Feind den stark verpallisadirten und bis an den Fuß des Glacis reichenden Theil des Dorfes St. Julien in Brand.

In der Nacht vom 4ten zum 5ten August wurden

die beiden auf der Insel zuletzt angelegten Fleschen ebenfalls zu Redouten geschlossen.

In der Nacht vom 5ten zum 6ten August wurde auf der Insel St. Julien abermals mit zwei Fleschen vorgegangen, in der Richtung des ersten Hauses des Dorfes St. Julien, die Haubitzbatterie No. 1. bei Charleville ward wieder hergestellt, ihre Scharten gewendet, und die Batterie No. 2. nicht weit von der ersten angelegt.

In der Nacht vom 6ten zum 7ten August sollte der übrige Theil des Dorfes St. Julien genommen und in Brand gesteckt werden, weil er der Eröffnung der Parallelen hinderlich war, allein der Erfolg war nicht günstig, und das hierzu bestimmte Detaschement mußte zurückgezogen werden, weil das Feuer aus der Festung heftig war. Die beiden vordersten Fleschen wurden diese Nacht verbunden und zu Redouten geschlossen. Der Bau der beiden Batterien bei Charleville ward fortgesetzt, und der Bau der Batterien No. 3, 4 und 5 bei der Mühle les Granges angefangen.

Am 7ten August machte der Feind gegen les Granges einen Ausfall, er wurde indeß bald wieder zurückgetrieben.

In der Nacht vom 7ten zum 8ten August wurde an den Batterien No. 3, 4 und 5 bei les Granges gearbeitet, und die vordersten Redouten mit denen der zweiten Linie verbunden; der Feind bewarf die vordersten Redouten der Belagerer sehr lebhaft, auch war diesen das Gewehrfeuer aus den Häusern von St. Julien sehr lästig.

Die Disposition für die 5 bei les Granges erbaueten Batterien war folgende:

Die Batterie No. 1. enfilirt die rechte Seite der Fronte d'Attaque oder des Polygons St. Julien, nimmt sich besonders den Thurm rechts zum Augenmerk, und bewirkt zugleich auch die unter diesem Thurm liegende Lünette.

Die Batterie No. 2. rekoschettirt die linke Façe des rechten Horns, und esarpirt auf diese Art das ganze Hornwerk, zugleich wendet sich diese Batterie gegen den etwa ausfallenden Feind, und da sie den Graben einsiehet, und einen Theil des bedeckten Weges vor dem rechten Horn fast im Rücken nimmt, so hat sie auch diese Parthie zu bestreichen.

Die Batterie No. 3. enfilirt und rekoschettirt die rechte Branche des Kronenwerks, desgleichen den linken Flügel des Polygons St. Julien, und hat hier vorzüglich den Thurm und die darunter liegende Lünette zu bewerfen.

Die Batterie No. 4. rekoschettirt die rechte Façe des linken Horns und den davor liegenden bedeckten Weg, und esarpirt demnächst das ganze Hornwerk. Auch soll diese Batterie durch Linkswenden der Geschütze den rechten Flügel der Parallele unterstützen, im Fall der Feind einen Ausfall darauf machte. Wenn dies geschehen sollte, so können selbst 1 oder 2 Geschütze links aus der Batterie gezogen werden, im Fall die Fuge der Scharten es nöthig machte.

Die Batterie No. 5. esarpirt die ganze Fronte d'Attaque, und bewirft die Lünette unter dem Thurme links.

Am 8ten August wiederholte der Feind den Ausfall gegen les Granges, das Füsilier-Bataillon des Regiments Landgraf Carl warf ihn jedoch mit Verlust in die Festung zurück. Der feindliche Gouverneur der General-Lieutenant Lemoine, verlangte das Ultimatum einer Konvention zu erfahren, welches ihm sogleich mitgetheilt wurde.

In der Nacht vom 8ten zum 9ten August wurde die erste Parallele eröffnet:

Gegen Abend wurden 1400 Arbeiter ins Depot zu Varcq gestellt, nämlich 1200 für die Ingenieurs zur Eröffnung der Parallele und der Kommunikation, und 200 Mann für die Artillerie zum Bau von 2 Batterien in der Parallele, eine zu 4 Stück 10pfündigen Mortieren, die andere zu 4 Stück 12pfündigen Kanonen, welche beide die Bestimmung erhielten, den Feind aus den Häusern von St. Julien zu vertreiben, die er noch besetzt hielt.

Mit der Dunkelheit wurde in zwei Kolonnen abmarschirt, die Traçe gezogen, und die Arbeit angefangen: ein Bataillon war vorgeschoben, um die Arbeit zu decken, in 3 Abtheilungen, in der Mitte und auf beiden Flügeln, aufgestellt, und eine Reihe von doppelten Posten noch vor demselben gezogen.

Die beiden Flügel dieser Parallele lehnten sich an die Maas, und deren Mitte mußte etwas zurückgezogen werden, weil der Feind das Dorf St. Julien noch besetzt hielt. Der linke Flügel war 480 Schritt vom Saillant des rechten Horns, der rechte 550 Schritt und die Mitte 640 Schritt vom bedeckten Wege entfernt. Die Mortier-Batterie No. 7. war in einer Versenkung des Terrains angelegt, und mit Tagesanbruch zum Werfen fertig, ungeachtet man bei ihr auf sehr steinigten Boden traf, welches die Arbeit außerordentlich erschwerte. Bei der 12pfündigen Kanonen-

Batterie No. 6, die in einem Garten vor der Parallele erbauet war, konnten, aller Anstrengungen ungeachtet, die Bettungen nicht beendiget werden. Von den beiden vordersten Redouten wurden zwei Kommunikations-Boyeau nach der Parallele gezogen. Der Feind verhielt sich ruhig und störte die Arbeiten nicht, deshalb war am Morgen den 9ten August die Parallele vollendet, in derselben die 10pfündige Mortier-Batterie No. 7, die 12pfündige Batterie No. 6. und die Batterien No. 1, 2 und 3 armirt.

Es war um 6½ Uhr des Morgens, als diese 5 Batterien zu feuern begannen. Um 4 Uhr Nachmittags verließ der Feind St. Julien, wo alle Häuser im vollen Brande standen, und hierauf richteten die Belagerer ihr Feuer auf das Hornwerk. Auch der Feind unterhielt ein sehr lebhaftes Feuer, welches den Belagerern jedoch keinen großen Schaden zufügte, nur eine Haubitze wurde demontirt.

Gegen 6 Uhr des Abends wurden die Feindseligkeiten eingestellt, weil feindliche Parlamentaire erschienen, mit Vollmachten versehen, um wegen der Uebergabe der Festung zu unterhandeln. Die Kapitulation wurde hierauf am 10ten August abgeschlossen (siehe die Beilage No. 40), zufolge der die französische Besatzung sich in die Zitadelle zurückzog, und falls binnen 14 Tagen keine Befehle anlangten, sich verpflichtete, zum französischen Heere hinter die Loire abzuziehen.

Am 11ten August wurden die Außenwerke von St. Julien, und das Hornwerk Pont d'Arche (nach der Seite von Charleville) von dem norddeutschen Bundes-Corps besetzt.

Den 12ten August wurde das Hornwerk Pont Pierre, oder la Couronne de Champagne genannt, besetzt. Die Franzosen löseten die beiden Bataillons Nationalgarden auf, und entließen die Leute mit Pässen in ihre Heimath.

Den 13ten August erfolgte die Besetzung des übrigen Theils der Stadt Mezieres, während die Zitadelle, den eingegangenen Verpflichtungen zufolge, noch von den Franzosen besetzt blieb; die Letztern übergaben heute 30 Stück Geschütz.

Der General-Lieutenant v. Haak verlegte heute sein Hauptquartier nach Mezieres. Die spezielle Nachweisung des Verlustes des norddeutschen Bundes-Corps bei der Belagerung von Mezieres macht die Beilage No. 41. aus.

Am 20sten August wurde zwischen dem General-Lieutenant von Haak und dem französischen Kommandanten, General Baron Choisy eine Uebereinkunft über die Zitadelle von Sedan abgeschlossen, der zufolge die Zitadelle den 15ten September übergeben werden sollte (siehe die Beilage No. 42).

Den 31sten August marschirten die beiden kurhessischen Brigaden von Mezieres zur Belagerung von Givet, und die großherzoglich meklenburg-schwerinschen Truppen zur Belagerung von Longwy ab, so daß, als die 8te preußische Brigade (General v. Bose) dagegen eintraf, die Truppen des norddeutschen Bundes-Corps nachfolgend eingetheilt wurden:

Die 8te preußische Brigade des General-Majors v. Bose	das 21ste Infanterie-Regiment, das 23ste — — das 3te Elb-Landwehr-Infanterie-Regiment.
Die thüringsche Brigade des General-Majors von Egloffstein	8 Bataillons von Weimar, Gotha, Anhalt und Schwarzburg.
Die 4te norddeutsche Brigade des General-Majors von Warburg	Das Infanterie-Regiment von Oldenburg, die Bataillons von Waldek und Lippe, 2 Compagnien kurhessischer Jäger, das meklenburg-strelitzsche Husaren-Regiment.
Die Artillerie des Majors von Bardeleben	Die provisorischen Artillerie-Compagnien No. 13 und 14, die köllner Marsch-Compagnie, die Marsch-Compagnie No. 3, Artillerie-Kommandos.

Die Stärke dieses Armee-Corps betrug gegenwärtig 460 Offiziers, 1546 Unteroffiziers, 434 Spielleute und 15,415 Gemeine.

Wegen Uebergabe der Zitadelle wurde auf den Grund der frühern Konvention zwischen dem kommandirenden General-Lieutenant v. Haak, und dem französischen General-Lieutenant Lemoine noch die nachfolgenden speziellen Punkte abgeschlossen.

Artikel 1. Die Zitadelle wird den 11ten September Morgens den Truppen Sr. Majestät des Königs v. Preußen welche sie gegenwärtig einschließen, übergeben.

Artikel 2. Zum Unterpfande dieser Uebergabe wird das Thor der Zitadelle nach der Stadt mit den Außenwerken auf der Seite von St. Laurent, die mit Geschütz versehen sind, den 1sten September von den Truppen Sr. Majestät des Königs von Preußen besetzt.

Artikel 3. Nicht allein das Geschütz, die Munition, Waffen aller Art, und die Magazine, sondern auch die Pläne, Karten und militairischen Memoires werden den preußischen Truppen übergeben.

In Folge dieser Uebereinkunft erfolgte die Uebergabe der Zitadelle von Mezieres schon am 3ten September 1815, nachdem die französischen Truppen abmarschirt waren.

Es wurden in der Zitadelle folgende Vorräthe gefunden, als:

15 Kanonen,
4 Haubitzen,
12 Mortiere,
81,307 Kugeln,
10,291 Bomben und Granaten,
491,658 geschmiedete Kartätschkugeln,
278 gefüllte Kartätschbüchsen,
14,550 Kilogramm Pulver,
576,135 Patronen,
1919 Kartuschen,
3500 Gewehre verschiedenen Kalibers,
146 Säbel,
3300 Sturm-Piken,
50,000 Gewehrsteine,
9 kupferne Pontons,
23 Lafetten,
14 Mortier-Klötze,
17 Munitionswagen und Karren.

2) Die Festung Montmedy.

Am 30sten Juni wurde die Festung durch ein Detaschement des norddeutschen Bundes-Corps eingeschlossen und beobachtet, um zu verhindern, daß die Besatzung Ausfälle mache.

Die Festung Montmedy liegt auf einem länglicht-runden Felsenberge, der ganz isolirt im Thale der Chiers steht, und mit keinem der umliegenden Höhenzüge eine merkliche Verbindung hat. Von drei Seiten umgeben Wiesen und Aecker den Berg, von der vierten ist er durch eine starke Vertiefung von den gegenüberliegenden Weinbergen getrennt, deren höchster felsigter Gipfel ungefähr 800 Schritt vom Walle der Festung entfernt ist. Die Stadt, Medybas genannt, liegt tief im Thale, und ist von einer kannelirten 16 bis 20 Fuß hohen Mauer (vor welcher theilweise Gräben befindlich sind), umschlossen, die sich in zwei Armen den steilen Berg hinaufzieht, und die Stadt mit der Festung in Verbindung setzt; diese Mauer ist 5 Fuß dick. Mehrere kleine hervorspringende Bastions bestreichen die Mauer der Länge nach, so wie die beiden gegen die Festung anlaufenden Seiten vom bedeckten Wege von derselben flankirt werden. Die Stadt ist daher als ein Außenwerk der Festung zu betrachten. Die Kommunikation mit der Festung besteht innerhalb der Mauern in einem am Abhange sich schlangenförmig hinaufwindenden Wege, der durch ein tiefliegendes Thor in die Festung führt. Diese hat außerdem nur noch ein Thor, auf dem Wege, welcher nach Stenay über Chauvancy le Chateau oder nach Sedan über Thionville führt, welches in der Flanke eines kleinen Bastions liegt.

Am 18ten Juli wurde Montmedy durch ein Detaschement unter dem Befehl des Obristen von Marschall eingeschlossen; es bestand aus:

1 Bataillon Weimar,
1 Bataillon Lippe,
2 Esquadrons kurhessischer Leib-Dragoner,
40 kurhessischen Jägern.

Die Franzosen beschossen die Vorposten, und warfen einige Granaten nach dem am Fuße des Berges liegenden Dorfe Thonne les prez.

Am 19ten Juli schickte der Feind starke Patrouillen aus der Festung, die sich jedoch bald wieder zurückzogen.

In den folgenden Wochen verhielt sich die französische Besatzung ganz ruhig.

Am 15ten August wurde Montmedy durch die großherzoglich-meklenburg-schwerinschen Truppen, unter dem Befehl des Erbgroßherzogs von Meklenburg-Schwerin, nach der nachfolgenden Disposition eingeschlossen:

Disposition für die Stellung der Einschließung von Montmedy am 15ten August 1815.

I. Rechter Flügel, unter dem Befehl des Majors v. Lützow

a) Infanterie:

in Chauvancy le Chateau 1 Bataillon und 12 Jäger;

detaschirt im Bivouak zwischen Vigneul und Lezançourt 1 Compagnie und 12 Jäger. Das Dorf Vigneul wird von den Jägern und einem Piquet Infanterie besetzt, und aus dem Bivouak unterstützt. Die Jäger patrouilliren die Chiers hinauf, bis auf die Höhe von

Irez le prez, und setzen sich dort in Verbindung mit den Postirungen des linken Flügels.

b) Kavallerie:

in Juvigny eine Esquadron;

detaschirt nach Ranietz 1 Offizier und 24 Pferde,

nach Marville 1 — 24 —

nach Balour 6 Pferde als eine Feldwacht, zur Beobachtung der Straße von Stenay.

II. Zentrum unter dem Obristen von Roth,

a) Infanterie:

in Thonne le Thil ein Bataillon;

detaschirt zum Bivouak in dem vorliegenden Walde zwei Compagnien, deren Piquets an der Lisiere des Waldes die Vedetten an der Kante des Berges gegen Thonne le prez, und rechts in Verbindung mit den Vorposten von Chauvancy stehen; links besetzen sie die Chaussee nach Thonelle.

In Thonelle ein Bataillon;

es detaschirt im Bivouak auf der Höhe gegen Frenois 2 Compagnien, welche ein Piquet von 40 Mann gegen die Festung so vorpoussiren, daß die Vedetten mit denen No. 1. in Verbindung treten;

in Petit Verneuille 2 Compagnien in Frenois 1 — im Bivouak hinter Frenois zur Verbindung mit No. 2., 1 Comp.	ein Bataillon.

Ferner: in Frenois 1 Offizier und 28 hessische Jäger, besetzen mit 14 Jägern die Weinberge vor dem Bivouak No. 2, im Gewehrschuß vor der Festung.

Anmerkung. Diese Besetzung hat bei der Einschließung das Kanonenfeuer des Feindes von einigen 30 Schuß veranlaßt; es ist der dominirende und wirksamste Angriffspunkt.

b) Kavallerie:

Thonne la longue mit 60 Pferden unter dem Obrist-Lieutenant v. Stein, giebt Piquets zu 12 Mann nach den Bivouaks No. 2, und nach Thonelle.

c) Artillerie:

fährt in einem Park zwischen Thonne le Thil und Thonelle auf.

III. Linker Flügel unter dem Major v. Kampz;

a) Infanterie:

in grand Verneuille (wo eine Kommunikations-Brücke geschlagen) 1 Compagnie;

in Ville Cloye 1 Compagnie;

im Bivouak zwischen beiden, 2 Compagnien;

im Bivouak zwischen Ville Cloye und Jrez le prez 1 Bataillon, das letztere detaschirt eine Compagnie in den Wald hinter Jrez le prez auf der Straße nach Jamez, welche mit der Postirung von Vigneul in Verbindung tritt.

b) Kavallerie:

in grande Verneuille 1 Offizier und 30 Pferde;

detaschirt wird 1 Offizier mit 50 Pferden zwischen Marville und der Stellung, welche über Jrez le secq durch Patrouillen mit Juvigny und Marville in Verbindung stehen.

Anmerkung. Es liegt demnach die Hälfte der Brigade im Bivouak, und die andere Hälfte in Kantonnements, jedoch des Nachts in Allarm-Häusern.

Die meklenburg-schwerinschen Truppen bestanden demnach, aus:

einem Grenadier-Bataillon,
zwei Infanterie-Bataillons,
drei Bataillons Landwehr,
zwei 6pfündigen Kanonen;
} zusammen 100 Offizieren und 3700 Unteroffizieren und Soldaten.

Am 19ten August machte der General-Lieutenant von Haak eine Erkennung der Festung.

Am 4ten September marschirten die großherzoglich-meklenburg-schwerinschen Truppen von hier zur Belagerung von Longwy ab, dagegen übernahmen unter dem General-Major von Warburg:

{ das Regiment Oldenburg,
das Regiment Lippe-Waldek,
das meklenburg-strelitzsche Husaren-Regiment,

die Einschließung der Festung nach der folgenden Disposition:

„Der General v. Warburg schließt die Festung Montmedy enge ein.

Die enge Einschließung ist aber erst dann vollendet, wenn:

1. Auf der, zwischen Thonelle und Frenois nach der Festung verlaufenden Höhe, und worauf die Festung selbst liegt, der

bei den Steinbrüchen befindliche Jäger-Posten, durch ein zureichendes Infanterie-Piquet besetzt, und die Jäger in den davor liegenden Gärten so weit vorgeschoben seyn werden, als es nur immer das vortheilhafte Terrain zuläßt. Auf jeden Fall muß dies in dem Maße geschehen, daß in der Nacht der Festung das Wasser abgeschnitten werden kann, indem die vor einem dortigen großen Hause, in der Nähe eines ausgezeichneten Baumes befindliche Leitung des Wassers durchbrochen wird. Es ist aber auch ferner nöthig, die Jäger-Posten weit vorzupoussiren, damit dahinter, wenn zum Angriff geschritten werden soll, die Batterien unerwartet und nahe gebaut werden können.

2. Wenn die Stadt oder Medy bas genommen ist. Vielleicht kann sie ohne Blutvergießen in der Nacht genommen werden. Es ist aber nicht glaublich, daß uns der Feind im Besitz derselben stören wird, da er sie gewiß schonen will.
3. Wenn die Orte Thonne les Prez, les Oeullons und der Wald besetzt worden, welcher den Steinbrüchen gegenüber, aber auf der entgegengesetzten Seite von Montmedy, zwischen der Festung und dem Chiers-Fluß liegt.
4. Endlich, wenn auch Irez les Prez besetzt, und die sämmtlichen Posten zu einer Chaine durch kleine Zwischenposten verbunden sind."

Am 5ten September verlegte der General-Lieutenant v. Haak sein Hauptquartier nach Stenay. Der Feind beschoß die Vorposten und Arbeiter.

In der Nacht vom 5ten zum 6ten September wurde eine Brücke über die Chiers bei Irez les prez erbauet.

Am 8ten September rückten unter dem General von Bose das preußische 21ste Infanterie-Regiment und ein Bataillon Weimar, zur Verstärkung der Einschließungs-Truppen, vor Montmedy.

Am 9ten September wurde die Stellung der Truppen nach folgender Disposition bestimmt:

„Die Truppen unter dem General v. Bose besetzen die Posten von Thonne les prez über les Oeullons, und das Holz von Monsey bis an die Chiers; und zwar steht ein Bataillon in diesem Gehölz im Bivouak, welches einen Posten von 100 Mann nach Thonne le prez, und einen von 30 Mann nach les Oeullons giebt, und die Arbeiten im Holze deckt. Ein zweites Bataillon bivouakirt hinter diesem Holze und ist zur Arbeit bestimmt. Die übrigen Bataillons kantoniren in den Dörfern Quincy, Hau devant Juvigny, und in Juvigny. Der General v. Warburg schließt sich mit dem rechten Flügel seiner Vorpostenchaine bei der Straße von Carignan an den linken Flügel jener Truppen an, und dehnt sich über die Weinberge, über Vaux, Irez le prez, bis an die Chiers aus, und tritt mit dem rechten Flügel des General-Majors v. Bose in Verbindung.

Von der Brigade des General-Majors v. Warburg steht ein Bataillon im Bivouak auf dem Plateau hinter den Steinbrüchen, das die Wachen auf den Weinbergen bis Vaux giebt. Zwei Kompagnien stehen zwischen Vaux und dem rechten Flügel des Generals v. Bose. 400 Mann sind zur Arbeit bestimmt, der Rest der Brigade kantonirt in den Dörfern Fresnois, grand und petit Verneuille, Ville Cloye und Irez le prez. Sämmtliche Bataillons und die zur Arbeit bestimmten Mannschaften werden alle 2 Tage, und zwar stets vor Tagesanbruch, abgelöst."

Die Franzosen feuerten heute heftig nach dem Holz von Monsey und nach den Steinbrüchen, jedoch ohne Erfolg.

Am 10ten September verlegte der General-Lieutenant v. Haak sein Hauptquartier nach Chauvancy St. Hubert.

In der Nacht vom 11ten zum 12ten September wurden die Quellen, welche das große Wasserbehältniß (Fontaine) bei Montmedy mit Wasser versehen, abgedämmt, und zwei Batterien bei den Steinbrüchen angelegt.

In der Nacht vom 13ten zum 14ten September wurde eine Haubitzbatterie erbauet.

Am 14ten September marschirte der General-Major v. Warburg mit dem Regiment Oldenburg, dem meklenburg-strelitzschen Husaren-Regiment, und 2 Esquadrons des kurhessischen Leib-Dragoner-Regiments gegen Thionville, Metz und Verdun vor, um die dahin führenden Straßen zu beobachten, und zu verhindern, daß die französischen Besatzungen dieser Festungen, die Belagerungscorps von Montmedy und Longwy beunruhigten. Die thüringsche Brigade rückte an die Stelle der abmarschirten. Der Prinz August von Preußen traf im Hauptquartier zu Chauvancy St. Hubert ein.

Gefecht bei der Stadt Medy bas.

In der Nacht vom 14ten zum 15ten September wurde der Angriff auf die Stadt Medy bas, durch Leitersteigung, nach der folgenden Disposition ausgeführt:

„Die Stadt wird von zwei Seiten angegriffen, und zwar mit 400 Mann in zwei Kolonnen auf der Seite von Irez le prez, unter Leitung des Capitains von Tukermann, vom Generalstabe, und v. Schöbde, vom kurhessischen Jäger-Bataillon, und mit 500 Mann in 3 Kolonnen auf der Seite von den Steinbrüchen oder von Thonelle und Fresnois, unter Leitung der Capitains v. Restorf, von der Adjudantur, und Schmidt, vom kurhessischen Jäger-Bataillon. Die Ersteigung der Mauern geschieht von jenen beiden Kolonnen, zwischen dem Thore von Irez le prez und der Bastion, und am Abhange des Berges, und die der drei andern Kolonnen am Abhange des Berges zwischen der Festung und dem porte de france, ferner zwischen diesem Thore und der Bastion, und endlich zwischen dieser Bastion und dem Thore von Luxemburg. Alle fünf Kolonnen versammeln sich kurz vor Mitternacht, und setzen sich dergestalt in Marsch, daß mit dem Schlage zwei Uhr die Leitern angesetzt werden können. Alles Feuern ist untersagt, und nur das Bajonett darf gebraucht werden. Nach Einnahme der Stadt werden alle Brunnen und Cisternen zerstört, welches der Hauptgegenstand der Unternehmung ist.

Nach Tagesanbruch bleibt die Stadt mit 500 Mann besetzt."

Die speziellen Dispositionen waren folgende:

1. Auf der Seite von Irez le prez.

Die Truppen sollen in zwei Kolonnen von der Laufbrücke an abgeschickt werden: die große Kolonne mit 20 Leitern:

120 Mann vom 21sten Infanterie-Regiment,
100 Mann des Bataillons Weimar,
40 Mann des Regiments Lippe-Waldeck,

soll in Sektionen gerade aus längs dem Wasser vorwärts gegen die Mauer gehen, und daselbst die Leitern anlegen. Die Führung dieser Kolonne übernehmen die Capitains v. Tukermann und von Schöbde. Die andere Kolonne zu 10 Leitern und 80 Mann, unter dem Lieutenant v. Schwerin, soll mit der ersten bis an die große Brücke zusammen gehen, von wo aus sie links ab, nach der Mauer gehen wird.

Die übrigen 60 Mann des Regiments Lippe-Waldek, unter Führung eines Lieutenants, sollen sogleich bis an das Thor nach Irez le prez vorrücken, und durch Lärmen und Anschlagen den Feind hier allarmiren, so wie von außen so viel als möglich zur Eröffnung des Thores beitragen.

Von Ersteigung der Mauer an, sollen die Abtheilungen der Truppen folgendergestalt verfahren:

a. Der Lieutenant v. Schwerin wird sogleich mit seinen 80 Mann sich links wenden; um den Feind von der Festung aus zu beobachten, eine Tirailleurlinie daselbst hinter den Bäumen formiren, mit einem kleinen Trupp zurückhalten, und so den vielleicht andringenden Feind abzuhalten suchen.

b. Der Lieutenant v. Hagen soll mit 60 Mann nach Ersteigung der Mauer, so schnell als möglich von der innern Seite gegen das Thor dringen, die Wache überfallen, und das Thor zu eröffnen suchen. Der Lieutenant von Wangenheim soll mit einer Anzahl Pionniere sich ihm zugleich anschließen, um das Thor einzuhauen.

Sämmtliche übrigen Truppen werden unter Anführung des Capitains v. Oertzen auf dem nächsten Wege in die Stadt dringen, und sich mit den von der andern Seite eingedrungenen Kolonnen vereinigen."

2. Auf der Seite von den Steinbrüchen:

„Ein Offizier und 30 Mann vom Regiment Lippe-Waldek decken den rechten Flügel, und rücken auf der Chaussée gegen das einzige Thor der Festung.

Ein Offizier und 20 Mann desselben Regiments, rücken gegen das Porte de france an, um die dortige Wache zu beschäftigen.

200 Mann vom 21sten Infanterie-Regiment, unter dem Capitain v. Hennert, gehen zwischen der Festung und dem Porte de france über. Hier gehen zugleich 60 Tirailleurs vom 21sten Infanterie-Regiment, unter dem Lieutenant v. Kleist, und 15 kurhessische Jäger, unter dem Lieutenant v. Bardeleben, mit über, um sich nach dem Uebersteigen sogleich am Abhange des Berges, gegen die Festung aufzustellen; ferner der Lieutenant v. Becherer mit 15 Pionnieren, um das verbarrikadirte Porte de france von innen zu eröffnen. Bei dieser Kolonne, welche 21 Leitern hat, werden sich die Capitains v. Restorf und Schmidt befinden.

100 Mann vom Regiment Lippe-Waldek, unter dem Capitain Matern, gehen zwischen dem Porte de france und der Bastion über, und haben 10 Leitern, und endlich:

150 Mann desselben Regiments, unter dem Capitain v. Wiedburg, gehen bei dem Thore von Luxemburg auf 11 Leitern über. Bei dieser Kolonne befindet sich der Lieutenant v. Zimmermann mit 10 Pionnieren, um dies Thor von innen zu eröffnen."

Zur Ausführung dieser Anordnungen versammelten sich die Kolonnen auf den ihnen angewiesenen Plätzen, und marschirten in der größten Stille gegen die Stadt. Allein die Dunkelheit der

Nacht, die bedeutende Schwere der Leitern, und der Umstand, daß die Kolonnen auf der Seite der Steinbrüche auf einem schmalen Fußsteige marschiren mußten, verzögerten den Angriff dergestalt, daß sich die Kolonnen erst um halb 3 Uhr etwa 100 Schritt von der Stadt-Mauer befanden. Ungeachtet der Wachsamkeit der feindlichen Posten, wurde die Besatzung dennoch überrascht. Von der Wache am Thore von Luxemburg geschah der erste Schuß, ihr folgte die Wache am Port de france, und nun wurde sogleich in der Stadt und in der Festung Lärm geschlagen, und die Stürmenden, besonders die an der Mauer zuerst eintreffenden zwei Kolonnen, welche rechts und links der Porte de france übergehen sollten, mit einem sehr lebhaften Feuer empfangen. Auch fing der Feind sogleich an, Bomben und Granaten aus der obern Festung zu werfen, und mit Kartätschen zu schießen; demungeachtet wurden die Leitern angelegt und die Mauer erstiegen. Hierauf wurden die Scharfschützen und Jäger zur Beobachtung gegen die Festung geworfen, die übrige Mannschaft fiel auf den Feind und vereinigte sich in der Stadt. Die Pionniere öffneten die Thore, und zerstörten die Brunnen und Zisternen.

Die Franzosen machten fortwährend ein sehr lebhaftes Feuer, bewarfen die Stadt mit Bomben und Granaten, und zündeten dadurch 5 Häuser an, auch die der Festung entgegen gestellten Scharfschützen und Jäger wurden mit Stein- und Spiegelgranaten beworfen.

Nach Tagesanbruch blieben 400 Mann vom 21sten Infanterie-Regiment, und 100 Mann vom Bataillon Weimar in der Stadt als Besatzung stehen, die übrigen Truppen wurden herausgezogen.

Der Verlust des norddeutschen Bundescorps betrug:

an Todten: 1 Offizier (Lieutenant Stöber vom 21sten Infanterie-Regiment),
1 Unteroffizier und 8 Mann (inclusive 2 Pionniers);
an Verwundeten: 4 Offiziere (Capitain v. Hennert),
(Lieutenant v. Schwerin),
(Lieutenant v. Faeder vom 21sten Regiment),
(Lieutenant Müller vom Regiment Lippe-Waldek),
7 Unteroffiziere, 1 Tambour und 86 Mann.

Auch der feindliche Verlust an Todten war nicht gering.

Dieses Gefecht und der erlangte Besitz der Stadt Medy das, trugen zur Uebergabe der Festung sehr wesentlich bei.

In den folgenden Nächten wurden 5 Batterien angelegt, was sehr schwierig war, weil sie von Faschinen gebauet werden mußten, weil man um die Festung Montmedy herum sehr bald auf Felsen und Gestein stieß, auch zu wenig Erde zum Bau der Batterien vorhanden war.

Am 16ten September verlangte der französische Kommandant, General-Lieutenant Lamarque, einen Waffenstillstand, um zu unterhandeln; er wurde ihm abgeschlagen, und ihm eröffnet, daß eine Unterhandlung nur auf der Basis der unbedingten Uebergabe der Festung angeknüpft werden könnte.

Am 19ten September wurde zwischen dem Chef des Generalstabes, Obristen v. Witzleben, und dem französischen Major Godard die Uebereinkunft abgeschlossen, (siehe die Beilage No. 43.) nach welcher die französische Besatzung bewaffnet, und mit zwei Feldstücken nach der Loire abmarschirte; noch denselben Abend wurde das Außenwerk der Festung, dem bois de Monsey gegenüber, besetzt, und die Festung Montmedy am 22sten September 1815 von dem norddeutschen Bundescorps übernommen, in welcher man 53 metallene Geschütze, und bedeutende Vorräthe an Munition vorfand.

Nach der Einnahme von Montmedy bezogen die Truppen des norddeutschen Bundescorps Kantonirungen im Departement der Ardennen.

Am 25sten September kehrten die kurhessischen Truppen zum Armee-Corps zurück.

Am 19ten October desgleichen die großherzoglich meklenburg-schwerinschen Truppen.

Am 29sten October erließ der Feldmarschall Fürst Blücher folgenden Armee-Befehl an das norddeutsche Bundescorps.

„Nach dem Abschluß der Unterhandlungen in Paris, brechen jetzt die alliirten Heere aus Frankreich auf, um nach ihrer Heimath zurückzukehren.

Die Ruhe und Sicherheit von Europa war von neuem gefährdet, der gemeinschaftlichen Gefahr ist durch gemeinschaftliche Anstrengungen begegnet worden, und der Sieg hat unsere Anstrengungen gekrönt. An die preußische Armee haben sich die kurhessischen, meklenburgischen, Sachsen-Weimar und gothalschen, Oldenburgischen, anhaltischen, schwarzburgischen, lippeschen und waldekschen

dekschen Truppen angeschlossen, und ich habe die Ehre gehabt, sie unter meinem Befehl zu haben.

Diese braven Truppen haben auch im jetzigen Kriege erneuete Beweise, ihrer alten berühmten Tapferkeit gegeben, und ihrer Ausdauer und Thätigkeit ist es mit zuzuschreiben, daß ein ansehnlicher Theil der Festungslinie an der Grenze Frankreichs von uns erobert worden ist. In dem Augenblick, wo der Rückmarsch beginnt, und wo ich aufhöre der Oberbefehlshaber dieser Truppen zu seyn: ertheile ich ihnen dies Zeugniß des ehrenvollsten Benehmens. Ich werde ein Vergnügen darin finden, es gegen ihre Fürsten, und vor dem gemeinschaftlichen Vaterlande auszusprechen.

Ich danke den Herren Generalen, den Herren Stabs- und Ober-Offizieren und den Unteroffizieren und Gemeinen dieser braven Truppen für die Anstrengungen, die uns vereint zum Siege geführt haben."

Hauptquartier Compiegne, den 29sten October 1815.

(gezeichnet) Blücher.

Am 4ten November 1815 brach hierauf das norddeutsche Bundescorps aus Frankreich auf, und trat über Luxemburg, Trier und Coblenz seinen Rückmarsch nach dem Vaterlande an.

C. Die Garnison von Luxemburg.

Die Festung Longwy.

Der Gouverneur von Luxemburg, General-Lieutenant Prinz Ludwig von Hessen-Homburg, rückte mit einem Theil der Garnison von Luxemburg (mit 2300 Mann) gegen die Festung Longwy vor, schloß selbige ein, eroberte zwei Schanzen vor dem Burgunder-Thor, und ließ in der Nacht vom 1sten zum 2ten Juli die Festung bombardiren, so daß es sehr heftig in derselben brannte.

In der Nacht vom 13ten zum 14ten Juli rückte eine starke Abtheilung der französischen Garnisonen von Metz und Thionville gegen Longwy vor, und griff daselbst, gleichzeitig mit einem Ausfall der Garnison von Longwy, das schwache preußische Einschließungscorps so heftig an, daß es, troß seiner tapfern Gegenwehr dennoch genöthiget wurde, sich bis nach Dipach zurückzuziehen. So wie jedoch der Vortrab des 6ten Armee-Corps (General v. Horn) in der Gegend von Trier ankam, rückte auch am 28sten Juli dieses Einschließungscorps aufs neue bis nach Aubange unweit Longwy vor; und nachdem die 23ste Brigade sich in der

Dd

Gegend von Rodemachern aufgestellt, und die Festung Montmedy durch das norddeutsche Bundescorps eingeschlossen war, bezog es, nachdem es durch das Garnison-Bataillon No. 19., durch Rekonvaleszenten und durch 2 Esquadrons kurhessischer Dragoner, bis auf 3000 Mann verstärkt worden, ein Lager bei Telancourt, während 3 Bataillons zur Deckung von Luxemburg bei Aubange stehen blieben.

Das Einschließungscorps von Longwy bestand dazumal aus:

Obristlieutenant v. Kleist.	3 Bataillons des 4ten Elb-Landwehr-Infanterie-Regiments, den ersten Bataillonen des 6ten, 7ten und 8ten westphälischen Landwehr-Regiments,
Obrist v. Langen.	dem 23sten Infanterie-Regiment (es traf erst später ein), dem Garnison-Bataillon No. 6., dem — No. 7., dem — No. 19., dem — No. 24.,
Major v. Kaibel.	der Feld-Pionnier-Compagnie No. 1., der — — No. 2., der mannsfeldschen Pionnier-Compagnie,
Major v. Ludwig.	der 13ten provisorischen Artillerie-Compagnie, der 14ten — —, der 15ten — —

Es wurde das nochmalige Bombardement der Festung Longwy beschlossen, und aus Luxemburg das folgende Geschütz hierzu herangezogen, als:

zwei Stück 60pfündige Mortiers,
zwei Stück 30pfündige —
zwei Stück 11pfündige Haubitzen,
zwei Stück 7pfündige Haubitzen,
eine 4pfündige Kanone,

weil bisher nur drei 4pfündige Kanonen und eine 7pfündige Haubitze bei dem Corps waren. Dieses Geschütz traf am 11ten August in Aubange ein.

In der Nacht vom 10ten auf den 11ten August wurde die Einschließung der Festung Longwy unternommen, und auch in der Nähe von 800 bis 1000 Schritt derselben bewirkt, so daß die Truppen nachfolgend aufgestellt waren:

2 Compagnien des 4ten Elb-Landwehr-Regiments in Renon,
6 — — — — in Lery und Sorey,

ein Bataillon des 4ten Elb-Landwehr-Regiments und die 4 Garnison-Bataillons	im Grunde von Ornimont,

die 3 Bataillons der westphälischen Landwehr hinter dem Mont du Chat.

Auch wurden in dieser Nacht, vom Feinde unbemerkt, die Trancheen von 950 Schritt eröffnet und sogleich armirt. Es wurde ein Waffenstillstand abgeschlossen, und der französische Kommandant, General Baron Duços, entließ 2 Offiziere und 421 Mann Nationalgarden aus der Festung.

Am 21sten August wurden die 26 Stück Geschütz so vertheilt, daß bei la Colombe 19 Stück und bei Mont du Chat 7 Stück aufgestellt wurden.

Am 27sten August trafen ungefähr 1500 Mann Ersatzmannschaften für die Landwehr-Regimenter ein.

Den 7ten September trafen ungefähr 3200 Mann großherzoglich meklenburg-schwerinsche Truppen ein, von denen die Hälfte sogleich zur Beobachtung der Festung Thionville aufgestellt wurde.

Der abgeschlossene Waffenstillstand wurde am 8ten September um 9 Uhr des Morgens aufgekündiget, und am Abend noch eine Batterie für 3 Stück Wurfgeschütz in der Gegend von Pulventeux erbauet. Es wurde für zweckmäßig erachtet, vor Anfang der wirklichen Belagerung nochmals ein Bombardement zu versuchen; deshalb wurden in der alten Parallele die genannten, vorhandenen Geschütze eingefahren, und am 9ten September des Morgens mit dem Bombardement der Anfang gemacht.

Die vom Feinde verlassenen Werke Chateau vieux und die dahinter liegende Flesche (welche vor der Porte de france, oberhalb der Ville basse, liegt) wurden besetzt.

In der Nacht vom 9ten zum 10ten September wurde der rechte Flügel der 2ten Parallele 750 Schritt lang, nebst einer 350 Schritt langen Kommunikation trazirt, und ohne Verlust ausgeführt. Am Tage wurde die angefangene Parallele durch die Tranchéewacht vervollkommnet, und in ihr drei Batterien angelegt, nämlich:

auf dem linken Flügel eine Batterie zur Rikochettirung der rechten Face der Bastion la Colombe, und zur Demontirung der linken Face dieser Bastion, so wie zur

Bewerfung dieser Bastion und des darauf befindlichen Kavaliers. Die Batterie bestand aus einem Mortier, drei Stück 12pfündern, und einer 6pfündigen Kanone;

in der Mitte der Parallele, auf der Kapitale des Ravelins la Colombe, eine Wurfbatterie von 2 Stück 60pfündigen Mortiers, um dieses Ravelin, die vor demselben liegende Lünette, die beiden Bastions rechts und links der Porte de Bourgogne und des Ravelins vor diesem Thore, bewerfen zu können;

auf dem rechten Flügel wurde eine Batterie für drei Stück 12pfündige Kanonen, eine Haubitze und 3 Mortiers, auf der Verlängerung der rechten Face der Bastion la Colombe abgesteckt, um die rechte Face des Ravelins und die Courtine der Porte de Bourgogne zu enfiliren, wie auch, um alle die Werke zu bewerfen, die den rechten Flügel der Parallele bestreichen konnten.

Der rechte Flügel der Parallele wurde eröffnet. Die Flesche vor dem Hornwerk wurde von den Belagerern besetzt, und von hier, so wie von Vieux Chateau, der Feind durch die Scharfschützen sehr beunruhiget. Am Nachmittage trafen 20 Stück schweres Geschütz nebst der dazu gehörigen Munition ein; in den Trancheen waren nur noch 16 Stück Geschütz brauchbar, das andere hingegen durch den eigenen Gebrauch unbrauchbar geworden.

In der Nacht vom 10ten zum 11ten September wurde das Bombardement, wie in der vorigen, fortgesetzt, auch an der Erweiterung der Parallelen und der Kommunikationen, so wie an dem Bau der Batterien gearbeitet; der Feind feuerte von allen Seiten.

Am 11ten September wurde von den Ingenieuren und Artilleristen, an der Vollendung der Parallelen, Kommunikationen und Batterien gearbeitet, auch trafen 6 Stück 10pfündige Mortiers und 90 Centner Pulver ein.

In der Nacht vom 11ten zum 12ten September wurden die Parallelen erweitert und vollendet, so daß gegen Morgen daraus gefeuert werden konnte; es wurde den ganzen Tag hindurch ein sehr lebhaftes Feuer unterhalten; das 23ste Infanterie-Regiment traf ein, und rechts der rechten Flügel-Batterie wurde eine neue Batterie zu 4 Stück 24pfünd. Kanonen erbauet.

In der Nacht vom 13ten zum 14ten September wurde die Parallele bis zu dem Wege, welcher von la Colombe nach Longwy führt, verlängert, gegen Mitternacht wurde vom

23sten Infanterie-Regiment die Flesche vor dem Bourgogner Thore erobert. Das Blockhaus konnte in der Nacht nicht genommen werden, daher Sappenbündel, welche in Theer und Pech mit Pulver vermischt, getaucht waren, daran geworfen wurden, um durch Dampf und Rauch die Besatzung zur Uebergabe zu zwingen. Handgranaten konnten durch die Scharten nicht in das Haus geworfen werden, weil diese zu enge waren. Nach einem sehr heftigen Gefechte, ergab sich die feindliche Besatzung des Blockhauses zu Kriegsgefangenen.

Der Verlust der Preußen betrug in diesem Gefechte:

	an Todten		an Verw.	
die Pionniere		8 M.,	1 Offiz. u.	4 M.
die Artillerie	—	10 —	— 1 —	13 —
die Infanterie	1 Offiz.	28 —	— 4 —	174 —
Zusammen an Todten	1 Offiz.	46 M., an Verw.	6 Offiz. u.	191 M.

Am 14ten September wurde die zweite Parallele so weit vollendet, als es der felsigte Boden zuließ, doch war man bereits völlig gedeckt. Der Feind unterhielt ein sehr lebhaftes Feuer, besonders mit Kartätschen und Granaten, auf die Flesche und den Theil der Parallele, der ihr zunächst war. Am Abend sandte der französische Kommandant einen Parlamentair, er verlangte zu kapituliren. Der Major von Bardeleben traf als Direktor aller Artillerie-Arbeiten hier ein.

Den 15ten September trafen Seine königliche Hoheit der Prinz August von Preußen hier ein, und nahmen die Belagerungsarbeiten in Augenschein. Es wurde heute die Kapitulation mit dem französischen Kommandanten, General Baron Duços, abgeschlossen, und dieser zufolge, am 16ten September das Ravelin vor der Porte de Bourgogne besetzt, worin der Feind 3 Kanonen zurückgelassen hatte.

Am 18ten September marschirte die französische Garnison (noch einen General, 2 Obristen, 6 Bataillon-Chefs, 117 Offiziere und 476 Soldaten stark) mit allen Kriegsehren aus der Festung Longwy aus, sie legte auf dem Glacis die Waffen nieder, und wurde kriegsgefangen. Von dem Belagerungscorps verblieben: das 6te, das 7te und das 24ste Garnison-Bataillon zur Besatzung in Longwy, wo der Major v. Koschizky zum einstweiligen Kommandanten ernannt wurde.

In der Festung Longwy wurden 65 Stück Kanonen von verschiedenem Kaliber, außerdem viele Munition, Utensilien und Vorräthe aller Art gefunden.

Der General-Lieutenant Prinz von Hessen-Homburg verlegte sein Hauptquartier nach Longujon, und sein Corps kantonirte in der dortigen Gegend.

Unter der Leitung Seiner königlichen Hoheit des Prinzen August von Preußen, wurden demnach in der kurzen Zeit von zwei Monaten zehn Festungen eingenommen, nämlich: Maubeuge, Landrecy, Marienbourg, Philippeville, Rocroy, die beiden Givets und der Mont d'Haurs, Mezieres und Charleville, Montmedy und Medy bas, Sedan und Longwy. Um in den Besitz dieser Festungen zu gelangen, waren 13 Belagerungen erforderlich: denn nach der Einnahme der Stadt Mezieres, mußte noch die Zitadelle derselben genommen werden, so wie nach der Einnahme der Stadt Sedan, auch noch das Schloß, welches auf einem steilen Berge liegt, und sehr fest ist, zu erobern war, und nach der Einnahme der Stadt Medy bas, mußte auch noch die obere Stadt oder das eigentliche Montmedy erobert werden.

Außer den sehr bedeutenden Munitions- und Vorräthen aller Art, wurden 429 Stück Geschütz erobert, nämlich:

in Maubeuge	76 Stück Geschütz,
in Landrecy	45 — —
in Marienbourg	20 — —
in Philippeville	30 — —
in Rocroy	35 — —
in den beiden Givets und dem Mont d'Haurs	20 — —
in Mezieres	65 — —
in Montmedy und Medy bas	45 — —
in Sedan	28 — —
in Longwy	65 — —

Alle genannten Festungen sind sehr fest, und gehören zu den festesten in Frankreich; sie haben sich alle bis zur ernstlichen Belagerung vertheidiget, weshalb selbst diejenigen, welche nur geringe Kenntnisse von der Fortifikation haben, leicht beurtheilen können, wie viel Kunst und Muth dazu gehörte, dreizehn solche Festungen in Zeit von 8 Wochen zu erobern, besonders weil mehrere Festungen auf einmal, meist mit weit weniger Truppen und Artillerie, als man gewöhnlich beim Angriff eines einzelnen Platzes braucht, angegriffen wurden.

III. Die Festungen, welche von den russischen Truppen eingeschlossen und beobachtet wurden:

Es waren Metz, Thionville, Verdun, Saarlouis und Soissons; sie wurden von dem 6ten Armee-Corps des

Generals der Infanterie Grafen Langeron bloß eingeschlossen und beobachtet.

Am 23sten Juli wurde für Metz, so wie am 24sten Juli für Saarleuis, zwischen dem General-Lieutenant Grafen Belliard, als Gouverneur von Metz, und dem General Grafen Langeron, eine Uebereinkunft abgeschlossen; sie bestimmte die Demarkationslinie, daß die Festungen Couriere absenden und annehmen, von beiden Seiten niemand die Demarkationslinie überschreiten, und daß die Einwohner der von den Russen besetzten Kantons mit den französischen Truppen in den Festungen in freien Verkehr treten durften.

Wegen Soissons schloß der General-Major Uschakow mit dem französischen General Gründler eine Uebereinkunft ab, nach welcher es der französischen Besatzung freigestellt wurde, sich entweder in ihre Heimath oder zur französischen Armee hinter die Loire zu begeben (Beilage No. 39); worauf die Russen am 14ten August 1815 die Stadt Soissons besetzten.

IV. Die Festungen, welche von den Oestreichern belagert und eingeschlossen wurden:

A. Unter dem Erzherzog Carl von Oestreich.

1. Die Festung Landau.

Sie wurde von den preußischen Truppen unter dem General-Major v. Krauseneck (einem Theil der Garnison von Mainz) enge eingeschlossen, jedoch nicht belagert. Die Besatzung, unter dem Kommandanten General Geuder, bestand meist aus mobilen Nationalgarden des Weißenburger Bezirks, und der benachbarten Distrikte; sie verrichtete ihren Dienst mit Eifer, doch ihre Ausfälle waren von wenig Bedeutung. Die Festung wurde auch einige Stunden bombardirt, doch ohne großen Schaden, weil kein Brand entstand.

Am 14ten August 1815 erklärte sich der Kommandant für den König Ludwig den 18ten, und legte das Kommando nieder, welches ein Major Hatry einstweilig übernahm, alle Truppen und Nationalgarden wurden im Anfang Septembers aus der Festung entlassen, und die städtische Nationalgarde versah den Dienst allein.

Das Quartier des Generals v. Krauseneck war in Herxheim, und die preußischen Truppen kantonirten in den umliegenden Ortschaften.

2) Die Festung Bitsch.

Sie wurde gleichfalls von preußischen Truppen, unter dem General von Krauseneck, eingeschlossen gehalten, bis ihre Besatzung sich für den König von Frankreich erklärte, und die Nationalgarden nach ihrer Heimath entlassen wurden.

B. Unter dem Erzherzog Johann von Oestreich.

1) Die Festung Straßburg.

Nachdem sich der französische General Rapp mit der Rheinarmee nach Straßburg zurückgezogen hatte, bestand die Besatzung dieser wichtigen Festung aus mehr als 15,000 Mann, der General-Lieutenant Semelé war Gouverneur derselben.

Diese Festung wurde seit dem 6ten Juli durch das 2te östreichische Armee-Corps, durch die Division des Feldmarschall-Lieutenants Grafen Vaquant, und durch badensche Truppen (General v. Schäfer), unter dem Oberbefehl des Generals der Kavallerie, Fürsten von Hohenzollern, eingeschlossen.

Am 3ten Juli erhielt der Feldmarschall-Lieutenant Graf Klebelsberg, welcher den Vortrab des 2ten östreichischen Armee-Corps befehligte, den Auftrag, auf der großen Straße gegen Straßburg vorzurücken, und seine Vorposten in Fegersheim aufzustellen. Er fand daselbst den Feind mit beträchtlichen Massen Fußvolk aufgestellt, griff ihn jedoch sogleich an, und 2 Divisionen Kienmeier Husaren (Obristlieutenant v. Lusenzky) warfen, ungeachtet des ungünstigen Terrains, sich auf das feindliche Fußvolk, hieben es zusammen, und warfen es bei Großenstadt bis über die Ill-Brücke, welche der Feind sogleich abbrannte, und dadurch die weitere Verfolgung unmöglich machte. Gegen Abend um 8 Uhr versuchte der Feind, auf der Rheinstraße über Eschau und Flecksheim in die rechte Flanke des östreichischen Vortrabes vorzurücken, allein dieser hatte bereits einige Bataillons badensches Fußvolk, unter dem General Laroche, an sich gezogen, mit welchen er sich nicht allein behauptete, sondern den Feind bis über die Ill zurückwarf.

Es war am 9ten Juli mit Tagesanbruch, als der General Graf Rapp mit einem großen Theil der Besatzung, in zwei Kolonnen, gegen die von der östreichischen Division Mazzuchelli besetzte Stellung von Ober- und Mittel-Hausbergen, einen Ausfall machte, und sie lebhaft angriff, so daß er einen augenblicklichen Vortheil erlangte, und bis gegen die Anhöhen hinter den beiden genannten Orten vorrückte. Ein großherzoglich badensches Scharf-

schützen-

schützen-Bataillon unter dem Obristen Peternell, nebst einer Batterie unter dem Capitain Feßler, wirkten sehr geschickt in des Feindes Flanke, und warfen dadurch, die Franzosen so schnell zurück, daß die östreichischen Truppen, welche verstärkt worden, aufs neue vorrücken konnten; sie unterstützte die badensche Reiterei, welche mit vieler Tapferkeit das feindliche erste Treffen zurückwarf, so daß dieses glänzende Gefecht mit einer regellosen Flucht der Franzosen, welche mehrere hundert Todte auf dem Platz ließen, endigte.

Am 22sten Juli wurde zwischen dem Fürsten Hohenzollern und dem General Grafen Rapp ein Waffenstillstand, und zwar nicht allein für die Festung Straßburg, sondern für alle Festungen im Elsaß abgeschlossen (Beilage No. 40.). Die Festungen im Elsaß gehorchten jedoch dem Oberbefehlshaber nicht. Der Fürst Hohenzollern hatte sein Hauptquartier in Stützheim, der General Graf Rapp das seinige in Waken.

Am 11ten August verließen die Blokade-Truppen vor Straßburg ihre bisherigen Läger und Bivouaks, und bezogen Kantonirungsquartiere. Die in Straßburg gelegenen Nationalgarden wurden entlassen, und fingen am 9ten August an, unbewaffnet in größern und kleinern Abtheilungen die Festung zu verlassen. Der General Graf Rapp verlegte sein Hauptquartier nach Straßburg, der Fürst von Hohenzollern das seinige nach Hagenau, obwohl die Festung noch ferner eingeschlossen blieb. Der General v. Volkmann und der Obrist Negeldinger verfügten sich nach Straßburg.

Da auf Befehl des Königs von Frankreich in Straßburg die Linien-Truppen entlassen werden sollten, so erregten sie am 2ten September einen Aufruhr, und arretirten alle Generale und Offiziere. Dieser Aufstand dauerte 3 Tage, bis die Einwohner von Straßburg den rückständigen Sold für die Truppen vorgeschossen hatten. Das östreichisch-badensche Einschließungscorps bezog in diesen Tagen aufs neue seine früheren Stellungen und Lager um Straßburg, bis am 6ten September die französischen Linien-Truppen abzogen, und die Verbindung mit Kehl wieder eröffnet wurde.

Am 18ten September wurde das Hauptquartier des Fürsten Hohenzollern nach Molsheim verlegt, und die Division Czollich, welche in Blassenheim und der dortigen Gegend gelegen, setzte sich nebst der Reserve schon am 15ten September in Marsch, um über die Sponecker Schiffbrücke bei Markolsheim den Rhein zu passiren, und durch den Breisgau und Oberschwaben zurückzukehren. Die badenschen Truppen kantonirten im Bezirk von

Ee

Weissenburg und Zabern, Sulz und Selz, das Quartier des Generals v. Schäfer war in Brumath.

Die Division des Feldmarschall-Lieutenants Grafen Vacquant stand in Truchtersheim und der Gegend; sie passirte bei Fort Louis den Rhein, wo diesen später auch die badenschen Truppen passirten, und der General Fürst Hohenzollern ging am 13ten October von Molsheim nach Freiburg ab.

2) Die Festungen Lichtenberg, und petite pierre oder Lützelstein.

Sie wurden bloß eingeschlossen, weil sie nur sehr geringe Besatzungen, jedoch viele Vorräthe von Munition und Lebensmitteln enthielten, die Truppen, welche sie beobachteten, lagen in den Ortschaften Ingweiler und Buchsweiler.

3) Die Festung Pfalzburg.

Weil der Kommandant General Bartholemy auf die bei Pfalzburg (welches die Straße von Saarburg nach Zabern beherrscht) vorbeimarschirenden verbündeten Truppen mehreremale feuern ließ, so wurde die bereits im Feldzuge des Jahres 1814 errichtete Militärstraße durch das Kraufthal, wodurch vermittelst eines beträchtlichen Umweges die Festung Pfalzburg umgangen wird, wieder hergestellt, und für die Märsche der Truppen, welche nach Lothringen zogen, gewählt. Daher wurde die Festung Pfalzburg nur einige Zeit beobachtet, und später, seitdem sie sich für den König von Frankreich erklärt, und die weiße Fahne aufgesteckt hatte, war sie völlig frei.

4) Die Festung Bedfort.

Das französische Corps des Generals Leçourbe zog sich zum Theil in selbige zurück, so daß sie sehr stark besetzt war; sie wurde anfänglich vom 1sten östreichischen Armee-Corps (Graf Colloredo) enge eingeschlossen, später jedoch nur beobachtet.

5) Die Festung Auxonne.

Sie liegt im Thale der Saone, und ist ein wichtiger Waffenplatz, der die Verbindung der Straßen von Gray und Pourtaliers unterhält, sie war mit vielem Geschütz, so wie allen Kriegs- und Mundbedürfnissen wohl ausgerüstet, und der Obrist Maçon Kommandant derselben. Dieser weigerte sich, so wie verordnet war, mit der Besatzung auszuziehen, und die Festung der

Stadtgarde zu übergeben; deshalb ließ der Erzherzog Ferdinand von der östreichischen Reserve die Division des Feldmarschall-Lieutenants v. Stutterheim anrücken, die Festung enge einschließen, und sogleich 4 Batterien in der Nacht vom 26sten zum 27sten August auf der östlichen und westlichen Seite der Stadt erbauen, und mit den nöthigen Kommunikationen versehen.

In der Nacht vom 27sten zum 28sten August begann das Feuer der vortrefflich bedienten Artillerie, welche von dem 1sten Jäger-Bataillon sehr wirksam unterstützt wurde, die Jäger schlichen sich bis an die Festungswerke heran, vermehrten durch ihr wohl angebrachtes Feuer die Unordnung auf den Wällen, und tödteten durch einen Schuß den Ingenieur-Offizier, der die Vertheidigung leitete. Es wurden in dieser Nacht unter beständigem lebhaften Feuer neue Batterien erbauet, und alles vorbereitet, um die Stadt in der folgenden Nacht mit Sturm zu erobern. Doch da schloß der Kommandant eine Uebereinkunft ab (Beilage No. 41), nach welcher die Besatzung noch am 28. August mit allen Kriegsehren, 2 Feldstücken und ihren Munitionswagen auszog, und sich auf das linke Ufer der Loire begab.

6) Die Festung Hüningen.

Unter dem Erzherzog Johann von Oestreich rückten zuvörderst die Division Marlassy und Schweizer-Truppen zur Einschließung der Festung Hüningen dahin vor. In dieser Festung kommandirte der Gouverneur, General Barbanegre und der Kommandant Chançel ungefähr 4000 Mann Besatzungstruppen, welche meist aus Nationalgarden bestanden.

Die Oestreicher schlossen die Seite zwischen Bourglibre und Neudorf bis an das Rheinufer ein; die Schweizer-Truppen (5000 Mann in 7 Bataillons) standen hingegen auf dem linken Rheinufer auf der Grenze ihres Gebiets.

Am 17ten August wurden die Laufgräben gegen Hüningen unter der Leitung des östreichischen Generals Fasching eröffnet, und am 18ten und 19ten die Arbeiten troz des sehr heftigen und ununterbrochenen Feuers der Belagerten vollendet, sogleich wurde das Feuer aus mehr als 90 Stück Geschütz, unter denen Mörser waren welche 160 Pfund warfen, eröffnet; am 22sten August wurde die Festung auf der linken Rheinseite aus 16 und auf der rechten Rheinseite aus 12 Batterien auf das heftigste beschossen, und die vorliegenden Batterien derselben demontirt, und ihre Magazine in Brand gesteckt. Auch die Batterie Abatucci

Ee 2

wurde demontirt, ihr Munitions-Vorrath sprang in die Luft, das Blockhaus brannte ab, und die Besatzung entfloh in die Festung. Die Franzosen verließen auch die Batterie des vormaligen weißen Thurmes, so daß sie ferner nur noch von den Wällen von Hüningen auf Basel schießen konnten.

Am 23sten August dauerte das Bombardement den ganzen Tag hindurch, das Heumagazin und einige Häuser am Rheinthore brannten ab. Die Franzosen besaßen nur noch das Außenwerk, welches die Sternschanze heißt.

In der Nacht vom 23sten zum 24sten August wurden auf beiden Seiten des Rheins, zwei neue Batterien erbauet. Das Feuer wurde ununterbrochen lebhaft fortgesetzt. Gegen 2 Uhr fiel ein starker Regen, so daß die Artilleristen in den Laufgräben im Wasser standen, am 24sten des Morgens wurde das Feuer verdoppelt, auch aus der Festung wurden mehrere Bomben geworfen, die jedoch meist in der Luft sprangen.

Noch an demselben Tage wurde ein 48stündiger Waffenstillstand abgeschlossen, und am 26sten August des Abends endlich die Kapitulation, nachdem bereits die zweite Parallele eröffnet, die Batterien in derselben errichtet worden, auch die Festung durch das vorhergegangene 56stündige Bombardement stark gelitten hatte. Die Hauptpunkte dieser Kapitulation (Beilage No. 42) waren: die Garnison von 1800 Mann marschirt am 28sten August aus, und streckt die Waffen auf dem Glacis, worauf die Linientruppen sich hinter die Loire ziehen, und die Nationalgarden entlassen werden.

Am 28sten August 1815 zog die französische Besatzung aus der Festung Hüningen aus, und das Belagerungs-Corps (Oestreicher, Schweizer, Hessen-Darmstädter und Wirtemberger) hielt seinen Einzug. Man fand in der Festung außerordentliche Vorräthe von Lebensmitteln und Kriegsbedürfnissen, 97 Stück Kanonen, 34 Mörser und Haubitzen und 2500 Centner Pulver. Am 2ten September fing man mit mehreren tausend Arbeitern an, die Festungswerke von Hüningen zu schleifen.

C. Die Festungen, welche der General der Kavallerie Herzog von Coburg eingeschlossen hatte.

1) Die Festung Schlettstädt

sie wurde zuerst durch die Division Mazzuchelli eingeschlossen.

Am 8ten Juli des Morgens um 4 Uhr machte die 6000

Mann starke Garnison unter dem Kommandanten General St. Suzanne einen Ausfall.

Am 16ten Juli bestand das Einschließungs-Corps aus den 3 wirtembergischen Landwehr-Regimentern, 2 Esquadrons des östreichischen Chevaux legers Regiment des Kaisers und einer östreichischen 3pfündigen Batterie unter dem General von Stockmeier, welches am 30sten Juni bei Bischofsheim den Rhein passirte, und am 4ten Juli vor Schlettstädt eintraf, wo es die östreichische Brigade des Generals v. Herzogenberg ablösete, und ferner die Einschließung übernahm.

Die französische Besatzung in Schlettstädt bestand aus der Division Berkheim, 6 Bataillons gut geübter Nationalgarden und einem Corps Invaliden, sie war an 6000 Mann stark.

Außer den Neckereien, die täglich zwischen den Vorposten vorfielen, und außer einem Angriff, welchen der Feind am 5ten Juli auf den Posten von Markolsheim machte, wo er jedoch von den Wirtembergern zurückgewiesen wurde, fiel bis zum 11ten Juli nichts von Bedeutung vor.

Am 9ten Juli besichtigte der Erzherzog Johann die Aufstellung des Blokade-Corps, und bezeugte seine Zufriedenheit.

Es war am 11ten Juli des Morgens um 2 Uhr, als der Feind in 4 Kolonnen auf der Straße von Colmar gegen Straßburg einen Ausfall machte, und die sämmtlichen Vorposten auf die Hauptposten, und auf die im Lager stehenden Truppen zurückwarf, welches ein allgemeines Gefecht veranlaßte.

Der General von Stockmeier ließ den Feind sogleich in drei Abtheilungen in Fronte und Rücken angreifen, und diese mit vieler Tapferkeit gleichzeitig ausgeführte Bewegung nöthigte ihn sehr bald zum Rückzuge; hierauf wurde die feindliche Fronte allgemein, besonders aber die auf dem rechten Flügel gerichtete Kolonne auf das lebhafteste angegriffen, und der Feind bis in seine alten Stellungen zurückgeworfen, worauf sich das Gefecht um 6 Uhr Morgens mit einer Kanonade aus der Festung endigte. Die östreichische Reiterei und Artillerie konnte theils wegen der Dämmerung, theils wegen des ungünstigen Bodens nicht angewendet werden. Die wirtembergischen Truppen verloren in diesem Gefecht an Todten: 2 Offiziers und 5 Mann, an Verwundeten: 2 Offiziers und 50 Mann.

Die wirtembergischen Truppen des General-Majors v. Stockmeier rückten hierauf zur Belagerung von Hüningen, und die östreichische Division Mazzuchelli aufs neue zur Einschließung von

Schlettstädt. Am 13ten Juli machte der Feind einen Ausfall, drängte die Vorwachten zurück, und bemächtigte sich des Dorfes Chatenois, wo sich das östreichische Hauptquartier befand, und wo er sich einige Stunden behauptete, bis es den vereinigten Anstrengungen gelang, ihn bis in die Festung zurückzuwerfen.

Bald nachdem der Waffenstillstand abgeschlossen (vom 22sten Juli) unterwarf sich die Besatzung von Schlettstädt dem König Ludwig XVIII., und in Gemäßheit der Verordnungen vom 20sten Juli wurden hier, mit Straßburg gleichzeitig, sämmtliche mobile Nationalgarden entlassen, und in ihre Heimath zurückgeschickt.

Die östreichischen und badenschen Truppen unter dem Oberbefehl des General-Lieutenants Grafen Hochberg marschirten jetzt zur Belagerung von Hüningen, und dagegen rückten die Sachsen unter dem Oberbefehl des Herzogs von Coburg (welcher den 2ten August 1815 in Frankfurth am Main denselben übernommen hatte) vor Schlettstädt, und übernahmen die Einschließung dieser Festung

Am 15ten August übernahm der Obrist v. Einsiedel mit nachfolgenden Truppen die Einschließung von Schlettstädt:

3 Bataillons des Infanterie-Regiments Prinz Anton;
dem 2ten Schützen-Bataillon;
einer Esquadron Uhlanen;
der 6pfündigen fahrenden Batterie No. 2.
einem Offizier und 20 Gemeinen vom Sappeur-Detaschement.

Die Blokade von Schlettstädt wurde am 21sten September 1815 aufgehoben, und die sächsischen Truppen bezogen im Elsaß Kantonirungsquartiere.

2) Die Festung Neu-Breisach und das Fort Mortier.

waren von östreichischen und badenschen Truppen unter dem östreichischen General-Major von Volkmann eingeschlossen, und die feindliche Besatzung machte auch hier einige Ausfälle, welche Gefechte veranlaßten, weil der Kommandant General Dremençourt sich erst später für den König Ludwig XVIII. erklärte; die Feindseligkeiten dauerten deshalb hier einige Wochen länger, als vor Schlettstädt.

Auch das bisherige Einschließungs-Corps dieser Festung marschirte zur Belagerung von Hüningen, und am 16ten August 1815 übernahm der General-Major v. Leyser mit folgenden sächsischen Truppen die Blokade:

Givet, Mezieres, Sedan, Montmedy, Thionville, Longwy, Bitsch, und den Brückenkopf von Fort Louis besetzen, und von Frankreich jährlich mit 130,000 Franken unterhalten werden sollte. Die längste Dauer dieser Besetzung ist auf 5 Jahre bestimmt, sie kann aber auch, wenn man es rathsam findet, nach 3 Jahren aufhören.

Die Mächte verpflichteten sich, dieses Heer, im Fall es angegriffen würde, oder genöthigt seyn sollte, selbst anzugreifen, mit denen im Traktate von Chaumont bestimmten Hülfstruppen, oder auch erforderlichen Falls, mit ihrer ganzen Macht zu schützen.

Zum Beobachtungsheere, welches der Feldmarschall Herzog Wellington befehliget, stellten:

Oestreich	30,000	Mann,
Rußland	30,000	—
Preußen	30,000	—
England	30,000	—
Baiern	10,000	—
Dänemark	5,000	—
Sachsen	5,000	—
Hannover	5,000	—
Wirtemberg	5,000	—
Zusammen	150,000	Mann (siehe die Beilage No. 43.).

Von den von Frankreich zu bezahlenden 700 Millionen Franken Kriegskosten erhielten:

Preußen	125	Millionen	Franken,
England	125	—	—
Oestreich	100	—	—
Rußland	100	—	—
Spanien	5	—	—
Portugal	2	—	—
Dänemark	2½	—	—

die deutschen Fürsten, mit Einschluß Sardiniens und der Niederlande 100 Millionen Franken,

nämlich	die Niederlande	21,264,832	Franken,
	Sardinien	6,379,449	—
	Baiern	25,517,798	—
	Wirtemberg	8,505,932	—
	Sachsen	6,804,746	—
	Baden	6,804,746	—
	Hessen=Kassel	5,103,559	—
	Darmstadt	3,402,373	—
	Hannover	4,252,966	—

Ff

Zum Erbauen neuer Festungen bezahlt Frankreich 137½ Million Franken, davon erhalten:

Holland 60 Millionen Franken,
Preußen 20 — —
Sardinien 10 — —
Spanien 10 — —
Zur Verstärkung der Festungswerke von Mainz 15 Millionen Franken.
Zur Erbauung einer Festung am Oberrhein 22½ Millionen Franken.

In den Niederlanden sollen Arlon, Rochefort, Dinant, Beaumont, Chimay, Mons, Ath, Dornick, Courtray, Menin, Ypern, Furnes und Ostende befestiget, und Namur und Charleroy Festungen vom ersten Range werden, wozu England einen bedeutenden Geldbetrag bewilliget hat.

Die von Frankreich abgetretenen Bezirke, welche vormals zu Belgien, Lüttich und dem Herzogthum Bouillon gehört, so wie Philippeville und Marienbourg mit den dazu gehörigen Distrikten, wurden mit den Niederlanden vereiniget.

Die abgetretenen Bezirke des Saar- und Mosel-Departements, Saarbrück und Saarlouis mit 49 Ortschaften kamen an Preußen.

Die Gebiete des niederrheinischen Departements mit der Festung Landau erhielt Oestreich.

Noch wurde von den Siegern die Zurücknahme der in Paris zusammengehäuften Kunstwerke und wissenschaftlichen Schätze beharrlich durchgesetzt, und Holland, die Niederlande, Oestreich und Preußen, so wie Italien und die deutschen Städte, sahen ihre Gemälde, ihre Bildsäulen und ihre Handschriften zurückkehren; diese gerechte Maßregel kränkte die Eitelkeit der Franzosen besonders tief.

So war durch den Sturz Napoleons, und durch die Wiederkehr der Bourbons auf Frankreichs Thron, Europa der Friede aufs neue gegeben. Der Friede scheint gesichert, möge dem also seyn. Reichlich gedüngt mit Strömen von Blut ist der Acker der Menschheit, welche Früchte wird er tragen?

Ein Gewinn bleibt uns sicher, der Geist, der rege geworden ist unter den Völkern, im Volk der Preußen, das Bewußtseyn eigener Stärke, das Zutrauen zu seiner Kraft; es ist ein herrlicher Gewinn, und welche Macht der Erde ist zu fürchten, wenn ein Volk zusammenhält in Treue gegen den König und das Vaterland?

Beilagen

zum

Feldzuge von 1815.

Inhalt der Beilagen.

Bei-

Beilagen.

Beilage I.

Eintheilung des Preußischen Kriegsheeres am Nieder-Rhein im Winter von 1814 zu 1815.

Oberbefehlshaber, der General der Infanterie Graf Kleiß von Nollendorf.

Chef des Generalstabes, der General-Major von Müffling.

Das 1ste Armee-Corps kommandirt der General-Major v. Pirch der 2te.

G. M. von Kabler.
- das Brandenburgische Husaren-Reg., Obristlt. v. Sohr,
- das Brandenburgische Uhlanen-Reg., Comd. Obrist v. Stutterheim,
- das Meklenburg-Strelitzsche Husaren-Reg., Comd. Obrist v. Warburg.

G. M. von York.
- das Leib-Inf.-Reg., Comd. der Obristlt. v. Zepelin,
- das 12te Inf.-Reg., Comd. der Obristlt. v. Othegraven,
- das 24ste Inf.-Reg., Comd. der Major v. Laurens.

Das 2te Armee-Corps kommandirt der General-Lieutenant v. Zieten.

G. Lt. von Röder.
- das Schlesische Uhlanen-Reg., Comd. der Obristlt. v. Schmiedeberg,
- das 1ste Schlesische Husaren-Reg., Comd. der Major v. Engelhardt,
- das 2te Schlesische Husaren-Reg., Comd. der Obrist v. Eike,
- das Westpreußische Uhlanen-Reg., Comd. der Obristlt. v. Beyer.

G. M. von Pirch d. 1ste.
- das 1ste Westpreußische Inf.-Reg., Comd. Obrist v. Kemphen,
- das 2te Westpreußische Inf.-Reg., Comd. Obrist v. Seidlitz,
- das 22ste Inf.-Reg., Comd. Major v. Sack,
- das 23ste Inf.-Reg., Comd. der Obristlt. v. Schwichow.

Das Schlesische Schützen-Bataillon, Comd. Major v. Neumann.

Das 3te Armee-Corps kommandirt der General-Lieutenant v. Borstel. Haupt-Quartier in Crefeld.

G. M. von Hobe.
- das Regiment Königin Dragoner, Comd. Obristlt. v. Brockhausen,
- das Brandenburgische Dragoner-Reg., Comd. Obrist Graf v. Lottum,

A

G. M. von Hobe.	das Pommersche Husaren-Reg., Comd. Obrist v. Thümen, das Lützowsche Kavall.-Reg., Comd. Obristlt. v. Lützow, das Hellwigsche Kavall.-Reg., Comd. Major v. Hellwig.
G. M. von Krafft	das Pommersche Inf.-Reg., Comd. Obrist v. Schon, das Colbergsche — Comd. Obrist v. Zastrow, das 14te Inf.-Reg., Comd. Major v. Mirbach, das 21ste — Comd. Obristlt. v. Rekow, 2 Bat. des Elb-Inf.-Reg., Comd. Obrist v. Reuß (das 2te Bat. in Jülich), das Lützowsche Inf.-Reg., Comd. Major v. Petersdorf, das Jäger-Bat. v. Reiche, Comd. Major v. Reiche.

Artillerie des 3ten Armee-Corps.

Die reitenden Batterien No. 5, 6 und 14. (die reitende Batterie No. 11. war in Wesel),
die 12pfünd. Batterie No. 4.
die Fußbatterien No. 5 und 10.
die Park-Kolonnen No. 4, 6 und 14.

Außerdem gehörten noch zu dieser Armee:

1. Die russisch deutsche Legion.
   Das 1ste Inf.-Reg., (das 30ste Infant.) Obristlt. v. Natzmer,
   das 2te Inf.-Reg., (das 31ste Infant.) Obrist v. Stülpnagel,
   das 1ste Husaren-Reg., Obrist v. d. Goltz,
   das 2te — Obrist Graf v. Dohna.
2. Die Westphälischen Landwehren, so wie die Bergschen Truppen waren bis auf Cadres beurlaubt.
3. Die Sächsischen Truppen von 10,000 Mann unter dem General-Lieutenant Freiherrn v. Thielemann.

Beilage II.

Dislokation des Preußischen Kriegsheeres im Monat März 1815.

I. Die auf Kriegsfuß stehende Armee des Generals der Infanterie Grafen Kleist von Nollendorf.

Kavallerie.

1. Das Brandenburgische Husaren-Reg.
2. Das Brandenburgische Uhlanen-Reg.
3. Das Mecklenburg-Strelitzsche Husaren-Reg.
4. Das Schlesische Uhlanen-Reg.
5. Das 1ste Schlesische Husaren-Reg.
6. Das 2te Schlesische Husaren-Reg.
7. Das Pommersche Husaren-Reg.
8. Das Regiment Königin-Dragoner.
9. Das Brandenburgische Dragoner-Reg.
10. Das Westpreußische Uhlanen-Reg.
11. Das 1ste Husaren-Reg. der Deutschen Legion.
12. Das 2te — — —
13. Das Lützowsche Kavallerie-Reg.

Infanterie.
1. Das Leib-Infanterie-Reg.
2. Das Brandenburgische Infanterie-Reg.
3. Das 24ste Infanterie-Reg. (das 12te Reserve-Reg.).
4. Das 1ste Westpreußische Infanterie-Reg.
5. Das 2te — —
6. Das 10te Reserve-Reg. (das 22ste Reg.).
7. Das 11te — (das 23ste Reg.).
8. Das Pommersche Infanterie-Reg.
9. Das 14te Infanterie-Reg. (das 2te Reserve-Reg.).
10. Das Colbergsche Infanterie-Reg.
11. Das 21ste Infanterie-Reg. (9te Reserve-Reg.).
12. Das 1ste Infanterie-Reg. der Deutschen Legion (30ste Reg.).
13. Das 2te — — — (31ste Reg.).
14. Das Lützowsche Infanterie-Reg. (das 25ste Inf.-Reg.).
15. Das Reichesche Jäger-Bat. (das 27ste Inf.-Reg.).

II. **Das Garde und Grenadier-Corps in Berlin und Potsdam.**
General-Lieutenant Herzog Carl v. Meklenburg Strelitz.
Das 1ste Regiment Garde zu Fuß.
Das 2te — —
Das Garde-Jäger-Bataillon.
Das Grenad.-Reg. Kaiser Alexander.
Das — Kaiser Franz.
Das Garde-Schützen-Bataillon.
Das Regiment Garde du Corps.
Das Regiment Garde-Husaren.
Das Regiment Garde-Dragoner.
Das Regiment Garde-Uhlanen.

III. **Unter dem General v. Lobenthal auf dem Marsch nach Preußen,** kamen bis nach Berlin
Das 1ste Ostpreußische Infanterie-Reg.
Das 2te — —
Das 2te Leib-Husaren-Reg.

IV. **Die Cuirassier-Regimenter** unter dem General-Major v. Wrangel in den Marken.
Das Schlesische Cuirassier-Reg.
Das Brandenburgische —
Das Ostpreußische —

V. **Unter dem General-Lieutenant v. Oppen** in Thüringen, der Altmark und Halberstadt.

G. M. von Jagow.
- das 1ste Schlesische Inf.-Reg.,
- das 2te — —
- das 15te Inf.-Reg.
- das 18te —
- das 26ste — (das Elb-Reg.),

G. M. Graf Henkel.
- das Litthauische Dragoner-Reg.,
- das 1ste Westpreußische —
- das Neumärkische —
- das 2te Westpreußische —

VI. **Das Corps des General-Lieutenant v. Thümen** in Frankfurt an der Oder.

G. M. von Zielinsky.
- das 3te Ostpreußische Inf.-Reg.,
- das 16te Inf.-Reg. (das 4te Reserve-Reg.),
- das Ostpreußische Jäger-Bat.,
- das 1ste Leib-Husaren-Reg.

A 2

Schlettstädt. Am 13ten Juli machte der Feind einen Ausfall, drängte die Vorwachten zurück, und bemächtigte sich des Dorfes Chatenois, wo sich das östreichische Hauptquartier befand, und wo er sich einige Stunden behauptete, bis es den vereinigten Anstrengungen gelang, ihn bis in die Festung zurückzuwerfen.

Bald nachdem der Waffenstillstand abgeschlossen (vom 22sten Juli) unterwarf sich die Besatzung von Schlettstädt dem König Ludwig XVIII., und in Gemäßheit der Verordnungen vom 20sten Juli wurden hier, mit Straßburg gleichzeitig, sämmtliche mobile Nationalgarden entlassen, und in ihre Heimath zurückgeschickt.

Die östreichischen und badenschen Truppen unter dem Oberbefehl des General-Lieutenants Grafen Hochberg marschirten jetzt zur Belagerung von Hüningen, und dagegen rückten die Sachsen unter dem Oberbefehl des Herzogs von Coburg (welcher den 2ten August 1815 in Frankfurth am Main denselben übernommen hatte) vor Schlettstädt, und übernahmen die Einschließung dieser Festung.

Am 15ten August übernahm der Obrist v. Einsiedel mit nachfolgenden Truppen die Einschließung von Schlettstädt:

3 Bataillons des Infanterie-Regiments Prinz Anton;
dem 2ten Schützen-Bataillon;
einer Esquadron Uhlanen;
der 6pfündigen fahrenden Batterie No. 2.
einem Offizier und 20 Gemeinen vom Sappeur-Detaschement.

Die Blokade von Schlettstädt wurde am 21sten September 1815 aufgehoben, und die sächsischen Truppen bezogen im Elsaß Kantonirungsquartiere.

2) Die Festung Neu-Breisach und das Fort Mortier.

waren von östreichischen und badenschen Truppen unter dem östreichischen General-Major von Volkmann eingeschlossen, und die feindliche Besatzung machte auch hier einige Ausfälle, welche Gefechte veranlaßten, weil der Kommandant General Dremençourt sich erst später für den König Ludwig XVIII. erklärte; die Feindseligkeiten dauerten deshalb hier einige Wochen länger, als vor Schlettstädt.

Auch das bisherige Einschließungs-Corps dieser Festung marschirte zur Belagerung von Hüningen, und am 16ten August 1815 übernahm der General-Major v. Leyser mit folgenden sächsischen Truppen die Blokade:

3 Bataillons des Infanterie-Regiments Prinz Friedrich,
3 Bataillons des Infanterie-Regiments Prinz Max,
2 Bataillons des Infanterie-Regiments der Herzoge von Sachsen,
dem 3ten Bataillon vom Reserve-Landwehr-Regiment,
} Unter Ablösung der einzelnen Bataillons von 6 zu 6 Tagen.

dem 1sten Schützen-Bataillon,
dem Jäger-Bataillon,
3 Esquadrons Husaren,
1 Esquadron Uhlanen,
der reitenden Artillerie-Brigade,
einem Detaschement Sappeurs.

Am 22sten September wurde die Einschließung von Neu-Breisach aufgehoben, und auch diese Truppen bezogen Kantonirungsquartiere im Elsaß.

Die nicht vor den erwähnten beiden Festungen (Schlettstädt und Neu-Breisach) gebrauchten, sächsischen Truppen bezogen Kantonirungs-Quartiere im Ober-Elsaß, und der Herzog von Coburg nahm sein Hauptquartier in Colmar; diese Reserve-Truppen bestanden aus:

Obrist von Seidewitz. { der Stabs-Dragoner-Compagnie, dem Leib-Grenadier-Bataillon.

Obrist v. Berge. { 3 Esquadrons des Leib-Cuirassier-Regiments, 1 — Husaren.

Obrist v. Raabe. { der 1sten Artillerie-Brigade (Major v. Birnbaum), der 2ten 12pfündigen Batterie, dem Haupt-Park (Major v. Tschökel), und

später aus dem Reserve-Landwehr-Infanterie-Regiment unter dem General v. Nostitz.

Diese Reserve stand anfangs unter dem Befehl des General-Lieutenants von Lecoq, später jedoch unter dem General-Major von Nostitz, als am 29sten October 1815 der Herzog von Coburg von Colmar abreisete, und den Oberbefehl des sächsischen Truppen-Corps, welches 543 Offiziere, 16,774 Mann und 3404 Pferde stark war, dem General-Lieutenant v. Lecoq übergab.

Es wurden viele Arbeiter zum Bau der Verschanzungen an der neu errichteten Sponeker Schiffbrücke unfern Markolsheim (zwischen Neu-Breisach und Schlettstädt) gegeben, wo ein bedeu-

Die Linien-Regimenter des Preußischen Kriegs-Heeres hatten zufolge dieser Formation im Jahr 1815 folgende Nummern.

I. Die Garde- und Grenadier-Truppen.

1) Infanterie.

Das 1ste Regiment Garde zu Fuß.
Das 2te Regiment Garde zu Fuß.
Das Garde Jäger-Bataillon.
Das Neufchateller Garde-Schützen-Bataillon.
Das Grenadier-Regiment Kaiser Alexander.
Das Grenadier-Regiment Kaiser Franz.

2) Kavallerie.

Das Regiment Garde du Corps.
Das Garde-Uhlanen-Regiment.
Das Garde-Husaren-Regiment.
Das Garde-Dragoner-Regiment.

II. Die Linien-Infanterie-Regimenter.

No.		
No. 1.	das 1ste Ostpreußische Inf.-Reg.	Alte Infanterie-Regimenter.
— 2.	das 1ste Pommersche —	
— 3.	das 2te Ostpreußische —	
— 4.	das 3te Ostpreußische —	
— 5.	das 4te Ostpreußische —	
— 6.	das 1ste Westpreußische —	
— 7.	das 2te Westpreußische —	
— 8.	das Leib-Inf.-Reg.	wurden im Jahr 1808 errichtet.
— 9.	das Colbergsche Inf.-Reg.	
— 10.	das 1ste Schlesische —	
— 11.	das 2te Schlesische —	
— 12.	das Brandenburgische Inf.-Reg.	wurden im Jahr 1813 errichtet.
— 13.	das bisherige 1ste Reserve-Inf.-Reg.	
— 14.	das — 2te — —	
— 15.	das — 3te — —	
— 16.	das — 4te — —	
— 17.	das — 5te — —	
— 18.	das — 6te — —	
— 19.	das — 7te — —	
— 20.	das — 8te — —	
— 21.	das — 9te — —	
— 22.	das — 10te — —	
— 23.	das — 11te — —	
— 24.	das — 12te — —	
— 25.	Infanterie-Regiment	wurden im April 1815 errichtet.
— 26.	—	
— 27.	—	
— 28.	—	
— 29.	—	
— 30.	—	
— 31.	—	
— 32.	—	

Das Ostpreußische Jäger-Bataillon.
Das Schlesische Schützen-Bataillon.

III. Die Linien-Kavallerie-Regimenter.

1) Cuirassier-Regimenter.

Das 1ste	Cuirassier-Regiment,	das Schlesische.
Das 2te	—	das Ostpreußische.
Das 3te	—	das Brandenburgische.
Das 4te	—	

2) Dragoner-Regimenter.

Das 1ste	Dragoner-Regiment,	der Königinn.
Das 2te	—	das 1ste Westpreußische.
Das 3te	—	Litthauische.
Das 4te	—	2te Westpreußische.
Das 5te	—	Brandenburgische,
Das 6te	—	Neumärkische.
Das 7te	—	
Das 8te	—	

3) Uhlanen-Regimenter.

Das 1ste	Uhlanen-Regiment,	Westpreußische.
Das 2te	—	Schlesische.
Das 3te	—	Brandenburgische.
Das 4te	—	
Das 5te	—	
Das 6te	—	
Das 7te	—	
Das 8te	—	

4) Die Husaren-Regimenter.

Das 1ste	Husaren-Regiment,	das 1ste Leib-Husaren.
Das 2te	—	das 2te —
Das 3te	—	das Brandenburgische.
Das 4te	—	das 1ste Schlesische.
Das 5te	—	das Pommersche.
Das 6te	—	das 2te Schlesische.
Das 7te	—	
Das 8te	—	
Das 9te	—	
Das 10te	—	
Das 11te	—	
Das 12te	—	

Das Preußische Kriegs-Heer zählte demnach Linien-Truppen.

Die Garde-Truppen	8	Bataillons	16	Escadrons.
Grenadiere	6	—		
32 Infanterie-Regimenter	96	—		
2 Jäger-Bataillons	2	—		
4 Cuirassier-Regimenter			12	—
8 Dragoner-Regimenter			24	—
8 Uhlanen-Regimenter			24	—
12 Husaren-Regimenter			56	—
Zusammen	[illegible]	Bataillons	112	Escadrons.

Beilage IV.

Die Formation, Stärke und Aufstellung des Französischen Kriegsheeres im Monat Mai 1815.

I. Die Nord-Armee bestand aus:

Dem 1sten Armee-Corps

Chef, der General-Lieutenant Graf d'Erlon. Haupt-Quartier in Lille.

		Bat.	Esq.
G. Lt. le Fal.	12 Linien-Inf.-Reg.	24 Bat.	
— Gerardin.	2 leichte Inf.-Reg.	4 —	
— Defranç.	2 Cuirassier-Reg.		6 Esq.
	1 Dragoner-Reg.		3 —
— Gr. Walther.	1 Chasseur-Reg.		3 —
— St. Alphonse.	das 3te Lancier-Reg.		3 —
	das 4te —		3 —

Zusammen 23,940 Mann in 28 Bat. 18 Esq. 2880 Pferde.

Dem 2ten Armee-Corps.

Chef, der General-Lieutenant Reille. Haupt-Quartier in Avesnes, später in Valenciennes.

		Bat.	Esq.
G. Lt. Bachelü.	5 Linien-Inf.-Reg.	10 Bat.	
— Barrois.	3 leichte Inf.-Reg.	6 —	
— Girard.			
	1 Dragoner-Reg.		3 Esq.
— Exelmann.	1 Chasseur-Reg.		3 —
— Colbert.	3 Lancier-Reg.		9 —
	1 Husaren-Reg.		3 —

Zusammen 14,400 Mann in 16 Bat. 18 Esq. 2880 Pferde.

Dem 3ten Armee-Corps.

Chef, der General-Lieutenant Graf Vandamme. Haupt-Quartier in Mezieres.

		Bat.	Esq.
G. Lt. Lemoine.			
— Charbonnier.	6 Linien Inf.-Reg.	12 Bat.	
— Mouton Duvernet.	1 leichtes Inf.-Reg.	2 —	
— d'Aumont.	1 Cuirassier-Reg.		3 Esq.
— Ameil.	1 Dragoner-Reg.		3 —
— Pajol.	1 Husaren-Reg.		3 —
	1 Lancier-Reg.		3 —

Zusammen 12,000 Mann in 14 Bat. 12 Esq. 1920 Pferde.

Die Reserve-Armee.

Chef, der General-Lieutenant Graf Lobau. Haupt-Quartier in Laon.

		Bat.	Esq.
G. Lt. Morand.	15 Linien-Inf.-Reg.	30 Bat.	
— Teste.	2 leichte Inf.-Reg.	4 —	
— Gr. Milhaud.	2 Carabinier-Reg.		6 Esq.
— Delort.	2 Cuirassier-Reg.		6 —
	5 Dragoner-Reg.		15 —
— Piret.	3 Lancier-Reg.		9 —
	1 Husaren-Reg.		3 —

Chef der Artillerie, der Brig.-Gen. Nourrit.

Zusammen 30,780 Mann in 34 Bat. 39 Esq. 6240 Pferde.

Die Kaiserlichen Garden.

kommandirte einstweilig der General-Lieutenant Drouot.
Theils zu Paris, theils zu Avesnes.

1) Alte Garden.

G. Lt. Graf Friant.	Grenadier zu Fuß	5 Bat.
— Morand.	Chasseur —	5 —
	Tirailleurs —	3 —
	das Bat. der Insel Elba	1 —
	alte Gensd'armerie	2 —

2) Junge Garden.

G. Lt. Bruyeres.	Tirailleurs	6 —
— Meunier.	Voltigeurs	6 —
— Barrois.		

3) Die Kavallerie.

G. Lt. Guiot.	Grenadier zu Pferde	3 Esq.
— Ornano.	Dragoner	3 —
— Lefebvre Desnouettes.	Chasseurs	3 —
— Colbert.	Lanciers	3 —

Zusammen 23,160 Mann in 28 Bat. 12 Esq. 3000 Pferde.

Die Nord-Armee zählte demnach:

Das 1ste Armee-Corps (d'Erlon)	23,040 Mann in	28 Bat.	18 Esq.
Das 2te Armee-Corps (Reille)	14,400 Mann in	16 —	18 —
Das 3te Armee-Corps (Vandamme)	12,000 Mann in	14 —	12 —
Die Reserve-Armee (Lobau)	30,780 Mann in	34 —	39 —
Die Kaiserlichen Garden (Drouot)	23,160 Mann in	28 —	12 —
Die Artillerie zusammen	5,000 Mann		
Zusammen	106,380 Mann in	120 Bat.	99 Esq.

Davon waren 86,460 Mann Fußvolk.
16,920 Mann Reiterei.
5,000 Mann Artillerie.

Zusammen 108,380 Mann.

(Die 3ten Bataillons der Infanterie-Regimenter waren noch in der Formation begriffen.)

II. Die Mosel-Armee oder das 4te Armee-Corps.

Chef, der General-Lieutenant Gerard. Haupt-Quartier in Longwy und Thionville.
Chef der Artillerie, der Brigade-General Baltus.
Chef des Genie-Corps, der Brigade-General Valeze.

G. Lt. Vechery.	7 Linien-Inf.-Reg.	14 Bat.
— Lanusse.	1 leichtes Inf.-Reg.	2 —
— Depreé.		
— Morin.		
— Jaginot.		
— Kellermann.	3 Cuirassier-Reg.	9 Esq.
— Roussel.	3 Dragoner-Reg.	9 —
	3 Chasseur-Reg.	9 —
	1 Husaren-Reg.	3 —

Zusammen 16,320 Mann in 16 Bat. 30 Esq. 4800 Pferde.

(Dieses Armee-Corps war bestimmt, sich der Maas zu nähern, und an die Nord-Armee anzuschließen.)

III. Die Rhein-Armee oder das 5te Armee-Corps.

Chef: der General-Lieutenant Graf Rapp. Haupt-Quartier in Strasburg.

(Es stand im Elsaß zwischen Landau und Hagenau, und an den Vogesen.)

G. Lt. Grandjean. — Heudelet. — Merlin.	18 Linien-Inf.-Reg. 4 leichte Inf.-Reg.	36 Bat. 8 —
G. Lt. Puthod. — Dumonville. — Molitor.	4 Cuirassier-Reg. 2 Dragoner-Reg. 2 Chasseur-Reg. 1 Husaren Reg. 2 Reg. Lancier der Nationalgarde. das 6te u. 8te Chasseur-Depôt.	12 Esq. 6 — 6 — 3 —

Zusammen 36,600 Mann in 44 Bat. 27 Esq. 4320 Pferde.

IV. Die Observations-Armee des Jura, oder das 6te Armee-Corps.

Chef, der General-Lieutenant Lecourbe. Haupt-Quartier in Altkirch, zwischen Hüningen und Bedfort.

Chef des Generalstabes, der General-Major Baron Monfort.

G. Lt. Abbé.	4 Linien-Inf.-Reg.	10 Bat. (inclusive 2 dritter Bat.)
— Castex.	1 Chasseur-Reg. 2 Husaren-Reg.	3 Esq. 6 —

Zusammen 8640 Mann in 10 Bat. 9 Esq. 1440 Pferde.

V. Gegen Italien.

Die Alpen-Armee oder das 7te Armee-Corps.

Chef, der Marschall Suchet. Bei Grenoble und Chambery.

G. Lt. Dessaix. — Maransin.	5 Linien-Inf.-Reg.	10 Bat.
Brig.-Gen. Jeannet.	2 Dragoner-Reg. 1 Chasseur-Reg. 1 Husaren-Reg.	6 Esq. 3 — 3 —

Zusammen 10,560 Mann in 10 Bat. 12 Esq. 1920 Pferde.

Das Beobachtungs-Corps von Var oder das 8te Armee-Corps.

Chef, der Marschall Brune. Bei Toulon und Antibes.

G. Lt. Merlin.	4 Linien-Inf.-Reg. 1 leichtes Inf.-Reg.	8 Bat. 2 —
	1 Chasseur-Reg.	3 Esq.

Zusammen 9120 Mann in 10 Bat. 3 Esq. 480 Pferde.

Gegen Italien standen also 19,680 Mann, worunter 1400 Pferde, nebst 1000 Mann Artillerie, später, nachdem die 10 dritten Bataillons hinzugekommen, zusammen 30,000 Mann.

VI. Gegen Spanien formirten sich an den Pyrenäen.

Das 9te Armee-Corps oder die Armee der Gironde.

Chef, der General-Lieutenant Clauzel. Haupt-Quartier in Bordeaux.

G. Lt. Fressinet.	5 Linien-Inf.-Reg.	10 Bat.	
— Beauvais.	1 leichtes Inf.-Reg.	2 —	
— Bardout.	1 Chasseur-Reg.		3 Esq.

Zusammen 9,120 Mann in 12 Bat. 3 Esq. 480 Pferde.

Das 10te Armee-Corps.

Chef, der General-Lieutenant Decaen. Haupt-Quartier in Perpignan.

2 Linien-Inf.-Reg.	4 Bat.	
1 Chasseur-Reg.		3 Esq.

Zusammen 3360 Mann in 4 Bat. 3 Esq. 480 Pferde.

Gegen Spanien standen also 12,480 Mann, worunter 960 Pferde; wurde die Artillerie von 800 Mann und 8 dritte Bataillone hinzugerechnet, so betrug die Stärke 19,040 Mann.

VII. Im Westlichen Frankreich in der Vendee.

Chef, der General-Lieutenant Laborde. Haupt-Quartier in Pontroy.

G. Lt. Travot.	das 26ste	Linien-Infanterie-Regiment	2 Bat.
	das 44ste	—	2 —
	das 71ste	—	2 —
	das 73ste	—	2 —

Zusammen 5760 Mann in 8 Bat.

Die Stärke des Französischen Kriegsheeres betrug im Monat May 1815.

1.	Die Nord-Armee	108,380	Mann in	120	Bat.	99	Esq.
2.	Die Mosel-Armee	16,320	—	16	—	30	—
3.	Die Rhein-Armee	36,600	—	44	—	27	—
4.	Die Observ.-Armee des Jura	8,640	—	10	—	9	—
5.	Gegen Italien	19,680	—	20	—	15	—
6.	Gegen Spanien	12,480	—	16	—	6	—
7.	Im westlichen Frankreich	5,760	—	8	—		
8.	Artillerie	5,000	—				

Zusammen 212,860 Mann in 234 Bat. 186 Esq.

Von den National-Garden.

Wurden 204 Bataillons jedes zu 720 Mann wirklich in Aktivität gesetzt, und nachfolgend vertheilt:

Im Norden zu den Festungs-Besatzungen.	in die 1ste Milit.-Div.	41 Bat.	83 Bat.	=	59,760 M.
	2te —	28 —			
	3te —	14 —			
Am Rhein zu den Festungs-Besatzungen.	4te —	28 —	79 Bat.	=	56,880 M.
	5te —	35 —			
	6te —	16 —			
An den Alpen zu den Festungs-Besatzungen.	7te —	42 —	42 Bat.	=	30,240 M.

Zusammen 204 Bat. = 146,880 M.

Frankreichs Streitkräfte, das Kriegs-Heer 212,860 Mann.
Die Nationalgarden 146,880 Mann.
Zusammen 359,740 Mann.

(Bei den Linien-Truppen ist zufolge des Etats das Bataillon zu 720 Mann, die Esquadron zu 160 Pferden gerechnet.)

Die Kommandanten der französischen Festungen waren im Jahr 1815.

1. Valenciennes, General Rey.
2. Maubeuge, General Baron Latour Maubourg.
3. Landrecy, Obrist Foras.
4. Marienbourg, Obrist Alliot.
5. Philippeville, General Casergue.
6. Die beiden Givets, der Mont d'Haure u. Charlemont, G. Lt. Gr. Bourke.
7. Die Stadt Charleville, General Laplanche.
8. Mezieres General-Lieut. Lemoine.
9. Montmedy und M. dydas, General-Lieut. Laurent.
10. Longwy, General Baron Ducos.
11. Sedan, General Baron Choisy.
12. Metz, General-Lieut. Graf Bellard (General-Lieut. Graf Miollis).
13. Verdun, General Dumolard.
14. Soissons (Stadt), General Gründeler.
15. Condè, General Bonnaire.
16. Landau, General Geuder.
17. Bietsch, General Baron Kreuzer.
18. Straßburg u. Kehl, G. Lt. Gr. Rapp, Gouverneur G. Lt. Semelè.
19. Pfalzburg, General Barthelmy.
20. Hüningen, General Barbanegre, General Chançel. 3000 Mann.
21. Bedfort, General Lecourbè.
22. Auxonne, Obrist der Artillerie, Maçon.
23. Schlettstadt, General-Lieut. Suzanne.
24. Neu Breisach } General Premençourt.
25. Fort Mortier }
26. Toul (Stadt), Obrist der Artillerie Fouchard.
27. Antibes, General Ollivarich.
28. Lille, General-Lieut. Lapoppe.
29. Dünkirchen, General-Lieut. Leval,
30. Caen, General-Lieut. Baron Roguet.

Beilage V.

Eintheilung des Französischen Haupt-Heeres am 14ten Juni 1815.

Oberbefehlshaber, Napoleon Bonaparte.
Major-General, der Marschall Soult, Herzog v. Dalmatien.
Den rechten Flügel kommandirte der Marschall Grouchy.
Das Zentrum kommandirte der Marschall Mortier, Herzog v. Treviso (er blieb in Beaumont krank zurück).
Den linken Flügel kommandirte der Marschall Ney Prinz von der Moskwa.
Der General-Intendant der Armee, Daure.

I. Die Französischen Garden kommandirte der Marschall Mortier, Herzog v. Treviso.
Aide Major-General der Garden, der General-Lieutenant Drouot.

A. Die alten Garden.

1ste Division, der General-Lieut. Graf Friant.

Brig.-Gen. Petit.	2 Bat.	das 1ste	Reg. Grenadiere,		G. Lt. Graf Rogiy,
	2 —	das 2te	—	—	G. Lt. Graf Harlet,
	2 —	das 3te	—	—	
	2 —	das 4te	—	—	

2te Division, der General-Lieut. Graf Morand.

Brig.-Gen. Michel.	2 Bat.	das 1ste	Reg. Chasseurs.
	2 —	das 2te	— —
	2 —	das 3te	— —
	2 —	das 4te	— —

B. Die jungen Garden.

Die Division des General-Lieut. Barrois.

Brig.-Gen. Chartron.	2 Bat.	das 1ste	Reg.	Voltigeurs.
	2 —	das 1ste	—	Tirailleurs.
Brig.-Gen. Mellinet.	2 —	das 3te	—	Voltigeurs.
	2 —	das 3te	—	Tirailleurs.

Die Pohlnischen Truppen der Obrist Germanowsky.

C. Die Garde-Reiterei.

6 Esq.	das 1ste Reg. Grenadier zu Pferde,	G. Lt. Guiot,
	das 2te — — —	Gen. Baron Christiani.
7 —	Das Garde-Dragoner-Reg.,	der G. Lt. Ornano.
7 —	Das 1ste Chasseur-Reg.,	der G. Lt. Lefebre Desnouettes.
5 —	Das 2te —	der G. Lt. Petit.
7 —	Das Garde-Lancier-Reg.,	der G. Lt. Colbert.
32 Esq.		

D. Die Artillerie der Garde kommandirt General Doguereau.

II. Das 1ste Armee-Corps, Chef der General-Lieut. Graf d'Erlon.

Die 1ste Infanterie-Division, der General-Lieut. Guiot.

Brig.-Gen. Bourgois.	2 Bat.	das 54ste	Linien-Infanterie-Reg.
	2 —	das 55ste	—
Brig.-Gen. Quiot.	2 —	das 28ste	—
	2 —	das 105te	—

Die Batterie, 6te Regiment 9te Comp.
5 Esq. Train.
2 Compagnien vom Genie.

Die 2te Infanterie-Division, der G. Lt. Donzelot.

Brig.-Gen. Schmitz.	2 Bat. das 13te leichte Infanterie-Reg.
	2 — das 17te Linien —
Brig.-Gen. Aulard.	2 — das 19te Linien —
	2 — das 51ste Linien —

Die Batterie 6te Regiment 10te Comp.
5 Esq. Train.
Genie-Abtheilung.

Die 3te Infanterie-Division, der G. Lt. Marcognet.

Brig.-Gen. Noguez.	2 Bat. das 21ste Linien-Infanterie-Reg.
	2 — das 46ste —
Brig.-Gen. Grenier.	2 — das 25ste —
	2 — das 45ste —

Die Batterie 6te Regiment 19te Comp.
2 Esq. Train.
Genie-Abtheilung.

Die 4te Infanterie-Division, der G. Lt. Durutte.

Brig.-Gen. Pegot.	2 Bat. das 8te Linien-Infanterie-Reg.
	2 — das 29ste —
Brig.-Gen. Brue.	2 — das 85ste —
	2 — das 95ste —

Batterie vom 6ten Regiment 20ste Comp.
3 Esq. Train.
Abtheilung vom Genie-Corps.

Der Artillerie-Park, Major Mouchel.
12pfünd. Batterien.
Abtheilung vom Genie-Corps.
Ambulançe.
Detaschement Gensd'armen.

Die 1ste Kavallerie-Division, der G. Lt. Jaquinot.

Brig.-Gen. Bruno.	3 Esq. 3te Chasseur-Reg.
	3 — 7te —
Brig.-Gen. Gobrecht.	2 — 3te Lanciers-Reg.
	3 — 4te —

Eine reitende Batterie.
4 Esq. Train.

III. Das 2te Armee-Corps, Chef der G. Lt. Graf Reille.

Die 5te Infanterie-Division, der G. Lt. Bachelu.

Brig.-Gen. Husson.	2 Bat. das 11te Linien-Infanterie-Reg.
	2 — das 61ste —
Brig.-Gen. Campy.	2 — das 72ste —
	2 — das 108te —

Batterien des 6ten Regiments 18te Comp.
3 Esq. Train.
Abtheilung vom Genie-Corps.

Die 6te Infanterie-Division, der Prinz Jerome Bonaparte.

Brig.-Gen. Boduin.	3 Bat. das 1ste leichte Infanterie-Reg.
	3 — das 2te — —

Brig. = Gen. Soye.
- 3 Bat. das 3te Linien-Infanterie-Reg.
- 3 — das 1ste —
- 3 — das 2te —

Batterien vom 2ten Regiment 2te Comp.
1 Esq. Train.
Abtheilung vom Genie-Corps.

Die 7te Infanterie-Division, der G. Lt. Girard.

Brig. = Gen. Devilliers.
- 2 Bat. das 3te Linien-Infanterie-Reg.
- 2 — das 82ste —

Brig. = Gen. Prat.
- 3 — das 12te leichte Infanterie-Reg.
- 3 — das 4te Linien —

Batterien 2te Regiment 3te Comp.
1 Esq. Train.
Abtheilung vom Genie-Corps.

Die 9te Infanterie-Division, der G. Lt. Foy.

Brig. = Gen. Gauthier.
- 3 Bat. das 4te leichte Infanterie-Reg.
- 2 — das 92ste Linien —

Brig. = Gen. Jamin.
- 2 — das 93ste — —
- 2 — das 100ste — —

Batterie 6te Regiment 1ste Comp.
1 Esq. des Equipages.
Abtheilung vom Genie-Corps.

Der Artillerie-Park, der Major Poirel.
12pfündige Batterien.
7 Esq. Train.
Ambulance.
Detaschement Gensd'armes.

Die 2te Kavallerie-Division, der G. Lt. Piré.

Brig. = Gen. Hubert.
- 4 Esq. das 1ste Chasseur-Reg.
- 4 — das 6te —

Brig. = Gen. Watier.
- 2 — das 5te Lancier-Reg.
- 4 — das 6te —

Reitende Batterie 4te Regiment 2te Comp.
5 Esq. Train.

IV. Das 4te Armee-Corps, Chef der G. Lt. Graf Vandamme.

Die 10te Infanterie-Division, der G. Lt. Habert.

Brig. = Gen. Gengoult.
- 3 Bat. das 34ste Linien-Infanterie-Reg.
- 3 — das 11te —

Brig. = Gen. Dapeyroux.
- 3 — das 22ste —
- 2 — das 70ste —
- 1 — Schweizer.

Batterie 2te Regiment 18te Comp.
4 Esq. Train.
Abtheilung vom Genie-Corps.

Die 11te Infanterie-Division, der G. Lt. Berthezene.

Brig. = Gen. Dufour.
- 2 Bat. das 12te Linien-Infanterie-Reg.
- 2 — das 56ste —

Brig. = Gen. Lagarde.
- 2 — das 33ste —
- 2 — das 86ste —

Batterie 2te Regiment 17te Comp.
5 Esq. Train.
Abtheilung vom Genie-Corps.

Die Linien-Regimenter des Preußischen Kriegs-Heeres hatten zufolge dieser Formation im Jahr 1815. folgende Nummern.

I. Die Garde- und Grenadier-Truppen.

1) Infanterie.

Das 1ste Regiment Garde zu Fuß.
Das 2te Regiment Garde zu Fuß.
Das Garde Jäger-Bataillon.
Das Neufchateller Garde-Schützen-Bataillon.
Das Grenadier-Regiment Kaiser Alexander.
Das Grenadier-Regiment Kaiser Franz.

2) Kavallerie.

Das Regiment Garde du Corps.
Das Garde-Uhlanen-Regiment.
Das Garde-Husaren-Regiment.
Das Garde-Dragoner-Regiment.

II. Die Linien-Infanterie-Regimenter.

No.		
No. 1.	das 1ste Ostpreußische Inf.-Reg.	Alte Infanterie-Regimenter.
— 2.	das 1ste Pommersche — —	
— 3.	das 2te Ostpreußische —	
— 4.	das 3te Ostpreußische —	
— 5.	das 4te Ostpreußische —	
— 6.	das 1ste Westpreußische —	
— 7.	das 2te Westpreußische —	
— 8.	das Leib-Inf.-Reg.	wurden im Jahr 1808 errichtet.
— 9.	das Colbergsche Inf.-Reg.	
— 10.	das 1ste Schlesische —	
— 11.	das 2te Schlesische —	
— 12.	das Brandenburgische Inf.-Reg.	wurden im Jahr 1813 errichtet.
— 13.	das bisherige 1ste Reserve-Inf.-Reg.	
— 14.	das — 2te — —	
— 15.	das — 3te — —	
— 16.	das — 4te — —	
— 17.	das — 5te — —	
— 18.	das — 6te — —	
— 19.	das — 7te — —	
— 20.	das — 8te — —	
— 21.	das — 9te — —	
— 22.	das — 10te — —	
— 23.	das — 11te — —	
— 24.	das — 12te — —	
— 25.	Infanterie-Regiment	wurden im April 1815 errichtet.
— 26.	—	
— 27.	—	
— 28.	—	
— 29.	—	
— 30.	—	
— 31.	—	
— 32.	—	

Das Ostpreußische Jäger-Bataillon.
Das Schlesische Schützen-Bataillon.

III. Die Linien-Kavallerie-Regimenter.

1) Cuirassier-Regimenter.

Das 1ste Cuirassier-Regiment,		das Schlesische.
Das 2te	—	das Ostpreußische.
Das 3te	—	das Brandenburgische.
Das 4te	—	

2) Dragoner-Regimenter.

Das 1ste Dragoner-Regiment,		der Königinn.
Das 2te	—	das 1ste Westpreußische.
Das 3te	—	Litthauische.
Das 4te	—	2te Westpreußische.
Das 5te	—	Brandenburgische,
Das 6te	—	Neumärkische.
Das 7te	—	
Das 8te	—	

3) Uhlanen-Regimenter.

Das 1ste Uhlanen-Regiment,		Westpreußische.
Das 2te	—	Schlesische.
Das 3te	—	Brandenburgische.
Das 4te	—	
Das 5te	—	
Das 6te	—	
Das 7te	—	
Das 8te	—	

4) Die Husaren-Regimenter.

Das 1ste Husaren-Regiment,		das 1ste Leib-Husaren.
Das 2te	—	das 2te —
Das 3te	—	das Brandenburgische.
Das 4te	—	das 1ste Schlesische.
Das 5te	—	das Pommersche.
Das 6te	—	das 2te Schlesische.
Das 7te	—	
Das 8te	—	
Das 9te	—	
Das 10te	—	
Das 11te	—	
Das 12te	—	

Das Preußische Kriegs-Heer zählte demnach Linien-Truppen.

Die Garde-Truppen	8	Bataillons	16	Esquadrons.
Grenadiere	6	—		
32 Infanterie-Regimenter	96	—		
2 Jäger-Bataillons	2	—		
4 Cuirassier-Regimenter			12	—
8 Dragoner-Regimenter			24	—
8 Uhlanen-Regimenter			24	—
12 Husaren-Regimenter			36	—
Zusammen	[illegible]	Bataillons	112	Escadrons.

Beilage IV.

Die Formation, Stärke und Aufstellung des Französischen Kriegsheeres im Monat Mai 1815.

I. Die Nord-Armee bestand aus:

Dem 1sten Armee-Corps

Chef, der General-Lieutenant Graf d'Erlon. Haupt-Quartier in Lille.

Generale	Regimenter	Bat.	Esq.
G. Lt. le Fal. — Gerardin.	12 Linien-Inf.-Reg.	24 Bat.	
	2 leichte Inf.-Reg.	4 —	
— Defranç.	2 Cuirassier-Reg.		6 Esq.
	1 Dragoner-Reg.		3 —
— Gr. Walther. — St. Alphonse.	1 Chasseur-Reg.		3 —
	das 3te Lancier-Reg.		3 —
	das 4te —		3 —

Zusammen 23,940 Mann in 28 Bat. 18 Esq. 2880 Pferde.

Dem 2ten Armee-Corps.

Chef, der General-Lieutenant Reille. Haupt-Quartier in Avesnes, später in Valenciennes.

Generale	Regimenter	Bat.	Esq.
G. Lt. Bachelu. — Barrois. — Girard.	5 Linien-Inf.-Reg.	10 Bat.	
	3 leichte Inf.-Reg.	6 —	
— Exelmann. — Colbert.	1 Dragoner-Reg.		3 Esq.
	1 Chasseur-Reg.		3 —
	3 Lancier-Reg.		9 —
	1 Husaren-Reg.		3 —

Zusammen 14,400 Mann in 16 Bat. 18 Esq. 2880 Pferde.

Dem 3ten Armee-Corps.

Chef, der General-Lieutenant Graf Vandamme. Haupt-Quartier in Mezieres.

Generale	Regimenter	Bat.	Esq.
G. Lt. Lemoine. — Charbonnier. — Mouton Duvernet.	6 Linien Inf.-Reg.	12 Bat.	
	1 leichtes Inf.-Reg.	2 —	
— d'Aumont. — Ameil. — Pajol.	1 Cuirassier-Reg.		3 Esq.
	1 Dragoner-Reg.		3 —
	1 Husaren-Reg.		3 —
	1 Lancier-Reg.		3 —

Zusammen 12,000 Mann in 14 Bat. 12 Esq. 1920 Pferde.

Die Reserve-Armee.

Chef, der General-Lieutenant Graf Lobau. Haupt-Quartier in Laon.

Generale	Regimenter	Bat.	Esq.
G. Lt. Morand. — Teste.	15 Linien-Inf.-Reg.	30 Bat.	
	2 leichte Inf.-Reg.	4 —	
— Gr. Milhaud. — Delort.	2 Carabinier-Reg.		6 Esq.
	2 Cuirassier-Reg.		6 —
— Piret.	5 Dragoner Reg.		15 —
	3 Lancier-Reg.		9 —
	1 Husaren-Reg.		3 —

Chef der Artillerie, der Brig.-Gen. Nourrit.

Zusammen 30,780 Mann in 34 Bat. 39 Esq. 6240 Pferde.

Die Kaiserlichen Garden.
kommandirte einstweilig der General-Lieutenant Drouot.
Theils zu Paris, theils zu Avesnes.

1) Alte Garden.

G. Lt. Graf Friant. — Morand.	Grenadier zu Fuß	5 Bat.
	Chasseur —	5 —
	Tiralleurs —	3 —
	das Bat. der Insel Elba	1 —
	alte Gensd'armerie	2 —

2) Junge Garden.

G. Lt. Bruyeres. — Menusier. — Barrois.	Tiralleurs	6 —
	Voltigeurs	6 —

3) Die Kavallerie.

G. Lt. Gujot. — Ornans. — Lefebre Desnouettes. — Colbert.	Grenadier zu Pferde	3 Esq.
	Dragoner	3 —
	Chasseurs	3 —
	Lanciers	3 —

Zusammen 23,160 Mann in 28 Bat. 12 Esq. 3000 Pferde.

Die Nord-Armee zählte demnach:

Das 1ste Armee-Corps (d'Erlon)	23,040 Mann in	28 Bat.	18 Esq.
Das 2te Armee-Corps (Reille)	14,400 Mann in	16 —	18 —
Das 3te Armee-Corps (Vandamme)	12,000 Mann in	14 —	12 —
Die Reserve-Armee (Lobau)	30,780 Mann in	34 —	39 —
Die Kaiserlichen Garden (Drouot)	23,160 Mann in	28 —	12 —
Die Artillerie zusammen	5,000 Mann		
Zusammen	108,380 Mann in	120 Bat.	99 Esq.

Davon waren 86,460 Mann Fußvolk.
16,920 Mann Reiterei.
5,000 Mann Artillerie.

Zusammen 108,380 Mann.

(Die 3ten Bataillons der Infanterie-Regimenter waren noch in der Formation begriffen.)

II. Die Mosel-Armee oder das 4te Armee-Corps.
Chef, der General-Lieutenant Gerard. Haupt-Quartier in Longwy und Thionville.
Chef der Artillerie, der Brigade-General Bathus.
Chef des Genie-Corps, der Brigade-General Valeze.

G. Lt. Bechern. — Lanusse. — Depreé. — Morin. — Jaginot.	7 Linien-Inf.-Reg.	14 Bat.
	1 leichtes Inf.-Reg.	2 —
— Kellermann. — Roussel.	3 Cuirassier-Reg.	9 Esq.
	3 Dragoner-Reg.	9 —
	3 Chasseur-Reg.	9 —
	1 Husaren-Reg.	3 —

Zusammen 16,320 Mann in 16 Bat. 30 Esq. 4800 Pferde.

(Dieses Armee-Corps war bestimmt, sich der Maas zu nähern, und an die Nord-Armee anzuschließen.)

Die reitenden Batterien No. 5 und 18.
Das Kosaken-Reg. des Obrist Charitanow des 7ten.
Das — des Obrist Grebzow.
Die Pionnier-Compagnie des Prem. Lieut. Rebeka.
Das Haupt-Quartier des Feldmarschalls Grafen Barklay.
Das Kosaken-Reg. des Obrist Panteleef (im Haupt-Quartier des Feldmarschalls).
Die Hospitäler und Magazine.

Diese Kolonne bestand aus:
36 Bataillon Infanterie.
72 Esquadrons Kavallerie.
12 Batterien Artillerie.
3 Kosaken-Regimenter und 1 Pionnier-Compagnie.

Sie marschirte über Breslau, Görlitz, Dresden, Zwickau, Baireuth, Nürnberg, Roßbrunn, Esselbach, Aschaffenburg, Dieburg, Groß Gerau, und ging bei Oppenheim über den Rhein.

III. Die Kolonne des linken Flügels
kommandirt der General der Infanterie Graf Langeron.
Chef des Generalstabes, der General-Major Neidhardt.
Chef der Artillerie, der General-Major Wassilitzky.

Die Avantgarde des ganzen Kriegsheeres des G. Lt. Jermolow.
Die 1ste Brigade der 2ten Husaren-Division, G. M. Mesenzow der 2te.
Das Kosaken-Reg. des Obrist Bihalow des 1sten.
Das — des Obrist Kutainikow des 6ten.
6 Kanonen der reitenden Batterie No. 4.
Die 9te Infanterie-Division des G. M. Udom.
Die 9te Artillerie-Brigade und die Pionnier-Comp. Cap. Gosliakow.

Das 4te Armee-Corps, der General der Kavall. Majewsky:
Die 3te Husaren-Division des G. Lt. Tschaplitz.
Die reitende Batterie No. 10.
Die 11te Infanterie-Division, G. M. Zwieleniew.
Die 17te — G. Lt. Alsufiew.
Die 11te und 17te Artillerie-Brigade und die Pionnier-Comp. Obristlt. Gebenera.

Das 6te Armee-Corps, der General der Infant. Graf Langeron:
Die 2te Brigade der 2ten Husaren-Division.
6 Kanonen der reitenden Batterie No. 4.
Die 8te Infanterie-Division des G. Lt. Essen des 3ten.
Die 10te — des G. Lt. Grafen Liewen des 3ten.
Die 8te und 10te Artillerie-Brigade und eine Pionnier-Comp.

Die 2te Uhlanen-Division des G. Lt. Grafen Orurk.
Die 2te Cuirassier-Division des G. Lt. Kretow.
Die reitenden Batterien No. 6, 7 und 25.
Das Kosaken-Reg. des G. M. Jagodin.
Das 6te Uralische Kosaken-Reg. des Obrist Balabin.
Der Artillerie-Park No. 1 und 2.

Diese Kolonne bestand aus:
60 Bataillon Infanterie.
96 Esquadrons Kavallerie.
20 Batterien.
4 Kosaken-Rezimenter.
3 Pionnier-Compagnien und dem Park.

VI. Gegen Spanien formirten sich an den Pyrenäen.

Das 9te Armee-Corps oder die Armee der Gironde.

Chef, der General-Lieutenant Clauzel. Haupt-Quartier in Bordeaux.

G. Lt. Freissinet.	5 Linien-Inf.-Reg.	10 Bat.	
— Beauvais.	1 leichtes Inf.-Reg.	2 —	
— Bardout.	1 Chasseur-Reg.		3 Esq.

Zusammen 9,120 Mann in 12 Bat. 3 Esq. 480 Pferde.

Das 10te Armee-Corps.

Chef, der General-Lieutenant Decaen. Haupt-Quartier in Perpignan.

2 Linien-Inf.-Reg.	4 Bat.	
1 Chasseur-Reg.		3 Esq.

Zusammen 3360 Mann in 4 Bat. 3 Esq. 480 Pferde.

Gegen Spanien standen also 12,480 Mann, worunter 960 Pferde; wurde die Artillerie von 800 Mann und 8 dritte Bataillone hinzugerechnet, so betrug die Stärke 19,040 Mann.

VII. Im westlichen Frankreich in der Vendee.

Chef, der General-Lieutenant Laborde. Haupt-Quartier in Pontroy.

G. Lt. Travot.	das 26ste Linien-Infanterie-Regiment	2 Bat.
	das 44ste —	2 —
	das 71ste —	2 —
	das 73ste —	2 —

Zusammen 5760 Mann in 8 Bat.

Die Stärke des Französischen Kriegsheeres betrug im Monat May 1815.

	Mann		Bat.		Esq.
1. Die Nord-Armee,	108,380	Mann in	120	Bat.	99 Esq.
2. Die Mosel-Armee	16,320	—	16	—	30 —
3. Die Rhein-Armee	36,600	—	44	—	27 —
4. Die Observ.-Armee des Jura	8,640	—	10	—	9 —
5. Gegen Italien	19,680	—	20	—	15 —
6. Gegen Spanien	12,480	—	16	—	6 —
7. Im westlichen Frankreich	5,760	—	8	—	
8. Artillerie	5,000	—			

Zusammen 212,860 Mann in 234 Bat. 186 Esq.

Von den National-Garden.

Wurden 204 Bataillons jedes zu 720 Mann wirklich in Aktivität gesetzt, und nachfolgend vertheilt:

Im Norden zu den Festungs-Besatzungen.	in die 16te Milit.-Div. 41 Bat.	83 Bat. = 59,760 M.	
	2te — 28 —		
	3te — 14 —		
Am Rhein zu den Festungs-Besatzungen.	4te — 28 —	79 Bat. = 56,880 M.	
	5te — 35 —		
	6te — 16 —		
An den Alpen zu den Festungs-Besatzungen.	7te — 42 —	42 Bat. = 30,240 M.	

Zusammen 204 Bat. = 146,880 M.

Das Husaren-Regiment in Cobbeghem, Hamme, Mollem, Bollebeck, Orsel, Brüssighem. Opheim, Wolverthem, Impde, Meusighem und Rosseau.
Das Feld-Hospital in Laeken.

3) Das Niederländische Kriegsheer.

1. Bei dem Corps des Englischen General-Lieutenants Hill war detaschirt.
Das Linien-Infanterie-Regiment No. 5. in Sonneghem, Grenbeghem, Aygbem, Bambrugge, Lettre und Houtem.
Das Bataillon Flanceurs No. 1. in Erpe.
Das Bataillon Jäger No. 10. in Meere.
Das Bataillon Jäger No. 11. in Vlierzelem.
Artillerie und Train in Burst.

2. Die 1ste Division.
Die 1ste Brigade.
Das Bataillon Jäger No. 16. in Landskauter, Mardzeelen und Gyzenzeelen.
Das Linien Infanterie-Bataillon No. 4. in Vardeghem Wettein.
Das — No. 6. in Vosterzeelen.
Das National-Miliz-Bataillon No. 9. in Scheldewindike.
Das — No. 14. in Vilsique und Elene.
Das — No. 15. in Balleghem en Ruzbeigen.
Die 2te Brigade.
Das Bataillon Jäger No. 18. in St. Lievenhoutem.
Das Linien-Bataillon No. 1. in Borsbecke und Reffegem.
Das National-Miliz-Bataillon No. 1. in Leverghem en Bombergbem.
Das National-Miliz-Bataillon No. 2. in Grootenberghem und Sottighem.
Das National-Miliz-Bataillon No. 18. in Hilleghem und Godt Peerdighem.
Die Artillerie und der Train in Oosterzeelen.

3. Die 2te Division.
Die 1ste Brigade.
Das Bataillon Jäger No. 27. in Nivelles.
Das Linien-Bataillon No. 7. in Feluy.
Das National-Miliz-Bataillon No. 5. in Benzet.
Das — No. 7. in Braulers.
Das — No. 8. in Bornival.
Die reitende Artillerie und der Train in Frasnes.
Die 2te Brigade.
Das 1ste Bataillon des Regiments Nassau in Hautain Leval.
Das 2te — — — in Frasnes.
Das 3te — — — in Berg.
Das 2te Bataillon Oranien Nassau in Genappe.
Die Artillerie und der Train in Nivelles.

4. Die 3te Division.
Die 1ste Brigade.
Das Bataillon-Jäger No. 35. in Haine St. Paul.
Das Linien-Infanterie-Bataillon No. 2. in Tay.
Das National-Miliz-Bataillon No. 4. in Haine St. Pierre.
Das — No. 6. in Triviere en Strepy.

Das National-Miliz-Bataillon No. 17. in Thirie.
Das — — No. 19. in St. Vaast.
Die reitende Artillerie und der Train in Seneffe.

Die 4te Brigade.
Das Bataillon Jäger No. 36. in Marlanwels.
Das Linien-Infanterie-Bataillon No. 3. in Chapelle u. Harlemont.
Das — No. 12. in Bois d'haine.
Das — No. 13. in Familleremz.
Das National-Miliz-Bataillon No. 3. in Baume.
Das — No. 10. in Peronne.
Die Artillerie und der Train in la Hestre.

5. Die Kavallerie.

Die schwere Kavallerie.
Das Carabiniers-Regiment No. 1. in Hoding Goegnees.
Das — No. 2. in Goegnees.
Das — No. 3. in Roeulx und Meignault.

Die leichte Kavallerie.
Das leichte Dragoner-Regiment No. 4. in Haire und Obirg.
Das Husaren-Regiment No. 8. in Thiensies, Gottignies und St. Denis.

Das leichte Dragoner-Regiment No. 5. in Harmignies, Harveny und Afquillies.
Das Husaren-Regiment No. 6. in Estienne au val, Estienne au Mont, Maurage und Bray ꝛc.
Reitende Artillerie in Ville sur Haine.

6. Die Artillerie.
Die Artillerie zu Fuß in Braine le Comt en Sotteghem.
Die reitende Artillerie und Train in —
Die Artillerie zu Fuß in Cubise.
3 Compagnien Artillerie und der Train in Leuven.
Das Guiden-Corps in Braine le Comte.
Das Marechaussée-Corps in Braine le Comte, Nivelles, Haine, St. Pierre, Sottighem, Vosse, Jelle, Dambrugge.
Sappeurs in Braine le Comte.

Beilage VIII.

Dislokation des Niederrheinischen Kriegsheeres des Feldmarschalls Fürsten Blücher von Wahlstadt am 14. Juni 1815.

Das Haupt-Quartier des Feldmarschalls Fürsten Blücher von Wahlstadt war in Namur.

Das 1ste Armee-Corps, das Haupt-Quartier in Charleroi.
Die 1ste Brigade in Fontaine l'Eveque.
Die 2te — in Marchiennes au pont.
Die 3te — in Fleurus.
Die 4te — in Chatelet.

Das 2te Armee-Corps, das Haupt-Quartier in Namur.
Die 5te Brigade in und bei Namur.
Die 6te — in Jodoigne.

Die Batterie, 6te Regiment 9te Comp.
5 Esq. Train.
2 Compagnien vom Genie.

Die 2te Infanterie-Division, der G. Lt. Donzelot.

Brig.-Gen. { 2 Bat. das 13te leichte Infanterie-Reg.
Schmitz. { 2 — das 17te Linien —

Brig.-Gen. { 2 — das 19te Linien —
Aulard. { 2 — das 51ste Linien —

Die Batterie 6te Regiment 10te Comp.
5 Esq. Train.
Genie-Abtheilung.

Die 3te Infanterie-Division, der G. Lt. Marcognet.

Brig.-Gen. { 2 Bat. das 21ste Linien-Infanterie-Reg.
Noguez. { 2 — das 46ste —

Brig.-Gen. { 2 — das 25ste —
Grenier. { 2 — das 45ste —

Die Batterie 6te Regiment 19te Comp.
2 Esq. Train.
Genie-Abtheilung.

Die 4te Infanterie-Division, der G. Lt. Durutte.

Brig.-Gen. { 2 Bat. das 8te Linien-Infanterie-Reg.
Pegot. { 2 — das 29ste —

Brig.-Gen. { 2 — das 85ste —
Brue. { 2 — das 95ste —

Batterie vom 6ten Regiment 20ste Comp.
3 Esq. Train.
Abtheilung vom Genie-Corps.

Der Artillerie-Park, Major Mouchel.
12pfünd. Batterien.
Abtheilung vom Genie-Corps.
Ambulance.
Detaschement Gensd'armen.

Die 1ste Kavallerie-Division, der G. Lt. Jaquinot.

Brig.-Gen. { 3 Esq. 3te Chasseur-Reg.
Bruno. { 3 — 7te —

Brig.-Gen. { 2 — 3te Lanciers-Reg.
Gobrecht. { 3 — 4te — —

Eine reitende Batterie.
4 Esq. Train.

III. Das 2te Armee-Corps, Chef der G. Lt. Graf Reille.

Die 5te Infanterie-Division, der G. Lt. Bachelu.

Brig.-Gen. { 2 Bat. das 11te Linien-Infanterie-Reg.
Husson. { 2 — das 61ste —

Brig.-Gen. { 2 — das 72ste —
Campy. { 2 — das 108te —

Batterien des 6ten Regiments 18te Comp.
3 Esq. Train.
Abtheilung vom Genie-Corps.

Die 6te Infanterie-Division, der Prinz Jerome Bonaparte.

Brig.-Gen. { 3 Bat. das 1ste leichte Infanterie-Reg.
Boduin. { 3 — das 2te — —

Brig.-Gen. Soye.	3 Bat. das 3te Linien-Infanterie-Reg.
	3 — das 1ste —
	3 — das 2te

Batterien vom 2ten Regiment 2te Comp.
1 Esq. Train.
Abtheilung vom Genie-Corps.

Die 7te Infanterie-Division, der G. Lt. Girard.

Brig.-Gen. Devilliers.	2 Bat. das 3te Linien-Infanterie-Reg.
	2 — das 82ste —
Brig.-Gen. Prat.	3 — das 12te leichte Infanterie-Reg.
	3 — das 4te Linien —

Batterien 2te Regiment 3te Comp.
1 Esq. Train.
Abtheilung vom Genie-Corps.

Die 9te Infanterie-Division, der G. Lt. Foy.

Brig.-Gen. Gauthier.	3 Bat. das 4te leichte Infanterie-Reg.
	2 — das 92ste Linien —
Brig.-Gen. Jamin.	2 — das 93ste — —
	2 — das 100ste — —

Batterie 6te Regiment 1ste Comp.
1 Esq. des Equipages.
Abtheilung vom Genie-Corps.

Der Artillerie-Park, der Major Poivel.
12pfündige Batterien.
7 Esq. Train.
Ambulance.
Detaschement Gensd'armes.

Die 2te Kavallerie-Division, der G. Lt. Piré.

Brig.-Gen. Hubert.	4 Esq. das 1ste Chasseur-Reg.
	4 — das 6te —
Brig.-Gen. Watier.	2 — das 5te Lancier-Reg.
	4 — das 6te —

Reitende Batterie 4te Regiment 2te Comp.
5 Esq. Train.

IV. Das 4te Armee-Corps, Chef der G. Lt. Graf Vandamme.

Die 10te Infanterie-Division, der G. Lt. Habert.

Brig.-Gen. Gengoult.	3 Bat. das 34ste Linien-Infanterie-Reg.
	3 — das 88te —
Brig.-Gen. Dupeyroux.	3 — das 22ste —
	2 — das 70ste —
	1 — Schweizer.

Batterie 2te Regiment 18te Comp.
4 Esq. Train.
Abtheilung vom Genie-Corps.

Die 11te Infanterie-Division, der G. Lt. Berthezene.

Brig.-Gen. Dufour.	2 Bat. das 12te Linien-Infanterie-Reg.
	2 — das 56ste —
Brig.-Gen. Lagarde.	2 — das 33ste —
	2 — das 86ste —

Batterie 2te Regiment 17te Comp.
5 Esq. Train.
Abtheilung vom Genie-Corps.

Die 8te Infanterie-Division, der G. Lt. Hesol.

Brig.-Gen. Bellard. { 3 Bat. das 15te leichte Infanterie-Reg.
3 — das 23ste Linien —

Brig.-Gen. Corsin. { 3 — das 37ste — —
2 — das 64ste — —

Batterie 6te Regiment 7te Comp.
1 Esq. Train.
Abtheilung vom Genie-Corps.

Der Artillerie-Park, der Major Gargam.
12pfünd. Batterien.
6 Esq. Train.
4 Esq. des Equipagés.
Abtheilung Gensd'armes.

Die 3te Kavallerie-Division, der G. Lt. Domon.

Brig.-Gen. Domanger. { 3 Esq. das 4te Chasseur-Reg.
3 — das 9te —

Brig.-Gen. Vinot. { 3 — das 12te —

Reitende Batterie.
3 Esq. Train.

V. Das 4te Armee-Corps, Chef der General-Lieut. Gerard.
Chef der Artillerie, der General Bathus.
Chef des Genie-Corps, General Bolze.

Die 19te Infanterie-Division, der G. Lt. Simmer (Mis).

{ 2 Bat. das 5te Linien-Infanterie-Reg.
2 — das 11te —

Brig.-Gen. Belair. { 3 — das 27ste —
2 — das 84ste —

Batterie 8te Regiment 1ste Comp.
7 Esq. Train.
Abtheilung vom Genie-Corps.

Die 20ste Infanterie-Division, der G. Lt. Jeannin.

Brig.-Gen. Bony. { 2 Bat. das 5te leichte Infanterie-Reg.
2 — das 12te Linien —

Brig.-Gen. Tromelin. { 2 — das 47ste — —
2 — das 107te — —

Batterien 8te Regiment 2te Comp.
3 Esq. Train.
Abtheilung vom Genie-Corps.

Die 21ste Infanterie-Division, der G. Lt. Teste.

Brig.-Gen. Lafitte. { 2 Bat. das 8te leichte Infanterie-Reg.
2 — das 40ste Linien —

Brig.-Gen. Penne. { 2 — das 65ste — —
1 — das 75ste — —

Batterie des 8ten Regiments 3te Comp.
4 Esq. Train.
Abtheilung vom Genie-Corps.

Der Artillerie-Park, der Major Ravichies.
12pfünd. Batterie.
Abtheilung vom Genie-Corps.
Train des Genie-Corps.
Detaschement Ouvriers de Genie.
Ambulanze.

VI. Das

10ten Juni.	11ten Juni.	12ten Juni.	13ten Juni.	14ten Juni.	15ten Juni.	16ten Juni.	17ten Juni.	18ten Juni.	19ten Juni.
Naumburg.	Ruhetag	Weimar	Erfurth.	Gotha.	Ruhetag	Eisenach	Vitzlipodthal.	Hersfeld	Ruhetag.
Naumburg.	Ruhetag	Weimar	Erfurth.	Gotha.	Ruhetag	Eisenach	Vach.	Hersfeld	Ruhetag.
Leipzig.	Ruhetag	Weissenfels.	Naumburg.	Weimar.	Ruhetag	Erfurth.	Gotha.	Eisenach	Ruhetag.

27sten Juni.	28sten Juni.	29sten Juni.	30sten Juni.	1sten Juli.	2ten Juli.	3ten Juli.	4ten Juli.	5ten Juli.	6ten Juli.
	Frankfurth.	Ruhetag	Mainz.	Kreuznach.	Ruhetag	Kirn.	Birkenfeld.	Lebach.	Ruhetag.
						Kirn.			
						Kirn.			

14ten Juli.	15ten Juli.	16ten Juli.	17ten Juli.	18ten Juli.	19ten Juli.	20sten Juli.	21sten Juli.	22sten Juli.	23sten Juli.
St. Dizier.	Ruhetag	Vicomte de Faremont.	Sommepuis	Sezanne.	Coulommiers.	Chelles.	Ruhe-	tage.	Paris.

Beylage X.

Eintheilung des Niederländischen Kriegsheeres am 15. Juni 1815.

Oberbefehlshaber, der Königlich-Englische Feldmarschall Herzog Wellington.
Chef des Generalstabes, der General-Lieutenant Murray.
General-Quartiermeister, Obrist Delancy.
General-Adjudant, G. M. Barnes, Obrist Waters.
Generalstab, Obristlt. Lord Fitzroy Sommersett.
— Sir Alex. Gordon.
— Canning.
Chef der Ingenieur, der Obrist Smyth.

A. Das Brittisch-Hannövrische Kriegsheer.

I. Das 1ste Corps unter dem Befehl des Prinzen von Oranien.

Die 1ste Division, Chef der General-Major Cooke.

Die 1ste Brittische Brigade, der G. M. P. Maitland.	das 2te Bat. von der Foot Guards, das 3te — —
Die 2te Brittische Brigade, der G. M. Sir John Byng.	2 Bat. Coldstram Guards, 2 — der dritten Guards.

Die Batterie des Capitain Sandhauer.

Die 3te Division, Chef der General-Lieutenant Baron Carl v. Alten.

Die 5te Brittische Brigade, der G. M. Sir C. Halkett.	2 Bat. des 30sten Linien-Infanterie-Reg., das 33ste Linien-Infanterie-Reg., 2 Bat. des 69sten Linien-Infanterie-Reg., 2 — des 73sten —
Die 2te Brigade der königl. Legion, der Ob. Baron Ompteda.	das 5te Linien-Bat. der königl. Legion, Obrist v. Linsingen, das 8te Linien-Bat. der königl. Legion, Obrist v. Beck, das 1ste leichte Bat. der königl. Legion, Obristlt. Hartwig, das 2te leichte Bat. der königl. Legion, Major Bösewill.
Die 1ste Hannövrische Brigade, der G. M. Graf Kielmansegge.	das 1ste Bat. Herzog v. York, Major v. Bülow, das Feld-Bat. Grubenhagen, Obristlt. v. Wurmb, das — Bremen, Obristlt. v. Langrehr, das — Lüneburg, Obristlt. v. Klenke, das — Lauenburg, Obristlt. Ramdohr.

Die Batterie Artillerie, der Capitain Cleves.

II. Das 2te Corps unter dem Befehl des General-Lieutenants Lord Hill.

Die 2te Division kommandirt der General-Lieutenant Sir Heinrich Clinton.

Die 3te Brittische Brigade, der G. M. Adams.	das 1ste Bat. vom 52sten Linien-Infanterie-Reg., das 1ste — vom 71sten — 2 Compagnien vom 95sten —

Beilage VI.

Marschplan des Kaiserlich-Russischen Kriegsheeres, wie es in drei Hauptkolonnen in den Monaten April und May 1815 von der Weichsel durch Deutschland gegen Frankreich marschirte.

Oberbefehlshaber, der Feldmarschall Graf Barklay de Tolly.
Chef des Stabes, der General-Lieutenant Baron Diebitsch.
General-Quartiermeister, der Obrist Hartung.
Chef der Artillerie, der General-Lieutenant Fürst Jaschwill.
Chef der Ingenieur und Pionnier, der General-Major Graf Siewers.
General-Intendant, der General-Major Kankerin.

I. Die rechte Flügel-Kolonne
kommandirt der General der Infanterie Dochterow.
Chef des Generalstabes, der General-Major Pansel.
Chef der Artillerie, der General-Major Kastanietzki.

Die 7te Infanterie-Division des G. Lt. Kapzewitsch.
Die 24ste Infanterie-Division des G. Lt. Rabt.
Die 27ste Infanterie-Division des G. Lt. Sabanejew.
Die 7te, 24ste und 27ste Artillerie-Brigade.
Die 3te Dragoner-Division des G. M. Alexejew.
Die reitende Batterie No. 2, des Obristlt. Gerua.
Die 2te Grenadier-Division des G. Lt. Paskiewitsch.
Die 3te Grenadier-Division des G. Lt. Roth.
Das Kosaken-Reg. des G. M. Wlassow des 3ten.
Das — Reg. des Obrist Kostin des 4ten.
Die Pionnier-Compagnien des Obristlt. Greffer und Capitain Rennenkampf.
Die Pontonnier-Compagnien des Obrist Akermann und Obrist Philosopf.

Diese Kolonne bestand aus:
60 Bataillon Infanterie.
24 Esquadrons Kavallerie.
16 Batterien Artillerie.
2 Kosaken-Regimenter.
2 Compagnien Pionnier und 2 Compagnien Pontonnier.

Sie marschirte Treffenweise über Kalisch, Glogau, Torgau, Leipzig, Erfurth, Fulda, Gelnhausen, Hanau, Frankfurt am Main, Hochheim, und ging bei Mainz über den Rhein.

II. Die mittelste Kolonne
kommandirt der General der Infanterie Baron Sacken.
Chef des Generalstabes, der General-Major Chomentofsky.
Chef der Artillerie, der General-Major Nickitin.

Die 2te Dragoner-Division des G. Lt. Baron Korff.
Die reitende Batterie No. 9.
Die 12te Infanterie-Division des G. Lt. Graf Woronzof.
Die 25te Infanterie-Division des G. Lt. Markow.
Die 26ste Infanterie-Division des G. Lt. Emme.
Die 12te, 15te und 26ste Artillerie-Brigade.
Die 3te Uhlanen-Division, des G. Lt. Lissanowitsch.
Die 3te Cuirassier-Division des G. Lt. Duga.

B 2

Die reitenden Batterien No. 5 und 18.
Das Kosaken-Reg. des Obrist Charitanow des 7ten.
Das — des Obrist Grebzow.
Die Pionnier-Compagnie des Prem. Lieut. Kebeka.
Das Haupt-Quartier des Feldmarschalls Grafen Barklay.
Das Kosaken-Reg. des Obrist Panteleef (im Haupt-Quartier des Feldmarschalls).
Die Hospitäler und Magazine.

Diese Kolonne bestand aus:
36 Bataillon Infanterie.
72 Esquadrons Kavallerie.
12 Batterien Artillerie.
3 Kosaken-Regimenter und 1 Pionnier-Compagnie.

Sie marschirte über Breslau, Görlitz, Dresden, Zwickau, Baireuth, Nürnberg, Roßbrunn, Esselbach, Aschaffenburg, Dieburg, Groß Gerau, und ging bei Oppenheim über den Rhein.

III. Die Kolonne des linken Flügels
kommandirt der General der Infanterie Graf Langeron.
Chef des Generalstabes, der General-Major Neidhardt.
Chef der Artillerie, der General-Major Wassilitzky.

Die Avantgarde des ganzen Kriegsheeres des G. Lt. Jermolow.
Die 1ste Brigade der 2ten Husaren-Division, G. M. Mesenzow der 2te.
Das Kosaken-Reg. des Obrist Bihalow des 1sten.
Das — des Obrist Kutainikow des 6ten.
6 Kanonen der reitenden Batterie No. 4.
Die 9te Infanterie-Division des G. M. Udom.
Die 9te Artillerie-Brigade und die Pionnier-Comp. Cap. Gosliakow.

Das 4te Armee-Corps, der General der Kavall. Rajewsky:
Die 3te Husaren-Division des G. Lt. Tschaplitz.
Die reitende Batterie No. 10.
Die 11te Infanterie-Division, G. M. Zwieleniew.
Die 17te — G. Lt. Alsufiew.
Die 11te und 17te Artillerie-Brigade und die Pionnier-Comp. Obristlt. Gebenera.

Das 6te Armee-Corps, der General der Infant. Graf Langeron:
Die 2te Brigade der 2ten Husaren-Division.
6 Kanonen der reitenden Batterie No. 4.
Die 8te Infanterie-Division des G. Lt. Essen des 3ten.
Die 10te — des G. Lt. Grafen Liewen des 3ten.
Die 8te und 10te Artillerie-Brigade und eine Pionnier-Comp.

Die 2te Uhlanen-Division des G. Lt. Grafen Driurk.
Die 2te Cuirassier-Division des G. Lt. Kretow.
Die reitenden Batterien No. 6, 7 und 25.
Das Kosaken-Reg. des G. M. Jagodin.
Das 6te Uralische Kosaken-Reg. des Obrist Balabin.
Der Artillerie-Park No. 1 und 2.

Diese Kolonne bestand aus:
60 Bataillon Infanterie.
96 Esquadrons Kavallerie.
20 Batterien.
4 Kosaken-Regimenter.
3 Pionnier-Compagnien und dem Park.

Sie marschirte durch Oestreich, Prag, Aub, Mergentheim, Adelsheim, Neckar, Els, Heidelberg, und passirten bei Mannheim den Rhein.

Es bestand dieses Kaiserlich-Russische Kriegsheer also:

	Bat.	Esk.	Batt.	Kos.-Reg.	Pion.-Comp.	Pont.-Comp.
Die 1ste Kolonne von	60	24	16	2	2	2
Die 2te Kolonne von	36	72	12	3	1	
Die 3te Kolonne von	60	96	24	4	3	
Zusammen	156	192	52	9	6	2

156 Bataillon zu 800 Mann	=	124,800 Mann.
192 Esquadrons zu 150 Mann	=	28,800 —
53 Batterien zu 150 Mann	=	7,950 —
9 Regimenter Kosaken zu 500 Mann	=	4,500 —
6 Pionnier-Compagnien zu 150 Mann	=	900 —
2 Pontonnier-Compagnien zu 150 Mann	=	300 —
1 Esquadron Donischer Leib-Kosaken	=	100 —
4 Esquadrons des ehemaligen Borissoglebschen, jetzt Armee-Polizei	=	600 —
	Zusammen	167,950 Mann.

Beilage VII.

Die Dislocation des Niederländischen Kriegsheeres des Herzogs Wellington am 14. Juni 1815.

1) Das Brittisch-Hannövrische Kriegsheer.

Das Haupt-Quartier des Herzogs Wellington war in Brüssel.

Die Englische Reiterei des General-Lieutenants Grafen Uxbridge in Grammont und der Gegend.

Das Corps des General-Lieutenants Lord Hill, Haupt-Quartier in Ath.

Das Corps des Prinzen von Oranien in Brüssel und der Gegend.

2) Das Braunschweigsche Truppen-Corps.

Das Haupt-Quartier des Herzogs von Braunschweig im Schlosse Laeken.

Die Avantgarde in Anderlecht, Itterbek und Dillbek.

Das Leib-Bataillon in Meulebek, Ganshoven, Berghem und Kokelberg.

Das 1ste leichte Bataillon in Jette, Bodeghem, St. Bayard und St. Ulriq Capelle.

Das 2te leichte Bataillon in Jette, Over und Neer Hembeck, Wemmel und Strambeke.

Das 3te leichte Bataillon Grimberghem Meyse.

Das 1ste Linien-Bataillon in Scharebek und Evers.

Das 2te Linien-Bataillon in St. Stephans, Woluwe, St. Lambrecht, Crainhem und Rosseghem.

Das 3te Linien-Bataillon in Hueren, Wambeck, Meelsbook, Saventhem, Dieghem, Steeh, Oferzelle.

Die reitende und Fuß-Artillerie in Asche.

Die Uhlanen-Esquadron in Merchthem.

Das Husaren-Regiment in Cobbeghem, Hamme, Mollem, Bollebeck, Orsel, Brüssighem, Ophem, Wolverthem, Impde, Meusighem und Rosseau.

Das Feld-Hospital in Laeken.

3) Das Niederländische Kriegsheer.

1. Bei dem Corps des Englischen General-Lieutenants Hill war detaschirt.

Das Linien-Infanterie-Regiment No. 5. in Sonneghem, Gronbeghem, Aughem, Bambrugge, Lettre und Houtem.
Das Bataillon Flanceurs No. 1. in Erpe.
Das Bataillon Jäger No. 10. in Meere.
Das Bataillon Jäger No. 11. in Bierzelem.
Artillerie und Train in Burst.

2. Die 1ste Division.

Die 1ste Brigade.

Das Bataillon Jäger No. 16. in Landskauter, Mardzeelen und Gyzenzeelen.
Das Linien-Infanterie-Bataillon No. 4. in Bardeghem Wettein.
Das — No. 6. in Oosterzeelen.
Das National-Miliz-Bataillon No. 9. in Scheldewindike.
Das — No. 14. in Vilsique und Elene.
Das — No. 15. in Balleghem en Rynbelgen.

Die 2te Brigade.

Das Bataillon Jäger No. 18. in St. Lievenhoutem.
Das Linien-Bataillon No. 1. in Borsbecke und Ressegem.
Das National-Miliz-Bataillon No. 1. in Lewerghem en Bombergbem.
Das National-Miliz-Bataillon No. 2. in Grootenberghem und Sottighem.
Das National-Miliz-Bataillon No. 18. in Hiseghem und Godt Peerdighem.
Die Artillerie und der Train in Oosterzeelen.

3. Die 2te Division.

Die 1ste Brigade.

Das Bataillon Jäger No. 27. in Nivelles.
Das Linien-Bataillon No. 7. in Feluy.
Das National-Miliz-Bataillon No. 5. in Benzet.
Das — No. 7. in Beaulers.
Das — No. 8. in Bornival.
Die reitende Artillerie und der Train in Frasnes.

Die 2te Brigade.

Das 1ste Bataillon des Regiments Nassau in Hautain Leval.
Das 2te — — — in Frasnes.
Das 3te — — — in Bery.
Das 2te Bataillon Oranien Nassau in Genappe.
Die Artillerie und der Train in Nivelles.

4. Die 3te Division.

Die 1ste Brigade.

Das Bataillon Jäger No. 35. in Haine St. Paul.
Das Linien-Infanterie-Bataillon No. 2. in Tay.
Das National-Miliz-Bataillon No. 4. in Haine St. Pierre.
Das — No. 6. in Trivière en Strepy.

Das National-Miliz-Bataillon No. 17. in Thorie.
Das — No. 19. in St. Vaar.
Die reitende Artillerie und der Train in Seneffe.

Die 2te Brigade.

Das Bataillon Jäger No. 36. in Marlauwels.
Das Linien-Infanterie-Bataillon No. 3. in Chapelle u. Harlemont.
Das — No. 12. in Bois d'haine.
Das — No. 13. in Familleren.
Das National-Miliz-Bataillon No. 3. in Baume.
Das — No. 10. in Peronne.
Die Artillerie und der Train in la Hestre.

5. Die Kavallerie.

Die schwere Kavallerie.

Das Carabiniers-Regiment No. 1. in Hoding Goegnees.
Das — No. 2. in Goegnees.
Das — No. 3. in Roeulx und Meignault.

Die leichte Kavallerie.

Das leichte Dragoner-Regiment No. 4. in Haire und Obiteg.
Das Husaren-Regiment No. 8. in Thieusies, Gottignies und St. Denis.

Das leichte Dragoner-Regiment No. 5. in Harmignies, Harveny und Afquillies.
Das Husaren-Regiment No. 6. in Estienne au val, Estienne au Mont, Maurage und Bray 2c.
Reitende Artillerie in Ville sur Haine.

6. Die Artillerie.

Die Artillerie zu Fuß in Braine le Comt en Sotteghem.
Die reitende Artillerie und Train in —
Die Artillerie zu Fuß in Tubise.
3 Compagnien Artillerie und der Train in Leuven.
Das Guiden-Corps in Braine le Comte.
Das Marechaussée-Corps in Braine le Comte, Nivelles, Haine, St. Pierre, Sottighem, Bosse, Jelle, Hamburgge.
Sappeurs in Braine le Comte.

Beilage VIII.

Dislokation des Niederrheinischen Kriegsheeres des Feldmarschalls Fürsten Blücher von Wahlstadt am 14. Juni 1815.

Das Haupt-Quartier des Feldmarschalls Fürsten Blücher von Wahlstadt war in Namur.

Das 1ste Armee-Corps, das Haupt-Quartier in Charlerol.
Die 1ste Brigade in Fontaine l'Eveque.
Die 2te — in Marchiennes au pont.
Die 3te — in Fleurus.
Die 4te — in Chatelet.

Das 2te Armee-Corps, das Haupt-Quartier in Namur.
Die 5te Brigade in und bei Namur.
Die 6te — in Jodoigne.

Die 7te Brigade in Heren.
Die 8te — in Huy.
Die Reserve-Kavallerie in und bei Hannut.
Die Reserve-Artillerie längs der großen Straße nach Löwen in den Dörfern.

Das Neumärkische Dragoner-Regiment war gegen Philippeville auf Vorposten, und hatte 2 Bataillons des 21sten Infanterie-Regiments zu seiner Unterstützung aufgestellt.

Das 3te Armee-Corps, das Haupt-Quartier in Ciney.

Die 9te Brigade, Brigade-Quartier in Assesse.
Vivier l'agneau, Wagnée, Flonée, Mienoye, Corniere, St. Bernard und den umliegenden Dörfern rechts und links der Straße nach Namur.

Die 10te Brigade im Lager bei Ciney.

Die 11te Brigade, Brigade-Quartier in Dinant, und den umliegenden Dörfern auf dem rechten Ufer der Maas.

Die 12te Brigade, Brigade-Quartier in Huy.
In den umliegenden Dörfern nach Ciney und Namur zu.

Die Reserve-Kavallerie, Brigade-Quartier in Coujon.
In den Dörfern zwischen Ciney, Manché, Rochefort und dem rechten Ufer des Lissi Baches, bis in die Höhe vom Dorfe Custine.

Die Reserve Artillerie, Brigade-Quartier in Ciney.
In den Dörfern rückwärts Ciney besonders an den Straßen nach Namur Huy und Manche von Ciney aus.

Das 4te Armee-Corps, das Haupt-Quartier in Lüttich.

Die 13te Brigade.
Die 14te —
Die 15te —
Die 16te —
Die Reserve-Kavallerie.
Die Reserve-Artillerie.
} in der Umgegend von Lüttich.

Das Bat. Bremen der Major Wedding (die Bremischen Freiwilligen waren bei der Preußischen Armee).
Eine Batterie Artillerie (Hamburger), Capitain Wertheim.

Zusammen 4½ Bataillon, 2 Esquadron und eine Batterie 4000 Mann.
(Sie trafen erst nach der Schlacht in Frankreich ein.)

E. **Das Königlich Dänische Hülfs-Corps.**
Oberbefehlshaber, der General-Lieut. Landgraf Friedrich von Hessen Cassel.
Chef des Generalstabes, der Major v. Lesser.
Chef der Ingenieur, der Capitain Fries.
Chef der Artillerie, der Major Bille.

1. **Die Avantgarde** kommandirt der Obrist v. Waldek.
Generalstab, Capitain Treyka, Adjudant, Capitain Lobedanz,
Die 6pfünd. Batterie des Capitain Gerstenberg.
2 Esq. Holsteinische Husaren, der Major Berger u. Obristlt. Späth.
Das Bat. Schleswigsche Jäger, Comd. der Obristlt. Lange.
Das Bat. Holsteinische Jäger, Comd. Obrist Waldek, Obrist Leschly.

2. **Die Brigade** des General-Major Bachmann.
Generalstab, Capitain v. Ewald.
Adjudanten, Rittmeister Schirach und Capitain Segfarth.

Comd. der halben Brigade, der Prinz Wilh. v. Hessen: {
das 1ste Bat. des Schleßwigschen Infanterie-Reg.,
das 1ste — des Holsteinischen —
das 1ste — des Oldenburgschen. —
das 1ste — des Leib-Reg. der Königinn,
eine Fußbatterie des Major v. Bille,
das Holsteinische Lancier-Reg., Chef der Obrist v. Bülow.

3. **Die Brigade** des Obrist Castonnier.
Das 1ste Bat. des 1sten Jütschen Infanterie-Reg.
Das 1ste — des 2ten — — (Chef der Prinz Wilhelm v. Hessen).
Das 1ste Bat. des 3ten Jütschen Infanterie-Reg. (Chef der Obrist Castonnier).
Das 1ste Bat. des Fühnenschen Infanterie-Reg.
Eine 6pfünd. Fußbatterie des Capitain Friebe.
Das leichte Dragoner-Reg. Prinz Friedrich.

4. **Die Reserve-Kavallerie** kommandirt der Obrist v. Flindt.
Das Leib-Cuirassier-Reg., Chef der G. M. Bachmann.
Eine reitende Batterie.

Zusammen 10 Bataillons, 14 Esquadrons und 4 Batterien 12, bis 15,000 Mann stark.
(Es traf erst am Ende des Krieges in Frankreich ein.)

Das Niederländische Kriegsheer des Herzogs Wellington bestand aus:

Englische Truppen	21,100	Mann in	26	Bat.	52	Esq.	16	Batterien.
Hannövrische	20,500	Mann in	37	—	12	—	5	—
Königl. Legion	4,300	Mann in	8	—	20	—	3	—
Niederländische }	28,387	Mann in	33	—	28	—	8	—
Nassauische }			8					
Braunschweigsche	7,000	Mann in	9	—	5	—	2	—
Hanseatische	4,000	Mann in	4½	—	2	—	1	—
Dänische	12,000	Mann in	10	—	14	—	4	—
Zusammen	97,287	Mann in	134½	Bat.	133	Esq.	39	Batterien.

C 2

Truppentheile.	3ten Juni.	4ten Juni.	5ten Juni.	6ten Juni.	7ten Juni.	8ten Juni.	9ten Juni.
Haupt-Quartier des Herzogs Carl von Mecklenburg Strelitz.	Potsdam.	Treuenbriezen.	Wittenberg.	Düben.	Leipzig.	Ruhetag	Weissenfels.
Brigade-Quartier der 1sten und 2ten Abtheilung.	Potsdam.	Treuenbriezen.	Wittenberg.	Düben.	Leipzig.	Ruhetag	Weissenfels.
Brigade-Quartier der 3ten und 4ten Abtheilung.	Potsdam.	Trebbin.	Treuenbriezen.	Ruhetag	Wittenberg.	Ruhetag	Düben.

Truppentheile.	20sten Juni.	21sten Juni.	22sten Juni.	23sten Juni.	24sten Juni.	25sten Juni.	26sten Juni.
Haupt-Quartier des Herzogs Carl von Mecklenburg Strelitz.	Alsfeld.	Grüneberg.	Friedberg.	Kantoni	rungen	stehen ge	blieben.
Brigade-Quartier der 1sten und 2ten Abtheilung.	Alsfeld.	Grüneberg.	Friedberg.				
Brigade-Quartier der 3ten und 4ten Abtheilung.	Vach.	Hersfeld	Alsfeld.	Grüneberg.			

Truppentheile.	7ten Juli.	8ten Juli.	9ten Juli.	10ten Juli.	11ten Juli.	12ten Juli.	13ten Juli.
Haupt-Quartier des Herzogs Carl von Mecklenburg Strelitz.	Boulay.	Faulquemont	Chateau Salins.	Nancy.	Ruhetag	Vaucouleurs.	Ligny.
Brigade-Quartier der 1sten und 2ten Abtheilung.							
Brigade-Quartier der 3ten und 4ten Abtheilung.							

10ten Juni.	11ten Juni.	12ten Juni.	13ten Juni.	14ten Juni.	15ten Juni.	16ten Juni.	17ten Juni.	18ten Juni.	19ten Juni.
Naumburg.	Ruhetag	Weimar	Erfurth.	Gotha.	Ruhetag	Eisenach	Philippsthal.	Hersfeld	Ruhetag.
Naumburg.	Ruhetag	Weimar	Erfurth.	Gotha.	Ruhetag	Eisenach	Vach.	Hersfeld	Ruhetag.
Leipzig.	Ruhetag	Weissenfels.	Naumburg.	Weimar.	Ruhetag	Erfurth.	Gotha.	Eisenach	Ruhetag.

27sten Juni.	28sten Juni.	29sten Juni.	30sten Juni.	1sten Juli.	2ten Juli.	3ten Juli.	4ten Juli.	5ten Juli.	6ten Juli.
	Frankfurth.	Ruhetag	Mainz.	Kreuznach.	Ruhetag	Kirn.	Birkenfeld.	Lebach.	Ruhetag.
						Kirn.			
						Kirn.			

14ten Juli.	15ten Juli.	16ten Juli.	17ten Juli.	18ten Juli.	19ten Juli.	20sten Juli.	21sten Juli.	22sten Juli.	23sten Juli.
St. Diziers.	Ruhetag	Vicomte de Faremont.	Sommepuis	Sezanne.	Coulommiers.	Chelles.	Ruhe-	tage.	Paris.

Beylage X.

Eintheilung des Niederländischen Kriegsheeres am 15. Juni 1815.

Oberbefehlshaber, der Königlich-Englische Feldmarschall Herzog Wellington.
Chef des Generalstabes, der General-Lieutenant Murray.
General-Quartiermeister, Obrist Delancy.
General-Adjudant, G. M. Barnes, Obrist Waters.
Generalstab, Obristlt. Lord Fitzroy Sommersett.
— Sir Alex. Gordon.
— Canning.
Chef der Ingenieur, der Obrist Smyth.

A. Das Brittisch-Hannövrische Kriegsheer.

I. Das 1ste Corps unter dem Befehl des Prinzen von Oranien.

Die 1ste Division, Chef der General-Major Cooke.

Die 1ste Brittische Brigade, der G. M. v. Maitland.	das 2te Bat. von der Foot Guards, das 3te — —
Die 2te Brittische Brigade, der G. M. Sir John Byng.	2 Bat. Coldstram Guards, 2 — der dritten Guards.

Die Batterie des Capitain Sandhauer.

Die 3te Division, Chef der General-Lieutenant Baron Carl v. Alten.

Die 5te Brittische Brigade, der G. M. Sir C. Halkett.	2 Bat. des 30sten Linien-Infanterie-Reg., das 33ste Linien-Infanterie-Reg., 2 Bat. des 69sten Linien-Infanterie-Reg., 2 — des 73sten —
Die 2te Brigade der königl. Legion, der Ob. Baron Ompteda.	das 5te Linien-Bat. der königl. Legion, Obrist v. Linsingen, das 8te Linien-Bat. der königl. Legion, Obrist v. Best, das 1ste leichte Bat. der königl. Legion, Obristlt. Hartwig, das 2te leichte Bat. der königl. Legion, Major Bösewill.
Die 1ste Hannövrische Brigade, der G. M. Graf Kielmansegge.	das 1ste Bat. Herzog v. York, Major v. Bülow, das Feld-Bat. Grubenhagen, Obristlt. v. Wurmb, das — Bremen, Obristlt. v. Langrehr, das — Lüneburg, Obristlt. v. Klenke, das — Lauenburg, Obristlt. Ramdohr.

Die Batterie Artillerie, der Capitain Cleves.

II. Das 2te Corps unter dem Befehl des General-Lieutenants Lord Hill.

Die 2te Division kommandirt der General-Lieutenant Sir Heinrich Clinton.

Die 3te Brittische Brigade, der G. M. Adams.	das 1ste Bat. vom 52sten Linien-Infanterie-Reg., das 1ste — vom 71sten — 2 Compagnien vom 95ten —

Obristlt. Rüchel v. Kleist. Sec. Lt. Graf v. Schlieffen.

das 3te Westphälische Landwehr-Infanterie-Reg., Comd. der Major v. Fritzius,
das 1ste Bat., Capitain v. Groß,
das 2te — Capitain v. Ripperda,
das 3te — Capitain v. Fischer.

Die 4te Brigade, Chef der General-Major Graf Henkel von Donnersmark.
Generalstab, der Capitain v. Dinter.
Adjudant, Major v. François.

Obrist von Schutter. Sec. Lieut. v. Losch.

das 19te Infanterie-Reg., Comd. der Obrist v. Schutter (einstweilig Major v. Stengel),
das 1ste Bat., Major v. Bünau,
das 2te — Major v. Schüler,
das Füs. — Major v. Hüttel,
das 4te Westphälische Landwehr-Infanterie-Reg., Comd. Major Graf v. Gröben,
das 1ste Bat., Major v. Zastrow,
das 2te — Major v. Rex,
das 3te —
das Schlesische Schützen-Bat., Comd. Major v. Neumann.

Die Reserve-Kavallerie, Chef der General-Lieut. v. Röder.
Generalstab, Major Graf v. Gröben.
Adjudanten, Major v. Glaser, Rittm. v. Grävell und Lieut. Graf v. Voß.

G. M. von Treskow. Sec. Lieut. v. Jaschinski.

das 1ste Westpreußische Dragoner-Reg., Comd. der Obristlt. v. Woisky,
das Brandenburgische Dragoner-Reg., Comd. Major v. Ossen,
das Brandenburgische Uhlanen-Reg. No. 3, Obrist v. Stutterheim.

Obristlt. von Lützow.

das 1ste Schlesische Husaren-Reg, No. 4. Comd. Major v. Engelhardt,
das 6te Uhlanen-Reg., Comd. Obristlt. v. Lützow (einstweilig Rittm. v. Stranz),
das Westphälische Landwehr-Kavall.-Reg., Comd. Major v. Wulffen.
Das 1ste Kurmärkische Landwehr-Kavall.-Reg., Comd. Major v. Folgersberg.
Das 2te Kurmärkische Landwehr-Kavall.-Reg., Comd. Major v. Kamke.

Die Artillerie, Brigade-Comd. der Obristlt. v. Lehmann.

Major von Mandelslohe. Major von Huet.

die 12pfünd. Fußbatterie No. 2. Capitain v. Siemon,
die 12pfünd. — No. 6. Capitain v. Reuter,
die 12pfünd. — No. 9. Capitain v. Hollsche,
die 6pfünd. — No. 3. Pr. Lieut. v. Neander,
die 6pfünd. — No. 7. Capitain v. Schaale,
die 6pfünd. — No. 8. Capitain v. Herrmann,
die 6pfünd. — No. 15. Pr. Lieut. v. Meerkatz,
die 6pfünd. — No. 38. Capitain v. Huet,
die 7pfünd. Haubitz-Batterie No. 1. Capitain v. Voltus,
die 6pfünd. reitende Batterie No. 7. Capitain v. Richter,
die 6pfünd. — No. 10. Capitain v. Schäffer,
die 6pfünd. — No. 22. Cap. v. Borowski.

III. Die Kavallerie, der General-Lieutenant Graf Carl Uxbridge.

G. M. Lord Edward. Sommersett.	die 1ste Life Guards, die 2te Life Guards, Royal Horse Guards Blues, 1ste Dragons Guards.
G. M. Sir W. Ponsoby.	2te Dragons Guards, das 6te Dragoner-Reg., das 23ste leichte Dragoner-Reg.
G. M. Sir Richard Hussey Vivian.	das 1ste Husaren-Reg., das 10te — das 18te —
G. M. Sir Ormsby Vandeleur.	das 11te leichte Dragoner-Reg., das 12te — das 16te —
G. M. Sir Colquhons Grant.	das 2te Husaren-Reg., das 7te — das 15te —
Die 1ste Brigade der königl. Legion, G. M. Sir W. v. Dörenberg.	das 1ste leichte Dragoner-Reg. der Legion, Obristlt. v. Bülow, das 2te leichte Dragoner-Reg. der Legion, Obristlt. v. Jonquieres, das 2te Husaren-Reg. der Legion.
Die 2te Brigade der königl. Legion, Ob. Friedrich v. Ahrenschildt.	das 1ste Husaren-Reg. der Legion, das 3te — — Obrist Friedrich v. Ahrenschildt.
Die 1ste Hannövrische Brigade, Ob. v. Eßdorf.	das Husaren-Reg. des Prinzen Regenten, Obrist v. Eßdorf, das Husaren-Reg. Bremen und Verden, Obrist Friedrich v. Busche, das Husaren-Reg. Cumberland, Obristlt. v. Gruben.

IV. Das Reserve-Corps des Hannövrischen General-Lieutenant v. d. Decken. Haupt-Quartier in Antwerpen.
(Es besetzte Antwerpen, Ypern, Tournay, Ostende.)

Die 7te Brittische Brigade, G. M. Makenzie.	das 2te Bat. des 2[illegible]sten Linien-Infant.-Reg., das 2te — des 37sten — das 2te — des 81sten — das 13te Farreige Veteranen-Bat.
Die 1ste Hannövrische Reserve Brig., Obristlt. Gregory.	das Feld-Bat. Möllen, das — Bremerlehe, das — Bothmer.
Die 2te Hannövrische Reserve-Brigade, Obristlieut. Beaulieu.	das — Nordheim, das — Alsfeld, das — Springe.
Die 3te Hannövrische Reserve-Brigade.	das Bat. des 78sten Linien-Infanterie-Reg., das Feld-Bat. Ottendorf, das — Zelle, das — Ratzeburg.
Die 4te Hannövrische Reserve-Brig., Obristlt. v. Bissel, später der Obrist v. Bodeker.	das — Hannover, Obristlt. v. Weihe, das — Uelzen, Major v. Kunze, das — Neustadt, das — Diepholz.

Das Königliche Staabs-Corps.
Das Königliche Jäger-Corps.
Der Königliche Wagen-Train.
Das Königliche Sappeur- und Mineur-Corps.

V. Die Königliche Artillerie kommandirt der Obrist Sir Georg Wood.

Die 6pfünd. reitende Batterie, der Obristlt. Macdonald.
Die — — — — Sir Gordiqlers.
Die — — — — W. Smith.
Die — — — der Capitain Merein.
Die 9pfünd. — — der Major Drummond.
Die — — — der Major Rogers.
Eine Batterie Fuß-Artillerie, der Capitain Maitland.
Eine — — der Capitain Ubert.
Eine — — der Major Umt.
Eine — — der Capitain Igler.
Eine — — der Capitain Hunt.
Eine — — der Major Loyd.
Die reitende Batterie der Königl. Legion, der Major Kühlemann.
Die — — — — der Major Lyenpher.
Die Fußbatterie der Königl. Legion, der Capitain Rutberg.
2 Brigaden Hannövrischer Artillerie, der Obristlt. Brukmann.
Die reitende Reserve-Batterie, der Major Heise.
Die — — der Capitain Jarpar.
Das Raketten-Corps, der Capitain Meyngate.
Das — der Capitain Uengate.

Das Brittisch-Hannövrische Kriegsheer bestand demnach:

		(Das Bat. zu 500 Köpfe.)	(Das Reg. zu 500 Köpfe.)	(Die Batterie zu 100 Köpfe.)
Englische Truppen	21,100 Mann	in 26 Bat.	13 Kavall.-Reg.	16 Batterien.
Hannövrische	20,500 Mann	in 37 —	3 —	5 —
Königl. Legion	4,300 Mann	in 8 —	5 —	3 —
Zusammen	45,900 Mann	in 71 Bat.	21 Kavall.-Reg.	24 Batterien.

Davon waren 36,500 Mann Fußvolk,
8,000 Mann Reiterei,
2,400 Mann Artillerie.
Zusammen 45,990 Mann.

B. Das Königlich Niederländische Kriegsheer.

Oberbefehlshaber, der Prinz von Oranien.

General-Quartiermeister, der General-Major Baron Constant Rebeque.

General-Adjudanten, der Obrist von der Wychen, Obrist Caylor, Major Graf Steirum Limburg und Major Ampt.

Chef der Artillerie, der Obrist Frip.

Chef des Genie-Corps, der Obrist Evers.

Die Indianische Brigade, Chef der General-Lieutenant Baron Anthing.

Chef des Stabes, der Major Paraireini.

Das Linien-Infanterie-Regiment No. 5. Comd. der Obrist Schenk,
das 1ste Bat., der Obrist Bischaf,
das 2te — der Obrist Stäcker.

Das Flanqueur-Bat. No. 1. Major Kerr.
Das Jäger-Bat. No. 10. der Obrist Raurke.
Das Jäger-Bat. No. 11. der Obristlt. Knotzer.
Eine Fußbatterie, der Capitain Riesz.
Den Train, der Lieut. Devermanns.

Die 1ste Division.

Chef, der General-Lieutenant Stedtmann.
Chef des Stabes, der Obristlt. Inoucaert van Schauburg.

Die 1ste Brigade, der G. M. d'Hauw.
das Jäger-Bat. No. 16. der Obrist Heilstein,
das Linien-Infanterie-Bat. No. 4. Major Prinz Ahremberg,
das Linien-Infanterie-Bat. No. 6. Obrist Swent,
das National-Miliz-Bat. No. 9. Obrist Simons,
das — No. 14. Obrist Boolmann,
das — No 15. Obrist Colthof.

Die 2te Brigade, der G. M. de Eereus.
das Jäger-Bat. No. 18. Obrist Everts,
das Linien-Infanterie-Bat. No. 1. Obristlt. Kuyck,
das National-Miliz-Bat. No. 1. Obristlt. Guicherit,
das — — No. 2. Obristlt. van Bazel,
das — No. 18. Obristlt. van Ommeren,
eine Batterie Fuß-Artillerie, Capitain Winands,
den Train, der Lieut. Naumann.

Die 2te Division.

Chef, der General-Lieutenant Baron Perponcher.
Chef des Stabes, der Obrist Baron Zuylen van Nyvelt.

Die 1ste Brigade, der G. M. Graf Bylandt.
das Jäger-Bat. No. 27. Obrist Grünenbosch,
das Linien-Infanterie-Bat., Obrist van der Sanden,
das National-Miliz-Bat. No. 5. Obrist Westenberg,
das — No. 7. Obrist Singendonk,
das — No. 8. Obrist de Jough.

Die 2te Brigade, der Ob. Bernhard von Sachsen Weimar.
das 1ste Bat. des Infanterie-Reg. Oranien Nassau, Obrist Aressel,
das 2te Bat. des Infanterie-Reg. Oranien Nassau, Major Schleyer,
das Linien-Infanterie-Bat. No. 2. Obrist Spellmann,
das National-Miliz-Bat. No. 10. Obristlt. Brade,
eine Jäger-Compagnie, der Capitain Bergmann.

Eine Batterie reitender Artillerie, der Lieutenant van der Hoeweg.
Eine Fußbatterie, der Capitain Kempfer.

Die 3te Division.

Chef, der General-Lieutenant Baron Chassé.
Chef des Stabes, der Major Baron van Delen.

Die 1ste Brigade, der Ob. Delmers.
das Jäger-Bat. No. 35. Obrist d'Arnould,
das National-Miliz-Bat. No. 4. Obristlt. van Heekeren,
das — No. 6. Capitain Biehlmann,
das — No. 17. Obristlt. Wieling,
das — No. 19. Major Boellafard,
reitende Artillerie, der Capitain Kramer,
den Train, der Lieut. Leiß.

Die

Die 9te Brigade, Chef der General-Major v. Bork.
Generalstab, Major v. Uklanski.
Adjudanten, Cap. v. Schöning u. Sec. Lieut. Graf v. Salofstein.

Obrist von Zepelin.
das Leib-Infanterie-Reg., Comd. einstweilig Major v. Ledebur,
das 1ste Bat., einstweilig Cap. v. Brüschenk,
das 2te — Major v. Jastrow,
das Füs.- — Major v. Holleben,
das 30ste Infanterie-Reg., Comd. Major v. Dittfurth,
das 1ste Bat., Major v. Schaper,
das 2te — Major v. Beaufort,
das Füs.- — Major v. Sprenger,
das 1ste Kurmärkische Landwehr-Infanterie-Reg., Comd. der Major v. Tippelskirch,
das 1ste Bat., Major v. Dullack,
das 2te — Major v. Lenacrfeld,
das 3te — Major v. Bornstedt.

Die 10te Brigade, einstweilig der Obrist v. Kemphen.
Generalstab, Prem. Lieut. v. Reizenstein.
Adjudant, Prem. Lieut. v. Unruh.
das 27ste Infanterie-Reg., Comd. der Obristlt. v. Pleßmann,
das 1ste Bat., Major v. Bünau,
das 2te — Major v. Budberg,
das Füs.- — Cap. v. Bokelmann,
das 2te Kurmärkische Landwehr-Infanterie-Reg., Comd. Obristlt. v. Bekendorf,
das 1ste Bat., Major v. Closter,
das 2te — Major v. Rauffendorf,
das 3te — Major v. Schaumburg.

Die 11te Brigade.
Generalstab, Capitain v Röder.
Adjudant, Capitain v. Ciesielsky.

Obrist u. Flügel-Adj. v. Luck.
das 16te Infanterie-Reg., Comd. Obristlt. v. Uttenhofen (einstweilig Major v. Polzinsky),
das 1ste Bat., Major v. Thun,
das 2te — Major v. Polzinsky (Cap. v. Wohlgemuth),
das Füs.-Bat., Major v. Linde,
das 3te Kurmärkische Landwehr-Infanterie-Reg., Comd. Major v. Züschen,
das 1ste Bat., Major v. Friedensburg,
das 2te — Major v. Schönholz,
das 3te — Major v. Lawiere,
das 4te Kurmärkische Landwehr-Infanterie-Reg., Comd. Major v. Grollmann,
das 1ste Bat., Cap. v. Leist,
das 2te — Major v. Schmude,
das 3te — Major v. Haak.

Die 12te Brigade.
Generalstab, der Prem. Lieut v. Gerlach.
Adjudant, der Cap. v. Uchteritz.

Obrist von Stülpnagel.
das 31ste Infanterie-Reg., Comd. der Obrist v. Stülpnagel,
das 1ste Bat., Major v. Tiedemann,
das 2te — Major v. Kesteloth,
das Füs.- — Major v. Natzmer,

Das Niederländische Kriegsheer bestand demnach aus:

Niederländische Truppen in 33 Bat. 7 Kavall.-Reg. und 8 Batterien.
Nassauische Truppen (*) in 8 —

Zusammen 41 Bat. 7 Kavall.-Reg. und 8 Batterien.

(*) Das 1ste Nassauische Infanterie-Regiment stieß erst nach der Schlacht hinzu.

Während der Schlacht machten die beiden Bataillons des Regiments Oranien Nassau und das 2te Regiment von Nassau, die 2te Brigade der 2ten Division aus.

In Westflandern waren die Brigade des General Anthing und die 1ste Division zusammen 10,000 Mann unter dem Prinzen Friedrich von Oranien detaschirt, sie nahmen also keinen Antheil an der Schlacht von Belle Aliance.

C. Das Herzoglich Braunschweigische Truppen-Corps.

Chef, der regierende Herzog von Braunschweig.
(Später kommandirte es der Englische Obrist v. Herzberg.)
Chef der Division, der Obrist von Olfermann.
General-Quartiermeister, der Obristlt. v. Heinemann.
General-Adjudanten, der Major v. Lübeck, Major v. Wachholz und Major v. Wolfradt.

a. Die Avantgarde unter dem Major von Rauschenblatt.
2 Compagnien Jäger, Major v. Bülow.
2 Compagnien leichte Infanterie.
Ein Detaschement Kavallerie.

b. Das Haupt-Corps.
Das Husaren-Reg., Comd. der Major v. Cramm.
Eine Esq. Uhlanen, Comd. der Major v. Pott.

Die leichte Brigade des Obristlt. v. Buttlar:
- das Leib-Infanterie-Bat., Comd. der Major v. Prostler,
- das 1ste leichte Bat., Major v. Hollstein,
- das 2te — Major v. Brandenstein,
- das 3te — Major v. Ebeling.

Die Linien-Brigade des Obristlt. v. Specht:
- das 1ste Linien-Infanterie-Bat., Comd. der Major v. Metzner,
- das 2te Linien-Infanterie-Bat., Comd. der Major v. Strombeck,
- das 3te Linien-Infanterie-Bat., Comd. der Major v. Nortmann.

Die Artillerie-Brigade des Major v. Mahn:
- eine reitende Batterie, der Major v. Moll,
- eine Fuß-Batterie, der Major Heinemann.

Zusammen 8 Bataillons Infanterie, 5 Esquadrons und 2 Batterien mit 16 Kanonen 7000 Mann stark.

D. Das Hanseatische Kontingent, der freien Städte Hamburg, Bremen und Lübek.

Chef, der Englische Obrist Sir Neil Campbel Framerville.
Hamburgsche Uhlanen, Comd. der Major Stein.
2 Compagnien Hamburgsche freiwillige Jäger, Capitain Bühler.
Das Hamburgsche Infanterie-Reg., Comd. der Obristlt. Delius,
das 1ste Bat., Major to der Horst,
das 2te — Major Glöden.
Das Bat. Lübeker, der Capitain v. Donop.

Das Bat. Bremen der Major Wedding (die Bremenschen Freiwilligen waren bei der Preußischen Armee).

Eine Batterie Artillerie (Hamburger), Capitain Wertheim.

Zusammen 4½ Bataillon, 2 Esquadron und eine Batterie 4000 Mann.
(Sie trafen erst nach der Schlacht in Frankreich ein.)

E. **Das Königlich Dänische Hülfs-Corps.**

Oberbefehlshaber, der General-Lieut. Landgraf Friedrich von Hessen Cassel.

Chef des Generalstabes, der Major v. Lesser.
Chef der Ingenieur, der Capitain Fries.
Chef der Artillerie, der Major Bille.

1. **Die Avantgarde** kommandirt der Obrist v. Waldek.
Generalstab, Capitain Treyka, Adjudant, Capitain Lobedanz,
Die 6pfünd. Batterie des Capitain Gerstenberg.
2 Esq. Holsteinische Husaren, der Major Berger u. Obristlt. Späth.
Das Bat. Schleswigsche Jäger, Comd. der Obristlt. Lange.
Das Bat. Holsteinische Jäger, Comd. Obrist Waldek, Obrist Leschly.

2. **Die Brigade** des General-Major Bachmann.
Generalstab, Capitain v. Ewald.
Adjudanten, Rittmeister Schirach und Capitain Segfarth.

Comd. der halben Brigade, der Prinz Wilh. v. Hessen:
- das 1ste Bat. des Schleswigschen Infanterie-Reg.,
- das 1ste — des Holsteinischen —
- das 1ste — des Oldenburgschen. —
- das 1ste — des Leib-Reg. der Königinn,
- eine Fußbatterie des Major v. Bille,
- das Holsteinische Lancier-Reg., Chef der Obrist v. Bülow.

3. **Die Brigade** des Obrist Castonnier.
Das 1ste Bat. des 1sten Jütschen Infanterie-Reg.
Das 1ste — des 2ten — — (Chef der Prinz Wilhelm v. Hessen).
Das 1ste Bat. des 3ten Jütschen Infanterie-Reg. (Chef der Obrist Castonnier).
Das 1ste Bat. des Fühnenschen Infanterie-Reg.
Eine 6pfünd. Fußbatterie des Capitain Friebre.
Das leichte Dragoner-Reg. Prinz Friedrich.

4. **Die Reserve-Kavallerie** kommandirt der Obrist v. Flindt.
Das Leib-Cuirassier-Reg., Chef der G. M. Bachmann.
Eine reitende Batterie.

Zusammen 10 Bataillons, 14 Esquadrons und 4 Batterien 12, bis 15,000 Mann stark.
(Es traf erst am Ende des Krieges in Frankreich ein.)

Das Niederländische Kriegsheer des Herzogs Wellington bestand aus:

Englische Truppen	21,100	Mann in	26	Bat.	50	Esq.	16	Batterien.
Hannövrische	20,500	Mann in	37	—	12	—	5	—
Königl. Legion	4,300	Mann in	8	—	20	—	3	—
Niederländische }	28,387	Mann in	33	—	28	—	6	—
Nassauische }			8					
Braunschweigische	7,000	Mann in	9	—	5	—	2	—
Hanseatische	4,000	Mann in	4½	—	2	—	1	—
Dänische	12,000	Mann in	10	—	14	—	4	—
Zusammen	97,287	Mann in	134½	Bat.	1[illegible]3	Esq.	39	Batterien.

C 2

Davon waren: 78,916 Mann Fußvolk.
13,671 Mann Reiterei.
4,700 Mann Artillerie.

Zusammen 97,287 Mann.

Beilage XI.

Eintheilung des Niederrheinischen Kriegsheeres im Monat Juni 1815.

Oberbefehlshaber, der Feldmarschall Fürst Blücher von Wahlstadt.

Chef des Generalstabes, der General-Lieutenant Graf von Gneisenau.

General-Quartiermeister, der General-Major v. Grollmann.

Generalstab, der Obrist v. Pfuel, der Obrist v. Thiele, der Major von Lützow und der Capitain v. Vigny.

Adjudanten, der Major v. Weyrach, Major Graf v. Nostitz, Major von Winterfeldt, Major v. Brünneck und Capitain v. Sprenger.

Zur Dienstleistung im Generalstabe, der Major v. Barbeleben, Major v. Knakfus, Capitain v. Delitz, Capitain v. Bauermeister, v. Werner, v. Oesfeld, Prem. Lieut. v. Wussow, Sec. Lieut. v. Oetzel, v. Behrendt und v. Gerlach.

Zur Dienstleistung, der General-Lieut. Graf v. Hochberg (in Badenschen Diensten), der Obrist Fürst v. Schönburg, der Major v. Horn, Rittm. Graf v. Blücher, Rittm. Graf v. Holck (in Dänischen Diensten), Rittm. Graf v. Flemming (Legationsrath), Sec. Lieut. v. Zimmer, v. Vernst, Graf v. Schulenburg und v. Dellmar.

Major v. Alvensleben, Major v. Bötticher, Major v. Pflugk, Capitain v. Wagner, Rittm. v. Bernard, Sec. Lieut. v. Meyer, v. Malron, v. Müller, v. Stenzel (Stabswacht) v. Achè.

Kommandant des Haupt-Quartiers und Polizei-Direktor, Obrist v. Loucey.

General Chirurgus Voeltzke.

Ober-Auditeur Schulz.

Adjudanten beim General-Lieutenant Graf Gneisenau, Major v. Hüser, Rittm. v. Jasmund, Capitain v. Stosch, Prem. Lieut. v. Holzwarth, v. Rothe und Sec. Lieut. v. Michaelis.

Das Garde- und Grenadier-Corps.

Kommandirender General, der General-Lieutenant Herzog Carl von Meklenburg Strelitz.

Chef des Generalstabes, der Obristlt. v. Schütz.

Vom Generalstabe, der Major v. Wedell.

Adjudanten, der Major v. Below, Rittm. v. Bojanowsky, Prem. Lieut. v. Schmeling und Sec. Lieut. v. Schulmann.

Polizei-Direktor, der Major v. Blankenfelde.

Obrist v. Alvensleben. Cap. v. Rauch der 1ste. Cap. v. Rauch der 2te.	das 1ste Reg. Garde zu Fuß, Comd. der Obristlt. v. Block, das 1ste Bat., Major v. Barnekow, das 2te — Major v. Grabow, das Füs. — Major v. Röder, das 2te Reg. Garde zu Fuß, Comd. der Obristlt. v. Müffling, das 1ste Bat., Major v. Stränz, das 2te — Major v. Lundt, das Füs., — Major v. Schachtmeier, das Garde-Jäger-Bat., einstweilig Major v. Bock.
Obrist v. Kmesselsdorf. St. Rittm. v. Rochaw.	das Reg. Garde du Corps, Comd. Obristlt. Graf v. Brandenburg, das Garde-Husaren-Reg., Comd. Obristlt. v. Knobloch.
Obrist u. Flügel-Adj. v. Natzmer. Major Graf v. Henkel. St. Cap. von Schönning.	das Grenadier-Reg. Kaiser Alexander, Comd. der Major v. Schachtmeier, das 1ste Bat., Major v. Mishach, das 2te — Major v. Leslie, das Füs. — Major v. Reuß, das Grenadier-Reg. Kaiser Franz, Comd. der Obristlt. v. Klüz, das 1ste Bat., Major v. Romberg, das 2te — Major v. Restorf, das Füs. — Major v. Valentini, das Garde-Schützen-Bat., Comd. der Major Graf v. Meuron.
Obrist Laroche v. Starkenfels. Adj. Rittm. v. Heiduk. Sec. Lieut. v. Dunker.	das Garde-Dragoner-Reg., Comd. Obristlt. v. Zastrow, das Garde-Uhlanen-Reg., Comd. Major v. Krafft.
Major von Willmann.	die 12pfünd. Fußgarde Batterie No. 1. Cap. v. Witt, die 6pfünd. — — No. 1. Cap. v. Lehmann, die reitende Garde-Batterie No. 1. Major v. Willmann, die — — No. 2. Cap. v. Neuendorf, die Park-Kolonne No. 37.

Haupt-Lazareth No. 7.
Fliegende Feld-Lazarethe No. 19 und 20.

Das 1ste Armee-Corps.

Kommandirender General, der General-Lieut. v. Zieten.
Chef des Generalstabes, der Obristlt. v. Reiche.
Generalstab, Major v. Dedenroth, Prem. Lieut. v. Felden und Sec. Lieut. v. Reisewitz.
Adjudanten, Major v. Sclasinsky, Rittm. v. Fröhlich und Rittm. Graf v. Pinto.
Zur Dienstleistung, Obrist Graf v. Lehndorf, Major Graf v. Westphal und Major v. Engeström (in Schwedischen Diensten).
Kommandant des Haupt-Quartiers, Rittm. v. Goschitzki.

Die 1ste Brigade, Chef der General-Major v. Steinmetz.
Generalstab Major v. Arnaud.
Adjudanten, Major v. Dierike und Lieut. v. Sachs.

Obrist von Hoffmann.

- das Brandenburgsche Infanterie-Reg., Comd. der Obristlt. v. Othegraven,
  - das 1ste Bat., Major v. Wietersheim,
  - das 2te — Major v. Bülow,
  - das Füs. — Major v. Götz.
- das 24ste Infanterie-Reg., Comd. der Major v. Laurens,
  - das 1ste Bat., Major v. Blücher,
  - das 2te — Major v. Löwenklau,
  - das Füs. — Major v. Jrwing,
- das 1ste Westphälische Landwehr-Infanterie-Reg., Comd. Obristlt. Rüchel v. Kleist (einstweilig Major v. Hülsen),
  - das 1ste Bat., Major v. Plettenberg,
  - das 2te — Major v. Hülsen (einstweilig Cap. v. Selasinsky),
  - das 3te Bat., Major v. Bernuth (Cap. v. Gillhausen).

Die 2te Brigade, Chef der General-Major v. Pirch der 2te.
Generalstab, St. Capitain v. Deker,
Adjudanten, Capitain v. Barfuß, Capitain v. Maltitz und Sec. Lieut. v. Probst.

Obrist von Carnall.

- das 1ste Westpreußische Infanterie-Reg., Comd. der Obristlt. Stach v. Golzheim,
  - das 1ste Bat., Major v. Rohr,
  - das 2te — Major v. Hartan,
  - das Füs. — Major v. Heyne,
- das 28ste Infanterie-Reg., Comd. der Major v. Quadt der 1ste,
  - das 1ste Bat., Major v. Reitzenstein,
  - das 2te — Major v. Brokhausen,
  - das Füs. — Major v. Möllerg,
- das 3te Westphälische Landwehr-Infanterie-Reg., Comd. der Major v. Winterfeldt,
  - das 1ste Bat., Capitain v. Wenhe,
  - das 2te — Capitain v. Eberstein,
  - das Füs. — Major v. Münsterberg.

Die 3te Brigade, Chef der General-Major von Jagow.
Generalstab, Major v. Kinski.
Adjudanten, Major v. Böhler und Prem. Lieut. Graf v. Kalkreuth.

Obristlt. Rüchel v. Kleist.
Sec. Lt. Graf v. Schlieffen.

- das 2te Westpreußische Infanterie-Reg., Comd. der Obristlt. v. Seidlitz,
  - das 1ste Bat., Obristlt. v. Hopfgarten,
  - das 2te — Major v. Stuckardt,
  - das Füs. — Major v. Misbach,
- das 29ste Infanterie-Reg., Comd. der Major von Hymmen,
  - das 1ste Bat., Major v. Kleist,
  - das 2te — Major de la Chevallerie,
  - das Füs. — Major v. Pöllnitz,

Obristlt. Rüchel v. Kleist. Sec. Lt. Graf v. Schlieffen.
- das 3te Westphälische Landwehr-Infanterie-Reg., Comd. der Major v. Frizius,
  - das 1ste Bat., Capitain v. Groß,
  - das 2te — Capitain v. Ripperde,
  - das 3te — Capitain v. Fischer.

Die 4te Brigade, Chef der General-Major Graf Henkel von Donnersmark,
Generalstab, der Capitain v. Dinter.
Adjudant, Major v. François.

Obrist von Schutter. Sec. Lieut. v. Bosch.
- das 19te Infanterie-Reg., Comd. der Obrist v. Schutter (einstweilig Major v. Stengel),
  - das 1ste Bat., Major v. Bünau,
  - das 2te — Major v. Schüler,
  - das Füs. — Major v. Hüttel,
- das 4te Westphälische Landwehr-Infanterie-Reg., Comd. Major Graf v. Gröben,
  - das 1ste Bat., Major v. Zastrow,
  - das 2te — Major v. Rex,
  - das 3te —
- das Schlesische Schützen-Bat., Comd. Major v. Neumann.

Die Reserve-Kavallerie, Chef der General-Lieut. v. Röder.
Generalstab, Major Graf v. Gröben.
Adjudanten, Major v. Glaser, Rittm. v. Grävell und Lieut. Graf v. Voß.

G. M. von Treskow. Sec. Lieut. v. Jaschinski.
- das 1ste Westpreußische Dragoner-Reg., Comd. der Obristlt. v. Woisky,
- das Brandenburgische Dragoner-Reg., Comd. Major v. Osten,
- das Brandenburgische Uhlanen-Reg. No. 3, Obrist v. Stutterheim.

Obristlt. von Lützow.
- das 1ste Schlesische Husaren-Reg, No. 4. Comd. Major v. Engelhardt,
- das 6te Uhlanen-Reg., Comd. Obristlt. v. Lützow (einstweilig Rittm. v. Stranz),
- das Westphälische Landwehr-Kavall.-Reg., Comd. Major v. Wulffen.

Das 1ste Kurmärkische Landwehr-Kavall.-Reg., Comd. Major v. Folgersberg.
Das 2te Kurmärkische Landwehr-Kavall.-Reg., Comd. Major v. Kamke.

Die Artillerie, Brigade-Comd. der Obristlt. v. Lehmann.

Major von Mandelslohe. Major von Huet.
- die 12pfünd. Fußbatterie No. 2. Capitain v. Siemon,
- die 12pfünd. — No. 6. Capitain v. Reuter,
- die 12pfünd. — No. 9. Capitain v. Hollsche,
- die 6pfünd. — No. 3. Pr. Lieut. v. Neander,
- die 6pfünd. — No. 7. Capitain v. Schaale,
- die 6pfünd. — No. 8. Capitain v. Herrmann,
- die 6pfünd. — No. 15. Pr. Lieut. v. Meerkatz,
- die 6pfünd. — No. 38. Capitain v. Huet,
- die 7pfünd. Haubitz-Batterie No. 1. Capitain v. Voltus,
- die 6pfünd. reitende Batterie No. 7. Capitain v. Richter,
- die 6pfünd. — No. 10. Capitain v. Schäffer,
- die 6pfünd. — No. 22. Cap. v. Borowski.

Die Park-Kolonne No. 8. Pr. Lieut. v. Adolph.
Die — No. 9. Sec. Lieut. v. Löben.
Die — No. 10. — v. Bunkowsky.
Die — No. 11. — v. Langendorf.
Die — No. 15. — v. Thiele.
Die — No. 16. — v. Matzenbach.
Die Laboratorien-Kolonne No. 1. Pr. Lieut. v. Koch.
Die Handwerks-Kolonne No. 2. vacat.
Die 1ste Pionnier-Compagnie, der Capitain v. Giese.
Die 2te — der Capitain v. Rhade.

General-Chirurgus Dr. Voelzke, { Haupt-Lazareth No. 4.
fliegendes Feld-Lazareth No. 2.
— — No. 3.
— — No. 13.

Das 2te Armee-Corps.

Kommandirender General, der General der Infanterie Graf Kleist v. Nollendorf (einstweilig der General-Major v. Pirch der 1ste).
Chef des Generalstabes, der Obrist v. Aster.
Vom Generalstabe, Major v. Clausewitz und Lieut. v. Wischetzky.
Adjudanten, Capitain v. Grabowsky, Rittm. v. Stümer und Capitain v. Restorf.
Zur Dienstleistung, der Obrist Graf v. Kalkreuth und Major v. Podewils.

Die 5te Brigade, Chef der General-Major v. Pirch der 1ste,
Generalstab, Prem. Lieut. v. Ciriaci.
Adjudanten, Capitain v. Roszinsky, Sec. Lieut. v. Jordan und Graf Schulenburg Wolfsburg.

G. M. v. Tippelskirch. Cap. v. Goeppinger. {
das 1ste Pommersche Infanterie-Reg., Comd. der Obristlt. v. Cardell,
das 1ste Bat., Major v. Dosoy,
das 2te — Obristlt. v. Reizenstein,
das Füs. — Major v. Gayl,
das 25ste Infanterie-Reg., Comd. der Obristlt. v. Petersdorf,
das 1ste Bat., Major v. Helmerstreit,
das 2te — Major v. Seidlitz,
das Füs. — Major v. Witzleben,
das 5te Westphälische Landwehr-Infanterie-Reg., Comd. der Major v. Röbell,
das 1ste Bat., Capitain v. Bülow,
das 2te — Major v. Kalnassy,
das 3te — Capitain v. Kaweczinsky.

Die 6te Brigade, Chef der General-Major v. Krafft.
Generalstab, Capitain v. Willisen.
Adjudanten, Capitain v. Kowalzig und Sec. Lieut. v. Röder.

Obrist v. Zastrow. Capitain von Dresky. {
das Colbergsche Infanterie-Reg., Comd. der Obristlt. v. Schmidt,
das 1ste Bat., Major v. Dorchsch,
das 2te — Major v. Lukowitz,
das Füs. — Major v. Petry,

Obrist v. Zastrow.
Capitain von Dresky.

das 26ste Infanterie-Reg., Comd. der Obrist v. Reuß,
das 1ste Bat., Major v. Kerkering,
das 2te — Major v. Diezelsky,
das Füs.- — Obristlt. v. Natzmer,
das 1ste Elb-Landwehr-Infanterie-Reg., Comd. der Obrist v. Bismark,
das 1ste Bat., Major v. Roht,
das 2te — Major v. Schleicher,
das 3te — Major v. Jagow.

Die 7te Brigade, Chef der General Major v. Brause.
Generalstab, Capitain v. Kamke.
Adjudanten, Capitain v. Heinemann u. St. Capitain v. Rappard.

Obrist von Schun.
Adj. Cap. van Zaluskowsky.

das 14te Infanterie-Reg., Comd. der Major v. Mirbach,
das 1ste Bat., Major v. Löwenfels,
das 2te — Major v. Hörel,
das Füs.- — Major v. Kemloth,
das 22ste Infanterie-Reg., Comd. der Obristlt. v. Sack,
das 1ste Bat., Major v. Jochens,
das 2te — Major v. Offenai,
das Füs.- —
das 2te Elb-Landwehr-Infanterie-Reg., Comd. Major v. Rekow,
das 1ste Bat., Major v. Lindern,
das 2te — Major v. Kevittkowski,
das 3te —

Die 8te Brigade, Chef der General-Major v. Byse.
Generalstab, Capitain v. Tukermann und Prem. Lieut v. Pfefferkorn.
Adjudanten, Capitain Graf v. Brühl.

Obrist v. Langen.
Sec. Lt. von Puttkammer.

das 21ste Infanterie-Reg., Comd. der Obristlt. v. Rekow,
das 1ste Bat., Major v. Owstien,
das 2te — Major v. Platen,
das Füs.- — Major v. Drigalsky (v. Pezold),
das 23ste Infanterie-Reg., Comd. der Obristlt. v. Winskowsky,
das 1ste Bat., Major Graf Moüs,
das 2te — Major v. Buttlar,
das Füs.- — Major v. Haas,
das 3t. Elb-Landwehr-Infanterie-Reg., Comd. der Major v. Rangow,
das 1ste Bat., Major v. Kwiatkowsky,
das 2te — Major v. Hannstein,
das 3te — Major v. Arnim,

Die Reserve-Kavallerie, Chef der General-Major v. Jürgaß.
Generalstab, Major v. Cosel.
Adjudanten, Major v. Paulsdorf und St. Rittm. Graf Reuß. v. Schöning.

Obrist v. Thümen.
Adj. Rittm. v. Schönermark.

das Dragoner-Reg. No. 1. (der Königin), Comd. Obristlt. v. Kamke,
das Dragoner-Reg. No. 6. (Neumärkische), Comd. Obrist v. Bork,
das Uhlanen-Reg. No. 2. (Schlesische), Comd. Obristlt. v. Schmiedeberg.

Obristlt. von Sohr.
- das Husaren-Reg. No. 3. (Brandenburgische), einstweilig Major v. Klinkowström,
- das Husaren-Reg. No. 5. (Pommersche), einstweilig Major v. Arnim,
- das Husaren-Reg. No. 11. (Bergsche), Major v. Romberg.

Obristlt. Gr. v. Schulenburg. Adj. Pr. Lieut. v. Scheibler. Pr. Lieut. v. Lebbin.
- das Elb-Landwehr-Kavall.-Reg., Comd. Obristlt v. Reibnitz,
- das 4te Kurmärkische Landwehr-Kavall.-Reg., Comd. Obristlt. v. Schmeling,
- das 5te Kurmärkische Landwehr-Kavall.-Reg., Comd. Major v. Ukermann.

Die Artillerie, Brigade-Comd. der Obristlt. v. Röhl.

Major von Tackmann. Major von Lehmann. Major von Ludwig.
- die 12pfünd. Fußbatterie No. 4. Cap. v. Schrader,
- die 12pfünd. — No. 8. Pr. Lieut. v. Junghaus,
- die 12pfünd. — No. 10. — v. Weigand,
- die 6pfünd. — No. 5. Cap. v. Michaelis d. 1ste,
- die 6pfünd. — No. 10. — v. Magenhöfer,
- die 6pfünd. — No. 12. — v. Bully,
- die 6pfünd. — No. 34. — v. Lent,
- die 6pfünd. — No. 37. — v. Pizzow,
- die 7pfünd. Haubitz-Batterie No. 2. Pr. Lieut. v. Rade,
- die 6pfünd. reitende Batterie No. 5. Sec. Lieut. v. Röhl der 1ste,
- die 6pfünd. — No. 6. Cap. v. Jenichen,
- die 6pfünd. — No. 14. — v. Fritze,

Die Park-Kolonne No. 4. Pr. Lieut. v. Hertig.
Die — No. 6. — v. Brückmann.
Die — No. 14. Cap. v. Rosenzweig.
Die — No. 17. Pr. Lieut. v. Guischard.
Die — No. 18. — v. Brunck.
Die — No. 20. — v. Redlich d. 1ste.
Die Laboratorien-Kolonne No. 2. Sec. Lieut. v. Schulz der 1ste.
Die Handwerks-Kolonne No. 3. Feldwebel Neimeier.
Die 6te Pionnier-Compagnie, Cap. v. Linde.
Die 7te — Cap. v. Uthmann.

General-Chirurgus Dr. Schack.
- Haupt-Lazareth No. 3.
- fliegendes Lazareth No. 5.
- — — No. 11.
- — — No. 14.

Das 3te Armee-Corps.

Kommandirender General, der General-Lieutenant Freiherr v. Thielemann.

Chef des Generalstabes, der Obrist v. Clausewitz.
Vom Generalstabe, Major v. Brandenstein und Prem. Lieut. v. Puttlitz.
Adjudanten, Major v. Steinäcker der 2te, Rittm. v. Sellin, v. Schankenstein und Capitain v. Trüschler.
Zur Dienstleistung, Major Graf v. Finkenstein, Lieut. v. Arnim und v. Grothe.

Zu Besatzungen blieben zurück.

Infanterie.

Das 1ste Neumärkische Landwehr-Infanterie-Reg., Comd. Major v. Düring.

Das 13te Schlesische Landwehr-Infanterie-Reg., Comd. Major v. Podewils.

Das 14te Schlesische Landwehr-Infanterie-Reg., Comd. Major v. Brünnow.

Das 5te Ostpreußische Landwehr-Infanterie-Reg., Comd. Obristlt. v. Bequignolle.

Das 1ste Obersächsische Landwehr-Infanterie-Reg., Comd. Obristlt. Graf v. Schönburg.

Das 1ste Thüringsche Landwehr-Infanterie-Reg., Comd. Obristlt. v. Selmnitz.

Kavallerie.

Das 5te Ostpreußische Landwehr-Kavall.-Reg., Comd. der Major v. Brünneck.

Das 1ste Obersächsische Landwehr-Kavall.-Reg., Comd. der Major v. Stechow.

Das 2te Obersächsische Landwehr-Kavall.-Reg.

Als Garnison in Mainz.

Das 13te Infanterie-Reg., Comd. der Obrist v. Langen.

Das 20ste Infanterie-Reg., Comd. der Obristlt. v. Natzmer.

Das Corps des General-Lieutenant Prinz Ludwig v. Hessen-Homburg (Gouverneur von Luxemburg).

Adjudanten, Rittm. v. Wolde und Lieut. v. Priefert.
Chef der Ingenieurs, Major v. Kaibel.
Chef der Artillerie, Major v. Ludwig.

Kommandant von Luxemburg, Major v. du Moulin:
- das 4te Elb-Landwehr-Infanterie-Reg., Comd. Major v. Rabiel,
- das 6te Westphälische Landwehr-Infanterie-Reg., Obristlt. v. Kleist,
- das Garnison-Bat. No. 6. Comd. Major v. Knorr,
- das — No. 7. Comd. Major v. Wischetzky,
- das — No. 19. Comd. Major v. Lebbin,
- das — No. 24. Comd. Major v. Koschitzky,

Die 13te Provisorische Artillerie-Compagnie, Pr. Lieut. v. Staffehl.

Die 14te Provisorische Artillerie-Compagnie, Capitain v. Holtorf.

Die 15te Provisorische Artillerie-Compagnie, Pr. Lieut. v. Giersberg.

Ein Pionnier-Detaschement, Capitain v. Rhade.

Die 5te Esquadron des 8ten Uhlanen-Regiments.

Obrist von Stülpnagel.
- das 5te Kurmärkische Landwehr-Infanterie-Reg., Comd. Major v. Welling,
  - das 1ste Bat., Major v. Mellersky,
  - das 2te — Major v. Winskowsky,
  - das Füs.- — Major v. Düring,
- das 6te Kurmärkische Landwehr-Infanterie-Reg., Comd. der Obrist v. Rohr,
  - das 1ste Bat., Major v. Klöden,
  - das 2te — Major v. Schäfer,
  - das 3te — (Obristlt. v. Horn) Major v. Maltitz.

Die Reserve-Kavallerie, Chef der General-Major v. Hobe.

Generalstab, Major v. Auer.

Adjudanten, Rittm. v. Reinbaben, v. Behrendt, Lieut. v. Malzahn und v. Hertefeld.

Obrist Graf v. Lottum. Sec. Lieut. v. Borke.
- das Dragoner-Reg., No. 7. Comd. Obrist v. d. Goltz,
- das Uhlanen-Reg., No. 5. Comd. Major v. Zastrow,
- das — No. 7. Major v. Raven,
- das — No. 8. Obrist Graf v. Dohna.

Obrist v. Marwitz. Rittm. von Marschall.
- das 9te Husaren-Reg., Comd. der Major v. Hellwig,
- das 12te — Comd. Obristlt. v. Czettritz,
- das 3te Kurmärkische Landwehr-Kavall.-Reg., Comd. Major Graf v. Finkenstein,
- das 6te Kurmärkische Landwehr-Kavall.-Reg., Comd. Major v. Dorville.

Die Artillerie, Brig.-Comd. der Obrist v. Monhaupt.

Die 12pfünd. Batterie No. 7. Cap. v. Baldauf.
Die 12pfünd. — No. 11. Pr. Lieut. v. Liebermann.
Die 12pfünd. — No. 12. Cap. v. Stammer.
Die 6pfünd. — No. 18. — v. Sannow.
Die 6pfünd. — No. 24. — v. Bahrenkampf.
Die 6pfünd. — No. 30. — v. Hain.
Die 6pfünd. — No. 35. — v. Wangenheim.
Die 6pfünd. — No. 36. — v. Bleskh.
Die 7pfünd. Haubitz-Batterie No. 3. Cap. v. Kurgaß.
Die 6pfünd. reitende Batterie No. 18. Cap. v. Hoyer.
Die 6pfünd. — — No. 19. Pr. Lt. v. Dellen.
Die 6pfünd. — — No. 20. Cap. v. Volmer.

Die Park-Kolonne No. 1. Sec. Lieut. v. Sannow.
Die — No. 3. — v. Kliehe.
Die — No. 5. Pr. Lieut. v. Poß.
Die — No. 19. Sec. Lieut. v. Tappert.
Die — No. 21. Pr. Lieut. v. Martike.
Die — No. 22. Sec. Lieut v. Richter.
Die Laboratorien-Kolonne No. 3. Sec. Lieut. v. Boeße.
Die Handwerks-Kolonne No. 1. Oberfeuerwerker Siemon.
Die 4te Pionnier-Compagnie, Cap. v. Zaborowsky.
Die 5te — Cap. v. Rohwedel.

General-Chirurgus Dr. Büttner.
- Haupt-Lazareth No. 1.
- fliegende Feld-Lazarethe No. 1. 4 und 15.

der Weimarsche G. M. v. Egloffstein.
- das Anhalt-Dessauische Linien-Infanterie-Bat., Comd. Obrist v. Hoppe,
- das Anhalt-Bernburg Köthensche Linien-Infanterie-Bat., Comd. Major v. Sonnenberg,
- das Schwarzburgsche Linien-Infanterie-Bat., Comd. Obristlt. v. Blumenröder,
- das Waldeksche Linien-Infanterie-Bat., Comd. Obrist Graf v. Waldek,
- das Lippesche Linien-Infanterie-Bat., Comd. Obristlt. v. Reineke,
- das Lippe-Detmoldsche Linien-Infanterie-Bat, Comd. Major v. Baumbach,
- das Oldenburgsche Infanterie-Reg., Comd. der Obristlt. v. Wardenberg,
  - das 1ste Bat., Major v. Hirschfeldt,
  - das 2te — Major v. Benoit.

Das Großherzoglich-Meklenburgische Kontingent.

Chef, der General-Lieutenant Erbprinz von Meklenburg Schwerin.

Chef des Generalstabes, der preußische Obristlt. v. Steinäcker.

Obrist von Both.
- Das Garde-Grenadier-Bat., Comd. der Major v. Vogwisch.
- Das Leib Bat., Comd. Major v. Lützow.
- Das 2te Linien-Infanterie-Bat., Comd. Major v Kampz.
- das 1ste Landwehr-Bat., Comd. Major v. Pressentin,
- das 2te — — Capitain v. Sittmann,
- das 3te — — Major v. Ellernhorst,
- eine halbe 6pfünd. Fußbatterie.

Das Meklenburg-Strelitzsche Husaren-Reg., Comd. General-Major v. Warburg.

Das Nieder-Rheinische (Preußische) Kriegsheer des Feldmarschalls Fürsten Blücher war stark:

			Bat.	Esq.	Batterien	mit Kanonen.
Das Garde- u. Grenadier-Corps	13,600	Mann	14	12	4	32
Das 1ste Armee-Corps	34,800	—	34	32	12	96
Das 2te Armee-Corps	36,000	—	36	36	12	96
Das 3te Armee-Corps	33,000	—	33	32	12	96
Das 4te Armee-Corps	37,800	—	36	48	12	96
Das 5te Armee-Corps	36,200	—	34	48	12	96
Das 6te Armee-Corps	37,800	—	36	48	12	96
Die Rheinische Landwehr	20,400	—	24	8		
Zu Besatzungen	21,000	—	24	12		
Das Deutsche Armee-Corps	26,200	—	30	12	2½	20
Zusammen	296,800	Mann	301	288	78½	628

Davon waren 240,800 Mann Fußvolk,
43,200 Mann Reiterei,
11,800 Mann Artillerie.

Zusammen 296,800 Mann.

Obrist v. Siebolm d. 2te.
das 1ste Ostpreußische Landwehr-Infanterie-Reg., Comd. Major v. Wolsky,
das 1ste Bat., Major v. Holtei,
das 2te — Major v. Leo,
das 3te — Major v. Kikebusch,
das 1ste Westpreußische Landwehr-Infanterie-Reg., Comd. Obristlt. v. Bennigsen,
das 1ste Bat., Major v. Lewinsky,
das 2te — Major v. Czarnozy,
das 3te — Major v. Krause,

Die 18te Brigade, Chef der General-Lieutenant v. Thümen.
Generalstab, Capitain v. Fischer.
Adjudanten, Capitain v. Werder und Prem. Lieut. v. Weller.

Obrist von Clausewitz.
das 4te Ostpreußische Infanterie-Reg., Comd. der Obrist v. Clausewitz,
das 1ste Bat., Major v. Wegener,
das 2te — Major v. Meyer,
das Füs. — Major v. Vogelsang,
das 2te Westpreußische Landwehr-Infanterie-Reg., Comd. Major v. Osten,
das 1ste Bat., Major v. Kosboth,
das 2te — Major v. Bergh,
das 3te — Major v. Koschenbahr,
das 5te Schlesische Landwehr-Infanterie-Reg., Comd. der Obristlt. v. Krauthof,
das 1ste Bat., Major v. Zimmermann,
das 2te — Major v. Borrwitz,
das 3te — Major v. Kosseki.

Die 19te Brigade, Chef der General-Major v. Stutterheim.
Generalstab, Prem. Lieut. v. Gerresheim.
Adjudanten, Capitain v. Albedyll und Lieut. v. Graurok.

das 12te Schlesische Landwehr-Infanterie-Reg., Comd. Obristlt. v. Buttlar,
das 1ste Bat., Major v. Taubadel,
das 2te — Major v. Kittlitz,
das 3te — Major v. Jwonsky,
das 7te Schlesische Landwehr-Infanterie-Reg., Comd. Obristlt. v. Bonde,
das 1ste Bat., Major v. Rück,
das 2te — Major v. Burgsdorf,
das 3te — Major v. Polzinski.

Die 20ste Brigade, Chef der General-Major v. Lossow.
Generalstab,
Adjudanten, Rittm. v. Zedlitz und Prem. Lieut. v. Fiebig.

das 17te Infanterie-Reg., Comd. der Major v. Gagern,
das 1ste Bat., Major v. Bentheim,
das 2te — Major v. Puttlitz,
das Füs. — Major v. Bender.
das 7te Kurmärkische Landwehr-Infanterie-Reg., Comd. der Obristlt v. Held,
das 1ste Bat., Major v. Ozerowsky,
das 2te — Major v. Stutterheim,
das 3te — Major v. Ziezelsky.

das

der Weimarsche G. M. v. Eglofstein.
- das Anhalt-Dessauische Linien-Infanterie-Bat., Comd. Obrist v. Hoppe,
- das Anhalt-Bernburg Köthensche Linien-Infanterie-Bat., Comd. Major v. Sonnenberg,
- das Schwarzburgsche Linien-Infanterie-Bat., Comd. Obristlt. v. Blumenröder,
- das Waldeksche Linien-Infanterie-Bat., Comd. Obrist Graf v. Waldek,
- das Lippesche Linien-Infanterie-Bat., Comd. Obristlt. v. Reineke,
- das Lippe-Detmoldsche Linien-Infanterie-Bat, Comd. Major v. Baumbach,
- das Oldenburgsche Infanterie-Reg., Comd. der Obristlt. v. Wardenberg,
  - das 1ste Bat., Major v. Hirschfeldt,
  - das 2te — Major v. Benoit.

Das Großherzoglich-Meklenburgische Kontingent.

Chef, der General-Lieutenant Erbprinz von Meklenburg Schwerin.

Chef des Generalstabes, der preußische Obristlt. v. Steinäcker.

Obrist von Both.
- Das Garde-Grenadier-Bat., Comd. der Major v. Pogwisch.
- Das Leib Bat., Comd. Major v. Lüzow.
- Das 2te Linien-Infanterie-Bat., Comd. Major v Kampz.
- das 1ste Landwehr-Bat., Comd. Major v. Pressentin,
- das 2te — — Capitain v. Sittmann,
- das 3te — — Major v. Ellernhorst,
- eine halbe 6pfünd. Fußbatterie.

Das Meklenburg-Strelitzsche Husaren-Reg., Comd. General-Major v. Warburg.

Das Nieder-Rheinische (Preußische) Kriegsheer des Feldmarschalls Fürsten Blücher war stark:

			Bat.	Esq.	Batterien	mit Kanonen.
Das Garde- u. Grenadier-Corps	13,600	Mann	14	12	4	32
Das 1ste Armee-Corps	34,800	—	34	32	12	96
Das 2te Armee-Corps	36,000	—	36	36	12	96
Das 3te Armee-Corps	33,000	—	33	32	12	96
Das 4te Armee-Corps	37,800	—	36	48	12	96
Das 5te Armee-Corps	36,200	—	34	48	12	96
Das 6te Armee-Corps	37,800	—	36	48	12	96
Die Rheinische Landwehr	20,400	—	24	8		
Zu Besatzungen	21,000	—	24	12		
Das Deutsche Armee-Corps	26,200	—	30	12	2½	20
Zusammen	296,800	Mann	301	288	78½	628

Davon waren 240,800 Mann Fußvolk,
43,200 Mann Reiterei,
11,800 Mann Artillerie.

Zusammen 296,800 Mann.

Beylage XII.

Eintheilung des Kaiserlich-Russischen Kriegsheeres gegen Frankreich im Jahr 1815.

Oberbefehlshaber, der Feldmarschall Graf Barklay de Tolly.
Chef des Stabes, der General-Lieutenant Baron Diebitsch.
General-Quartiermeister, der Obrist Hartung.
Chef der Artillerie, der General-Lieutenant Fürst Jaschwill.
Chef der Ingenieurs, der General-Major Graf Siewers.
Du jour General, der General-Major Oldekop.
General-Intendant, der General-Major Kankerin.

Die Kosaken-Regimenter.

Die Esquadron donischer Leibgarde Kosaken (im Haupt-Quartier des Kaisers).
Das Kosaken-Reg. des G. M. Wlassow des 3ten.
Das — des Obrist Charitanow des 7ten.
Das — des Obrist Kostin des 4ten.
Das — des Obrist Panteleef des 2ten (im Haupt-Quartier des Feldmarschalls Barklay).
Das Kosaken-Reg. des Obrist Bihalow des 1sten.
Das — des Obrist Kutainikof des 6ten.
Das — des G. M. Jagodin.
Das — des Obrist Gredzow.
Das 6te Uralische Kosaken-Reg. des Obrist Balabin.

Die Pionnier-Compagnien.

Die Pionnier-Compagnie des Obristlt. Gresser.
Die — des Obristlt. Gebenera.
Die — des Capitain Rennenkampf.
Die — des Capitain Gosliakow.
Die — des Lieutenant Kebeka.
Die —

Die Pontonnier-Compagnien.

Die Pontonnier-Compagnie des Obrist Akermann.
Die — des Obrist Philosofof.

Das 3te Armee-Corps kommandirt der General der Infanterie Dochterow.

Chef des Stabes, der General-Major Ponset.
Ober Quartiermeister, der Obrist Freitag.
Chef der Artillerie, der General-Major Kastaniezky.

Die 2te Husaren-Division, Chef der General-Lieutenant Graf Lambert.

G. M. Wassilschikow. { das Achtyrskische Husaren-Reg., Comd. der Obrist Skanderbek, das Weißrussische Husaren-Reg., Comd. der Obrist Olschofsky,

G. M. Fürst Wadbolsky. { das Alexandrinsche Husaren-Reg., Comd. der Obrist Reiksern, das Marienvolsche Husaren-Reg., Comd. der Obrist Dumkewitsch.

Die reitende Batterie No. 4.

Die 7te Infanterie-Division, Chef der General-Lieutenant Kapzewitsch.

G. M. Tschemschuschnikow.	das Pleskowsche Infanterie-Reg., Comd. der Obrist Narischkin, das Moskowsche Infanterie-Reg., Comd. der Obrist Tarbeew.
G. M. Tallissin d. 2te.	das Liebausche Infanterie-Reg., Comd. der Obrist Augustof, das Sophiesche Infanterie-Reg., Comd der Obristlt. Ewing.
G. M. Matzniew.	das 11te Jäger-Reg., Comd. der Obrist Dietrich, das 36ste — Comd. der Obrist Alezejew.
Die 7te Artillerie-Brig., der Obristlt. Karlomow.	die schwere Batterie No. 7. der Obristlt. Bering, die leichte — No. 13. der Capitain Lewitzky, die leichte — No. 14. der Obristlt. Karlomow.

Die 24ste Infanterie-Division, Chef der General-Lieutenant Radt.

G. M. Denissiew d. 2te.	das Schirwanskische Infanterie-Reg., Comd. der Obrist Bergmann, das Butirskische Infanterie-Reg., Comd. der Obrist Ersowsky.
G. M. Swarikin.	das Ufasche Infanterie-Reg., Comd. der Obrist Demidow, das Tomskische Infanterie-Reg., Comd. der Obrist Popüw.
G. M. Wuitsch.	das 19te Jäger-Reg., Comd. der Obrist Gladschef, das 40ste — Comd. der Obristlt. Schubarow.
Die 24ste Artillerie-Brig., der Ob. Malejew.	die schwere Batterie No. 24. der Obrist Malejew, die leichte — No. 47. der Capitain Tschemschuschnikow, die leichte Batterie No. 48. der Obristlt. Bogdanowitsch.

Das 4te Armee-Corps kommandirt der General der Kavallerie Rajewsky.

Chef des Generalstabes, der General-Major Renny.

Chef der Artillerie, der General-Major Suchasanett.

Die 3te Husaren-Division, Chef der General-Lieutenant Tschaplitz.

Zugetheilt, der General-Major Miläef der 2te.

G. M. Graf Dorllon.	das Isumzsche Husaren-Reg., Comd. der Obrist Graf Thiemann, das Pawlogrodsche Husaren-Reg., Comd. der Obrist Kechanow.
G. M. Schostakow.	das Elisabethgrodsche Husaren-Reg, Comd. der Obrist Baron Rosen, das Irkutzkische Husaren-Reg., Comd. der Obrist Iwaschenzow.

Die reitende Batterie No. 10.

Die 11te Infanterie-Division, Chef der General-Major Zwieleniew.

G. M. Kaissarow.	das Geletzische Infanterie-Reg., Comd. der Obrist Turgenew, das Polozkische Infanterie-Reg., Comd. der Obrist Brewern.

G. M. v. Withenow.
Adj. Pr. Lieut. v. Janson.

- das 1ste Ostpreußische Landwehr-Kavall.-Reg., Comd. Major v. Schön,
- das 2te Ostpreußische Landwehr-Kavall.-Reg., Comd. Major v. Ciesielsky,
- das 3te Ostpreußische Landwehr-Kavall.-Reg., Comd. Major v. Kökriz,
- das 4te Ostpreußische Landwehr-Kavall.-Reg., Comd. Major v. Kurowski (traf nicht in Frankreich ein).

Die Artillerie, Brigade-Comd. der Obristlt. v. Meerkatz.

Major von Spreuth.
Major von Tuchsen.

- die 12pfünd. Fußbatterie No. 17. Cap. v. Pitscher,
- die 12pfünd. — No. 18. v. Glein,
- die 12pfünd. — No. 19. v. Kanabeus,
- die 6pfünd. — No. 9. v. Czarnowsky,
- die 6pfünd. — No. 19. Pr. Lt. v. Lettow d. 1ste,
- die 6pfünd. — No. 20. Cap. v. Erny,
- die 6pfünd. — No. 22. Pr. Lt. v. Rohr d. 1ste,
- die 6pfünd. — No. 23. Cap. v. Lindenberg,
- die 7pfünd. Haubitz-Batterie No. 6, Cap. v. Rosenzweig,
- die 6pfünd. reitende Batterie No. 13. Cap. v. Papendik,
- die 6pfünd. — No. 16. — v. Becker,
- die 6pfünd. — No. 17. — v. Schüler,

Die Park-Kolonne No. 31. Pr. Lieut. v. Jäger.
Die — No. 32. — v. Krüger d. 1ste.
Die — No. 33. — v. Willcke.
Die — No. 35. — v. Gretsch.
Die — No. 36. Sec. Lieut. v. Kramer.
Die — No. 34. — v. Zeidel.
Die Laboratorien-Kolonne No. 6. Cap. v. Krause.
Die Handwerks-Kolonne No. 6. Oberfeuerwerker Krüger.
Die 8te Pionnier-Compagnie, Pr. Lieut. v. Siemon.
Die 9te — Cap. v. Olzewsky.

General-Chirurgus Dr. Schönning.

- Haupt-Lazareth No. 6.
- fliegendes Feld-Lazareth No. 16 und 17.

Das Rheinische Landwehr-Corps.

Das 1ste Rheinische Landwehr-Kavallerie-Reg., Comd. Obrist Graf v. Nesselrode.

Das 2te Rheinische Landwehr-Kavallerie-Reg., Comd. Rittm. Graf Busche v. Ippenburg.

Das 1ste Rheinische Landwehr-Infanterie-Reg., Comd. Major v. Schlechtendahl.

Das 2te Rheinische Landwehr-Infanterie-Reg., Comd. Major Köhn v. Jaski.

Das 3te Rheinische Landwehr-Infanterie-Reg., Comd. Major v. Zglinitzki.

Das 4te Rheinische Landwehr-Infanterie-Reg., Comd. Major v. Ziegler.

Das 5te Rheinische Landwehr-Infanterie-Reg., Comd. Major v. Anselm.

Das 6te Rheinische Landwehr-Infanterie-Reg., Comd. Major v. Sell.

Das 7te Rheinische Landwehr-Infanterie-Reg., Comd. Major v. Boeck.

Das 8te Rheinische Landwehr-Infanterie-Reg., Comd. Major v. Wnuck.

Zu Besatzungen blieben zurück.

Infanterie.

Das 1ste Neumärkische Landwehr-Infanterie-Reg., Comd. Major v. Düring.

Das 13te Schlesische Landwehr-Infanterie-Reg., Comd. Major v. Podewils.

Das 14te Schlesische Landwehr-Infanterie-Reg., Comd. Major v. Brünnow.

Das 5te Ostpreußische Landwehr-Infanterie-Reg., Comd. Obristlt. v. Bequignolle.

Das 1ste Obersächsische Landwehr-Infanterie-Reg., Comd. Obristlt. Graf v. Schönburg.

Das 1ste Thüringsche Landwehr-Infanterie-Reg., Comd. Obristlt. v. Selmnitz.

Kavallerie.

Das 5te Ostpreußische Landwehr-Kavall.-Reg., Comd. der Major v. Brünneck.

Das 1ste Obersächsische Landwehr-Kavall.-Reg., Comd. der Major v. Stechow.

Das 2te Obersächsische Landwehr-Kavall.-Reg.

Als Garnison in Mainz.

Das 13te Infanterie-Reg., Comd. der Obrist v. Langen.
Das 20ste Infanterie-Reg., Comd. der Obristlt. v. Natzmer.

Das Corps des General-Lieutenant Prinz Ludwig v. Hessen-Homburg (Gouverneur von Luxemburg).

Adjudanten, Rittm. v. Wolde und Lieut. v. Priefert.
Chef der Ingenieurs, Major v. Kaibel.
Chef der Artillerie, Major v. Ludwig.

Kommandant von Luxemburg, Major v. du Moulin:
- das 4te Elb-Landwehr-Infanterie-Reg., Comd. Major v. Rabiel,
- das 6te Westphälische Landwehr-Infanterie-Reg., Obristlt. v. Kleist,
- das Garnison-Bat. No. 6. Comd. Major v. Knorr,
- das — No. 7. Comd. Major v. Wischetzky,
- das — No. 19. Comd. Major v. Lebbin,
- das — No. 24. Comd. Major v. Koschitzky,

Die 13te Provisorische Artillerie-Compagnie, Pr. Lieut. v. Staffehl.

Die 14te Provisorische Artillerie-Compagnie, Capitain v. Holtorf.

Die 15te Provisorische Artillerie-Compagnie, Pr. Lieut. v. Giersberg.

Ein Pionnier-Detaschement, Capitain v. Rhade.

Die 5te Esquadron des 8ten Uhlanen-Regiments.

Das Deutsche Armee-Corps.

Kommandirender General, der General der Infanterie Graf Kleist v. Nollendorf.

Chef des Generalstabes, der Obrist v. Witzleben,

Generalstab, Major v. Legat und Capitain v. Heyde.

Adjudanten, Capitain v. Reftorf, v. Voß, v. Uttenhofen, Rittm. v. Katt, v. Wurm, v. Novelle, Lieut. Prinz v. Hohenlohe, v. Semmler und v. Braffert.

Zur Dienstleistung, Major v. Alvensleben und der Major v. Dallwig in Hessischen Diensten.

Das Chur K. Hessische Corps kommandirt der General-Lieutenant v. Engelhardt.

Chef des Generalstabes, der Obristlt. v. Dörenberg.

Vom Generalstabe, Major v. Dörenberg.

Adjudant, Major v. Mildener.

Die 1ste Brigade, Chef der General-Major Prinz v. Solms.

Obrist von Heinau.
- das Grenadier-Bat., Comd. der Major v. Haller,
- das Regiment Kurfürst, Comd. der Obristlt. v. Benning,
  - das 1ste Bat., Major v. Wolff,
  - das 2te — Major v. Rieß der 1ste,
  - das Füs.- — Major v. Bretthauer,
- das Infanterie-Reg. Prinz Solms, Comd. der Obristlt. v. Zink,
  - das 1ste Bat., Major v. Osterhausen,
  - das Füs.- — Major v. Rieß der 2te,
- das Jäger-Bat., Comd. der Major v. Bödiker.

Die 2te Brigade, Chef der General-Major v. Müller.
- das Grenadier-Bat., Comd. der Major v. Lasberg,
- das Infanterie-Reg. Kurprinz, Comd. der Obristlt. v. Fließ,
  - das 1ste Bat., Major v. Meibom,
  - das Füs.- — Major v. Löpell,
- das Infanterie-Reg. Landgraf Carl, Comd. der Obristlt. v. Borck,
  - das 1ste Bat., Major v. Heßberg,
  - das Füs.- — Major v. Bardeleben,

Die Kavallerie-Brigade, Chef der Obrist Prinz Friedrich von Hessen-Cassel.

Das Husaren-Reg., Comd. der Obristlt. v. Schäfer.

Das Leibgarde Dragoner-Reg., Comd. der Obrist v. Marschal.

Die Artillerie-Brigade, Chef der Major v. Köhler.

Die 6pfünd. Fußbatterie No. 1. der Cap. v. Hueth.

Die 6pfünd. — No. 2. der — v. Schultheß.

Die Thüringsche Brigade,

der Weimarsche G. M. v. Eglofstein.
- das Weimarsche Linien-Infanterie-Bat., Comd. Obristlt. v. Linker,
- das Weimarsche Landwehr-Infanterie-Bat., Comd. Major v. Wolfskehl,
- das Gothaische Linien-Infanterie-Bat., Comd. Obrist v. Münnich,
- das Gothaische Landwehr-Infanterie-Bat., Comd. Major v. Kirchbach,

G. M. Kollogribow.	das 49ste Jäger-Reg., Comd. der Obristlt. Murawsky, das 50ste — Comd. der Obrist Rassmow.
Die 27ste Artillerie-Brig., der Ob. Gilgen.	die schwere Batterie-No. 27. der Obristlt. Dietrich d. 4te, die leichte — No. 53. der Obrist Gilgen, die leichte — No. 54. der Capitain Blinow.

Das Reserve- oder Grenadier-Corps kommandirt der General-Lieutenant Jermolow.

Chef des Generalstabes, der Obrist Jwanow.
Chef der Artillerie, der Obrist Nilus.

Die 2te Grenadier-Division, Chef der General-Lieutenant Paskiewitsch.

G. M. Pissaref.	das Grenadier-Reg. des Königs von Preußen, Comd. der Obrist Maschensky, das Taurische Grenadier-Reg., Comd. der Obrist Timrodt.
G. M. Kutusof.	das Kiewsche Grenadier-Reg., Comd. der Obrist Saizow, das Moskowsche Grenadier-Reg., Comd. der Obrist Kuprianof.
G. M. Pouljochtow.	das 8te Grenadier-Jäger-Reg., Comd. der Obrist Fürst Schewachow. das 14te Grenadier-Jäger Reg., Comd. der Obristlt. Bukinsky.
Die 2te Artillerie-Brig., der Ob. Nilus.	die schwere Batterie No. 2. der Obrist Nilus, die leichte — No. 3. der Obristlt. Dolgowsaburow, die leichte — No. 4. der Capitain Schufarow.

Die 3te Grenadier-Division, Chef der General-Lieut. Roth.

G. M. Lewin.	das Sibirische Grenadier-Reg., Comd. der Obrist Kaschinzow, das Kleinrussische Grenadier-Reg., Comd. der Obristlt. Botulof.
Obrist Friedberg.	das Fanagorische Grenadier-Reg., Comd. der Obristlt. Bogdanowitsch, das Astrachansche Grenadier-Reg., Comd. der Obrist Friedberg.
G. M. Krassowsky.	das 26ste Grenadier-Jäger-Reg., Comd. der Obristlt. Medwejew, das 29ste Grenadier-Jäger-Reg., Comd. der Obristlt. Tartarinow.
Die 3te Artillerie-Brig., der Obristlt. Bogdanofsky.	die schwere Batterie No. 3. der Obristlt. Hering. die leichte — Nd. 5. der Ovristlt. Baron Witte, die leichte — No. 6. der Obristlt. Bogdanofsky.

Das 2te Reserve-Kavallerie-Corps kommandirt der General der Kavallerie Baron Winzingerode.

Chef des Generalstabes, der General-Major Fürst Wolchonsky.

Die 2te Uhlanen-Division, Chef der General-Lieutenant Graf Orurk.

G. M. Geschin.	das Wolhinische Uhlanen-Reg., das Pohlnische — Comd. Ob. Wicheslawzow.

Beylage XII.

Eintheilung des Kaiserlich-Russischen Kriegsheeres gegen Frankreich im Jahr 1815.

Oberbefehlshaber, der Feldmarschall Graf Barklay de Tolly.
Chef des Stabes, der General-Lieutenant Baron Diebitsch.
General-Quartiermeister, der Obrist Hartung.
Chef der Artillerie, der General-Lieutenant Fürst Jaschwill.
Chef der Ingenieurs, der General-Major Graf Siewers.
Du jour General, der General-Major Oldekop.
General-Intendant, der General-Major Kankerin.

Die Kosaken-Regimenter.

Die Esquadron donischer Leibgarde Kosaken (im Haupt-Quartier des Kaisers).
Das Kosaken-Reg. des G. M. Wlassow des 3ten.
Das — des Obrist Charitanow des 7ten.
Das — des Obrist Kostin des 4ten.
Das — des Obrist Panteleef des 2ten (im Haupt-Quartier des Feldmarschalls Barklay).
Das Kosaken-Reg. des Obrist Bihalow des 1sten.
Das — des Obrist Kutainikof des 6ten.
Das — des G. M. Jagodin.
Das — des Obrist Grebzow.
Das 6te Uralische Kosaken-Reg. des Obrist Balabin.

Die Pionnier-Compagnien.

Die Pionnier-Compagnie des Obristlt. Gresser.
Die — des Obristlt. Gebenera.
Die — des Capitain Rennenkampf.
Die — des Capitain Gosliakow.
Die — des Lieutenant Kebeka.
Die —

Die Pontonnier-Compagnien.

Die Pontonnier-Compagnie des Obrist Akermann.
Die — des Obrist Philosopof.

Das 3te Armee-Corps kommandirt der General der Infanterie Dochterow.

Chef des Stabes, der General-Major Ponset.
Ober Quartiermeister, der Obrist Freitag.
Chef der Artillerie, der General-Major Kastanietzky.

Die 2te Husaren-Division, Chef der General-Lieutenant Graf Lambert.

G. M. Wassilschikow.
- das Achtyrskische Husaren-Reg., Comd. der Obrist Skanderbek,
- das Weißrussische Husaren-Reg., Comd. der Obrist Olschofsky,

G. M. Fürst Wadbolsky.
- das Alexandrinsche Husaren-Reg., Comd. der Obrist Reikfern,
- das Marienpolsche Husaren-Reg., Comd. der Obrist Dumkewitsch.

Die reitende Batterie No. 4.

Die 7te Infanterie-Division, Chef der General-Lieutenant Kapzewitsch.

G. M. Tschemschuschnikow. { das Pleskowsche Infanterie-Reg., Comd. der Obrist Narischkin,
das Moskowsche Infanterie-Reg., Comd. der Obrist Tarbeew.

G. M. Talisin d. 2te. { das Liebausche Infanterie-Reg., Comd. der Obrist Augustof,
das Sophiesche Infanterie-Reg., Comd der Obristlt. Eking.

G. M. Matzniew. { das 11te Jäger-Reg., Comd. der Obrist Dietrich,
das 36ste — Comd. der Obrist Alexejew.

Die 7te Artillerie-Brig., der Obristlt. Karlomow. { die schwere Batterie No. 7. der Obristlt. Pering,
die leichte — No. 13. der Capitain Lewitzky,
die leichte — No. 14. der Obristlt. Karlomow.

Die 24ste Infanterie-Division, Chef der General-Lieutenant Radt.

G. M. Denissiew d. 2te. { das Schirwanskische Infanterie-Reg., Comd. der Obrist Bergmann,
das Butirskische Infanterie-Reg., Comd. der Obrist Ersowsky.

G. M. Swarikin. { das Ufasche Infanterie-Reg., Comd. der Obrist Demidow,
das Tomskische Infanterie-Reg., Comd. der Obrist Popów.

G. M. Wuitsch. { das 19te Jäger-Reg., Comd. der Obrist Gladschef,
das 40ste — Comd. der Obristlt. Schubarow.

Die 24ste Artillerie-Brig., der Ob. Malejew. { die schwere Batterie No. 24. der Obrist Malejew,
die leichte — No. 47. der Capitain Tschemschuschnikow,
die leichte Batterie No. 48. der Obristlt. Bogdanowitsch.

Das 4te Armee-Corps kommandirt der General der Kavallerie Rajewsky.

Chef des Generalstabes, der General-Major Renny.

Chef der Artillerie, der General-Major Suchasanett.

Die 3te Husaren-Division, Chef der General-Lieutenant Tschaplitz.

Zugetheilt, der General-Major Miláef der 2te.

G. M. Graf Dollon. { das Isumzsche Husaren-Reg., Comd. der Obrist Graf Thiemann,
das Pawlogrodsche Husaren-Reg., Comd. der Obrist Kechanow.

G. M. Schostakow. { das Elisabethgrodsche Husaren-Reg, Comd. der Obrist Baron Rosen,
das Irkutzkische Husaren-Reg., Comd. der Obrist Iwaschenzow.

Die reitende Batterie No. 10.

Die 11te Infanterie-Division, Chef der General-Major Zwieleniew.

G. M. Kaissarow. { das Geletzkische Infanterie-Reg., Comd. der Obrist Turgenew,
das Polozkische Infanterie-Reg., Comd. der Obrist Brewern.

G. M. Kapustin.	das Rylskische Infanterie-Reg., Comd. der Obrist Nekrassow,
	das Ekatarinburgsche Infanterie-Reg., Comd. der Major Menz.
G. M. Bistram d. 2te.	das 33ste Jäger-Reg., Comd. der Obristlt. Bussow,
	das 57ste — Comd. der Obrist Rossin.
Die 11te Artillerie-Brig., der Obrist Baschenkur.	die schwere Batterie No. 11. der Obrist Baschenkur,
	die leichte — No. 21. der Capitain Wachsmund,
	die leichte — No. 22. der Obrist Besobrasow.

Die 17te Infanterie-Division, Chef der General-Lieutenant Alsufiew.

G. M. Tutschkow.	das Riäsansche Infanterie-Reg., Comd. der Obrist Skobelew,
	das Beloserskische Infanterie-Reg., Comd. der Obristlt. Samsonof.
G. M. Treskin.	das Brestsche Infanterie-Reg., Comd. der Obrist Schertow der 1ste,
	das Willmanstrandtsche Infanterie-Reg., Comd. der Obrist Bestuschef Riumnin.
G. M. Kern.	das 30ste Jäger-Reg., Comd. der Obrist Sabelin,
	das 48ste — Comd. der Obrist Charitanow.
Die 17te Artillerie-Brig., der Obrist Nowozilzof.	die schwere Batterie No. 17. der Obristlt. Freitag,
	die leichte — No. 33. der Obrist Nowozilzof,
	die leichte — No. 34. der Obristlt. Putowisch.

Das 5te Armee-Corps kommandirt der General der Infanterie Baron Saken.

Chef des Generalstabes, der General-Major Chomentofsky.
Chef der Artillerie, der General-Major Nikitin.

Die 2te Dragoner-Division, Chef der General-Lieutenant Baron Korff.

G. M. Balabin.	das Finnländsche Dragoner-Reg., Comd. der Obrist Hunderstrub,
	das Rigasche Dragoner-Reg., Comd. der Obrist Kuslnew.
G. M. Giurlow.	das St. Petersburgsche Dragoner-Reg., Comd. der Obrist Borissow,
	das Kasansche Dragoner-Reg., Comd. der Obrist Laskin.

Die reitende Batterie No. 9.

Die 12te Infanterie-Division, Chef der General-Lieutenant Graf Woronzof.

G. M. Bogdanofsky.	das Smolenskische Infanterie-Reg., Comd. der Obrist Rennenkampf,
	das Narwasche Infanterie-Reg., Comd. der Obrist Kamensky.
G. M. Guriew.	das Alexopolsche Infanterie-Reg., Comd. der Obrist Panzerbieter,
	das Neu Ingermanlandsche Infanterie-Reg., Comd. der Obrist Schukow der 1ste.
G. M. Lissaneiwitsch.	das 6te Jäger-Reg., Comd. der Obrist Lipunow,
	das 41ste — Comd. der Obrist Laschkiewitsch.

Die 12te Artillerie-Brig., der Obristlt. Senitsch.
- die schwere Batterie No. 12. der Capitain Lapis,
- die leichte — No. 23. der Obristlt Senitsch,
- die leichte — No. 24. der Obristlt. Sinetnikof.

Die 15te Infanterie-Division, Chef der General-Lieutenant Markow.

G. M. Ladischensky.
- das Witepskische Infanterie-Reg., Comd. der Obrist Dundew,
- das Kaslowskische Infanterie-Reg., Comd. der Obrist Belenty.

- das Koliwansche Infanterie-Reg., Comd. der Obristlt. Müller,
- das Kurinskische Infanterie-Reg., Comd. der Obrist Truchatschef.

- das 13te Jäger-Reg., der Obrist Majewsky,
- das 47ste —

Die 15te Artillerie-Brig., der Ob. Dietrich d. 2te.
- die schwere Batterie No. 15. der Obrist Dietrich d. 2te,
- die leichte — No. 29. der Obristlt. Balaschew,
- die leichte — No. 30. der Obrist Rebrief.

Die 26ste Infanterie-Division, Chef der General-Lieut. Emme.

G. M. Sawoyna.
- das Nischegorodsche Infanterie-Reg., Comd. der Obristlt. Serbin,
- das Ladogasche Infanterie-Reg., Comd. der Obrist Orschansky.

G. M. Uschakow d. 3te.
- das Pultawasche Infanterie-Reg., Comd. der Obrist Dawydow der 2te,
- das Orlowsche Infanterie-Reg., Comd. der Obrist Berniew.

- das 5te Jäger-Reg., Comd. der Obrist Kowrigin,
- das 42ste — Comd. der Obrist Liechowitsch.

Die 26ste Artillerie-Brigade.
- die schwere Batterie No. 26.
- die leichte — No. 51.
- die leichte — No. 52.

Das 6te Armee-Corps kommandirt der General der Infanterie Graf Langeron.

Chef des Generalstabes, der General-Major Neidhardt.
Chef der Artillerie, der General-Major Wassilitzky.

Die 3te Dragoner-Division, Chef der General-Major Alexejew.

G. M. Kablukow d. 1ste.
- das Smolenskische Dragoner-Reg., Comd. der Obrist Deconsky,
- das Kurländische Dragoner-Reg, Comd. der Obristlt. Graf Gudowitsch.

Obrist Liesowsky.
- das Twersche Dragoner-Reg., Comd. der Obrist Nabel,
- das Kinburnsche Dragoner-Reg., Comd. der Obrist Liesowsky.

Die reitende Batterie No. 2. der Obristlt. Gerua.

Die 8te Infanterie-Division, Chef der General-Lieutenant Essen der 3te.

G. M. Engelhard d. 2te.
- das Archangelgorodsche Infanterie-Reg., Comd. der Obrist Wichardzewsky,
- das Schlüsselburgsche Infanterie-Reg., Comd. der Obrist Schindschin.

G. M. Schindschin.
- das Alt Ingermanlandsche Infanterie-Reg., Comd. der Obrist Itschkow,
- das Ukränische Infanterie-Reg., Comd. der Obrist Kaduschef.

G. M. Guthof.
- das 7te Jäger-Reg., Comd. der Obrist Stegmann,
- das 37ste — Comd. der Obrist Wiese.

Die 8te Artillerie-Brig.,
- die schwere Batterie No. 8.
- die leichte — No. 15.
- die leichte — No. 16.

Die 10te Infanterie-Division, Chef der General-Lieutenant Graf Liewen der 3te.

Obrist Dreniakin.
- das Krimmsche Infanterie-Reg., Comd. der Obristlt. Scheradeew,
- das Bialistock'sche Infanterie-Reg., Comd. der Obristlt. Scholoschnikow.

G. M. Sakolowsky.
- das Jaroslawsche Infanterie-Reg., Comd. der Obristlt. Bärenhorst,
- das Kurskische Infanterie-Reg., Comd. der Obristlt. Stawrackow.

Obrist Graf Orsengo.
- das 39ste Jäger-Reg., Comd. der Obrist Titow d. 1ste,
- das 53ste — Comd. der Obrist Graf Orsengo.

Die 10te Artillerie-Brigade.
- die schwere Batterie No. 10.
- die leichte — No. 19.
- die leichte — No. 20.

Das 7te Armee-Corps kommandirt der General-Lieutenant Sabanejew.

Chef des Generalstabes, der General-Major Orlow.

Chef der Artillerie, der Obrist Tscheremissinow.

Die 9te Infanterie-Division, Chef der General-Major Udom der 2te.

G. M. Poltaratzky.
- das Rascheburgsche Infanterie-Reg., Comd. der Obrist Schochow,
- das Apscheronsche Infanterie-Reg., Comd. der Obrist Graf Polignac.

G. M. Tschischerin.
- das Riäskische Infanterie-Reg., Comd. der Obristlt. Russanow,
- das Jakutzkische Infanterie-Reg., Comd. der Obristlt. Ogriumow der 2te.

G. M. Iwanow.
- das 10te Jäger-Reg., Comd. der Obristlt. Melnikof,
- das 38ste — Comd. der Obrist Tichotzky.

Die 9te Artillerie-Brig., der Ob. Tscheremissinow.
- die schwere Batterie No. 9. der Obrist Tscheremissinow,
- die leichte — No. 17. der Obristlt. Pustoschkin,
- die leichte — No. 18. der Obristlt. Lawrow.

Die 27ste Infanterie-Division, Chef der General-Major Fürst Gurgalow.

G. M. Brischinsky.
- das Odessasche Infanterie-Reg., Comd. der Obrist Stege,
- das Willnasche Infanterie-Reg., Comd. der Obristlt. Burrmann.

G. M. Achlestischef.
- das Tarnopolsche Infanterie-Reg., Comd. der Obrist Titow,
- das Simbirskische Infanterie-Reg., Comd. der Obristlt. Ringen.

G. M. Kollogribow.	das 49ste Jäger-Reg., Comd. der Obristlt. Murawsky, das 50ste — Comd. der Obrist Nassimow.
Die 27ste Artillerie-Brig., der Ob. Gilgen.	die schwere Batterie-No. 27. der Obristlt. Dietrich d. 4te, die leichte — No. 53. der Obrist Gilgen, die leichte — No. 54. der Capitain Blinow.

Das Reserve- oder Grenadier-Corps kommandirt der General-Lieutenant Jermolow.

Chef des Generalstabes, der Obrist Iwanow.
Chef der Artillerie, der Obrist Nilus.

Die 2te Grenadier-Division, Chef der General-Lieutenant Paskiewitsch.

G. M. Pissaref.	das Grenadier-Reg. des Königs von Preußen, Comd. der Obrist Maschensky, das Taurische Grenadier-Reg., Comd. der Obrist Timrodt.
G. M. Kutusof.	das Kiewsche Grenadier-Reg., Comd. der Obrist Saizow, das Moskowsche Grenadier-Reg., Comd. der Obrist Kuprianof.
G. M. Pouljochtow.	das 8te Grenadier-Jäger-Reg., Comd. der Obrist Fürst Schewachow. das 14te Grenadier-Jäger Reg., Comd. der Obristlt. Bukinsky.
Die 2te Artillerie-Brig., der Ob. Nilus.	die schwere Batterie No. 2. der Obrist Nilus, die leichte — No. 3. der Obristlt. Dolgawosaburow, die leichte — No. 4. der Capitain Schufarow.

Die 3te Grenadier-Division, Chef der General-Lieut. Rott.

G. M. Lewin.	das Sibirische Grenadier-Reg., Comd. der Obrist Kaschinzow, das Kleinrussische Grenadier-Reg., Comd. der Obristlt. Potulof.
Obrist Friedberg.	das Fanagorische Grenadier-Reg., Comd. der Obristlt. Bogdanowitsch, das Astrachansche Grenadier-Reg., Comd. der Obrist Friedberg.
G. M. Krassowsky.	das 26ste Grenadier-Jäger-Reg., Comd. der Obristlt. Medwejew, das 29ste Grenadier-Jäger-Reg., Comd. der Obristlt. Tartarinow.
Die 3te Artillerie-Brig., der Obristlt. Bogdanofsky.	die schwere Batterie No. 3. der Obristlt. Hering. die leichte — No. 5. der Obristlt. Baron Witte, die leichte — No. 6. der Obristlt. Bogdanofsky.

Das 2te Reserve-Kavallerie-Corps kommandirt der General der Kavallerie Baron Winzingerode.

Chef des Generalstabes, der General-Major Fürst Wolchonsky.

Die 2te Uhlanen-Division, Chef der General-Lieutenant Graf Orurk.

G. M. Geschin.	das Volhinische Uhlanen-Reg., das Pohlnische — Comd. Ob. Wicheslawzow.

G. M. v. Wuthenow. Adj. Pr. Lieut. v. Janson.
- das 1ste Ostpreußische Landwehr-Kavall.-Reg., Comd. Major v. Schön,
- das 2te Ostpreußische Landwehr-Kavall.-Reg., Comd. Major v. Ciesielsky,
- das 3te Ostpreußische Landwehr-Kavall.-Reg., Comd. Major v. Kökriz,
- das 4te Ostpreußische Landwehr-Kavall.-Reg., Comd. Major v. Kurowski (traf nicht in Frankreich ein).

Die Artillerie, Brigade-Comd. der Obristlt. v. Meerkatz.

Major von Spreuth. Major von Tuchsen.
- die 12pfünd. Fußbatterie No. 17. Cap. v. Pitscher,
- die 12pfünd. — No. 18. v. Glein,
- die 12pfünd. — No. 19. v. Kanabeus,
- die 6pfünd. — No. 9. v. Czarnowsky,
- die 6pfünd. — No. 19. Pr. Lt. v. Lettow d. 1ste,
- die 6pfünd. — No. 20. Cap. v. Erny,
- die 6pfünd. — No. 22. Pr. Lt. v. Rohr d. 1ste,
- die 6pfünd. — No. 23. Cap. v. Lindenberg,
- die 7pfünd. Haubitz-Batterie No. 6. Cap. v. Rosenzweig,
- die 6pfünd. reitende Batterie No. 13. Cap. v. Papendik,
- die 6pfünd. — No. 16. — v. Becker,
- die 6pfünd. — No. 17. — v. Schüler,

Die Park-Kolonne No. 31. Pr. Lieut. v. Jäger.
Die — No. 32. — v. Krüger d. 1ste.
Die — No. 33. — v. Willcke.
Die — No. 35. — v. Gretsch.
Die — No. 36. Sec. Lieut. v. Kramer.
Die — No. 34. — v. Zeidel.
Die Laboratorien-Kolonne No. 6. Cap. v. Krause.
Die Handwerks-Kolonne No. 6. Oberfeuerwerker Krüger.
Die 8te Pionnier-Compagnie, Pr. Lieut. v. Siemon.
Die 9te — Cap. v. Olzewsky.

General-Chirurgus Dr. Schönning.
- Haupt-Lazareth No. 6.
- fliegendes Feld-Lazareth No. 16 und 17.

Das Rheinische Landwehr-Corps.

Das 1ste Rheinische Landwehr-Kavallerie-Reg., Comd. Obrist Graf v. Nesselrode.

Das 2te Rheinische Landwehr-Kavallerie-Reg., Comd. Rittm. Graf Busche v. Ippenburg.

Das 1ste Rheinische Landwehr-Infanterie-Reg., Comd. Major v. Schlechtendahl.

Das 2te Rheinische Landwehr-Infanterie-Reg., Comd. Major Köhn v. Jaski.

Das 3te Rheinische Landwehr-Infanterie-Reg., Comd. Major v. Zglinitzki.

Das 4te Rheinische Landwehr-Infanterie-Reg., Comd. Major v. Ziegler.

Das 5te Rheinische Landwehr-Infanterie-Reg., Comd. Major v. Anselm.

Das 6te Rheinische Landwehr-Infanterie-Reg., Comd. Major v. Sell.

Das 7te Rheinische Landwehr-Infanterie-Reg., Comd. Major v. Boeck.

Das 8te Rheinische Landwehr-Infanterie-Reg., Comd. Major v. Wnuck.

Zu Besatzungen blieben zurück.

Infanterie.

Das 1ste Neumärkische Landwehr-Infanterie-Reg., Comd. Major v. Düring.

Das 13te Schlesische Landwehr-Infanterie-Reg., Comd. Major v. Podewils.

Das 14te Schlesische Landwehr-Infanterie-Reg., Comd. Major v. Brünnow.

Das 5te Ostpreußische Landwehr-Infanterie-Reg., Comd. Obristlt. v. Bequignolle.

Das 1ste Obersächsische Landwehr-Infanterie-Reg., Comd. Obristlt. Graf v. Schönburg.

Das 1ste Thüringsche Landwehr-Infanterie-Reg., Comd. Obristlt. v. Selmnitz.

Kavallerie.

Das 5te Ostpreußische Landwehr-Kavall.-Reg., Comd. der Major v. Brünneck.

Das 1ste Obersächsische Landwehr-Kavall.-Reg., Comd. der Major v. Stechow.

Das 2te Obersächsische Landwehr-Kavall.-Reg.

Als Garnison in Mainz.

Das 13te Infanterie-Reg., Comd. der Obrist v. Langen.
Das 20ste Infanterie-Reg., Comd. der Obristlt. v. Natzmer.

Das Corps des General-Lieutenant Prinz Ludwig v. Hessen-Homburg (Gouverneur von Luxemburg).

Adjudanten, Rittm. v. Wolde und Lieut. v. Priefert.
Chef der Ingenieurs, Major v. Kaibel.
Chef der Artillerie, Major v. Ludwig.

Kommandant von Luxemburg, Major v. du Moulin:
- das 4te Elb-Landwehr-Infanterie-Reg., Comd. Major v. Rabiel,
- das 6te Westphälische Landwehr-Infanterie-Reg., Obristlt. v. Kleist,
- das Garnison-Bat. No. 6. Comd. Major v. Knorr,
- das — No. 7. Comd. Major v. Wischetzky,
- das — No. 19. Comd. Major v. Lebbin,
- das — No. 24. Comd. Major v. Koschitzky,

Die 13te Provisorische Artillerie-Compagnie, Pr. Lieut. v. Staffehl.

Die 14te Provisorische Artillerie-Compagnie, Capitain v. Holtorf.

Die 15te Provisorische Artillerie-Compagnie, Pr. Lieut. v. Giersberg.

Ein Pionnier-Detaschement, Capitain v. Rhade.

Die 5te Esquadron des 8ten Uhlanen-Regiments.

G. M. Trapp.	das Grenadier-Bat. des Obristlt. Jurichich, das — des Obrist Frisch, das — des Obristlt. Oklopsia, das — des Major Siegler.

Die Grenadier-Division des Feldmarschall Lieutenants Erzherzog Maximilian von Este.

G. M. Graf Bentheim.	das Grenadier-Bat. des Obristlt. Storr, das — des Obristlt. Moese, das — des Obristlt. Purcelle, das — des Obristlt. Jarassy,
G. M. Quallenberg.	das — des Obristlt. Maius, das — des Obristlt. Welsberg, das — des Obristlt. Elz, das — des Obristlt. Schußmann.

Die Reserve-Kavallerie kommandirt der General der Kavallerie Erbprinz von Hessen-Homburg.

Die Division des Feldmarschall Lieutenants Fürst Moritz Lichtenstein.

G. M. Graf Auersberg.	das Husaren Reg. Erzherzog Joseph von 6 Esq. No. 2. Comd. Obrist Bretfeld, das Uhlanen-Reg. Coburg (früher Meerfeldt) No. 1. von 8 Esq. Obrist Hammerstein,
G. M. Graf Desfours.	das Cuirassier-Reg. Großfürst Constantin No. 8. von 6 Esq. Obrist Fürst Windischgrätz, das Cuirassier-Reg. Sommariva No. 5. von 6 Esq., Obrist Seimann.

Die Division des Feldmarschall-Lieutenants Graf Nostiz.

G. M. Prinz Gustav von Hessen-Homburg.	das Cuirassier-Reg. Erzherzog Franz No. 2. von 6 Esq., Obrist Schäfer, das Cuirassier-Reg. Kronprinz Ferdinand No. 4. von 6 Esq. Obrist Mann.
G. M. Prinz Friedrich v. Hessen-Homburg.	das Cuirassier-Reg. Albert No. 3. von 6 Esq., Obrist Beierwick, das Cuirassier-Reg. Lothringen No. 7. von 6 Esq., Obrist Benz.
G. M. Graf Raigecourt.	das Cuirassier-Reg. des Kaisers No. 1. von 6 Esq., Obrist Fürst Hohenlohe, das Cuirassier-Reg. Moriz Lichtenstein No. 6. von 6 Esq., Obrist Leitner.

Das Kaiserlich Oestreichische Reserve- und Belagerungs-Corps.

Kommandirt der General Feldzeugmeister Erzherzog Johann von Oestreich.

Chef des Generalstabes, der Feldmarschall-Lieutenant Graf St. Julien.

Chef der Artillerie, der General-Major Fasching.

General-Adjudant, General-Major Graf Morzien.

Die Division des Feldmarschall Lieutenants Baron Wimpfen.

Das Infanterie Reg. Lusignan No. 16. Obrist Trautmann.
Das Infanterie-Reg. Kaunitz Rietberg No. 20. Obrist v. Demuth.
Das Infanterie-Reg. de Vaux No. 25. Obrist Fischer.
Das Infanterie-Reg. Lindenau No. 29. Obrist Neunel.
Zwei 6pfünd. Brigade-Batterien.

der Weimarsche G. M. v. Eglofstein.
- das Anhalt-Dessauische Linien-Infanterie-Bat., Comd. Obrist v. Hoppe,
- das Anhalt-Bernburg Köthensche Linien-Infanterie-Bat., Comd. Major v. Sonnenberg,
- das Schwarzburgsche Linien-Infanterie-Bat., Comd. Obristlt. v. Blumenröder,
- das Waldeksche Linien-Infanterie-Bat., Comd. Obrist Graf v. Waldek,
- das Lippesche Linien-Infanterie-Bat., Comd. Obristlt. v. Reineke,
- das Lippe-Detmoldsche Linien-Infanterie-Bat, Comd. Major v. Baumbach,
- das Oldenburgsche Infanterie-Reg., Comd. der Obristlt. v. Wardenberg,
  - das 1ste Bat., Major v. Hirschfeldt,
  - das 2te — Major v. Benoit.

Das Großherzoglich-Meklenburgische Kontingent.

Chef, der General-Lieutenant Erbprinz von Meklenburg Schwerin.

Chef des Generalstabes, der preußische Obristlt. v. Steinäcker.

Obrist von Both.
- Das Garde-Grenadier-Bat., Comd. der Major v. Pogwisch.
- Das Leib-Bat., Comd. Major v. Lützow.
- Das 2te Linien-Infanterie-Bat., Comd. Major v Kampz,
- das 1ste Landwehr-Bat., Comd. Major v. Pressentin,
- das 2te — — Capitain v. Sittmann,
- das 3te — — Major v. Ellernhorst,
- eine halbe 6pfünd. Fußbatterie.

Das Meklenburg-Strelitzsche Husaren-Reg., Comd. General-Major v. Warburg.

Das Nieder-Rheinische (Preußische) Kriegsheer des Feldmarschalls Fürsten Blücher war stark:

			Bat.	Esq.	Batterien	mit Kanonen.
Das Garde- u. Grenadier-Corps	13,600	Mann	14	12	4	32
Das 1ste Armee-Corps	34,800	—	34	32	12	96
Das 2te Armee-Corps	36,000	—	36	36	12	96
Das 3te Armee-Corps	33,000	—	33	32	12	96
Das 4te Armee-Corps	37,800	—	36	48	12	96
Das 5te Armee-Corps	36,200	—	34	48	12	96
Das 6te Armee-Corps	37,800	—	36	48	12	96
Die Rheinische Landwehr	20,400	—	24	8		
Zu Besatzungen	21,000	—	24	12		
Das Deutsche Armee-Corps	26,200	—	30	12	2½	20
Zusammen	296,800	Mann	301	288	78½	628

Davon waren 240,800 Mann Fußvolk,
43,200 Mann Reiterei,
11,800 Mann Artillerie.

Zusammen 296,800 Mann.

Beilage XII.

Eintheilung des Kaiserlich-Russischen Kriegsheeres gegen Frankreich im Jahr 1815.

Oberbefehlshaber, der Feldmarschall Graf Barklay de Tolly.
Chef des Stabes, der General-Lieutenant Baron Diebitsch.
General-Quartiermeister, der Obrist Hartung.
Chef der Artillerie, der General-Lieutenant Fürst Jaschwill.
Chef der Ingenieurs, der General-Major Graf Siewers.
Du jour General, der General-Major Oldekop.
General-Intendant, der General-Major Kankerin.

Die Kosaken-Regimenter.

Die Esquadron donischer Leibgarde Kosaken (im Haupt-Quartier des Kaisers).
Das Kosaken-Reg. des G. M. Wlassow des 3ten.
Das — des Obrist Charitanow des 7ten.
Das — des Obrist Kostin des 4ten.
Das — des Obrist Panteleef des 2ten (im Haupt-Quartier des Feldmarschalls Barklay).
Das Kosaken-Reg. des Obrist Bihalow des 1sten.
Das — des Obrist Kutainikof des 6ten.
Das — des G. M. Jagodin.
Das — des Obrist Grebzow.
Das 6te Uralische Kosaken-Reg. des Obrist Balabin.

Die Pionnier-Compagnien.

Die Pionnier-Compagnie des Obristlt. Gresser.
Die — des Obristlt. Gebenera.
Die — des Capitain Rennenkampf.
Die — des Capitain Gosliakow.
Die — des Lieutenant Kebeka.
Die —

Die Pontonnier-Compagnien.

Die Pontonnier-Compagnie des Obrist Akermann.
Die — des Obrist Philosopof.

Das 3te Armee-Corps kommandirt der General der Infanterie Dochterow.

Chef des Stabes, der General-Major Bonset.
Ober Quartiermeister, der Obrist Freitag.
Chef der Artillerie, der General-Major Kastaniezky.

Die 2te Husaren-Division, Chef der General-Lieutenant Graf Lambert.

G. M. Wassilschikow. { das Achtyrskische Husaren-Reg., Comd. der Obrist Skanderbek, das Weißrussische Husaren-Reg., Comd. der Obrist Olschofsky,

G. M. Fürst Wadbolsky. { das Alexandrinsche Husaren-Reg., Comd. der Obrist Reikfern, das Marienpolsche Husaren-Reg., Comd. der Obrist Dumkewitsch.

Die reitende Batterie No. 4.

Die 7te Infanterie-Division, Chef der General-Lieutenant Kapzewitsch.

G. M. Tschemschuschnikow.	das Pleskowsche Infanterie-Reg., Comd. der Obrist Narischkin,
	das Moskowsche Infanterie-Reg., Comd. der Obrist Tarbeew.
G. M. Tallisin d. 2te.	das Liebausche Infanterie-Reg., Comd. der Obrist Augustof,
	das Sophiesche Infanterie-Reg., Comd der Obristlt. Eding.
G. M. Matzniew.	das 11te Jäger-Reg., Comd. der Obrist Dietrich,
	das 36ste — Comd. der Obrist Alexejew.
Die 7te Artillerie-Brig., der Obristlt. Karlomow.	die schwere Batterie No. 7. der Obristlt. Pering,
	die leichte — No. 13. der Capitain Lewitzky,
	die leichte — No. 14. der Obristlt. Karlomow.

Die 24ste Infanterie-Division, Chef der General-Lieutenant Radt.

G. M. Denissiew d. 2te.	das Schirwanskische Infanterie-Reg., Comd. der Obrist Bergmann,
	das Butirskische Infanterie-Reg., Comd. der Obrist Ersowsky.
G. M. Swarikin.	das Ufasche Infanterie-Reg., Comd. der Obrist Demidow,
	das Tomskische Infanterie-Reg., Comd. der Obrist Popäw.
G. M. Wuitsch.	das 19te Jäger-Reg., Comd. der Obrist Gladschef,
	das 40ste — Comd. der Obristlt. Schubarow.
Die 24ste Artillerie-Brig., der Ob. Malejew.	die schwere Batterie No. 24. der Obrist Malejew,
	die leichte — No. 47. der Capitain Tschemschuschnikow,
	die leichte Batterie No. 48. der Obristlt. Bogdanowitsch.

Das 4te Armee-Corps kommandirt der General der Kavallerie Rajewsky.

Chef des Generalstabes, der General-Major Renny.

Chef der Artillerie, der General-Major Suchasanett.

Die 3te Husaren-Division, Chef der General-Lieutenant Tschaplitz.

Zugetheilt, der General-Major Miläef der 2te.

G. M. Graf Dollon.	das Isumzsche Husaren-Reg., Comd. der Obrist Graf Thiemann,
	das Pawlogrodsche Husaren-Reg., Comd. der Obrist Kechanow.
G. M. Schostakow.	das Elisabethgrodsche Husaren-Reg, Comd. der Obrist Baron Rosen,
	das Irkutzkische Husaren-Reg., Comd. der Obrist Iwaschenzow.

Die reitende Batterie No. 10.

Die 11te Infanterie-Division, Chef der General-Major Zwielениew.

G. M. Kaissarow.	das Geletzische Infanterie-Reg., Comd. der Obrist Turgenew,
	das Polozkische Infanterie-Reg., Comd. der Obrist Brewern.

G. M. Kapustin.	das Rylskische Infanterie-Reg., Comd. der Obrist Nekrassow, das Ekatarinburgsche Infanterie-Reg., Comd. der Major Menz.
G. M. Bistram d. 2te.	das 33ste Jäger-Reg., Comd. der Obristlt. Bussow, das 57ste — Comd. der Obrist Rossin.
Die 11te Artillerie-Brig., der Obrist Baschenkur.	die schwere Batterie No. 11. der Obrist Baschenkur, die leichte — No. 21. der Capitain Wachsmund, die leichte — No. 22. der Obrist Besobrasow.

Die 17te Infanterie-Division, Chef der General-Lieutenant Alsufiew.

G. M. Tutschkow.	das Riäsansche Infanterie-Reg., Comd. der Obrist Skobelew, das Beloserskische Infanterie-Reg., Comd. der Obristlt. Samsonof.
G. M. Treskin.	das Brestsche Infanterie-Reg., Comd. der Obrist Schertow der 1ste, das Willmanstrandtsche Infanterie-Reg., Comd. der Obrist Bestuschef Riumnin.
G. M. Kern.	das 30ste Jäger-Reg., Comd. der Obrist Sabelin, das 48ste — Comd. der Obrist Charitanow.
Die 17te Artillerie-Brig., der Obrist Nowozilzof.	die schwere Batterie No. 17. der Obristlt. Freitag, die leichte — No. 33. der Obrist Nowozilzof, die leichte — No. 34. der Obristlt. Putowitsch.

Das 5te Armee-Corps kommandirt der General der Infanterie Baron Saken.

Chef des Generalstabes, der General-Major Chomentofsky.
Chef der Artillerie, der General-Major Nikitin.

Die 2te Dragoner-Division, Chef der General-Lieutenant Baron Korff.

G. M. Balabin.	das Finnländsche Dragoner-Reg., Comd. der Obrist Hunderstrub, das Rigasche Dragoner-Reg., Comd. der Obrist Kusnew.
G. M. Giurlow.	das St. Petersburgsche Dragoner-Reg., Comd. der Obrist Borissow, das Kasansche Dragoner-Reg., Comd. der Obrist Laskin.

Die reitende Batterie No. 9.

Die 12te Infanterie-Division, Chef der General-Lieutenant Graf Woronzof.

G. M. Bogdanofsky.	das Smolenskische Infanterie-Reg., Comd. der Obrist Rennenkampf, das Narwasche Infanterie-Reg., Comd. der Obrist Kamensky.
G. M. Guriew.	das Alexopolsche Infanterie-Reg., Comd. der Obrist Panzerbieter, das Neu Ingermanlandsche Infanterie-Reg., Comd. der Obrist Schukow der 1ste.
G. M. Lissanewitsch.	das 6te Jäger-Reg., Comd. der Obrist Liprunow, das 41ste — Comd. der Obrist Laschkiewitsch.

Die 12te Artillerie-Brig., der Obristlt. Senitsch.
- die schwere Batterie No. 12. der Capitain Lapis,
- die leichte — No. 23. der Obristlt Senitsch,
- die leichte — No. 24. der Obristlt. Sineinikof.

Die 15te Infanterie-Division, Chef der General-Lieutenant Markow.

G. M. Ladischensky.
- das Witepskische Infanterie-Reg., Comd. der Obrist Dunaew,
- das Kaslowskische Infanterie-Reg., Comd. der Obrist Velenty.

- das Koliwansche Infanterie-Reg., Comd. der Obristlt. Müller,
- das Kurinskische Infanterie-Reg., Comd. der Obrist Truchatschef.

- das 13te Jäger-Reg., der Obrist Majewsky,
- das 47ste —

Die 15te Artillerie-Brig., der Ob. Dietrich d. 2te.
- die schwere Batterie No. 15. der Obrist Dietrich d. 2te,
- die leichte — No. 29. der Obristlt. Balaschew,
- die leichte — No. 30. der Obrist Rebrief.

Die 26ste Infanterie-Division, Chef der General-Lieut. Emme.

G. M. Sawoyna.
- das Nischegorodsche Infanterie-Reg., Comd. der Obristlt. Serbin,
- das Ladogasche Infanterie-Reg., Comd. der Obrist Orschansky.

G. M. Uschakow d. 3te.
- das Pultawasche Infanterie-Reg., Comd. der Obrist Dawydow der 2te,
- das Orlowsche Infanterie-Reg., Comd. der Obrist Berniew.

- das 5te Jäger-Reg., Comd. der Obrist Kowrigin,
- das 42ste — Comd. der Obrist Liechowitsch.

Die 26ste Artillerie-Brigade.
- die schwere Batterie No. 26.
- die leichte — No. 51.
- die leichte — No. 52.

Das 6te Armee-Corps kommandirt der General der Infanterie Graf Langeron.

Chef des Generalstabes, der General-Major Neidhardt.
Chef der Artillerie, der General-Major Wassilitzky.

Die 3te Dragoner-Division, Chef der General-Major Alexejew.

G. M. Kablukow d. 1ste.
- das Smolenskische Dragoner-Reg., Comd. der Obrist Deconsky,
- das Kurländische Dragoner-Reg, Comd. der Obristlt. Graf Gudowitsch.

Obrist Liesowsky.
- das Twersche Dragoner-Reg., Comd. der Obrist Nabel,
- das Kinburnsche Dragoner-Reg., Comd. der Obrist Liesowsky.

Die reitende Batterie No. 2. der Obristlt. Gerua.

Die 8te Infanterie-Division, Chef der General-Lieutenant Essen der 3te.

G. M. Engelhard d. 2te.
- das Archangelgorodsche Infanterie-Reg., Comd. der Obrist Wichardzewsky,
- das Schlüsselburgsche Infanterie-Reg., Comd. der Obrist Schindschin.

G. M. Schindschin.	das Alt Ingermanlandsche Infanterie-Reg., Comd. der Obrist Itschkow, das Ukränische Infanterie-Reg., Comd. der Obrist Kaduschef.
G. M. Guthof.	das 7te Jäger-Reg., Comd. der Obrist Stegmann, das 37ste — Comd. der Obrist Wiese.
Die 8te Artillerie-Brig.,	die schwere Batterie No. 8. die leichte — No. 15. die leichte — No. 16.

Die 10te Infanterie-Division, Chef der General-Lieutenant Graf Liewen der 3te.

Obrist Dreniakin.	das Krimmsche Infanterie-Reg., Comd. der Obristlt. Scheradeew, das Bialistock'sche Infanterie-Reg., Comd. der Obristlt. Scholoschnikow.
G. M. Sakolowsky.	das Jaroslawsche Infanterie-Reg., Comd. der Obristlt. Bärenhorst, das Kurskische Infanterie-Reg., Comd. der Obristlt. Stawrackow.
Obrist Graf Orfengo.	das 39ste Jäger-Reg., Comd. der Obrist Titow d. 1ste, das 53ste — Comd. der Obrist Graf Orfengo.
Die 10te Artillerie-Brigade.	die schwere Batterie No. 10. die leichte — No. 19. die leichte — No. 20.

Das 7te Armee-Corps kommandirt der General-Lieutenant Sabanejew.

Chef des Generalstabes, der General-Major Orlow.
Chef der Artillerie, der Obrist Tscheremissinow.

Die 9te Infanterie-Division, Chef der General-Major Udom der 2te.

G. M. Poltaratzky.	das Nascheburgsche Infanterie-Reg., Comd. der Obrist Schochow, das Apscheronsche Infanterie-Reg., Comd. der Obrist Graf Polignac.
G. M. Tschischerin.	das Riaskische Infanterie-Reg., Comd. der Obristlt. Russanow, das Jakutzkische Infanterie-Reg., Comd. der Obristlt. Ogriumow der 2te.
G. M. Iwanow.	das 10te Jäger-Reg., Comd. der Obristlt. Melnikof, das 38ste — Comd. der Obrist Tichotzky.
Die 9te Artillerie-Brig., der Ob. Tscheremissinow.	die schwere Batterie No. 9. der Obrist Tscheremissinow, die leichte — No. 17. der Obristlt. Pustoschkin, die leichte — No. 18. der Obristlt. Lawrow.

Die 27ste Infanterie-Division, Chef der General-Major Fürst Gurgalow.

G. M. Brischinsky.	das Odessasche Infanterie-Reg., Comd. der Obrist Stege, das Willnasche Infanterie-Reg., Comd. der Obristlt. Burrmann.
G. M. Achlestischef.	das Tarnopolsche Infanterie-Reg., Comd. der Obrist Titow, das Simbirskische Infanterie-Reg., Comd. der Obristlt. Ringen.

G. M. Kollogribow.	das 49ste Jäger-Reg., Comd. der Obristlt. Murawsky, das 50ste — Comd. der Obrist Rassimow.
Die 27ste Artillerie-Brig., der Ob. Gilgen.	die schwere Batterie-No. 27. der Obristlt. Dietrich d. 4te, die leichte — No. 53. der Obrist Gilgen, die leichte — No. 54. der Capitain Blinow.

Das Reserve- oder Grenadier-Corps kommandirt der General-Lieutenant Jermolow.

Chef des Generalstabes, der Obrist Jwanow.
Chef der Artillerie, der Obrist Nilus.

Die 2te Grenadier-Division, Chef der General-Lieutenant Paskiewitsch.

G. M. Pissaref.	das Grenadier-Reg. des Königs von Preußen, Comd. der Obrist Maschensky, das Taurische Grenadier-Reg., Comd. der Obrist Timrodt.
G. M. Kutusof.	das Kiewsche Grenadier-Reg., Comd. der Obrist Saizow, das Moskowsche Grenadier-Reg., Comd. der Obrist Kuprianof.
G. M. Pouljschkow.	das 8te Grenadier-Jäger-Reg., Comd. der Obrist Fürst Schewachow, das 14te Grenadier-Jäger Reg., Comd. der Obristlt. Bukinsky.
Die 2te Artillerie-Brig., der Ob. Nilus.	die schwere Batterie No. 2. der Obrist Nilus, die leichte — No. 3. der Obristlt. Dolgoworsaburow, die leichte — No. 4. der Capitain Schufarow.

Die 3te Grenadier-Division, Chef der General-Lieut. Rutß.

G. M. Lewin.	das Sibirische Grenadier-Reg., Comd. der Obrist Kaschinzow, das Kleinrussische Grenadier-Reg., Comd. der Obristlt. Potulof.
Obrist Friedberg.	das Fanagorische Grenadier-Reg., Comd. der Obristlt. Bogdanowitsch, das Astrachansche Grenadier-Reg., Comd. der Obrist Friedberg.
G. M. Kraßowsky.	das 26ste Grenadier-Jäger-Reg., Comd. der Obristlt. Medwejew, das 29ste Grenadier-Jäger-Reg., Comd. der Obristlt. Tartarinow.
Die 3te Artillerie-Brig., der Obristlt. Bogdanofsky.	die schwere Batterie No. 3. der Obristlt. Hering. die leichte — No. 5. der Obristlt. Baron Witte, die leichte — No. 6. der Obristlt. Bogdanofsky.

Das 2te Reserve-Kavallerie-Corps kommandirt der General der Kavallerie Baron Winzingerode.

Chef des Generalstabes, der General-Major Fürst Wolchonsky.

Die 2te Uhlanen-Division, Chef der General-Lieutenant Graf Orurk.

G. M. Geschin.	das Volhinische Uhlanen-Reg., das Pohlnische — Comd. Ob. Wicheslawzow.

1. An Oestreichischen Truppen.

3 Bat. des Infanterie-Reg. des Erzherzog Rudolph No. 14. Obrist Bureany.

3 Bat des Infanterie-Reg. des Großherzogs von Baden (Jordis) No. 59. Obrist Klein.

2. An Preußischen Truppen.

3 Bat. des 13ten Infanterie-Reg., Comd. der Obrist v. Langen.
3 — des 20sten — Comd. der Obristlt. v. Natzmer,

3. An Baierschen Truppen.

G. M. von Braun.
- das 1ste und 2te Bat. des 12ten Linien-Infanterie-Reg. Comd. der Obristlt. v. Deny,
- das Jäger-Bat. des Isar-Kreises, Comd. der Major Graf Preising,
- das 1ste Bat. der mobilen Legion Aschaffenburg, Comd. der Obristlt. Obermeier,
- das 2te Bat. der mobilen Legion Aschaffenburg, Comd. der Major Dukelhäuser,
- die 2te Linien 6pfund. Batterie, der Capitain Ott.

Beilage XVIII.

Verlust-Liste des verbündeten Niederländischen Kriegsheeres in dem Feldzuge vom Jahr 1815.

1. Das Brittisch-Hannövrische Kriegsheer hat verloren:

An Todten	148	Offiziere	144	Unteroff. u.	2,140	Soldaten.
An Verwundeten	670	—	536	—	8,320	—
Vermißt und Gefangen	28	—	74	—	1,773	—
Zusammen	846	Offiziere	754	Unteroff. u.	12,233	Soldaten.

2. Das Niederländische Kriegsheer.

An Todten	23	Off.	446	Unteroff. u. Soldaten u.	728 Pferde.
Schwer blessirt	25	—	842	—	—
Leicht blessirt	90	—	1094	—	6 —
Vermißt u. Gefangen	6	—	1612	—	896 —
Zusammen	144	Off.	3994	Unteroff. u. Soldaten u.	1630 Pferde.

3. Die Braunschweigschen Truppen.

An Todten	12	Off.	251	Unteroff. u. Soldaten.	
An Verwundeten	47	—	935	—	150 Pferde.
Vermißt und Gefangen			260	—	—
Zusammen	59	Off.	1446	Unteroff. u. Soldaten u.	150 Pferde.

Brittisch-Hannövrische Truppen	846	Offiziere	12,987	Mann.	
Niederländische u. Nassauische	144	—	3,994	—	1630 Pferde.
Braunschweigische Truppen	59	—	1,446	—	150 —
Zusammen	1049	Offiziere	18,427	Mann	1780 Pferde.

Beilage XIII.

Eintheilung des Kriegsheeres am Ober-Rhein im Juni 1815.

Oberbefehlshaber, der Kaiserlich-Königlich-Oestreichische Feldmarschall Fürst Schwarzenberg.

Chef des Generalstabes, der Feldmarschall-Lieutenant Graf Radetzky.

General-Quartiermeister, der General-Major Baron Langenau.

General-Intendant, der Feldmarschall-Lieutenant Prohaska.

Chef der Artillerie, der Feldmarschall-Lieutenant Baron Reißner.

Chef der Kanzleien, der General-Major Baron Zechmeister.

Das 1ste Armee-Corps kommandirt der Feldzeugmeister Graf Hieronimus Colloredo.

Die leichte Division, der Feldmarschall-Lieutenant Lederer.

G. M. Villata:
- das 2te Jäger-Bat., Comd. der Major Reuchlingen,
- das 4te — Comd. der Obristlt. Beke,
- das 5te — Comd. der Obrist Sikingen,
- das 12te — Comd. der Major Bellen.

G. M. Geramp:
- das Husaren-Reg. Erzherzog Ferdinand No. 3. Obrist Rohrich,
- das Palatinal Husaren-Reg. No. 12. Obrist Graf Hadik,
- eine 6pfünd. Kavallerie-Batterie.

Die Division des Feldmarschall-Lieutenant Baron Marschall.

G. M. Marq. Paulucci:
- das Infanterie-Reg. Erzherzog Rainer No. 11. Obrist Graf Leiningen Westerburg,
- das Infanterie-Reg. Reuß-Plauen No. 17. Obrist Seldenhofen.

G. M. Salins:
- das Infanterie-Reg. Hohenlohe Bartenstein (früher Kottulinski) No. 41. Obrist Mesmayre,
- das Infanterie-Reg. Froon No. 54. Obrist Fischer.

Zwei 6pfünd. Brigade-Batterien.

Die Division des Feldmarschall Lieutenant Marziany.

G. M. Hohenek:
- das Infanterie-Reg. Alois Lichtenstein No. 12. Obrist Reisinger,
- das Infanterie-Reg. Strauch No. 23. Obrist Salomon.

G. M. Fölseis:
- das — Mariassy No. 37. Obrist Gebhardt,
- das — Ignatz Gyulay No. 60. Obrist Czarnotzey.

Zwei 6pfünd. Brigade-Batterien.

Die Reserve-Artillerie.

Eine 6pfünd. Positions-Batterie.

Zwei 12pfünd. Positions-Batterien.

Das 2te Armee-Corps kommandirt der General der Kavallerie Fürst Hohenzollern Hechingen.

Chef des Generalstabes, der Obrist Negeldinger.

Die leichte Division des Feldmarschall-Lieutenant Klebelsberg.

- das Gradiskaner Grenz-Reg. No. 8. Obrist Simbschen,
- das 1ste Wallachische Grenz-Reg. No. 16. Obrist Riebel,
- das Regiment Erzherzog Johann Dragoner No. 1. Obrist Schuster,

{ das Regiment Kienmeyer Husaren No. 8. Obrist Lillen,
{ eine 6pfünd. Kavallerie-Batterie.

Die Division des Feldmarschall-Lieutenant Mazzuchelli.

{ das Infanterie-Reg. Czartorisky No. 9. Obrist Kolbe,
{ das — Nugent (früher de Ligne) No. 30. Obrist Heldenfels.

{ das Infanterie-Reg. Argenteau No. 35. Obrist Rueber,
{ das — Erbach No. 42. Obrist Schobert.

Zwei Brigade-Batterien.

Die Division

G. M. Schäfer. { das Infanterie-Reg. des Kaisers No. 1. Obrist Galatern,
{ das — Zach No. 15. Obrist Passeka.

{ das — Kollowrath No. 36. Obrist Rasquin,
{ das — Joseph Colloredo No. 57. Obrist Krauß.

Zwei 6pfünd. Brigade-Batterien.

Die Reserve Artillerie.

Eine 6pfünd. Positions-Batterie.

Zwei 12pfünd. Positions-Batterien.

Die Division der Großherzoglich Badenschen Truppen kommandirt der General-Lieutenant v. Schäfer.

G. M. Stokhorn. { das Grenadier-Garde-Reg. Obrist v. Beust,
{ das Infanterie-Reg. des Großherzogs, Comd. der Obrist Reischach,
{ das Infanterie-Reg. Graf Hochberg, Comd. der Obrist Neubuern,
{ das Infanterie-Reg. Stockhorn, Comd. der Obrist Brandt,
{ das Infanterie-Reg. Neuenstein.

G. L. von Neuenstein. { das Dragoner-Reg. No. 1. von Freistädt,
{ das — No. 2. von Geusau,
{ das — No. 3. von Baumbach,

G. M. von Stolze. { zwei 6pfünd. Fußbatterien,
{ eine reitende Batterie.

Das 3te Armee-Corps kommandirt der Feldmarschall Kronprinz von Würtemberg.

Chef des Generalstabes, der Obrist von Rangold.

Adjudant, Obrist von Wimpfen.

A. Das Königlich-Würtembergsche Armee-Corps.

kommandirt der General der Infanterie Graf Franquemont.

Die Kavallerie-Division, Chef der General-Lieutenant Prinz Adam von Würtemberg.

G. M. von Jett. { das leichte Kavallerie-Reg. No. 2. (Herzog Ludwig), Comd. Obrist v. Gaisberg,
{ das leichte Kavallerie-Jäger-Reg. No. 4. (Prinz Adam), Comd. Obrist v. Reinhard.

G. M. von Moltke. { das Dragoner-Reg. No. 3. (Kronprinz), Comd. Obrist v. Bismark,
{ das Jäger-Reg. No. 5. (Dillen), Comd. Obrist v. Schröder.

Die Infanterie-Division, Chef der General-Lieutenant v. Koch.

G. M. Prinz Hohenlohe. { das Infanterie-Reg. No. 2. (Herzog Wilhelm), Comd. Obrist Bieberstein,

G. M.

	Offiziere.			Unteroffiziere und Soldaten.		
	Gestorben.	Verwundet.	Vermißt.	Gestorben.	Verwundet.	Vermißt.
Transport:	129	547	17	1869	7090	685
Das 1ste Linien-Bat. der Königl. Legion	1	6		22	69	17
Das 2te — —	1	2		18	79	7
Das 3te — —	1	5		17	93	31
Das 4te — —	1	7		13	77	15
Das 5te — —	2	3		36	47	74
Das 8te — —	3	4		44	80	16
Zusammen:	138	574	17	1959	7535	845

729 Offiziere. 10,339 Unteroffiziere u. Soldaten.

Alphabetisches Verzeichniß der gebliebenen und verwundeten Offiziere der Königl. Englischen Armee vom 16ten bis den 26sten Juni 1815.

A.

1. Obrist Hon. Abercromby, vom Generalstabe.
2. Lient. Acres, 73ste Inf.-Reg.
3. Cap. Adair, 1ste Garde.
4. G. M. Adam, schwer verwundet.
5. Lieut Albert, 1ste Garde, geblieben.
6. Lieut. Alderson, 33ste Inf.-Reg., schwer.
7. Lieut. Alstone, 33ste Inf.-Reg.
8. G. Lt. Sir Carl Alten, schwer.
9. Adj. Lieut. Anderson, 71ste Inf.-Reg.
10. Adj. Lieut. Anderson, 52ste Inf.-Reg., geblieben.
11. Adj. Lieut. Anderson, 1ste Inf.-Reg.
12. Adj. Lieut. Anderson, 69ste Inf.-Reg.
13. Adj. Lieut. Andrews, 30ste Inf.-Reg.
14. Adj. Lieut. Anthoni, 40ste Inf.-Reg.
15. Adj. Lieut. Appuhn, 4te Inf.-Reg.
16. Adj. Lieut. Armstrong, 4te Inf.-Reg.
17. Adj. Lieut. Arnold, 10te Dragoner-Reg.
18. Major Arguimbeau, 1ste Inf.-Reg.
19. Cap. Ashton, 3te Garde, geblieben
20. Obrist Askew, 1ste Garde.

B.

21. Lieut. Bacon, 10te Dragoner-Reg.
22. Obristlt. Bailey, 30ste Inf.-Reg.
23. Lieut. Bain, 33ste —
24. — Baird, 3te Garde,
25. — Baring, 1ste Husaren-Reg. der Legion.
26. Obrist Sir Barnard, 95ste Inf.-Reg.
27. Cap. Barnard, 2te Dragoner-Reg., geblieben.
28. G. M. Sir Barnes, General-Adj., schwer.
29. Cap. Barnett, 40ste Inf.-Reg.
30. Lieut. Barr, 32ste —
31. — Barrallier, 71ste —
32. — Barton, 1ste Garde.
33. — Barrington, 1ste Garde, geblieben.
34. Cap. Battersby, 1ste Garde-Dragoner, geblieben.
35. Lieut. Batty, 1ste Garde.
36. Capitain Baines, Artillerie.

G. M. Gall.
- das Leib-Infanterie-Reg., Comd. der Obrist Baron Schönberg (2 Bat.)
- das Infanterie-Reg. Prinz Emil (2 Bat.)
- 2 Fußbatterien oder 12 Geschütze, Comd. der Major Kühlemann.

Zufolge des offiziellen Rapports am 26sten Juni 1813. war das 3te Armee-Corps stark:

		Bat.	Esq.	Batterien.	Kanonen.	Pferde.
Wirtembergsche Truppen	17,231 M. in	20	20	5	30	3247
Oestreichische Truppen	18,331 M. in	14	12	2	18	2373
Hessen-Darmstädtsche Truppen	8,252 M. in	10		2	12	5914
Zusammen	43,814 M. in	44	32	9	60	11534

		Infanterie.		Kavallerie.		Artillerie.	
Davon waren	Wirtemberger	13,531	Mann	2185	Mann	1515	Mann.
	Oestreicher	15,640	—	2180	—	511	—
	Hessen	7,803	—			449	—
	Zusammen	36,974	Mann	4365	Mann	2475	Mann.

36,974 Mann Fußvolk.
4,365 Mann Reiterei.
2,475 Mann Artillerie.

Zusammen 43,814 Mann.

Das 4te Armee-Corps oder die Königl. Baiersche Armee.
Kommandirt der Feldmarschall Fürst Wrede.
Chef des Generalstabes, der General-Major Graf Rechberg.

Die 1ste Infanterie-Division, Chef der General-Lieutenant Raglovich.

G. M. Graf Poccy.
- das 4te leichte Infanterie-Bat., Comd. der Obrist Cronegg,
- das 1ste und 2te Bat. des 3en Linien-Infanterie-Reg., Comd. der Obrist Tattenbach,
- das 5te National-Feld-Bat. München, Comd. der Major Forster,
- das 10te National-Feld-Bat. Augsburg, Comd. der Major Brükner.

G. M. Graf Deroy.
- das 1ste Bat. des 7ten Linien-Infanterie-Reg., Comd. der Obrist Herrmann,
- das 1ste und 2te Bat. des 14ten Infanterie-Reg., Comd. der Obrstlt. Flad,
- das 11te National-Feld-Bat. Ingolstadt, Comd. der Major Missel,
- das Jäger-Bat. des Ober-Donau-Kreises, Comd. der Major Sekendorf.

Obristlieut. Caspers.
- die 7te Linien 6pfünd. Batterie, der Cap. Dauer,
- die 5te Linien 12pfünd. — der Cap. Deyer.

Die 2te Infanterie-Division, Chef der General-Lieutenant Graf Bekers.

G. M. Habermann.
- das 1ste und 2te Bat. des 9ten Linien-Infanterie-Reg., Comd. der Obrist Horodan,
- das 5te leichte Infanterie-Bat., Comd. der Obristlt. Treuberg,

G. M. Habermann.
- das 14te National-Feld-Bat. Anspach, Comd. der Major v. d. Mark,
- das 15te National-Feld-Bat. Baireuth, Comd. der Major Sedus.

G. M. Beerentlau.
- das 1ste und 2te Bat. des 5ten Linien-Infanterie-Reg., Comd. der Obristlt. v. Rummel,
- das 1ste und 2te Bat. des 12ten Linien-Infanterie-Reg., Comd. der Obrist Moser,
- das 2te National-Feld-Bat. Anspach, Comd. der Capitain Herrmann.

Major Wagner.
- die 12te Linien 6pfünd. Batterie, Capitain Eduard Weishaupt,
- die 10te Linien 12pfünd. Batterie, Capitain Peruff.

Die 3te Infanterie-Division, Chef der General-Lieutenant Graf La Motte.

G. M. Graf Spreti.
- das 1ste und 2te Bat. des 6ten Linien-Infanterie-Reg., Comd. der Obrist v. Palm,
- das 1ste leichte Infanterie-Bat., Comd. der Obristlt. Fick,
- das 6te National-Feld-Bat. Lindau, Comd. der Major v. Popp,
- das 16te National-Feld-Bat. Kempten, Comd. der Major Neu.

G. M. Baron Treuberg.
- das 1ste und 2te Bat. des 11ten Linien-Infanterie-Reg., Comd. der Obristlt. Villemont,
- das 2te leichte Infanterie-Bat., Comd. der Obristlt. Mertz,
- das 4te National-Feld-Bat. Salzburg, Comd. Capitain Aubritzky,
- das 9te National-Feld-Bat. Regensburg, Comd. Capitain v. Dürst.

Obristlt. Göschel.
- die 9te Linien 6pfünd. Batterie, Capitain Achner,
- die 8te Linien 12pfünd. — Capitain Ulmer.

Die 4te Infanterie-Division, Chef der General-Lieutenant Baron Zollern.

G. M. Radenhausen.
- das 1ste und 2te Bat. des 4ten Linien-Infanterie-Reg., Comd. der Obrist Fortemps,
- das 1ste und 2te Bat. des 8ten Linien-Infanterie-Reg., Comd. der Obrist Hausmann,
- das Bat. des Unter-Donau-Kreises, Comd. Major Neubrunner.

G. M. Graf Buttler.
- das 1ste und 2te Bat. des 13ten Linien-Infanterie-Reg., Comd. der Obrist Fritsch,
- das 1ste und 2te Bat. des 10ten Linien-Infanterie-Reg., Comd. der Obrist Weinrich,
- das Jäger-Bat. des Main-Kreises, Comd. der Major Zeeze.

Major Gotthardt.
- die 6te Linien 6pfünd. Batterie, Capitain la Roses,
- die 3te Linien 12pfünd. — Cap. Carl Weishaupt.

Die Reserve-Infanterie-Brigade, Chef der General-Major Maillot.

Das 1ste Bat. des Grenadier-Garde-Reg., Comd. der Obrist Haertling.

Das 1ste und 2te Bat. des 1sten Linien-Infanterie-Reg. (König), Comd. der Obrist Theobald.

E 2

Das 1ste und 2te Bat. des 2ten Linien-Infanterie-Reg. (Kronprinz), Comd. der Major Adelsheim.

Das Jäger-Bat. des Rezat-Kreises, Comd. der Major Falkenhausen.

Die 11te Linien 12pfünd. Batterie, der Capitain Ott.

Die 1ste Kavallerie-Division, Chef Seine Königliche Hoheit der Prinz Carl von Baiern.

G. M. Graf Pappenheim.	das Cheveauxleg.-Reg No. 1. (Kaiser Franz) von 6 Esq., Comd. der Obrist Kracht, das Cheveauxleg.-Reg. No. 3. von 6 Esq., Comd. der Obrist Rittmann.
G. M. von Diez.	das Cheveauxleg.-Reg. No. 4. von 6 Esq., Comd. der Obrist Graf Seissel, das Cheveauxleg.-Reg. No. 5. von 6 Esq. Comd. der Obrist Kirschbaum.

Die 4te leichte Batterie, Capitain Rüdersheim.

Die 2te Kavallerie-Division, Chef der General-Lieutenant Graf Preising.

G.M. Baron Vieregg.	das 1ste Husaren-Reg. von 6 Esq., Comd. der Obrist Graf Friedrich Pappenheim, das Cheveauxleg.-Reg. No. 2. von 6 Esq., Comd. der Obrist Zandt.
G. M. Elbracht.	das 2te Husaren-Reg. von 6 Esq., Comd. der Obrist Graf Albrecht Pappenheim. das Cheveauxleg.-Reg. No. 6. von 6 Esq., Comd. der Obrist Waisse.

Die 3te leichte Batterie, der Capitain Halder.

Die Reserve-Kavallerie-Brigade, Chef der General-Major Graf Seidewitz.

Das Garde du Corps Reg. von 6 Esq., Comd. der Obrist Fürst Löwenstein.
Das 1ste Cuirassier Reg. von 6 Esq., Comd. der Obrist Winkler.
Das 1ste Uhlanen-Reg. von 6 Esq., Comd. der Obristlt. Seckendorf.

Die Artillerie-Reserve, Chef der General-Major und Director Baron Colonge.

Obristlt. Marabini.	die 1ste leichte Linien-Batterie, der Capitain Widmann, die 2te leichte — der Capitain Aige, die 4te Linien 12pfünd Batterie, der Capitain Rathgeber, eine 10pfünd. Haubitz-Batterie, eine Pontonnier-Compagnie.

Die Königlich Baiersche Armee war also stark:

46 Bataillon Fußvolk jedes zu 1000 Mann	= 46,000 Mann.
68 Esquadrons Reiterei jede zu 125 Pferden	= 8,250 Mann.
15 Compagnien Artillerie jede zu 120 Mann	= 1,800 Mann mit 1928 Pferden.
Vom Train und Pontonniere	990 Mann.
	Zusammen 57,040 Mann mit 118 Stück Geschütz.

Transport: 57,040 Mann mit 118 Stück Geschütz.

Detaschirt waren:

Unter dem Obrist v. Braun in Mainz 4 Bat.	= 4,000 Mann.	
Unter dem G. Lt. v. Zweyer in Germersheim, das 3te Bat. des 6ten Linien-Infanterie-Reg., das 3te Bat. des 11ten Linien-Infanterie-Reg.	= 2,000 Mann.	
In den Verschanzungen von Mannheim u. Germersheim an jedem Ort 45 Stück schweres Geschütz	=	90 Stück.
Zufolge des offiziellen Rapports am 1. Juni 1815.	63,040 Mann und 208 Stück Geschütz.	

Die Kaiserlich-Oestreichische Reserve-Armee.

Chef der General der Kavallerie Erzherzog Ferdinand v. Este.

Die Division des Feldmarschall-Lieutenants Graf Wartensleben.

G. M. Baumgarten.
- das Regiment Vincent Cheveauxlegeres No. 4. von 8 Esq. Comd. der Obrist Galoies,
- das 1ste Jäger-Bat., Comd. der Major Benz,
- das 3te — Comd. der Major Baronie,
- das 6te — Comd. der Major Marschall.

G. M. Staniszlowich.
- das 2te Siebenbürger-Bat., Major Geelitschy,
- das Peterwardeiner-Bat., Major Hezis (No. 9.),
- das Regiment Kaiser-Husaren No. 1. von 12 Esq., Obrist Graf Zichy.

Zwei 6pfünd. Brigade-Batterien.

Die Division des Feldmarschall-Lieutenants Stutterheim.

G. M. Prinz Coburg.
- das Uhlanen-Reg. des Erzherzogs Carl No. 3. von 8 Esq. Obrist Garskowsky,
- das Regiment Klenau Cheveauxlegeres No. 5. von 6 Esq., Obrist Kopp,
- eine 6pfünd Kavallerie-Batterie,
- Warasdiner Creuzer No. 5. Comd. Obrist Cahn,
- Warasdiner St. Georger No. 6. Comd. Obrist Radich.

Die Division des Feldmarschall-Lieutenants Fürst Alois Lichtenstein.

G. M. Bakony.
- das Infanterie-Reg. Kaiser Alexander (früher Hiller), No. 2. Obrist Kramer 4 Bat.
- das Infanterie-Reg. Hieronimus Colloredo No. 33. Obrist Retsey 4 Bat.

- das Infanterie-Reg. Benjowsky No. 31. Obrist Wesey 4 Bat.
- das Infanterie-Reg. Wenzel Colloredo No. 56. Obrist Schimoni 3 Bat.

Zwei 6pfünd. Brigade-Batterien.

Die Grenadier-Division, der Feldmarschall-Lieutenant Erzherzog Ludwig von Oestreich.

G. M. Herzegenberg.
- das Grenadier-Bat. des Obristlt. Bubna,
- das — des Obristlt. de Best,
- das — des Obristlt. Haller,
- das — des Obristlt. Berger.

321. Lieut. Hamilton, Adj. General.
322. Obristlt. Hamilton, 2te Dragoner-Reg., geblieben.
323. Major Hamilton, Adjudant des Generals Barnes.
324. Lieut. Handcork, 27ste Inf.-Reg.
325. Lieut. Handcork, 27ste Inf.-Reg.
326. Obristlt. Haukin, 2te Dragoner.
327. Lieut. Baron Hammerstein, 1ste leichte Dragoner d. Legion.
328. Brig.-Gen. Hardinge.
329. Cap. Harling, 2te leichte Dragoner.
330. Obrist Harries, 73ste Inf.-Reg.
331. Cap. Harris, Brig.-Major.
332. Cap. Hairison, 30ste Inf.-Reg.
333. Lieut. Hart, 33ste —
334. — Hartmann, Artillerie der Legion.
335. Cap. Harty, 33ste Inf.-Reg.
336. Lieut. Harvey, Artillerie.
337. — Hassard, 6te Dragoner.
338. — Havelock, Adj. beim General Alten.
339. Major Hawtyn, 23ste Inf.-Reg., geblieben.
340. Lieut. Lord Hay, Adj. des G. M. Maitland.
341. Obristlt. Hay, 16te Dragoner-Reg.
342. Cornett Hay, 16te Dragoner-Reg., geblieben.
343. Lieut. Hay, 73ste Inf.-Reg.
344. Cap. Heyse, 4te Linien-Inf.-Bat. der Legion.
345. Lieut. Heyse, 1ste Linien-Inf.-Bat. der Legion.
346. Cornett Heyse, 1ste Linien-Inf.-Bat. der Legion.
347. Cornett Heyse, Artillerie der Legion.
348. Lieut. Helmriek, 7te Linien-Inf.-Bat. der Legion.
349. Cap. Henderson, 71ste Inf.-Reg.
350. Lieut Henderson, 27ste —
351. — Hern, 44ste —
352. — Heselrige, 73ste —
353. Cap. Hesketh, 3te Foots Garde.
354. Lieut. Hesse, 18te Dragoner-Reg.
355. Lieut. Hewett, 92ste Inf.-Reg.
356. Cap. Heylinger, 7te Dragoner-Reg.
357. Major Heyland, 40ste Inf.-Reg. geblieben.
358. Obristlt. Hill, Horses Garde.
359. Obristlt. Hill, 23ste Inf.-Reg.
360. Obristlt. Hill, Horses Garde.
361. Lieut. Hillyard, 28ste Inf.-Reg.
362. — Hobbs, 92ste —
363. Cap. Hobhouse, 69ste — geblieben.
364. Lieut. Hodeler, 69ste Inf.-Reg.
365. Major Hodge, 7te Dragoner, vermißt.
366. Cornett Baron Hodenberg, 3te Husaren der Legion.
367. Cap. Baron Holle, 1ste Linien Bat. der Legion, geblieben.
368. Lieut. Hollis, 73ste Inf.-Reg., geblieben.
369. Cap. Holmes, 27ste Inf.-Reg., geblieben.
370. Cap. Holmes, 92ste Inf.-Reg.
371. — Holzermann, 1ste leichte Bat. der Legion, geblieben.
372. Cap. Holzermann, 2te leichte Bat. der Legion, vermißt.
373. Lieut. Hope, 92ste Inf.-Reg.
374. Cap. Horan, 32ste —
375. Lieut. Horan, 32ste —
376. Major Hare, 27ste —
377. Major Howard, 10te Dragoner-Reg., geblieben.
378. Lieut. Howard, 33ste Inf.-Reg.
379. — Hughes, 30ste —
380. — Humbley, 95ste —

J.

381. Lieut. Ingram, 1ste Inf.-Reg.
382. — Ingram, 28ste —
383. — Ireland, 27ste — geblieben.
384. Lieut. Irvine, 1ste Garde-Dragoner.
385. Major Irving, 28ste Inf.-Reg.
386. Lieut. Irving, 13te Dragoner-Reg.
387. Lieut. Irwin, 28ste Inf.-Reg.
388. — Jagoe, 32ste —
389. — James, 30ste — geblieben.
390. Cap. Jansen, 3te Husaren-Reg. der Legion, geblieben.
391. Lieut. Jeinsen 3te Linien-Inf.-Bat. der Legion.
392. Major Jessop, Quartiermeister.
393. Lieut. Jobin, 2te leichte Bat. der Legion.

Die Division des Feldmarschall-Lieutenants Markassy.

G. M. Watzel blokirt die Festung Hüningen.
- das 4te Bat. des Infanterie-Reg. Benjowsky,
- das 4te — — Kaiser Alexander,
- das 4te — — Hieronimus Colloredo,
- das 4te — — Joseph Collоredo.

G. M. Collenbach blokirt die Festung Bedfort.
- das 4te Bat. des Infanterie-Reg. (Kottulinsky) Hohenlohe Bartenstein,
- das 4te Bat. des Infanterie-Reg. Bellegarde,
- das 4te — — Wenzel Colloredo,
- das 4te — — Wirtemberg,
- 2 Divisionen des Cheveauxleg.-Reg. des Kaisers,
- zwei 3pfünd. Batterien.

Die Division des Feldmarschall-Lieutenants Graf Wallmoden Gimborn, später des Feldmarschall-Lieutenants Graf Vaquandt.

Der Oestreichische Ob. Graf Isenburg Büdingen vor Straßburg.
- das Bat. der Fürsten-Häuser von Reuß, Comd. der Obristlt. Mares,
- das Bat. der Reichsstadt Frankfurt, Comd. der Obristlt. Schiller,
- das Bat. der Fürsten Isenburg, Comd. der Major Marquard,
- das Bat. von Fulda, Comd. der Major Zobel.

Die Division des Großherzoglich-Badenschen General-Lieutenants Grafen Hochberg,
übernimmt die Blokaden von Neu-Breisach und Schlettstädt (zuletzt von Hüningen).

Der Wirtembergsche G. M. Stokmeyer blokirte Schlettstädt.

das 1ste Wirtembergsche Landwehr-Infanterie-Reg.	1060 M. u.	10 Pferde.
das 2te Wirtembergsche Landwehr-Infanterie-Reg.	977 —	10 —
das 3te Wirtembergsche Landwehr-Infanterie-Reg.	977 —	10 —
eine Landwehr-Artillerie-Comp.	200 —	
	3214 M. u.	30 Pferde.

- ein Bat. Hessen-Darmstädtsche Truppen.

Der Oestreichische G. M. Bar. Volkmann blokirte Neu-Breisach.
- 3 Bat. Großherzoglich-Badensche Landwehr,
- das 4te Bat. des Oestreichischen Infanterie-Reg. Bianchy,
- 2 Divisionen des Cheveauxleg.-Reg. des Kaisers,
- 2 Oestreichische 3pfünd. Batterien.

Der Badensche G. M. Laroche.
- später stießen noch 5 Bat. Badensche Landwehr und ein Badensches Jäger-Corps dazu.

Die Division des Königlich-Wirtembergschen General-Lieutenants Grafen Scheeler,
sie stand vor Kehl und auf dem rechten Ufer des Rheins und war 9000 Mann stark.

Das Leib-Kavallerie-Reg.
Das 2te Bat. Garde zu Fuß.
2 Bat. des Leib-Infanterie-Reg.
Die reitende Garde-Batterie von 6 Kanonen.
Die Fuß-Garde-Batterie von 6 Kanonen.

3 Depot-Bataillone.
4 Landwehr-Regimenter.
(marschirten am 4ten Juli von Ludwigsburg und Freudenstadt ab.)

Das Königlich-Sächsische Armee-Corps.

Oberbefehlshaber, der Kaiserlich-Oestreichische General der Kavallerie Herzog von Coburg.
Chef der General-Lieutenant von Lecoq.

G. M. von Leyser.	3 Esq. Leib-Cuirassier, Obrist v. Berge, 2 — Clemens Uhlanen, Obrist v. Ziegler, 4 — Husaren, Obrist v. Riesemeuschel, 1 — Stabs-Dragoner, Lieut. v. Rechenberg.
G. M. von Nostitz.	das Leib-Grenadier-Bat., das 1ste Linien-Infanterie-Reg. (Prinz Anton) 3 Bat., Comd. der Obrist Einsiedel, das 2te Linien-Infanterie-Reg. (Prinz Max) 3 Bat., Comd. Obrist v. Seidewitz, das 3te Linien-Infanterie-Reg. (Prinz Friedr. August) 3 Bat, Comd. der Obrist v. Lobkowitz. das Reserve Landwehr-Infanterie-Reg.
Obrist von Einsiedel.	das Regiment der Herzoge von Sachsen (Coburg, Meinungen u. Hildburgshausen) 2 Bat., Comd. Obristlt. v. Imhof, das Jäger Bat. Comd. der Major v. Jäschky, das 1ste leichte Bataillon, das 2te leichte —
Obrist von Raabe.	die 1ste 6pfünd. Batterie, die 2te 6pfünd. fahrende Batterie, 2 reitende Batterien, die 1ste 12pfünd. Batterie, die 2te 12pfünd. — Haupt- und der Divisions-Park, Sappeur-Detaschement.

Den Train kommandirt der Major Tschökel.

Zufolge des offiziellen Rapports vom 2ten August 1815. war dieses Corps stark:

10 Esq. Kavallerie	92	Offiziere	1,639	Mann mit	1639	Pferde.
18 Bat. Infanterie	371	—	13,206	—		
6 Batterien Artillerie, Train und Park	56	—	1,845	—	1765	—
das Sappeur-Detaschement	2	—	64	—		
Zusammen	521	Offiziere	16,774	Mann mit	3404	Pferde.

Das Kriegsheer vom Ober-Rhein zählte demnach:

Das 1ste Armee-Corps	24,400	Mann in	26	Bat.	16	Esq.	8	Batterien.
Das 2te Armee-Corps	34,350	Mann in	36	—	26	—	11	—
Das 3te Armee-Corps	43,814	Mann in	44	—	32	—	9	—
Das 4te Armee-Corps	57,040	Mann in	46	—	66	—	15	—
Das Oestreichische Reserve-Corps	44,800	Mann in	38	—	86	—	10	—
Das Blokade-Corps	33,314	Mann in	38	—	8	—	6	—
Das Königl. Sächsische Corps	16,774	Mann in	18	—	10	—	6	—
Zusammen	254,592	Mann in	246	Bat.	244	Esq.	66	Batterien.

	Offiziere.			Unteroffiziere und Soldaten.		
	Gestorben.	Verwundet.	Vermißt.	Gestorben.	Verwundet.	Vermißt.
Transport:	129	547	17	1869	7090	685
Das 1ste Linien-Bat. der Königl. Legion	1	6		22	69	17
Das 2te — —	1	2		18	79	7
Das 3te — —	1	5		17	93	31
Das 4te — —	1	7		13	77	15
Das 5te — —	2	3		36	47	74
Das 8te — —	3	4		44	80	16
Zusammen:	138	574	17	1959	7535	845
	729 Offiziere.			10,339 Unteroffiziere u. Soldaten.		

Alphabetisches Verzeichniß der gebliebenen und verwundeten Offiziere der Königl. Englischen Armee vom 16ten bis den 26sten Juni 1815.

A.

1. Obrist Hon. Abercromby, vom Generalstabe.
2. Lieut. Acres, 73ste Inf.-Reg.
3. Cap. Adair, 1ste Garde.
4. G. M. Adam, schwer verwundet.
5. Lieut Albert, 1ste Garde, geblieben.
6. Lieut. Alderson, 33ste Inf.-Reg., schwer.
7. Lieut. Alstone, 33ste Inf.-Reg.
8. G. Lt. Sir Carl Alten, schwer.
9. Adj. Lieut. Anderson, 71ste Inf.-Reg.
10. Adj. Lieut. Anderson, 52ste Inf.-Reg., geblieben.
11. Adj. Lieut. Anderson, 1ste Inf.-Reg.
12. Adj. Lieut. Anderson, 69ste Inf.-Reg.
13. Adj. Lieut. Andrews, 30ste Inf.-Reg.
14. Adj. Lieut. Anthoni, 40ste Inf.-Reg.
15. Adj. Lieut. Appuhn, 4te Inf.-Reg.
16. Adj. Lieut. Armstrong, 4te Inf.-Reg.
17. Adj. Lieut. Arnold, 10te Dragoner-Reg.
18. Major Arguimbeau, 1ste Inf.-Reg.
19. Cap. Ashton, 3te Garde, geblieben
20. Obrist Askew, 1ste Garde.

B.

21. Lieut. Bacon, 10te Dragoner-Reg.
22. Obristlt. Bailey, 30ste Inf.-Reg.
23. Lieut. Bain, 33ste —
24. — Baird, 3te Garde,
25. — Baring, 1ste Husaren-Reg. der Legion.
26. Obrist Sir Barnard, 95ste Inf.-Reg.
27. Cap. Barnard, 2te Dragoner-Reg., geblieben.
28. G. M. Sir Barnes, General-Adj., schwer.
29. Cap. Barnett, 40ste Inf.-Reg.
30. Lieut. Barr, 32ste —
31. — Barrallier, 71ste —
32. — Burton, 1ste Garde.
33. — Barrington, 1ste Garde, geblieben.
34. Cap. Battersby, 1ste Garde-Dragoner, geblieben.
35. Lieut. Batty, 1ste Garde.
36. Capitain Baines, Artillerie.

F

Beilage XIV.

Eintheilung der Schweizerischen Neutralitäts-Armee im Jahr 1815.

Oberbefehlshaber, der General Bachmann.
General-Quartiermeister, der General Finsler.

Die 1ste Division kommandirt der General Gady.
(Sie besetzte die Grenze von Genf bis ins Neuenburgische.)

Die 2te Division kommandirt der General Füßly.
(Sie besetzte die Grenze der Kantone Bern und Solothurn.)

Die 3te Division kommandirt der General d'Affry.
Die 1ste Brigade kommandirt der General Lichtenhahn.
Die 2te — — der General Schmiel.
(Sie stand bei St. Jacob an der Höhe des Bruderholzes im Lager.)

Die Brigade des Generals Grafenried lagerte bei Corzelles.
Die Brigade des Generals Girard stand bei Valaires unweit Orbe im Lager.

Das Schweizerische Kriegsheer zählte:

$19\frac{1}{2}$	Division Artillerie zu 87 Mann	= 1,696	Mann.	
4	Comp. Artillerie und Train	= 348	—	
10	Esq. Reiterei zu 50 Mann	= 500	—	
44	Comp. Infanterie des Kantons Bern	= 5,280	—	(jede 120 Mann die Comp.)
260	Comp. Fußvolk der andern Kantons	= 26,000	—	(die Comp. zu 100 Mann.
4	Bat. Fußvolk aus Frankreich zurückgekehrt	= 2,700	—	
	Zusammen	36,524	Mann.	

Mit 114 Stück Kanonen, 572 Munitions- und Bagage-Wagen mit 2759 Sattel und Zugpferden.

Beilage XV.

Eintheilung des Oestreichischen Kriegsheeres von Ober-Italien im Jahr 1815.

Oberbefehlshaber, der General der Kavallerie Baron Frimmont.
Chef des Generalstabes, der General-Major Graf Fiquelmont.
General-Quartiermeister, der Obrist Baron Kudelka.
General-Intendant, der Graf Wurmser.

1. Das 1ste Armee-Corps kommandirt der Feldmarschall-Lieutenant Radivojevich.

Die leichte Division der Feldmarschall-Lieutenant Graf Creenville.

G. M. Bogdan. { das Jäger-Bat. No. 7. der Obrist Veyder,
das — No. 9. der Major Werdt,

G. M. Bogdan.
- das Wallachen Illirier-Reg. No. 13. der Obrist Földwary
- Oreilly Cheveauxleg.-Reg. No. 3. Obrist Graf Auersberg,
- Rosenberg Cheveauxleg.-Reg. No. 6. Obrist v. Gaffer,
- eine Kavallerie-Batterie.

Die Division.

G. M. Pflüger.
- das Infanterie-Reg. Großherzog v. Toscana No. 7. Obrist Dumondant,
- das Infanterie-Reg. Erzherzog Ludwig No. 8. Obrist Gieslingen
- eine Brigade Batterie.

G. M. Fölseis.
- das Infanterie-Reg. Beaulieu No. 58. Obrist Graf Kinsky
- das Infanterie-Reg. Herzog v. Wirtemberg No. 40. Obrist Vauthier,
- eine Brigade-Batterie.

2. Das 2te Armee-Corps kommandirt der Feldmarschall Lieutenant Graf Bubna.

Die leichte Division.

G. M. Brettschneider.
- Warasdiner Kreuzer No. 5. Obrist Kahin,
- das 2te Wallachische Infanterie-Reg. No. 17. Obrist Kreitter,
- das 1ste Szekler Infanterie-Reg. No. 14. Obrist Nowak,
- Knesevich Dragoner-Reg. No. 3. Obrist Olah
- Schwarzenberg Uhlanen-Reg. No. 2. Obrist Baron Mengen.

Eine Kavallerie-Batterie.

Die Division.

G. M. Baron Trenk.
- das Infanterie-Reg. Esterhazy No. 32. Obrist Vizakna,
- das — Duca No. 39 Obrist Schütter.

G. M. Klopfstein.
- das — Kutschera (Fröhlich) No. 28. Obrist Hauger,
- das Infanterie-Reg. Kerpen No. 49. Obrist Obrien.

Zwei Brigade-Batterien.

3. Das Reserve-Corps kommandirt der Feldmarschall Lieutenant Meerville.

Chef des Generalstabes, der Obristlt. Wirker von den Pionnieren.

Chef der Artillerie, der Obrist Blumenfeld.

Die leichte Division, der Feldmarschall-Lieutenant Graf Ignatz Hardegg.
- das deutsch Bannaten-Bat. No. 12. Obrist Bentschek,
- das 2te Szekler Infanterie-Reg. No. 15. Obrist Betzmann,
- das Reg. Hessen-Homburg Husaren No. 4. Obrist Simony,
- das Reg. Riesch Dragoner No. 6. Obrist Wangen,
- eine Kavallerie-Batterie.

Die Division.

G. M. Mumb.
- das Infanterie-Reg. Deutschmeister No. 4. Obrist Erdmann,

G. M. Mumb.
- das Infanterie-Reg. Wimpfen No. 13. Obrist de Kibois.
- das Infanterie-Reg. Nassau Usingen, (früher Coburg) No. 22. Obrist Odelga.

G. M. Hecht.
- das Infanterie-Reg. Meerville No. 23. Obrist v. Drohm,
- das — Prohaska No. 38. Obrist Schreibers,
- das — Baar No. 43. Obrist Businelly,

Zwei Brigade-Batterien.

Das Landwehr-Bat. Kerpen, Obristlt. Graf Hoyer.

Das — Erzherzog Ludwig, Obristlt. Kollowrath.

Die Kavallerie-Reserve, der Feldmarschall Lieutenant Graf Kinsky.
- das Husaren-Reg. Frimmont No. 9. Obrist Callot,
- das Szekler Husaren-Reg. No. 11. Obrist Fikweiler.

- das Kaiser Franz Uhlanen-Reg. No. 4. Obrist Poradewsky,
- das Cheveauxleg.-Reg. Nostiz No. 7. Obrist Alberti.

4. Das Piemontesische Armee-Corps, Chef der General-Lieutenant Graf Latour.

(Es war 10,000 Mann stark.)

Die Avantgarde kommandirte der General-Major Gifflenga.
General-Major d'Artezaine.

Die Armee von Ober-Italien war zusammen 60,000 Mann stark.

Beilage XVI.

Die Eintheilung des Oestreichischen Kriegsheeres von Neapel im Jahr 1815.

Oberbefehlshaber, der Feldmarschall Lieutenant Baron Bianchy.
Chef des Generalstabes, der Obrist Fleischer.

Das Armee-Corps des Feldmarschall Lieutenant Graf Neipperg.

G. M. Graf Stahremberg.
- das Jäger-Bat. No. 8. Major d'Aspre,
- das — No. 10. Obristlt. Caffaffa,
- das — No. 11. Major Entsch,
- das 2te Siebenbürger-Bat. Major Redland.

G. M. Eckhardt.
- das Dragoner-Reg. Savoyen No. 5. Obrist Chorinsky,
- das Cheveauxleg-Reg. Hohenzollern No. 2. Obrist Müller,
- das Husaren-Reg. Prinz Regent von England No. 5. Obrist Gavenda.

Die Division.

G. M. Haugwitz.
- das Infanterie-Reg. Philipp von Hessen-Homburg No. 19. Obrist Szent Ivany,
- das Infanterie-Reg. Radivojevich (früher Simbschen) No. 48. Obrist Dressery.

G. M. Senitzer.
- das Infanterie-Reg. Wied-Runkel No. 34. Obrist Szimkowich,
- das Infanterie-Reg. St. Julien No. 61. Obrist Chimann.

Das Armee-Corps des Feldmarschall Lieutenant Mohr.

G. M. Geppert.
- das Fennersche Tiroler-Jäger-Bat., Obrist Schneider,
- das 1ste deutsche leichte Bat., Major Hainau,
- das 2te deutsche leichte Bat., Obristlt. Camuzzi,
- das Dragoner-Reg. Toscana (früher Levenehr) No. 4. Obrist Czarsinsky.
- das Husaren-Reg. Lichtenstein No. 7. Obrist Zichy.

Die Division.

Das Infanterie-Reg. Erzherzog Carl No. 3. Obrist Salis.

Das Infanterie-Reg. Chasteller No. 27. Obrist Baumgarten.

Das Infanterie-Reg. Hiller (früher Jellachich) No. 53. Obrist Graf Kinsky.

Das Infanterie-Reg. Vacquant No. 62. Obrist Rheinisch.

Das Armee-Corps des Feldmarschall Lieutenant Graf Nugent.

G. M. Stefani.
G. M. Taxis.
- das Liccaner Grenz-Bat. No. 1. Obrist Wiedmeyer,
- das Czaikisten-Bat. Obrist Maidics,
- das 1ste Banal-Bat. Obrist Nestor,
- das 2te — Obrist Einkhemer,
- das Dragoner-Reg. König von Baiern No. 2. Obrist Schlotheim,
- das Husaren-Reg. König von Preußen No. 10. Obrist Genes.

Die Division.

Das Infanterie-Reg. No. 10. Reisky Obrist Werlich.

Das — König der Niederlande No. 26. Obrist v. Traubenfeld.

Das Infanterie-Reg. Spleny No. 51. Obrist Berger.

Das — Franz Carl No. 52. Obrist Habiney.

Das Grenadier-Bat., Obristlt. Barthelmy,

Das — Faber v. Weinau,

Das — Kaufmann,

Das — Weyber,

Das — Bihain.

Major Kuhnert kommandirte die Artillerie.

Die Pionnier-Compagnie des Capitain Kök.

Das Oestreichische Kriegsheer von Neapel war ungefähr 40,000 Mann stark.

Beilage XVII.

Gemeinschaftliche Besatzung der verbündeten Mächte in der Festung Mainz im Jahr 1815.

Gouverneur, Seine Kaiserl. Hoheit der Erzherzog Carl von Oestreich.

Chef des Stabes, der Feldmarschall Lieutenant Baron Grüne.

Vice-Gouverneur, der Kaiserlich-Oestreichische Feldmarschall Lieutenant Baron Strauch.

Kommandant, der Königl. Preußische General-Major von Krausenek.

321. Lieut. Hamilton, Adj. General.
322. Obristlt. Hamilton, 2te Dragoner-Reg., geblieben.
323. Major Hamilton, Adjudant des Generals Barnes.
324. Lieut. Handcork, 27ste Inf.-Reg.
325. Lieut. Handcork, 27ste Inf.-Reg.
326. Obristlt. Haukin, 2te Dragoner.
327. Lieut. Baron Hammerstein, 1ste leichte Dragoner d. Legion.
328. Brig.-Gen. Hardinge.
329. Cap. Harling, 2te leichte Dragoner.
330. Obrist Harries, 73ste Inf.-Reg.
331. Cap. Harris, Brig.-Major.
332. Cap. Harrison, 32ste Inf.-Reg.
333. Lieut. Hart, 33ste —
334. — Hartmann, Artillerie der Legion.
335. Cap. Harty, 33ste Inf.-Reg.
336. Lieut. Harvey, Artillerie.
337. — Hassard, 6te Dragoner.
338. — Havelock, Adj. beim General Alten.
339. Major Hawtyn, 93ste Inf.-Reg., geblieben.
340. Lieut. Lord Hay, Adj. des G. M. Maitland.
341. Obristlt. Hay, 16te Dragoner-Reg.
342. Cornett Hay, 16te Dragoner-Reg., geblieben.
343. Lieut. Hay, 73ste Inf.-Reg.
344. Cap. Heyse, 4te Linien-Inf.-Bat. der Legion.
345. Lieut. Heyse, 1ste Linien-Inf.-Bat. der Legion.
346. Cornett Heyse, 1ste Linien-Inf.-Bat. der Legion.
347. Cornett Heyse, Artillerie der Legion.
348. Lieut. Helmriek, 7te Linien-Inf.-Bat. der Legion.
349. Cap. Henderson, 71ste Inf.-Reg.
350. Lieut. Henderson, 27ste —
351. — Hern, 44ste —
352. — Heselrige, 73ste —
353. Cap. Hesketh, 3te Foots Garde.
354. Lieut. Hesse, 18te Dragoner-Reg.
355. Lieut. Hewett, 92ste Inf.-Reg.
356. Cap. Heylinger, 7te Dragoner-Reg.
357. Major Heyland, 40ste Inf.-Reg. geblieben.
358. Obristlt. Hill, Horses Garde.
359. Obristlt. Hill, 23ste Inf.-Reg.
360. Obristlt. Hill, Horses Garde.
361. Lieut. Hillyard, 28ste Inf.-Reg.
362. — Hobbs, 92ste —
363. Cap. Hobhouse, 69ste — geblieben.
364. Lieut. Hodeler, 69ste Inf.-Reg.
365. Major Hodge, 7te Dragoner, vermißt.
366. Cornett Baron Hodenberg, 3te Husaren der Legion.
367. Cap. Baron Holle, 1ste Linien Bat. der Legion, geblieben.
368. Lieut. Hollis, 73ste Inf.-Reg., geblieben.
369. Cap. Holmes, 27ste Inf.-Reg., geblieben.
370. Cap. Holmes, 92ste Inf.-Reg.
371. — Holzermann, 1ste leichte Bat. der Legion, geblieben.
372. Cap. Holzermann, 2te leichte Bat. der Legion, vermißt.
373. Lieut. Hove, 92ste Inf.-Reg.
374. Cap. Horan, 32ste —
375. Lieut. Horan, 32ste —
376. Major Hare, 27ste —
377. Major Howard, 10te Dragoner-Reg., geblieben.
378. Lieut. Howard, 33ste Inf.-Reg.
379. — Hughes, 30ste —
380. — Humbley, 95ste —

J.

381. Lieut. Ingram, 1ste Inf.-Reg.
382. — Ingram, 28ste —
383. — Ireland, 27ste — geblieben.
384. Lieut. Irvine, 1ste Garde-Dragoner.
385. Major Irving, 28ste Inf.-Reg.
386. Lieut. Irving, 13te Dragoner-Reg.
387. Lieut. Irwin, 28ste Inf.-Reg.
388. — Jagoe, 32ste —
389. — James, 30ste — geblieben.
390. Cap. Jansen, 3te Husaren-Reg. der Legion, geblieben.
391. Lieut. Jeinsen, 3te Linien-Inf.-Bat. der Legion.
392. Major Jessop, Quartiermeister.
393. Lieut. Jobin, 2te leichte Bat. der Legion.

394. Cap. Johnson, 23ste Inf.-Reg.
395. — Johnston, 95ste —
396. Lieut. Johnston, 95ste — geblieben.
397. Major Johnstone, 71ste Inf.-Reg.
398. Cap. Jolliffe, 23ste Inf.-Reg. geblieben.
399. Obristlt. Jones, 71ste Inf.-Reg.

K.

400. Lieut. Kelli, 1ste Dragoner-Reg.
401. Cap. Kelli, 28ste Inf.-Reg.
402. — Kelli, 1ste Legion.
403. G. M. Sir Kempt.
404. Cap. Kennedi, 73ste Inf.-Reg., geblieben.
405. Lieut. Kennedi, 79ste Inf.-Reg., geblieben.
406. Lieut. Kennedi, 1ste Inf.-Reg., geblieben.
407. Cap. Kessenbrück, 3te Husaren der Legion, geblieben.
408. Lieut. Kessler, 2te leichte Inf.-Reg. der Legion, geblieben.
409. Cornett Kindchant, 2te Dragoner, geblieben.
410. Lieut. Klingsohr, 5te Linien-Bat. der Legion.
411. Cap. Knight, 33ste Inf.-Reg.
412. Lieut. Kronhelm, 4te Linien-Inf.-Reg. der Legion, geblieben.
413. Lieut. Küster, 1ste leichte Bat. der Legion.
414. Lieut. Kuckul, der Legion.
415. — Kuhlmann, 1ste leichte Dragoner der Legion, geblieben.
416. Adj. Lieut. Kunoek, 79ste Inf.-Reg. geblieben.

L.

417. Lieut. Lake, 3te Foots Garde.
418. Obrist Sir De Lancey, 23ste Inf.-Reg.
419. Lieut. Lane, 1ste Foots.
420. Cap. Langton, Adjudant des Generals Picton.
421. Lieut. Baron Langwarthy, 4te Linien-Bat. der Legion.
422. Lieut. Lasceller, 1ste Foots Garde.
423. Lieut. Law, 71ste Inf.-Reg.
424. — Lawrence, 32ste —
425. Major Leake, 4te Linien-Bat. der Legion.
426. Lieut. Leaper, 79ste Inf.-Reg.
427. — Leebody, 23ste — geblieben.
428. Lieut. Leivin, 32ste Inf.-Reg.
429. — Leonhardt, 1ste leichte Inf.-Bat. der Legion.
430. Lieut. Leschen, 3te Linien-Bat. der Legion.
431. Major Lestrange, Adjudant des Generals Pack.
432. Lieut. Lewin, 71ste Inf.-Reg.
433. Cap. Lind, 1ste Life Guards.
434. Lieut. Lind, 71ste Inf.-Reg.
435. — Lindham, 2te leichte Bat. der Legion.
436. Major Lindsay, 69ste Inf.-Reg.
437. Lieut. Lister, 95ste Inf.-Reg., geblieben.
438. Cap. Little, 92ste Inf.-Reg., geblieben.
439. Major Llewellin, 28ste Inf.-Reg.
440. Lieut. Lloyd, 73ste Inf.-Reg.
441. Major W. Lloyd.
442. Cornett Lokhardt, 12te Dragoner-Reg., geblieben.
443. Lieut. Lockwood, 30ste Inf.-Reg.
444. — Logan, 92ste —
445. — Logan, 92ste —
446. Cornett Lorenz, 2te leichte Dragoner-Reg.
447. Major Lowe, 52ste Inf.-Reg.
448. Lieut. Baron Lovetzow, 4te leichte Bat. der Legion, geblieben.
449. Lieut. Lowe, 73ste Inf.-Reg., geblieben.
450. Cap. Luttrell, 1ste Foots Garde.
451. Cap. Lynam, 95ste Inf.-Reg.

M.

452. Obristlt. Macara, 42ste Inf.-Reg. geblieben.
453. Major Macdonald, 42ste Inf.-Reg.
454. Obristlt. Macdonald, 92ste Inf.-Reg.
455. Obristlt. Macdonell, 92ste Inf.-Reg.
456. Cap. Mackay, 79ste Inf.-Reg., vermißt.
457. Lieut. Mackenzie, 1ste leichte Dragoner der Legion.
458. Lieut. Makle, 92ste Dragoner der Legion.

	Offiziere.			Unteroffiziere und Soldaten.		
	Gestorben.	Verwundet.	Vermißt.	Gestorben.	Verwundet.	Vermißt.
Transport:	55	174	15	709	1579	447
Königl. Ingenieurs		2				
Königl. Staabs-Corps		2				
Sappeurs und Mineurs		1			2	
1ste Foot Guards						
1ste — — 2tes Bat.	3	8		73	353	
1ste — — 3tes Bat.	4	12		101	487	
2te Cold. Regiment	1	7		54	242	4
3te Foot Guards 2tes Bat.	3	9		39	195	
1ste Regiment (Royal Scots) 3tes Bat.	8	26		33	295	
4tes Linien-Infanterie-Reg. 1stes Bat.						
4tes — 2tes Bat.						
7tes — 1stes Bat.						
14tes — 3tes Bat.		3		7	26	
23stes —	5	6		13	81	
25stes — 2tes Bat.						
27stes — 1stes Bat.	2	13		103	360	
28stes — 1stes Bat	1	19		29	203	
29stes — 1stes Bat.						
30stes — 2stes Bat.	6	14		51	181	27
32stes —	1	30		49	290	
33stes —	5	17		49	162	58
35stes —				1		
37stes — 2tes Bat.						
40stes — 1stes Bat.	2	10		30	159	18
42stes — 1stes Bat.	3	21		47	266	
44stes — 2tes Bat.	2	18		14	151	17
51stes —		2		11	29	
52stes — 1stes Bat.	1	8		16	174	
54stes —				2	2	
59stes —					2	
69stes — 2tes Bat.	4	7		51	163	
71stes — 1stes Bat.	1	14		24	160	3
73stes — 2tes Bat.	6	16		54	219	41
78stes — 2tes Bat.						
79stes — 1st.s Bat.	3	27	1	57	390	1
81stes — 2tes Bat.						
91stes —		2		1	6	
92stes —	4	27		49	322	
95stes — 1stes Bat.	2	15		28	175	
95stes — 2tes Bat.		14		34	178	20
95stes — 3tes Bat.		4		3	36	7
Das 13te Veteranen-Bat.						
Das 1ste leichte Bat. der Königl. Legion	4	9		37	82	13
Das 2te leichte Bat. —	3	9	1	40	120	29
Latus:	129	647	17	1809	7090	685

Das

	Offiziere.			Unteroffiziere und Soldaten.		
	Gestorben.	Verwundet.	Vermißt.	Gestorben.	Verwundet.	Vermißt.
Transport:	129	547	17	1869	7090	685
Das 1ste Linien-Bat. der Königl. Legion	1	6		22	69	17
Das 2te — —	1	2		18	79	7
Das 3te — —	1	5		17	93	31
Das 4te — —	1	7		13	77	15
Das 5te — —	2	3		36	47	74
Das 8te — —	3	4		44	80	16
Zusammen:	138	574	17	1959	7535	845
	729 Offiziere.			10,339 Unteroffiziere u. Soldaten.		

Alphabetisches Verzeichniß der gebliebenen und verwundeten Offiziere der Königl. Englischen Armee vom 18ten bis den 26sten Juni 1815.

A.

1. Obrist Hon. Abercromby, vom Generalstabe.
2. Lieut. Acres, 73ste Inf.-Reg.
3. Cap. Adair, 1ste Garde.
4. G. M. Adam, schwer verwundet.
5. Lieut Albert, 1ste Garde, geblieben.
6. Lieut. Alderson, 33ste Inf.-Reg., schwer.
7. Lieut. Alstone, 33ste Inf.-Reg.
8. G. Lt. Sir Carl Alten, schwer.
9. Adj. Lieut. Anderson, 71ste Inf.-Reg.
10. Adj. Lieut. Anderson, 52ste Inf.-Reg., geblieben.
11. Adj. Lieut. Anderson, 1ste Inf.-Reg.
12. Adj. Lieut. Anderson, 69ste Inf.-Reg.
13. Adj. Lieut. Andrews, 30ste Inf.-Reg.
14. Adj. Lieut. Anthoni, 40ste Inf.-Reg.
15. Adj. Lieut. Appuhn, 4te Inf.-Reg.
16. Adj. Lieut. Armstrong, 4te Inf.-Reg.
17. Adj. Lieut. Arnold, 10te Dragoner-Reg.
18. Major Arguimbeau, 1ste Inf.-Reg.
19. Cap. Ashton, 3te Garde, geblieben
20. Obrist Askew, 1ste Garde.

B.

21. Lieut. Bacon, 10te Dragoner-Reg.
22. Obristlt. Bailey, 30ste Inf.-Reg.
23. Lieut. Bain, 33ste —
24. — Baird, 3te Garde,
25. — Baring, 1ste Husaren-Reg. der Legion.
26. Obrist Sir Barnard, 95ste Inf.-Reg.
27. Cap. Barnard, 2te Dragoner-Reg., geblieben.
28. G. M. Sir Barnes, General-Adj., schwer.
29. Cap. Barnett, 40ste Inf.-Reg.
30. Lieut. Barr, 32ste —
31. — Barrallier, 71ste —
32. — Barton, 1ste Garde.
33. — Barrington, 1ste Garde, geblieben.
34. Cap. Battersby, 1ste Garde-Dragoner, geblieben.
35. Lieut. Batty, 1ste Garde.
36. Capitain Baines, Artillerie.

F

37. Major Beane, Artillerie, geblieben.
38. Cap. Beardeslal, 51ste Inf.-Reg.
39. Lieut. Beatty, 7te Dragoner-Reg.
40. Lieut. Becher, 92ste Inf.-Reg., geblieben.
41. Major Bekwith, Generalstab.
42. Lieut. Beere, 30ste Inf.-Reg., geblieben.
43. Lieut. Behne, 1ste leichte Bat. der Legion.
44. Lieut. Berkeley, General Adj.
45. — Bennet, 35ste Inf.-Reg.
46. — Berger, 5te Linien-Bat. der Legion.
47. Cornett Bernard, 1ste Dragoner, vermißt.
48. Lieut. Bertie, 12te Dragoner, geblieben.
49. Lieut. Birthwhistle, 32ste Inf.-Reg.
50. Lieut. Birthwhistle, 32ste Inf.-Reg.
51. Lieut. Black, 91ste Inf.-Reg.
52. — Black, 1ste —
53. Cap. Blakmann, Coldstrom Garde, geblieben.
54. Cap. Blakword, 69ste Inf.-Reg., geblieben.
55. Major Blair, Brig.-Major, 91ste Inf.-Reg.
56. Lieut. Blois, 1ste Dragoner-Reg.
57. Lieut. Blomfield, Artillerie.
58. —Borse, 32ste Inf.-Reg.
59. Cap. Bobers von der Legion, vermißt und wahrscheinlich geblieben.
60. Major Boden, 3te Linien-Bat. der Legion.
61. Cap. Bolton, Artillerie, geblieben.
62. Major Bosewell, 2te leichte Bat. der Legion, geblieben.
63. Lieut. Bose, 1ste leichte Dragoner der Legion.
64. Lieut. Baron Both, 4te Linien-Bat. der Legion.
65. Lieut. Bouverie von der Horses Garde.
66. Obristlt. Bowater 3te Garde.
67. Cap. Bowles, 28ste Inf.-Reg.
68. Lieut. Bowers, 13te Dragoner.
69. Obristlt. Boyce, 13te Dragoner.
70. Cap. Boyce, 32ste Inf.-Reg.
71. Lieut. Boyce, 33ste Inf.-Reg., geblieben.
72. Lieut. Boyd, 4te Inf.-Reg.
73. Cap. Boyle, 42ste —
74. — Baron Bothmer, 1ste leichte Dragoner der Legion.
75. Obristlt. Bradford, Generalstab
76. Lieut. Brander, 42ste Inf.-Reg.
77. — Branwell, 92ste —
78. Cap. Braun, Artillerie der Legion.
79. Lieut. Brereton, Artillerie.
80. — Bridge, 73ste Inf.-Reg.
81. Adj. Lieut. Bridgland 28ste Inf.-Reg.
82. Cap. O Bridgemann, Adjudant des Lord Hill.
83. Adj. Lieut. Brinkmann, 8te Linien-Bat. der Legion.
84. Major Bringhorst, 1ste Dragoner-Garde, geblieben.
85. Lieut. Brooke, 1ste Dragoner-Garde, vermißt.
86. Lieut. Brown, 79ste Inf.-Reg.
87. Obristlt. Brown, 79ste —
88. Cap. Brown, 1ste Garde, geblieben.
89. Lieut. Browne, 73ste Inf. Reg.
90. Cap. Browne, 6te Dragoner-Reg.
91. Lieut. Browne, 4te Inf.-Reg.
92. — Brooke, 1ste Dragoner, vermißt.
93. Lieut. Brookes, 32ste Inf.-Reg.
94. — Bruce, 1ste Dragoner.
95. Cap. Bruce, 79ste Inf. Reg.
96. Adj. Lieut. Bruggemann, 3te Husaren-Reg. der Legion.
97. Cap. Brugh, 44ste Inf.-Reg.
98. G. Lt. Herzog v. Braunschweig, geblieben.
99. Cap. Buchanan, 16te Dragoner-Reg., geblieben.
100. Lieut. Buck, 33ste Inf.-Reg., geblieben.
101. Lieut. Bucklei, 1ste Garde, geblieben.
102. Lieut. Bucklei, 15te Dragoner, geblieben.
103. Obristlt. Baron Bülow, 1ste leichte Dragoner der Legion
104. Cap. Burghes, 1ste Garde.
105. — v. Bülow, 2te leichte Dragoner der Legion, geblieben.
106. Lieut. Burke, 44ste Inf.-Reg.
107. — Burke, 44ste —

108. Major Bull, Artillerie.
109. Cap. Burney 44ste Inf.-Reg.
110. Major Baron Busche, 1ste leichte Inf.-Bat. der Legion.
111. Lieut. Busteed, 69ste Inf.-Reg.
112. — Butterworth, 32ste Inf.-Reg.
113. Lieut. W. Byam, 15te Dragoner-Reg.
114. Lieut E. Byam, 15te Dragoner-Reg.

C.

115. Major Cairnes, Artillerie geblieben.
116. Obrist Cameron, 92ste Inf.-Reg.
117. Obristlt. Cameron, 79ste Inf.-Reg.
118. Obristlt. Cameron, 73ste Inf.-Reg.
119. Lieut. Cameron, 79ste Inf.-Reg.
120. — Cameron, 79ste —
121. Adj. Lieut. Cameron, 1ste Inf.-Reg.
122. Lieut. J. Cameron, 33ste Inf.-Reg.
123. Lieut. Donald Cameron, 95ste Inf.-Reg.
124. Cap. John Cameron, 79ste Inf.-Reg.
125. Obristlt. Campbell, 1ste Inf.-R.
126. Lieut. Campbell, 52ste Inf.-Reg.
127. — Campbell, 44ste —
128. — Campbell, 40ste —
129. Cap. Neil Campbell, 79ste Inf.-Reg.
130. Cap. Campbell, 92ste Inf.-Reg.
131. — Campbell, 71ste —
132. — James Campbell, 79ste Inf.-Reg.
133. Obristlt. Canning, Adj. des Herzogs Wellington.
134. Lieut Carey, 2te leichte Bat. der Legion.
135. Lieut. Caruthers, 28ste Inf. Reg.
136. — Caruthers, 2te Dragoner-Reg.
137. Cap. Cassan, 32ste Inf.-Reg.
138. Lieut. Cathcart, 91ste —
139. Major Chambers, 30ste Inf.-Reg., geblieben.
140. Cap. Chambers, Adj. des Generals Picton, geblieben.
141. Cap. Chawner, 95ste Inf.-Reg.
142. Lieut. Chisholm, 92ste —
143. — Chisholm, 42ste —
144. Lieut. Chrichton, 16te Dragoner Reg.
145. Lieut. Christie, 44ste Inf.-Reg.
146. Major Chuden, 4te Linien-Bat. der Legion.
147. Lieut. Church, 95ste Inf.-Reg.
148. Obristlt. Clarke, 2te Dragoner-Reg.
149. Lieut. Clarke, 1ste Inf. Reg.
150. — Clarke, 28ste —
151. Cap. Clarke, 1ste Dragoner-Reg.
152. Cap. Clark, 40ste Inf.-Reg.
153. — Claud, Brig.-Major der Legion, geblieben.
154. Cap. Clements, 1ste Inf.-Reg.
155. Lieut. Clyde, 23ste —
156. Cap. Coane, 73ste —
157. Lieut. Cochran, 95ste —
158. — Coen, 28ste —
159. — Coles, 11te Dragoner-Reg.
160. Lieut. Colthurst, 32ste Inf.-Reg.
161. G.M. Cooke, (leicht am Arm).
162. Obristlt. Cooke, 1ste Garde.
163. Lieut. Cooke, 44ste Inf.-Reg.
164. Leo Morse Cooper, 1ste Inf.-Reg.
165. Lieut. A. Cooper, 14te Inf.-Reg.
166. Lieut. Corte, 71ste Inf.-Reg.
167. — Cottingham, 52ste Inf.-Reg.
168. Cornett Cory, 1ste Life Garde.
169. Lieut. Coxon, 95ste Inf.-Reg.
170. — Coxon, 23ste Dragoner-Reg., vermißt.
171. Lieut. Cradeiok, 27ste Inf.-Reg.
172. — Crawford, Artillerie.
173. Cap. Crawford, 3te Foots Garde.
174. Lieut. Croft 1ste —
175. Cap. Crofton, Brig.-Major geblieben.
176. Lieut. Cromie, Artillerie.
177. Cap. Crowe, 32ste Inf.-Reg.
178. Obristlt. Currie, General-Adj. geblieben.
179. Major Cuteliffe, 23ste Dragoner-Reg.
180. Cap. Kurzon, General-Adj. geblieben.

D.

181. Lieut. Dallas, 32ste Inf.-Reg.
182. Obristlt. Dalrimple, 15te Dragoner-Reg.

F 2

183. Cap. Danze, 28ste Dragoner-Reg.
184 Lieut. Daniel, 30ste Inf.-Reg.
185. Cap. Dansey, Artillerie.
186. Obristlt. Dashwood, 3te Foots Garde.
187. Cornett Dassel, 3te Husaren-Reg. der Legion.
188. Adj. Lieut. Davis, 32ste Inf.-Reg.
189. Major Davison, 42ste Inf.-Reg.
190. Lieut. Dawkins, 15te Dragoner-Reg.
191. Lieut. Dawson, 52ste Inf.-Reg.
192 Major Dawson, Generalstab.
193. Lieut. Day, Artillerie.
194. — Deacon, 73ste Inf.-Reg.
195. — Decres, 28ste —
196. — Baron Deken, 2te Linien-Bat. der Legion.
197. Cap. de Einem, Brig.-Major der Legion.
198. Lieut. de Gentzkow, 1ste leichte Bat. der Legion.
199. Cap. de Gilsa, 1ste leichte Bat. der Legion.
200. Lieut. de Goeben, Artillerie.
201. Adj. Lieut. de Hartwig, 4te Linien-Bat. der Legion.
202. Cap. de Hattorf, 1ste leichte Bat. der Legion.
203. Obristlt. de Jonquieres, 2te leichte Dragoner der Legion.
204. Lieut de la Farque, 4te Linien-Bat. der Legion.
205. Obrist de Lancy, Quartiermeister.
206. Lieut. de Muvreau, 8te Linien-Bat. der Legion.
207. Lieut. de Robertson, 2te leichte Inf.-Bat. der Legion.
208. Obristlt. de Schröder, 2te Linien-Bat. der Legion.
209. Lieut. de Schulzen, Artillerie der Legion, geblieben.
210. Cap. de Seighard, 1ste leichte Dragoner der Legion.
211. Cap. de Voigdt, 8te Linien-Bat. der Legion, geblieben.
212. Cap. de Wurmb, 5te Linien-Bat. der Legion, geblieben.
213. Obristlt. d'Oyly, 1ste Garde, geblieben.
214. Cap. Dumaresque, Adj. vom Gen. Byng, 9te Inf.-Reg.
215. Obristlt. Diek, 42ste Inf.-Reg.
216. Cap. Diedel, 3te Linien-Bat. der Legion geblieben.
217. Cap. Diggle, 52ste Inf.-Reg.
218. Lieut. Disney, 23ste Dragoner.
219. — Ditmas, 27ste Inf.-Reg.
220. — Dobbs, 1ste —
221. Cap. Joseph Doherty, 13te Dragoner-Reg.
222. Lieut. Doherty, 13te Dragoner-Reg.
223. G. M. Sir W. Dörnberg, der Legion, schwer.
224. Obristlt. Douglas, 79ste Inf.-Reg.
225. Cap. S. Douglas, 6te Dragoner-Reg.
226. Lieut. Douglas, 7te Dragoner-Reg.
227. Lieut. Dowbiggen, 12te Dragoner-Reg.
228. Obristlt. d'Oyly, 1ste Garde.
229. Cornett Drankmeister 2te leichte Dragoner der Legion, geblieben.
230. Lieut. Drew, 27ste Inf.-Reg.
231. — Drury, 33ste —
232. Cornett Deichmonen, 3te Husaren der Legion, geblieben.
233. Cap. Dubgern, 1ste Inf.-Reg.
234. Lieut. Dunbar, 42ste —.
235. Adj. Lieut. Duperter, 18te Dragoner-Reg.
236. Obrist Duplat, der Legion, geblieben.

E.

237. Lieut. Fastword, 73ste Inf.-Reg.
238. Cap. Edgill, 4te —
239. — Eeles, Brig.-Major geblieben.
240. Obrist Elley, General-Adj.
241. Lieut. Elliot, 30ste Inf.-Reg.
242. Obrist Ellis, 23ste —, geblieben.
243. Cap. Ellis, 1ste Inf.-Reg.
244. — Ellis 40ste —
245. — Elphinstone, 7te Dragoner-Reg., geblieben.
246. Lieut. Elwes, 71ste Inf.-Reg. geblieben.
247. Cap. Englisch, 28ste Inf.-Reg.
248. Lieut. Erithroppol, Artillerie der Legion, geblieben.
249. Cap. Erskine, General-Adj.
250. Cap. Evelyk, 3te Garde.
251. Lieut Eyre, 95ste Inf.-Reg., geblieben.

F.

252. Cap. Fane, 44ste Inf.=Reg.
253. — Farmer, 23ste Inf.=Reg. geblieben.
254. Obristlt. Fead, 1ste Garde.
255. Cap. Felix, 95ste Inf.=Reg.
256. Lieut. Fensham, 23ste Inf.=Reg., geblieben,
257. Cap. Fraser, 42ste Inf.=Reg.
258. — Ferrier, 92ste —
259. Obristlt. Ferrier von der Legion, geblieben.
260. Cap. Fischer, 40ste Inf.=Reg., geblieben.
261. Obristlt. Fitzgerald, von der Legion, geblieben.
262. Lieut. Fitzgerald, 32ste Inf.=Reg.
263. Cap. Fitzgerald, Generalstab.
264. — Forbes, 3te Foots Garde, geblieben.
265. Lieut. Forbes, 79ste Inf.=Reg.
266. Cornett Floyer, 3te Husaren=Reg. der Legion.
267. Lieut. Fludyer, 1ste Foots Garde.
268. Lieut. Foord, 40ste Inf.=Reg., geblieben.
269. Cap. Forlong, 33ste Inf.=Reg., geblieben.
270. Lieut. Foster, 1ste Dragoner, geblieben.
271. Cap. Fortescue, 27ste Inf.=Reg.
272. Lieut. Foster, Artillerie.
273. — Frane, 2te leichte Bat. der Legion.
274. Cap. Fraaser, Adj. des General Uxbridge.
275. Cap. Fraser, 79ste Inf.=Reg.
276. Lieut. Fraser, 42ste —
277. — W. Fraser, 42ste —
278. — Fraser 79ste —
279. Adj. Lieut. Fricke, 1ste leichte Dragoner, der Legion,
280. Lieut. Foy, 95ste Inf.=Reg.
281. Obrist Fuller, Garde=Dragoner, vermißt und wahrscheinlich geblieben.
282. Major Fullerton, 95ste Inf.=Reg.

G.

283. Lieut. Gardiner, 95ste Inf.=Reg.
284. — Gairdner, 95ste —
285. Cap. Garland, 73ste —
286. Lieut. Geale, 13te Dragoner=Reg.
287. Lieut. Gerard, 4te Inf.=Reg.
288. Major Gerrard, 23ste Dragoner=Reg.
289. Lieut. Gerard, 42ste Inf.=Reg.
290. — Gerstlacher, 3te Husaren=Reg. der Legion, vermißt.
291. Lieut. Gilbert, 28ste Inf.=Reg.
292. Cap. Baron Goeben, 1ste leichte Bat. der Legion, geblieben.
293. Cap. Baron Goeben, 3te Husaren=Reg. der Legion.
294. Lieut. Gordenough, 1ste Dragoner=Reg.
295. Obristlt. Gordon, Adjudant des Herzogs Wellington.
296. Lieut. Gordon, 7te Dragoner.
297. — Gordon, 42ste Inf.=Reg.
298. Cap. Gore, 30ste —
299. Lieut. Gore, 33ste —
300. Major Graham, 1ste Garde=Dragoner, vermißt.
301. Cap. Grant, 71ste Inf.=Reg.
302. — Grant, 92ste —
303. — Grey, 10te Dragoner=R.
304. Lieut. Graeme, 2te leichte Bat. der Legion.
305. Lieut. Grier, 44ste Inf.=Reg.
306. — Griffiths, 23ste —
307. Major Griffith, 15te Dragoner=Reg. geblieben.
308. Lieut. Griffiths, 2te Garde,
309. Quartier=Meister Griffiths, 1ste Inf.=Reg.
310. Cap. Grose, 1ste Foots Garde, geblieben.
311. Cap. Gubbins, 13te Dragoner=Reg. geblieben,
312. Lieut. Gunning, 1ste Dragoner=Reg.
313. Lieut. Gunning, 10te Dragoner=Reg., geblieben.
314. Cap. Gurward, 10te Dragoner=Reg.

H.

315. Cap. Haigh, 33ste Inf.=Reg., geblieben.
316. Lieut. Haigh, 33ste Inf.=Reg.
317. G. M. Sir Halkett, schwer.
318. Lieut. Hall, vom Stabscorps.
319. Obristlt. Hamerton, 44ste Inf.=Reg.
320. Obristlt. Hamilton, 30ste Inf.=Reg.

321. Lieut. Hamilton, Adj. General.
322. Obristlt. Hamilton, 2te Dragoner-Reg., geblieben.
323. Major Hamilton, Adjudant des Generals Barnes.
324. Lieut. Handcork, 27ste Inf.-Reg.
325. Lieut. Handcork, 27ste Inf.-Reg.
326. Obristlt. Haukin, 2te Dragoner.
327. Lieut. Baron Hammerstein, 1ste leichte Dragoner d. Legion.
328. Brig.-Gen. Hardinge.
329. Cap. Harling, 2te leichte Dragoner.
330. Obrist Harries, 73ste Inf.-Reg.
331. Cap. Harris, Brig.-Major.
332. Cap. Hairison, 32ste Inf.-Reg.
333. Lieut. Hart, 33ste —
334. — Hartmann, Artillerie der Legion.
335. Cap. Harty, 33ste Inf.-Reg.
336. Lieut. Harvey, Artillerie.
337. — Hassard, 6te Dragoner.
338. — Havelock, Adj. beim General Alten.
339. Major Hawtyn, 23ste Inf.-Reg., geblieben.
340. Lieut. Lord Hay, Adj. des G. M. Maitland.
341. Obristlt. Hay, 16te Dragoner-Reg.
342. Cornett Hay, 16te Dragoner-Reg., geblieben.
343. Lieut. Hay, 73ste Inf.-Reg.
344. Cap. Heyse, 4te Linien-Inf.-Bat. der Legion.
345. Lieut. Heyse, 1ste Linien-Inf.-Bat. der Legion.
346. Cornett Heyse, 1ste Linien-Inf.-Bat. der Legion.
347. Cornett Heyse, Artillerie der Legion.
348. Lieut. Helmriek, 7te Linien-Inf.-Bat. der Legion.
349. Cap. Henderson, 71ste Inf.-Reg.
350. Lieut. Henderson, 27ste —
351. — Hern, 44ste —
352. — Heselrige, 73ste —
353. Cap. Hesketh, 3te Foots Garde.
354. Lieut. Hesse, 18te Dragoner-Reg.
355. Lieut. Hewett, 92ste Inf.-Reg.
356. Cap. Heylinger, 7te Dragoner-Reg.
357. Major Heyland, 40ste Inf.-Reg. geblieben.
358. Obristlt. Hill, Horses Garde.
359. Obristlt. Hill, 23ste Inf.-Reg.
360. Obristlt. Hill, Horses Garde.
361. Lieut. Hillyard, 28ste Inf.-Reg.
362. — Hobbs, 92ste —
363. Cap. Hobhouse, 69ste — geblieben.
364. Lieut. Hodeler, 69ste Inf.-Reg.
365. Major Hodge, 7te Dragoner, vermißt.
366. Cornett Baron Hodenberg, 3te Husaren der Legion.
367. Cap. Baron Holle, 1ste Linien Bat. der Legion, geblieben.
368. Lieut. Hollis, 73ste Inf.-Reg., geblieben.
369. Cap. Holmes, 27ste Inf.-Reg., geblieben.
370. Cap. Holmes, 92ste Inf.-Reg.
371. — Holzermann, 1ste leichte Bat. der Legion, geblieben.
372. Cap. Holzermann, 2te leichte Bat. der Legion, vermißt.
373. Lieut. Hope, 92ste Inf.-Reg.
374. Cap. Horan, 32ste —
375. Lieut. Horan, 32ste —
376. Major Hare, 27ste —
377. Major Howard, 10te Dragoner-Reg., geblieben.
378. Lieut. Howard, 33ste Inf.-Reg.
379. — Hughes, 30ste —
380. — Humbley, 95ste —

J.

381. Lieut. Ingram, 1ste Inf.-Reg.
382. — Ingram, 28ste —
383. — Ireland, 27ste — geblieben.
384. Lieut. Irvine, 1ste Garde-Dragoner.
385. Major Irving, 28ste Inf.-Reg.
386. Lieut. Irving, 13te Dragoner-Reg.
387. Lieut. Irwin, 28ste Inf.-Reg.
388. — Jagoe, 30ste —
389. — James, 30ste — geblieben.
390. Cap. Jansen, 3te Husaren-Reg. der Legion, geblieben.
391. Lieut. Jeinsen, 3te Linien-Inf.-Bat. der Legion.
392. Major Jessop, Quartiermeister.
393. Lieut. Jobin, 2te leichte Bat. der Legion.

394. Cap. Johnson, 23ste Inf.-Reg.
395. — Johnston, 95ste —
396. Lieut. Johnston, 95ste — geblieben.
397. Major Johnstone, 71ste Inf.-Reg.
398. Cap. Joliffe, 23ste Inf.-Reg. geblieben.
399. Obristlt. Jones, 71ste Inf.-Reg.

K.

400. Lieut. Kelli, 1ste Dragoner-Reg.
401. Cap. Kelli, 28ste Inf.-Reg.
402. — Kelli, 1ste Legion.
403. G. M. Sir Kempt.
404. Cap. Kennedi, 73ste Inf.-Reg., geblieben.
405. Lieut. Kennedi, 79ste Inf.-Reg., geblieben.
406. Lieut. Kennedi, 1ste Inf.-Reg., geblieben.
407. Cap. Kessenbrück, 3te Husaren der Legion, geblieben.
408. Lieut. Keßler, 2te leichte Inf.-Reg. der Legion, geblieben.
409. Cornett Kindchant, 2te Dragoner, geblieben.
410. Lieut. Klingsohr, 5te Linien-Bat. der Legion.
411. Cap. Knight, 33ste Inf.-Reg.
412. Lieut. Kronhelm, 4te Linien-Inf.-Reg. der Legion, geblieben.
413. Lieut. Küster, 1ste leichte Bat. der Legion.
414. Lieut. Kuckul, der Legion.
415. — Kuhlmann, 1ste leichte Dragoner der Legion, geblieben.
416. Adj. Lieut. Kunoek, 79ste Inf.-Reg. geblieben.

L.

417. Lieut. Lake, 3te Foots Garde.
418. Obrist Sir De Lancey, 23ste Inf.-Reg.
419. Lieut. Lane, 1ste Foots.
420. Cap. Langton, Adjudant des Generals Picton.
421. Lieut. Baron Langwarthy, 4te Linien-Bat. der Legion.
422. Lieut. Lascelles, 1ste Foots Garde.
423. Lieut. Law, 71ste Inf.-Reg.
424. — Lawrence, 32ste —
425. Major Leake, 4te Linien-Bat. der Legion.
426. Lieut. Leaper, 79ste Inf.-Reg.
427. — Leebody, 23ste — geblieben.
428. Lieut. Leivin, 32ste Inf.-Reg.
429. — Leonhardt, 1ste leichte Inf.-Bat. der Legion.
430. Lieut. Leschen, 3te Linien-Bat. der Legion.
431. Major Lestrange, Adjudant des Generals Pack.
432. Lieut. Lewin, 71ste Inf.-Reg.
433. Cap. Lind, 1ste Life Guards.
434. Lieut. Lind, 71ste Inf.-Reg.
435. — Lindham, 2te leichte Bat. der Legion.
436. Major Lindsay, 69ste Inf.-Reg.
437. Lieut. Lister, 95ste Inf.-Reg., geblieben.
438. Cap. Little, 92ste Inf.-Reg., geblieben.
439. Major Liewellin, 28ste Inf.-Reg.
440. Lieut. Lloyd, 73ste Inf.-Reg.
441. Major W. Lloyd.
442. Cornett Lokhardt, 12te Dragoner-Reg., geblieben.
443. Lieut. Lockwood, 30ste Inf.-Reg.
444. — Logau, 92ste —
445. — Logau, 92ste —
446. Cornett Lorenz, 2te leichte Dragoner-Reg.
447. Major Lowe, 52ste Inf.-Reg.
448. Lieut. Baron Loveyow, 4te leichte Bat. der Legion, geblieben.
449. Lieut. Lowe, 73ste Inf.-Reg., geblieben.
450. Cap. Luttrell, 1ste Foots Garde.
451. Cap. Lynam, 95ste Inf.-Reg.

M.

452. Obristlt. Macara, 42ste Inf.-Reg. geblieben.
453. Major Macdonald, 42ste Inf.-Reg.,
454. Obristlt. Macdonald, 92ste Inf.-Reg.
455. Obristlt. Macdonell, 92ste Inf.-Reg.
456. Cap. Mackay, 79ste Inf.-Reg., vermißt.
457. Lieut. Mackenzie, 1ste leichte Dragoner der Legion.
458. Lieut. Makie, 92ste Dragoner der Legion.

459. Major Maclean, 73ste Dragoner der Legion.
460. Cap. Macleod, Quartiermeisterstab.
461. Lieut. Macpherson, 92ste Inf.-Reg. geblieben.
462. Lieut. Maddocks, 79ste Inf.-Reg.
463. Lieut. Maaniae, 1ste Dragoner, vermißt.
464. Lieut. Baron Mahrenhohes, 8te Linien-Bat. der Legion.
465. Lieut. Malcolm, 42ste Inf.-Reg.
466. — Moulè, 27ste —
467. — Mome, 1ste —
468. — Manners 1ste —
469. Lieut. Mannsfield, Adjudant des General Graut.
470. Cap. Marschall, 1ste leichte B t. der Legion, geblieben.
471. Obristlt. Mardsell, 2te leichte Dragoner.
472. Cap. Marichal, 79ste Inf. Reg.
473. Major Masser, 1ste Garde.
474. Lieut. Mathews, 4te Inf.-Reg.
475. — Marthur, 79ste —
476. — M'bean, 13te —
477. — u. Adj. M'Cann, 44ste Inf. Reg.
478. Lieut. u. Adj. M'Clusky 6te Dragoner, geblieben.
479. Lieut. M'Connel, 73ste Inf.-Reg. geblieben.
480. Lieut. M'Conchy, 32ste Inf.-Reg.
481. Cap. M'Cullok, 95ste Inf.-Reg.
482. — M'Donald, 42ste —
483. Lieut. M'Donald, 92ste —
484. Major M'Donald.
485. Lieut. M'Donell, 27ste Inf.-Reg.
486. Lieut. M'Innes, 92ste Inf.-Reg.
487. Lieut. M'Intosch, 92ste Inf.-Reg.
488. Cap. M'Intosch, 42ste Inf.-Reg.
489. Quartiermeister M'Intosch, 42ste Inf.-Reg.
490. Cap. M'Intire, 33ste Inf.-Reg.
491. — M'Kay, 1ste —
492. Lieut. M'Kenzie, 42ste —
493. — M'Kinlay, 92ste —
494. Obristlt. M'Kinnon, Foots Guards.
495. Cap. M'Nabb, 30ste Inf.-Reg.
496. Lieut. M'Phee, 79ste —
497. Cap. M'Pherson, 42ste Inf.-Reg.
498. Lieut. M'Pherson, 92ste Inf.-Reg.
499. Lieut. M'Pherson, 79ste Inf.-Reg.
500. Cap. M'Ray, 79ste Inf.-Reg.
501. Major Meacham, 28ste Inf.-R.
502. Lieut. Meaghan, 32ste Inf.-Reg.
503. Cap. Menzies, 42ste Inf.-Reg.
504. Obristlt. Meyer, 3te Husaren der Legion.
505. Lieut. Meyer, 2te leichte Dragoner-Reg. der Legion.
506. Lieut. Mill, 13te Dragoner.
507. — Mill, 40ste Inf.-Reg.
508. — Millar, 27ste —
509. Obristlt. Miller Foots Guards.
510. — Miller, 6te Dragoner-Reg.
511. Lieut. Miller, 1ste Inf.-Reg.
512. Major Miller, 95ste —
513. Lieut. Milligan, 11te Dragoner-Reg.
514. Lieut. Mills, 2te Dragoner-Reg.
515. Obristlt. Millnes, 1ste Foots Guards.
516. Obristlt. Mitchell, 92ste Inf.-Reg.
517. Lieut. Molloi, 95ste Inf.-Reg.
518. — Monenizenni, 30ste Inf.-Reg.
519. Lieut. Montague, 2te Foots Guards.
520. Cap. Montgomerye, 3te Foots Guards.
521. Cap. Moore, Coldstr. Guards.
522. Lieut. Moore, 40ste Inf.-Reg.
523. — Moore, 11te Dragoner-Reg.
524. Cap Moray, Adjudant des Generals Grant.
525. Obrist Morice, 69ste Inf.-Reg., geblieben.
526. Lieut. Morison, 1ste Inf.-Reg.
527. — Mannsteven, 28ste Inf.-Reg.
528. Lieut. Müller, 1ste Linien-Bat. der Legion.
529. Lieut. Munro, 42ste Inf.-Reg.
530. — Murkland, 33ste —
531. Obrist Muter, 6te Dragoner-Reg.

532. Adj. Lieut. Myers, 7te Dragoner-Reg.
533. Cap. Mylne, 79ste Inf.-Reg.

N.

534. Cap. Nanne, 1ste leichte Dragoner der Legion.
535. Cap. Napier, Artillerie.
536. Lieut. Nash, 79ste Inf.-Reg.
537. Cap. Naylor, 1ste Dragoner-Garde.
538. Lieut. Nettles, 52ste Inf.-Reg., geblieben.
539. Obristlt. Norcott, 95ste Inf.-Reg. geblieben.

O.

540. Lieut. Oelkers, 3te Husaren-Reg. der Legion.
541. Lieut. Ogle, 33ste Inf.-Reg.
542. Obristlt. O'Malley, 44ste Inf.-Reg.
543. Lieut. Omanney, 1ste Dragoner-Reg.
544. Lieut. Ompteda, 5te Linien-Bat. der Legion, geblieben.
545. Lieut. O'Neil, 1ste Inf.-Reg. geblieben.
546. Der Kronprinz v. Oranien, schwer.
547. Lieut. Ormsby, 14te Inf.-Reg.
548. — Oro, 40ste —
549. — Osten, 16te Dragoner-Reg.

P.

550. G. M. Sir Pack.
551. Lieut. Pack, 13te Dragoner.
552. Major Packe, Artillerie, geblieben.
553. Lieut. Pagan, 33ste Inf.-Reg.
554. — Page, 73ste —
555. — Pardoe, 1ste Foots Guards, geblieben.
556. Major Parker, Artillerie.
557. — Parkinson, 33ste Inf.-Reg.
558. Lieut. Peters, 7te Dragoner-Reg.
559. Cap. Peters, 1ste leichte Dragoner der Legion, geblieben.
560. Lieut. Phelips, 11te Dragoner-Reg., geblieben.
561. G Lt. Sir T. Picton, geblieben.
562. Lieut. Pigott, 69ste Inf.-Reg.
563. G. M. Sir W. Ponsoby, geblieben.
564. Obrist F. Ponsoby, 12te Dragoner-Reg.
565. Lieut. Porle, Artillerie.
566. Major Porle, 2te Dragoner-Reg.
567. Cap. Power, 44ste Inf.-Reg.
568. Lieut. Powling 79ste —
569. — Pratt, 30ste —
570. — Prendergast, 30ste Inf.-Reg. geblieben.
571. Lieut. Pringle, Ingenieurs.
572. Cap. Pourgold, 2te Linien-Bat. der Legion.
573. Lieut. Pym, 13te Dragoner-Reg.

Q.

574. Obrist Quentin, 10te Dragoner-Reg.
575. Lieut. Quell, 32ste Inf.-Reg.

R.

576. Major Radclyffe, 1ste Dragoner-Reg.
577. Major Ramsay, Artillerie, geblieben.
578. Lieut. Rea, 1ste Inf.-Reg.
579. — Reid 33ste —
580. — Riefkugel, 2te leichte Inf.-Reg.
581. Brig.-Major Reignolds, 2te Dragoner, geblieben.
582. Major Baron Reizenstein 1ste leichte Dragoner der Legion.
583. Obrist Reynell, 71ste Inf.-Reg.
584. Lieut. Reinolds, 73ste —
585. — Reach, 79ste —
586. — Richardson 4te —
587. — Ridgeway 95ste —
588. — Ritter 2te leichte Dragoner-Reg. der Legion.
589. Lieut. Robb, 40ste Inf.-Reg.
590. — W. Robe, Artillerie.
591. — Roberts, 71ste Inf.-Reg.
592. Cap. Robertson, 73ste Inf.-Reg. geblieben.
593. Lieut. Robertson, 1ste Inf.-Reg., geblieben.
594. Lieut. Robertson, 79ste Inf.-Reg.
595. Major Robertson, 1ste Linien-Bat. der Legion.

596. Cap. Robins, 7te Dragoner-Reg.
597. Lieut. Robinson, 32ste Inf.-Reg.
598. Lieut. Roe, 30ste Inf.-Reg.
599. — Roocke, Adjudant des Prinzen v. Oranien.
600. Lieut. Ross, 92ste Inf.-Reg.
601. Obristlt. Ross, 95ste —
602. Lieut. Ross, 92ste —
603. — Ross, 92ste —
604. Cap. Rougemont, 8te Linien-Inf.-Bat. der Legion.
605. Obristlt. Rowan, 52ste Inf.-Reg.
606. Lieut. Russo, 6te Dragoner-Reg.
607. Lieut. Rumbl, 30ste Inf.-Reg.
608. — Russell, 44ste —

S.

609. Lieut. Sadler, 8te Linien-Inf.-Reg. der Legion.
619. Cap. Sandys, 12te Dragoner-Reg.
611. Cap. Sander, 5te Linien-Bat. der Legion.
612. Cap: Schaumann, 2te leichte Bat. der Legion, geblieben.
613. Cap. Schlutter, 1ste Linien-Bat. der Legion.
614. Lieut. u. Adj. Schnath, 1ste Linien-Bat. der Legion.
615. Cap. Schnehm, 3te Husaren-Reg. der Legion.
616. Cap. Schreiber, 11te Dragoner-Reg.
617. Adj. Lieut. Schuck, 5te Linien-Bat. der Legion, geblieben.
618. Lieut. Skott, 1ste Inf.-Reg.
619. Cap. Seymour, Adj. des Generals Lord Uxbridge.
620. Lieut. Sachw, Horse Guards.
621. — Scheltom, 28ste Inf.-Reg.
622. Lieut. Schenlei, 95ste Inf.-Reg.
623. — u. Adj. Schelver, 1ste Dragoner Guards.
624. Cap. Schenlei, 95ste Inf.-Reg.
625. Lieut. Scherward, 15te Dragoner-Reg., geblieben.
626. Cornett Schizlai, 1ste Dragoner-Reg., geblieben.
627. Cornet. Schuldhamm, 2te Dragoner-Reg.
628. Lieut. Siblei, 23ste Inf.-Reg.
629. — Simmons, 95ste Inf.-Reg.
630. Cap. Simpson, 1ste Foots Guards.
631. Lieut. Simpson, 3te Foots Guards.
632. Cap. Sinclair, 79ste Inf.-Reg.
633. Lieut. W. Smitt. 27ste Inf.-Reg.
634. Major Smith, Brig.-Major.
635. Lieut. Lord Sommersett, 1ste Foots Guards.
536. Lieut. Sparmann, Artillerie.
637. — Squire, 4te Inf.-Reg.
638. Obristlt. Stables, 1ste Foots Guards.
639. Lieut. Stephens, 32ste Inf.-Reg.
640. Lieut. G. Stewart, 1ste Inf.-Reg.
641. Lieut. Stewart, 42ste Inf.-Reg.
642. — Stewart, 69ste —
643. — Stewart, 32ste —
644. — Surgern Stewart, 92ste Inf.-Reg.
645. Lieut. Stroud, 44ste Inf.-Reg.
646. — Stillwel, 95ste —
647. Cap. Stothart, 3te Foots Guards.
648. Lieut. Strachan, 73ste Inf.-Reg., geblieben.
649. Lieut. Strangways, Artillerie.
650. — Stratton, Sappeurs.
651. Cap. Streatfield, 1ste Foots Guards.
652. Obrist W. Stuart, 1ste Foots Guards.
653. Lieut. Stuart, 2te Dragoner-Reg.
654. Cap. Summer, Coldstr. Guards.
655. — Sweeny, 1ste Dragoner Guards.
656. Cornett Sykes, 1ste Dragoner, geblieben.
657. Lieut. Symes. 1ste Inf.-Reg.
658. Major Sympher, Artillerie der Legion.
659. Cap. A. Sympher, Artillerie der Legion.

T.

660. Cap. Takwell, 15te Dragoner-Reg.
661. Lieut. u. Adj. Thain, 33ste Inf.-Reg.

662. Obristlt. Thomas, 1ste Foots Guards, geblieben.
663. Cap. Thomsen, Ingenieurs.
664. Major Thornhill, Adjudant des Generals Uxbridge.
665. Cap. Tilee, 2te Linien-Bat. der Legion.
666. Lieut. Tobel, 71ste Inf.-Reg., geblieben.
667. Lieut. Tomkins, 44ste Inf.-Reg., geblieben.
668. Major Torle, 32ste Inf.-Reg.
669. Obristlt. Townseed.
670. Lieut. Traffard, 1ste Dragoner-Reg.
671. Lieut. Trinmann, 2te leichte Bat. der Legion.
672. Cornett Trittau, 1ste Dragoner der Legion.
673. Lieut. Trotter, 2te Dragoner, geblieben.
674. Lieut. True, 3te Husaren-Reg. der Legion.
675. Cap. Tuker, 27ste Inf.-Reg.
676. — Turner, 1ste Dragoner-Garde.
677. Cap. Tyler, Adjudant des Generals Picton.
678. Lieut. Tyndall, 51ste Inf.-Reg.

U.

679. Earl of Uxbridge G. Lt. (den rechten Arm verloren).

V.

680. Lieut. Vane, 2te Foots Guards.
681. Major Vernon, 2te Dragoner-Reg.
682. Cap. Vernor, 7te Dragoner-Reg.
683. Lieut. Vigoureux, 30ste Inf.-Reg.
684. Lieut. v. Luken, 1ste Linien-Bat. der Legion.

W.

685. Lieut. Wall, 23ste Dragoner-Reg.
686. Cap. Wallet, 32ste Inf.-Reg.
687. Lieut. Walsh, 95ste —
688. — Warren, 30ste —
689. — Waters, Generalstab.
690. Major Watson, 69ste Inf.-Reg.
691. Lieut. Weimouth, 2te Linien-Bat. der Legion, vermißt.
692. Lieut. Webb, 95ste Inf.-Reg.
693. Cap. Webber, Artillerie.
694. Lieut. Webster, 44ste Inf.-Reg.
695. Cap. Weigmann, 2te Linien-Bat. der Legion, geblieben.
696. Obristlt. West, 3te Foots Guards.
697. Cornett Westby, 2te Dragoner, geblieben.
698. Cap. Baron Westernhagen, 8te Linien-Bat. der Legion, geblieben.
699. Lieut. Westmore, 33ste Inf.-Reg.
700. Cap. Weylandt, 16te Dragoner-Reg.
701. Cap. Whale, 1ste Life Guards.
702. — Wharton, 73ste Inf.-Reg.
703. — Whinyates, Artillerie.
704. — Whiteford, 15te Dragoner-Reg.
705. Lieut. Whity, 44ste Inf.-Reg.
706. Cap. Whity, 32ste —
707. Lieut. Wightwick, 69ste Inf.-Reg., geblieben.
708. Cap. Wildmann, Adjudant des Lord Uxbridge.
709. Lieut. Wildmann, 1ste Linien-Bat. der Legion.
710. Cap. Wikie, 92ste Inf.-Reg.
711. Obrist Wilkins, 95ste —
712. Lieut. Wilkinson, 28ste —
713. Obristlt. Wilson, 4te —
714. Lieut. Wilson, 44ste —
715. — Winchester, 92ste Inf.-Reg.
716. Cap. Windsor, 1ste Dragoner, geblieben
717. Lieut. u. Adj. Winterbottom, 52ste Inf.-Reg.
718. Lieut. Wolrabe, 1ste leichte Bat der Legion.
719. Cap. Wood, 10te Dragoner-R.
720. Lieut. Wood, 11te —
721. Lieut. Worsley, 95ste Dragoner-Reg.
722. Cap. Wright, Stabscorps.
723. Lieut. Windowe, 1ste Dragoner-Reg.
724. Lieut. Weinham, 2te Dragoner-Reg.
725. Obristlt. Wyndham, Coldstr. Guards.

Y.

726. Lieut. Younge, 1ste Inf.-Reg. geblieben.
727. Lieut. Adj. Young, 42ste Inf.-R.

Verlust-Liste der Hannövrischen Truppen am 18. Juni 1815.

und zwar: von der 1sten Hannövrischen Brigade, des General-Major Graf Kielmansegge.
von der 3ten Hannövrischen Brigade, des Obrist Hallkett.
von der Batterie des Capitain v. Braun.

a. Geblieben.

1. Der Lieut. v. Schulze von der Artillerie.
2. Der Obristlt. v Langrehr des Bremenschen Feld-Bat.

3. Der Cap. v. Bovart 4. Der — v. Plato	des Lüneburgschen Feld-Bat.

5. Der Obrstlt. v. Wurmb des Grubenhagenschen Feld-Bat.

6. Der Lieut. v. Löper 7. Der — v. Holt	des Bremervördeschen Landwehr-Bat.
8. Der — Uffel 9. Der — Berghof	des 2ten Bat. Herzog v. York.

b. Verwundet.

1. Der General-Lieutenant v. Alten.
2. Der Obrist v. Berger, Chef des Generalstabes.
3. Der Cap. v. Braun von der Artillerie.

4. Der Major Müller 5. Der Cap. v. Lepel 6. Der — Bazoldo 7. Der Lieut. v. Quistorp d. 1ste 8. Der — v. Quistorp d. 2te 9. Der — v. Webner 10. Der — v. Bruel 11. Der — v. Meyer	des Bremenschen Feld-Bat.
12. Der Major v. Skopp 13. Der Cap. v. Bandomer 14. Der — Jacobi 15. Der Lieut. Gerhard 16. Der — Seelig 17. Der — Sussenplan 18. Der — Brandeis d. 1ste 19. Der — Brandeis d. 2te	des Verdenschen Feld-Bat.
20. Der Major v. Bülow 21. Der Cap v. Pamel 22. Der Lieut. Moll 23. Der — Mahrenholz 24. Der — Müller 25. Der — Rabius	des 1sten Bat. Herzog v. York.
26. Der Obristlt. v. Klenke 27. Der Cap. Korfes 28. Der Lieut. Völger 29. Der — v. Plato 30. Der — v. Weihe 31. Der — Sachse	des Lüneburgschen Feld-Bat.
32. Der Cap. Bauer 33. Der Lieut. Marwedel 34. Der — v. Bülow 35. Der — Westphal 36. Der — Ernst 37. Der — Stiepel	des Grubenhagenschen Feld-Bat.

…zelde.

Staat der Do…s. der maand Juny 1815.

Nummers der Divisien.	Nummers der Brigaden.	…den.	Vermisten.			Totaal Generaal …rantes Verlies.		
		Paarden.	Officieren.	Troepen.	Paarden.	Officieren.	Troepen.	Paarden.
						4		4
			2	156		9	342	
			1	82		7	234	
	1e		7	102		17	304	
				201		7	278	
				70		4	190	
2e				59		6	177	
				38		10	144	
	2e			3		8	126	
				20		4	57	
				52		4	100	
				14		7	111	114
						8	68	
				57		4	87	
				38			70	
	1e							

Der — Reichmann vom 1sten Bat. des 2ten Reg.
Der — Gujot vom Jäger-Bat. No. 35.
Der Lieut. Hylkema vom Jäger-Bat. No. 27.
Der — Gerards vom Linien-Infanterie-Bat. No

Verl[illegible]

und

a.

1. De
2. De
3. De
4. De
5. De
6. De
7. De
8. De
9. De

b.

1. Der
2. Der
3. Der
4. Der
5. Der
6. Der
7. Der
8. Der
9. Der
10. Der
11. Der
12. Der
13. Der
14. Der
15. Der
16. Der
17. Der
18. Der
19. Der
20. Der
21. Der
22. Der
23. Der
24. Der
25. Der
26. Der
27. Der
28. Der
29. Der
30. Der
31. Der
32. Der
33. Der
34. Der — v. [illegible]
35. Der — Westphal
36. Der — Ernst
37. Der — Stiepel

} des Grubenhagenschen [illegible]

38. Der Lieut. Wärneke
39. Der — Willke
40. Der — Meyer
41. Der — Holthusen
} des Bremervördeschen Landwehr-Bat.

42. Der Major Graf Münster
43. Der Cap. Gotthardt
44. Der — Quentin
45. Der Lieut. Winkler
46. Der — Richers
47. Der — Riebenke
48. Der — Meyer
} des 2ten Bat. Herzog v. York.

49. Der Major v. d. Busche Hünefeld vom 3ten Bat. Herzog v. York.

50. Der Cap. v. Hammerstein
51. Der Lieut. v. Spangenberg
} des Landwehr-Bat. Salzgitter.

(S. Verlust-Liste der Königl. Niederländischen Armee.)

1. Bei dem Niederländischen Kriegsheere.

a. Getödtet wurden.

1. Der General-Major Baron van Merlen vom Generalstabe.
2. Der Obristlt. W. van Thielen, vom National-Miliz-Bat. No. 6.
3. Der — Coenegracht vom Linien-Infanterie-Bat. No. 3.
4. Der Cap. Nave vom Stab der 2ten Division.
5. Der — Stevenas von der Artillerie.
6. Der Rittm. Kreitzig vom Kavallerie-Reg. Carabiniers No. 3.
7. Der — Maschdek —
8. Der — van Ballandt —
9. Der — van Heiden vom leichten Dragoner-Reg. No. 5.
10. Der — de Chatel vom Husaren-Reg No. 8.
11. Der Lieut. Baron van Haren vom Stabe der 2ten Division.
12. Der — Corondet
13. Der — Barlerie
} vom Linien-Infanterie-Bat. No. 7.
14. Der — de Haan
15. Der — Boltjré
16. Der — Wainotol
} vom Bat. National-Miliz No. 5.
17. Der — Jonquire vom Bat. National-Miliz No. 7.
18. Der — Harot vom Bat. National-Miliz No. 8.
19. Der — v. Trods vom 1sten Bat. des 2ten Reg. Nassau.
20. Der — Engel vom 1sten Bat. Oranien-Nassau No. 28.
21. Der — Henry vom Kavallerie-Reg. Carabiniers No. 2.
22. Der — Stzatenns — — No. 3.
23. Der — Verhelloir vom leichten Dragoner-Reg. No. 5.

b. Schwer verwundet wurden.

1. Der Obristlt. Grunenboseh vom Jäger-Bat. No. 28.
2. Der — Lechleiter vom Kavallerie-Reg. Carabiniers No. 3. (ist gestorben).
3. Der Major Hachmann vom 2ten Bat. des 2ten Reg. Nassau.
4. Der Cap. van Gorcum
5. Der — Forstjer
} vom National-Miliz-Bat. No. 5.
6. Der — van der Brügge vom National-Miliz-Bat. No. 7.
7. Der — Reichmann vom 1sten Bat. des 2ten Reg. Nassau.
Der — Guiot vom Jäger-Bat. No. 35.
Der Lieut. Hylkema vom Jäger-Bat. No. 27.
Der — Gerards vom Linien-Infanterie-Bat. No. 7.

11. Der Lieut. Kleim vom National-Miliz-Bat. No. 5.
12. Der — Heil vom National-Miliz-Bat. No. 7.
13. Der — Werner
14. Der — la Ros } vom National-Miliz-Bat. No. 8.
15. Der — Cantzlaar
16. Der — Hummel } vom 1sten Bat. des 2ten Reg. Nassau.
17. Der — Humbal
18. Der — Hartz } vom 3ten Bat. des 2ten Reg. Nassau.
19. Der — Wilrich
20. Der — Nuyſetz van Coeverdy } von der Artillerie.
21. Der — Dybbetz
22. Der — Roberti vom Jäger Bat. No. 35.
23. Der — van der Plaat vom National-Miliz-Bat. No. 17.
24. Der — Jansen vom National-Miliz-Bat. No. 19.
25. Der — Wagner vom 1sten Bat. des 2ten Reg. Nassau.

c. Verwundet wurden.

1. Der General en Chef Prinz von Oranien.
2. Der General-Lieutenant Baron Collaert.
3. Der General-Major Grave van Bylandt.
4. Der Obrist van Zuylen v. Nyveldt.
5. Der Obristlt. Westenberg vom 5ten National-Miliz-Bat.
6. Der — Singendonk vom 7ten — —
7. Der — l'Honneux vom 3ten Linien-Infanterie-Bat.
8. Der — Renno vom leichten Dragoner-Reg. No. 4.
9. Der — de Mercx vom leichten Dragoner-Reg. No. 5.
10. Der Major und General-Adjudant Graf Limburg Stirum.
11. Der — Paravicini.
12. Der — van Opstal von der Artillerie.
13. Der — titulair de Brias vom Carabiniers-Reg. No. 2.
14. Der — Jacobi vom leichten Dragoner-Reg. No. 5.
15. Der — de Villier vom Husaren-Reg. No. 8.
16. Der — titulair de Galliere vom Carabinier-Reg. No. 3.
17. Der Cap. van Gagern vom Stabe der 2ten Division.
18. Der — Eichholz
19. Der — Heekeren } vom Jäger Bat. No. 27.
20. Der — Croes
21. Der — Olivier } vom Linien-Bat. No. 7.
22. Der — Bolis
23. Der — van Toll } vom Miliz-Bat. No. 5.
24. Der — Mollingen
25. Der — Saurin vom Miliz-Bat. No. 7.
26. Der — Thompson vom Miliz-Bat. No. 8.
27. Der — Müller
28. Der — Weilburg } vom 2ten Bat. des 2ten Reg. Nassau.
29. Der — Wirtz
30. Der — Goedeke } vom 3ten Bat. des 2ten Reg. Nassau.
31. Der — Trap
32. Der — Göltge vom 1sten Bat. des Reg. Oranien Nassau.
33. Der — Hartmann vom 2ten Bat. —
34. Der — de Boer vom Stabe der 2ten Division.
35. Der — Dollard vom Bat. Jäger No. 35.
36. Der Rittm. Guerin vom Carabinier-Reg. No. 1.
37. Der — Krayenhof vom leichten Dragoner-Reg. No. 4.
38. Der — van Remoortere — — No. 5.

39. Der Rittm. Houbaake vom leichten Dragoner-Reg. No. 8.
40. Der Major de Chasteler — — No. 8.
41. Der Lieut. Simon vom Linien-Bat. No. 7.
42. Der — van Santen
43. Der — van Berch } vom Bat. National-Miliz No 7.
44. Der — Waldschmitz
45. Der — Hergenhaan
46. Der — Phlüg } vom 1sten Bat. des 2ten Reg. Nassau.
47. Der — Schüman
48. Der — Fuchs
49. Der — Later } vom 2ten Bat. des 2ten Reg. Nassau.
50. Der — Kramer
51. Der — Hack
52. Der — Neufpike
53. Der — Pairygen } vom 3ten Bat. des 2ten Reg. Nassau.
54. Der — Weth
55. Der — Scharbornn
56. Der — Volprecht
57. Der — Eberhard } vom Reg. Oranien Nassau No. 28.
58. Der — Müller
59. Der — Conradi
60. Der — de Viney
61. Der — van de Wal } von der Artillerie.
62. Der — van Galen
63. Der — Woonen
64. Der — Kreitzig
65. Der — Coeverden
66. Der — de Groot } vom Carabinier-Reg. No. 1.
67. Der — Methorst
68. Der — Trelaar
69. Der — van Gleferen
70. Der — Arnould
71. Der — de Labet } vom Carabinier-Reg. No. 2.
72. Der — Majoge
73. Der — van Zuylekem
74. Der — Schenck
75. Der — Aldemaeradt
76. Der — Haak } vom leichten Dragoner-Reg. No. 4.
77. Der — Haak
78. Der — Day
79. Der — Muyser
80. Der — Baur
81. Der — Deebets
82. Der — Rendorp } vom Husaren-Reg. No. 6.
83. Der — van Uterhaden
84. Der — Wolf
85. Der — Gerard
86. Der — Brillet
87. Der — de Villers } vom Husaren-Reg. No. 8.
88. Der — Sprengers
89. Der — Delfosse
90. Der Cap. Meyer

d. Vermißt und Gefangen.

1. Der Major Visdom } vom 1sten Carabinier-Reg.
2. Der Lieut. Nobert
3. Der Cap. Fissat van Batpt (Wapening).

4. Der Lieut. und Quartiermeister von Uchlen.
5. Der [illegible]. Werner.
6. Der Rittm. von Wynbergen vom Husaren-Reg. No. 6.

III. Die Braunschweigschen Truppen.

Sie verloren im Gefechte von Quatrebras am 16. Juni 1815.

	Todte.		Verwundete.		
	Offiziere.	Unteroff. u. Sold.	Offiziere.	Unteroff. u. Sold.	Pferde.
Das Husaren Regiment	2	15	2	27	63
Die Uhlanen-Esquadron		4		10	8
Die reitende Batterie				—	2
Die Fußbatterie					
Die Avantgarde		9	4	43	
Das Leib-Bataillon		15	5	106	
Das 1ste leichte Bataillon				3	
Das 2te — —		18	5	49	
Das 3te — —					
Das 1ste Linien-Bataillon	1	16	2	86	
Das 2te —	2	23	4	162	
Das 3te —		4	1	19	
Zusammen	5	104	21	505	73
Vermißt und Gefangen		210		—	

An Todten 5 Offiziere 104 Unteroff. u. Soldaten.
Verwundet 21 — 505 — 73 Pferde.
Vermißt u. Gefangen 210 —

Zusammen 26 Offiziere 829 Unteroff. u. Soldaten 73 Pferde.

In der Schlacht von Waterloo am 18. Juni 1815. verloren sie.

	Todte.		Verwundete.		
	Offiziere.	Unteroff. u. Sold.	Offiziere.	Unteroff. u. Sold.	Pferde.
Generalstab	1		4		
Das Husaren Regiment	1	27	5	45	40
Die Uhlanen-Esquadron			2	13	15
Die reitende Batterie	1	2		6	16
Die Fußbatterie				18	6
Die Avantgarde		7	1	20	
Das Leib-Bataillon		14	1	36	
Das 1ste leichte Bataillon		4	3	41	
Das 2te — —	2	37	2	73	
Das 3te — —	1	35	5	75	
Das 1ste Linien-Bataillon		9		46	
Das 2te —	1	2	1	6	
Das 3te —		10	2	51	
Zusammen	7	147	26	430	77

An

An Todten	7 Offiziere	147 Unteroff. u. Soldaten.	
Verwundeten	26 —	430 —	77 Pferde.
Vermißt u. Gefangen		50 —	
Zusammen	33 Offiziere,	627 Unteroff. u. Soldaten	77 Pferde.

Von den Offizieren von Rang sind geblieben und verwundet.

a. Geblieben.

1. Der regierende Herzog Friedrich Wilhelm von Braunschweig.
2. Der Obristlt. v. Heinemann, Chef des Generalstabes.
3. Der Major v. Cramm, Comd. des Husaren-Reg.
4. Der Major v. Strombek, Comd. des 2ten Linien-Infanterie-Bat.
5. Der Capitain v. Bülow.

b. Verwundet.

1. Der Obrist und Divisionär von Olfermann.
2. Der Major von Rauschenblatt, Comd. der Avantgarde.
3. Der — von Brandenstein, Comd. des 2ten leichten Bat.
4. Der — von Ebeling, Comd. des 3ten leichten Bat.
5. Der — von Bülow, Comd. des Jäger-Bat.
6. Der — von Wolfradt.
7. Der Capitain v. Schwarzkoppen.

Beilage XIX.

Verlust-Liste des Königlich-Preußischen Kriegsheeres in dem Feldzuge vom Jahr 1815.

Das 1ste preußische Armee-Corps hat verloren, vom 15. Juni bis 3. Juli 1815.

An Getödteten	38 Off.	2,418 Unteroff u. Soldaten.	
An Verwundeten	200 —	5,322 —	
An Gefangenen und Vermißten	27 —	6,422 —	
Zusammen	265 Off.	14,162 Unteroff. u. Soldaten	u. 1146 Pferde.

Das 2te preußische Armee-Corps hat verloren, vom 15. bis 23. Juni 1815.

An Getödteten	29 Offiziere	1280 Unteroff. u. Soldaten.
An Verwundeten	151 —	3915 —
An Gefangenen u. Vermißten	7 —	2234 —
Zusammen	187 Offiziere	7429 Unteroff. u. Soldaten.

Das 3te preußische Armee-Corps hat verloren, vom 15. Juni bis 3. Juli 1815.

An Getödteten	16 Offiziere	834 Unteroff. u. Soldaten.
An Verwundeten	107 —	2636 —
An Gefangenen u. Vermißten	2 —	1129 —
Zusammen	125 Offiziere	4599 Unteroff. u. Soldaten.

G

Das 4te preußische Armee-Corps hat verloren, vom 15. bis 23. Juni 1815.

An Getödteten	23 Offiziere	1132	Unteroff. u. Soldaten.
An Verwundeten	148 —	3871	—
An Gefangenen u. Vermißten	5 —	1174	—
Zusammen	176 Offiziere	6177	Unteroff. u. Soldaten.

Der Verlust des Preußischen Kriegsheeres betrug demnach:

An Getödteten	106 Offiziere und	5,664	Unteroff. und Soldaten.
An Verwundeten	606 —	15,744	—
An Gefangenen und Vermißten	41 —	10,959	—
Zusammen	753 Offiziere und	32,367	Unteroff. und Soldaten.

Namentliche Liste der Getödteten, Verwundeten und Vermißten Herren Offiziere des Kriegsheeres.

I. Das 1ste Armee-Corps.

1) In den Gefechten bei Gilly und Gosselies und in der Schlacht bei Ligny am 15. und 16. Juni 1815.

Die Erste Brigade.

a. Getödtet wurden:

Vom 2ten Brandenburgschen Infanterie-Regiment.

1. Der Prem. Lieut. v. Eberhardt.
2. Der — v. Jorgaß.
3. Der Sec. Lieut. v. Kiezewsky.
4. Der — Graf v. Stollberg.
5. Der — v. Schulz.
6. Der — v. Zanthier.

Vom 24sten Infanterie-Regiment.

7. Der Sec. Lieut. v. Wulffen.

b. Verwundet wurden:

Vom 2ten Brandenburgschen Infanterie-Regiment.

1. Der Capitain v. Gaffron.
2. Der Prem. Lieut. v. Hohenau.
3. Der Sec. Lieut. v. Roessel.
4. Der — v. Willberg.
5. Der — v. Schefer.
6. Der — v. Köde.
7. Der — v. Witzleben.
8. Der — v. Grafenried.
9. Der — v. Rebberg.
10. Der — v. Othegraven.

Vom 24sten Infanterie-Regiment.

11. Der Major v. Irwing.
12. Der Capitain v. Rathenow.
13. Der Prem. Lieut. v. Schultz.
14. Der — v. Korfenbrock.
15. Der Sec. Lieut. v. Mannow.
16. Der — v. Arnim.
17. Der — v. Herrmann.
18. Der — v. Dresler.

19. Der Sec. Lieut. v. Wittschel.
20. Der — v. Prange.
21. Der — v. Hagen.
22. Der — v. Guchs.
23. Der — v. Pappritz.

Vom 1sten Westphälischen Landwehr-Infanterie-Reg.

24. Der Major und Comd. des Regiments v. Hülsen.
25. Der Bataillons-Comd. Capitain v. Selasinsky.
26. Der Capitain v. Elberfeldt.
27. Der — v. Kettler.
28. Der — v. Sandratzky.
29. Der Prem. Lieut. v. Zimmermann.
30. Der Sec. Lieut. v. Zurmechte.
31. Der — v. Lehmann.
32. Der — v. Bergmann.
33. Der — v. Schulte.
34. Der — v. Warkott.

Vom Schlesischen Schützen-Bataillon.

35. Der Sec. Lieut. v. Möllendorf.

c. Gefangen und Vermißt.

1. Der Sec. Lieut. v. Gaza, vom 24sten Infanterie-Regiment.
2. Der Prem. Lieut. v. Scherbemig
3. Der Sec. Lieut. v. Schinitz
4. Der — v. Hath
5. Der — v. Roth

(2.–5.) vom 1sten Westphälischen Landwehr-Inf.-Reg.

Die Zweite Brigade.

a. Getödtet wurden.

Vom 1sten Westpreußischen Infanterie-Regiment.

1. Der Capitain v. Owitzky.
2. Der Lieutenant v. Engel.
3. Der — v. Wolff.
4. Der — v. Cofrane.
5. Der — v. Franke.

Vom 28sten Infanterie-Regiment.

6. Der Major v. Brokhausen.

Vom 2ten Westphälischen Landwehr-Infanterie-Reg.

7. Der Capitain v. Weyhe.
8. Der — v. Hille.
9. Der Lieutenant v. Wagner.
10. Der — v. Bouge.

b. Verwundet wurden.

Vom 1sten Westpreußischen Infanterie-Regiment.

1. Der Major v. Rohr.
2. Der Capitain v. Zink.
3. Der Lieutenant v. Pose.
4. Der — v. Berger.
5. Der — v. Mekel.
6. Der — v. Wolfrath.
7. Der — v. Babel.
8. Der — v. Ciesielsky.
9. Der — v. Wandel.
10. Der — v. Hülsen.

G 2

Vom 28sten Infanterie-Regiment.

11. Der Major und Comd. des Regiments v. Quadt.
12. Der Capitain v. Platen.
13. Der — v. König.
14. Der — v. Neuhauß.
15. Der — v. Schwembler.
16. Der — v. Plessen.
17. Der Sec. Lieut. v. Großmann.
18. Der — v. Fuchs.
19. Der — v. Nehmer.
20. Der — v. König.
21. Der — v. Krieger.
22. Der — v. Costeda.
23. Der — v. Garell.
24. Der — v. Dreßler.
25. Der — v. Schröder.
26. Der — v. Hagedorn.
27. Der — v. Kühne.
28 Der — v. Zammels.
29. Der — v. Sturm.
30. Der — v. Mach.
31. Der — v. Hardt.
32. Der — v. Steppenroth.
33. Der — v. Bürgel.
34. Der — v. Scherbenig.
35. Der — v. Neumann.
36. Der — v. Paczinsky.
37. Der — v. Groß.
38. Der — v. Effner.
39. Der — v. Burchard.

Vom 2ten Westphälischen Landwehr-Infanterie-Reg.

40. Der Major und Comd. des Regiments v. Winterfeldt.
41. Der Capitain v. Schröder.
42. Der — v. Klein.
43. Der Lieutenant v. Geber.
44. Der — v. Müller.
45. Der — v. Blanke.
46. Der — v. Dahlmann.
47. Der — v. Luther.
48. Der — v. Forthmann.
49. Der — v. Johannin.
50. Der — v. Zarhellen.
51. Der — v. Niemann.
52. Der — v. Ludwig.
53. Der — v. Kock.
54. Der — v. Backmeister.
55. Der — v. Arnim.
56. Der — v. Kottenkamp.
57. Der — v. Delius.
58. Der — v. Edmeier.
59. Der — v. Bünte.
60. Der — v. Kramer.
61. Der — v. Honig.

c. Gefangen und Vermißt.

1. Der Rittm. v. Spiegel, vom Westphälischen Landwehr-Kavallerie-Regiment.

2. Der Capitain v. Koerthen.
3. Der Sec. Lieut. v. Ostrowski.
4. Der — v. Reißner.

Vom 22sten Infanterie-Regiment (Füsilier-Bat.).
5. Der Prem. Lieut. v. Beyer.
6. Der Sec. Lieut. v. Stark.

Die 8te Brigade.

a. Getödtet wurden.

Der Sec. Lieut v. Blachau vom 23sten Inf.-Reg. (Füs.-Bat.).

b. Verwundet wurden.

Vom 23sten Infanterie-Regiment. (Füsilier-Bat.).
1. Der Capitain v. Klesse.
2. Der Sec. Lieut. v. Finanze.
3. Der — v. Lange.
4. Der — v. Hertig.
5. Der — v. Andreé.
6. Der — v. Scholtz.
7. Der — v. Reiche.

4) In dem Gefechte bei Marienburg am 23. Junt 1815.

Von der 8ten Brigade vom Generalstabe zur Dienstleistung, Prem. Lieut. v. Pfefferkorn.

Das 2te Armee-Corps hat an Offizieren verloren.

An Getödteten	29 Offiziere.
An Verwundeten	151 —
An Gefangenen und Vermißten	7 —
Zusammen	187 Offiziere.

III. Das 3te Armee-Corps.

1) In der Schlacht bei Ligny (Sombreuf) am 16. Juni 1815.

Die 9te Brigade.

a. Getödtet wurden.

Der Prem. Lieut. v. Holleben vom Leib-Infanterie-Reg.

b. Verwundet wurden.

Vom 30sten Infanterie-Regiment.
1. Der Capitain v. Schimmelpfenning.
2. Der Lieutenant v. Schulz.
3. Der — v. Eufel.

Die 10te Brigade.

a. Getödtet wurden.
1. Der Sec. Lieut. v. Reiche vom 27sten Infanterie-Reg.
2. Der — v. Klein vom 2ten Kurmärkischen Landwehr-Infanterie-Reg.

b. Verwundet wurden.

Vom 27sten Infanterie-Regiment.
1. Der Capitain v. Kamloch.
2. Der — v. Willissen.
3. Der — v. Retvoldt.
4. Der — v. Stelting.
5. Der Prem. Lieut v. Schlegel.
6. Der Sec. Lieut. v. Benzowsky.
7. Der — v. Scheike.
8. Der — v. Labes.

29. Der Lieutenant v. Heßling.
30. Der — v. Böhme.
31. Der — v. Böhmer.

c. Gefangen und Vermißt.

1. Der Lieutenant v. Glatthaas } vom 9ten Infanterie-Reg.
2. Der — v. Böhne
3. Der — v. Böhmer

Die 4te Brigade.

a. Getödtet wurden.

1. Der Sec. Lieut. v. Cordier, vom 19ten Infanterie-Reg.
2. Der — v. Schwelling } vom 4ten Westphälischen Landwehr-Infanterie-Reg.
3. Der — v. Lintner
4. Der Staabs-Capitain v. Anders, Comd. der 6pfünd. Fußbatterie No. 15.

b. Verwundet wurden.

Vom 19ten Infanterie-Regiment.

1. Der Major v. Schuler.
2. Der Sec. Lieut. v. Chemnitz.
3. Der — v. Hauk.
4. Der — v. Ekert.
5. Der — v. Bauer.
6. Der — v. Adlersfeldt.
7. Der — v. Schlichting.
8. Der — v. Rehse.
9. Der — v. Barges.

Vom 4ten Westphälischen Landwehr-Infanterie-Reg.

10. Der Major v. Zastrow.
11. Der Sec. Lieut. v. Schimmel.
12. Der — v. Bergmann.
13. Der — v. Borries.
14. Der — v. Melchers.
15. Der — v. Rogge.

c. Gefangen und Vermißt wurden.

1. Der Sec. Lieut. v. Grentz } vom 19ten Infanterie-Reg.
2. Der — v. Wunderschatz
3. Der — v. Honschof } vom 4ten Westphälischen Landwehr-Infanterie-Reg.
4. Der — v. Eckenberg
5. Der — v. Krause

Die Reserve Kavallerie.

a. Getödtet wurden.

1. Der Lieutenant v. Düringshofen } vom Brandenburgischen Dragoner-Reg.
2. Der — v. Beyer
3. Der — v. Meyer.
4. Der — v. Düsterbleck vom 6ten Uhlanen-Reg.

b. Verwundet wurden.

Vom 1sten Westpreußischen Dragoner-Regiment.

1. Der Obrist und Comd. des Regiments v. Mosch.
2. Der Sec. Lieut. v. Schaurich.
3. Der — v. Ernst.

Vom Brandenburgischen Dragoner-Regiment.

4. Der Sec. Lieut. v. Massenbach.

5. Der Sec. Lieut. v. Lobeck.
6. Der — v. Gärwitz.

Vom Brandenburgischen Uhlanen-Reg.

7. Der Obrist und Comd. des Regiments v. Stutterheim.
8. Der Rittm. v. Lupinsky.
9. Der Lieutenant v. Herzog.
10 Der — v. Tan.
11. Der — v. Taegen.
12. Der — v. Adelstein.
13. Der — v. Huthmacher.

Vom 1sten Kurmärkischen Landwehr-Kavallerie-Reg.

14. Der Lieutenant v. Neuhaus.
15. Der — v. Stülpnagel.
16. Der — v. Elsbeck.

c. Gefangen und Vermißt.

1. Der Obristlt. v. Lützow.
2. Der [illegible] v. Kr[illegible]
3. Der Prem. Lieut. v. Obermann.
4. Der Lieutenant Jongahn.
5. Der — v. Bassewitz
6. Der — v. Arnim
7. Der — v. [illegible]owsky } vom 6ten Uhlanen-Reg.
8. Der — v. Sander
9. Der — v. Julins

Die Reserve-Artillerie.

a. Getödtet wurde.

Der Major v. Menzel.

b. Verwundet.

Der Lieutenant und Adjudant v. Lindner.

2) In der Schlacht von Belle Alliance.

Verwundet wurden.

1. Der Lieutenant v. Hayten, vom Schlesischen Schützen-Bat.
2. Der Capitain v. Wenkstern, vom 2ten Brandenburgischen Infanterie-Reg.
3. Der Major v. Löwenklau
4. Der Capitain v. Blankenstein
5. Der Lieutenant v. Maller } vom 24sten Infanterie-Reg.
6. Der — v. d. Golz
7. Der — Lampresch (attaschirt)
8. Der Stabs-Rittm. v. Puttkammer, vom Brandenburgischen Dragoner-Reg.

3) In dem Gefechte bei Villers Cotterets am 28sten Juni 1815.

Verwundet, der Sec. Lieut v. Ullrich.

4) In dem Gefechte bei Nanteuil am 28sten Juni 1815.

Verwundet, der Sec. Lieut. v. Kube, vom 1sten Schlesischen Husaren-Reg.

5) In den Gefechten von Issy vor Paris am 2ten und 3ten Juli 1815.

a. Getödtet.

Der Lieutenant v. Gfug vom 2ten Brandenburgischen Inf.-Reg.

b. Verwundet.

1. Der Lieutenant v. Steinmetz, vom Schlesischen Schützen-Bat.

Vom 2ten Brandenburgischen InfanterieRegiment.

2. Der Prem. Lieut. v. Rivotzky.
3. Der — v. Gruben.
4. Der — v. Favrat.

Vom 24sten Infanterie-Regiment.

5. Der Capitain v. Wenzel.
6. Der Prem. Lieut. v. Walther.
7. Der Sec. Lieut. v. Schrebian.
8. Der — v. Kühn.
9. Der — v. Schöpfer.
10. Der — v. Werder.
11. Der — v. Schwaßenbach.
12. Der — v. Goßlar.
13. Der — v. Zuker.

Vom 1sten Westphälischen Landwehr-Infanterie-Reg.

14. Der Capitain v. Gilhausen.
15. Der — v Bennert.
16. Der Sec. Lieut. v. Klemp.
17. Der — v. Rappard.
18. Der — v. Costede, vom 28sten Infanterie-Reg.

19. Der Capitain v. Eurnapp
20. Der — v. d. Mark
21. Der Prem. Lieut. v. Röttken

} vom 2ten Westphälischen Landwehr-Infanterie-Reg.

22. Der Sec. Lieut. v. Rathert
23. Der — v. Brenswyk
24. Der — v. Heidsyk
25. Der — v. Möller

} vom 3ten Westphälischen Landwehr-Infanterie-Reg.

26. Der Major v. Rek
27. Der Lieutenant v. Bernuth
28. Der — v. Fischer

} vom 4ten Westphälischen Landwehr-Infanterie-Reg.

Das 1ste Armee-Corps hat an Offizieren verloren:

An Getödteten	38	Offiziere.
An Verwundeten	200	—
An Gefangenen und Vermißten	27	—
Zusammen	265	Offiziere.

II. Das 2te Armee-Corps.

1) In der Schlacht bei Ligny am 16ten Juni 1815.

Von der 5ten Brigade.

a. Getödtet wurden.

Vom 1sten Pommerschen Infanterie-Regiment.

1. Der Prem. Lieut. v. Britzelwitz.
2. Der Sec. Lieut. v. Tesmar.
3. Der — v. Dammeron (attaschirt).

Vom 25sten Infanterie-Regiment.

4. Der Prem. Lieut. v. Borkowsky.
5. Der Sec. Lieut. v. Schmidt der 2te.

Vom 5ten Westphälischen Landwehr-Infanterie-Reg.

6. Der Capitain und Bataillons-Comd. v. Bülow.
7. Der Prem. Lieut. v. Lippa.

b. Verwundet wurden.

Vom 1sten Pommerschen Infanterie-Regiment.

1. Der Prem. Lieut. v. Glyszinsky.
2. Der Sec. Lieut. v. Wiemann.
3. Der — v. Korn.
4. Der — v. Joffroy.
5. Der — v. Ramboyr.
6. Der — v. Kraatz.
7. Der — v. Goldbeck.
8. Der — v. Krafft.
9. Der — v. Riemann.
10. Der — v. Geil.
11. Der Major v. Donop.
12. Der — v. Retzenstein.
13. Der Capitain v. Wunck.

Vom 25sten InfanterieRegiment.

14. Der Capitain v. Machwitzki.
15. Der — v. Viettinghof.
16. Der — v. Holleben.
17. Der Prem. Lieut. v. Müller der 1ste.
18. Der — v. Preuße.
19. Der — v. Bolon.
20. Der — v. Zuttwitz.
21. Der Sec. Lieut. v. Richter.
22. Der — v. Stargard.
23. Der — v. Suvern.
24. Der — v. Schmidt der 1ste.
25. Der — v. Warnsdorf.
26. Der — v. Chuppius.
27. Der — v. Förster.
28. Der — v. Ewald.
29. Der — v. Schnelle.
30. Der — v. Schultz.
31. Der — v. Pinnau.

Vom 4ten Westphälischen Landwehr-Infanterie-Reg.

32. Der Sec. Lieut. v. Münchhausen.
33. Der — v. Diederiks.
34. Der — v. Kohlstädt.
35. Der — v. Plintein.

c. Vermißt und Gefangen.

1. Der Sec. Lieut. v. Stubenrauch des 1sten Pommerschen Infanterie-Reg. attaschirt.

Die 8te Brigade.

a. Getödtet wurden.

Vom Colbergschen Infanterie-Regiment.

1. Der Capitain v. Schönebeck.
2. Der Lieutenant v. Kleist der 1ste.
3. Der — v. Fleischmann.

Vom 1sten Elb-Landwehr-Infanterie-Regiment.

4. Der Major v. Schleicher.
5. Der — v. Jagow.
6. Der Capitain v. Knorr.
7. Der Lieutenant v. Kruckelsdorf.

b. Verwundet wurden.

1. Der Brigade-Adjudant Capitain v. Dresky.

Vom Colbergschen Infanterie-Regiment.

2. Der Prem. Capitain v. Drigalsky.
3. Der — v. Röhl.
4. Der — v. Pritzelwitz.
5. Der Lieutenant v. Chevallier.
6. Der — v. Fritze.
7. Der — v. Schleiche.
8. Der — v. Bremer.
9. Der — v. Jesmar.
10. Der — v. Renouard.
11. Der — v. Basinsky.

Vom 26sten Infanterie-Regiment.

12. Der Obristlt. v. Natzmer.
13. Der Major v. Ciesielsky.
14. Der Capitain v. Liebhaber.
15. Der — v. Issing.
16. Der Prem. Lieut. v. Seidlitz.
17. Der Sec. Lieut. v. Bering.
18. Der — v. Ruß.
19. Der — v. Podiursky.
20. Der — v. Voigt.
21. Der — v. Borchardt.
22. Der — v. Pucht.
23. Der — v. Weigelt.
24. Der — v. Gleiwitz.

Vom 1sten Elb-Landwehr-Infanterie-Regiment.

25. Der Sec. Lieut v. Brämer.
26. Der — v. Stukzins.
27. Der — v. Skerl.
28. Der — v. Reinschmidt.
29. Der — v. Goedike.

c. Gefangen und Vermißt.

1. Der Sec. Lieut. v. Behrendt, 2. Der — v. Denike } des 1sten Elb-Landwehr-Infanterie-Reg.

Die 7te Brigade.

a. Getödtet wurden.

1. Der Prem. Lieut. v. Kleist, 2. Der Sec. Lieut. v. Schwarz } vom 14ten Infanterie-Reg.
3. Der Prem. Lieut. v. Jahnke vom [illegible] Elb-Landwehr-Infanterie-Reg.

b. Verwundet.

1. Der Prem. Lieut. v. Mannsbach, 2. Der — v. Ustarbowsky, 3. Der Sec. Lieut. v. Oesterreich } vom 14ten Infanterie-Reg.

Die 8te Brigade.

a. Getödtet wurden.

1. Der Prem. Lieut. v. Mack vom 21sten Infanterie-Reg.
2. Der Capitain v. Selo, 3. Der Sec. Lieut. v. Grörich } vom 23sten Infanterie-Reg.
4. Der Sec. Lieut. v. Rudsam vom 3ten Elb-Landwehr-Infanterie-Reg.

b. Verwundet wurden.

1. Der Obrist und Comd. der 8ten Brigade v. Langs.

Vom 21sten Infanterie-Regiment.

2. Der Prem. Lieut. v. Foek.
3. Der — v. Zitzwitz.
4. Der Sec. Lieut v. Furttenbach.
5. Der — v. Gublich.
6. Der — v. Seidlitz.

Vom 23sten Infanterie-Regiment.

7. Der Prem. Lieut. v. Schäfer.
8. Der Sec. Lieut. v. Richter.
9. Der — v. Korzelsky der ate.
10. Der — v. Särgel.

Vom 3ten Elb-Landwehr-Infanterie-Reg.

11. Der Major v. Handstein.
12. Der Sec. Lieut. v. Handstein
13. Der — v. Zahn.
14. Der — v. Köllichs.

c. Gefangen und Vermißt.

1. Der Sec. Lieut. v. Schröder vom 3ten Elb-Landwehr-Infanterie-Reg.

Die Reserve-Kavallerie.

a. Getödtet wurden.

1. Der Obrist und Brigade-Comd. v. Thümen.
2. Der Lieut. v. Stülpnagel vom Dragoner-Reg. der Königin.

b. Verwundet wurden.

1. Der General-Major und Brigade-Chef v. Jürgaß.

Vom Regiment Königin-Dragoner.

2. Der Rittm. du Trossel.
3. Der Lieutenant v. d. Graeben.
4. Der — v. Hauder.
5. Der — v. Bekki.
6. Der — v. Schmiedeberg.
7. Der — v. Mirbach.
8. Der — und Adjudant v. Kistmacher.
9. Der Rittm. v. Jaudomer vom Elb-Landwehr-Kavall.-Reg.
10. Der Lieutenant v. Thilo von der reitenden Batterie No. 6.

c. Gefangen und vermißt.

1. Der Rittm. v. Hosleben vom Königin Dragoner-Reg.
2. Der Rittm. v. Baudemer vom Elb-Landwehr-Kavall.-Reg.
3. Der Lieutenant v. Linke von der reitenden Batterie No. 14.

9) In der Schlacht von Belle Alliance am 18. Juni 1815.

a. Getödtet.

Der Prem. Lieut. v. Mirbach des 1sten Pommerschen Inf.-Reg.

b. Verwundet.

1. Der Sec. Lieut. v. Stempel des 1sten Pommerschen Inf.-Reg.
2. Der Capitain v. Wilzingslöwen vom 3ten Elb-Landwehr-Infanterie-Reg.
3. Der Sec. Lieut. v. Scholmer vom 3ten Elb-Landwehr-Infanterie-Reg.

c. Vermißt. Der Kolonnen-Feldjäger Jacobi.

3) Im Gefecht bei Namur am 20. Juni 1815.

Die 6te Brigade.

a. Getödtet wurden.

1. Der Sec. Lieut. v. Braunhard vom Colbergschen Inf.-Reg.
2. Der Obrist u. Comd. v. Bismark des 1sten Elb-Landwehr-Reg.

b. Verwundet wurden.

1. Der Obrist v. Zastrow Brigade-Comd. der 6ten Brigade (ist später gestorben).

Vom Colbergschen Infanterie-Regiment.

2. Der Major v. Dorsch.
3. Der — v. Petry.
4. Der Capitain v. Mafofky.
5. Der — v. Sydow.
6. Der — v. Borna.
7. Der — v. Kitrowski.
8. Der Sec. Lieut. v. Gortkowsky
9. Der — v. Döring.
10. Der — v. Keck.
11. Der — v. Nivelly.
12. Der — v. Engler.
13. Der — v. Schöpke.
14. Der — v. Bitke.
15. Der — v. Henning.
16. Der — v. Erhardt.
17. Der — v. Reuß.

Vom 26sten Infanterie-Regiment.

18. Der Obrist und Comd. v. Reuß.
19. Der Major v. Kerkeringk.
20. Der Capitain v. Radeke.
21. Der — v. Hosel.
22. Der — v. Wietersheim.
23. Der — v. Bardeleven.
24. Der Lieutenant v. Grevenitz.
25. Der — v. Wucherer der 1ste.
26. Der — v. Scheel.
27. Der — v. Cammerer.
28. Der — v. Reuß
29. Der — v. Herzog.
30. Der — v. Behrend.
31. Der — v. Wucherer der 2te.
32. Der — v. Bolk.
33. Der — v. Tengel.

Vom 1sten Elb-Landwehr-Infanterie-Regiment.

34. Der Capitain v. Alvensleben.
35. Der — v. Czetterich.
36. Der Lieutenant v. Mühl.
37. Der — v. Ilse.
38. Der — v. Iraf.

Die 7te Brigade.

a. Getödtet wurden.

1. Der Prem. Lieut. v. Ustalowsky } vom Füsilier-Bat. des 14ten
2. Der Sec. Lieut. v. Gahlen. } Infanterie-Reg.

b. Verwundet wurden.

Vom 14ten Infanterie-Regiment (Füsilier-Bat.).

1. Der Capitain v. Selchow.

2. Der Capitain v. Koerber.
3. Der Sec. Lieut. v. Ostrowski.
4. Der — v. Reißner.

Vom 22sten Infanterie-Regiment (Füsilier-Bat.).
5. Der Prem. Lieut. v. Beyer.
6. Der Sec. Lieut. v. Stark.

Die 8te Brigade.

a. Getödtet wurden.

Der Sec. Lieut v. Blachon vom 23sten Inf.-Reg. (Füs.-Bat.).

b. Verwundet wurden.

Vom 23sten Infanterie-Regiment. (Füsilier-Bat.).
1. Der Capitain v. Klesse.
2. Der Sec. Lieut. v. Finanze.
3. Der — v. Lange.
4. Der — v. Hertig.
5. Der — v. Andreé.
6. Der — v. Scholtz.
7. Der — v. Reiche.

4) In dem Gefechte bei Marienburg am 23. Juni 1815.

Von der 8ten Brigade vom Generalstabe zur Dienstleistung, Prem. Lieut. v. Pfefferkorn.

Das 2te Armee-Corps hat an Offizieren verloren.

An Getödteten	29	Offiziere.
An Verwundeten	151	—
An Gefangenen und Vermißten	7	—
Zusammen	187	Offiziere.

III. Das 3te Armee-Corps.

1) In der Schlacht bei Ligny (Sombreuf) am 16. Juni 1815.

Die 9te Brigade.

a. Getödtet wurden.

Der Prem. Lieut. v. Holleben vom Leib-Infanterie-Reg.

b. Verwundet wurden.

Vom 30sten Infanterie-Regiment.
1. Der Capitain v. Schimmelpfenning.
2. Der Lieutenant v. Schulz.
3. Der — v. Eufel.

Die 10te Brigade.

a. Getödtet wurden.

1. Der Sec. Lieut. v. Reiche vom 27sten Infanterie-Reg.
2. Der — v. Klein vom 2ten Kurmärkischen Landwehr-Infanterie-Reg.

b. Verwundet wurden.

Vom 27sten Infanterie-Regiment.
1. Der Capitain v. Kamloch.
2. Der — v. Willissen.
3. Der — v. Reiboldt.
4. Der — v. Stelting.
5. Der Prem. Lieut v. Schlegel.
6. Der Sec. Lieut. v. Penzowsky.
7. Der — v. Scheike.
8. Der — v. Labes.

9. Der Sec. Lieut. v. Mollenberg.
10. Der — v. Hoßdarf.
11. Der — v. Kamin.
12. Der — v. Krüger.
13. Der — v. Mathes.
14. Der — v. Nafft.

Vom 2ten Kurmärkischen Landwehr-Infanterie-Reg.

15. Der Prem. Lieut. v. Schirrenbeck.
16. Der Sec. Lieut v. Lichmann.
17. Der — v. Wichmann.
18. Der — v. Blüsser.
19. Der — v. Ravenstein.

Die 11te Brigade.

b. Getödtet wurden.

1. Der Capitain v. Wagner vom 3ten Kurmärkischen Landwehr-Infanterie-Reg.

b. Verwundet wurden.

Vom 3ten Kurmärkischen Landwehr-Infanterie-Reg.

1. Der Prem. Lieut. v. Wichmann.
2. Der Sec. Lieut. v Scheidt.

Vom 4ten Kurmärkischen Landwehr-Infanterie-Reg.

3. Der Prem. Lieut. v. Prussing.
4. Der Sec. Lieut. v. Dambacher.
5. Der — v. Ludwig.

Die 12te Brigade.

a. Getödtet wurden.

1. Der Sec. Lieut. v. Klausnitzer vom 31sten Infanterie-Reg.
2. Der — v. Behrens vom 6ten Kurmärkischen Landwehr-Infanterie-Reg.

b. Verwundet wurden.

Vom 31sten Infanterie-Regiment.

1. Der Capitain v. Heidebrand.
2. Der Sec. Lieut. v. Brosse.
3. Der — v. König.
4. Der — v. Kitsow.
5. Der — v. Metzger.
6. Der — v. Kutotzky.

Vom 5ten Kurmärkischen Landwehr-Infanterie-Reg.

7. Der Sec. Lieut v. Werder.
8. Der — v. Wiese.
9. Der — v. Steinmaler.
10. Der — v. Schuhmann.
11. Der — v. Höst.
12. Der — v. Müller.
13. Der — v. Rippenhagen.
14. Der — v. Gennewitz.
15. Der — v. Willmann.

Vom 6ten Kurmärkischen Landwehr-Infanterie-Reg.

16. Der Sec. Lieut. v. Bolke.
17. Der — v. Wirthschank.
18. Der — v. Schinkel.

Die Reserve-Kavallerie.

Verwundet.

1. Der Rittm. v. Weiß vom 7ten Dragoner-Reg.

2 Der Sec. Lieut. v. Teronne } vom 5ten Uhlanen-Reg.
3. Der — v. Jena
4. Der — v. Freitag vom 7ten Uhlanen-Reg.
5. Der — v. Wallonj vom 5ten Kurmärkischen Landwehr-Kavallerie-Reg.
6. Der Rittm. v. Kriegsheim } vom 6ten Kurmärkischen Landwehr-Kavallerie-Reg.
7. Der Sec. Lieut. v. Rothus

Ingenieurs. Getödtet, der Prem. Lieut v. Glöden.

Artillerie. Verwundet, der Sec. Lieut. v. Filan von der reitenden Batterie No. 19.

2) In den Gefechten bei Wavre am 18. und 19. Juni 1815.

Die 9te Brigade.

a. Getödtet wurden.

Vom 30sten Infanterie-Regiment.
1. Der Capitain v. Wischitzky.
2. Der Lieutenant v. Gossow.
3. Der — v. Zenzky.
4. Der — v. Zebett.
5. Der — v. Becker vom 1sten Kurmärkischen Landwehr-Infanterie-Reg.

b. Verwündet wurden.

Vom 30sten Infanterie-Regiment.
1. Der Capitain v. Feltheim.
2. Der Prem. Lieut. v. Rüdinger.
3. Der — v. Dassmann.
4. Der Sec. Lieut. v. Bonner.
5. Der — v. Elsasser.

c. Vermißt und Gefangen.
1. Der Sec. Lieut. v. Zaborowsky vom 30sten Infanterie-Reg.

Die 10te Brigade.

a. Getödtet wurden.

Vom 2ten Kurmärkischen Landwehr-Infanterie-Reg.
1. Der Major v. Stengel.
2. Der Capitain v. Stülpnagel.
3. Der Sec. Lieut. v. Rode der 3te.

b. Verwundet wurden.

Vom 27sten Infanterie-Regiment.
1. Der Major v. Budberg.
2. Der Prem. Lieut. v. Kaiser.
3. Der Sec. Lieut. v. Kiel.
4. Der — v. Ponge.
5. Der — v. Langer.
6. Der — v. Tettenborn.
7. Der — v. Rudolph.
8. Der — v. Eime.
9. Der — v. Hüchmann.
10. Der — v. Kuhn.
11. Der — v. Mellenberg.
12. Der — v. Melforth.

Vom 2ten Kurmärkischen Landwehr-Infanterie-Reg.
13. Der Prem. Lieut. v. Petry.
14. Der Sec. Lieut. v. Wendorf.
15. Der — v. Blümeke.

16. Der Sec. Lieut. v. Kleist.
17. Der — v. Wöldike.
18. Der — v. Bergius.
19. Der — v. Steinhausen.
20. Der — v. Bode der 4te.
21. Der — v. Hinze.

Die 11te Brigade.

a. Getödtet wurde.

1. Der Capitain v. Beseke vom 3ten Kurmärkischen Landwehr-Infanterie-Reg.

b. Verwundet wurden.

1. Der Capitain v. Heergaß
2. Der Lieutenant v. Casorby
3. Der — v. Schulz
4. Der — v. Braun
5. Der — v. Bätsch
6. Der — v. Eroni

} vom 3ten Kurmärkischen Landwehr-Infanterie-Reg.

c. Vermißt. Der Lieutenant v. Malchow.

Die 12te Brigade.

a. Getödtet wurden.

1. Der Lieutenant Aderkas vom 31sten Infanterie-Reg.
2. Der — Meißner vom 6ten Kurmärkischen Landwehr-Infanterie-Reg.

b. Verwundet wurden.

Vom 31sten Infanterie-Regiment.

1. Der Major v. Kesseloth.
2. Der — v. Tiedemann.
3. Der — v. Gaedeke.
4. Der Capitain v. Brunn.
5. Der — v. Böneke.
6. Der — v. Kolani.
7. Der Sec. Lieut. v. Tescher.
8. Der — v. Hoheneichen.
9. Der — v. Köhler.
10. Der — v. Lettow.

Vom 5ten Kurmärkischen Landwehr-Infanterie-Reg.

11. Der Capitain v. Hasen.
12. Der Sec. Lieut. v. Würth.
13. Der — v. Krüger.
14. Der — v. Zatsberg.

Vom 6ten Kurmärkischen Landwehr-Infanterie-Reg.

15. Der Capitain v. Schöffer.
16. Der Sec. Lieut. v. Rehfeldt.
17. — v. Schmidt der 1ste.
18. — v. Söhnel.

c. Vermißt.

Der Capitain v. Cloudt vom 31sten Infanterie-Reg.

Die Reserve-Kavallerie.

Verwundet, der Sec. Lieut. v. Julius vom Uhlanen-Reg. No. 5.

3) In dem Gefechte bei Namur am 20. Juni 1815.

Verwundet.

1. Der Sec. Lieut. v. Seining vom 7ten Uhlanen-Reg.

2. Der

2. Der Sec. Lieut. v. Woldke vom 9ten Husaren-Reg.
3. Der — v. Döring vom 12ten —
4. Der — v. Behrendt vom 6ten Kurmärkischen Landwehr-Kavallerie-Reg.

4) In dem Gefechte bei Marly am 3ten Juli 1815.
1. Der Lieut. v. Müller vom 30sten Infanterie-Reg. (2te Bat).

IV. Das 4te Armee-Corps.

1) In der Schlacht von Belle Alliance am 18. Juni 1815.

Die 13te Brigade.

a. Getödtet wurden.
1. Der Prem. Lieut. v. Stoberts vom 2ten Neumärkischen Landwehr-Infanterie-Reg.
2. Der Sec. Lieut. v. Norrmann des 3ten Neumärkischen Landwehr-Infanterie-Reg.

b. Verwundet wurden.
1. Der Obrist und Brigade-Comd. v. Lettow.

Vom 1sten Schlesischen Infanterie-Reg.
2. Der Major v. Marsigli.
3. Der Prem. Lieut. v. Doringkowsky.
4. Der — v. Torzilowsky.
5. Der — v. Nordhausen.
6. Der Sec. Lieut. v. Barth.
7. Der — v. Kretschmer.
8. Der — v. Marquardt.
9. Der — v. Witzleben.
10. Der — v. Bartke.

Vom 2ten Neumärkischen Landwehr-Infanterie-Reg.
11. Der Capitain v. Solta.
12. Der Sec. Lieut. v. Liebich.

Vom 3ten Neumärkischen Landwehr-Infanterie-Reg.
13. Der Major v. d. Osten.
14. Der Capitain v. Zamori.
15. Der Sec. Lieut. v. Münchow.
16. Der — v. Szandahelly.
17. Der — v. Moritz.
18. Der — v. Alter.
19. Der — v. Achterberg.

Die 14te Brigade.

a. Getödtet wurden.
1. Der Major v. Aulok vom 2ten Schlesischen Infanterie-Reg.
2. Der Sec. Lieut. v. Dewette —
3. Der — und Adjudant v. Lindner vom 1sten Pommerschen Landwehr-Infanterie-Reg.
4. Der Sec. Lieut. v. Kuhfaß vom 1sten Pommerschen Landwehr-Infanterie-Reg.

b. Verwundet wurden.

Vom 2ten Schlesischen Infanterie-Reg.
1. Der Capitain v. Riesemeuschel.
2. Der — v. Kuensberg.
3. Der — v. Morgenstern.
4. Der Prem. Lieut. v. Aulock.
5. Der Sec. Lieut. v. Bieberstein.

H

6. Der Sec. Lieut. v. Ciriacy.
7. Der — v. Rahden.
8. Der — v. Podewils.
9. Der — v. Bentivigni.
10. Der — v. Egloffstein.
11. Der — v. Koepke.
12. Der — v. Bender.
13. Der — v. Walter.

Vom 1sten Pommerschen Landwehr-Infanterie-Reg.

14. Der Obristlt. v. Brandenstein.
15. Der Major v. Nettelhorst.
16. Der — v. Toll.
17. Der Capitain v. Andrees.
18. Der — v. Spalding.
19. Der — v. Loeper.
20. Der — v. Wolter.
21. Der Sec. Lieut. v. Zirkel.
22. Der — v. Nehring.
23. Der — v. Hoepfner.
24. Der — v. Doebke.

Vom 2ten Pommerschen Landwehr-Infanterie-Reg.

25. Der Major v. Katt.
26. Der — v. Stojenthin.
27. Der Capitain v. Steinwehr.
28. Der — v. Pauly.
29. Der — v. Wedell.
30. Der Sec. Lieut v. Stricker.
31. Der — v. Preussendorf.
32. Der — v. Barth.
33. Der — v. Ewald der 2te.
34. Der — v. Dolist.
35. Der — v. Hagemann.
36. Der — v. Schmidt.
37. Der — v. Ludwig.
38. Der — v. Heinze.

Die 15te Brigade.

a. Getödtet wurden.

1. Der Sec. Lieut. v. Schlemmer vom 18ten Infanterie-Reg.
2. Der Sec. Lieut. v. Wehlermann. —
3. Der Prem. Lieut. v. Treutler vom 3ten Schlesischen Landwehr-Infanterie-Reg.
4. Der Prem. Lieut. v. Teiminger vom 3ten Schlesischen Landwehr-Infanterie-Reg.
5. Der Prem. Lieut. v. Becker vom 3ten Schlesischen Landwehr-Infanterie-Reg.

b. Verwundet wurden.

Vom 18ten Infanterie-Regiment.

1. Der Capitain v. Bogursch.
2. Der — v. Gluschinsky.
3. Der Prem. Lieut. v. Wedelstädt.
4. Der — v. Bursche.
5. Der — v. Eisner.
6. Der — v. Kurstein.
7. Der — v. Wallenroth.
8. Der — v. Taubenheim.

9. Der Sec. Lieut. v. Arnim.
10. Der — v. Bath.
11. Der — v. Lutermann.
12. Der — v. Alberti.
13. Der — v. Koeppen.
14. Der — v. Bindemann.
15. Der — v. Wiedermauth.
16. Der — v. Broene.
17. Der — le Blanc.
18. Der — v. Schömfeldt.
19. Der — v. Kerzieg.

Vom 3ten Schlesischen Landwehr-Infanterie-Reg.

20. Der Major v. Zischwitz.
21. Der Capitain v. d. Osten.
22. Der — v. Loepell.
23. Der Prem. Lieut. v. Krause.
24. Der Sec. Lieut. de Pari.
25. Der — v. Lützow
26. Der — v. Büttscher.
27. Der — v. Pietsch.
28. Der — v. Schreiber.
29. Der — v. Mende.
30. Der — v. Platius.

Vom 4ten Schlesischen Landwehr-Infanterie-Reg.

31. Der Capitain v. Schirche.
32. Der Prem. Lieut. v. Stemler.
33. Der Sec. Lieut. v. Wagner.
34. Der — v. Liebich.
35. Der — v. Schedelbach.

Die 16te Brigade.

a. Getödtet wurden.

1. Der Cap. und Bat.-Comd. v. Seidlitz vom 15ten Inf.-Reg.
2. Der Sec. Lieut v. Quanstedt —
3. Der Major v. Seidlitz
4. Der Capitain v. Wittich
5. Der — v. Geisler
6. Der Sec. Lieut. v. Hildebrandt
7. Der — v. Briesen
8. Der — v. Gregor

(3.–8.) vom 1sten Schlesischen Landwehr-Inf.-Reg.

9. Der — v. Zimmermann vom 2ten Schlesischen Landwehr-Infanterie-Reg.

b. Verwundet wurden.

Vom 15ten Infanterie-Regiment.

1. Der Major und Bat.-Comd. v. Boek.
2. Der Capitain v. Jutrzenka.
3. Der — v. Bionstierna.
4. Der — v. Cawizinsky.
5. Der Prem. Lieut. v. Redeker.
6. Der Sec. Lieut. und Adjudant v. Preuß.
7. Der Sec. Lieut. v. Nadler.
8. Der — v. Mousers.
9. Der — v. Hering.
10. Der — v. Frohreich.
11. Der — v. Hatzenstein.
12. Der — v. Luck.

13. Der Sec. Lieut. v. Hülsen.
14. Der — v. Sinel.
15. Der — v. Lindenhöfer.
16. Der — v. Wittke.
17. Der — v. Fittscherinl.
18. Der — v. Helm.

Vom 1sten Schlesischen Landwehr-Infanterie-Reg.

19. Der Capitain v. Maistre.
20. Der Prem. Lieut. v. Herzberg.
21. Der — v. Vogt.
22. Der — v. Laubak.
23. Der Sec. Lieut. v. Louve.
24. Der — v. Bemba.
25. Der — v. Stürmer.
26. Der Capitain v. Salisen.
27. Der — v. Schrotter.

Vom 2ten Schlesischen Landwehr-Infanterie-Reg.

28. Der Major v. Schwemmler.
29. Der Sec. Lieut. v. Richter.
30. Der — v. Brandt.
31. Der — v. Krickmuth.
32. Der — v. Arnim.
33. Der — v. Beyer.
34. Der — v. Sack.

Die Reserve-Kavallerie.

a. Getödtet wurden.

1. Der Obrist und Brigade-Comd. Graf v. Schwerin.
2. Der Obristlt. und Brigade-Comd. v. Watzdorf.
3. Der Lieutenant v. Oettinger vom Husaren-Reg. No. 8.

b. Verwundet wurden.

1. Der Major und Adjudant v. Drigalsky.
2. Der Rittm. v. Wander vom 2ten Schlesischen Husaren-Reg.
3. Der Lieut. v. Knobelsdorf vom Westpreußischen Uhlanen-Reg.
4. Der Rittm. v. Erichson
5. Der Sec. Lieut. v. Bauhöfen
6. Der — v. Möllendorf
7. Der — v. Blieth
8. Der — v. Dieringsfeldt
9. Der — v. Winterfeldt
10. Der — v. Genny

(4.–10.) vom Husaren-Reg. No. 8.

11. Der Obristlt. u. Comd. v. Hiller
12. Der Rittm. v. Goertz
13. Der — v. Preussendorf
14. Der Lieut. v. Braun
15. Der — v. Oestreich

(11.–15.) vom 2ten Neumärkischen Landwehr-Kavall.-Reg.

16. Der — v. Schweinitz vom 2ten Schles. Landw.-Kavall.-Reg.
17. Der Rittm. v. Altenstein vom 3ten — —
18. — — —
19. Der Capitain v. Zinken von der reitenden Artillerie.
20. Der — v. Pfeil —

Vermißt und Gefangen wurden.

1. Der Sec. Lieut. v. Siegberg vom 1sten Schles. Landw.-Inf.-Reg.
2. Der Capitain v. Niesemeuschel vom 2ten Schles. Inf.-Reg.
3. Der Sec. Lieut. v. Bieberstein —
4. Der — v. Koeszegy vom 2ten Schles. Landw.-Inf.-Reg.
5. Der — N. N. vom 2ten Schles. Husaren-Reg.

Zu Seite 116. (A.)

n Gefechten des Feldzuges im Jahr 1815.

Davon haben verloren.																	
Die 2te Brigade.			Die 3te Brigade.			Die 4te Brigade.			Reserve-Kavallerie.			Reserve-Artillerie.			Summa.		
Offiziere.	Köpfe.	Pferde.	Offiziere.	Köpfe.	Pferde.	Offiziere.	Köpfe.	Pferde.	Offiziere.	Köpfe.	Pferde.	Offiziere.	Köpfe.	Pferde.	Offiziere.	Köpfe.	Pferde.
76	4476	171	45	2458		24	2544	5	31	596	676	2	[illegible]	130	225	12486	1006
									1	12	26		[illegible]	6	8	309	41
				19									[illegible]	5		24	5
													[illegible]	1		2	1
1	47						1	53	52						2	100	52
8	402	6		4		3	143			4	[illegible]		4	1	30	1246	41
85	4925	177	45	2461		27	2687	58	84	656	770	2	115	143	265	14167	1146

Zu Seite 116. (B.)

fechten des Feldzuges im Jahr 1815.

B r	Pferde.	Summa des Verlustes.							Verlust der Brigade.						
		Offiziere.	Unteroffiziere.	Spielleute.	Chirurgen.	Fahnenschmiede.	Gemeine.	Pferde.	Offiziere.	Unteroffiziere.	Spielleute.	Chirurgen.	Fahnenschmiede.	Gemeine.	Pferde.
	2	14	24	5	1		390	5							
	2	3	1				16								

... ten Inf.-Reg.
5. Sec. ...
6. —
7. —
8. —
9. —
10. —
11. —
12. Der ... Elb-Landw. ... fung ... Inf.-Reg. Nieme...
13. Sec. ... desselb... Inf.-Reg.
14. Cav. ...
15. — ..., von der
16. — ...
17. Pr. ...
18. —
19. — ... Inf.-Reg.
20. —
21. Sec. ...
22. —
23. — ... Reg.

... Sec. Lieut. v. ... } 3tes Elb-Landwehr-Inf.-R.
80. — v. Jahn
81. — v. Kollichs

82. General-Major v. Jürgaß, Brig.-Chef der Reserve-Kavallerie.

83. Rittm. v. d. Trossel } Königin-Dragoner-Reg.
84. Lieut. v. d. Groeben
85. — v. Harder
86. — v. Bunny
87. — v. Schmiedeberg
88. — v. Mirbach
89. — und Adjudant v. Kistmacher

90. Unbekannt, Brandenburgisches Husaren-Regiment.

91. Rittm. v. Vandomer, Elb-Landwehr-Kavallerie-Reg.

92. Lieut. v. Thilo, reitende Batterie No. 6.

...lb-Landwehr-Infanterie-Reg.
...agoner-Reg.
...wehr-Kavallerie-Reg.
...en Batterie No. 14.

13. Der Sec. Lieut. v. Hülsen.
14. Der — v. Sinel.
15. Der — v. Lindenhöfer.
16. Der — v. Wittke.
17. Der — v. Fittscherini.
18. Der — v. Helm.

Vom 1sten Schlesischen Landwehr-Infanterie-Reg.

19. Der Capitain v. Maistre.
20. Der Prem. Lieut. v. Herzberg.
21. Der — v. Vogt.
22. Der — v. Laubak.
23. Der Sec. Lieut. v. Louve.
24. Der — v. Bemba.
25. Der — v. Stürmer.
26. Der Capitain v. Salisen.
27. Der — v. Schrötter.

Vom 2ten Schlesischen Landwehr-Infanterie-Reg.

28. Der Major v. Schwemmler.
29. Der Sec. Lieut. v. Richter.
30. Der — v. Brandt.
31. Der — v. Krickmuth.
32. Der — v. Arnim.
33. Der — v. Beyer.
34. Der — v. Sack.

Die Reserve-Kavallerie.

a. Getödtet wurden.

1. Der Obrist und Brigade-Comd. Graf v. Schwerin.
2. Der Obristlt. und Brigade-Comd. v. Watzdorf.
3. Der Lieutenant v. Oettinger vom Husaren-Reg. No. 8.

b. Verwundet wurden.

1. Der Major und Adjudant v. Drigalsky.
2. Der Rittm. v. Wander vom 2ten Schlesischen Husaren-Reg.
3. Der Lieut. v. Knobelsdorf vom Westpreußischen Uhlanen-Reg.
4. Der Rittm. v. Erichson
5. Der Sec. Lieut. v. Bauhöfen
6. Der — v. Möllendorf
7. Der — v. Plieth } vom Husaren-Reg. No. 8.
8. Der — v. Dieringsfeldt
9. Der — v. Winterfeldt
10. Der — v. Genny
11. Der Obristlt. u. Comd. v. Hiller
12. Der Rittm. v. Goertz
13. Der — v. Preussendorf } vom 2ten Neumärkischen Landwehr-Kavall.-Reg.
14. Der Lieut. v. Braun
15. Der — v. Oestreich
16. Der — v. Schweinitz vom 2ten Schles. Landw.-Kavall.-Reg.
17. Der Rittm. v. Altenstein vom 3ten — —
18. — — —
19. Der Capitain v. Zinken von der reitenden Artillerie.
20. Der — v. Pfeil —

Vermißt und Gefangen wurden.

1. Der Sec. Lieut. v. Siegberg vom 1sten Schles. Landw.-Inf.-Reg.
2. Der Capitain v. Niesemeuschel vom 2ten Schles. Inf.-Reg.
3. Der Sec. Lieut. v. Bieberstein —
4. Der — v. Koeszegy vom 2ten Schles. Landw.-Inf.-Reg.
5. Der — N. N. vom 2ten Schles. Husaren-Reg.

Zu Seite 116. (A.)

… Gefechten des Feldzuges im Jahr 1815.

Davon haben verloren.																	
Die 2te Brigade.			Die 3te Brigade.			Die 4te Brigade.			Reserve-Kavallerie.			Reserve-Artillerie.			Summa.		
Offiziere.	Köpfe.	Pferde.	Offiziere.	Köpfe.	Pferde.	Offiziere.	Köpfe.	Pferde.	Offiziere.	Köpfe.	Pferde.	Offiziere.	Köpfe.	Pferde.	Offiziere.	Köpfe.	Pferde.
76	4476	171	45	2458		24	2544	5	31	596	676	2	99	130	225	12486	1006
									1	12	26		5	6	8	309	41
				19									5	5		24	6
													2	1		2	1
1	47						1	63	52						2	100	52
8	402	6		4		3	143			4	16		4	1	30	1246	41
85	4925	177	45	2461		27	2687	58	84	656	770	2	115	143	265	14167	1146

fechten des Feldzuges im Jahr 1815.

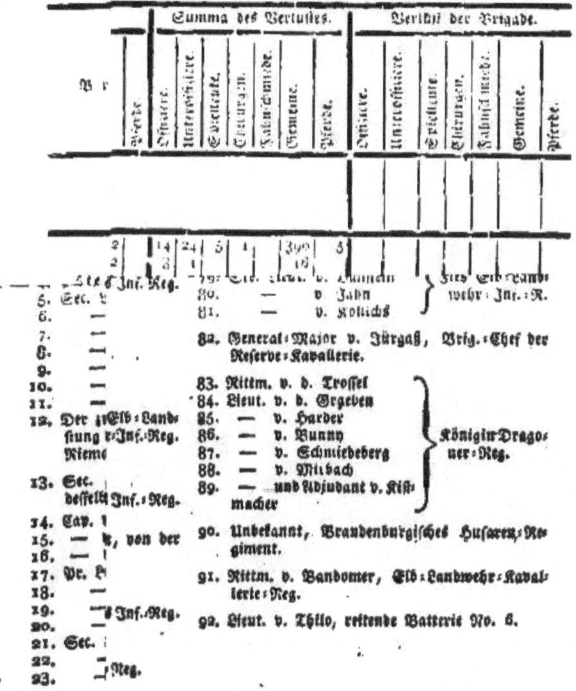

Br	Pferde	Summa des Verlustes. Offiziere.	Unteroffiziere.	Spielleute.	Chirurgen.	Fahnschmiede.	Gemeine.	Pferde.	Verlust der Brigade. Offiziere.	Unteroffiziere.	Spielleute.	Chirurgen.	Fahnschmiede.	Gemeine.	Pferde.
	2	14	24	5	1		399	5							
	2	3	1				18								

— Ste 6 Inf. Reg.
5. Sec. [illegible]
6. —
7. —
8. —
9. —
10. —
11. —
12. Der 1r Elb-Landsfsung v-Inf.-Reg. Rieme
13. Sec. desselb Inf.-Reg.
14. Cap. [illegible]
15. — [illegible], von der
16. —
17. Pr. [illegible]
18. —
19. — s Inf.-Reg.
20. —
21. Sec.
22. —
23. — Reg.

79. Sec. Lieut. v. [illegible] }
80. — v. Jahn } 1rs Elb-Landwehr-Inf.-R.
81. — v. Kollichs }

82. General-Major v. Jürgaß, Brig.-Chef der Reserve-Kavallerie.

83. Rittm. v. d. Trossel }
84. Lieut. v. d. Gröben }
85. — v. Harder }
86. — v. Bunny } Königin-Dragoner-Reg.
87. — v. Schmiedeberg }
88. — v. Mirbach }
89. — und Adjudant v. Kißmacher }

90. Unbekannt, Brandenburgisches Husaren-Regiment.

91. Rittm. v. Bandomer, Elb-Landwehr-Kavallerie-Reg.

92. Lieut. v. Thilo, reitende Batterie No. 6.

[...]lb-Landwehr-Infanterie-Reg.
[...]agoner-Reg.
[...]wehr-Kavallerie-Reg.
[...]en Batterie No. 14.

des | am 18. Juny 1815 gehabt hat.

Brigad	Summa des Verlustes.							Verlust der Brigade.						
	Offiziere.	Unteroffiziere.	Spielleute.	Chirurgen.	Fahnschmiede.	Gemeine.	Pferde.	Offiziere.	Unteroffiziere.	Spielleute.	Chirurgen.	Fahnschmiede.	Gemeine.	Pferde.
5te Brigad G. M. v. Pirch d	2	6	1 1			53 6 8 10 7		2	6	2			84	
7te Brigad G. M. v. Bra						6							5	
8te Brigad Obrist v. Lang	2	1 5 6	1 1			18 46 130		2	12	2			194	
Reserve-Kavall. G. M. v. Jür		1 1	1			7 4	13 9		2	1			11	22
Reserve-Artill Obristlt. v. R		1 1				2 2	1 6		2				4	7
Total Verlust des Corps								4	22	5			298	29

329

bei Namur am 20sten Juny 1815. gehabt hat.

Vermißt.					Summa des Verlustes.							Verlust der Brigade.						
Spielleute.	Chirurgen.	Fahnschmiede.	Gemeine.	Pferde.	Offiziere.	Unteroffiziere.	Spielleute.	Chirurgen.	Fahnschmiede.	Gemeine.	Pferde.	Offiziere.	Unteroffiziere.	Spielleute.	Chirurgen.	Fahnschmiede.	Gemeine.	Pferde.
					1													
1			60		19	32	12			383								
10	4		179	3	15	50	19	4		633	5							
	1		24		1	4	1	1		51								
1			81		8	16	3			167		44	102	35	5		1134	5
					6	7				91								
					2	3				15								
			37							74		8	10				180	
			2		8	8	2			99		8	8	2			99	
										1	6							
			4	6						7	7						8	13
						1					2							
						1					2							
										1	3		2	-			1	7
Total-Verlust des Corps												60	122	37	5		1422	25

1646.

rg.

Infanterie-Reg.

fanterie-Reg.

38. Lieut. v. Muhe
39. — v. Kühle
40. — v. Heuschild
41. — v. Ilse
42. — v. Traff

} 1ste Elb-Landwehr-Infanterie-Reg.

43. Pr. Cap. v. Selchow
44. — v. Karsten
45. Sec. Lieut. v. Ostrowsky
46. — v. Meißener

} Füsilier-Bat. des 14ten Infanterie-Reg.

-Reg.

47. Pr. Lieut. v. Beyer
48. Sec. Lieut. v. Starck

} Füsilier-Bat. des 22sten Infanterie-Reg.

49. Cap. v. Klese
50. Sec. Lieut. v. Finance
51. — v. Lange
52. — v. Hertig
53. — v. Andree
54. — v. Scholtz
55. — v. Rriche

} Füsilier-Bat. des 23sten Infanterie-Reg.

selben Re

hr-Infan

Spezielle Nachweisung des Juni bis den 2ten Juli 1815.

Namen u. Tage der Gefechte	Benennung der Brigade.	9	u. Gefangen.			Summa des Verlustes.					
			Chirurgen.	Gemeine.	Pferde.	Offiziere.	Unteroffiziere.	Spielleute.	Chirurgen.	Gemeine.	Pferde.
Generalität u.	Offiziere außer	der Li				3					
	13te Brig.	das 1		6		11	21	/		242	
		das 2		100		3	16	1		204	
		das 3		131		8	13	3		720	1
	14te Brig.	das 2		86	8	17	23	6		406	8
		das 1				13	27	4		329	3
		das 2		104		14	29	4	1	525	
	15te Brig.	das 1		88		21	49	6		740	2
		das 3		54		16	61			558	3
		das 4		100		5	16	2		333	
	16te Brig.	das 1		25		20	46	3		593	9
		das 1		50		15	30	11		572	2
Den 18ten Juni		das 2	2	278		9	42	7	2	480	2
in der Schlacht	Kavallerie	das 2		40	49	2	11	1		112	139
		das A				1	4			16	18
bei		das 1		13	15		3			18	32
		das 8		2		8	7	1		52	44
Belle Alliance.		das 1								1	18
		das 2		9		5	9			108	141
		das 1								3	13
		das 1		3						4	7
		das 2		2	3	1	3	1		17	35
		das 3		6	14	2	7	1		50	71
	Artillerie	die 12 u.		3			6			30	31
		die 6p 13,		7			3			26	32
		die re u.				2	6			18	39
Einzelne Gefechte im Zeitraum vom 23. Juli bis 2. Juli	13te Brig.	das 1					2			43	
		das 2				1				7	
		das 3		2		6	3	1		55	
	14te Brig.	das 2								7	
		das 1				1	5			26	
vor Landrecy		das 2					1			8	1
bei Creil	15te Brig.	das 4				1				24	
n Senlis	16te Brig.	das 1								3	
		das 1								7	
or St. Denis											
bei St. Germain	Kavallerie	das 2									1
		das A		1						2	
eim Sturm auf Aubervilliers		das 1									6
		das 1									1
		das 1		2						2	
		das 2								2	1
		das 1					1			6	11
Streifzug in der Champagne		Von gan	1	5	7		7		1	40	68
		8	3	1117	96	185	441	51	4	6388	72[illegible]

Nachweisung

des Verlustes den das Königl. Preuß. 2te Armee-Corps in dem Gefecht vor Marienburg am 23. Juny 1815 erlitten.

Brigaden.	Regimenter, Bataillons und Batterien.	Getödtet.						Verwundet.						Vermißt.						Summa des Verlustes.					
		Offiziere.	Unteroffiziere.	Spielleute.	Chirurgen.	Gemeine.	Pferde.	Offiziere.	Unteroffiziere.	Spielleute.	Chirurgen.	Gemeine.	Pferde.	Offiziere.	Unteroffiziere.	Spielleute.	Chirurgen.	Gemeine.	Pferde.	Offiziere.	Unteroffiziere.	Spielleute.	Chirurgen.	Gemeine.	Pferde.
8te Brigade. Obrist v. Langen.	Staab der Brigade							1												1					
	Fußbatterie des 21sten Infanterie-Regiments					4																		4	
	Fußbatterie des 3ten Elb-Landwehr-Infanterie-Regiments		1									1									1			1	
	Summa des Verlustes		1			4		1				1								1	1			5	

Blessirt.

Der zur Dienstleistung im Generalstabe bei der Brigade kommandirte Prem. Lieutenant v. Pfefferkorn.

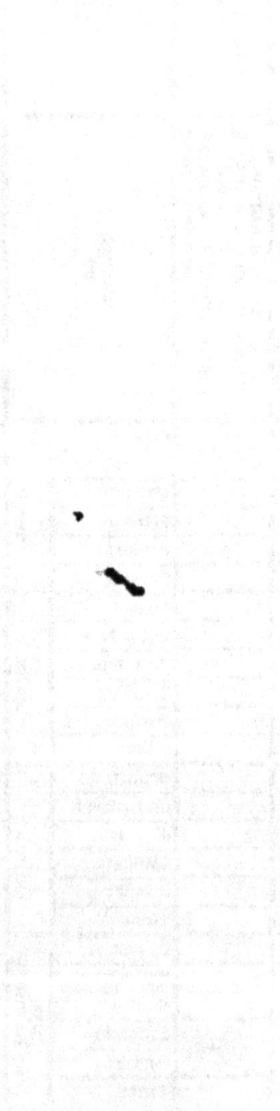

Nachweisung

des Verlustes den das Königl. Preuß. 2te Armee-Corps in dem Gefecht vor Marienburg am 23. Juny 1815 erlitten.

Brigaden.	Regimenter, Bataillone und Batterien.	Getödtet.						Verwundet.						Vermißt.						Summa des Verlustes.					
		Offiziere.	Unteroffiziere.	Spielleute.	Chirurgen.	Gemeine.	Pferde.	Offiziere.	Unteroffiziere.	Spielleute.	Chirurgen.	Gemeine.	Pferde.	Offiziere.	Unteroffiziere.	Spielleute.	Chirurgen.	Gemeine.	Pferde.	Offiziere.	Unteroffiziere.	Spielleute.	Chirurgen.	Gemeine.	Pferde.
8te Brigade. Obrist v. Langen.	Staab der Brigade							1												1					
	Füsiliere des 21sten Infanterie-Regiments					4																		4	
	Füsiliere des 3ten Elb-Landwehr-Infanterie-Regiments		1									1									1			1	
	Summa des Verlustes		1			4		1				1								1	1			5	

Blessirt.

Der zur Dienstleistung im Generalstabe bei der Brigade kommandirte Prem. Lieutenant v. Pfefferkorn.

Beilage XXIII.

Namentliche Liste der von den Kaiserlich-Oestreichischen Armeen gebliebenen und verwundeten Offiziere im Feldzuge des Jahres 1815.

Am 21sten Juni bei einer Rekognoszirung gegen Caviers.

Verwundet. 1. Unter-Lieut. Hofmann vom Jäger-Reg. Fenner.

Am 26sten Juni bei Trois Maisons.

Verwundet. 2. Ober-Lieut. Mümpel vom 2ten Jäger-Bat.
3. Rittm. Merzburg von Erzherzog Ferdinand Husaren.

Am 27sten Juni bei Donne Marie.

Verwundet. 4. Ober-Lieut. Pflanzelter vom General-Quartiermeister-Staabe.
5. Hauptmann Roqueville
6. Unter-Lieut. Sviron
7. — Jaburek
8. — Neri
9. — Grünwald
} vom 5ten Jäger-Bat.
10. Rittm. Meinel, Erzherzog Ferdinand Husaren.

Am 29sten Juni bei Chevanne l'Etang.

Getödtet. 11. Capitain St. Sezer
12. Fähndrich Riedl
} vom Inf.-Reg. Erbach.

Verwundet. 13. Ober-Lieut. Czabeck
14. Unter-Lieut. Reichel
15. — Ronner
16. — Glaser
} vom Inf.-Reg. Erbach.
17. Major Kiffkassewich
18. Unter-Lieut. Radmovich
19. — Waita
} vom Gradiskaner Grenz-Reg.

Am 1sten Juli bei Besançourt und Chevremont.

Getödtet. 20. Fähndrich Schröder
21. — Plomer
22. — Golliak
} vom Inf.-Reg. Froon.
23. Ober-Lieut. Ayn
24. Unter-Lieut. Radeschizki
25. Fähndrich Libschowi.
} vom Inf.-Reg. vacat Kottulinski.

Verwundet. 26. Cap. Lieut. Hymner
27. Unter-Lieut. Florian
28. — Wacker
29. Fähndrich Arnold
} vom Inf.-Reg. Froon.
30. Hauptmann Maldini
31. — Cançar
32. Ober-Lieut. Nattermann
33. — Ortner
34. Unter-Lieut. Schenk
35. — Hubatius
36. Fähndrich Pannovich
} vom Inf.-Reg. vacat Kottulinski
37. Unter-Lieut. Hlaster vom Inf.-Reg. Reuß Plauen.
38. Hauptmann Radisevich
39. Fähndrich Kezan
} vom Gradiskaner Grenz-Reg.
40. Ober-Lieut. Hauck vom 2ten Jäger-Bat.

Am 2ten Juli bei les Rousses und Fancilles.

Verwundet. 41. Obristlt. Fligeli vom Inf.-Reg. Ignaz Gyulay.

42. Ober-Lieut. Zsolnay
43. — Staukovich
44. Unter-Lieut. Bolderiz
} vom Inf.-Reg. Ignaz Gyulay.

45. — Terbvewich vom Warasdiner Kreuzer Grenz-Reg.

Am 4ten Juli bei Bestürmung der Redoute am Fort de l'Ecluse,

Verwundet. 46. Major Kießling
47. Ober-Lieut. Blasowsky
48. Unter-Lieut. Szoluß
49. Fähndrich Platti
} vom Inf.-Reg. Esterhazi.

Bei Carbonnier und Chesserie wurde

Verwundet. 50. Major Wissiak von Beaulieu.

Am 6ten Juli bei Chariz wurde

Verwundet. 51. Obristlt. Graf Kollowrath vom Erzh. Ludwig 1sten Landwehr-Bat.

Am 30sten Juni bei Neu Breisach.

Verwundet. 52. Unter-Lieut. Nedomansky
53. Fähndrich Schreiber
} vom Inf.-Reg. Joseph Kolloredo.

Am 1sten Juli bei Berennung der Festung Schlettstädt.

Geblieben. 54. Ober-Lieut. Vesean vom Inf.-Reg. Kolloredo Mannsfeld.

Am 4ten Juli im Gefecht bei Bedfort.

Geblieben. 55. Fähndrich Kottauer vom Inf.-Reg. vacat Kottulinski.
56. Ober-Lieut. Staukgen
57. — Friedrichowski
58. Fähndrich Sporer
59. — Breiz
60. — Thalhofer
} vom Kaiser Alexander Inf.-Reg. 4ten Bat.

61. Lieutenant Wagner vom Inf.-Reg. Beniowsky.

Verwundet. 62. Hauptmann Supanschüz
63. Ober-Lieut. Hilbert
64. Unter-Lieut. Schurt
65. — Rachert
} vom Inf.-Reg. vacat Kottulinski.

66. Hauptmann Häring
67. Ober-Lieut. Haffmann
68. Fähndrich Andrassi
} vom Inf.-Reg Froon.

69. Hauptmann Kreigner
70. Fähndrich Stipschitz
} vom Inf.-Reg. Kaiser Alexander.

71. Hauptmann Magliovich vom Inf.-Reg. Beniowsky.
72. Ober-Lieut. Kaluszek vom Kaiser Inf.-Reg.
73. — Leiendecker
74. Unter-Lieut. Selliers
75. Fähndrich Wurmbrand
} vom Inf.-Reg. Erzherzog Rainer.

76. — Senolianowich vom Gradiskaner Grenz-Reg.
77. Unter-Lieut. Mittenberg vom 5ten Jäger-Bat.
78. — Kallowozki vom Erzh. Ferdinand Husaren.
79. Ober-Lieut. Grebmann vom Hessen-Homburg-Husaren.

Den 9ten Juli bei dem feindlichen Ausfall aus der Festung Straßburg.

Geblieben. 80. Fähndrich Schreiber vom Joseph Colloredo Inf.-Reg.
81. Hauptmann Hausleuter vom Inf.-Reg. Würtemberg.

Verwundet. 82. Hauptmann Löffler
83. — Gusitsch
84. Ober-Lieut. Keil
} vom Inf.-Reg. Joseph Kolloredo.

Zu Seite 120. (A.)

Ueberſicht der M… vom R…

Datum.	Ort.
Juni 15.	Thuin u. Sambre
— 16.	Ligny
— 17.	Hautheu…
	Roſiere
— 18.	Bierge
— 19.	Maiſon d…
— 20.	Lodelinſa…
— 21.	Beaumon…
— 22.	Semouſie…
— 23.	Etroeung
— 24.	Etroeung
— 25.	Guiſe
— 26.	Liſſontain
— 27. / — 28.	Noyon
— 29.	Nanteuil
— 30. / Juli 1.	Blanc M…
— 2.	La Carri…
— 3.	Meudon

Summa in 19 Tag…

10. Juli.	11. Juli.	12. Juli.	13. Juli.	14. Juli.
Saarbrü-	Sezanne	Coulom-miers.	Lagny	Paris.
Saargemine	Champeau-bert	la ferte sous Jouarre	Claye	
Raſtlagan	Chateau Thierry	Mereilly	Aunay	
Forbacke	Epernay	Chateau Thierry	Iverny	
Saarbrü-	Avenay	Crezaney	Meaux	
Gerbectes	Vieux Maiſons	Meaux	Bondy	
Ransba	Vauchamps	Monceaux	Vaugneurs	
Blieskaſtle	Bergeres	Vieux Maiſons	Choiſy le Temple	
Saargemine	Etoges	Buſſieres	Ville Pariſis	
Folignugen	bei Nancy.			
St. Avon	Metz nach	Chalons u.	beziehet dort	Kantonirungen.
…hl u. …eim	Blieſcaſtel u. Alzey	Petelange u. Winweiler.	Morhange und Landſtuhl.	
Ober N…ſchel …ia …te	Sandrupt	Thiebie-mont	Romaine-court	
Alzey …n	Rouvron ſur Meuſe	Clairmont	Somme-tours	
Groß …rau …ſon	Vigneulle	Beauzeé	St. Mene-hould	
Heilnb… …ham…e	la ferte gaucher	St. Germain	Neuilly	
Tinsbei St.	Eſternay	Mouron	Chelles	
Molshe…	les grands Eſſarts	Chailly	Pompronne	
	Ligny	St. Diziers	Sommepuis	
	Void	Ligny	St. Diziers	
…vic	Nancy	Void	Ligny	

…Diviſion

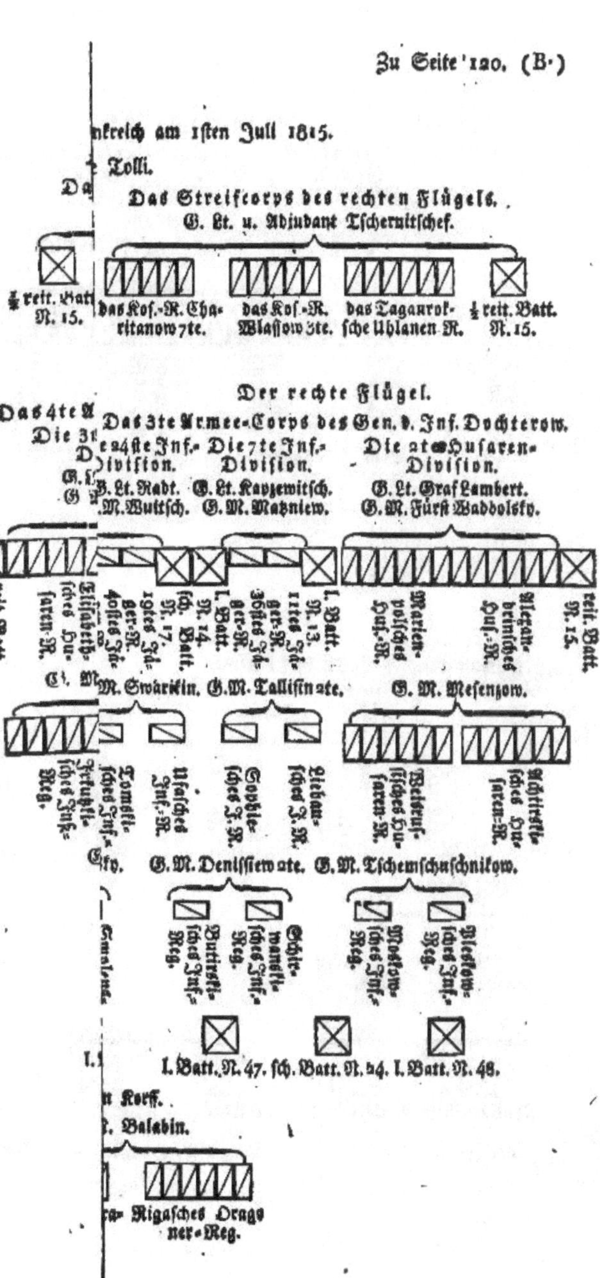
Zu Seite 120. (B.)
nkreich am 1sten Juli 1815.
Tolli.
Das Streifcorps des rechten Flügels.
G. Lt. u. Adjudant Tschernitschef.
½ reit. Batt. N. 15.
das Kos.-R. Charitanow 7te.
das Kos.-R. Wlassow 3te.
das Taganrok-sche Uhlanen-R.
½ reit. Batt. N. 15.
Der rechte Flügel.
Das 3te Armee-Corps des Gen. d. Inf. Dochterow.
Die 7te Inf.-Division.
G. Lt. Kapzewitsch.
G. M. Matzniew.
Die 2te Husaren-Division.
G. Lt. Graf Lambert.
G. M. Fürst Wadbolsky.
reit. Batt. N. 10.
l. Batt. N. 14.
sch. Batt. N. 17.
l. Batt. N. 13.
Marien-polsches Husf.-R.
Alexan-drinisches Husf.-R.
reit. Batt. N. 15.
G. M. Talisin 2te.
G. M. Mesenzow.
Tomski-sches Inf.-R.
Ufasches Inf.-R.
Sophie-sches J. R.
Libau-sches J. R.
Weißrus-sisches Husaren-R.
Achtirski-sches Husaren-R.
G. M. Denissiew 2te.
G. M. Tschemschuschnikow.
Butirski-sches Inf.-Reg.
Schir-wanski-sches Inf.-Reg.
Moskow-sches Inf.-Reg.
Pleskow-sches Inf.-Reg.
l. Batt. N. 47.
sch. Batt. N. 24.
l. Batt. N. 48.
Korff.
Balabin.
Rigasches Dragoner-Reg.

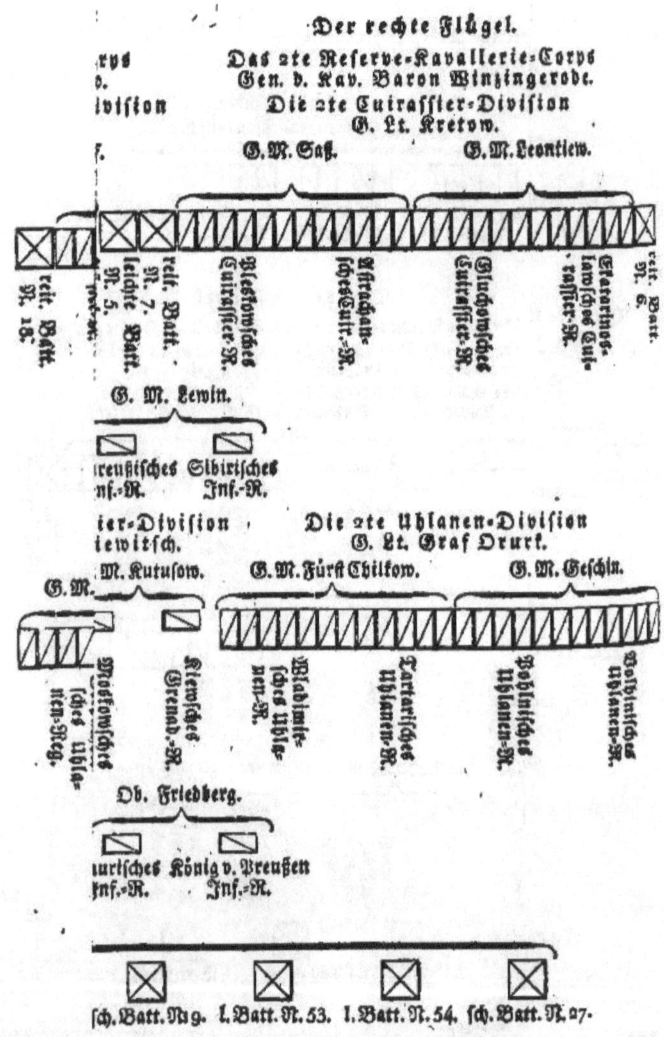

10te Infanterie- und die 3te Dragoner-Division) unter dem Obr-

Anr

Das 1ste Armee-Corps.

Kommandirender General, der General-Lieutenant von Zieten.

Chef des Generalstabes der Obristlt. v. Reiche.

Die 1ste Brigade, Chef der General-Major v. Steinmetz.

Obristlt. von Rüchel Kleist.	das Brandenburgsche Inf.-Reg., Comd Obristlt. v. Othegraven, das 24ste Inf.-Reg., Comd. der Major v. Laurens, das 1ste Westphälische Landwehr-Inf.-Reg., einstweilig Major v. Hülsen.

Die 2te Brigade, Chef der General-Major v. Pirch der 2te.

Einstweilig Obristlieut. Stach von Golzheim.	das 1ste Westpreußische Inf.-Reg., Comd. Obristlt. Stach v. Golzheim, das 28ste Inf.-Reg., Comd. Major v. Quadt, das 2te Westphälische Landwehr-Inf.-Reg., Comd. Major v. Winterfeldt.

Die 3te Brigade.

Obrist von Hoffmann.	das 2te Westpreußische Inf.-Reg., Comd. Obristlt. v. Seidlitz, das 29ste Inf.-Reg., Comd. der Major v. Hymmen, das 3te Westphälische Landwehr-Inf.-Reg., Comd. Major v. Fritzius.

Die 4te Brigade.

Obrist von Schutter.	das 19te Inf.-Reg., Comd. der Obrist v. Schutter (einstweilig Major v. Stengel), das 4te Westphälische Landwehr-Inf.-Reg., Comd. Major Graf v. Gröben, das Schlesische Schützen-Bat., Comd. der Major v. Neumann.

Die Reserve-Kavallerie, Chef der General-Lieutenant v. Röder.

G. M. von Treskow.	das 1ste Westpreußische Dragoner-Reg., Comd. der Obristlt. v. Woisky, das Brandenburgische Dragoner-Reg., Comd. der Major v. Osten, das Brandenburgische Uhlanen-Reg. No. 3., Comd. der Obristlt. v. Stutterheim.
Einstweilig Obristlt. von Beyer.	das 1ste Schlesische Husaren-Reg. No. 4, Comd. der Major v. Engelhart, das 6te Uhlanen-Reg., einstweilig Rittm. v. Stranz, das Westphälische Landwehr-Kavallerie-Reg., Comd. Major v. Wulffen.

Das 1ste Kurmärkische Landwehr-Kavallerie-Reg., Comd. Major v. Folgersberg.

Das 2te Kurmärkische Landwehr-Kavallerie-Reg., Comd. Major v. Kamke.

Die Artillerie, Brig.-Comd. Obristlt. v. Lehmann.

Major von Mandelslohe. Major von Huet.	die 12pfünd.	Fußbatterie	No. 2.	Cap. v. Siemon,
	die 12pfünd.	—	No. 6.	— v. Reuter,
	die 12pfünd.	—	No. 9.	— v. Hollsche,
	die 6pfünd.	—	No. 3.	Pr. Lieut. v. Neander,
	die 6pfünd.	—	No. 7.	Cap. v. Schaale,
	die 6pfünd.	—	No. 8.	— v. Herrmann,

Major von Mandelslohe. Major von Huet.
- die 6pfünd. Fußbatterie No. 15. Pr. Lieut. v. Meerkatz,
- die 6pfünd. — No. 38. Cap. v. Huet,
- die 7pfünd. Haubitz-Batterie No. 1. Cap. v. Boitus,
- die 6pfünd. reitende Batterie No. 7. — v. Richter,
- die 6pfünd. — No. 10. — v. Schäffer,
- die 6pfünd. — No. 22. — v. Borowski.

Die Park-Kolonne No. 8. Pr. Lieut. v. Adolph.
Die — No. 9. Sec. Lieut. v. Löben.
Die — No. 10. — v. Bunkowsky.
Die — No. 11. — v. Langendorf.
Die — No. 15. — v. Thiele.
Die — No. 16. — v. Massenbach.
Die Laboratorien-Kolonne No. 1. Pr. Lieut. v. Koch.
Die Handwerks-Kolonne No. 2. vacat.
Die 1ste Pionnier-Compagnie der Cap. v. Giese.
Die 2te — der — v. Rhade.

Das 2te Armee-Corps.

Kommandirender General, der General der Infanterie Prinz August v. Preußen.
Chef des Generalstabes, der Obrist v. Aster.

Die 5te Brigade, Chef der General-Major v. Pirch der 1ste.

G.M. v. Tippelskirch.
- das 1ste Pommersche Inf.-Reg., Comd. Obristlt. v. Cardell,
- das 25ste Inf.-Reg., Comd. Obristlt. v. Petersdorf,
- das 5te Westphälische Landwehr-Inf.-Reg., Comd. der Major v. Röbell.

Die 6te Brigade, Chef der General-Major v. Krafft.
- das Colbergsche Inf.-Reg., Comd. Obristlt. v. Schmidt,
- das 26ste Inf.-Reg., Comd. Obrist v. Reuß,
- das 1ste Elb-Landwehr-Inf.-Reg., Comd. Obristlt. v. Pirch.

Die 7te Brigade, Chef der General-Major v. Brause.

Obrist von Schon.
- das 14te Inf.-Reg., Comd. einstweilig Major v. Mirbach,
- das 22ste Inf.-Reg., Comd. Obristlt. v. Saack,
- das 2te Elb-Landwehr-Inf.-Reg., Comd. Obristlt. v. Rekow.

Die 8te Brigade, Chef der General-Major v. Bose.

Obrist von Langen.
- das 21ste Inf.-Reg., Comd. Obrist v. Rekow,
- das 23ste Inf.-Reg., Comd. Obrist v. Winskowsky,
- das 3te Elb-Landwehr-Inf.-Reg., Comd. Major v. Rangow,
- ein neues Jäger-Bat.

Die Reserve-Kavallerie, Chef der General-Major v. Jürgaß.

Obrist v. d. Goltz.
- das Reg. Königin Dragoner No. 1. Comd. Obristlt. v. Kamke,
- das Neumärkische Dragoner-Reg., No. 6. Comd. Obrist v. Bork,
- das Schlesische Uhlanen-Reg. No. 2. Comd. Obristlt. v. Schmiedeberg.

Obristlt. von Sohr.
- das Brandenburgische Husaren-Reg. No. 3. Comd. Obristlt. v. Sohr (verwundet), Major v. Klinkowström,

Obristlt. von Sohr.	das Pommersche Husaren-Reg. No. 5. Comd. Major v. Arnim, das Bergsche Husaren-Reg. No. 11. Comd. Major v. Romberg.
Obristlt. Gr. v. Schulenburg.	das Elb-Landwehr-Kavallerie-Reg., Comd. Obristlt. v. Reibnitz, das 4te Kurmärkische Landwehr-Kavallerie-Reg., Comd. Obristlt. v. Schmeling, das 5te Kurmärkische Landwehr-Kavallerie-Reg., Comd. Major v. Ukermann.

Die Artillerie, Brig.-Comd. der Obristlt. v. Roehl.

Major v. Takmann. Major v. Lehmann. Major v. Ludwig.	die 12pfünd. Fußbatterie No. 4. Cap. v. Schrader, die 12pfünd. — No. 8. Pr. Lieut. v. Junghans, die 12pfünd. — No. 10. — v. Weigand, die 6pfünd. — No. 5. Cap. v. Michaelis d. 1ste, die 6pfünd. — No. 10. Cap. v. Magenhöfer, die 6pfünd. — No. 12. — v. Bully, die 6pfünd. — No. 34. — v. Lent, die 6pfünd. — No. 37. — v. Pippow, die 7pfünd. Haubitz-Batterie No. 2. Pr. Lt. v. Rode, die 6pfünd. reitende Batterie No. 5. Sec. Lt. v. Röhl 1ste, die 6pfünd. — No. 6. Cap. v. Jenichen, die 6pfünd. — No. 14. — v. Fritze,

Die Park-Kolonne No. 4. Pr. Lieut. v. Hertig.
Die — No. 6. — v. Brinkmann.
Die — No. 14. Cap. v. Rosenzweig.
Die — No. 17. Pr. Lieut. v. Guischard.
Die — No. 18. — v. Breuck.
Die — No. 20. — v. Redlich d. 1ste.
Die Laboratorien-Kolonne No. 2. Sec. Lt. v. Schulz 1ste.
Die Handwerks-Kolonne No. 3. Feldwebel Neimeier.
Die 6te Pionnier-Compagnie, Cap. v. Linde,
Die 7te — — v. Uthmann.

Das 3te Armee-Corps.

Kommandirender General, der General-Lieutenant Freiherr v. Thielemann.

Chef des Generalstabes, Obrist v. Clausewitz.

Die 9te Brigade, Chef der General-Major v. Bork.

Obrist von Zepplin.	das Leib-Infanterie-Reg., Comd. Obrist v. Zepplin (einstweilig Major v. Ledebur), das 30ste Infanterie-Reg., Comd. Major v. Dittfurth, das 1ste Kurmärkische Landwehr-Infanterie-Reg., Comd. Major v. Tippelskirch.

Die 10te Brigade.

Obrist von Kempfen.	das 27ste Infanterie-Reg., Comd. Obristlt. v. Pleßmann, das 2te Kurmärkische Infanterie-Reg., Comd. Obristlt. v. Bekendorf.

Die 11te Brigade, Chef der General-Major v. Rüssel der 2te.

Obrist u. Flügel-Adj. v. Luck.	das 16te Infanterie-Reg., Comd. Obristlt. v. Uthenhofen, das 3te Kurmärkische Landwehr-Infanterie-Reg., Comd. Major v. Züschen, das 4te Kurmärkische Landwehr-Infanterie-Reg., Comd. Major v. Grollmann.

Die 12te Brigade, Chef der General-Major v. Lossow.

Obrist von Stülpnagel.
- das 31ste Infanterie-Reg. Comd. Obrist v. Stülpnagel,
- das 5te Kurmärkische Landwehr-Infanterie-Reg., Comd. Major v. Welling,
- das 6te Kurmärkische Landwehr-Infanterie-Reg., Comd. Obristlt. v. Rohr.

Die Reserve-Kavallerie, Chef der General-Major v. Hode.

Obrist Graf v. Lottum.
- das Dragoner-Reg. No. 7. Comd. Obristlt. v. d. Goltz,
- das Uhlanen-Reg. No. 5. Comd. Major v. Zastrow,
- das — No. 7. Comd. Major v. Raven,
- das — No. 8. Comd. Obrist Graf v. Dohna.

Obrist von Marwitz.
- das 9te Husaren-Reg., Comd. der Major v. Hellwig,
- das 12te — Comd. der Obristlt. v. Czettritz,
- das 3te Kurmärkische Landwehr-Kavall.-Reg., Comd. Major Graf v. Finkenstein,
- das 6te Kurmärkische Landwehr-Kavall.-Reg., Comd. Major v. Dorville.

Die Artillerie, Brig.-Comd. der Obrist v. Monhaupt.

Cap. v. Glasenapp. / Major v. Grevenitz.
- die 12pfünd. Batterie No. 7. Cap. v. Baldauf,
- die 12pfünd. — No. 11. Pr. Lieut. v. Liebermann,
- die 12pfünd. — No. 12. Cap. v. Stammer,
- die 6pfünd. — No. 18. — v. Sannow,
- die 6pfünd. — No. 24. — v. Bahrenkampf,
- die 6pfünd. — No. 30. — v. Hain,
- die 6pfünd. — No. 35. — v. Wangenheim,
- die 6pfünd. — No. 36. — v. Bleskn,
- die 7pfünd. Haubitz-Batterie No. 3. Cap. v. Kurgaß,
- die 6pfünd. reitende Batterie No. 18. Cap. v. Hoyer,
- die 6pfünd. — No. 19. Pr. Lt. v. Dellen,
- die 6pfünd. — No. 20. Cap. v. Volmar,

Die Park-Kolonne No. 1. Sec. Lieut. v. Sannow.
Die — No. 3. — v. Kliehe.
Die — No. 5. Pr. Lieut. v. Post.
Die — No. 19. Sec. Lieut. v. Tappert.
Die — No. 21. Pr. Lieut. v. Martikke.
Die — No. 22. Sec. Lieut. v. Richter.
Die Laboratorien-Kolonne No. 3. Sec. Lieut. v. Boest.
Die Handwerks-Kolonne No. 1. Oberfeuerwerker Siemon.
Die 4te Pionnier-Compagnie, Cap. v. Zaborowsky.
Die 5te — Cap. v. Rohwedel.

Das 4te Armee-Corps.

Kommandirender General, der General der Infanterie Graf Bülow v. Dennewitz,

Chef des Generalstabes, der General-Major v. Valentini.

Die 13te Brigade.

Obrist von Lettow.
- das 1ste Schlesische Infanterie-Reg., Comd. Obrist v. Lettow,
- das 2te Neumärkische Landwehr-Infanterie-Reg. Comd. Major v. Braunschweig,
- das 3te Neumärkische Landwehr-Infanterie-Reg. Comd. Major v. Schmalensee.

Die 14te Brigade, Chef der General-Major v. Ryssel der 1ste.

Obrist von Funk.
- das 2te Schlesische Infanterie-Reg., Comd. Obrist v. Funk,

Obrist von Funk.	das 1ste Pommersche Landwehr-Infanterie-Reg., Comd. Obristlt. v. Brandenstein, das 2te Pommersche Landwehr-Infanterie-Reg., Comd. Major v. Pawelsz.

Die 15te Brigade, Chef der General-Major v. Losthin.

Obristlt von Othegraven.	das 18te Infanterie-Reg., Comd. Obrist v. Löbell einstweilig Major v. Koschkull, das 3te Schlesische Landwehr-Infanterie-Reg., Comd. Major v. Krahne, das 4te Schlesische Landwehr-Infanterie-Reg., Comd. Obristlt. v. Massow.

Die 16te Brigade.

Obrist Hiller v. Gärtringen.	das 15te Infanterie-Reg., Comd. Obristlt. v. Creilsheim, einstweilig Major v. Wittich, das 1ste Schlesische Landwehr-Infanterie-Reg., Comd. Major v. Fischer, das 2te Schlesische Landwehr-Infanterie-Reg., Comd. Obristlt. v. Blandowsky.

Die Reserve-Kavallerie, der General der Kavallerie Prinz Wilhelm v. Preußen.

Obrist La Roche v. Starkenfels.	das Dragoner-Reg. No. 8. Comd. Major v. Müller, das Westpreußische Uhlanen-Reg. No. 1. Comd. Obristlt. v. Beyer, das 6te Husaren-Reg. (2te Schlesische), Comd. Obrist v. Eike.
Einstweilig Obristlt. von Beyer.	das 8te Husaren-Reg., Comd. Major v. Colomb, das 10te — Comd. Obristlt. v. Ledebur.
G. M. von Sidow.	das 1ste Neumärkische Landwehr-Kavall.-Reg., Comd. Major v. Sidow, das 2te Neumärkische Landwehr-Kavall.-Reg., Comd. Major v. Hiller, das 1ste Pommersche Landwehr-Kavall.-Reg., Comd. Major v. Blankenburg, das 2te Pommersche Landwehr-Kavall.-Reg., Comd. Major v. Kamke, das 1ste Schlesische Landwehr-Kavall.-Reg., Comd. Obristlt. v. Schill, das 2te Schlesische Landwehr-Kavall.-Reg., Comd. Major v. Minkwitz, das 3te Schlesische Landwehr-Kavall.-Reg., Comd. Major v. Falkenhausen.

Die Artillerie, Brig.-Comd. der General-Major v. Braun.

Major von Graßmann. Major von Ziegler.	die 12pfünd.	Fußbatterie	No. 3.	Cap. v. Scheffler,
	die 12pfünd.	—	No. 5.	— v. Conradi,
	die 12pfünd.	—	No. 13.	— v. Woke,
	die 6pfünd.	—	No. 2.	— v. Schmidt,
	die 6pfünd.	—	No. 11.	— v. Mengden,
	die 6pfünd.	—	No. 13.	Pr. Lt. v. Martitz,
	die 6pfünd.	—	No. 14.	Cap. v. Hensel 1ste,
	die 6pfünd.	—	No. 21.	Pr. Lt. v. Schmidt 1ste,
	die 7pfünd.	Haubitz-Batterie	No. 4.	Cap. v. Schlemmer,
	die 6pfünd.	reitende Batterie	No. 11.	Cap. v. Borchard,
	die 6pfünd.	—	No. 12.	— v. Pfeil,
	die 6pfünd.	—	No. 21.	— v. Zinken,

Die Park-Kolonne No. 2. Pr. Lieut. v. Gehr.
Die — No. 7. — v. Leipziger.
Die — No. 13. — v. Zerenner.
Die — No. 24. — v. Bein.
Die — No. 25. — v. Hering.
Die — No. 26. — v. Fox.
Die Laboratorien-Kolonne No. 5. Sec. Lt. v. Schoner.
Die Handwerks-Kolonne No. 4. Oberfeuerwerker Kielhorn.
Die Mannsfeldsche Pionnier-Comp. Cap. v. Schwartz.

Das 5te Armee-Corps.

Kommandirender General, der General der Infanterie Graf York v. Wartenburg.
Chef des Generalstabes, der Obrist v. Rudolphi.

Die 17te Brigade, Chef der General-Major v. Zielinsky.

Obrist v. Sieholm d. 2te.
- das 3te Ostpreußische Infanterie-Reg., Comd. Obrist v. Sieholm der 2te,
- das 1ste Ostpreußische Landwehr-Infanterie-Reg., Comd. Major v. Wolsky,
- das 1ste Westpreußische Landwehr-Infanterie-Reg., Comd. Obristlt. v. Benningsen.

Die 18te Brigade, Chef der General-Lieutenant v. Thümen.

Obrist von Clausewitz.
- das 4te Ostpreußische Infanterie-Reg., Comd. Obrist v. Klausewitz,
- das 2te Westpreußische Landwehr-Infanterie-Reg., Comd. Major v. Wolfradt,
- das 5te Schlesische Landwehr-Infanterie-Reg., Comd. Obristlt. v. Krauthof.

Die 19te Brigade, Chef der General-Major v. Stutterheim.
- das 7te Schlesische Landwehr-Infanterie-Reg., Comd. Obristlt. v. Poida,
- das 12te Schlesische Landwehr-Infanterie-Reg., Comd. Major v. Buttlar.

Die 20ste Brigade, Chef der General-Major Freiherr v. Blumenstein.
- das 17te Infanterie-Reg. Comd. der Major v. Gagern,
- das 7te Kurmärkische Landwehr-Infanterie-Reg. Obristlt. v. Held,
- das 3te Pommersche Landwehr-Infanterie-Reg., Comd. der Obristlt. v. Kamke,
- das Ostpreußische Jäger-Bat., Comd. der Major v. Czettritz.

Die Reserve-Kavallerie, Chef der General-Major Graf Henkel v. Donnersmark.

Auf dem Marsch zum 3ten Armee-Corps.
- das 2te Westpreußische Dragoner-Reg., Comd. Obristlt. v. Wrangel,
- das 2te Leib-Husaren-Reg., Comd. Obrist v. Stößel,

Obrist von Borstel.
- das Litthauische Dragoner Reg., Comd. Obrist v. Below,
- das 1ste Leib-Husaren-Reg., Comd. Obristlt. v. Sandrart.
- das 7te Husaren-Reg., Comd. Major Graf v. Henkel.

S. M. Prinz Biron von Kurland.
- das 1ste Westpreußische Landwehr-Kavall.-Reg., Comd. Major v. Hymmen,
- das 2te Westpreußische Landwehr-Kavall.-Reg., Comd. Major v. Sulitzki,
- das 3te Westpreußische Landwehr-Kavall.-Reg., Comd. Major v. Speer,
- das 3te Pommersche Landwehr-Kavall.-Reg., Comd. Major v. Horn,
- das 7te Kurmärkische Landwehr-Kavall.-Reg., Comd. Major v. Treskow,
- das 4te Schlesische Landwehr-Kavall.-Reg., Comd. Major v. Sohr,
- das 5te Schlesische Landwehr-Kavall.-Reg., Comd. Major v. Oserowsky.

Die Artillerie, Brigade-Comd. der Obristlt. v. Neander.

Major von Fiebig. Major von Schorlemmer.
- die 12pfünd. Fußbatterie No. 14. Cap. v. Hertig,
- die 12pfünd. — No. 15. — v. Hensel d. 1ste,
- die 12pfünd. — No. 16. — v. Baumgarten,
- die 6pfünd. — No. 6. — v. Veith,
- die 6pfünd. — No. 16. — v. Macht,
- die 6pfünd. — No. 17. — v. Gieseler,
- die 6pfünd. — No. 25. — v. Platen,
- die 6pfünd. — No. 26. — v. Baalzow,
- die 7pfünd. Haubitz-Batterie No. 5. Pr. Lieut. v. Kambli der 1ste,
- die 6pfünd. reitende Batterie No. 3. Pr. Lieut. v. Arnold,
- die 6pfünd. reitende Batterie No. 8. Cap. v. Boeck,
- die 6pfünd. — — No. 9. — v. Wilhelmi,

Die Park-Kolonne No. 12. Pr. Lieut. v. Petersen.
Die — No. 23. — v. Zöllner.
Die — No. 27. — v. Arnold d. 2te.
Die — No. 28. Sec. Lieut. v. Bogdan.
Die — No. 29. Pr. Lieut. v. Leo d. 1ste.
Die — No. 30. — v. Freitag.
Die Laboratorien-Kolonne No. 4. Pr. Lieut. v. Pauli.
Die Handwerks-Kolonne No. 5. Feldwebel Vogel.
Die Pionnier-Compagnie (die 3te des Mannsfeldschen Bat.).

Das 6te Armee-Corps.

Kommandirender General, der General der Infanterie Graf Tauenzien v. Wittenberg.

Chef des Generalstabes, der Obrist v. Rothenburg.

Die 21ste Brigade, Chef der General-Major v. Klüx.

Obrist v. Korniatowski.
- das 1ste Ostpreußische Infanterie-Reg., Comd. Obrist v. Korniatowsky,
- das 8te Schlesische Landwehr-Infanterie-Reg., Comd. Obristlt. Graf v. Larisch,
- das 9te Schlesische Landwehr-Infanterie-Reg., Comd. Major Graf v. Wartensleben.

Die 22ste Brigade, Chef der General-Major v. Lobenthal.

Obrist v. Siebolm d. 1ste.
- das 2te Ostpreußische Infanterie-Reg., Comd. Obrist v. Siebolm der 1ste,
- das 10te Schlesische Landwehr-Infanterie-Reg., Comd. Major v. Winning,

Obrist v. Sie-holm d. 1ste. — das 11te Schlesische Landwehr-Infanterie-Reg., Comd. Obristlt. v. Wostrowsky,

Die 23ste Brigade, Chef der General-Major v. Horn.

Obrist Prinz v. Hohenzollern.
- das 2te Ostpreußische Landwehr-Infanterie-Reg., Comd. Major v. Kannewurf,
- das 6te Schlesische Landwehr-Infanterie-Reg., Comd. Major v. Zimmermann,
- das 15te Schlesische Landwehr-Infanterie-Reg., Comd. Major v. Pettingkofer,

Die 24ste Brigade, Chef der General-Major v. Wrangel.

Obrist von Creilsheim.
- das 3te Ostpreußische Landwehr-Infanterie-Reg., Comd. Major Graf v. Klinkowström,
- das 4te Ostpreußische Landwehr-Infanterie-Reg., Comd. Major v. Spies,
- das 2te Obersächsische Landwehr-Infanterie-Reg., Comd. Obristlt. v. Brand,

Die Reserve-Kavallerie, Chef der General-Lieutenant v. Oppen.

Obrist Graf v. Haak.
- das Schlesische Cuirassier-Reg. No. 1. Comd. Obrist v. Briesen (einstweilig Major v. Krosigk),
- das Ostpreußische Cuirassier-Reg. No. 2. Obrist v. Werder,
- das Brandenburgische Cuirassier-Reg. No. 3. Comd. Obristlt. v. Löbell einstweilig,
- das 4te Cuirassier-Reg., Comd. Major v. Koschenbahr.

Obrist von Briesen.
- das 4te Uhlanen-Reg., Comd. der Obristlt. v. Eisenhardt,
- das 6te Schlesische Landwehr-Kavall.-Reg., Comd. Major v. Bissing (bei den Rheinfestungen),
- das 7te Schlesische Landwehr-Kavall.-Reg., Comd. Major v. Schmidt,
- das 8te Schlesische Landwehr-Kavall.-Reg., Comd. Obristlt. v. Kleist.

G. M. v. Wuthenow.
- das 1ste Ostpreußische Landwehr-Kavall.-Reg., Comd. Major v. Schön,
- das 2te Ostpreußische Landwehr-Kavall.-Reg., Comd. Major v. Ciesielsky,
- das 3te Ostpreußische Landwehr-Kavall.-Reg., Comd. Major v. Kökriz,
- das 4te Ostpreußische Landwehr-Kavall.-Reg., Comd. Major v. Kurowski.

Die Artillerie, Brigade-Comd. der Obristlt. v. Meerkatz.

Major von Spreuth. Major von Tuchsen.
- die 12pfünd. Fußbatterie No. 17. Cap. v. Pitscher,
- die 12pfünd. — No. 18. v. Glein,
- die 12pfünd. — No. 19. v. Kanadeus,
- die 6pfünd. — No. 9. v. Czarnowsky,
- die 6pfünd. — No. 19. Pr. Lt. v. Lettow d. 1ste,
- die 6pfünd. — No. 20. Cap. v. Erny,
- die 6pfünd. — No. 22. Pr. Lt. v. Rohr d. 1ste,
- die 6pfünd. — No. 23. Cap. v. Lindenberg,
- die 7pfünd. Haubitz-Batterie No. 6. Cap. v. Rosenzweig,
- die 6pfünd. reitende Batterie No. 13. Cap. v. Papendik,
- die 6pfünd. — No. 16. — v. Becker,
- die 6pfünd. — No. 17. — v. Schüler,

Die Park-Kolonne No. 31. Pr. Lieut. v. Jäger.
Die — No. 32. — v. Krüger d. 1ste.

Die

Die Park-Kolonne No. 33. Pr. Lieut. v. Wilcke.
Die — No. 35. — v. Gretsch.
Die — No. 36. Sec. Lieut. v. Kramer.
Die — No. 34. — v. Zeidel.
Die Laboratorien-Kolonne No. 6. Cap. v. Krause.
Die Handwerks-Kolonne No. 6. Oberfeuerwerker Krüger.
Die 8te Pionnier-Compagnie, Pr. Lieut. v. Siemon.
Die 9te — Cap. v. Olszewsky.

Das Rheinische Landwehr-Corps.

Kommandirt der General-Major v. Jagow.

Das 1ste Rheinische Landwehr-Kavallerie-Reg., Comd. Obrist Graf v. Nesselrode.

Das 2te Rheinische Landwehr-Kavallerie-Reg., Comd. Rittm. Graf Busche v. Ippenburg.

Das 1ste Rheinische Landwehr-Infanterie-Reg., Comd. Major v. Schlechtendahl.

Das 2te Rheinische Landwehr-Infanterie-Reg., Comd. Major Kohn v. Jaski.

Das 3te Rheinische Landwehr-Infanterie-Reg., Comd. Major v. Zglinitzki.

Das 4te Rheinische Landwehr-Infanterie-Reg., Comd. Major v. Ziegler.

Das 5te Rheinische Landwehr-Infanterie-Reg., Comd. Major v. Anselm.

Das 6te Rheinische Landwehr-Infanterie-Reg., Comd. Major v. Sell.

Das 7te Rheinische Landwehr-Infanterie-Reg., Comd. Major v. Beck.

Das 8te Rheinische Landwehr-Infanterie-Reg., Comd. Major v. Wnuck.

Zu Besatzungen.

In Posen.

Das 1ste Neumärkische Landwehr-Infanterie-Reg., Comd. Major v. Düring.

Das 13te Schlesische Landwehr-Infanterie-Reg., Comd. Major v. Podewils.

In Torgau, Wittenberg und Magdeburg.

Das 14te Schlesische Landwehr-Infanterie-Reg., Comd. der Major v. Brünnow.

Das 1ste Obersächsische Landwehr-Infanterie-Reg., Comd. der Obristlt. Graf v. Schönburg (in Frankreich zur 13ten Brigade).

Das 1ste Thüringsche Landwehr-Infanterie-Reg., Comd. Obristlt. v. Selmnitz (blieb in Preußisch Minden).

Das 5te Ostpreußische Landwehr-Kavall.-Reg., Comd. der Major v. Brünneck.

Das 1ste Obersächsische Landwehr-Kavall.-Reg., Comd. der Major v. Stechow.

Das 2te Obersächsische Landwehr-Kavall.-Reg.

Das 5te Ostpreußische Landwehr-Infanterie-Reg., Comd. der Obristlt. v. Bequignolle.

Das 2te Thüringsche Landwehr-Infanterie-Reg. (blieb in Magdeburg stehen).

J

In Mainz.

Das 13te Infanterie-Reg., Comd. der Obrist v. Langen.
Das 20ste Infanterie-Reg., Comd. der Obristlt. v. Natzmer.

Das Deutsche Armee-Corps.

Kommandirender General, der General-Lieutenant v. Haak.

Chef des Generalstabes, der Obrist v. Witzleben,

Die 1ste Brigade, Chef der General-Major Prinz v. Solms (Hessen) 6 Bat.

Obrist von Heinau.
- das Grenadier-Bat. v. Haller,
- das Regiment des Kurfürsten, Comd. der Obristlt. v. Benning,
- das Regiment des Kurprinzen, Comd. der Obristlt. v. Fließ,
- das Jäger-Bat., Comd. der Major v. Bödiker.

Die 2te Brigade, Chef der General-Major v. Müller (Hessen) 5 Bat.

- das Grenadier-Bat. v. Lasberg,
- das Infanterie-Reg. des Landgrafen Carl, Comd. der Obristlt. v. Borck,
- das Infanterie-Reg. des Prinzen Solms, Comd. der Obristlt. v. Zink,

Die 3te Brigade, Chef der General-Major v. Egloffstein, 12 Bat.

- das 1ste Provisorische Reg. (2 Bat. Weimar 1 Bat. Dessau 1 Bat. Bernburg), Obrist v. Hoppe,
- das 2te Provisorische Reg. (2 Bat. Gotha u. 1 Bat. Schwarzburg), Obrist v. Münnich,
- das 3te Provisorische Reg. (2 Bat. Lippe u. 1 Bat. Waldek), Obrist Graf v. Waldek.
- das Oldenburgsche Infanterie-Reg. 2 Bat., der Obrist v. Wardenberg.

Die 4te Brigade, Chef der General-Lieutenant Erbgroßherzog von Meklenburg Schwerin, 6 Bat. (Meklenburger) 6 Bat.

Obrist von Both.
- das 1ste Regiment, Comd. der Major v. Kampz,
- das 2te — Comd. der Major v. Ellernhorst.

Die Kavallerie, Chef der General-Major v. Warburg.

Obrist Prinz Friedrich v. Hessen.
- das Hessische Leib-Dragoner-Reg., Comd. der Obrist v. Marschall,
- das Hessische Husaren-Reg., Comd. der Obristlt. v. Schäfer,
- das Meklenburg-Strelitzsche Husaren-Reg., Comd. der Major v. Grevenitz.

Die Artillerie, Chef der Preußische Major v. Bardeleben.

Major von Köhler.
- die Hessische 6pfünd. Fußbatterie No. 1. der Cap. v. Hueth,
- die Hessische 6pfünd. Fußbatterie No. 2. der Cap. v. Schultheß,

½ Meklenburgsche Fußbatterie.

Beilage XXVIII.

Uebereinkunft welche mit der Festung Toul abgeschlossen wurde.

Der Feldmarschall-Lieutenant Graf Radetzky, Chef des Generalstabes der verbündeten Armeen, in Nancy von dem Feldmarschall Fürsten Schwarzenberg, Oberbefehlshaber der Oestreichischen und verbündeten Armeen am Rhein, und der Obrist von der Artillerie Ritter Fruchard Offizier der Ehrenlegion, Ober-Kommandant der in Belagerungsstand gesetzten Festung Toul, haben, um das Blutvergießen so viel an ihnen ist zu verhüten, und die Befehle der französischen Regierung während eines Waffenstillstandes zu erwarten, gestern den 5ten Juli ernannt, nehmlich:

Der Ober-Kommandant in Toul den Herrn Bron, Major, Kommandanten vom Genie-Corps in der Festung, Offizier der Ehrenlegion, und den Herrn Teissier, Unterpräfekten des Bezirks von Toul, und der Chef des Generalstabes Graf Radetzky, den Grafen Karaiczai Capitain des Generalstabes, welche in Dommartin le Toul, wie es unter ihnen verabredet worden war, zusammengetreten, und über folgende Artikel übereingekommen sind.

Artikel 1. Vom heutigen Tage soll ein Waffenstillstand zwischen den Truppen der vereinigten Mächte, und der Besatzung der Festung Toul sein.

Artikel 2. Es sollen beiderseits Befehle gegeben werden, die Feindseligkeiten einzustellen, und zu verhindern, daß Couriere oder Militair-Personen in dem Bezirk beunruhigt werden.

Artikel 3. Die alliirten Truppen dürfen in keinem Fall durch die Stadt Toul, oder durch den im folgenden Artikel festgesetzten Umkreis marschiren.

Artikel 4. Der Umkreis der Festung wird durch folgende Punkte bestimmt:

Auf der Straße von Nancy bei der kleinen Brücke Dommartin.

Auf den Straßen von Thiancourt und Pont a Mousson da, wo diese Straßen zusammenstoßen.

Auf den Straßen von Void und von Vaucouleurs auf der Höhe der Mühle Grandchamp.

Auf der Straße von Viquelay bei St. Georg.

Die Französischen und Alliirten Vorposten dürfen beider Seits nicht an diese Punkte kommen.

Artikel 5. Das Dorf Dommartin le Toul soll nicht militärisch besetzt werden.

Artikel 6. Die Einwohner des Bezirks von Toul, sollen von den Alliirten nicht gehindert werden, täglich Eßwaaren auf die Märkte zu bringen.

Artikel 7. Die Couriere der verbündeten Mächte allein dürfen bei Tag und mit der gewöhnlichen Vorsicht durch die Festung reisen; in sehr dringenden Fällen, wenn die Couriere bei Nacht kommen, soll um die Oeffnung der Thore besonders nachgesucht werden.

Artikel 8. Während der Dauer des Waffenstillstandes soll keine Französische Truppe in die Festung aufgenommen werden.

Artikel 9. Gegenwärtige Konvention soll innerhalb 24 Stunden ratifizirt werden.

Doppelt gefertigt zu Dommartin le Toul den 6ten Juli 1815.

J 2

Beilage XXIX.

Uebereinkunft zwischen dem Russischen General-Major Orlow und dem Französischen Partisan-Chef Rittmeister Briece.

Zwischen dem General-Major Orlof Kommandanten eines Detachements des Kaiserlich-Russischen 7ten Armee-Corps in den Vogesen im Namen der hohen verbündeten Mächte, und dem Esquadrons-Chef Briçe, Kommandanten des zweiten freiwilligen Jäger-Corps der Meurthe ist nachfolgende Konvention abgeschlossen worden:

Artikel 1. Von nun an hören alle Feindseligkeiten zwischen den Verbündeten, und von dem Esquadrons-Chef Briece kommandirten Truppen auf.

Artikel 2. Der Esquadrons-Chef Briece verpflichtet sich, die Waffen zu Fremonville niederzulegen, und sein Corps in 24 Stunden nach der von dem Kommandanten des 7ten Armee-Corps General-Lieutenant Sabanejeff zu erwartenden Ratification der gegenwärtigen Convention aufzulösen. In Betreff der von dem Corps des Herrn Briece detaschirten Mannschaften, wird derselbe die gehörigen Befehle absenden, und die Chefs welche sie anführen, wie die Orte wo sie sich befinden, namhaft machen.

Artikel 3. Der Esquadrons-Chef Briece, und die unter seinem Befehle stehenden Herren Offiziere, nämlich: die Capitains Riouz, Georgel, Golfars du Vivier, Parmentier, Lete, der Adjudant Major Klein, die Lieutenants Schmiedeling, Garnier, Conrad Devency, Gauthier, Marechal, die Unter Lieutenants Parmentier, Servien, Rauche und der Unteroffizier Jacquot, verpflichten sich, jeder auf sein Ehrenwort, wenn sie in ihre Heimath oder an Plätze, die noch nicht die weiße Fahne aufgesteckt haben, zurück gehen, nichts gegen die hohen verbündeten Mächte zu unternehmen, wenn sie nicht von ihren rechtmäßigen, und von den verbündeten Mächten anerkannten Regierungen dazu autorisirt sind, sie erhalten ihre Waffen und Gepäcke.

Artikel 4. Der Esquadrons-Chef Briece, und die unter seinem Befehle stehenden Offiziere, werden die Orte ihrer Heimath wo sie nach geschehener Auflösung des Corps hinzugehen wünschen, anzeigen und wenn einige Offiziere sich lieber anderwärts als nach ihren Wohnorten hinbegeben wollen, sollen ihnen Pässe nach Nancy ausgefertigt werden.

Artikel 5. Nach Verfluß der 24stündigen Frist werden diejenigen, welche mit den Waffen in der Hand zu den Verbündeten gehörige Individuen angreifen, als Räuber angesehen, und als solche behandelt werden.

Artikel 6. Es soll keine Untersuchung gegen diejenigen, welche im 2ten freiwilligen Jäger-Corps gedient haben, verfügt werden, so wenig wie gegen ihre Aeltern, weder an ihren Personen noch an ihrem Eigenthum.

So doppelt ausgefertiget zu Fremonville den 7ten (19ten) Juli 1815 Nachmittags.

Zu Seite 132.

osten October 1815.

18ten.	19ten.	20sten October.	Bemerkungen.
			Die 2te Brigade schickt den 11ten zur Deckung des Hauptquartiers 1 Bat. nach Evreux. Die Kantons Noailles und Merü köpnen erst d. 20sten von der Brigade belegt werden.
Ruhetag.	Merü, die Kantons Merü, Mogilles und Chambly.	Clermont, in die Kantonirungen, die Kantons St. Just, Clermont, Mouy u. Blancourt.	Das Füs.-Bat. des 29sten Inf.-Reg. marschirt d. 11ten zur Deckung der Res.-Artill. nach Pacy und blieb bei derselben bis Roye, wo es die Ablösung durch 1 Bat. von der 1sten Brigade erwartet. Das Schles. Schützen-Bat. bleibt bis incl. d. 12ten in Vernon, d. 13ten marschirte es nach Bonnieres, Jeufosse, Le Menil, Rolboise, Moussaux und la Villeneuve en Chevry, und bleibt dort d. 14ten und 15ten stehen, d. 16ten marschirt es nach Mantes, wo es wieder zur 3ten Brigade stößt, und mit derselben den Marsch gemeinschaftlich fortsetzte.
Ruhetag.	Sechelles, die Kantons Reßsons und Halsum.	Roye, in die Kantonirungen, die Kantons Roye und Rosieres.	Die auf der unterm 17ten benannten Straße liegenden Orte gehören der Reserve-Artillerie.
Ruhetag.	Montdidier, in die Kantonirungen, die Kantons Montdidier, Ailly u. Moreuil.		Die auf der unterm 17ten benannten Straße liegenden Orte gehören der Reserve-Artillerie.

Beilage XXXI.

Marschplan des 1sten Preußischen Armee-Corps bei seinem Rückmarsch aus Frankreich 1815.

Benennung der Truppentheile.	23. Novbr.	24.	25.	26.	27.	28.	29.	30.	1. Decbr.	2.
Haupt-Quartier.	Landrecy	Bavais	Mons	Ruhe	Braine le Comte	Brüssel	Ruhe	Ruhe	Loewen	Tirlemont.
Kavallerie.	konzentrirt sich bei Bavay	Mons	Braine le Comte	Holl	Ruhe	Brüssel	Loewen	Tirlemont	Ruhe	St. Tron.
3te Brigade, Reserve-Artillerie u. Lazareth No. 5.	konzentrirt sich bei Solesmes	Bavais	Mons	Braine le Comte	Ruhe	Holl	Brüssel	Loewen	Ruhe	Bislemont.
1ste u. 2te Brigade, Train-Kolonne No. 13.	bei Cambrai	St. Martin	Bavais jenseits	Mons jenseits	Ruhe	Braine le Comte und jenseits	Holl und jenseits	Brüssel und jenseits	Ruhe	Loewen und jenseits
4te Brigade und Lazareth No. 12.	bei Lieramont	Cambray	St. Martin	Bavais	Ruhe	Mons	Braine le Comte	Holl	Ruhe	Brüssel

Anmerkung. Diejenigen Brigaden so Bavais passiren, schicken das Fuhrwerk von diesem Ort über Maubeuge nach Mons.
Die respectiven Brigaden können sämmtliche Ortschaften welche 1 Lieue diesseits des im Marschtableau angegebenen Marschpunktes liegen, belegen, bis dahin sich auch die dahinter folgende Brigade mit ihren Quartieren ausdehnen kann.

Benennung der Truppentheile.	Koncentrirung 1. Nov.	2.	3.	4.	5.	6.	7.	8.	9.	10.
Hauptquartier	Beauvais		Montdidier	Peronne	Ruhe	Ruhe	le Castelet	le Chateau	Bavay	Mons
1ste Brigade	bei St. Quentin		Dörfer rechts bei Peronne l. d. R. vereinigt sich mit Gen. Katzler	Peronne u. Dörfer jenseits	Ruhe	Vereinigt mit d. 2ten Brigade	Marets	Capelefontaine.		
2te Brigade	Beauvais	Breteuil und Gegend	Montdidier und jenseits	Marche le pot Lihons	Ruhe	Peronne u. Dörfer jenseits	Marets u. Gegend von Cambray	St. Martin und Gegend auf der Str. n. Bavay	Ruhe	Bavay und Gegend
3te Brigade	St. Just	Montdidier	Hamm und Gegend	St. Quentin	Ruhe	Marets u. auf der Straße nach Landrecy	Landrecy	Dörfer vorwärts Avesnes nach Maubeuge	Ruhe	Maubeuge und Dörfer jenseits
4te Brigade	Grand villers	Crevecoeur	Breteuil und Gegend	Montdidier	Ruhe	Lihons und Marche le pot	Peronne u. Dörfer jenseits	Gegend bei Cambray und Marnieres	Ruhe	St. Martin a. d. Str. nach Bavay
Kavallerie	Norvall und Montdidier	Lihons	Peronne u. Dörfer jenseits	Manieres a. d. Straße nach Cambray	Ruhe	St. Martin a. d. Straße nach Bavay	Bavay	Mons	Ruhe	Braine le Comte
Artillerie	Nesle	Hamm	St. Quentin	Marets auf der Straße nach Landrecy	Ruhe	Landrecy	Dörfer jenseits Avesnes nach Maubeuge zu	Maubeuge	Ruhe	Mons
Lazareth No. 5.	Wird bei Breteuil der 4ten Brigade attaschirt.									
Lazareth No. 12.	Ist schon bei St. Quentin und wird dort der 3ten Brig. attaschirt.									
Kavall. u. Artill. in Frankreich	Die Kavall. marschirt wenn sie in Peronne angekommen ist, nach St. Quentin, und schließt sich in St. Quentin wo sie d. 4. ankommt an die Artill. u.									
Rheinische Landwehr 2te Brig.			Roye	Hamm	St. Quentin.					
Rheinische Landwehr 3te Brig.			Roye	Hamm	St. Quentin.					
Rheinische Landwehr 4te Brig.				Roye	Hamm	St. Quentin.				

11.	Ruhe		Mons u. Dörfer diesseits Mons	Dörfer jenseits Mons und der Haine	Babay	Holl	Braine le Comte u. Dörfer jenseits						
12.	Ruhe		Braine le Comte u. Dörfer diesseits	Dörfer jenseits Braine le Comte	Mons	Brüssel u. Gegend jenseits	Holl u. Dörfer jenseits						
13.	Braine le Comte		Ruhe	Ruhe	Ruhe	Ruhe	Ruhe						
14.	Brüssel		Holl u. Dörfer jenseits	Brüssel u. Dörfer jenseits	Braine le Comte	Löwen	Dörfer jenseits Brüssel a.d.Str. nach Löwen						
15.	Ruhe		Brüssel	Gegend v. Terveuren u. Cortenberge	Holl	Tirlemont,	Löwen						
16.	Ruhe		Terveuren und Cortenberge	Löwen	Brüssel	St. Tron	Tirlemont						
17.	Löwen		Ruhe	Ruhe	Ruhe	Ruhe	Ruhe						
18.	Tirlemont.		Löwen	Tirlemont	Ruhe	Oreye	St. Tron						
19.	St. Tron		Tirlemont	St. Tron	Löwen	Lüttich	Oreye						
20.	Lüttich		St. T ron	Oreye	Tirlemont	Herve	Lüttich						
21.	Ruhe		Ruhe.	Ruhe.	Ruhe.	Ruhe	Ruhe						
22.	Ruhe.					Aachen.							

Marsch-

des Königlich-Preußischen 1sten Armee-Corps

Benennung der Truppentheile.		den 24. Decbr. 1815.	25.	26.	27.	28.	29.	30.
upt-Quartier chützen-Bat. Feld-Lazareth Train-Kolonne		Unna	Hamm	Söst	Ruhe	Lippstadt	Pader-born	Det-mold
2tes Westpreuß. Inf.-Reg. 24stes Inf.-Reg. unter Gen. v. Pirch d. 2ten		Hagen	Unna	Hamm	Ruhe	Söst	Lippstadt	Pader-born
19tes Inf.-Reg. Obrist von Schutter		Schwelm	Hagen	Unna	Ruhe	Hamm	Söst	Lipp-stadt
Artillerie.	2te Abthei-lung	Hamm	Drey Stein-furth	Ruhe	Münster	Wahren-dorf	Versmold	Biele-feld
	1ste Abthei-lung	Drey Stein-furth	Münster	Ruhe	Wahren-dorf	Brockha-gen	Bielefeld	Her-ford
Kavallerie		Wahren-dorf	Ruhe	Wentmold und Baaklen	Bielefeld	Herford	Minden	Ruhe

2te Brigade.

Den 9ten Januar Hildesheim.
— 10ten — Groß Lafferde.
— 11ten — Braunschweig.
— 12ten — Ruhe.
— 13ten — Königslutter.
— 14ten — Helmstädt.
— 15ten — Bornstädt.
— 16ten — Bornstädt und Magdeburg.
— 17ten — 18ten — Magdeburg.
— 19ten — Leitzkau.
— 20sten — Roslau u. s. w. nach Breslau.

Plan

bei seinem Rückmarsch aus Frankreich.

31.	den 1. Januar 1816.	2.	3.	4.	5.	6.	7.	8.
Ruhe	Ruhe	Alverdissen	Hameln	Ruhe	Koppenbrügge	Elze	Hildesheim	Ruhe.
Ruhe	Schlingen	Lemgo	Alverdissen	Ruhe	Hameln	Koppenbrügge	Elze	Ruhe.
Ruhe	Paderborn	Schlingen	Lemgo	Ruhe	Alverdissen	Hameln	Koppenbrügge	Ruhe.
Herfordh	Minden	Ollendorf	Ruhe	Koppenbrügge	Elze	Hildesheim	Groß Lafferde	Ruhe.
Minden	Ollendorf	Coppenbrügge	Ruhe	Elze	Hildesheim	Groß Lafferde	Braunschweig	Ruhe.
Ollendorf	Koppenbrügge	Elze	Ruhe	Hildesheim	Groß Lafferde	Braunschweig	Königslutter	Ruhe.

Beilage XXXII.

Marsch-Plan des 6ten Preußischen Armee-Corps bei seinem Rückmarsch aus Frankreich vom 28. Novbr. bis 15. Decbr. 1815.

Datum.	Hauptquartier.	22ste Brigade.	Reserve-Artillerie.	Reserve-Kavallerie.	21ste Brigade.	23ste Brigade.	24ste Brigade.
28. Nov.	Albert	Cambray	Gegend v. Bapaume	Albert			
29. —	Bapaume od. Cambray	St. Martin od. Douchy	Cambray	Bapaume	Albert		
30. —	Douchy od. St. Martin	Bavay od. Kievrin	St. Martin od. Douchy	Cambray	Bapaume	Peronne	
1. Dec.	Kievrin od. Bavay	Ruhe	Ruhe	Ruhe	Ruhe	Ruhe	
2. —	Mons	Mons	Bavay od. Kievrin	St. Martin od. Douchy	Cambray	Fins	Amiens
3. —	Ruhe	Braine le Comte	Mons	Bavay od. Kievrin	St. Martin od. Douchy	Cambray	Albert
4. —	Braine le Comte	Hall	Braine le Comte	Mons	Bavay od. Kievrin	St. Martin od. Douchy	Bapaume
5. —	Brüssel	Ruhe	Ruhe	Ruhe	Ruhe	Ruhe	Ruhe
6. —	Ruhe	Brüssel	Hall	Braine le Comte	Mons	Bavay od. Kievrin	Cambray
7. —	Ruhe.	Louvain.	Brüssel	Hall	Braine le Comte	Mons	St. Martin od. Douchy
8. —			Louvain	Brüssel	Hall	Braine le Comte	Bavay od. Kievrin
9 —			Ruhe.	Ruhe	Ruhe	Ruhe	Ruhe
10. —				Louvain.	Brüssel	Hall	Mons
11. —					Louvain	Brüssel	Braine le Comte
12. —						Louvain	Hall
13. —						Ruhe.	Ruhe
14. —							Brüssel
15. —							Louvain

Marsch-Plan des Königlich-Preußischen 6ten Armee-Corps, der Kolonne rechts, welche bei Köln den Rhein passirt.

Datum.	Hauptquartier.	22ste Brigade.	Reserve-Artillerie.	Reserve-Kavallerie.	21ste Brigade.	23ste Brigade.	24ste Brigade.
7. Dec.	Brüssel	Louvain	Brüssel				
8. —	Louvain	Tirlemont	Louvain	Brüssel			
9. —	über Tirlemont, nach St. Tron	Ruhe	Ruhe	Ruhe			
10. —	über Orey nach Lüttich	St. Tron	Tirlemont	Louvain	Brüssel		
11. —	Herve	Orey	St. Tron	Tirlemont	Louvain	Brüssel	
12. —	Aachen	Lüttich	Orey	St. Tron	Tirlemont	Louvain	
13. —	Ruhe	Ruhe	Ruhe	Ruhe	Ruhe	Ruhe	
14. —	Ruhe.	Herve	Lüttich	Orey	St. Tron	Tirlemont	Brüssel
15. —		Aachen.	Herve	Lüttich	Orey	St. Tron	Louvain
16. —			Aachen	Herve	Lüttich	Orey	Tirlemont
17. —			Aldenhofen	Aachen	Ruhe	Ruhe	Ruhe
18. —			Ruhe.	Ruhe.	Herve	Lüttich	St. Tron
19. —					Aachen.	Herve	Orey
20. —						Aachen.	Lüttich
21. —							Herve
22. —							Aachen
23. —							Ruhe.

Marsch-Plan des Königlich-Preußischen 6ten Armee-Corps, der Kolonne links, welche bei Wesel den Rhein passirt.

Datum.	21ste Brigade.	23ste Brigade.	24ste Brigade.
14. Decbr.	St. Tron		
15. —	Tongern	St. Tron	
16. —	Mastricht	Tongern	
17. —	Ruhe	Ruhe	
18. —	Sittard	Mastricht	St. Tron
19. —	Ruremonde	Sittard	Tongern
20 —	Duckens	Ruremonde	Mastricht
21. —	Ruhe	Ruhe	Ruhe
22. —	Crefeld	Duckens	Sittard
23. —	Meurs	Crefeld	Ruremonde
24. —	Büderich.	Meurs	Duckens
25. —		Ruhe	Ruhe
26. —		Büderich.	Crefeld
27. —			Meurs
28. —			Büderich.

Marschplan des 6ten Preußischen Armee-Corps bei seinem Rück-

Die rechte Flügel-Kolonne des 6ten Armee-Corps von Elberfeld bis Magdeburg.

Datum 1816. Januar.	Hauptquartier des 6ten Corps und der rechten Flügel-Kolonne desselben.	Cuirassier und leichte Kavallerie.	22ste Brigade.	23ste Brigade.	Sämmtliche Train- und Park-Kolonnen.
1.	Söst	Hamm	Hagen	Elberfeld	
2.	Geseke	Söst	Unna	Schwelm	Elberfeld
3.	Paderborn	Ruhe	Ruhe	Ruhe	Ruhe
4.	Ruhe	Ruhe	Ruhe	Ruhe	Ruhe
5.	Ruhe	Geseke	Hamm	Hagen	Schwelm
6.	Detmold	Paderborn	Söst	Unna	Hagen
7.	Lemgo	Schlingen	Geseke	Hamm	Unna
8.	Alverdissen	Ruhe	Ruhe	Ruhe	Ruhe
9.	Hameln	Lemgo	Paderborn	Söst	Hamm
10.	Ruhe	Alverdissen	Schlingen	Geseke	Söst
11.	Elze	Hameln	Lemgo	Paderborn	Geseke
12.	Hildesheim	Ruhe	Ruhe	Ruhe	Ruhe
13.	Ruhe	Coppenbrügge	Alverdissen	Schlingen	Paderborn
14.	Ruhe	Elze	Hameln	Lemgo	Schlingen
15.	Gr. Lafferde	Hildesheim	Coppenbrügge	Alverdissen	Lemgo
16.	Braunschweig	Ruhe	Ruhe	Ruhe	Ruhe
17.	Ruhe	Gr. Lafferde	Elze	Hameln	Alverdissen
18.	Ruhe	Braunschweig	Hildesheim	Coppenbrügge	Hameln
19.	Königslutter	Königslutter	Gr. Lafferde	Elze	Coppenbrügge
20.	Helmstädt	Ruhe	Ruhe	Ruhe	Ruhe.
21.	Ruhe	Helmstädt	Braunschweig	Hildesheim	Elze
22.	Bornstädt	Errleben	Königslutter	Gr. Lafferde	Hildesheim
23.	Magdeburg.	Bornstädt	Helmstädt	Braunschweig	Gr. Lafferde
24.		Ruhe	Ruhe	Ruhe	Ruhe
25.		Magdeburg.	Errleben	Königslutter	Braunschweig
26.			Bornstädt	Helmstädt	Königslutter
27.			Magdeburg	Errleben	Helmstädt
28.				Ruhe	Ruhe
29.				Bornstädt	Errleben
30.				Magdeburg	Bornstädt
31.					Magdeburg.

marsch aus Frankreich vom 1sten bis 31sten Januar 1816.

Die linke Flügel-Kolonne des 6ten Armee-Corps von Münster bis Tangermünde.

2tes u. 3tes Ostpreußische Landwehr-Kavallerie-Reg.	1stes Ostpreußische Landwehr-Inf.-Reg.	Haubitz-Batterie No 6.	2tes Ostpreußische Landwehr-Inf.-Reg.	3tes Ostpreußische Landwehr-Inf.-Reg.	6pfünd. Fuß-Batterie No. 22.	4tes Ostpreußische Landwehr-Inf.-Reg.	Fliegende Feld-Lazareth No. 16.	1stes Ostpreußische Landwehr-Kavall.-Reg.	Proviant-Kolonne.
Glandorf	Glandorf								
Osnabrück	Osnabrück					Münster			
Bomte	Bomte					Glandorf			
Ruhe	Ruhe					Ruhe			
Dievenau	Dievenau					Osnabrück			
Minden	Minden					Bomte			
Hagen	Hagen					Dievenau			
Ruhe	Ruhe					Ruhe			
Hannover	Hannover					Minden			
Burgsdorf	Burgsdorf					Hagen			
Meinersen	Meinersen					Hannover			
Ruhe	Ruhe					Ruhe			
Gamsen	Gamsen					Burgsdorf			
Lüsen	Lüsen					Meinersen			
Stanecke	Stanecke					Gamsen			
Ruhe	Ruhe					Ruhe			
Gardelegen	Gardelegen					Lüsen			
Stendal	Stendal					Steinecke			
Tangermünde.	Tangermünde.					Gardelegen			
						Ruhe			
						Stendal			
						Tangermünde.			

Wegen des Eisganges passirte auch diese Kolonne bei Magdeburg die Elbe.

Beilage XXXIII.

Marschplan des Kaiserlich-Russischen Kriegsheeres auf seinem Rückmarsch aus Frankreich durch Deutschland nach Rußland im Jahr 1815.

I. Das Haupt-Quartier des Feldmarschalls Fürsten Barklay de Tolly war

am 13. Octbr. 1815. in Frankfurth am Main,
14. — — in Hanau,
15. — — in Gelnhausen,
16. — — in Schlüchtern,
17. — — in Fulda,
18. — — Ruhetag,
19. — — in Hünefeld,
20. — — in Bach,
21. — — in Eisenach,
22. — — Ruhetag,
23. — — in Gotha,
24. — — in Erfurth,
25. — — Ruhetag,
26. — — in Buttelstädt,
27. — — in Naumburg,
28. — — Ruhetag,
29. — — in Lützen,
30. — — in Leipzig,
31. — — Ruhetag,
1. Novbr. — in Eilenburg,
2. — — in Torgau,
3. — — Ruhetag,
4. — — in Herzberg,
5. — — in Luckau,
6. — — in Lübben,
7. — — Ruhetag,
8. — — in Lieberose,
9. — — in Guben,
10. — — in Crossen,
11. — — Ruhetag,
12. — — Ruhetag,
13. — — in Züllichau,
14. — — in Unruhstadt,
15. — — in Wollstein,
16. — — Ruhetag,
17. — — in Gratz,
18. — — in Stenzewo,
19. — — in Posen,
20. — — Ruhetag,
21. — — in Pudewitz,
22. — — in Gnesen,
23. — — Ruhetag,
24. — — in Kwizissewo,
25. — — in Kruswice,
26. — — in Radzijewo,
am 27. Novbr. 1815. Ruhetag,
28. — — in Bresc,
29. — — in Kowal,
30. — — in Gostinin,
1. Decbr. — in Plozk,
2. — — Ruhetag,
3. — — Ruhetag,
4. — — in Bojanowe,
5. — — in Wischegorod,
6. — — in Zakrozin,
7. — — Ruhetag,
8. — — in Nassielsk,
9. — — in Pultusk,
10. — — Ruhetag,
11. — — in Pischetize,
12. — — in Ostrow,
13. — — Ruhetag,
14. — — in Andreew,
15. — — in Wissoky Massowize,
16. — — Ruhetag,
17. — — in Sieradsk,
18. — — in Bialistock,
19. — — Ruhetag,
20. — — in Grodeck,
21. — — in Weliki Brestowize,
22. — — Ruhetag,
23. — — in Schilowitsch,
24. — — in Ressa,
25. — — Ruhetag,
26. — — in Bidsky,
27. — — in Roffanka,
28. — — Ruhetag,
29. — — in Scholudek,
30. — — in Bieliza,
31. — — Ruhetag,
1. Jan. 1816. in Nowine,
2. — — in Nowogrudek,
3. — — Ruhetag,
4. — — in Kowelitschi,
5. — — in Myr,
6. — — Ruhetag,
7. — — in Nowri Swerschewa,
8. — — in Koschela,

am 9.

am 9. Jan. 1816. Ruhetag,
10. — — in Kaidanow,
11. — — in Tritschin,
12. — — in Minsk,
13. — — Ruhetag,
14. — — Ruhetag,
15. — — Ruhetag,
16. — — in Smolowitschi,
17. — — in Igumene,
18. — — Ruhetag,
19. — — in Jurewitschi,
am 20. Jan. 1816. in Berezina,
21. — — Ruhetag,
22. — — in Kuslow Boretsch,
23. — — in Sabolome,
24. — — in Telenitschi,
25. — — Ruhetag,
26. — — in Neschkow,
27. — — in Kneschitza,
28. — — in Mohilew am Dnepr.

II. Die erste Kolonne kommandirt der General der Kavallerie Rajewsky.

Sie bestand aus folgenden Truppentheilen.

Das Grenadier-Corps.
- die 2te Grenadier-Division, Chef der General-Lieutenant Paskiewitsch,
- die 3te Grenadier-Division, Chef der General-Lieutenant Roth.

Das 4te Armee-Corps.
- die 3te Husaren-Division, Chef der General-Lieutenant Tschaplitz,
- die 11te Infanterie-Division, Chef der General-Lieutenant Zwielenew,
- die 17te Infanterie-Division, Chef der General-Lieutenant Alsufiew.

12 Kosaken-Regimenter.
Die Pionnier-Compagnie No. 1.

Sie marschirtet

nach Suippe,
Dommartin,
Clermont,
Ruhetag,
Verdun,
Charleville,
Gravelotte,
Ruhetag,
Metz,
den 21. Sept. 1815. n. Folignn,
22. — — n. Merlebach,
23. — — Ruhetag,
24. — — n. Saarbrück,
25. — — n. Neuenkirchen,
26. — — n. Waldmohr,
27. — — Ruhetag,
28. — — n. Cusel,
29. — — n. Lauterek,
30. — — n. Ober Moschel,
1. Octbr. — Ruhetag,
2. — — n. Kreuznach,
3. — — n. Ober Ingelheim,
4. — — n. Hochheim,
5. — — Ruhetag,
den 6. Octbr. 1815. n. Frankfurth am Main,
7. — — n. Hanau,
8. — — n. Gellnhausen,
9. — — Ruhetag,
10. — — n. Steinau,
11. — — n. Neuhof,
12. — — n. Fulda,
13. — — Ruhetag,
14. — — n. Rasdorf,
15. — — n. Vach,
16. — — n. Eisenach,
17. — — Ruhetag,
18. — — n. Gotha,
19. — — n. Erfurth,
20. — — n. Buttelstädt,
21. — — Ruhetag,
22. — — n. Kösen,
23. — — n. Weißenfels,
24. — — n. Leipzig,
25. — — Ruhetag,
26. — — n. Eilenburg,
27. — — n. Torgau,
28. — — n. Herzberg,
29. — — Ruhetag,
30. — — n. Wustermark,

K

den 31. Octbr. 1815. n. Lübben,
1. Novbr. — n. Lieberose,
2. — — Ruhetag,
3. — — n. Guben,
4. — — n. Crossen,
5. — — n. Rednitz,
6. — — Ruhetag,
7. — — n. Züllichau,
8. — — n. Unruhstadt,
9. — — n. Wollstein,
10. — — Ruhetag,
11. — — n. Gratz,
12. — — n. Stenzewo,
13. — — n. Posen,

den 14. Novbr. 1815. Ruhetag,
15. — — n. Puderwitz,
16. — — n. Gnesen,
17. — — n. Trzemeszno,
18. — — Ruhetag,
19. — — n. Kwitziszewo,
20. — — n. Kruswize,
21. — — n. Radziewo,
22. — — Ruhetag,
23. — — n. Brzesk,
24. — — n. Kowal,
25. — — n. Gostinin,
26. — — Ruhetag,
27. — — n. Plozk.

In Rußland kömmt:

die 2te Grenadier-Division den 1sten Februar 1816. in ihre Garnison nach Smolensk,
die 3te Grenadier-Division den 13ten Februar 1816. in ihre Garnison nach Roßlawin,
die 3te Husaren-Division den 12ten Februar 1816. in ihre Garnison nach Welitsch im Witepskischen Gouvernement,
die 11te Infanterie-Division den 4ten März 1816. in ihre Garnison nach Mohilew,
die 17te Infanterie-Division den 9ten Januar 1816. in ihre Garnison nach Witepsk.

III. Die zweite Kolonne kommandirt der General der Infanterie Dochterow.

Sie bestand aus folgenden Truppentheilen:

3tes Armee-Corps.
- der 2ten Husaren-Division, Chef der General-Lieutenant Graf Lambert,
- der 7ten Infanterie-Division, Chef der General-Lieutenant Kapzewitsch,
- der 24sten Infanterie-Division, Chef der General-Lieutenant Radt,
- der 27sten Infanterie-Division, Chef der General-Lieutenant Sabanejew.

3tes Kavallerie-Corps.
- der 3ten Cuirassier-Division, Chef der General-Lieutenant Duca,
- der 3ten Uhlanen-Division, Chef der General-Lieutenant Lissanewitsch.

2 Regimenter Kosaken.
Die Pionnier-Compagnie No. 2.
Die Reserve-Artillerie.

Diese Kolonne marschirte:

nach Couprevillle,	den 17. Sept. 1815.	n. Pont a Mousson,
Brabant le Roi,	18. — —	Ruhetag,
Bar le Duc,	19. — —	n. Noueny,
Ruhetag,	20. — —	n. Brehaine,
Freisne,	21. — —	n. Hellimer,
Bouconville,	22. — —	Ruhetag,

den 23. Sept. 1815. n. Saargemuine,
24. — — n. Homburg,
25. — — n. Landstuhl,
26. — — Ruhetag,
27. — — n. Ottersberg,
28. — — n. Kirchheim Boland,
29. — — n. Oppenheim,
30. — — Ruhetag,
1. Octbr. — n. Groß Gerau,
2. — — n. Dinburg,
3. — — n. Aschaffenburg,
4. — — Ruhetag,
5. — — n. Bessenbach,
6. — — n. Esselbach,
7. — — n. Remlingen,
8. — — Ruhetag,
8. — — n. Bergheim,
10. — — n. Schweinfurth,
11. — — n. Haßfurth,
12. — — Ruhetag,
13. — — n. Gleine,
14. — — n. Coburg,
15. — — n. Judenbach,
16. — — Ruhetag,
17. — — n. Gräfenthal,
18. — — n. Saalfeld,
19. — — n. Neustadt,
20. — — Ruhetag,
21. — — n. Gera,
22. — — n. Altenburg,
23. — — n. Rochlitz,
24. — — Ruhetag,
25. — — n. Waldheim,
26. — — n. Nossen,
27. — — n. Meissen,
28. — — Ruhetag,

den 29. Octbr. 1815. n. Königsbrück,
30. — — n. Bernsdorf,
31. — — n. Spremberg,
1. Novbr. — Ruhetag,
2. — — n. Triebel,
3. — — n. Sorau,
4. — — n. Sagan,
5. — — Ruhetag,
6. — — n. Neustädtel,
7. — — n. Glogau,
8. — — n. Schüttlau,
9. — — Ruhetag,
10. — — n. Herrnstadt,
11. — — n. Görchen,
12. — — n. Kobilin,
13. — — Ruhetag,
14. — — n. Krotoszin,
15. — — n. Razkow,
16. — — n. Kalisch,
17. — — Ruhetag,
18. — — n. Strewizschin,
19. — — n. Dziadowitze,
20. — — n. Rotersschütz,
21. — — Ruhetag,
22. — — n. Kollo,
23. — — n. Klodawe,
24. — — n. Kraniewieze,
25. — — Ruhetag,
26. — — n. Kutter,
27. — — n. Pleska Drubrowa,
28. — — n. Lowiecz,
29. — — Ruhetag,
30. — — n. Suharzew,
1. Decbr. — n. Blonin,
2. — — n. Warschau.

In Rußland kömmt:

die 2te Husaren-Division den 4ten Februar 1816. in ihre Garnison nach Belitze,

die 7te Infanterie-Division den 4ten Februar 1816. in ihre Garnison nach Kievrin,

die 24ste Infanterie-Division den 10ten Februar 1816. in ihre Garnison nach Tschernigow,

die 27ste Infanterie-Division den 17ten Januar 1816. in ihre Garnison nach Dubno,

die 3te Cuirassier-Division den 24sten Februar 1816. in ihre Garnison nach Rylsk,

die 3te Uhlanen-Divission den 6ten März 1816. in ihre Garnison nach Suschl.

den 8. Novbr. 1815. Ruhetag,
9. — — n. Kenty,
10. — — n. Waldowitze,
11. — — n. Jzdebnik,
12. — — Ruhetag,
13. — — n. Jagowitze,
14. — — n. Skloo,
15. — — n. Koszize,

den 16. Novbr. 1815. Ruhetag,
17. — — n. Nowemiasto,
18. — — Ruhetag,
19. — — n. Kinlezina,
20. — — Ruhetag,
21. — — n. Opatow,
22. — — n. Budzynn,
23. — — n. Rachow.

In Rußland kömmt:

die 8te Infanterie-Division den 9ten März in ihre Garnison nach Nowogrod Sewerski,

die 10te Infanterie-Division den 19ten Februar 1816. in ihre Garnison nach Charkow,

die 2te Cuirassier-Division den 16ten Februar 1816. in ihre Garnison nach Malnowke,

die 2te Uhlanen-Division den 15ten Februar 1816. in ihre Garnison nach Nowogrod Wolhinsky.

No.	Benennung der Wachten.
1.	Beim Commandant v. Pfuhl
2.	Magazin St. Jacques No. 262.
3.	Barriere de la Lunette
4.	— École militaire
5.	— des Sevres
6.	— Vaugirard
7.	— Fourneaux
8.	— de Maine
9.	— de la motte piquet
10.	Magazin Rue St. Dominique
11.	— — la belle chasse
12.	Central Bureau Mag. d'artillerie
13.	Polizey Wachten
14.	Mairie No. 10.
15	Pont de Tuilleries
16.	— de la Concorde
17.	— des Arts
18.	beim Gouverneur
19.	— Staats-Rath Gruner
20.	— — Ribbentrop
21.	Barriere Mont Parnasse
	Summa

…nnung der Wachten.	Offiziere.	Unteroffiziere.	Spielleute.	Gemeine.
Majestät dem Könige	3	12	2	130
Majestät dem Kaiser …lexander	4	12	2	150
Hoheit dem Herzog von Meklenburg	1	3	1	40
Summa	8	27	5	320
…ecapitulation.				
… Garden	6	29	7	344
Grenadiere	7	35	8	406
…meinschaftlich	8	27	5	320
Total-Summa	[illegible]	[illegible]	20	1070

Außerdem ziehen bei Pont des Tuilleries 2 Kanonen mit auf.

…uppen außerhalb Paris.

…t rouge, Bagneux, Chatillon, Clamart, … aux Roses und Plessis Piquet.

…ne No. 37. Sceaux.

…n-Reg., Chevilly und Bourg la Reine, …pron nach Issy und Vanves.

…en-Ivry und Vitry.

den 8. Novbr. 1815. Ruhetag,
9. — — n. Kenty,
10. — — n. Waldowize,
11. — — n. Izdebnik,
12. — — Ruhetag,
13. — — n. Jagowize,
14. — — n. Skloo,
15. — — n. Koszize,

den 16. Novbr. 1815. Ruhetag,
17. — — n. Nowemiasto,
18. — — Ruhetag,
19. — — n. Kinlezina,
20. — — Ruhetag,
21. — — n. Opatow,
22. — — n. Budzyny,
23. — — n. Rachow.

In Rußland kömmt:

die 8te Infanterie-Division den 9ten März in ihre Garnison nach Nowogrod Sewerski,

die 10te Infanterie-Division den 19ten Februar 1816. in ihre Garnison nach Charkow,

die 2te Cuirassier-Division den 16ten Februar 1816. in ihre Garnison nach Malnowke,

die 2te Uhlanen-Division den 15ten Februar 1816. in ihre Garnison nach Nowogrod Wolhinsky.

No.	Benennung der Wachten.
1.	Beim Commandant v. Pfuhl
2.	Magazin St. Jacques No. 262.
3.	Barriere de la Cunette
4.	— Ecôle militaire
5.	— des Sevres
6.	— Vaugirard
7.	— Fourneaux
8.	— de Maine
9.	— de la motte piquet
10.	Magazin Rue St. Dominique
11.	— — la belle chasse
12.	Central Bureau Mag. d'artillerie
13.	Polizey Wachten
14.	Mairie No. 10.
15	Pont de Tuilleries
16.	— de la Concorde
17.	— des Arts
18.	beim Gouverneur
19.	— Staats-Rath Gruner
20.	— — Ribbentrop
21.	Barriere Mont Parnasse
	Summa

…ennung der Wachten.	Offiziere.	Unteroffiziere.	Spielleute.	Gemeine.
… Majestät dem Könige	3	12	2	130
… Majestät dem Kaiser …lleranber	4	12	2	150
… Hoheit dem Herzog von Meklenburg	1	3	1	40
Summa	8	27	5	320

…ecapitulation.

	Offiziere.	Unteroffiziere.	Spielleute.	Gemeine.
… Garden	6	26	7	344
… Grenadiere	7	35	8	406
…meinschaftlich	8	27	5	320
Total-Summa	21	91	20	1070

Außerdem ziehen bei Pont des Tuilleries 2 Kanonen mit auf.

…uppen außerhalb Paris.

…t rouge, Bagneux, Chatillon, Clamart, …aux Roses und Plessis Piquet.

…ne No. 37. Sceaux.

…n-Reg., Chevilly und Bourg la Reine, …bron nach Issy und Vanves.

…en-Jvry und Vitry.

Beilage XXXV.

Marsch-Plan des Rückmarsches des königlich preußischen Garde- und Grenadier-Corps aus Frankreich bis nach Berlin vom 2ten October bis den 2ten December 1815.

Das Corps war in drei Abtheilungen eingetheilt:

Die 1ste Abtheilung.
- die Feld-Bäckerei,
- zwei Train-Kolonnen,
- das fliegende Lazareth No. 19.
- Pionnier-Detaschement.

Die 2te Abtheilung.
- das Haupt- und Brigade-Quartier,
- das Grenadier-Reg. Kaiser Alexander,
- das Grenadier-Reg. Kaiser Franz,
- das Garde-Schützen Bataillon,
- das Garde-Dragoner-Reg.,
- das Garde-Uhlanen-Reg.,
- die reitende Batterie No. 2.
- die 12pfünd. Fußbatterie No. 1.
- das fliegende Pferde-Depot.

Die 3te Abtheilung.
- das 1ste Regiment Garde zu Fuß,
- das 2te Regiment Garde zu Fuß,
- das Garde-Jäger-Bat.,
- das Regiment Garde du Corps,
- das Regiment Garde-Husaren,
- die reitende Batterie No. 1.
- die 6pfünd. Fußbatterie No. 1.
- die Park-Kolonne No. 37.
- die Train-Kolonne.

Truppentheile.	2ten Octbr.	3ten Octbr.	4ten Octbr.	5ten Octbr.	6ten Octbr.	7ten Octbr.	8ten Octbr.
Die 1ste Abtheilung	Goneße	Nanteuil	Villers Cotterets	Soissons	Fismes	Ruhetag	Rheims
Das Haupt-Quartier u. die 2te Abtheilung		Goneße	Nanteuil	Villers Cotterets	Soissons	Ruhetag	Fismes
Die 3te Abtheilung			Gonesse	Nanteuil	Villers Cotterets	Ruhetag	Soissons

Truppentheile.	18ten Octbr.	19ten Octbr.	20sten Octbr.	21sten Octbr.	22sten Octbr.	23sten Octbr.	24sten Octbr.
Die 1ste Abtheilung	Trier	Ruhetag	Hetzerath	Wittlich	Lutzerath	Ruhetag	Poltich
Das Haupt-Quartier u. die 2te Abtheilung	Grevenmachern	Ruhetag	Trier	Hetzerath	Wittlich	Ruhetag	Lutzerath
Die 3te Abtheilung	Luxemburg	Ruhetag	Grevemachern	Trier	Hetzerath	Ruhetag	Wittlich

Truppentheile.	3ten Novbr.	4ten Novbr.	5ten Novbr.	6ten Novbr.	7ten Novbr.	8ten Novbr.	9ten Novbr.
Die 1ste Abtheilung	Wetzlar	Giessen	Marburg	Ruhetag	Gemünden	Wabern	Cassel
Das Haupt-Quartier u. die 2te Abtheilung	Weilburg	Wetzlar	Giessen	Ruhetag	Marburg	Gemünden	Wabern
Die 3te Abtheilung	Limburg	Weilburg	Wetzlar	Ruhetag	Giessen	Marburg	Gemunden

Truppentheile.	19ten Novbr.	20sten Novbr.	21sten Novbr.	22sten Novbr.	23sten Novbr.	24sten Novbr.	25sten Novbr.
Das Haupt-Quartier u. die 1ste Abtheilung	Hessen	Halberstadt	Hadmersleben	Ruhetag	Groß Wanzleben	Magdeburg	Burg
Die 2te Abtheilung	Wolfenbüttel	Hessen	Halberstadt	Ruhetag	Hadmersleben	Groß Wanzleben	Magdeburg
Die 3te Abtheilung	Salzgitter	Wolfenbüttel	Hessen	Ruhetag	Halberstadt	Croppenstädt	Langenweddingen

9ten Octbr.	10ten Octbr.	11ten Octbr.	12ten Octbr.	13ten Octbr.	14ten Octbr.	15ten Octbr.	16ten Octbr.	17ten Octbr.
Rethel	Chesne	Ruhetag	Stenay	Marville	Longwy	Ruhetag	Luxemburg	Grevemachern
Rheims	Rethel	Ruhetag	Chesne	Stenay	Marville	Ruhetag	Longwy	Luxemburg
Fismes	Rheims	Ruhetag	Rethel	Chesne	Stenay	Ruhetag	Marville	Longwy

25sten Octbr.	26sten Octbr.	27sten Octbr.	28sten Octbr.	29sten Octbr.	30sten Octbr.	31sten Octbr.	1sten Novbr.	2ten Novbr.
Coblenz	Montabauer	Ruhetag	Kantoni	rungen		Limburg	Weilburg	Ruhetag
Pollich	Coblenz	Ruhetag	Kantoni	rungen		Montabauer	Limburg	Ruhetag
Lutzerath	Pollich	Ruhetag	Kantoni	rungen			Montabauer	Ruhetag

10ten Novbr.	11ten Novbr.	12ten Novbr.	13ten Novbr.	14ten Novbr.	15ten Novbr.	16ten Novbr.	17ten Novbr.	18ten Novbr.
Ruhetag	Hannövrisch Minden	Göttingen	Nordheim	Ruhetag	Seesen	Salzgitter	Wolfenbüttel	Ruhetag
Ruhetag	Cassel	H. Minden	Göttingen	Ruhetag	Nordheim	Seesen	Salzgitter	Ruhetag
Ruhetag	Wabern	Cassel	H. Minden	Ruhetag	Göttingen	Nordheim	Seesen	Ruhetag

26sten Novbr.	27sten Novbr.	28sten Novbr.	29sten Novbr.	30sten Novbr.	1sten Decbr.	2ten Decbr.		
Ruhetag	Genthin	Brandenburg	Großen Creutz	Ruhetag	Potsdam	Berlin.		
Ruhetag	Burg	Genthin	Brandenburg	Ruhetag	Saarmund	Berlin.		
Ruhetag	Magdeburg	Burg	Genthin	Ruhetag	Brandenburg			

Beilage XXXVI.

Kapitulation der Festung Marienburg (Mariemont) im Ardennen-Departement.

Artikel 1. Die Festung Marienburg wird den Truppen Seiner Majestät des Königs von Preußen übergeben.

Artikel 2. Die Besatzung zieht den 30sten Juli Morgens um 9 Uhr mit allen Kriegsehren, fliegender Fahne, unter Trommelschlag, und mit brennenden Lunten ab; sie ist nicht kriegsgefangen, und behält die Freiheit sich hinzubegeben, wohin es ihr gefällt; man wird ihr Pässe ertheilen, Corps- oder Compagnienweise und auch selbst für jeden Einzelnen, der in seine Heimath zurückzukehren wünscht. Die Besatzung legt die Waffen auf dem Glacis nieder; jedoch läßt Seine königliche Hoheit in Betracht der Tapferkeit, womit sie den Platz bis aufs äußerste vertheidiget haben, der Compagnie der Veteranen und einzelnen Detaschements die Waffen, 2 Kanonen, jede mit 4 Pferden bespannt, und einen bedeckten 4spännigen Wagen, doch unter der Bedingung, daß der Kommandant sein Ehrenwort giebt, nichts darin wegzuschaffen, als Privat-Eigenthum oder Gegenstände der Verwaltung.

Artikel 3. Die Offiziere behalten ihre Degen, die Unteroffiziere ihre Säbel, so auch die Mitglieder der Ehrenlegion. Alles Eigenthum der Offiziere, Unteroffiziere und Soldaten wird geschützt; die Compagnie der Veteranen, so wie die einzelnen Individuen, begeben sich nach Paris.

Artikel 4. Die Besatzung erhält Unterhalt und Quartier, so wie Fütterung für die Offizier-Pferde, bis sie an ihre Bestimmung gelangt. Die nöthigen Transportmittel werden denen, die nicht marschiren können, gleichfalls geliefert, so wie auch die zur Fortschaffung ihrer Habseligkeiten.

Artikel 5. Die Einwohner und Eigenthümer werden geschützt, und Niemand kann wegen früher geäußerter Meinungen beunruhiget werden.

Artikel 6. Wenn sich in dieser Kapitulation einige zweifelhafte Stellen finden, sollen sie zu Gunsten der Besatzung ausgelegt werden.

Artikel 7. Die gegenwärtige Kapitulation soll vierfach ausgefertiget werden.

Artikel 8. Sobald sie unterzeichnet ist, was auf der Stelle geschehen soll, werden Preußische Commissaire vom Geniewesen, von der Artillerie und der Kriegsverwaltung in die Stadt gelassen, um die Papiere, Karten und Zeichnungen, die Magazine für das Geniewesen, die Artillerie, die Lebensmittel, die Kleidung und Rüstung, so wie die diesfälligen Kassen nach dem Inventarium in Empfang zu nehmen, und zwei Offiziere von der Besatzung werden bei Seiner königlichen Hoheit bis zum Abmarsch als Geissel bleiben.

So geschehen zu Marienburg, am 28sten Juli 1815.

(gezeichnet) Der Reichs-Ritter, Ober-Kommandant von Marienburg Alliot.

Der von Seiner Königlichen Hoheit dem Prinzen August von Preußen bevollmächtigte Obrist Ploosen.

Beilage XXXVII.

Kapitulation für die Plätze: die beiden Givets, das Fort Monte d'haures und das Fort de Vigné.

Artikel 1. Die Feindseligkeiten werden sogleich aufhören, und die Plätze die beiden Givets, der Monte d'haures und Fort de Vigné werden den Truppen Seiner Majestät des Königs von Preußen übergeben.

Artikel 2. Die Uebergabe dieser Plätze geschiehet den 11ten um 8 Uhr nebst allen ihren Kanonen, bestehend in 9 Stück Belagerungsgeschütz, ihren Munitions-Beständen, so wie den Beständen der Artillerie, und Verpflegungsgegenständen. Die Feindseligkeiten werden um Mittag 12 Uhr wieder anfangen.

Artikel 3. Die französischen Truppen werden sich nach der Festung Charlemont zurückziehen.

Artikel 4. Das Thor von Luxemburg wird frei seyn, und die französische Garnison von Charlemont wird nicht auf die Straße feuern, welche vom preußischen Lager nach diesem Thore führt.

Artikel 5. Das Eigenthum der Einwohner wird respektirt, und Niemand wird wegen seiner Meinung beunruhigt werden, welche er vor Abschluß der gegenwärtigen Konvention offenbart hat.

Artikel 6. Sobald diese Konvention unterzeichnet ist, werden zwei Stabsoffiziere von der Garnison als Geißel gegeben, und Kommissairs vom Preußischen Genie-Wesen und von der Artillerie in die Stadt aufgenommen werden, um die Artillerie, Munition und Magazine zu übernehmen.

Artikel 7. Alle in den Lazarethen oder bei den Bürgern befindliche französische blessirte oder kranke Militairs werden mit Menschlichkeit behandelt werden, und sobald sie hergestellt sind, können sie entweder zu ihrem Truppentheil, oder in ihre Heimath zurückkehren.

Artikel 8. Dem General-Gouverneur wird die Erlaubniß bewilliget werden, zwei Offiziere nach Paris zu schicken, um die Konvention der französischen Regierung zu überschicken.

So geschehen am Fuße des Charlemonts, den 9ten September 1815.

(gezeichnet) Obrist und Kommandant der Artillerie, Boilleau. — Obrist vom Genie-Wesen Baron Flayelle.

Obrist v. Aster, Chef des Generalstabes des 2ten Armee-Corps. — Major von Klausewitz vom Generalstabe.

(genehmiget) August, Prinz v. Preußen. — Graf Bourek, General-Lieutenant und Kommandant der Plätze Givet und Charlemont.

Beilage

Schlachtordnung der Kurhessischen

Oberbefehlshaber der Gene-

Linksabmarsch.

Avantgarde Major von Bödiker.

- 2 Esquadrons Husaren,
- 1 Compagnie Jäger,
- das Füsilier-Bataillon Landgraf Carl,
- eine halbe Batterie No. 3.
- das Füsilier-Bataillon Kurprinz.

Corps d'armee.

- 4 Esquadrons Leib-Dragoner,
- 2 Bataillon Kurfürst,
- das 1ste Bataillon Prinz Solms,
- die halbe Batterie No. 1.,
- das Grenadier-Bataillon v. Haller,
- die Batterie No. 2.,
- 2 Compagnien Jäger,

- das 1ste Bataillon Kurprinz,
- das 1ste Bataillon Landgraf Carl,
- eine halbe Batterie No. 3.,
- das Grenadier-Bataillon von Lasberg.

Arriergarde Obristlieutenant v. Schäfer.

- eine Compagnie Jäger,
- das Füsilier-Bataillon Kurfürst,
- das Füsilier-Bataillon Prinz Solms,
- eine halbe Batterie No. 1.,
- 2 Esquadrons Husaren.

Die Avant-

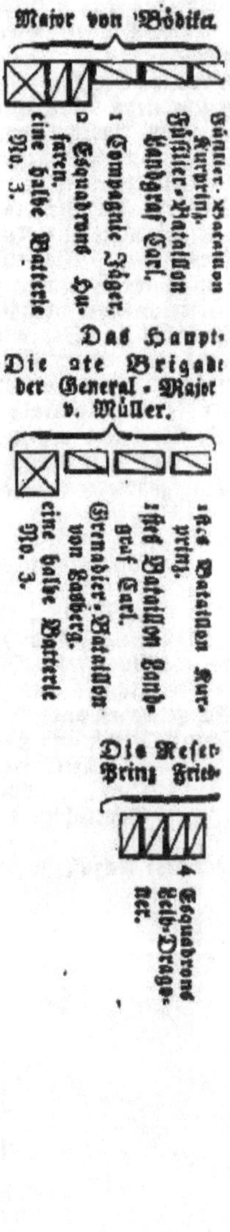

Major von Bödiker

Füsilier-Bataillon Kurprinz.
Füsilier-Bataillon Landgraf Carl.
1 Compagnie Jäger.
2 Esquadrons Husaren.
eine halbe Batterie No. 3.

Das Haupt-

Die 2te Brigade
der General-Major v. Müller.

1stes Bataillon Kurprinz.
1stes Bataillon Landgraf Carl.
Grenadier-Bataillon von Lasberg.
eine halbe Batterie No. 3.

Die Reser-
Prinz Fried-

4 Esquadrons Leib-Dragoner.

XXXVIII.

Truppen am 15ten Juni 1815.

ral-Lieutenant von Engelhard.

garde.

Obristlieut. v. Schäfer.

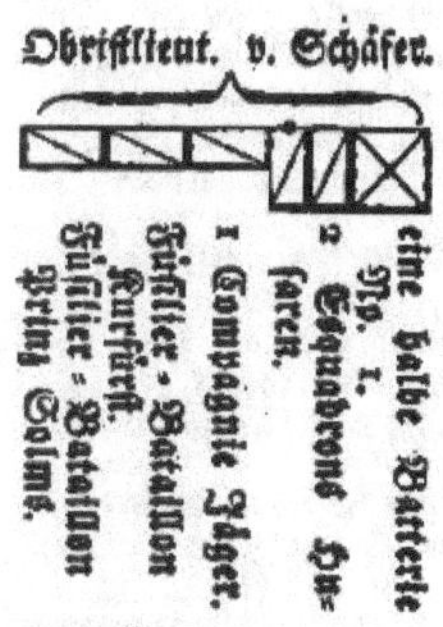

corps.

Die 1ste Brigade der General-Major Prinz Solms.

eine halbe Batterie No. 1.
Grenadier-Bataillon v. Haller.
1stes Bataillon Kurfürst.
2tes Bataillon Kurfürst.
1stes Bataillon Prinz Solms.

ve der Obrist rich v. Hessen.

Die Batterie No 2.
2 Compagnien Jäger.

Rechtsabmarsch.

Avantgarde Obristlieutenant v. Schäfer.

2 Esquadrons Husaren,
1 Compagnie Jäger,
das Füsilier-Bataillon Kurfürst,
das Füsilier-Bataillon Prinz Solms,
eine halbe Batterie No. 1.

Corps d'armee.

4 Esquadrons Leib-Dragoner,
2 Bataillon Kurfürst,
das 1ste Bataillon Prinz Solms,
eine halbe Batterie No. 1.,
das Grenadier-Bataillon v. Haller,
die Batterie No. 2.,
2 Compagnien Jäger.

1stes Bataillon Kurprinz,
1stes — Landgraf Carl,
eine halbe Batterie No. 3.
das Grenadier-Bataillon v. Lasberg,

Arriergarde Major v. Bödiker.

eine Compagnie Jäger,
das Füsilier-Bataillon Kurprinz,
das Füsilier-Bataillon Landgraf Carl,
eine halbe Batterie No. 3.,
2 Esquadrons Husaren.

durch das Bombardement, den größten Theil ihres Eigenthums verloren haben.

Artikel 10. Sowohl die Personen als jedes Eigenthum werden respektirt werden, und kein Individuum wird weder über seine politische Meinung, noch über den etwanigen Antheil bei Vertheidigung des Platzes verantwortlich seyn.

Artikel 11. Die Kavallerie, welche aus den Douaniers besteht, die nur einstweilen zum Militairdienst gezogen worden, behalten ihre Pferde, Bewaffnung und Bekleidung, weil selbige, wie allgemein bekannt ist, ihr Eigenthum sind, selbst in dem Fall, wenn sie in ihre Heimath zurückkehren wollen. In diesem letztern Falle, sollen bloß ihre Waffen an einen Ort in Charleville, als dem Hauptort der Direktion, aufbewahrt, und durch eine Schildwache gesichert werden; auch soll der Direkteur diese Waffen nur in dem Fall ausgeben dürfen, wenn durch die Administration befehliget, die Douaniers wieder in ihre öffentliche Wirksamkeit treten.

Artikel 10. Alle verwundete und kranke Soldaten, welche sich in den Hospitälern oder in der Stadt befinden, sollen bis zu ihrer Herstellung sorgfältig behandelt werden; ein Kriegscommissair und die nöthigen Chirurgen werden von französischer Seite bei ihnen zurückgelassen werden; sobald sie hergestellt, werden sie mit Marschrouten nach ihrer Heimath entlassen.

Artikel 13. Alle Kriegsgefangene, welche sich im Platz befinden, werden sogleich dem kommandirenden Herrn General übergeben, alle übrige Arrestanten hingegen, vom Civil oder Militair, zur französischen Nation gehörig, bleiben im Gewahrsam, bis die Tribunale ihre Urtheile gesprochen haben.

Artikel 14. additionel dem 6ten. Es ist wohl zu verstehen, daß die 30 Stück Kanonen und ihre Munition, welche auf den Werken der Stadt verbleiben, auf keinen Fall gegen die Zitadelle von Mezieres angewendet werden dürfen.

Artikel 15. Die gegenwärtige Uebereinkunft tritt nicht eher in Kraft, als bis sie von den beiderseitigen kommandirenden Generalen, dem Kommandanten der Stadt und Zitadelle von Mezieres, und dem kommandirenden General des Norddeutschen Bundescorps, welches das Blokadecorps ausmacht, bestätiget und vollzogen ist; doch sobald selbige ratifizirt ist, werden für zwei französische Offizier, welche nach Paris gehen, Pässe ausgefertiget, damit sie Seiner Majestät dem König von Frankreich, von der abgeschlossenen Uebereinkunft Meldung machen, und von demselben seine Befehle, in Hinsicht auf die Zitadelle von Mezieres, erhalten.

Doppelt ausgefertiget zu Belair bei Charleville, am obigen Tage, Monat und Jahr, und unterzeichnet.

(gezeichnet) v. Witzleben, Oberst und Chef des Generalstabes.
v. Bardeleben, Major und Kommandant der Belagerungsartillerie.

(gezeichnet) Coblence, Major.
Lefebre, Capitain und General-Adjudant.

gesehen und bestätiget v. Hake, General-Lieutenant und kommandirender General des Norddeutschen Bundescorps.

bestätiget durch uns, den General-Lieutenant und Kommandanten der Festungen Mezieres, L. Lemoine.

Bei-

Zu Seite 160.

Tag.	B	Gemeine.	Pferde.	Namen der Offiziere.
		…es ganzen …astes.		
Den 8ten July auf Vorposten	Ba	1		
— 10ten July desgl.	Re	1		
— 13ten July desgl.	Ba	1		
		3		
Den 25sten July Ausfall nach Mohon	Fü	36		geblieben, Lieut. Wolff.
		6		verwundet, Major Brethauer. Cap. v. Bardeleben. Lieut. Königer. schwer Cap. Breßler.
	1st			
		42		
Den 25sten July beim Batterie-Bau	Re	2		
		6		
		3		
		11		
Den 26sten und 27sten July während des Bombardements	Re	2		geblieben, Lieut. Grünewald, den 27sten July.
		[illegible]		
	Pr	6		
	Ku	12		

Beilage XLII.

Kapitulation der Festung Montmedy mit dem Norddeutschen Bundescorps.

Konvention zwischen dem Herrn v. Witzleben, Obrist, Chef des Generalstabes, bevollmächtiget von Seiten Seiner Excellenz, des königlich preußischen General-Lieutenants v. Haack, kommandirenden Generals des Norddeutschen Bundescorps, und dem Herrn Godard, Major der Infanterie und Kommandanten der 1sten Legion der Ardennen, bevollmächtiget von Seiten des Herrn General-Lieutenants Laurent, Kommendanten von Montmedy, Ritter des Ordens St. Louis, und Kommandant der Ehrenlegion, welche wegen der Uebergabe der Festung Montmedy an die verbundeten Truppen, über die folgenden Artikel übereingekommen sind.

Artikel 1. Die Festung Montmedy wird den Truppen Seiner Majestät des Königs von Preußen übergeben.

Artikel 2. Zur Gewährleistung dieser Uebereinkunft soll den preußischen Truppen, sogleich nach erfolgter Ratifikation, das kleine Außenwerk am Fuße des Glacis, auf der Seite von Monce, übergeben werden.

Artikel 3. Die Besatzung erhält freien und sichern Abzug am 22sten September um 8 Uhr des Morgens, um sich jenseits der Loire zurückzuziehen, die Kanoniere und das 56ste Regiment mit Waffen und Bagage, die nöthigen Pferde und Wagen zum Transport, werden durch die Befehle des General-Lieutenants v. Haack herbeigeschafft, sowohl für die Offiziere des Generalstabes, als der Garde Nationale, und der Douanen, als für die Bagage der Truppen.

Alle Offiziere behalten ihre Waffen, Bagage und Pferde, die Unteroffiziere und die Mitglieder der Ehrenlegion behalten ihre Säbel.

Artikel 4. Die entlassenen Offiziere und Soldaten, welche sich in Montmedy befinden, können mit ihren Waffen und Bagagen nach ihrer Heimath zurückkehren; es werden ihnen, so wie den Offizieren der Nationalgarden, zu diesem Endzweck Pässe ertheilt werden.

Artikel 5. Kein Einwohner der beiden Städte (haute et basse) Montmedy, so wie auch nicht die einzelnen Menschen, welche sich aus andern Ortschaften gegenwärtig darin befinden, werden unter keinerlei Vorwand über ihr Betragen, selbst nicht über geleistete Militairdienste, zur Verantwortung gezogen werden. Alle Offiziere und Militair-Beamten, welche bei der Festung angestellt sind, verbleiben daselbst. Die einheimische Bürgergarde wird fortfahren, den Polizeidienst im Innern der Stadt gemeinschaftlich mit den verbündeten Truppen zu versehen, und bleibt, so wie jetzt, zu diesem Zweck bewaffnet.

Artikel 6. Die Gensdarmerie verbleibt in ihren Aufenthaltsorten, und verrichtet ihren Dienst, um die Ordnung zu erhalten, sie behält Waffen und Pferde; auch die Douaniers verbleiben auf ihren angewiesenen Posten, und einer ihrer Offiziere begiebt sich nach Thionville, um die Verhaltungsbefehle von ihrem Direktor zu holen. Die Waffen der Douaniers werden einstweilig in dem Stadthause in Montmedy aufgehoben, unter Aufsicht des Maire, bis verfügt wird, daß sie den Douaniers des Departements der Ardennen zurückgegeben werden sollen.

Artikel 7. Die Garde National von 2 Bataillons aus dem Departement der Ardennen, giebt sogleich ihre Waffen ab, welche im Arsenal aufgehoben werden, und kehrt nach ihren Wohnörtern zurück, es wird ihnen eine bestimmte Zeit festgesetzt werden; die Administra-

L

tionsbehörden werden sich nach Verdun begeben, und das Nöthige besorgen.

Artikel 8. Die Verbindungen zwischen den Oertern der neben Umgebung und der Stadt Montmedy, als dem Hauptort des Arrondissements, sind völlig frei; die Posten, Couriere und Estafetten passiren frei und ungehindert, zufolge der mit den Ministern der verbündeten Mächte abgeschlossenen Uebereinkunft.

Artikel 9. Es werden die nöthige Anzahl von Aerzten und sonst im Lazareth angestellte Personen, zur Aufsicht der Kranken zurückbleiben, der kommandirende General v. Hacke wird ihnen jede nöthige Hülfe leisten lassen; sobald sie hergestellt sind, werden sie Pässe erhalten, um sich dahin zu begeben, wo es ihnen gut dünkt.

Artikel 10. Die Behörden der Administration und Justiz verwalten ihre Geschäfte, und die Verwaltung wird nach den französischen Gesetzen ferner fortgesetzt.

Artikel 11. Die Einwohner der Stadt werden nicht mit Einquartirung der verbündeten Truppen belästiget, indem diese in den Kasernen der Stadt einquartirt werden sollen, wenn diese Kasernen in dem gehörigen Zustande sind.

Artikel 12. Die Einwohner der Stadt werden mit keiner besondern Kontribution oder Requisition belegt werden; es wird von ihnen nichts, als dasjenige, was zufolge der Uebereinkunft zwischen Frankreich und den verbündeten Mächten gefordert werden kann, gefordert werden.

Artikel 13. Es werden sogleich Verzeichnisse angefertiget werden von den Vorräthen des Genie-Corps, der Artillerie und der Lebensmittel, durch Commissaire von beiden Seiten, welche sie bescheinigen; diese Vorräthe aller Art werden einen Tag früher als die Festung übergeben.

Artikel 14. Im Fall irgend ein Artikel dieser Konvention zweifelhaft ausgelegt werden sollte, so soll er zu Gunsten der französischen Garnison und der Einwohner entschieden werden.

Doppelt ausgefertiget zu Thonnes les Pres, den 19ten September 1815.

(gezeichnet) v. Witzleben, Oberst und Chef des Generalstabes. — Godard, Major.

Genehmiget und vollzogen durch den General-Lieutenant und kommandirenden General, v. Haack.

Genehmiget durch den General-Lieutenant der Armee des Königs, Laurent.

Beilage XLIII.

Konvention zwischen dem Norddeutschen Bundescorps, und der französischen Garnison des Schlosses Sedan.

Heute den 20sten August 1815 haben sich vereiniget: der Herr von Witzleben, Obrist und Chef des Generalstabes, ernannt von Seiner Excellenz dem General-Lieutenant v. Haak, kommandirenden General des Norddeutschen Bundescorps, und der Chevalier Ardant, Obrist und Direktor der Fortifikation, letzterer ernannt von dem Marechal de Camp, Baron de Choisy, als Kommandanten des Schlosses von Sedan, um eine Konvention zu unterhandeln und abzuschließen, durch welche die Feindseligkeiten dieses Truppencorps mit der Besatzung des Schlosses von Sedan aufhören sollen. Nachdem die Bevollmächtigten ihre Vollmachten ausgewechselt haben, sind sie über die folgenden Artikel einig geworden:

Artikel 1. Die Thore der beiden Schlösser von Sedan werden den 3ten Tag nach der Ratifikation dieser Konvention geöffnet werden, und die Offiziere und Truppen, welche dazu bestimmt, an diesem Tage entlassen, und es verbleibt zur Wache nichts als der Generalstab, die Administration, und eine Besatzung von 50 Mann nebst 13 Artilleristen in den beiden Schlössern zurück, die Mannschaft nur, um die Magazine und Artillerie zu bewachen.

Artikel 2. Diese Besatzung der Schlösser darf nur ohne Waffen nach der Stadt kommen, ausgenommen die Herren Offiziere, welche ihre Degen tragen.

Artikel 3. Wenn bis zum 15ten September der General und Kommandant von seinem Gouvernement keine Befehle erhält, welche dieser Konvention entgegen sind, so überliefert er zufolge der Verzeichnisse, welche durch beiderseitige Kommissarien aufgenommen, die genannten Schlösser, mit allem Eigenthum der französischen Regierung, den Truppen der verbündeten Mächte, unter dem Befehl des General-Lieutenants v. Haack, welche selbige bei dem abgeschlossenen Frieden dem Könige von Frankreich zurückgeben, wenn diese Zurückgabe im Friedensschluß enthalten ist.

Artikel 4. Von heute bis zum 15ten September, wird dem Publikum gestattet, so wie früher den Hof des untern Schlosses zu passiren, allein nach dem höher liegenden Schlosse zu gehen, ist nur den Offizieren, den bei der Administration Angestellten, und den Soldaten, welche die Besatzung der Schlösser ausmachen, gestattet.

Artikel 5. Die Artilleristen der Garde Nationale, welche zur Vertheidigung der Stadt und Schlösser errichtet worden, kehren um 6 Uhr des Morgens nach der Stadt zurück, und behalten ihre Säbel, weil sie ihr Eigenthum sind.

Artikel 6. Die Offiziere und Angestellten bei den Douanen, sowohl zu Fuß als zu Pferde, so wie die königlichen Gensdarmen, verlassen die Schlösser um halb 7 Uhr; sie behalten ihre Pferde und Waffen nebst Bagage, weil die ersteren ihr Eigenthum sind.

Sowohl der Präfekt des Departements, wie der Direktor der Douanen werden im voraus von diesen Anordnungen unterrichtet werden.

Artikel 7. Die beiden Bataillons der Nationalgarde der Marne und Mosel werden zufolge der Befehle des Königs von Frankreich entlassen, und verlassen die Schlösser um 8 Uhr des Morgens, nachdem sie ihre Waffen im Zeughause abgeben werden, die Herren Offiziere behalten ihre Degen und die Unteroffiziere und Mitglieder der Ehrenlegion ihre Säbel.

Die Mittel zum Transport, so wie Pässe und Marschrouten, werden den Offizieren und Unteroffizieren bewilliget, um nach ihrer Heimath, oder wohin sie wollen, zu gehen.

Alles spezielle Eigenthum der Offiziere, Unteroffiziere und Soldaten, es sey in den Schlössern oder in der Stadt, wird respektirt werden, und die Einwohner schalten damit nach Gefallen.

Artikel 8. Die einzelnen Offiziere und Soldaten, welche sich hier befinden, kehren mit ihren Waffen und denselben Begünstigungen, wie die Regimentirten, nach ihrer Heimath zurück, und verlassen die Schlösser.

Artikel 9. Die kranken Militairs werden in das Hospital in der Stadt geschickt, und verbleiben bis zu ihrer gänzlichen Herstellung

L 2

daselbst, worauf sie, nach eigenem Gefallen, mit Marschrouten zu ihrem Corps oder nach ihrer Heimath abgehen können.

Artikel 10. Nach der erfolgten endlichen Uebergabe der Schlösser, erhalten sodann auch die Offiziere des Generalstabes, und der militärischen Administration, Pässe oder Marschrouten nach den Orten welche sie erwählen, auch werden ihnen die nöthigen Transportmittel gegeben.

Artikel 11. Die Familien, welche die Schlösser bewohnen, so wie die, welche in denselben rechtmäßige Quartiere haben, werden in denselben verbleiben, und ihr Eigenthum wird gleichfalls geschützt werden, auch wird niemand wegen seiner politischen Meinungen, oder wegen des Antheils an der Vertheidigung des Platzes, zur Verantwortung gezogen werden.

Artikel 12. Die gegenwärtige Konvention wird in Kraft treten sobald sie von Seiner Excellenz dem General-Lieutenant v. Haack, und dem Kommandanten der Schlösser von Sedan, dem Marechal de Camp, Baron Choisy, genehmiget und vollzogen ist.

Auch wird ein französischer Offizier dann sogleich Pässe erhalten um diese Konvention nach Paris an Seine Excellenz den Kriegsminister zu bringen, damit derselbe sie Seiner Majestät dem Könige von Frankreich vorlegen, und dessen weitere Befehle empfangen kann.

(gezeichnet) v. Witzleben, Obrist und Chef des Generalstabes. Le Chevallier Ardant, Obrist und Direktor der Fortifikation.

Vollzogen und genehmiget, durch den General-Lieutenant und kommandirenden General, v. Haack.

Vollzogen und genehmiget, durch den Marechal de Camp, Baron Choisy.

Beilage XLIV.

Kapitulation der Stadt Soissons, zwischen dem russischen General-Major Uschakow, und dem französischen General Gründler.

Artikel 1. Die Festung Soissons wird den Truppen Seiner Majestät des Kaisers von Rußland als Depot übergeben, und von denselben den 14ten August 1815 besetzt werden.

Artikel 2. Artillerie, Waffen, Kriegsmunition, Kriegsgegenstände aller Art, und alle Materialien der Artillerie und des Ingenieur-Wesens, das sich daselbst befindet, werden in Magazine gebracht, und für Seine Majestät den König von Frankreich von den kaiserlich russischen Truppen aufbewahrt werden. Es wird ein Inventarium davon aufgenommen, welches von einem Offiziere der Artillerie und des Ingenieur-Wesens, die von den unterzeichneten Generalen damit beauftraget werden, beglaubiget und unterzeichnet werden soll. Dieses Depot wird unter der Obhut des königlich französischen Artillerie-Majors Borgier und Capitain Mareaux stehen, welche von dem General der für den König zu Soissons kommandirt, ernannt sind, und eine Artillerie-Wache bei sich behalten werden.

Artikel 3. Die in der Festung befindlichen Magazine von Lebensmitteln und Fourage, werden in ihrem gegenwärtigen Zustande dem von dem Herrn General-Major Uschakow dazu ernannten Offiziere übergeben.

Artikel 4. Es wird ein Detaschement von Offizieren, Unteroffizieren und Gemeinen der Besatzung, welche zu der Armee an der Loire stoßen möchten, gebildet werden; dieses Detaschement, das mit Waffen und Gepäck abmarschiren wird, begleitet ein russischer Offizier, den der Herr General Uschakow dazu ernennt, bis Orleans; es werden ihnen unterweges alle Mittel, deren sie zum Fortkommen bedürfen, gewährt werden, und sie sollen die Straße, worüber die verbündeten Generale übereingekommen sind, halten.

Artikel 5. Die Soldaten der Besatzung, welche in ihre Heimath zurück zu kehren wünschen, werden beschränkte Urlaubsscheine erhalten, die von der zu diesem Behuf beauftragten Kommission des General-Majors Uschakow visirt werden sollen.

Artikel 6. Die in dem Hospital befindlichen französischen Kranken und Verwundeten werden forthin mit der ihrem Zustande angemessenen Sorgfalt behandelt werden, und sollen nach Maßgabe ihrer Genesung Marschrouten zur Loire-Armee oder Entlassungen, nach Hause zu gehen, erhalten.

Artikel 7. Die Stadtgarde und die in Soissons befindliche königliche Gensd'armerie behalten ihre Waffen und ihre Pferde, und werden den Dienst, wie bisher, versehen.

Artikel 8. Ein Offizier des Generalstabes wird von dem Herrn General-Major Uschakow vorausgeschickt werden, um mit der Munizipalität die Einquartirung der russischen Besatzung, die in Soissons bleiben soll, anzuordnen.

Beilage XLV.

Waffenstillstands-Uebereinkunft mit der Festung Straßburg.

Um die Uebereinkunft abzuschließen, waren bevollmächtiget von Seiten Seiner Durchlaucht des Generals der Kavallerie Fürsten von Hohenzollern, Oberbefehlshaber einer allirten Armee im Elsaß, der Feldmarschall-Lieutenant Graf Vacquant Geozelles, und von Seiten des Grafen Rapp, Oberbefehlshaber der Rhein-Armee, der General-Lieutenant und Kommandant des Genie-Wesens der Rhein-Armee, Baron v. Maureilhon, welche dahin übereinkamen:

Artikel 1. Es soll ein Waffenstillstand zwischen den beiderseitigen Armeen statt finden, welcher für alle unter den Befehlen des Oberbefehlshabers der französischen Rhein-Armee stehenden Festungen nämlich: Straßburg, Landau, Lichtenberg, la petit Pierre, Pfalzburg, Schlettstädt, Neu-Breisach, Fort Mortier, Hüningen, so wie auch Bedfort gelten soll.

Artikel 2. Dieser Waffenstillstand kann nur 10 Tage von der Stunde an gerechnet, wo er ratifizirt seyn wird, aufgekündiget werden; aber die Feindseligkeiten dürfen erst 48 Stunden nach der Aufkündigung, binnen welcher Zeit die obengenannten Festungen davon benachrichtiget werden können, anfangen.

Artikel 3. Die beiderseitigen Armeen, so wie die Blokade-Corps behalten ihre respektiven Stellungen, so wie sie in dem Augenblicke, wo der Waffenstillstand abgeschlossen wurde, gewesen sind.

Artikel 4. Es soll von Seiten des Oberbefehlshabers der französischen Armee, in jede der obengenannten Festungen ein Offizier mit gegenwärtiger Konvention, von einem Offizier der Armee der Allirten begleitet, abgeschickt werden, welche beauftraget sind, durch gegenseitige

Mittheilungen auszumitteln, wo die Vorposten um diese Festungen im Augenblick des Abschlusses gegenwärtiger Konvention aufgestellt waren.

Artikel 5 Die Aufkündigung dieses Waffenstillstandes kann nur von den Oberbefehlshabern der alliirten und französischen Armeen geschehen.

Artikel 6. Es sollen von dem General, welcher den Waffenstillstand aufkündigen wird, 3 Offiziere abgeschickt werden, um die Festungen davon zu benachrichtigen, einer nach Schlettstädt, Neu Breisach, Fort Mortier, Hüningen und Bedfort; der zweite nach Pfalzburg, la petite Pierre und Lichtenberg, und der dritte nach Landau. Der General, welchem aufgekündigt wird, ist gehalten, jeden derselben durch einen Offizier seiner Armee begleiten zu lassen, damit diese Notifikationen auf dieselbe Weise, wie die des Waffenstillstandes statt finden.

Artikel 7. Wenn nach Verlauf von 10 Tagen keine Aufkündigung statt findet, so macht sich der Oberbefehlshaber der Armee der Alliirten anheischig, von 5 zu 5 Tagen eine Kommunikation zwischen dem Oberbefehlshaber der Französischen Armee, und den Kommandanten der mehrerwähnten Festungen, mittelst Offiziere, welche wie im obigen Artikel bestimmt ist, begleitet werden sollen zu gestatten.

Artikel 8. Da die Französische Armee eine Deputation nach Paris zu schicken wünscht, um die Befehle ihrer Regierung einzuholen, so wird der Oberbefehlshaber der Armee der Alliirten zu diesem Ende, dieser aus einem General-Lieutenant, einem Marechal de Camp und 8 Staabsoffizieren bestehenden Deputation, Pässe ertheilen, und sie von einem Oestreichischen Offizier begleiten lassen, welcher ihr die Mittel erleichtern wird, sich schnell an ihre Bestimmung zu verfügen.

Artikel 9. Es soll binnen 24 Stunden zwischen den Oberbefehlshabern der beiderseitigen Armeen eine Verabredung über die Art und Weise getroffen werden, wie die Pakete und Briefe der Regierung und andere an die Französische Armee und in die Festungen, und vice versa bestimmten Briefe und Pakete an ihre Adresse gelangen, und die Couriere passiren können.

Artikel 10. Da gegenwärtige Konvention zwischen den beiderseitigen Armeen nur zum Zweck hat, alles unnütze Blutvergießen zu vermeiden, so wird hier nichts über irgend ein Gebiet, welches der Französischen Rhein-Armee während der Dauer der vermuthlichen Friedens-Unterhandlungen eingeräumt werden soll, festgesetzt; da dieser Gegenstand ohnehin bei den allgemeinen Verabredungen zwischen den hohen verbündeten Mächten und der Französischen Regierung zur Sprache kommen muß.

Artikel 11. Gegenwärtiger Waffenstillstand erhält erst seine Gültigkeit, nachdem er ratifizirt worden ist.

So geschehen und abgeschlossen im Haupt-Quartier Insel Wala am 22sten Juli 1815.

(gezeichnet) Vacquant-Geozelles
Feldmarschall-Lieutenant 2c.
der General-Lieutenant und Kommandant des Genie-Wesens der Rhein-Armee Baron Maureilhon.

Gesehen und ratifizirt durch mich Friedrich Xavier Fürst von Hohenzollern Hechingen, General der Kavallerie und Oberbefehlshaber der K. K. vereinigten Armee vor Straßburg, im Haupt-Quartier Stüzenheim am 22sten Juli Mittags.

Gesehen und ratifizirt von mir, dem Oberbefehlshaber Grafen Rapp im Haupt-Quartier Wacken am 22sten Juli 1815, Mittags.

Beilage XLVI.

Kapitulation der Stadt Auxonne.

Artikel 1. Die Feindseligkeiten zwischen den Truppen Sr. Majestät des Kaisers von Oestreich und der Garnison von Auxonne werden eingestellt. Antwort. Genehmigt.

Artikel 2. Die Oestreichische Garnison welche in die Stadt einziehen wird, verrichtet gemeinschaftlich den Dienst mit der jetzigen Garnison, bis zur Ankunft des von dem General Vignolles an Se. Excellenz den Kriegsminister abgeschickten Couriers, der das Schicksal der Französischen Garnison entscheiden wird. Antwort. Die Französische Garnison mit allem was davon abhängt, zieht morgen um 2 Uhr Nachmittags mit allen Kriegsehren aus, es wird ihr bewilligt 6 Stück Feld-Artillerie mit den dazu gehörigen Pulverkasten mitzunehmen.

Artikel 3. Alles Material der Artillerie sowohl, als auch des Geniewesens, dann andere militärische Vorräthe bleiben Sr. Majestät dem Könige von Frankreich unter der Aufsicht der gewöhnlichen Offiziere und Angestellten der zwei Armeen. Antwort. Alle Artillerie mit Ausnahme der im zweiten Artikel genannten, alle Kriegs- und Munitions-Vorräthe, Pläne, und alle auf die Vertheidigung der Festung bezugnehmende Dinge, werden einem von dem Oestreichischen Divisions-Kommandanten hierzu ernannten Offizier übergeben.

Artikel 4. Sollte der Abzug der Französischen Truppen statt finden, so hätte die Stadt gerade ihre Dienste wie vormals fortzusetzen. Antwort. Heute um 6 Uhr wird das Thor von Comte durch eine Compagnie Oestreichischer Jäger besetzt, die Garnison der Festung begiebt sich zu den Französischen Truppen hinter der Loire, auf der Straße nach Moulins.

Artikel 5. Die gemeinschaftlichen und einzelnen Güter werden respektirt, und Niemand kann wegen Gesinnungen die er ehemals geäußert hat, beunruhigt werden. Antwort. Bewilligt in Betreff des Eigenthums der Einwohner.

Artikel 6. Die Oestreichische Garnison des Platzes soll so viel möglich in Kasernen untergebracht werden. Antwort. Bewilligt.

Artikel 7. Es wird von den alliirten Truppen keine außerordentliche Kontribution der Stadt und den Vorstädten aufgelegt. Antwort. Man wird so viel als möglich ist, dafür sorgen.

Artikel 8. Die Brücke über den Aberge wird abgetragen, und die Materialien den ersten Eigenthümern zurückgegeben. Antwort. Genehmigt.

So geschehen zu Haute Grange, den 28sten August 1815.

(gezeichnet) der Major des 7ten Artillerie-Regiments Fautin.

Genehmigt und ratifizirt zu Auxonne, den 28sten August 1815. der Obrist der Artillerie und Kommandant des Platzes, Maçon.

(gezeichnet) Penz K. K. Major und Kommandant des 1sten Jäger-Bataillons.

Genehmigt und ratifizirt Vilers Rotain den 28sten August 1815. Stutterheim K. K. Feldmarschall-Lieutenant.

Additionelle Artikel.

Artikel 1. Das Depot des 7ten Artillerie-Regiments von dem Major Fautin befehliget, und bestehend aus dem Quartiermeister,

Schanzmeister dem Capitain der Depot-Compagnie, den ersten Arbeitern des Regiments, den Kranken und Blessirten, in der Zahl von beiläufig 20 Köpfen, können bis auf weitern Befehl in der Stadt bleiben.

Artikel 2. Der Herr Obrist und Direktor der Artillerie bleibt in der Stadt, um die Uebergabe des Arsenals zu veranstalten, er kann auch, wenn Se. Königl. Hoheit der Erzherzog Ferdinand es erlauben, seinen Aufenthalt verlängern.

Artikel 3. Die gegenwärtige Kapitulation wäre von dem Oestreichischen Herrn Feldmarschall-Lieutenant nicht genehmigt worden, wenn nicht alle vorhergegangene Artikel und besonders der zweite und dritte Artikel erfüllt würden.

So geschehen zu Haute Granges, den 28sten August 1815.

(gez.) der Major und Kommandant des 7ten Artillerie-Regiments Fautin.

der Obrist und Kommandant des Platzes Macon.

der Major v. Penz, Kommandant des 1sten Jäger-Bataillons.

der Feldmarschall-Lieutenant Stutterheim, Chef einer Division.

Beilage XLVII.

Kapitulation der Festung Hüningen.

Artikel 1. Die Festung Hüningen und ihre Außenwerke, die darin befindlichen Kriegs- und Mundvorräthe, alle Magazine, Karten, Pläne, die Fortifikations-Zeichnungen, Kassen und alles was der Französischen Regierung angehört, und nicht als den Herren Offizieren und den Truppen zustehendes Eigenthum oder Gepäck in den nachstehenden Artikeln begriffen ist, sollen den 26sten August um 8 Uhr Morgens im Namen der Verbündeten an Se. Kaiserl. Hoheit den Erzherzog Johann, Oberbefehlshaber der Belagerung von Hüningen in demjenigen Zustand, in welchem sie sich wirklich befinden, und ohne die mindeste Veränderung übergeben werden.

Artikel 2. Die Garnison von Hüningen wird am 28sten August Morgens um 8 Uhr durch das Elsasser Thor mit allen Kriegsehren ausziehen, und auf dem Glacis das Gewehr strecken. Die Offiziere behalten ihre Degen, die Unteroffiziere und Soldaten ihre Tornister, und begeben sich nach folgenden Bestimmungen:

1. Sollen die Nationalgarden friedlich in ihre Wohnungen zurückkehren.
2. Werden die Mauth-Beamten und die Gensd'armen an den Königl. Präfekten des Ober-Rheinischen Departements in Kolmar, unter dessen Gerichtsbarkeit sie stehen, aber ohne Pferde und ohne Waffen gesandt.
3. Offiziere, Unteroffiziere und Soldaten der Linien-Truppen werden nach dem Haupt-Quartier des Marschalls Macdonald in die Departements hinter der Loire instradirt, um dort ihre fernere Bestimmung zu erhalten.
4. Die alten auf Retraite-Gehalt gesetzten Offiziere werden gleichfalls, mit Marschrouten und den Transportmitteln versehen, in ihre Heimath gesandt.

Artikel 3. Die Herren Offiziere behalten ihre Degen, ihr Gepäck, Bedienten, und die ihnen eigenthümlich, nicht aber der Regierung zugehörenden Pferde.

Artikel 4. Die Offiziere, Unteroffiziere und Soldaten nehmen ihre Marschroute nach den gewöhnlichen Etappen; die Einquartirung, Lebensmittel und Vorspanne sollen ihnen eben so wie den Verbündeten Truppen zukommen.

Artikel 5. Alle nicht streitende Mannschaft, als Verpflegungs-Beamte, Militär-Aerzte und Wundärzte, so wie andere bei den verschiedenen Dienstzweigen Angestellte, sollen gleichfalls Marschrouten nach ihrer Bestimmung, mit denen im vorhergehenden Artikel bestimmten Entschädigungen erhalten.

Artikel 6. Sogleich nach der Ratifikation der gegenwärtigen Kapitulation werden sich ein Offizier des Geniewesens sowohl, als einer von der Artillerie, nebst einem Kriegs- und Verpflegungs-Commissair der verbündeten Truppen in die Festung begeben, um ihre Verrichtungen, in Uebereinstimmung mit denen bei der Garnison zu diesem Behufe sich befindlichen Kriegs-Commissairs anzutreten, und das Inventarium der verschiedenen Vorräthe aufzunehmen.

Artikel 7. Den 27sten August um 5 Uhr des Morgens werden die verbündeten Truppen das Elsasser Thor besetzen.

Artikel 8. Die verwundeten oder kranken Offiziere, Unteroffiziere und Soldaten bleiben bis zu ihrer gänzlichen Herstellung in Hüningen. Es soll denselben alle Hülfe dargereicht werden, die ihr Zustand erfordert, und sie werden in dieser Hinsicht der Großmuth der verbündeten Truppen besonders empfohlen und in der Folge nach ihren gehörigen Bestimmungen abgesandt werden. Es soll zu ihrer Besorgung ein Arzt zurückbleiben.

Artikel 9. Der Herr General Befehlshaber der verbündeten Truppen, wird diejenigen Veranstaltungen und Maßregeln treffen, die er für nöthig erachten dürfte, um zu verhindern, daß kein Offizier, Unteroffizier oder Soldat, oder ein bei der Garnison Angestellter, beschimpft oder ihnen Ungelegenheit verursacht werde.

Artikel 10. Die Einwohner von Hüningen nebst ihrem Eigenthum, sollen von den Verbündeten verschont, Niemand soll wegen seines bisherigen Benehmens beunruhigt werden.

Artikel 11. Bis um 8 Uhr in der Frühe den 28sten August werden die Truppen ihre beiderseitigen Posten inne behalten, jedoch mit Ausnahme des Elsasser Thores, welches am 27sten August um 5 Uhr Morgens von den verbündeten Truppen besetzt wird.

Artikel 12. Wenn sich in irgend einem der Artikel der gegenwärtigen Kapitulation ein Doppelsinn befinden sollte, so soll derselbe zum Vortheil der Garnison seine Auslegung erhalten.

Artikel 13. Die Artikel der gegenwärtigen Kapitulation sollen von den verbündeten sowohl, als von den französischen Bevollmächtigten unterschrieben werden, um ihre Gültigkeit zu bekräftigen. Bis Abends um 10 Uhr am 26sten soll die Ratifikation von beiden Theilen statt haben.

Also beschlossen und durch 2 gleichlautende Originale festgesetzt.

In St. Louis, den 26sten August 1815.

Beilage XLVIII.

Eintheilung der Besatzungs-Armee der verbündeten Mächte, welche zufolge des Pariser Friedens im Jahr 1815. auf 5 Jahr in Frankreich zurückblieb.

Oberbefehlshaber, der Englische Feldmarschall Herzog Wellington. Haupt-Quartier in Cambray.

Chef des Generalstabes, der General-Lieutenant Murray.

Dieses Besatzungs-Kriegsheer bestehet aus:

30,000 Mann Engländer,	Haupt-Quartier	in Cambray,
30,000 Mann Russen,	—	in Maubeuge,
30,000 Mann Preußen,	—	in Sedan,
30,000 Mann Oestreicher,	—	in Collmar,
10,000 Mann Baiern	—	in Pont a Mousson,
5,000 Mann Würtemberger,	—	in Weissenburg,
5,000 Mann Dänen,	—	in Lewarde,
5,000 Mann Sachsen	—	in Tourcoing,
5,000 Mann Hannoveraner	—	in Condè.
Zusammen 150,000 Mann.		

Der rechte Flügel bestehet aus besetzt die Linie von Charlemont bis Amiens, die Festungen Valenciennes, Bouchain, Cambray und Peronne.	den Engländern, den Niederländern, den Dänen, den Sachsen, den Hannoveranern.
Das Zentrum bestehet aus besetzt die Festungen Maubeuge, Avesnes und Thionville.	den Russen, den Preußen.
Der linke Flügel bestehet aus besetzt die Saar und den Elsaß.	den Oestreichern, den Baiern, den Wirtembergern.

A. Der rechte Flügel.

I. Die Englischen Truppen.

1. Die Kavallerie-Division, Chef der General-Lieutenant Lord Combermere. Haupt-Quartier in Cassel.

G. M. Lord Erward Sommerset.	das 2te Dragoner-Reg. der Garde in Avesnes le Comte, das 3te — — in Bonnieres, reitende Artillerie zu Frevit.
G. M. Vivian.	das 7te Husaren-Reg. in Estarles, das 12te Dragoner-Reg. in Fruges, das 18te — in Desarves,
G. M. Sir C. Grant.	das 11te leichte Dragoner-Reg. in Baumont, die reitende Artillerie in Cassel.

2. Die erste Infanterie-Division, Chef der General-Lieutenant Cole. Haupt-Quartier in Cambray.

Die 1ste Brigade, G. M. Sir J. Maitland.	3tes Bat. der Grenadier Garde das 2te Bat. der Coldstream Garde	in Cambray.

Die 2te Brigade, G. M. Sir J. Kempt.	das 7te Füsilier-Reg. in Ambllausville, das 23ste Infanterie-Reg. in Hamalincourt, das 43ste — in Rassame.
Die 8te Brigade, G. M. Sir Lambert.	das 27ste Infanterie-Reg. in Bagny, das 40ste — in Hamalincourt, die Artillerie-Brigade des Capitain Sinclair in Cambray.

3. **Die zweite Infanterie-Division**, Chef der General-Lieutenant Clinton. **Haupt-Quartier in Ballarme.**

Die 3te Brigade, G. M. Sir D. Callenham.	das 3te Infanterie-Reg. in St. Croix, das 39ste — in Tunques, das 91ste — in St. Pol.
Die 4te Brigade, G. M. Sir Paek.	das 4te Infanterie-Reg. in Tauquamberg, das 52ste — in Therouanne, das 79ste — in Bizernes.
Die 6te Brigade, Sir Bradford.	das 6te Infanterie-Reg. in Lillers, das 29ste — in Chocques, das 71ste — in Norviens.

Der Wagen-Train in Aubigny.
Der Kommissariats-Train in Ballarme.
Die Artillerie-Brigade des Capitains Lilier in Ballarme.
Die Sappeurs und Mineurs in Perne.

4. **Die dritte Infanterie-Division**, Chef der General-Lieutenant Colville. **Haupt-Quartier in Valenciennes.**

Die 2te Brigade, G. M. Sir Power.	das 3te Bataillon in Valenciennes, das 47ste Infanterie-Reg. in Valenciennes, das 2te Bat. der Scharfschützen-Brigade in Celler.
Die 5te Brigade, Sir Brisbane.	das 9te Infanterie-Reg. in St. Amand, das 21ste — in Valenciennes.
Die 9te Brigade, Sir Keane.	das 81ste Infanterie-Reg. in St. Amand, das 88ste — in St. Amand, die Artillerie-Brigade in St. Amand.

Die Reserve-Artillerie-Brigade Obristlt. Clinzier die Reserve-Artillerie-Brigade des Majors Dunfords die Reserve-Artillerie-Brigade des Majors Martins	in Valenciennes.

Der Ponton-Train in Raisnaves.
Das Königliche Stabscorps (Obrist Nicholay) in Novelle.
Der Wagen-Train (Obristlt. Aird) in Boulencourt.

II. Die Dänischen Truppen.

Kommandirt der General-Lieutenant Prinz Friedrich von Hessen Cassel. Haupt-Quartier in Lewarde.

Chef des Generalstabes, der Major Lesser.

Chef der Ingenieur, der Capitain Fries.

Chef der Artillerie, der Major Bille.

Adjudanten, die Majors Löwenöhr und Barbenfleth Sitow, Capitain Steffens, Krohne, Hagemann, Abrahamson, Römling, Haffner und Holk, Lieut. v. Wasmer.

Die 1ste Brigade, Chef der General-Major Bachmann in Bouchain.

Generalstab, der Capitain Ewald.

Adjudanten, der Rittmeister Schirach, Capitain Seyffarth.

Die Halb-Brigade, der G.-M. Prinz Wilhelm v. Hessen.
- 2 Esq. Prinz Friedrich Dragoner in Corbetroin,
- ein Bat. des 2ten Jütschen Infanterie-Reg. in Bouchain,
- ein Bat. des Fühnschen Infanterie-Reg. in Arleaux,
- ein Bat. des Infanterie-Reg. der Königin in Douvrin,
- die 6pfünd. Batterie des Capitain Friebre.

Die 2te Brigade, Chef der Obrist von Waldek in Avillon.

Generalstab, der Capitain Trepke.

Adjudant Cap. Lobedanz.

In Avillon:
- 2 Esq. Prinz Ferdinand Dragoner-Reg.
- das Schleßwigsche Jäger-Bat., Comd. Obristlt. Lange
- das Holsteinische Jäger-Bat., Comd. Obrist Leschly

Die 6pfünd. Batterie des Capitains Gerstenberg in Aniche.

Comd. des Parks, der Major v. Laub.

Bagagemeister, der Capitain v. Rothe.

Direktor des Feld-Lazareths, der Capitain von Bretteville.

III. Die Sächsischen Truppen.

Kommandirt der General-Major v. Leyser. Haupt-Quartier in Tourcoing.

Das Husaren-Reg. Obrist v. Niesemeuschel in Sedin.

Das 1ste Linien-Infanterie-Reg. (Prinz Anton) Obrist v. Einsiedel in Roulnix.

Das 2te Linien-Infanterie-Reg. (Prinz Max) Obrist v. Seidewitz in Tourcoing.

Das Jäger-Bat. Major v. Jäschki in Labasse.

Das 2te leichte Bat. in la Quesnoy.

Die Artillerie in Launay.

IV. Die Hannövrischen Truppen.

Kommandirt der General-Lieutenant Graf Carl von Alten. Haupt-Quartier in Condé.

General-Quartiermeister, der Hauptmann Schädler.

General-Adjudant, der Major Heyse.

Obrist von Estorf.	das Husaren-Reg. Prinz Regent, Obrist v. Estdorf in Templeuve, das Infanterie-Bat. Herzog v. York in Condé, das Feld Infanterie-Bat. Lüneburg, Obristlt. v. Ramdohr in Condé, das Feld Infanterie-Bat. Grubenhagen, Obristlt. v. Wurmb in Condé, eine Batterie Artillerie in Condé.
Obrist von Berger.	das Feld-Infanterie-Bat. Bremen in Maheim, das — Calenberg in Ponte Marque, das — Osnabrük — das — Verden in Orchie.

B. Das Zentrum.

I. Die Russischen Truppen.

Oberbefehlshaber, der General-Lieutenant und General-Adjudant Graf Woronzow. Haupt-Quartier in Maubeuge.

Chef des Stabes, der General-Major v. Ponset,

Ober-Quartiermeister, der Obrist Schubert,

Chef der Artillerie, der Obrist Liebstein.

1. Die 3te Dragoner-Division, Chef der General-Lieutenant Alexejew. Haupt-Quartier in Rethel.

Zugetheilt, der General-Major Dekonsky.

G. M. Baron Rosen.	Smolenskisches Dragoner-Reg. Twersches — Obrist Nabel	in Rethel.
G. M. Kablukow der 1ste	Kinburnsches Dragoner-Reg., Obrist Liesowsky Kurländsches Dragoner-Reg., Obristlt. Graf Gudowitsch	in Vouziere.

Die reitende Batterie No. 19. (früher 25.) Capitain Falkenberg.

G. M. Jagodin.	das Donische Kosaken-Reg., G. M. Jagodin das Donische Kosaken-Reg., Obrist Grebzow	in Devendry und Fay.

2. Die 9te Infanterie-Division, Chef der General-Major Udom der 2te. Haupt-Quartier in Givet.

Zugetheilt, der General-Major Juichkow.

G. M. Achlestischef.	Nascheburgsches Infanterie-Reg., Obrist Schochow Apscheronsches Infanterie-Reg., Obrist Graf Polignac	in Avesnes.

G. M. Poltarazky. { Rilskisches Infanterie-Reg., Obristlt. Liestewsky; Jakuzkisches Infanterie-Reg., Obristlt. Ugriumow der 2te } in Givet.

G. M. Iwanow. { 10tes Jäger-Reg., Obrist Scherbeew; 38stes — Obristlt. Tichotzki } in Rocroy.

Die 9te Art.-Brigade, Obrist Tscheremissinow. { die schwere Batterie No. 9. Obrist Tscheremissinow, die leichte Batterie No. 17. Obristlt. Pustotschkin, die leichte Batterie No. 18. Obristlt. Lawrow. }

3. Die 12te Infanterie-Division, Chef der General-Major Lissanewitsch. Haupt-Quartier in Maubeuge.

G. M. Bogdanofsky. { Smolenskisches Infanterie-Reg., Obrist Tiesenhausen; Narwasches Infanterie-Reg., Obrist Kamenski } in Landrecy.

G. M. Guriew. { Alexopolsches Infanterie-Reg., Obrist Pawola Schweikowski; Neu Ingermanlandsches Infanterie-Reg., Obrist Schukow der 1ste } in Maubeuge.

G. M. Panzerbieter. { 6tes Jäger-Reg., Obrist Bonjean; 41stes — Obrist Laschkiewitsch } in le Chateau.

Die 12te Art.-Brigade, Obristlt. Senitsch. { die schwere Batterie No. 12. St. Capitain Lapis, die leichte Batterie No. 23. Obristlt. Senitsch; die leichte Batterie No. 24. Obristlt. Sinelnicof, die reitende Batterie No. 1. Obristlt. Suchasanett. }

II. Die Preußischen Truppen.

Kommandirt der General-Lieutenant von Zieten. Haupt-Quartier in Sedan.

Chef des Generalstabes Obrist v. Reiche.

Vom Generalstabe, Major v. Ruits, Major v. Heymann.

Adjudanten, Obristlt. v. Stranz, Major v. Fröhlich, Lieutenant Graf v. Schlieben.

Chef der Artillerie, der Obrist v. Röhl.

1. Die 1ste Brigade, Chef der General-Lieutenant v. Pirch der 1ste. Haupt-Quartier in Bar le Duc.

Generalstab, Major v. Prittwitz.

Adjudanten, Capitain v. Roszinsky, Lieutenant v. Jordan und Graf v. Schulenburg Wolfsburg.

Obrist von Lettow. Adj. Pr. Lt. v. Wittken. { 6tes Infanterie-Reg. (das 2te Westpreußische), Obrist v. Seidlitz in Bar le Duc, Ancerville, das 10te Infanterie-Reg. (1ste Schlesische), Obrist v. Lettow in Vaucouleurs, Void, Sorey, Gondrecourt, das 2te Jäger-Bat., Major v. Bok in Ligny en Barrois, das 3te Husaren-Reg. (Brandenburgische), Obrist v. Soor in St. Mihiel. }

Major von Spreuth in Bar le Duc:
- die 12pfünd. Batterie No. 9. Capitain v. Hylsche in Charleville,
- die 6pfünd. Batterie No. 8. Capitain v. Herrmann
- die 6pfund. Batterie No. 34. Capitain v. Leut
- die 6pfünd. reitende Batterie No. 14. Cap. v. Fritze
- Laboratorien-Kolonne No. 1. Sec. Lieut. v. Koch
- Handwerks-Kolonne No. 1. Ober-Feuerwerker Simon

(die letzten fünf:) in Meziere Charleville Renvez.

2. Die 2te Brigade, Chef der General-Major v. Borke. Haupt-Quartier in Sedan.

Generalstab, Major v. Uklandky.

Adjudanten, Major v. Grabowsky, Lieutenant Graf Kospoth und Graf Egloffstein.

Obrist von Othograven in Sedan:
- das 12te Infanterie-Reg. (2te Brandenburgische), Obrist v. Othograven in Sedan,
- das 14te Infanterie-Reg. (3te Pommersche), Obristlt. v. Mirbach in Mezieres, Charleville, Omont, Elize,
- das 7te Dragoner-Reg. (Rheinische), Obrist v. Golz in Sedan, Donchery, Raucourt.

Obristlt. von Liebe in Sedan:
- die 12pfünd. Fußbatterie No. 6. Capitain v. Reuter in Carignan,
- die 6pfünd. Fußbatterie No. 30. Capitain v. Haine
- die 6pfünd. Fußbatterie No. 36. Capitain v. Blesky
- die Park-Kolonne No. 2. Prem. Lieut. v. Gehr
- die Laboratorien-Kolonne No. 5. Sec. Lieut. v. Schomer
- die Handwerks-Kolonne No. 2. Sec. Lieut. v. Klapperbein

(die letzten fünf:) in Carignan u. Mouzon.

3. Die 3te Brigade, Chef der General-Major v. Ryssel d. 1ste. Haupt-Quartier in Stenay.

Generalstab, der Major v. Reiher.

Adjudanten, Cap. v. Borstel und Cap. v. Ivernois.

Obrist von Uttenhofen in Stenay:
- das 9te Infanterie-Reg. (Colbergsche), Obristlt. v. Schmidt in Montfaucon, Varennes, Charny, Clermont,
- das 16te Infanterie-Reg. (3te Westphälische), Obrist v. Uttenhofen in Montmedy, Spaincourt, Estain, Fresne,
- das 5te Dragoner-Reg. (Brandenburgische), in Stenay und Kanton.

Major von König in Stenay:
- die 6pfünd. reitende Batterie No. 13. Capitain v. Papendik in Montmedy und Dun.

4. Die 4te Brigade, Chef der General-Major v. Lossen. Haupt-Quartier in Thionville.

Generalstab, der Capitain v. Tükermann.

Adjudanten, Major v. Uechtriz und Prem. Lieutenants v. Niesewandt und v. Itzenplitz.

Obristlt. von Gröben.	Das 3te Infanterie-Reg. (2te Ostpreußische), Obristlt. v. Gröben in Longwy, Audun, le Roman.
	Das 28ste Infanterie-Reg. (2te Rheinische), Major v. Quadt in Thionville und Cautenon.
	Das 2te Uhlanen-Reg. (Schlesische), Obrist v. Schmiedeberg in Conflans, Goerze und Brie.

Major von Mandelsloh in Thionville.	die 12pfünd. Fußbatterie No. 19. Capitain Canabeus	in Longwy u. Longujon.
	die 6pfünd. reitende Batterie No. 16. Capitain v. Beker	
	die Park-Kolonne No. 32. Prem. Lieut. v. Krüger der 1ste	
	Laboratorien-Kolonne No. 6. Sec. Lieut. v. Igel	
	Handwerks-Kolonne No. 6. Ober-Feuerwerker Krüger	

5. Die Reserve-Kavallerie, Chef der General-Major v. Jürgaß in Sedan.

Generalstab, Prem. Lieut. Carisien.

Obrist von Borstel in Sedan.	das 6te Dragoner-Reg. (Neumärkische), Obristlt. v. Dossow in Commercy,
	das 2te Dragoner-Reg. (Westphälische), Obrist v. Woysky in Thionville,
	das 2te Leib-Husaren-Reg., Obrist v. Stössel in Friancourt, Faubecourt, Souilly,
	das 7te Uhlanen-Reg. (1ste Rheinische), Obristlt. v. Rhaden in Charleville.

Die Pionniere.

Obristlt. von Markow in Sedan.	3te Pionnier-Compagnie 1ste Abtheilung in Sedan, Mezieres, Capitain Giese,
	1ste Pionnier-Compagnie 7te Abtheilung in Montmedy, Capitain Kloschinsky,
	2te Pionnier-Compagnie 7te Abtheilung in Longwy, Prem. Lieut. v. Siemon,
	2te Pionnier-Compagnie 4te Abtheilung in Thionville, Capitain v. Uthmann.

Feldbäckerei und fliegendes Pferde-Depot.

Major von Dornis in Sedan	Feldbäckerei-Kolonne No. 2 und 5.	in Sedan.
	Proviant-Kolonne No. 1, 4 und 34.	
	fliegendes Pferde-Depot No. 1.	

Feld-

Feldlazareth.

Div.-General-Chirurgus Starke.	Haupt Feldlazareth No. 1. in Sedan, fliegendes Feldlazareth No. 1. in Longwy, — — No. 11. in Thionville, — — No. 14. in Bar le Duc.

C. Der linke Flügel.

I. Die Oestreichischen Truppen.

Kommandirt der General der Kavallerie Baron Frimmont. Haupt-Quartier in Colmar.

1. Die Kavallerie-Division, Chef der Feldmarschall-Lieutenant Mohr. Haupt-Quartier in Erstein.

G. M. Graf Ratgecourt in Bischweiler.	das Dragoner-Reg. König von Baiern No. 2. Obrist Schlotheim in Erstein und Benfeld 6 Esq. das Dragoner-Reg. Riesch No. 6. Obrist von Wangen in Bischweiler und Drusenheim 6 Esq.
G. M. Graf Desfours in Colmar.	das Regiment 6 Esq. das Husaren-Reg. König v. Preußen No. 10. Obrist Genes in Markolsheim und Emsisheim 8 Esq. eine Kavallerie-Batterie in Rothweiler.

2. Die Infanterie-Division, Chef der Feldmarschall-Lieutenant Baron Marschall Haupt-Quartier in Molsheim.

G. M. Senitzer in Hagenau.	4 Bat. des Infanterie-Reg. Benjowsky No. 31. Comd. Obrist Veesey in Fort Louis, Hagenau, Brumath, 4 Bat. des Infanterie-Reg. Ignatz Gyulay No. 60. Obrist Czarnotzky in Neuweiler, Zabern, Molsheim, eine 6pfünd. Brigade-Batterie in Dorlisheim.
G. M. Fölseis in Colmar.	3 Bat. des Infanterie-Reg. Erzherzog Rainer No. 11. Obrist Graf Leiningen Westerburg in Scherweiler und Dambach, 3 Bat. des Infanterie-Reg. Kerpen No. 49. Obrist in Ribereville, eine 6pfünd. Brigade-Batterie in Obernai.
G. M. Salins in Mühlhausen	3 Bat. des Infanterie-Reg. Lindenau No. 29. Obrist Neunel in Kalen, 3 Bat. des Infanterie-Reg. Hohenlohe-Bartenstein No. 41. Obrist Mesmacre in Mühlhausen, eine 6pfünd. Brigade-Batterie in Mühlhausen.

Die Reserve-Artillerie in Fribourg.
Die Hospital-Etablissements in St. Croix.
Die Infanterie des Stabes in Turkheim.
Die Pionnier in Merkolsheim.

Zwei 6pfünd. Positions-Batterien Eine 12pfünd. —	in Fribourg.

Hospital-Etablissement in St. Croix.
Die Stabswacht in Turkein.
Die Pionnier in Merkolsheim.

M

II. Die Baierschen Truppen.

Kommandirt der General-Lieutenant Baron de la Motte. Haupt-Quartier in Pont a Mousson.

Das 1ste Chevauxlegers-Reg. Kaiser Franz 6 Esq. Obrist v. Kracht.

Das 3te Chevauxlegers-Reg., Obrist v. Rittmann.

Eine reitende Batterie.

2 Bat. des 6ten Linien-Infanterie-Reg., Obrist v. Balm.

2 Bat. des 12ten — — Obrist v. Moser.

2 Bat. des 15ten — —

Eine Fußbatterie.

III. Die Würtembergschen Truppen.

Kommandirt der General-Lieutenant v. Wölwarth. Haupt-Quartier in Weissenburg.

Das Jäger-Reg. No. 4. (Prinz Adam), Obrist v. Reinhard in Lauterburg.

G. M. Misany. { das Infanterie Reg. No. 2. (Herzog Wilhelm) Obrist v. Bieberstein in Nieder- und Ober Bronn, das Infanterie-Reg. No. 3. Obrist v. Beulwitz in Weissenburg und Beinheim, das Infanterie-Reg. No. 8. Obrist v. Berndes in Sulz. }

Die Artillerie stehet in Sulz.

Zeitfracht Medien GmbH
Ferdinand-Jühlke-Straße 7
99095 Erfurt, Deutschland
produktsicherheit@kolibri360.de